주제별 성경연구

주제별 성경연구

지은이 | 알반 더글라스
편집 | 두란노서원 출판부
초판 발행 | 1994년 9월 30일
개정 1판 1쇄 | 2011년 3월 11일
20쇄 | 2026년 3월 11일
등록번호 | 제1988-000080호
등록된 곳 | 서울특별시 용산구 서빙고로65길 38 두란노빌딩
발행처 | 사단법인 두란노서원
영업부 | 02)2078-3333 FAX | 080-749-3705
출판부 | 02)2078-3330

책값은 뒤표지에 있습니다.
ISBN 978-89-531-1521-7 03230

독자의 의견을 기다립니다.
tpress@duranno.com www.duranno.com

두란노서원은 바울 사도가 3차 전도여행 때 에베소에서 성령 받은 제자들을 따로 세워 하나님의 말씀으로 양육하던 장소입니다. 사도행전 19장 8-20절의 정신에 따라 첫째 목회자를 돕는 사역과 평신도를 훈련시키는 사역, 둘째 세계선교(TIM)와 문서선교(단행본·잡지) 사역, 셋째 예수문화 및 경배와 찬양 사역, 그리고 가정·상담 사역 등을 감당하고 있습니다. 1980년 12월 22일에 창립된 두란노서원은 주님 오실 때까지 이 사역들을 계속할 것입니다.

주제별 성경연구

알반 더글라스 지음 | 두란노서원 출판부 편집

두란노

차례

서문 9

제1권 아버지 하나님

제1과 하나님의 존재 12
제2과 하나님의 품성(모습) 17
제3과 하나님의 사랑과 공의의 조화 22
제4과 삼위일체의 하나님 27
제5과 하나님의 이름들과 아버지 되심, 그리고 침묵 32
제6과 하나님을 경외함 38

제2권 아들 하나님

제7과 예수 그리스도에 관한 예언과 그의 생애 46
제8과 예수 그리스도의 동정녀 탄생 51
제9과 예수 그리스도의 신성 1 57
예수 그리스도의 신성(논쟁) 2 63
제10과 아버지와 아들의 관계 69
제11과 예수 그리스도의 인간성 74
제12과 예수 그리스도의 무죄성 79
제13과 예수 그리스도의 성품 84
제14과 예수 그리스도의 가르침 89
제15과 예수 그리스도의 명령 94
제16과 예수 그리스도의 기적 100
제17과 예수 그리스도의 죽음 105
제18과 예수 그리스도의 부활 110
제19과 예수 그리스도의 승천 115
제20과 예수 그리스도의 중보적 사역 120
제21과 예수 그리스도의 재림 125
제22과 재림의 결과 131

Bible Study

제3권 성령 하나님

제23과 성령님의 인격성 138
제24과 성령님의 신성과 이름들 144
제25과 성령님의 사역 150
제26과 성령님을 거스르는 죄들 155
제27과 성령 충만한 생활 160
제28과 성령 세례 166
제29과 성령님의 은사와 열매들 171
제30과 성령님에 대한 더 깊은 가르침 177

제4권 하나님의 말씀 – 성경

제31과 성경의 영감 186
제32과 성경 191
제33과 성경에 대한 더 깊은 가르침 196

제5권 인간과 창조

제34과 창조 204
제35과 진화 209
제36과 인간의 타락 213
제37과 죄 218
제38과 인간의 영, 육, 혼 224

제6권 천사와 사탄

제39과 천사 230
제40과 사탄 235
제41과 마귀 241
제42과 그리스도인들에게 대항하는 사탄의 공격들 246

제7권 구원

제43과 의롭게 됨 또는 중생 254
제44과 거듭남 259
제45과 양자 됨 264
제46과 믿음 270
제47과 회개 276
제48과 용서 281
제49과 예수를 믿을 때 생기는 일들 287

제8권 그리스도인의 삶

제50과 성화 296
제51과 구원의 확신 302
제52과 그리스도에 대한 고백 308
제53과 영혼 구원(전도) 313
제54과 헌신 318
제55과 주님의 뜻을 발견하는 법 323
제56과 기도 329
제57과 묵상 334
제58과 승리하는 그리스도인의 삶 339
제59과 성별 344
제60과 타락 349
제61과 예배 355
제62과 그리스도인의 고통 360
제63과 세례 365
제64과 성만찬 370
제65과 그리스도인의 교제 374

제9권 교회

제66과 교회 382
제67과 교회 경시 풍조 387
제68과 교회 생활 훈련 392
제69과 목사 397
제70과 장로와 집사의 직분 401
제71과 교회에서의 평신도의 위치 406
제72과 부흥 411

Bible Study

제10권 기타 성경에서 발견되는 진리들

제73과 사랑 418
제74과 찬양 423
제75과 주는 은혜 429
제76과 하나님의 치유 434
제77과 주님의 날 440
제78과 그리스도인의 결혼 445
제79과 그리스도인의 가정 450
제80과 율법과 은혜 455
제81과 생명 460
제82과 죽음 465
제83과 부활 470
제84과 심판대(베마) 475
제85과 심판 480
제86과 미래의 영광과 보상 486
제87과 천국 491
제88과 지옥 495
제89과 선교사의 동기 500
제90과 선교사의 도전 505
제91과 양심 509
제92과 이혼 514
제93과 금식 519
제94과 사형 524
제95과 타협 528
제96과 절주가 아닌 금주 533
제97과 유혹 539
제98과 가족계획 545
제99과 십자가의 도 550
제100과 새 도덕 비도덕 555

Bible Study

주제별 성경연구를 내면서

먼저 이 책이 이토록 오랫동안 많은 사람에게 사랑받은 사실을 인하여 주님께 감사와 찬양을 드립니다.

본 교재는 OMF 선교사였던 알반 더글라스의 저서, 「One Hundred BIBLE Lessons」을 일부 보충하고 편집하여 만들었습니다. 이 책은 성경에서 가장 주요한 100가지 제목들을 뽑아 정리한 것으로 스스로 공부하고 10가지 질문을 통해 복습하도록 되어 있습니다. 이 교재는 기초적인 것이므로 더 많은 자료를 보충해서 공부하면 큰 도움이 될 것입니다. 또 이 교재를 사용할 때 차례대로 공부할 수도 있고 필요한 주제만 선택해서 공부할 수도 있습니다.

우리의 최대 관심은 성숙한 신앙과 인격을 소유한 정상적인 그리스도인을 양육하는 일입니다. 그리고 제자훈련과 성경공부를 통한 교회성장과 세계선교를 지향하는 일과 그리스도의 문화를 이 땅에 심는 일입니다. 두란노서원은 이 일을 위해 하나님께서 세워주신 모임입니다.

하용조 목사

Bible

제1권
아버지 하나님

제1과 하나님의 존재
제2과 하나님의 품성(모습)
제3과 하나님의 사랑과 공의의 조화
제4과 삼위일체의 하나님
제5과 하나님의 이름들과 아버지 되심, 그리고 침묵
제6과 하나님을 경외함

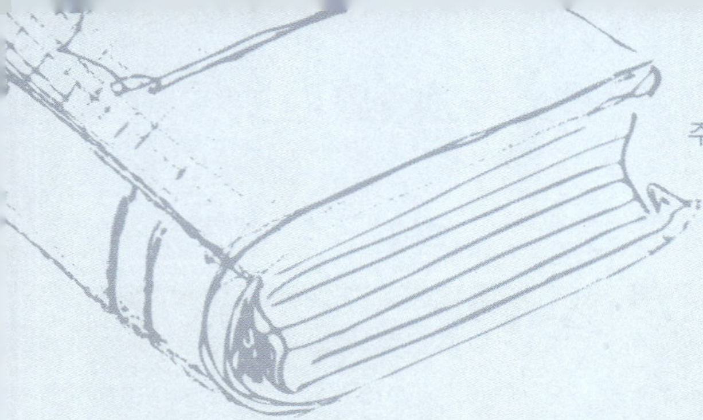

제1과

하나님의 존재

● 서론

하나님이 계시다는 사실은 무신론자와 회의론자 그리고 기독교를 조롱하는 자들에 의해 끊임없이 도전받아 왔다. 볼 수도, 만질 수도, 느낄 수도 없는 어떤 실체를 믿기란 쉽지 않은 일이기 때문이다(고전 2:14). 그러나 그리스도인들에게는 바로 이 문제가 성경의 첫 구절에서부터 해결되어진다.

태초에 하나님이 천지를 창조하시니라. (창 1:1)

성경은 하나님의 존재를 증명하려고 쓰인 교과서는 결코 아니다. 성경은 오직 하나님이 존재하신다는 긍정적인 사실에서부터 시작하고 있다. 동시에 성경의 저자들은 어느 누구도 하나님이 계시다는 사실을 증명하려고 시도하지 않았다. 다만 하나님의 존재를 부정하는 것은 어리석은 일이라고 단호하게 말하고 있을 뿐이다.

어리석은 자는 그의 마음에 이르기를 하나님이 없다 하는도다. (시 14:1)

지성을 가진 자라면 누구나 다 하나님께서 분명히 '살아 계신다'는 사실을 시인할 것이다. 성경에는 없지만 하나님의 존재가 잘 나타나는 장소가 또 한 군데 있다. 그것은 우리가 '기도하는 곳'이다. 우리는 날마다 기도를 통해 하나님과 교제할 수 있다. 당신과 나는 하나님이 살아 계신다는 것을 안다. 왜냐하면 오늘도 우리는 기도를 통해 하나님과 이야기를 나누었기 때문이다. 하나님은 우리가 조용히 속삭이기만 해도 그것을 듣고, 응답하신다.

Ⅰ. 하나님의 존재에 대한 성경상의 증거

하늘이 하나님의 영광을 선포하고 궁창이 그의 손으로 하신 일을 나타내는도다. (시 19:1)

하늘의 아름다움과 영광은 "하나님은 존재하신다"고 크게 선포한다. 로마서 1:20에서는 만물까지 지으신 하나님의 영원한 신성의 능력을 가르치고 있다.

창세로부터 그의 보이지 아니하는 것들 곧 그의 영원하신 능력과 신성이 그가 만드신 만물에 분명히 보여 알려졌나니 그러므로 그들이 핑계하지 못할지니라. (롬 1:20)

성경 말씀을 받아들이는 사람이라면 흔쾌히 하나님의 존재를 인정할 것이다. 성경보다는 덜하지만 하나님이 계시다는 것을 증명할 논리적 근거에 대하여 공부해보자.

Ⅱ. 양심의 증거

인간은 지고의 존재, 곧 신을 인정하는 보편적인 믿음을 갖고 태어난다. 이 지상에 신을 숭배하지 않는 민족은 찾아볼 수 없다. 이 땅은 어떤 존재에 의하여 창조되고 또 운명이 결정된다는 것을 사람들은 알고 있다. 하나님의 존재는 인간의 양심에 기록되어 있다.

이런 이들은 그 양심이 증거가 되어 그 생각들이 서로 혹은 고발하며 혹은 변명하여 그 마음에 새긴 율법의 행위를 나타내느니라. (롬 2:15)

내가 두루 다니며 너희가 위하는 것들을 보다가 알지 못하는 신에게라고 새긴 단도 보았으니. (행 17:23)

아덴 사람들은 개인적으로 하나님을 알지 못했지만 신이 계신다는 양심의 가르침은 받고 있었다. 무신론자들은 자기 양심은 하나님에 대하여 가르치지 않는다고 주장할지도 모른다. 그러나 무신론자는 자신이 빗나간 불신앙으로 잠들어 있는 양심을 갖고 있다는 사실을 인정해야 할 것이다. 시각장애인들이 태양을 볼 수 없다고 해서 태양이 존재하지 않는 것이 아니다. 태양이 매일 뜨고 진다는 사실은 절대 변하지 않는다. 정직한 양심을 가진 사람이라면, 그 속에 조용하고 세미한 목소리로 들려오는, 오늘도 존재하시고 살아 계시는 하나님의 음성을 듣게 될 것이다.

하나님의 존재를 부정하는 사람들의 보편적인 이유를 살펴보면, 하나님을 발견할 수 없어서가 아니라 죽음 후에 그 앞에서 셈해야 할 책임을 대면하기가 두렵기 때문이다. 무신론 사상은 인간으로 하여금 구원을 받지 못하고 영원히 멸망 가운데 잠들게 하는 마귀의 도구들 중 하나다. 만일 하나님이 계시지 않는다면 우리는 자신 이외의 사람들을 책임질 필요가 없고 자기 좋을 대로 살다가 죽으면 그만이다. 그러나 신중히, 그리고 조용히 반성해 보면 각 사람의 양심은, "하나님은 계시며 어리석은 자

Note

들만이 그것을 부인한다"고 속삭이는 소리를 우뢰처럼 듣게 될 것이다. 하늘을 나는 비행기는 보았지만 비행기를 조종하는 비행사를 보지 못했다고 해서 조종사가 없는 비행기라고 우긴다는 것은, 하늘을 보았지만 하나님은 볼 수 없었기 때문에 하나님이 없다고 하는 것같이 우스꽝스러운 일이다. 어느 누구도 자기 뇌를 본 사람은 없지만 신체 내의 모든 조직을 통제하고 조종하는 기관이라고 믿고 있다. 이처럼 우리는 창조물들을 보기 때문에 하나님을 믿는다.

Ⅲ. 우주론적 증거(원인에 의한 것)

세계가 여기에 있다. 이 세계는 그 어딘가에서부터 온 것이 틀림없다. 누군가가 또는 그 무엇이, 언젠가 이 세계를 존재하게 했을 것이다. 책 한 권이 여기에 있다. 누군가가 이 책을 저술했음에 틀림없다. 누군가가 건물을 세웠다. 누군가가 나무를 만들었다. 누군가가 이 우주를 조종하고 있다. 시계의 부속품들을 모두 한 통 속에다 집어넣고 백만 년 동안 조심스럽게 흔든다고 해서 그 시계가 "우연히" 조립되어 움직이지는 않는다. 이처럼 이 세상이 존재한다는 것에 대한 가장 올바른 대답은 우리가 하나님이라고 부르는 지적인 존재에 있다.

Ⅳ. 목적론적 증거(설계에 의한 것)

시계가 있다는 사실은 그 존재뿐만 아니라 시계가 시계 되도록 한 설계자가 있다는 뜻이다. 그것은 특별한 목적을 위해 계획된 것이다. 시계는 모기들의 생활을 돕기 위해서 설계된 것이 아니라 우리에게 정확한 시간을 가르쳐 주기 위해 정밀하게 설계된 것이다. 이 세상을 살펴보고 또 세상에 존재하는 사물들을 관찰해 보면, 모든 것이 각각 특별한 목적을 가지고 어떤 예리한 지적인 인격체에 의해 설계되었다는 것을 알게 된다. 날아다니는 새들의 영롱한 빛깔이라든지 동물들의 본능적인 방어 수단은 우연히, 자연적으로 된 것이 아니다. 이 모두는 이를 만드신 분의 뛰어난 계획에 의해 설계되었고 만들어진 것이다.

Ⅴ. 인류학적 증거(도덕에 의한 것)

우리 인간은 창조자가 단순히 생명력이 없는 무기력한 분이 아니라 살아 있고 능동적이며 지적이고 도덕적인 존재임을 보여 주는 창조주의 품성을 갖는다.

우리의 형상을 따라 우리의 모양대로 우리가 사람을 만들고. (창 1:26)

창세기 1:27을 보면 하나님은 하나님의 형상과 모양대로, 즉 자신의 유형을 따라 인간을 창조하셨다는 것을 알 수 있다.

귀를 지으신 이가 듣지 아니하시랴 눈을 만드신 이가 보지 아니하시랴. (시 94:9)

하나님은 인간에게 귀와 눈과 지식과 의지를 주셨는데 이는 하나님이 모두 소유하고 있는 것들이다. 양심은 우리에게 옳고 그르며 좋고 나쁜 것을 가르친다. 그것은 이를 만드시고 우리에게 부여하신 창조주가 거룩하고 의를 사랑하시며 악을 미워하는 도덕적인 분이기 때문이다.

Ⅵ. 생명의 증거

생명은 생명에서 온다. 본래적인 생명의 시작은 또 다른 영원한 생명에서 근거한다. 즉 육체적인 생명이 창조되기 이전에 생명을 가진 분이 계셨음이 틀림이 없다. 그러한 생명은 어디에서 찾아볼 수 있을까? 그것은 오직 영생을 소유하신 하나님 안에서 발견될 수 있다.

진실로 생명의 원천이 주께 있사오니. (시 36:9)

사과는 사과나무로부터, 새끼 양은 어미 양으로부터 생명을 얻는다. 그러나 이 생명의 최초의 근원은 어디에서 온 것일까? 해답을 찾기 위해 우리는 태초의 창조 사실로 돌아가지 않을 수 없다.

예수께서 "나는… 생명이니(요 11:25), 나는 곧… 생명이니(요 14:6), 내가 너희에게 영생을 주노니(요 10:28)"라고 말씀하고 계신다.

모든 생명은 하나님으로부터 나온다. 우연이라든가 자연히 발생했다는 이야기는 권위 있는 과학적인 증명에 의해 절대 받아들일 수 없는 것으로 규명되었다. 생명은 그 생명의 시작이 분명히 있다. 가장 합리적인 대답은 이 생명의 시작은 하나님과 함께였다는 것이다.

Ⅶ. 조화의 증거

무신론은 문제들을 해결할 수 없다. 오히려 더 난해한 문제들을 증가시킬 뿐이다. 창조자로서 하나님의 존재를 용납하는 것만이 성경의 계시와 지식, 그리고 과학에 맞는 신비를 푸는 열쇠다. 이와 같은 분명한 교리는 이 사실을 믿고 위로받는 수많은 영혼에 의해 꾸준히 간직되어 왔다.

결론

의심과 오해만을 낳게 하는 무신론은 이를 지지하는 사람들을 어둠과 낙망으로 이끌 뿐이다. 창세기 1:1의 "태초의 하나님"을 받아들이는 것은 하나님의 모습을 보다

Note

밝히 볼 수 있는 지름길이다. “하나님께 나아가는 자는 반드시 그가 계신 것과 또한 그가 자기를 찾는 자들에게 상 주시는 이심을 믿어야 할지니라”(히 11:6).

성경과 자연 속에서의 하나님의 계시를 근거로 그분을 전적으로 믿고 신뢰하면서 어린아이와 같은 순진한 믿음으로 하나님께 나아가자.

질문 Bible Study

1. 하나님께서는 자신의 존재를 증거하기 위해 성경을 기록하셨는가?
2. 주님의 눈에는 무신론자가 어떻게 보이겠는가?
3. 하나님이 살아 계시다는 것을 확증할 만한 성경 구절 2가지를 제시하라.
4. 사도행전 17:21-23에 보면 아덴 사람들이 왜 알지 못하는 신에게까지 단을 쌓았는가?
5. 하나님의 존재를 부인하는 무신론자의 참 목적은 무엇인가?
6. 하나님의 존재를 증명하는 논리적 근거는 무엇인가?
7. 하나님의 존재를 확증하는 만물 창조의 설계에 대한 논리적 근거는 무엇인가?
8. 어떻게 하나님이 무기력한 무생물이 아님을 알 수 있는가?
9. 하나님의 존재를 증명하는 생명에 관한 논리적 근거는 무엇인가?
10. 믿음의 선행조건은 무엇인가?

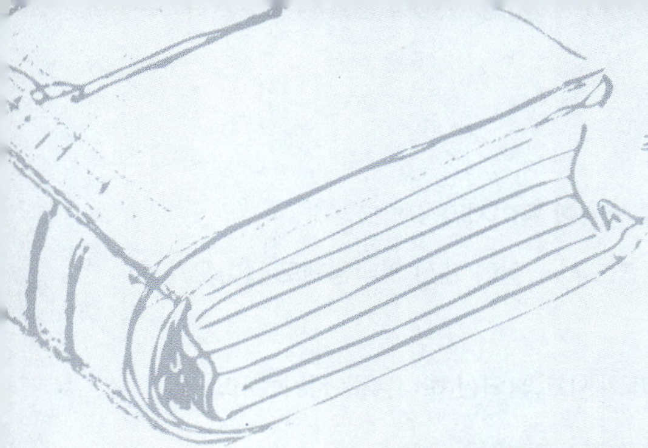

제2과

하나님의 품성(모습)

● 서론

하나님의 존재는 수천 년 동안 많은 철학자나 사상가의 야망에 찬 연구 대상이 되어 왔다. 명상과 묵상으로 고요히 앉아서 영원한 존재를 확인하려고 노력하는 사람도 있다. 그러나 하나님에 대한 유일하고도 참된 지식은 성경에서만 얻을 수 있다.

본래 하나님을 본 사람이 없으되 아버지 품 속에 있는 독생하신 하나님이 나타내셨느니라. (요 1:18)

어느 때나 하나님을 본 사람이 없으되. (요일 4:12)

또 이르시되 네가 내 얼굴을 보지 못하리니 나를 보고 살 자가 없음이니라. (출 33:20)

손을 거두리니 네가 내 등을 볼 것이요 얼굴은 보지 못하리라. (출 33:23)

모세는 하나님과 이야기를 나누고 하나님의 일부는 뵈었지만 얼굴은 보지 못했다. 하나님의 아들인 예수님은 하나님 아버지를 우리에게 보여 주기 위해 하늘로부터 우리에게 오셨다. 예수님은 빌립에게 자신이 하나님을 알게 하는 이라고 말씀하셨다(요 14:7-11). 한 지혜자는 "인간이여, 네 자신을 알라"고 했지만, 예수님은 "인간이여, 아버지 하나님에 대하여 배우라"고 말씀하셨다. 요한복음 17:3은 하나님과 그 아들 그리스도를 아는 것이 영생을 얻는 것이라고 진술하고 있다. 영생은 "유일하신 참 하나님과 그가 보내신 자 예수 그리스도를 아는 것"이다.

Ⅰ. 하나님의 인격(품성)

인격은 지식과 감정과 의지를 소유하는 정도에 따라 달라진다. 우상은 감정도 없고, 지식도 없으며, 반응할 수도 없기 때문에 인격을 갖지 못한다. 우리 하나님은 살아 계시고 이러한 특성을 갖고 계시는 오직 한 분이다. 하나님은 인격을 갖춘 인격체이시다. 그는 보이지 않는 어떤 불가항력적인 힘이 아니다.

오직 여호와는 참 하나님이시요 살아 계신 하나님이시요 영원한 왕이시라. (렘 10:10)

이런 헛된 일을 버리고 천지와 바다와 그 가운데 만물을 지으시고 살아 계신 하나님께로 돌아오게 함이라. (행 14:15)

너희가 어떻게 우상을 버리고 하나님께로 돌아와서 살아 계시고 참되신 하나님을 섬기는지와. (살전 1:9)

여호와의 눈은 온 땅을 두루 감찰하사 전심으로 자기에게 향하는 자들을 위하여 능력을 베푸시나니. (대하 16:9)

움직이는 눈동자란 우상이나 헛된 신들에게는 없는 생명력과 인격을 의미한다.

여호와께서는 사람의 생각이 허무함을 아시느니라. (시 94:11)

즉, 하나님은 지식을 갖고 계신다.

Ⅱ. 하나님의 본성

하나님은 영이시다. 영은 곧 신이신 고로 살도 뼈도 피도 없으시다.

내 손과 발을 보고 나인 줄 알라 또 나를 만져 보라 영은 살과 뼈가 없으되 너희 보는 바와 같이 나는 있느니라. (눅 24:39)

하나님은 영이시니 예배하는 자가 영과 진리로 예배할지니라. (요 4:24)

영원하신 왕 곧 썩지 아니하고 보이지 아니하고 홀로 하나이신 하나님께. (딤전 1:17)

오직 그(하나님)에게만 죽지 아니함이 있고 가까이 가지 못할 빛에 거하시고 어떤 사람도 보지 못하였고 또 볼 수 없는 이시니. (딤전 6:16)

Ⅲ. 하나님의 유일성

우리 주 하나님은 한 하나님이시다.

이스라엘아 들으라 우리 하나님 여호와는 오직 유일한 여호와이시니. (신 6:4)

이스라엘의 왕인 여호와, 이스라엘의 구원자인 만군의 여호와가 이같이 말하노라 나는 처음이요 나는 마지막이라 나 외에 다른 신이 없느니라. (사 44:6)

나 외에 다른 신이 없나니 나는 공의를 행하며 구원을 베푸는 하나님이라. (사 45:21)

Ⅳ. 하나님의 자연적 속성

속성이란 어떤 것의 자질, 고유성, 혹은 유일한 성격을 말한다. 하나님은 하나님으로서의 본질적인 속성을 갖고 계신다. 다음은 하나님만의 유일한 속성이다.

Note

1. 하나님은 영원하시다.

참 하나님은 시작도 끝도 없어야 한다. 우상은 누군가에 의해 만들어졌기 때문에 그 시작이 있으며, 부숴 버린다면 그것은 곧 끝이 된다.

산이 생기기 전, 땅과 세계도 주께서 조성하시기 전 곧 영원부터 영원까지 주는 하나님이시니이다. (시 90:2)

영원하신 왕 곧 썩지 아니하고… 하나님께. (살전 1:17)

• 참고/ 시 102:24, 27절, 사 57:15

태초에 하나님이. (창 1:1)

하나님은 항상 존재해 오셨다.

2. 하나님은 불변하는 분이시다.

하나님은 모든 것의 제정자이심으로 변함이 없으시다.

이스라엘의 지존자는 거짓이나 변개함이 없으시니 그는 사람이 아니시므로 결코 변개하지 않으심이니이다. (삼상 15:29)

나 여호와는 변하지 아니하나니. (말 3:6)

온갖 좋은 은사와 온전한 선물이 다 위로부터 빛들의 아버지께로부터 내려오나니 그는 변함도 없으시고 회전하는 그림자도 없으시니라. (약 1:17)

3. 하나님은 모든 능력을 소유한 분이시다. 곧 전능한 분이시다.

태초에 하나님이 천지를 창조하시니라. – 창조 능력. (창 1:1)

하나님이 이르시되 빛이 있으라 하시니 빛이 있었고. – 말씀의 능력. (창 1:3)

우리들은 이미 있는 재료나 질료를 가지고 물건을 만든다. 그러나 하나님은 없는 재료로 만물을 창조하셨는데, 그 목적과 결과는 좋았고 온전했다.

좋았더라. (창 1:4)

주께서는 못 하실 일이 없사오며 무슨 계획이든지 못 이루실 것이 없는 줄 아오니. (욥 42:2)

그가 말씀하시매 이루어졌으며 명령하시매 견고히 섰도다. – 욥의 고백. (시 33:9)

나는 여호와요 모든 육체의 하나님이라 내게 할 수 없는 일이 있겠느냐. (렘 32:27)

하나님은 어떤 것이나 무엇이든지 하실 수 있다.

4. 하나님은 한 곳에 그리고 동시에 어느 곳에나 계신다. 무소부재하시다(왕상 8:27).

내가 주의 영을 떠나 어디로 가며 주의 앞에서 어디로 피하리이까 내가 하늘에 올라갈지

라도 거기 계시며. (시 139:7–8)

여호와의 말씀이니라 나는 가까운 데에 있는 하나님이요 먼 데에 있는 하나님은 아니냐. (렘 23:23)

교회는 그의 몸이니 만물 안에서 만물을 충만하게 하시는 이의 충만함이니라. (엡 1:23)

5. 하나님은 모든 지식을 갖고 계신다(전지하심). 아무것도 숨길 것이 없다.

너는 네 아버지의 하나님을 알고 온전한 마음과 기쁜 뜻으로 섬길지어다. (대상 28:9)

여호와의 눈은 온 땅을 두루 감찰하사 전심으로 자기에게 향하는 자들을 위하여 능력을 베푸시나니. (대하 16:9)

여호와께서는 사람의 생각이 허무함을 아시느니라. (시 94:11)

다니엘이 말하여 이르되 영원부터 영원까지 하나님의 이름을 찬송할 것은 지혜와 능력이 그에게 있음이로다. (단 2:20)

무슨 계획이든지 못 이루실 것이 없는 줄 아오니. (욥 42:2)

명철이 한이 없으시며. (사 40:28)

V. 하나님의 도덕적 속성

1. 하나님은 거룩하시다.

출애굽기 15:2, 사무엘상 2:2, 이사야 6:3, 베드로전서 1:16

2. 하나님은 의로우시다.

시편 116:5, 에스라 9:15, 시편 145:17, 예레미야 12:1

3. 하나님은 자비로우시다.

시편 103:8, 신명기 4:31, 시편 86:15, 로마서 9:18

4. 하나님은 사랑이시다.

요한일서 4:8-16, 요한복음 3:16, 요한일서 3:16, 요한복음 16:27

5. 하나님은 신실하시다.

고린도전서 1:9, 디모데후서 2:13, 신명기 7:9, 신명기 32:4

VI. 그 밖의 속성

- 영화로우심 – 출애굽기 15:11, 시편 145:5
- 오래 참으심 – 민수기 14:18, 미가 7:18
- 자비하심 – 열왕기상 8:23
- 측량할 수 없는 분 – 욥기 11:7, 시편 145:3

Note

- 선하심 – 시편 25:8; 119:68
- 불변하심 – 시편 102:26-27, 야고보서 1:17
- 참되심 – 예레미야 10:10
- 썩지 아니하심 – 로마서 1:23
- 소멸(燒滅)하시는 분 – 히브리서 12:29
- 은혜로우심 – 출애굽기 34:6, 시편 116:5
- 질투하심 – 여호수아 24:19, 나훔 1:2
- 광대하심 – 역대하 2:5, 시편 86:10
- 보이지 않으심 – 욥기 23:8-9, 디모데전서 1:17
- 정직하심 – 시편 25:8; 92:15
- 빛이심 – 이사야 60:19, 요한일서 1:5
- 온전하심 – 마태복음 5:48
- 죽지 않으심 – 디모데전서 1:17; 6:16
- 그와 같은 분이 다시는 없음 – 출애굽기 9:14, 신명기 33:26

결론

하나님을 사랑하라, 하나님께 경배하라, 하나님께 봉사하라, 하나님을 경외하라.

질문 Bible Study

1. 하나님에 대한 참된 지식은 어디에서 얻을 수 있는가?
2. 하나님의 인격이란 무엇을 말하는가?
3. 하나님의 본성은 무엇인가?
4. 하나님은 여러 분이신가 아니면 한 분이신가? 성경에서 한 예를 들어보라.
5. 속성은 무슨 뜻인가?
6. 하나님의 5대 속성을 말해 보라.
7. 하나님은 영원하시다는 사실을 증명하는 성경 구절 한 마디만 제시하라.
8. 하나님의 전능하심을 나타내는 성경 구절을 찾아보라.
9. 하나님은 어떻게 모든 장소에 동시에 임재하실 수 있는가?
10. 하나님의 5가지 도덕적 속성을 나열하라.

제3과

하나님의 사랑과 공의의 조화

●서론

하나님은 거룩하시고, 사랑이시며 자비롭고 신실하시지만 동시에 공의로운 분이시다. 오늘날 많은 사람이 하나님에 대하여 편견을 갖고 있다. 그런가 하면 하나님의 사랑을 너무 강조한 나머지 그가 공의롭고 거룩하다는 사실을 잊기도 한다.

하나님의 사랑은 죄를 용서하고 회개하는 죄인에게 '긍휼'로 나타난다. 그러나 하나님의 거룩과 공의는 '죄를 심판'하신다. 로마서 6:23은 "죄의 삯은 사망"이라고 언급했다. 만약 하나님의 이 양면성이 인간에게 있게 된다면, 인간은 양립할 수 없는 갈등과 감정으로 틀림없이 좌절해 버리고 말았을 것이다. 그러나 하나님은 신이시기 때문에 이들 두 개의 상반되는 감정을 잘 조화시키시며, 하나가 다른 하나에 균형을 맞추도록 공평히 운영하신다. 사랑과 긍휼로 가득한 성정을 가지신 하나님께서 무기력한 인간을 영원토록 지옥에 보내실 수 없기 때문에 지옥이 있다는 설은 당치 않다고 주장하는 견해는 하나님을 올바로 인식하는 태도가 아니다. 지옥의 공포와 갈보리 산에서의 일시적인 실패를 이해하는 것은 죄를 노여워하시는 하나님의 거룩하심과 엄격하심을 깊이 묵상하게 한다(고후 5:11).

하나님의 거룩하심은 우리도 또한 거룩하게 될 것을 요구하고 있다. 또한 하나님의 율법은 그의 공의에 따라 죄인을 영원한 저주로 인도한다. 우리 시대에 가장 경이로운 일 중의 하나는 하나님의 거룩과 사랑을 동시에 만족시키는 구원의 길을 발견한 것이다. 이 구원의 길은 피조물인 인간으로 하여금 구원이나 저주, 천국이나 지옥을 선택할 수 있도록 '자유의지'를 남겨 주었다.

Note

Ⅰ. 하나님은 거룩하시다

온전히 거룩하신 하나님의 형상을 우리가 상상하기란 매우 힘들다. 거룩하게 된다는 것은 모든 더러움에서 순전하고 자유로우며 정결하게 됨을 뜻한다. 하나님은 절대적으로 정결하시다.

주께서는 눈이 정결하시므로 악을 차마 보지 못하시며 패역을 차마 보지 못하시거늘. (합 1:13)

하나님께서는 자신의 아들이신 예수 그리스도가 죄인의 몸으로 갈보리 산 위의 십자가에 매달렸을 때 그를 외면하고 돌아서셨다.

여호와여 신 중에 주와 같은 자가 누구니이까 주와 같이 거룩함으로 영광스러우며. (출 15:11)

여호와와 같이 거룩하신 이가 없으시니 이는 주밖에 다른 이가 없고. (삼상 2:2)

서로 불러 이르되 거룩하다 거룩하다 거룩하다 만군의 여호와여. (사 6:3)

오직 너희를 부르신 거룩한 이처럼 너희도 모든 행실에 거룩한 자가 되라 기록되었으되 내가 거룩하니 너희도 거룩할지어다 하셨느니라. (벧전 1:15–16)

에베소서 2:13의 "이제는 전에 멀리 있던 너희가 그리스도 예수 안에서 그리스도의 피로 가까와졌느니라"는 말씀을 읽어 보면, 하나님의 거룩하심이 타락한 우리와 하나님과의 사이를 분리시켰음을 알 수 있다. 우리가 이 거룩하신 하나님께 접근할 수 있는 유일한 길은 그리스도의 피를 통하는 것밖에 없다. 바로 이 중요한 교리가 하나님께서 갈보리에서 자신의 아들을 외면하고 벌을 주셔야만 했던가 하는 이사야 53:6의 설명이다.

하나님의 거룩하심은 피에 대한 형벌을 요구하신다. 이 요구는 구세주 예수님이 스스로 십자가 상에서 죽음을 당하심으로 완전히 아버지 하나님을 만족시키셨다.

Ⅱ. 하나님은 사랑이시다

사랑하지 아니하는 자는 하나님을 알지 못하나니 이는 하나님은 사랑이심이라. (요일 4:8)

이 말씀에는 동사(動詞)적인 의미뿐만 아니라 하나님은 곧 사랑이라는 명사(名詞)적인 의미도 있다. 내가 회개함으로 하나님께서 내 안에 거하신다면, 나는 사랑 안에 거하므로 사랑해야만 한다.

사랑하는 자들아 우리가 서로 사랑하자 사랑은 하나님께 속한 것이니 사랑하는 자마다 하나님으로부터 나서 하나님을 알고. (요일 4:7)

사랑이란 무엇인가? 사랑이란 사랑받는 자의 행복을 원하고 또 기뻐하는 것이다. 참된 사랑은 죄인과 원수까지도 사랑하는 것이다(마 5:44-45 참조). 하나님의 사랑은 그의 독생자에게와 특별히 그를 믿고 따르는 모든 성도에게 분명하게 나타난다.

이는 너희가 나를 사랑하고 또 내가 하나님께로부터 온 줄 믿었으므로 아버지께서 친히 너희를 사랑하심이라. (요 16:27)

하나님은 세상을 사랑하신다(요 3:16). 그 사랑으로 인하여 우리가 하나님의 노와 저주에서 피할 기회를 갖게 하시려는 하나님의 구원 계획을 밝히 엿볼 수 있다. 사랑의 아버지이신 하나님은 징계를 통해 성도들에게 자신의 사랑을 나타내신다(히 12:6 참조).

Ⅲ. 하나님은 신실하시다

너희를 불러 그의 아들 예수 그리스도 우리 주와 더불어 교제하게 하시는 하나님은 미쁘시도다. (고전 1:9)

그런즉 너는 알라 오직 네 하나님 여호와는 하나님이시요 신실하신 하나님이시라. (신 7:9)

신실하다는 뜻은 무엇인가? 그것은 전적으로 의지할 수 있으며 안심하고 믿을 수 있다는 것을 말한다. 하나님은 정직하시고 결코 변치 않기 때문에 신실하시다. 하나님의 신실함은 무한하시다.

여호와여 주의 인자하심이 하늘에 있고 주의 진실하심이 공중에 사무쳤으며. (시 36:5)

하나님의 모든 일은 신실하심 속에 이루어진다. 시편 33:4에 보면 "여호와의 말씀은 정직하며 그가 행하시는 일은 다 진실하시도다"라고 진술하고 있다. 하나님의 신실하심은 자신의 약속을 지키고 행한 말씀을 이루시는 데서 볼 수 있다. 하나님은 거짓말도, 후회도 하지 않으시며 변치도 않으신다. 하나님은 그의 자녀들의 결핍을 충족시키고 도우시며 이끌기 위해 모든 약속을 지키실 것이다.

우리는 미쁨이 없을지라도 주는 항상 미쁘시니 자기를 부인하실 수 없으시리라. (딤 2:13)

사람이 감당할 시험밖에는 너희가 당한 것이 없나니 오직 하나님은 미쁘사 너희가 감당하지 못할 시험 당함을 허락하지 아니하시고 시험 당할 즈음에 또한 피할 길을 내사 너희로 능히 감당하게 하시느니라. (고전 10:13)

Note

Ⅳ. 하나님은 자비로우시다

여호와는 긍휼이 많으시고 은혜로우시며 노하기를 더디 하시고 인자하심이 풍부하시도다. (시 103:8)

네 하나님 여호와는 자비하신 하나님이심이라 그가 너를 버리지 아니하시며. (신 4:31)

주님은 자비로우셔서 죄에 대한 벌로 고통과 죽음을 주는 대신 많은 축복을 주신다. 구원을 받는 자들이나 잃어버린 바 된 자들에게도 건강과 위로와 세상의 기쁨을 골고루 주신다.

이는 하나님이 그 해를 악인과 선인에게 비추시며 비를 의로운 자와 불의한 자에게 내려주심이라. (마 5:45)

주권적인 하나님은 자비를 베푸시려고 선택하신다(롬 9:15, 18절 참조). 시편 기자는 시편 103:11에서 "이는 하늘이 땅에서 높음같이 그를 경외하는 자에게 그 인자하심이 크심이로다"라고 기록했다. 하나님은 그를 의지하는 자에게 자비를 베푸신다. "여호와를 신뢰하는 자에게는 인자하심이 두르리로다"(시 32:10).

회개한 죄인이 용서를 구하려고 예수님께 올 때는 그의 공로를 주장하려는 것이 아니라, 주님의 자비하심에 자신을 맡기고 내어 던지는 것이다.

하나님이여 주의 인자를 따라 내게 은혜를 베푸시며 주의 많은 긍휼을 따라 내 죄악을 지워 주소서. (시 51:1)

Ⅴ. 하나님은 공의로우시다

그의 모든 길이 정의롭고 진실하고 거짓이 없으신 하나님이시니 공의로우시고 바르시도다. (신 32:4)

여호와의 법도 진실하여 다 의로우니. (시 19:9)

우리의 하나님은 공정하고 의로우시니 우리들 개개인에게 공정한 심판을 내리실 것이다.

나 외에 다른 신이 없나니 나는 공의를 행하며 구원을 베푸는 하나님이라. (사 45:21)

하나님께서는 공정하고 의로우시며 거룩하시므로 우리를 향한 그의 사랑과 구원의 계획도 공평하고 올바른 방법으로 행하신다.

여호와는 지식의 하나님이시라 행동을 달아 보시느니라. (삼상 2:3)

세상을 심판하시는 이가 정의를 행하실 것이 아니니이까. (창 18:25)

위의 말씀대로 분명히 그러하실 것이다. 하나님의 본성이나 성격은 그로 하여금 항상 옳게 행하도록 인도하신다. 공의로우신 하나님은 모든 일에 있어 최종까지 공평한 심판자이시다(왕상 8:22 참조).

● 결론

하나님께서는 어떻게 동시에 사랑하시면서 거룩함을 요구하실 수 있는가? 죄인에게 어떻게 자비롭고 공의로우실 수가 있는가? 이 대답은 갈보리 산 위에서부터 끌어와야 한다. 갈보리 산 위의 십자가 사건은 죄에 대한 하나님의 노하심과 죄인을 향한 하나님의 자비를 동시에 설명해 준다. 하나님은 사랑이시지만 죄를 향해 감상적으로 솟아나는 사랑은 아니다. 그의 사랑은 거룩하고 공의롭다. 하나님의 살아 계심, 그의 품성을 이해하려면 갈보리의 십자가 사건을 깊이 공부해야만 한다. 그러면 죄를 미워하며, 또한 죄인을 같이 사랑할 수 있는 동시성을 이해할 수 있을 것이다. 갈보리 산 위의 십자가 사건은 율법의 요구를 모두 완성함으로 하나님의 거룩과 공의를 만족시키고 죄인이 합법적으로 천국에 들어갈 수 있도록 허락한다. 이와 같이 온전하신 하나님 앞에 고요히 무릎 꿇고 진실한 경배를 드리자.

질문 *Bible Study*

1. 하나님의 도덕적 속성 5가지를 말해 보라.
2. 왜 하나님은 이같이 서로 상반돼 보이는 속성들로 인해 좌절하지 않으시는가?
3. '하나님은 사랑이시다'라는 사실이 지옥의 존재를 없애는가? 왜 그런가?
4. '거룩'의 뜻은 무엇인가?
5. 베드로전서 1:15-16에 의하면 이 교리를 실제로 어떻게 적용해야 하는가?
6. 하나님께서 그의 사랑을 베푸시는 자들은 어떠한 사람들인가? 3가지로 답해 보라.
7. 하나님의 신실하심은 얼마나 큰가?
8. 왜 하나님의 사랑이 모든 사람을 천국으로 데려가지 않는가?
9. 하나님이 공의로우시다는 것은 무슨 뜻인가?
10. 하나님의 자비와 공의 사이의 균형은 어디에서 찾아볼 수 있는가?

제4과

삼위일체의 하나님

● 서론

지금까지 우리는 세상을 창조하신 유일하신 하나님에 대해서 배웠다.

이스라엘아 들으라 우리 하나님 여호와는 오직 유일한 여호와이시니. (신 6:4)

그러나 성경을 조심스럽게 연구해 보면 하나님은 세 위(位)로 존재하시는데, 다시 말하면 한 신성에 세 위가 있음을 보여 주고 있다.

그 안에는 신성의 모든 충만이 육체로 거하시고. (골 2:9)

그렇다면 하나님께서 어떻게 한 하나님이시며 동시에 세 위를 가지실 수 있는가? 그것은 신명기 6:4과는 대조적으로 다른 종교의 철학처럼 하나님을 세 분으로 만드는 것이 아닌가? 삼위일체 이론은 이해할 수 없고 이성과 반대되는 교리가 아닌가? 그러나 이 질문에 답하기 전에 먼저 알아야 할 사실은 이사야 55:8-9의 말씀처럼 인간의 이성은 하나님에 대한 연구를 감당치 못한다는 가르침이다. “이는 내 생각이 너희의 생각과 다르며 내 길은 너희의 길과 다름이니라 이는 하늘이 땅보다 높음같이 내 길은 너희 길보다 높으며 내 생각은 너희 생각보다 높음이니라.” 성경에서는 삼위일체나 삼위의 하나님이란 말을 쓰지는 않는다.

Ⅰ. 삼위일체 교리의 근거

1. 예수님이 세례를 받으실 때 – 하늘로부터 하나님 아버지의 소리가 들려왔다. “이는 내 사랑하는 아들이요 내 기뻐하는 자라 하시니라”(마 3:17)에서 아들 하나님 우리 주 예수 그리스도께서 세례를 받으셨다. 성령 하나님은 비둘기같이 내려 구주 위에 임하셨다.

2. 세례 때 들려진 말씀에서 – “너희는 가서 모든 민족을 제자로 삼아 아버지와 아들과 성령의 이름으로 세례를 베풀고”(마 28:19).

3. 축복 기도에서 – "주 예수 그리스도의 은혜와 하나님의 사랑과 성령의 교통하심이 너희 무리와 함께 있을지어다"(고후 13:13).

4. 인간의 창조에서 – "하나님이 이르시되 우리의 형상을 따라 우리의 모양대로 우리가 사람을 만들고 그들로… 다스리게 하자"(창 1:26).

이후의 공부에서 예수 그리스도는 참 하나님이셨고, 성령도 참 하나님이심을 보여 줄 것이다.

Ⅱ. 삼위일체 교리에 관한 실례

1. '클로버'의 예

성(聖) 패트릭이 이 교리를 설명하기 위해서 사용한 것으로서 클로버는 세 잎을 가진 식물이다.

2. '물'(H_2O)의 예

물은 세 가지 형태로 변할 수 있다. 즉 액체(물), 고체(얼음), 기체(수증기)이다. 그러나 형태가 다르다 해도 역시 물이다.

3. '태양'의 예

태양은 태양 자체, 거기에서 나오는 빛, 그리고 빛이 있는 곳에서 발산되는 열이 있다. 그러나 우리는 이 전체를 태양이라 부른다.

4. '김철수'라는 사람의 예

나는 김철수라는 한 사람이지만 나의 어머니는 나를 아들로서 보고 있다. 그러나 나의 자녀들은 나를 아버지로 부른다. 동시에 학교에서는 나를 학생들이 선생님이라고 부른다. 나는 아들도 되고 아버지도 되고 선생님도 된다. 이처럼 하나님은 보이지 않는 유일한 한 분이시지만 동시에 세 가지 형태로 나타나신다.

위에 나타난 예로서는 이 신비를 다 설명할 수 없다. 단지 부분적으로 설명할 뿐이다. 하나님은 영이시고 인간은 육신을 가지고 있다. 그렇기 때문에 하나님이 그 자신을 우리에게 보이시지 않는 한, 인간은 영원히 하나님을 이해할 수 없다. 동시에 하나님은 무한하시다. 그러나 인간은 제한적 존재다. 그러므로 유한한 인간이 무한한 하나님을 제한적인 언어로 설명하는 일 자체가 어리석다. 그러므로 우리는 성경에 언급된 대로 하나님은 한 분이시며, 영원무궁한 삼위(성부, 성자, 성령)의 존재이심을 분명히 믿게 된다.

Ⅲ. 한 하나님 안에서 일하시는 삼위

1. 창조에서 일하시는 삼위

Note

성부 하나님께서 말씀하셨다. "하나님이 이르시되 빛이 있으라"(창 1:3).

성자 하나님은 바로 말씀 자신이셨다. "태초에 말씀이 계시니라"(요 1:1).

성령 하나님께서 수면 위에 운행하셨다(창 1:2, 욥 26:12-13).

2. 성육신에서 일하시는 삼위

성부 하나님이 그의 아들을 보내셨다(요 3:16).

성자 하나님이 세상에 태어났다(눅 2:11).

성령 하나님이 마리아가 잉태하도록 임하셨다(눅 1:35).

3. 구속 사업에서 일하시는 삼위

성부 하나님이 갈보리의 희생을 용납하셨다(히 9:14).

성자 하나님이 자신을 대속물로 제공하셨다(히 9:14).

성령 하나님 – 예수께서 "영원하신 성령으로 말미암아"(히 9:14) 자신을 바치셨다.

4. 구원에서 일하시는 삼위

성부 하나님이 먼 나라에서 온 탕자를 받아들였다(눅 15:22). 아버지는 죄인을 영접하고, 그를 용서하며, 옷과 반지를 주고 잔치를 베풀었다.

성자 하나님은 잃어버린 양을 찾아가는 목자시다(눅 15:4).

성령 하나님은 초신자에게 인을 치신다(엡 1:13).

5. 영적 친교에서 일하시는 삼위

성부 하나님은 그와 교제토록 우리를 초대하신다(엡 2:18).

성자 하나님은 화목제물이다(고후 5:19).

성령 하나님은 이 결합과 영적 교제가 효과를 내도록 하신다(엡 2:18).

6. 기도에서 일하시는 삼위

성부 하나님은 기도 제목을 받는 분이시다(요 16:23).

우리는 성자 하나님의 이름으로 기도한다(요 16:23).

성령 하나님은 우리로 하여금 무엇을 기도해야 할지 깨닫게 하신다(롬 8:26).

7. 영광에서 일하시는 삼위

성부 하나님은 결국 천년 왕국을 통치할 분이시다(고전 15:24).

성자 하나님은 비천한 우리의 육신을 하나님과 같게 변화시킬 분이시다(빌 3:21).

성령 하나님은 초대하는 분이시다(계 22:17).

8. 거듭나도록 일하시는 하나님

성부 하나님은 영광중에 새로운 이름을 기록하신다(눅 10:20).

성자 하나님은 그의 보혈로 우리의 죄를 씻겨주신다(엡 1:7).

성령 하나님은 거듭나게 하는 기적을 행하신다(요 3:3-6).

Ⅳ. 삼위와 하나님의 속성

속성	성부 하나님	성자 하나님	성령 하나님
1. 영원하심	시 90:2	계 1:8, 17	히 9:14
2. 전능하심	벧전 1:5	고후 12:9	롬 15:19
3. 전지하심	렘 17:10	계 2:23	고전 2:11
4. 무소무재하심	렘 23:24	마 18:20	시 139:7
5. 거룩하심	계 15:4	행 3:14	눅 1:15
6. 진실하심	요 7:28	계 3:7	요일 5:6
7. 자비로우심	롬 2:4	엡 5:25	느 9:20
8. 영교하심	요일 1:3	요일 1:3	고후 13:13

● 결론

이 어려운 교리를 이해할 수 없다고 해서 걱정하지 마라.

"삼위일체를 완벽히 알려고 하는 사람은 머리가 돌아버릴지도 모른다. 그러나 삼위일체를 부정하는 사람은 자기 영혼을 잃어버리게 될 것이다." – 린드셀&우드빌리지

이것은 수수께끼이며 우리가 영광중에 주님을 만날 때까지는 신비로 남아 있을 것이다. 그러나 이 말은 우리가 그것을 믿을 수 없다는 뜻이 아니다. 우리는 그 사실을 믿어야만 한다. 하나님은 우리와는 전혀 다른 분이시다. 그는 영이시며 우리는 인간이다. 우리는 이 교리를 믿음으로 하나님을 영화롭게 하고 또 기쁘시게 하는 것이다. 삼위의 구성원인 아버지와 아들과 성령께서 개별적으로 우리에게 하신 일에 대해서 감사드리라.

질문 *Bible Study*

1. 마태복음 3:13–17은 하나님이 삼위일체이심을 어떻게 증명하는가?
2. 삼위일체를 증명하는 성경 구절 2가지를 제시하라.
3. 삼위일체에 대해 제일 먼저 언급한 곳은 성경의 어디인가?

4. 삼위일체를 설명하는 3가지 예화를 제시하라.

5. 창조 사역 시 삼위는 어떻게 역사하셨는가?

6. 삼위가 구속 사업에서는 어떻게 역사하셨는가?

7. 구원과 관련한 삼위의 역사는 무엇인가?

8. 기도와 관련하여 삼위가 어떻게 일하시는가?

9. 죄인의 회심(거듭남)에 삼위는 어떻게 역사하시는가?

10. 삼위일체를 완전히 이해하는 것은 왜 불가능한가?

Note

제5과

하나님의 이름들과 아버지 되심, 그리고 침묵

● 서론

우리는 하나님의 존재와 본성 그리고 삼위일체에 대해서 연구했다. 이제 하나님의 이름에 대해서 공부함으로 하나님에 관해 더 많은 것을 배울 수 있을 것이다. 하나님의 이름은 세 가지 형태로 나타난다. 일차적인 하나님 이름, '엘'과 연결된 이름, '여호와'와 연결된 이름이 그것이다.

Ⅰ. 하나님에 관한 이름들

1. 일차적인 하나님 이름

한 단어로만 되어 있는 이름 : 엘(El), 엘라(Elah), 엘로힘(Elohim), 여호와(Jehovah), 아돈(Adon), 아도나이(Adonai), 하나님(God), 주님(Lord).

2. 엘(El)과 연결된 이름

전능하신 하나님(Almighty God), 지극히 높으신 하나님(Most Might God), 영원하신 하나님(Everlasting God).

3. 여호와라는 단어와 연결된 이름

주 하나님(Lord God), 여호와, 영원하신 하나님(Jehovah, The Everlasting God) 등.

• 하나님의 이름이 언급된 성경 구절

1) 엘로힘(Elohim) / 창 2:4 / 전능하신 분 / 창조주 주님

2) 엘 엘리욘(El Elion) / 창 14:22 / 지극히 높으신 분 / 소유하시는 주님

Note

3) 아도나이(Adonai) / 창 15:2 / 다스리는 분 / 우리의 주인이신 주님
4) 엘 올람(El Olam) / 창 21:33 / 신비로우신 분 / 나타내시는 주님
5) 이레(Jireh) / 창 22:14 / 구속하시는 분 / 제공하시는 주님
6) 라파(Rapa) / 출 15:26 / 고치시는 분 / 고치시는 주님
7) 닛시(Nissi) / 출 17:15 / 우리를 위해 싸우시는 분 / 우리의 깃발이신 주님
8) 예카디아(YeKaddia) / 출 31:13 / 신성이신 분 / 깨끗케 하시는 주님
9) 샬롬(Shalom) / 삿 6:24 / 평강을 주시는 분 / 우리의 깃발이신 주님
10) 사바오트(Sabaoth) / 삼상 1:3 / 소유하시는 주님 / 만군의 주님
11) 지드케누(Zidkenu) / 렘 23:6 / 의롭다 하시는 분 / 우리의 의이신 주님
12) 삼마(Shammah) / 겔 48:35 / 임재하시는 분 / 가까이 계시는 주님
13) 엘욘(Elyon) / 시 7:17 / 축복하시는 분 / 축복하시는 주님
14) 로이(Roi) / 시 23:1 / 돌보시는 분 / 목자이신 주님

Ⅱ. 하나님의 아버지되심

"하늘에 계신 우리 아버지"(마 6:9). 이것은 하나님에 대한 가장 행복한 개념이다. 다른 종교를 믿는 사람은 "사랑하는 하늘에 계신 아버지"인 하나님에 대해서는 아는 바가 없다. 그들은 하나님을 어마어마하고, 무시무시하며, 잔인하고 두려운 존재로 묘사한다. 성경은 하나님을 사랑이 가득하시고, 친절하시며 우리와 동행하시며 우리에게 임재하시는 선하신 분으로 그린다. "우리의 아버지" – (하나님에 대한 새로운 계시) – 라고 기도하게끔 가르친 분이 바로 구세주셨다.

A. 하나님은 두 가지 면에서 자신을 아버지로서 나타내신다.

1. 우리 주 예수 그리스도의 아버지(요 1:14; 5:17)

2. 주 예수를 믿는 사람들의 아버지

영접하는 자 곧 그 이름을 믿는 자들에게는 하나님의 자녀가 되는 권세를 주셨으니. (요 1:12)

B. 유대인들은 하나님을 국가적인 차원이나 시적 감각에서 그들의 아버지라 생각했다.

1. 시적으로

그의 거룩한 처소에 계신 하나님은 고아의 아버지시며 과부의 재판장이시라. (시 68:5)

2. 국가적 차원에서

너는 바로에게 이르기를 여호와의 말씀에 이스라엘은 내 아들 내 장자라. (출 4:22)

이스라엘은 "하나님은 나의 아버지"라고 할 만큼 개인적으로 아들이라는 인식이 없었다. 모더니즘파는 "하나님은 나의 아버지라면 나를 해치지 않을 것이니, 내 편한 대로 먹고 마시고 즐길지라도 그분은 끝까지 나에게 자비를 베푸실 것이다"고 추론한다. 그러나 예수께서 유대인들에게 하시는 말씀을 보면, "너희는 너희 아비 마귀에게서 났으니 너희 아비의 욕심대로 너희도 행하고자 하느니라"(요 8:44)고 했다.

C. 하나님은 만물의 창조주이시지만 가족 내에 있는 사람들만의 아버지이시다.

그러므로 너희는 그들 중에서 나와서 따로 있고 부정한 것을 만지지 말라 내가 너희를 영접하여 너희에게 아버지가 되고 너희는 내게 자녀가 되리라 전능하신 주의 말씀이니라 하셨느니라. (고후 6:17–18)

D. 아버지로서 하나님은 자녀들에게 생명을 주신다. 거듭남이 없이는 아들의 자격이 없다.

아버지로서 하나님은 그의 자녀들에게 사랑을 부여하신다. 이것은 하나님의 가족에게만 주시는 사랑이다.

아버지와 아들로서의 관계는 일하는 데 참으로 이상적인 타입이다(주인과 종의 관계가 아니다).

하나님은 참 아버지로서, 우리의 기도제목을 검토하시면서 기도를 듣고 응답하시는 아버지이시다.

Ⅲ. 하나님의 침묵

사람들은 힘들고 어려울 때 "사랑하는 아버지 하나님이 계시다면 왜 침묵하시는 것일까?" "왜 그분은 이 일이 일어나도록 방치하셨을까?" "왜 그분은 이것을 막지 않으셨을까?"라고 묻는다.

왜 그분은 비참한 폭발물 사고, 우발사고, 태풍, 홍수 또는 전쟁을 사전에 방지하지 않으시는가? 하나님의 존재를 믿지 않는 무신론자는 하나님의 침묵에 대해 논쟁한다. 이것이 우리 시대의 가장 큰 문제 중 하나이다.

내가 어찌하면 하나님을 발견하고 그의 처소에 나아가랴 어찌하면 그 앞에서 내가 호소하며 변론할 말을 내 입에 채우고. (욥 23:3–4)

여호와여 내가 주께 부르짖으오니 나의 반석이여 내게 귀를 막지 마소서 주께서 내게 잠잠하시면 내가 무덤에 내려가는 자와 같을까 하나이다. (시 28:1)

사람들은 이 오래된 문제에 대한 몇 가지 가능할 만한 해답을 제시했다.

1. 자연신론

Note

하나님은 선하신 하나님이지만 일상생활의 세세한 면까지 돌볼 시간이 없으시다. 하나님은 우리의 삶에 일어나는 사건들을 관람하는 분에 불과하다.

2. 무신론

침묵은 하나님이 신화적인 존재이심을 증명한다. 살아 계신 하나님이라면 무언가 말씀하실 것이다.

3. 물질주의

세계는 인격적인 하나님에 의해서가 아니라 법에 의해 통치된다는 생각이다. 막연히 자비의 기회가 오기를 기다릴 뿐이라고 그들은 주장한다. 그러나 하나님과 성경말씀을 거부하는 것은 인류를 더욱 어두운 곳으로 몰아넣는다는 사실을 알아야 한다.

그러면 하나님은 왜 침묵하시는 것일까? 여기에 대해 사람들은 몇 가지 부정적인 대답을 제시한다.

1. 무관심 : 그렇지 않다. 그리스도는 십자가의 고난을 받으시면서 "나의 하나님, 나의 하나님"이라고 울부짖으셨다. 하나님은 우리의 영혼을 너무나 사랑하셔서 자기 아들에게 인간의 죄를 위한 진노를 계속 퍼붓기까지 하셨다.

2. 소홀함 : 그렇지 않다. 이것은 전지하신 하나님을 이해하는 것과는 모순된다.

3. 사랑이 없음 : 그렇지 않다. 참으로 자식을 사랑하는 부모라면 그 자녀가 잘못할 때 죄에 대하여 벌할 것이다(히 12:7-8).

4. 마음이 내키지 않음 : 그렇지 않다. 그는 처음부터 끝까지 우리를 보시며, 우리의 전 생애를 계획하신다.

만약 이 부정적인 해답들이 잘못된 것이라면 올바른 해답은 무엇인가?

1. 일반적인 입장

사람이 무엇으로 심든지 그대로 거두리라. (갈 6:7)

사람들이 겪는 대부분의 어려움은 우발적인 사고와 같이 전적으로 인간의 부주의, 소홀, 어리석음에 기인하는 고의적 죄의 결과다.

2. 경건주의의 입장

어리석은 인간의 마음이 전능하신 하나님께서 하시는 일을 다 이해할 수 있는가? 이사야 55:8-9절은 한 사람의 삶을 향한 분명한 하나님의 종합적인 계획이 있고, 그 속에 슬픔과 고난, 고통이 포함되어 있다고 말한다.

3. 철학적인 입장

인간의 자유의지는 모든 행위의 결과를 책임진다. 동시에 인간의 자유는 도덕적인 책임을 뜻한다. – 간음은 매독을 수반한다.

4. 사랑하는 입장

하나님은 질투하는 애인이시다.

나 네 하나님 여호와는 질투하는 하나님인즉. (출 20:5)

하나님은 우리가 모든 것에서 분리되어 하나님께만 붙어 있기를 원하신다.

5. 신앙적인 입장

예수께서 대답하여 이르시되 내가 하는 것을 네가 지금은 알지 못하나 이 후에는 알리라. (요 13:7)

주님은 우리가 인내를 가지고 기다리기를 가르치신다.

6. 내 믿음의 시험

너희 믿음의 확실함은 불로 연단하여도 없어질 금보다 더 귀하여 예수 그리스도께서 나타나실 때에 칭찬과 영광과 존귀를 얻게 할 것이니라. (벧전 1:7)

7. 신비로운 하나님의 일

예수께서 대답하시되 이 사람이나 그 부모의 죄로 인한 것이 아니라 그에게서 하나님이 하시는 일을 나타내고자 하심이라. (요 9:3)

이것은 날 때부터 시각장애인으로 태어난 사람의 이야기다. 불시에 어떤 고난을 받게 될지 모르나 그것은 우리의 죄 때문이 아니라, 다른 사람에게 축복이 되기 위해 마련되는 것이다. 고난과 슬픔을 겪은 사람만이 다른 사람들을 위로할 수 있다.

● 결론

하나님이 침묵하고 계신 것처럼 보이더라도 그의 임재를 의식하면서 살라. 긍정적으로 생각하는 것을 배우라. 당신과 나는 하나님을 알고 있다. 하나님은 우리에게 자신의 귀중한 말씀을 통해 이야기하셨다. 하나님은 우리의 기도에 응답하여 주셨다.

• 주의/ 로마서 1:21, "하나님을 알되 하나님을 영화롭게도 아니하며…"의 말씀과 24-32절을 읽어 보라.

마태복음 11:27은 아버지를 드러내는 것이 아들의 일이라고 가르친다. 조용한 시간은 주 하나님과 보다 깊게 사귈 수 있는 기회다. "너희는 가만히 있어 내가 하나님 됨을 알지어다"(시 46:10).

Note

질문 *Bible Study*

1. 하나님의 호칭 3가지를 말해 보고 그 뜻을 설명하라.

2. 하나님을 향하여 우리가 가질 수 있는 가장 행복한 생각은 무엇인가?

3. 아버지로서 하나님과 행복한 관계를 맺을 때, 그 대가가 무엇인가?

4. 하나님의 침묵은 그가 존재하시지 않는 것이나 무관심을 증명하는 것인가?

5. 자연신론의 이론은 무엇인가?

6. 인간이 하나님의 침묵을 잘못 해석한 3가지 예를 말해 보라.

7. 하나님의 침묵과 관련한 물질주의의 가르침은 무엇인가?

8. 하나님이 침묵하시는 이유는 무엇인가?

9. 어떻게 하면 삶 속에서 좀 더 하나님을 인식할 수 있을까?

10. 하나님과의 깊은 교제를 경험하기에 가장 좋은 시간은 언제인가?

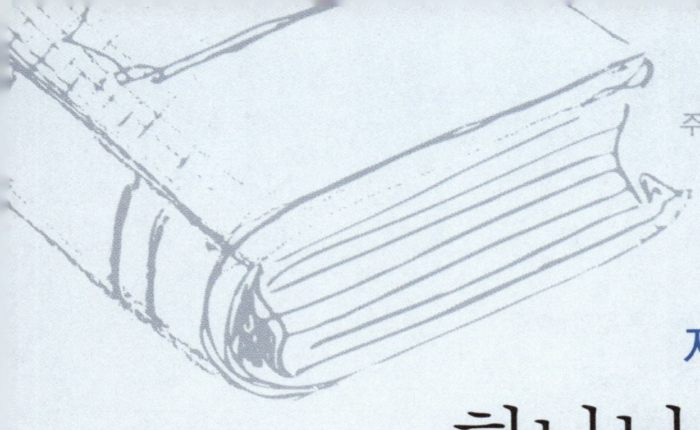

제6과

하나님을 경외함

● 서론

성경 말씀에는 "두려워 말라"는 문장이 약 50번이나 사용되었다(창 15:1; 26:24, 출 14:13, 사 43:1, 눅 2:10; 12:32, 행 27:24, 계 1:17 등).

예수님께서도 여러 번 두려워하지 말라고 말씀하셨다. "내니 두려워 말라"(요 6:20). 그런데 이 과에서는 다른 종류의 두려움을 다룬다. 그것은 바로 우리가 마땅히 지켜야 할 두려움이다.

또 사람에게 말씀하셨도다 보라 주를 경외함이 지혜요. (욥 28:28)

여호와의 법도 진실하여 다 의로우니. (시 19:9)

이스라엘의 하나님이 말씀하시며 이스라엘의 반석이 내게 이르시기를 사람을 공의로 다스리는 자, 하나님을 경외함으로 다스리는 자여. (삼하 23:3)

이같이 경외함이 부족하거나 없다면 죄와 환멸을 초래하고 결국엔 비극으로 끝날 수밖에 없다. 창세기 20:11에서 아브라함은, "이곳에서는 하나님을 두려워함이 없으니" 죄를 저질렀다. 그는 '하나님의 두려움'을 피하면 자유롭게 된다고 잘못 생각하고 있었다.

그들의 눈 앞에 하나님을 두려워함이 없느니라. (롬 3:18) – 거듭나지 못한 인간에 대한 묘사.

I. 주님에 대한 경외심의 의미

이것은 전능하신 분 앞에 서서 벌벌 떠는 육신적인 경외심을 의미하는 것은 아니다. 그것은 악을 미워하는 마음을 갖는 '경건한 신뢰'라고 정의할 수 있다. 주님을 향한 경외심은 경건함을 의미한다. 그것은 하나님을 향한 우리의 의무다.

나에게 백성을 모으라 내가 그들에게 내 말을 들려주어 그들이 세상에 사는 날 동안 나를 경외함을 배우게 하며. (신 4:10)

Note

여기에서 우리는 경외심이란 중요하지만, 유전적인 성질의 것이 아님을 알 수 있다. 그것은 모든 세대에 있어서 주님을 경외하는 법을 배우도록 자녀들과 백성에게 가르쳐야만 하는 어떤 것이다.

경외심은 하나님께서 우리 각자에게 요구하시는 것이며, 경외란 바로 '창조의 목적'이다.

네 하나님 여호와를 경외하며 그를 섬기며. (신 6:13)

일의 결국을 다 들었으니 하나님을 경외하고 그의 명령들을 지킬지어다. (전 12:13)

Ⅱ. 우리가 두려워하지 말아야 할 것들

우리는 우상이나 다른 신들을 두려워해서는 안 된다.

또 내가 너희와 세운 언약을 잊지 말며 다른 신들을 경외하지 말고. (왕하 17:38)

우리는 사람을 두려워해서는 안 된다. 사무엘상 15:24에서 사울의 잘못은, "내가 백성을 두려워했다"는 것이다.

사람을 두려워하면 올무에 걸리게 되거니와. (잠 29:25)

우리는 주님만을 두려워해야 한다. 우리가 세상의 재난을 두려워하지 않는 것은 그것이 주님께서 오실 날이 가깝다는 것을 뜻하기 때문이다.

… 사람들이… 무서워하므로 기절하리니… 일어나 머리를 들라. (눅 21:25–28)

진실한 신자는 미래의 형벌을 두려워하지 않는다.

오직 무서운 마음으로 심판을 기다리는 것과 대적하는 자를 태울 맹렬한 불만 있으리라. (히 10:27)

우리는 "두려움"을 두려워하지 않는다.

환난과 역경이 그(구원받지 못한 자)를 두렵게 하며. (욥 15:24)

그러나 믿는 자는 모든 두려움을 주님께 맡긴다.

너희 염려를 다 주께 맡기라. (벧전 5:7)

그러나 오직 한 가지 두려움은 있어야 하는데, 이는 바로 주 하나님을 향한 거룩한 두려움이다.

Ⅲ. 하나님을 경외하는 것은 명령이다

너희는 너희의 하나님 여호와를 따르며 그를 경외하며 그의 명령을 지키며 그의 목소리를 청종하며 그를 섬기며 그를 의지하며. (신 13:4)

뭇 사람을 공경하며 형제를 사랑하며 하나님을 두려워하며 왕을 존대하라. (벧전 2:17)

여호와를 두려워하는 너희여 그를 찬송할지어다… 그에게 영광을 돌릴지어다… 그를 경외할지어다. (시 22:23)

지상의 교회는 이 문제에 있어서 분명히 고상한 본보기를 보여 주었다.

든든히 서 가고 주를 경외함과 성령의 위로로 진행하여 수가 더 많아지니라. (행 9:31)

그가 경건하여 온 집안과 더불어 하나님을 경외하며. (행 10:2)

고넬료는 하나님을 경외한 사람이었다. 하나님께서 고넬료에게 복음을 보내신 일은 이상한 명령이었을까? 고린도후서 7:1은 하나님을 향한 경외심에 대하여 우리로 하여금 신중하게 생각해야 한다고 가르친다. "하나님을 두려워하는 가운데서 거룩함을 온전히 이루어 육과 영의 온갖 더러운 것에서 자신을 깨끗케 하자." 이 경건한 두려움은 우리가 스스로 삶 속에서 강한 동기를 일으키도록 만들어 준다.

Ⅳ. 주님을 향한 경외심에 대한 설명

1. 그것은 악을 미워한다.

여호와를 경외하는 것은 악을 미워하는 것이라. (잠 8:13)

2. 그것은 지혜이다.

여호와를 경외함이 지혜의 근본이라. (시 111:10)

3. 그것은 보배이다.

가산이 적어도 여호와를 경외하는 것이 크게 부하고 번뇌하는 것보다 나으니라. (잠 15:16)

여호와를 경외함이 네 보배니라. (사 33:6)

4. 그것은 생명의 샘이다.

여호와를 경외하는 것은 생명의 샘이니 사망의 그물에서 벗어나게 하느니라. (잠 14:27)

5. 그것은 정결하다.

여호와를 경외하는 도는 정결하여. (시 19:9)

6. 그것은 영원까지 견딘다.

여호와를 경외하는 도는 정결하여 영원까지 이르고. (시 19:9)

7. 그것은 신성하다.

그러므로 우리가 흔들리지 않는 나라를 받았은즉 은혜를 받자 이로 말미암아 경건함과 두려움으로 하나님을 기쁘시게 섬길지니. (히 12:28)

경건함과 두려움 사이에는 차이가 있다.

V. 무엇이 하나님을 두려워하게 만드는가?

Note

1. 하나님의 거룩하심 자체가 두려움을 갖게 한다.

주여 누가 주의 이름을 두려워하지 아니하며 영화롭게 하지 아니하오리이까 오직 주만 거룩하시니이다. (계 15:4)

2. 하나님의 위대하심이 두려움을 갖게 한다.

이스라엘아 네 하나님 여호와께서 네게 요구하시는 것이 무엇이냐 곧 네 하나님 여호와를 경외하여… 너희의 하나님 여호와는 신 가운데 신이시며 주 가운데 주시요 크고 능하시며 두려우신 하나님이시라. (신 10:12, 17절)

3. 하나님의 선하심이 두려움을 갖게 한다.

너희는 여호와께서 너희를 위하여 행하신 그 큰일을 생각하여 오직 그를 경외하며 너희의 마음을 다하여 진실히 섬기라. (삼상 12:24)

4. 하나님의 사유하심이 두려움을 갖게 한다.

그러나 사유하심이 주께 있음은 주를 경외하게 하심이니이다. (시 130:4)

이것 때문에도 주님을 찬양하라.

5. 하나님의 놀라운 일들이 그를 경외하게 한다.

여호수아 4:23-24에서 여호수아는 이러한 일들을 돌이켜 보고 있다.

6. 다가올 심판이 두려움을 갖게 한다.

그가 큰 음성으로 이르되 하나님을 두려워하며 그에게 영광을 돌리라 이는 그의 심판의 시간이 이르렀음이니. (계 14:7)

VI. 주님을 향한 경외심은 절대적으로 필요하다

1. 경배하게 한다.

오직 나는 주의 풍성한 사랑을 힘입어 주의 집에 들어가 주를 경외함으로 성전을 향하여 예배하리이다. (시 5:7)

2. 봉사하게 한다.

여호와를 경외함으로 섬기고 떨며 즐거워할지어다. (시 2:11)

3. 죄로부터 떠나게 한다.

모세가 백성에게 이르되 두려워하지 말라 하나님이 임하심은 너희를 시험하고 너희로 경외하여 범죄하지 않게 하려 하심이니라. (출 20:20)

4. 선한 통치를 하게 한다.

사람을 공의로 다스리는 자, 하나님을 경외함으로 다스리는 자여. (삼하 23:3)

오늘날엔 이러한 통치가 결핍되어 있다.

5. 공의를 행하게 한다(대하 19:6-9).

6. 그리스도인으로서의 삶에 거룩함을 온전히 이루게 한다(고후 7:1).

Ⅶ. 주를 경외한 결과

1. 주님께 기쁨을 드린다.

여호와는 자기를 경외하는 자들과 그의 인자하심을 바라는 자들을 기뻐하시는도다. (시 147:11)

2. 하나님의 자녀들을 더욱 불쌍히 여기게 한다.

아버지가 자식을 긍휼히 여김 같이 여호와께서는 자기를 경외하는 자를 긍휼히 여기시나니. (시 103:13)

3. 하나님이 받으시게 한다.

각 나라 중 하나님을 경외하며 의를 행하는 사람은 다 받으시는 줄 깨달았도다. (행 10:35) – 베드로가 고넬료와 친구들의 환대를 받음.

4. 하나님의 인자하심을 얻게 된다.

여호와의 인자하심은 자기를 경외하는 자에게 영원부터 영원까지 이르며 그의 의는 자손의 자손에게 이르리니. (시 103:17)

오 주님, 저에게 당신을 경외하도록 가르쳐 주소서!(눅 1:50)

5. 축복을 가져온다.

여호와를 경외하며 그의 계명을 크게 즐거워하는 자는 복이 있도다. (시 112:1)

6. 신뢰를 가져온다.

여호와를 경외하는 자에게는 견고한 의뢰가 있나니. (잠 14:26)

7. 악에서 떠나게 한다.

여호와를 경외함으로 말미암아 악에서 떠나게 되느니라. (잠 16:6)

8. 그리스도인의 교제가 있게 한다.

여호와를 경외하는 자들이 피차에 말하매 여호와께서 그것을 분명히 들으시고. (말 3:16)

9. 사람에 대한 두려움을 없앤다.

그들이 두려워하는 것을 너희는 두려워하지 말며 놀라지 말고 만군의 여호와 그를 너희가 거룩하다 하고 그를 너희가 두려워하며 무서워할 자로 삼으라. (사 8:12–13)

10. 기도가 응답되게 한다.

그는 자기를 경외하는 자들의 소원을 이루시며 또 그들의 부르짖음을 들으사 구원하시리로다. (시 145:19)

11. 오래 살게 한다.

여호와를 경외하면 장수하느니라. (잠 10:27)

● 결론

우리로 하여금 하나님을 두려워하도록 가르쳐 달라고 기도하라.

여호와여 주의 도를 내게 가르치소서 내가 주의 진리에 행하오리니 일심으로 주의 이름을 경외하게 하소서. (시 86:11)

• 잠언 15:16; 19:23을 읽어 보라.

질문 Bible Study

1. '주를 경외함'에 대해 정의하라.
2. 하나님을 경외하는 것과 관련하여 무엇을 배우게 되었는가?(신 4:10)
3. 인간의 두 가지 목적은 무엇인가?(전 12:13)
4. 우리가 두려워하지 말아야 될 것을 말해 보라.
5. 하나님을 경외해야만 하는 이유를 신 • 구약에서 각기 하나씩 제시해 보라.
6. 하나님을 경외하기 위한 7가지 방법에 대해 말해 보라.
7. 하나님을 두려워하게 하는 5가지 동기를 말해 보라.
8. 왜 여호와에 대한 경외심이 필요한가?
9. 여호와를 경외한 결과가 어떠한지 11가지로 말해 보라.
10. 시편 86:11을 통해 어떤 교훈을 배우게 되는가?

Note

Bible

주 제 별 성 경 연 구

제2권
아들 하나님

제7과 예수 그리스도에 관한 예언과 그의 생애
제8과 예수 그리스도의 동정녀 탄생
제9과 예수 그리스도의 신성 1
예수 그리스도의 신성(논쟁) 2
제10과 아버지와 아들의 관계
제11과 예수 그리스도의 인간성
제12과 예수 그리스도의 무죄성
제13과 예수 그리스도의 성품
제14과 예수 그리스도의 가르침
제15과 예수 그리스도의 명령
제16과 예수 그리스도의 기적
제17과 예수 그리스도의 죽음
제18과 예수 그리스도의 부활
제19과 예수 그리스도의 승천
제20과 예수 그리스도의 중보적 사역
제21과 예수 그리스도의 재림
제22과 재림의 결과

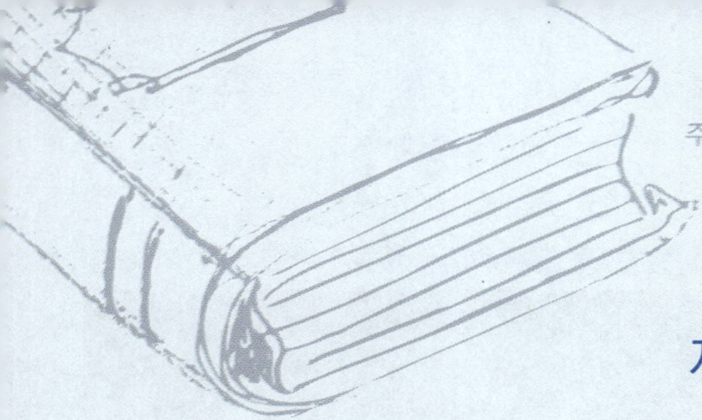

제7과

예수 그리스도에 관한 예언과 그의 생애

● 서론

예수 그리스도는 태어나시기 훨씬 이전에 오실 것이 이미 예언되었다(창 3:15). 예수님은 그냥 오시지 않았다. "때가 차매"(갈 4:4) 오셨다. 예언 성취의 세세한 부분을 연구해 보면 하나님께서 세우신 종합 계획의 청사진이 얼마나 완벽한지 놀라지 않을 수 없다.

그리스도에 관한 예언이 완벽하게 성취되는 것을 볼 때, 성경이 영감으로 쓰인 책이라고 믿는 우리의 믿음은 더 강력해진다. 성경은 여러 저자들에 의해 쓰인 책들을 모아 놓은 것이 아니라 오직 한 분, 즉 하나님만이 저자이시다. 이것은 우연이라고 보기에는 너무나 완벽하다. 성령 충만한 하나님의 자녀는 바로 이 간증을 기쁨으로 받고 도마처럼, "나의 주 나의 하나님"이라고 외친다. 예수 그리스도의 예언이 성취된 것을 믿는 우리의 신앙은 견고하고 흔들리지 않는 반석 위에 서 있는 것과 같다.

Ⅰ. 그리스도의 탄생에 대한 예언

1. 그리스도는 이스라엘에서 태어날 것이다.

한 별이 야곱에게서 나오며 한 규가 이스라엘에게서 일어나서. (민 24:17)

그리스도는 유대인으로 아브라함과 이삭과 야곱이 자손으로 태어났다(마 1:1-17).

2. 그리스도는 다윗의 가문이며 유다 족속에게서 태어날 것이다.

규가 유다를 떠나지 아니하며… 실로가 오시기까지 이르리니 그에게 모든 백성이 복종하리로다. (창 49:10)

Note

이새의 줄기에서 한 싹이 나며 그 뿌리에서 한 가지가 나서 결실할 것이요. (사 11:1)

이 예언들이 우리 주 예수 안에서 이루어졌다(눅 1:31-33).

3. 그리스도는 베들레헴에서 태어날 것이다.

베들레헴 에브라다야 너는 유다 족속 중에 작을지라도 이스라엘을 다스릴 자가 네게서 내게로 나올 것이라 그의 근본은 상고에, 영원에 있느니라. (미 5:2)

그리스도는 베들레헴에서 태어났다(눅 2:4-7).

4. 그리스도는 동정녀에게서 태어날 것이다.

보라 처녀가 잉태하여 아들을 낳을 것이요 그의 이름을 임마누엘이라 하리라. (사 7:14)

그리스도는 동정녀에게서 태어났다(마 1:18, 22-23절).

5. 그리스도의 오시는 때가 명시되어 있었다.

일흔 이레를 기한으로 정하였나니 허물이 그치며 죄가 끝나며… 예순두 이레 후에 기름 부음을 받은 자가 끊어져 없어질 것이며. (단 9:24-26)

메시야 그리스도는 예루살렘 성전이 재건된 후 490년에 십자가에서 죽었다. 그리스도는 정확한 때에 십자가에서 돌아가셨다. 그 이전이나 그 이후에 온 사람은 아무도 그리스도일 수가 없다.

6. 그리스도의 오심은 전주자(前走者)에 의해 알려졌다.

외치는 자의 소리여 이르되 너희는 광야에서 여호와의 길을 예비하라 사막에서 우리 하나님의 대로를 평탄하게 하라. (사 40:3)

이 예언은 세례 요한에 의해 이루어졌다(마 3:3).

7. 메시야는 하나님이시다.

이사야 9:6의 놀라운 구절을 보라. "… 전능하신 하나님이라." 우리는 그리스도의 신성을 다룬 과에서 예수님이 하나님이셨음을 공부하게 될 것이다(요 1:14).

Ⅱ. 그리스도의 생애에 대한 예언들

1. 예수는 어린 시절의 일부를 애굽에서 보내게 된다.

이스라엘이 어렸을 때에 내가 사랑하여 내 아들을 애굽에서 불러냈거늘. (호 11:1)

2. 예수는 피로 고난을 받고 대속하게 된다.

이사야 53:4-6은 그리스도에 의해 이뤄져야만 했다. 고린도후서 5:21에는 그 성취가 기록되어 있다. "하나님이 죄를 알지도 못하신 이를 우리를 대신하여 죄로 삼으신 것은 우리로 하여금 그 안에서 하나님의 의가 되게 하려 하심이라."

3. 예수는 당나귀를 타고 예루살렘에 들어오게 된다.

보라 네 왕이 네게 임하시나니 그는 공의로우시며 구원을 베푸시며 겸손하여서 나귀를 타시나니. (슥 9:9)

종려 주일에 대한 이 예언은 마태복음 21:2-5에 자세히 적혀 있다.

4. 예수는 십자가 위에서 쓸개와 신포도주를 받게 된다.

그들이 쓸개를 나의 음식물로 주며 목마를 때에는 초를 마시게 하였사오니. (시 69:21)

이는 마태복음 27:34에서 로마 병정들에 의해 십자가상에서 이루어졌다.

5. 로마의 형법대로 실행되는 것과는 달리 뼈 하나라도 꺾이지 않을 것이다.

그의 모든 뼈를 보호하심이여 그중에서 하나도 꺾이지 아니하도다. (시 34:20)

유월절의 양도 뼈 하나 꺾이지 않았다(출 12:46). 보통 십자가에 달렸던 죄수의 다리는 도망치지 못하도록 꺾었는데 그들은 관습을 깨고 예수님의 다리나 뼈를 꺾지 않았다(요 19:33-36).

6. 사람들은 예수의 겉옷을 제비 뽑게 된다.

내 겉옷을 나누며 속옷을 제비 뽑나이다. (시 22:18)

이 예언은 말한 대로 마태복음 27:35에서 군병들에 의해 정확하게 이루어졌다.

7. 예수는 고통 중에 죽으시면서 어떤 말을 하실 것이다.

내 하나님이여 내 하나님이여 어찌 나를 버리셨나이까. (시 22:1)

이 예언은 십자가에서 하신 네 번째 말로 이루어졌다(막 15:34).

8. 그는 죽은 자들 가운데서 다시 일어나실 것이다.

이는 주께서 내 영혼을 스올에 버리지 아니하시며 주의 거룩한 자를 멸망시키지 않으실 것임이니이다. (시 16:10)

베드로는 사도행전 1:2-3에서 이 예언이 문자 그대로 사실상 이루어졌음을 확인한다.

Ⅲ. 그리스도의 생애

1. 성육신 이전에도 예수님은 하나님으로 항상 존재해 계셨다.
2. 예수님의 동정녀 탄생은 마태복음과 누가복음에 기록되어 있다.
3. 예수님은 태어난 지 8일째 되는 날 할례를 받으셨다(눅 2:21).
4. 예수님은 12살 되던 해 예루살렘 성전을 방문했다(눅 2:41-48).
5. 예수님은 초년을 나사렛에서 목수로 보내셨다(막 6:3).
6. 예수님은 유대와 사마리아와 갈릴리에서 사역을 시작하셨다. 이 기간은 6개월이었다.
7. 예수님의 첫 번째 기적은 갈릴리의 가나에서 행해졌다(요 2:1). 그리고 두 번째 기적은 가

버나움에서 높은 신분의 아들을 고치신 일이다(요 4:46-54).

8. 예수님 사역의 두 번째 단계는, 가버나움과 갈릴리에서의 6~8개월 동안이다. 주님은 이적을 행하셨고, 병든 자들을 고치셨으며 복음을 전파하셨다.

9. 세 번째 단계는 갈릴리를 중심으로 한 약 1년간의 갈릴리 사역이었다. 무리가 예수님을 따랐다. 주님은 산상설교 등을 행하셨다(마 5-7장).

10. 다음 단계는 바리새인들이 예수님을 죽이려고 찾아다닌 것이다. 예수님은 가버나움, 벳세다, 가이사랴 빌립보를 여행하시다가 갈릴리로 되돌아오셨다.

11. 마지막 6개월 동안에는 가르치고 설교하고 여행을 하며 보내셨다.

12. 마지막 날은 종려주일, 최후의 만찬, 겟세마네 동산에서 십자가의 고통과 죽음으로 보내셨다.

13. 십자가에서 돌아가시고 삼일 후에는 예언에 따라 죽은 자들 가운데서 다시 살아나셨다.

14. 부활 후 40일째 되던 날, 예수님은 사람들이 보는 앞에서 육신의 몸으로 하늘에 올라가셨다(행 1:10-11).

Ⅳ. 예수님의 기적

기적이란 낮은 법칙이 보다 높은 법칙으로 말미암아 물러서는 것을 의미한다. 빛이 오면 어두움이 물러나는 것과 같다. 낮은 법칙이란 지구와 자연계의 자연적 또는 물리적 법칙을 의미한다. 하나님께서 이 법칙을 만드셨기 때문에 하나님은 이 법칙에 반대되거나 뛰어넘는 일을 하실 수가 있다.

예수님이 참 기적들을 행하셨다면 그는 하나님이심이 틀림없다. 왜냐하면 인간은 참 기적을 행할 수 없기 때문이다. 주 예수께서 그의 신성을 증명하여 인간들로 하여금 자신과 그의 메시지와 그의 인격을 믿도록 하게 하려고 기적들을 행하셨다(요 2:11; 20:31). 예수님은 자연계에 대해서도 놀랄 만한 기적을 행하셨다. 폭풍우를 잠잠케 하셨고, 바람과 물을 잔잔케 하셨으며 물 위를 걷기까지 하셨다(마 8:26-27; 14:25).

예수님은 인간의 질병에 대해서도 기적을 행하셨는데, 문둥병자를 깨끗케 하셨고, 저는 자를 고치셨고, 시각장애인의 눈을 뜨게 하셨다. 청각장애인으로 하여금 듣게 하셨고, 열병을 내쫓으셨다(마 8:3; 12:10-13 등). 예수님은 죽음을 향해서도 기적을 행하셨다. 예수님은 죽은 사람은 죽은 채로 있어야 하는 인간의 모든 법칙과는 반

Note

대로 죽은 자를 살리셨다(요 11:44, 마 9:23-25, 눅 7:12-15).

우리 주님은 완전한 기적을 행하셨고 이 모든 기적들은 믿을 만한 것들이다. 기적은 많은 증인이 있는 곳에서 공공연히 행해졌고, 우리로 읽고 믿게 하기 위해 하나님의 영감에 의해 기록되어졌다.

● 결론

지상의 사역을 감당하신 예수님의 생애는 사도행전 10:38에서 이렇게 요약된다. "그가 두루 다니시며 선한 일을 행하시고 마귀에 눌린 모든 사람을 고치셨으니." 주 예수님은 우리가 따를 모범을 남기셨다.

> 이를 위하여 너희가 부르심을 받았으니 그리스도도 너희를 위하여 고난을 받으사 너희에게 본을 끼쳐 그 자취를 따라오게 하려 하셨느니라. (벧전 2:21)

우리는 그가 걸었던 대로 걸어야만 한다. 요한일서 2:6에서 보면 그리스도는 하나님의 뜻을 행하려고 오셨고 우리도 역시 그래야만 한다(요 8:29, 히 10:7).

질문 *Bible Study*

1. 예수님이 세상에 오신 것이 놀랄 일이 아닌 이유는 무엇인가?
2. 어느 나라 어느 족속 가운데서 구주가 오시기로 예언되었는가?
3. 메시야는 언제 오신다고 예언되었는가?
4. 십자가에서 예수님께 쓸개와 신 포도주가 주어진 것은 우연인가? 그 이유는 무엇인가?
5. 요한복음 19:34의 중요성에 대해 말해 보라.
6. 그리스도의 부활에 관한 구약의 예언은 무엇인가?
7. 예수님께서 처음으로 행하신 2가지 기적은 무엇인가?
8. 마태복음 5–7장은 예수님의 생애 가운데 어디에 해당하는가?
9. 기적이란 무엇인가?
10. 사도행전 10:38을 통해 알 수 있는 예수님의 생애는 무엇인가?

제8과

예수 그리스도의 동정녀 탄생

● 서론

예수 그리스도는 곧 하나님이시다. 동시에 그는 하나님의 아들이다. 그리고 인간의 몸을 입으신 사람이셨다. – 예수는 인간의 형상과 모양을 취하셨다(빌 2:5-8). 우리는 아담이 죄를 지은 이후 모든 사람은 부모로부터 죄의 성품을 타고 태어난다고 믿고 있다. 그러면 어떻게 해서 예수님은 죄의 성품을 갖지 않고 태어나셨을까?

내가 죄악 중에서 출생하였음이여 어머니가 죄 중에서 나를 잉태하였나이다. (시 51:5)

악인은 모태에서부터 멀어졌음이여 나면서부터 곁길로 나아가 거짓을 말하는도다. (시 58:3)

만약 그리스도께서 죄의 성품을 갖고 태어나셨다면, 그는 죄인이고, 자기 죄 때문에 죽음을 맛보아야만 했다. 비록 그리스도께서 죄를 짓지 않고 살았다고 해도 그는 한 영혼도 구할 수 없었을 것이다. 어떻게 해서 그리스도께서 죄의 성품을 갖지 않고 태어나시는 일이 가능했을까? 아버지 하나님은 이 어려운 문제를 "동정녀 탄생"이라는 방법으로 해결하셨다.

동정녀 탄생의 기적은 그리스도인들에 의해 믿어지고 경배되며 받아들여진다. 우리를 죄에서 구속하기 위해 오신 갈보리 십자가의 예수를 구주로 영접할 때, 이 어려운 문제를 해결하신 하나님의 방법을 깨닫게 될 것이다.

Ⅰ. 동정녀 탄생은 구약에서 이미 예언되었다

창세기 3:15은 인간이 죄로 타락한 후 처음으로 주어진 구속자에 대한 약속이다.

창세기 12:1-3에서 하나님은 아브라함을 선택된 이스라엘 국가의 조상으로 부르신다.

창세기 49:10에서의 축복은 유다 족속을 통해 주어지기로 되어 있었다.

사무엘하 7:8-16은 구주께서 다윗의 가계를 통해 태어날 것을 말하고 있다. 즉 "다윗의 아들"로서 태어날 것을 예언하였다.

이사야 7:14은 실질적 예언이다. "보라 처녀가 잉태하여 아들을 낳을 것이요 그 이름을 임마누엘이라 하리라." 이것은 마태복음 1:23에서 되풀이된다.

이사야 9:6은 인간으로서의 예수는 "태어나야" 했고, 신성한 하나님으로서의 예수님은 "주어진 바" 되어야만 했다는 예언인데, 왜냐하면 하나님은 영원하셔서 태어날 수 없기 때문이다.

Ⅱ. 예언의 역사적 성취

마태복음 1:18-25는 누가복음 2:4-7과 같은 이야기다. 마리아가 예수님을 잉태했을 때, 요셉과 약혼했으나 아직 결혼하지는 않은 상태였다. 그리스도는 동정녀에게서 태어나되 약혼한 동정녀에게서 태어난 것이다. 이를 통해 마리아의 잉태는 분명 성령으로부터이지, 그녀의 약혼자인 요셉에게서나 혹은 다른 어떤 사람에게서가 아님을 알 수 있다.

하나님은 우리에게 온전한 구주를 허락하기 위해 이를 보증하신다. 동반자로서 마리아와 결혼하여 법의 가혹한 처벌(레 20:10)에서 마리아를 보호하고 돌볼 수 있도록 주님은 요셉을 격려하셨다. 마태복음 1:25은 요셉과 마리아가 결혼했지만 구주의 탄생이 있기까지는 결코 남편과 아내로서 함께 살지 않았다고 증언한다. 하나님은 이 구절을 특별히 성경에 삽입하셨는데, 그것은 우리에게 주신 아기는 인간의 아버지로부터 온 것이 아님을 확실하게 보여 주신 것이다.

Ⅲ. 동정녀 탄생은 성경에서 가르친다

어떤 사람들은 바울이 그리스도의 동정녀 탄생을 가르치지 않았다고 주장하기도 한다. 바울이 그와 똑같은 표현을 사용하지 않은 것은 사실이지만 다시 사신 예수를 알고 그가 이사야 7:14을 이루신 분으로 인정했다. 또한 골로새서 1:15-17에서 바울은 주 예수 그리스도의 위대성을 그린다.

이사야는 사실상 그 일이 일어나기 740년 전에 구주의 탄생에 대해 예언했다. 마태는 예수께서 성령에 의해 잉태되어 동정녀에게서 태어나셨음을 분명히 진술한다(마 1:18, 20, 23절). 의사로서 누가는 이 의학적인 현상에 가장 흥미를 느꼈을 것이다. 모든 아이는 아버지가 있어야만 한다. 아기 예수의 아버지는 누구였을까? 아버지가 만약 인간이라면, 그는 죄의 성품을 갖게 되고 우리는 아직 죄에 머물러 있을 것이다.

누가는 누가복음 1:27, 31, 34, 35절에서 특이한 잉태를 조심스럽게 설명한다. 누가복음 1:34

에서 마리아는 "결혼하지 않은 채 어떻게 아이를 가질 수 있는가"라고 천사에게 지각 있는 질문을 했는데, 이를 통해 그녀가 부도덕을 싫어하는 순결한 처녀였음이 추정된다. 누가복음 1:35에서 천사는 성령께서 아버지 되심을 조심스럽게 설명했다.

Note

Ⅳ. 처녀 탄생의 목적

1. 하나님을 나타내기 위해

예수께서는 인간들에게 하나님을 선포하고 나타내기 위해 오셨다(요 1:18).

2. 하나님과 인간 사이의 구원의 다리를 놓기 위해

하나님은 한 분이시요 또 하나님과 사람 사이에 중보자도 한 분이시니 곧 사람이신 그리스도 예수라. (딤전 2:5)

3. 인간들을 구원하기 위해

자녀들은 혈과 육에 속하였으매 그도 또한 같은 모양으로 혈과 육을 함께 지니심은 죽음을 통하여 죽음의 세력을 잡은 자 곧 마귀를 멸하시며 또 죽기를 무서워하므로 한평생 매여 종 노릇 하는 모든 자들을 놓아 주려 하심이니 이는 확실히 천사들을 붙들어 주려 하심이 아니요 오직 아브라함의 자손을 붙들어 주려 하심이라. (히 2:14, 16절)

이 말씀은 그리스도가 세상에 주어진 기본적인 목적이었다.

4. 모든 창조물을 구하기 위해

피조물이 다 이제까지 함께 탄식하며 함께 고통을 겪고 있는 것을 우리가 아느니라… 곧 우리 몸의 속량을 기다리느니라. (롬 8:22-23)

Ⅴ. 동정녀 탄생의 중요성

오늘날 많은 현대인이나 자유주의자는 전적인 인간의 타락과 그리스도의 신성, 하나님의 영감으로 기록된 성경을 공격함으로써 이 교리를 논박한다. 만약 인간이 전적으로 타락했다면 그를 구속할 구주가 필요하다. 이 구주는 순결하고 능력이 있어야만 된다.

예수 그리스도만이 이 세상의 유일한 구주가 되신다. 예수께서 죄의 성품을 갖지 않은 인간이 되실 수 있었던 유일한 방법은 동정녀 잉태로만 가능하다. 동정녀란, 결혼하지 않아 남자를 모르는 여자다. 예수님이 태어나시기 전까지 마리아와 요셉은 남편과 아내로서 함께 살았지만 마리아는 처녀로 지낼 수 있었다.

구원은 이 교리와 밀접하게 연결되어진다. 예수님이 동정녀에게서 태어나지 않으셨다면 아직도 당신과 나는 죄인으로 살아갈 것이다.

1. 그것은 부인할 수 없는 진리다.

성경에서 분명히 가르치고 있다. 우리는 성경이 감동으로 쓰인 것임을 받아들이고 이 가르침이 절대적으로 사실임을 믿는다.

2. 그것은 불변하는 진리다.

이 교리는 성경과 더불어 설 것이요, 변하는 시간과 인간의 생각과 이론과 함께 절대 변하지 않는다(히 13:8).

3. 그것은 시급한 진리다.

이 교리는 구원의 계획에 중요한 것이다. 구주의 동정녀 탄생 없이는 한 영혼의 구원도 전적으로 불가능하다.

4. 그것은 분별할 필요도 없는 진리다.

그것은 하나님 안에서 감추어진 신비다. 모든 생명과 탄생은 하나의 신비다. 어떻게 나무가 그 씨앗 속에 생명을 넣을 수가 있는가? 고린도전서 4:1에서와 같이 우리 그리스도인들은 "하나님의 비밀"을 맡은 선한 자들이 되어야만 한다.

5. 그것은 무조건적인 진리다.

나는 이 진리가 최고의 권위로 받아져야만 된다고 믿는다. 로마서 10:9은 우리가 예수님을 주님으로 고백해야만 하고, 그가 동정녀의 몸에서 태어나지 않으셨다면 거룩한 성경의 예언들을 어겼음으로 그는 구주일 수가 없다고 말하고 있다.

6. 전능하신 하나님이 지금 인간(죄 없는 인간, 죄의 성품이 없는 인간, 다른 사람들을 구하러 온 인간)으로 세상에 오신 것은 유용한 진리다. '임마누엘'이란, '하나님이 우리와 함께 계시다'라는 뜻이다. 이제 이 말이 사실이 된 것이다. 왜냐하면 하나님께서 우리와 함께 살려고 세상에 오셨기 때문이다.

7. 그것은 우리가 매년 크리스마스를 맞이하므로 피할 수 없는 진리다.

세상에 그리스도의 동정녀 탄생을 끊임없이 드러내자.

Ⅵ. 처녀 탄생의 의미

예수 그리스도는 환상이 아니었다. 그는 참 인간이셨고, 우리의 뼈 중의 뼈요, 살 중의 살이신 한 사람이었다. 빌립보서 2:7에서와 같이 그는 우리의 "장자(長者)"가 되셨다. 예수 그리스도는 또한 하나님이셨고 성령으로 잉태되었기 때문에 하나님으로 남아 있었다. 예수 그리스도는 타락된 죄의 성품, 부패된 인간의 성품을 물려받지 아니하고 처녀에게서 태어났기 때문에 죄가 없으셨다.

Note

Ⅶ. 이 교리에 대한 반대 의견

1. 성경에서는 제한된 몇몇 군데에서만 발견된다.

이것은 하나님의 감동을 받은 세 저자들인 이사야, 마태, 그리고 누가에 의해 확인이 된다.

2. 예수님께서는 개인적으로는 동정녀의 몸에서 탄생했다고 주장하지는 않았다.

그는 요한복음 6:51에서 이 사실을 간접적으로 언급하신다.

3. 과학자들은 생물학적으로 사실이 아니라고 말한다.

예수님은 자연적인 잉태가 아니라 기적적인 잉태로 오신 분이다.

4. 다른 사람들은 그것이 기적적이라고 거절한다.

모든 생명은 기적이고 놀랍고 신비롭다.

5. 현대 신학자들은 이 교리를 인정하지 않는다.

그러나 이 교리가 진실이라는 사실을 변명하지 못한다. 왜냐하면 거룩한 말씀에서 예언과 역사로 가르치기 때문이다.

● 결론

이 놀라운 진리를 크리스마스 이야기를 통해 주위에 전하라. 원죄의 오염 없이 구주를 세상에 보내는 길을 발견하신 하나님께 감사하라.

질문 Bible Study

1. 예수님은 어떻게 죄의 성품을 타고 나지 않으실 수 있었는가?(시 51:5)
2. 성경에서 구속자에 대한 첫 약속은 무엇인가?
3. 동정녀 탄생을 예언한 구약의 말씀은 무엇인가?
4. 이 예언은 어떻게 이루어졌나?
5. 동정녀 탄생의 목적 4가지를 말해 보라.
6. 그리스도의 신성과 동정녀 탄생을 부인하는 결과는 무엇인가?
7. 왜 동정녀 탄생의 신비가 완전히 이해되지 않는가?

8. 그리스도의 신성과 동정녀 탄생의 중대한 연결점은 무엇인가?

9. 오늘날 이 교리가 어떻게 실질적으로 적용되는가?

10. 왜 현대인들은 이 교리를 믿지 않으려 하는가?

제9과

예수 그리스도의 신성 1

● 서론

그리스도의 신성을 믿는 것은 구원에 있어서 중요하다. "네가 만일 네 입으로 예수를 주로 시인하며"(롬 10:9). 회심에 대하여 연구한 자료들을 살펴보면 사람들이 '예수를 주로 시인했을 때' 회심이 일어났음을 보게 된다(행 9:5, 요 9:38). 그리스도의 신성을 부인하는 것은 인류로부터 구주를 도둑질하고 우리를 영원히 저주의 상태에 머물게 하는 것이다.

Ⅰ. 예수 그리스도는 시편 110:1에서 주님으로 언급되어 있다

여호와께서 내 주에게 말씀하시기를 내가 네 원수들로 네 발판이 되게 하기까지 너는 내 오른쪽에 앉아 있으라 하셨도다. (시 110:1)

예수님은 마태복음 22:41-46, 마가복음 12:35-36, 누가복음 20:39-44에서 이 구절에 대해 언급하셨다. 베드로는 성령이 강림하시던 날의 설교에서 이를 언급했다(행 2:34). 그것은 대단히 중요하다. 예언은 메시야, 곧 구주는 신성한 주님 자신이라고 했다.

Ⅱ. 처녀 탄생은 하나님께서 인간들과 살기 위해 임하신 것이다

보라 처녀가 잉태하여 아들을 낳을 것이요 그의 이름을 임마누엘이라 하리라. (사 7:14)

임마누엘이란 하나님이 우리와 함께 계시다는 뜻이다(마 1:23). 이는 베들레헴에서 사실로 되었다. 예수 그리스도의 인격 속에 하나님이 성육신하여 인간과 거하시려 임하셨다.

Ⅲ. 메시야, 예수 그리스도는 예언에서 신성한 이름이 주어졌다

이는 한 아기가 우리에게 났고 한 아들을 우리에게 주신 바 되었는데… 그의 이름은 기묘자라, 모사라,

전능하신 하나님이라, 영존하시는 아버지라, 평강의 왕이라 할 것임이라. (사 9:6)

주 하나님만이 친히 이러한 이름들을 충족시킬 수 있었다. 하나님만이 참으로 기묘자이시다. 누가복음 18:19을 보면 어떤 선한 사람도 주 하나님을 따를 수 없다.

"모사라." 전지하신 하나님만이 온전한 훈계자이시다(시 16:7).

"전능하신 하나님이라." 메시야로 예언된 분은 하나님 자신이어야만 했다.

"영존하시는 아버지라." 요한복음 10:30에서 예수님은 "나와 아버지는 하나이니라"고 하셨다. 인간으로서의 예수님은 탄생했지만 하나님으로서의 예수님은 "주신 바" 되었다(하나님은 항상 존재하셨다).

Ⅳ. 예언된 그리스도는 "상고에 태초에"로부터 오시기로 되어 있었다

베들레헴 에브라다야 너는… 이스라엘을 다스릴 자가 네게서 내게로 나올 것이라 그의 근본은 상고에, 영원에 있느니라. (미 5:2)

메시야 – 구세주는 영원히 편재하시는 하나님 자신으로 되어 있었다.

Ⅴ. 하나님과 그리스도는 두 분 다 스스로 있는 자라 했다

하나님이 모세에게 이르시되 나는 스스로 있는 자이니라 또 이르시되 너는 이스라엘 자손에게 이같이 이르기를 스스로 있는 자가 나를 너희에게 보내셨다 하라. (출 3:14)

예수께서 이르시되 진실로 진실로 너희에게 이르노니 아브라함이 나기 전부터 내가(스스로 역자 주) 있느니라. (요 8:58)

유대인들은 예수님을 완전히 파악하고 그가 자신을 하나님이라 칭함으로 신성을 모독하는 죄를 저질렀다고 생각했다. 그들은 즉시 예수님을 돌로 치려고 했다. 돌로 맞아 죽는 것은 특별히 이 '죄'(레 24:12-16)에 해당하는 사형이었다. 그러나 사실은 그가 참으로 하나님이셨기 때문에 죄를 범한 것이 아니었다. 그는 자신이 "스스로 있는" 위대한 분이셨다.

Ⅵ. 예수님은 모든 죄를 사하셨다

작은 자야 네 죄 사함을 받았느니라 하시니. (막 2:5)

하나님만이 죄를 사하실 수 있다.

오직 하나님 한 분 외에는 누가 능히 죄를 사하겠느냐. (막 2:7)

죄는 하나님만이 사하실 수 있다고 한 유대인들의 말은 옳았다. 왜냐하면 죄란 법에 위배되는 것이요 피해자만이 가해자를 용서할 수 있기 때문이다. 죄를 사함에 있어 예수님은 신성을 모독하지 않으셨다. 그가 바로 하나님이셨기 때문이다. 예수는 하나님이셨고 그러므로 죄를 사하실 수 있었다.

Note

Ⅶ. 예수님은 편재하심을 주장하셨다

편재함은 천사도, 사람도 아닌 전능하신 하나님만의 특징이다. 예수께서는 동시에 아무데나 어디든지 계신다고 약속하셨다(마 18:20).

Ⅷ. 예수님은 전지하심을 주장하셨다

'전지하다'는 것은 모든 일을 아는 것으로, 하나님 자신이 갖는 예외적인 특징이다. 이 사실은 마태복음 11:2-6에 당나귀를 타고 승리의 입성을 하는 장면에서 볼 수 있다. 예수님은 마태복음 12:40과 24:3-31에서도 예언의 은사를 행하셨다.

Ⅸ. 예수님은 전능하심을 주장하셨다

모든 권능을 갖는 전능하심은 전능하신 하나님의 또 다른 예외적 속성이다.

예수께서 나아와 말씀하여 이르시되 하늘과 땅의 모든 권세를 내게 주셨으니. (마 28:18)

이 주장은 인간이나 영, 천사, 마귀, 초인간의 능력을 대신한다.

Ⅹ. 예수님은 창조의 능력을 갖고 계신다

무에서 유를 내는 것, 즉 '창조'란 하나님만이 하실 수 있다. 예수 그리스도는 활동적으로 창조하셨고 세상을 계속 유지해 나가신다(요 1:1-3, 히 1:3). 예수님은 물을 포도주로 바꾸신다든지, 물고기 두 마리와 떡 다섯 개로 오천 명이 먹을 음식을 마련하시는 등의 기적을 행사하는 창조력을 사용하셨다.

XI. 예수님은 자연계에 대해서도 권능을 갖고 계신다

예수님은 바람을 꾸짖으셨고 바람은 그에게 복종하여 즉시 잠잠해졌다. (눅 8:24)

이는 인간의 능력이 아닌 하나님만의 능력이다. 예수님은 물위를 걸으셨다(마 14:25-26). 이 능력은 보통 사람에게는 없는 것이다.

XII. 예수님은 하나님으로서 합당한 경배를 받으셨다

고침을 받은 장님은 구주를 인정하고 "주여 제가 믿나이다"라고 말하며 예수님께

절했다"(요 9:38). 예수님은 하나님으로서 정당하게 이 경배를 받으셨다. 예수님은 유혹을 당할 때 사단에게 이렇게 말씀하셨다. "(사단아 물러가라) 예수께서 대답하여 이르시되 기록된 바 주 너의 하나님께 경배하고 다만 그를 섬기라 하였느니라"(눅 4:8). 주 하나님 말고 다른 사람을 섬기는 것은 무서운 죄다. 예수께서 경배를 받으실 때, "내가 주(主)다"라고 세상에 말하셨다.

XIII. 예수님은 도마의 간증을 받으셨다

도마가 대답하여 이르되 나의 주님이시요 나의 하나님이시니이다. (요 20:28)

만약 도마가 잘못을 저질렀다거나 잘못 말하거나 혹은 과장해서 말했다면 예수께서는 그 자리에서 고쳐 주셨을 것이다. 도마는 진리를 말했다. 왜냐하면 예수님은 주 하나님, 즉 존재하기 이전에 존재하시는 영원한 분이시기 때문이다.

XIV. 하나님 아버지께서 예수 그리스도의 신성을 세상에 공포하신다

성결의 영으로는 죽은 가운데서 부활하여. (롬 1:4)

이것은 예수님이 하나님이시라는 가장 강력하고도 완전한 증거다. 이 구절은 부활의 사실로, 특별히 예수님이 하나님의 아들이심을 말하고 있다. 만약 예수님이 사기꾼이요, 거짓말쟁이요, 협잡꾼이거나 혹은 단순한 사람이거나 초인간이었다면 하나님은 그를 심판할 그날까지 무덤에 두었다가 지옥으로 보냈을 것이다. 로마서 6:4에 따르면 죽은 자들 가운데서 예수를 살리신 분은 바로 하나님 자신이셨다. 이같이 하나님 아버지는 최종적으로 예수 그리스도의 신성을 세상에 공포하신다.

● 결론

우리는 예수께서 지니신 유일한 속성 열 가지로 그가 하나님이심을 결론짓는다.

1. 영원하시다.

상고에, 영원에 있느니라. (미 5:2)

2. 불변하신다.

예수 그리스도는 어제나 오늘이나 영원토록 동일하시니라. (히 13:8)

3. 전능하시다.

제자들이 나아와 깨워 이르되 주여 주여 우리가 죽겠나이다 한대 예수께서 잠을 깨사 바람과 물결을 꾸짖으시니 이에 그쳐 잔잔하여지더라 . (눅 8:24)

예수님은 폭풍우와 바다를 잔잔케 하실 뿐만 아니라 못하실 일이 없는 전능하신 분이다(마

28:18).

4. 편재하신다(마 18:20, 요 1:48, 3:13, 마 28:20).

5. 전지하신다(막 11:2-6, 요 2:24-25, 눅 5:22).

6. 거룩하시다.

예수여… 하나님의 거룩한 자니이다. (막 1:24)

죄가 없으시다(벧전 2:22, 요 19:4).

7. 공의로우시다.

내 아버지의 집으로 장사하는 집을 만들지 말라 하시니. (요 2:16)

성전을 깨끗하게 하셨다.

이는 정하신 사람으로 하여금 천하를 공의로 심판할 날을 작정하시고 이에 그를 죽은 자 가운데서 다시 살리신 것으로 모든 사람에게 믿을 만한 증거를 주셨음이니라. (행 17:31)

공의로운 심판주이시다.

8. 사랑하신다.

이보다 더 큰 사랑이 없나니. (요 15:13)

9. 자비로우시다.

오직 그의 긍휼하심을 따라 중생의 씻음과 성령의 새롭게 하심으로 하셨나니. (디 3:5)

그는 우리를 위해 돌아가셨다.

10. 신실하시다.

우리는 미쁨이 없을지라도 주는 항상 미쁘시니. (딤 2:13)

다섯 가지 하나님의 사역이 예수님과 관계가 있다. – 창조, 보존, 용서, 죽은 자들의 부활, 심판(요 1:3, 히 1:3, 눅 7:48, 요 6:39, 요 5:22)

질문 *Bible Study*

1. 그리스도의 신성이 중요한 이유는 무엇인가?
2. 시편 110:1에 예수 그리스도는 어떻게 언급되어 있는가?
3. 하나님이 어떻게 인간과 함께하실 수 있는가?(사 7:14, 마 1:23)
4. 이사야 9:6에서 예수님에게 주어진 이름 5가지를 열거하라.
5. 예수님은 영원한 분이셨음을 나타내는 예언을 제시하라.
6. 요한복음 8:58–59의 의미는 무엇인가?

Note

7. 마가복음 2:5에서는 예수님이 하나님이심을 어떻게 증명하고 있는가?

8. 예수님(하나님)이 갖고 계신 자연적 속성은 무엇인가?

9. 누가복음 8:24은 예수님이 하나님이시라고 어떻게 증명하고 있는가?

10. 예수님의 신성을 주장하는 주요 논쟁은 무엇인가?

제9과

예수 그리스도의 신성(논쟁) 2

● 서론

예수 그리스도의 신성에 관한 반대 논쟁은 무엇이며 그들이 인용하는 성경 구절에 대해서 공부해 보자.

Ⅰ. 그리스도는 살과 뼈가 있다

왜냐하면 하나님은 영이시기 때문에 살과 뼈가 없는 반면, 예수님은 살과 뼈가 있기 때문이다(요 4:24, 눅 24:39) : 인간으로서 예수 그리스도는 살과 뼈를 가졌지만 하나님으로서 그는 영이셨다. 이 같은 이의는 구주의 두 가지 본성 때문에 일어난다. 보이지 않는 하나님이 보이는 하나님이 되기 위해서는 육신을 가지셔야만 했다. 디모데전서 2:5은 예수님의 두 가지 인격에 관해서 언급하고 있다(사람과 하나님을 말함). 하나님은 "육신으로 나타난 바 되시고" 예수 그리스도라는 사람 속에 나타나셨다(딤전 3:16).

Ⅱ. 시작이 있으시다

왜냐하면 하나님은 시작이 없으시나 그리스도는 시작이 있으시기 때문이다(요 8:42, 시 90:2) : 인간으로서 예수는 성령으로 잉태되었을 때는 시작이 있었지만, 하나님으로서의 예수는 시작도 끝도 없는 분이시다(요 8:56-59, 골 1:17, 요 1:18, 사 9:6).

Ⅲ. 하나님은 시작이 없으시다

왜냐하면 그는 창조되었으나 하나님은 시작이 없으시기 때문이다(골 1:15, 계 3:14): 요한계시록 3:14를 더 깊이 해석하면 다음과 같다. "그는 태초에 하나님께서 창조 사역을 하셨을 때 그 일의 증인이셨다." 예수님은 창조물이 아니라 창조 시의 증인이신 것이다. 잠언 8:22-23은 그리스도의 인격 속에 나타난 지혜를 말하고 있다. "여호와께서 그 조화의 시작 곧 태초에 일하시기 전에 나를 가지셨으며 만세 전부터, 태초부터, 땅이 생기기 전부터 내가 세움을 받았나니."

Ⅳ. 하나님은 인간이 아니시고, 인간은 하나님이 아니다

왜냐하면 호세아 11:9에서 하나님은 인간이 아니라고 하고, 에스겔 28:2에서는 인간은 하나님이 아니라고 하기 때문이다 : 호세아는 하나님이 인간의 몸과 살의 형태를 취할 수 없다고 말하지 않았다. 하나님께는 아무것도 어려운 일이 없다는(렘 32:17-18) 말씀이다. 그는 육신으로 나타낼 수 있으시다.

Ⅴ. 하나님을 그의 아버지라고 부른다

왜냐하면 마태복음 27:46과 요한복음 20:17에서 그는 하나님을 그의 아버지라고 불렀기 때문이다 : 인간으로서의 예수님은 하나님을 그의 아버지로 불렀다. 히브리서 1:8에서 하나님은 예수님을 "하나님"이라고 부르시나, 그렇다고 아버지의 신적 지위를 떨어뜨리는 게 아니다.

Ⅵ. 아버지가 그를 세상으로 보내셨다

왜냐하면 아버지가 그를 세상에 보내셨기 때문이다(요 8:42) : 아버지가 아들을 세상에 보낸 것은(예수님이 자진해서 오셨다) 전능하신 하나님 아버지가 갖는 지위를 격하시키지는 못한다(눅 19:10, 딤전 1:15, 갈 4:4-5).

Ⅶ. 육신으로 나타나셨다

왜냐하면 그는 육신으로 나타나셨기 때문이다(요일 4:2-3, 요이 1:7). 예수는 살과 뼈와 피를 가졌으므로 그는 인간 이상의 아무것도 아니다 : 예수님은 단지 성육신의 목적으로 살과 뼈와 피를 가지셨다. 하나님으로서 그분은 영원한 영이시나 우리의 구속자가 되기 위해 육신을 취하는 것이 필요했던 것이다.

Note

Ⅷ. 하나님이 그의 머리가 되신다

왜냐하면 고린도전서 11:3에 따르면 하나님은 그의 머리가 되시기 때문이다 : 삼위일체에서 한 위(位)가 다른 둘보다 위에 있다는 뜻은 아니다. 아버지와 아들과 성령은 동격이나 사역의 목적에 따라 아버지가 최고 책임자로서 일하신다.

Ⅸ. 사람이라고 부른다

왜냐하면 요한복음 8:40과 디모데전서 2:5에서 사람이라고 부르기 때문이다 : 예수님은 두 성품이 뒤섞임 없이 한 인격 속에서 참 아버지, 참 아들이셨다. 임마누엘이란 "하나님이 우리와 함께하신다"는 뜻이다.

Ⅹ. 하나님의 아들이셨다

우리가 하나님의 아들이 되는 것처럼 그리스도는 하나님의 아들이셨다 : 회심에 의해 우리는 "하나님의 아들"이 되나(요 1:12), 그리스도는 "하나님의 독생자"이시고 유일하고 특별한 지위를 갖고 계신다(요 3:16). 하나님의 아들은 아버지와 동등하며(빌 2:6), 성도는 그리스도와 더불어 상속자가 된다.

ⅩⅠ. 하나님이 그에게 권능을 부여하셨다

왜냐하면 마태복음 28:18에 의하면 아버지가 그에게 권능을 부여하셨기 때문이다 : 빌립보서 2:5-8에서 아들은 하나님의 능력 앞에 복종하지만, 하나님은 예수 부활 후 그에게 다시 권능을 회복시켜 돌려주신다.

ⅩⅡ. 하나님이 그를 주로 만드셨다

왜냐하면 사도행전 2:36에서 하나님이 그를 주로 만들었기 때문이다 : 그는 항상 하나님이셨지만 이 기회를 통해 아버지가 인류에게 이 사실을 공포하신 것이다.

ⅩⅢ. 그리스도가 하나님께 종속된다

왜냐하면 고린도전서 15:28은 그가 하나님께 종속된다고 말하기 때문이다 : 이것은 그리스도의 본성보다는 그의 지위에 관한 언급이다. 자발적으로 그리스도는 종속관계를 선택하셨다. 그의 뜻과 상관없이 그에게 부과된 것은 아니다.

XIV. 하나님은 죽을 수 없는 분이시다

왜냐하면 그리스도는 죽었고 하나님은 죽지 않는, 죽을 수 없는 분이시기 때문이다(딤전 1:17, 눅 23:46, 행 2:32) : 인간으로서 예수님은 돌아가셨지만 하나님으로서의 예수님은 죽을 수도, 죽지도 않았다(히 2:9, 14). 죽은 것은 인간의 육신적인 몸이다. 영은 하나님께 돌아감으로 죽지 않는다. 예수는 영육이 함께 부활하셨다.

XV. 그리스도는 성령으로 잉태되었다

왜냐하면 그는 성령으로 잉태되었기 때문이다(마 1:18-20). 성령의 피조물이므로 그는 하나님도 창조자도 아니다 : 예수 그리스도의 인간적인 면은 성령으로 잉태된 바 되었다. 그러나 그리스도의 신성은 항상 존재했다(요 1:1-2). 예수님은 동정녀 마리아가 있기 훨씬 이전부터 존재하셨다.

XVI. 그리스도는 아버지께로 올라간다고 하셨다

왜냐하면 예수는 요한복음 20:17에서 "내가 아버지 곧 너희 아버지, 내 하나님 곧 너희 하나님께로 올라간다"라고 말씀하셨기 때문에 두 분은 분명히 구별됨에 틀림없다 : 아버지와 아들은 두 인격이지만 한 하나님이시다. "나와 아버지는 하나이니라"(요 10:30).

• 참고/ 요 17:11, 21-22절

XVII. 하나님께 기도했다

왜냐하면 그는 아버지에게 기도했고, 늘 "유일하신 참 하나님"이라고 불렀기 때문이다(요 17:3, 고전 8:6) : 이 같은 이의는 아들이 아버지와 상호 존재하는 사실을 무시한 것이다. 그들은 하나다. 그들은 본래(영원한 영으로) 하나이나, 직분과 책임에 대하여는 구분된다. 아버지와 아들은 개인적으로 서로 연결된다(마 11:27, 눅 10:22, 요 12:45).

XVIII. 하나님은 오직 한 분이시다

왜냐하면 만약 그가 하나님이라면, 하나님은 한 분 이상일 것이기 때문이다 : 이 반대는 제4과 삼위일체에서 다루었다.

Note

XIX. 태초에 실체로 존재하지 않으셨다

왜냐하면 그는 태초에 실체로 존재하거나 형태를 가진 분이 아니라 하나님의 "생각" 내지는 "뜻"이나 "목적"일 뿐이었기 때문이다 : 이것은 요한복음 1:1-2의 말씀에서 비롯된 것인데, 1절 말씀은 분명하게 그리고 권위 있게 그 말씀(예수님)은 하나님이었다고 답변한다.

XX. 하나님을 자신보다 크신 분으로 표현했다

왜냐하면 요한복음 14:28에서 그는, "아버지는 나보다 크심이니라"고 말하기 때문이다 : 이것은 그의 지위에 대한 언급이지 그의 존재나 본성에 대한 것이 분명 아니다. 지위적으로 예수님은 그의 아버지 하나님의 종속적인 지위를 선택했다.

XXI. 진정으로 하나가 아니다

왜냐하면 그가 하나님과 하나이긴 하지만 그것은 단순히 양을 먹이고 가르치고 심판을 하는 데에서 하나이지, 하나님으로서는 하나가 아니다 : 아버지와 아들은 한 하나님(두 인격을 갖지만)이시며 한 여호와 하나님으로 상호 공존하신다. 아버지는 구약 시편 23:1의 여호와이셨고, 예수님은 신약에 언급된 하나님이시다(요 10:11, 히 13:20, 벧전 2:25, 계 7:17).

● 결론

예수 그리스도는 하나님이시다. 주 예수 그리스도는 전능하신 하나님이시다. 우리가 이 모든 질문에 만족할 만한 대답은 할 수 없지만 예수님이 하나님이심을 믿는다.

질문 *Bible Study*

1. 어떻게 예수님이 하나님으로 육신과 뼈를 가질 수 있으신가?(요 4:24, 눅 24:39)
2. 잉태된 날이 있음에도 불구하고 어떻게 예수님이 하나님이 되실 수 있는가?(시 2:7; 90:2)
3. 어떻게 예수님이 하나님으로 창조된 첫 피조물이 되는지 요한계시록 3:14을 참고하여 설명하라.

4. 호세아 11:9은 하나님이 사람은 아니라고 말한다. 그러면 어떻게 예수께서 하나님이 되실 수 있는가?
5. 고린도전서 11:3에서는 분명히 하나님이 그리스도의 머리가 되신다. 그러면 어떻게 해서 그리스도가 종속적이면서도 동시에 하나님이 되실 수 있는가?
6. 우리는 거듭남으로써 모두 하나님의 아들인데도 우리를 하나님되게 하지는 못한다. 그런데 예수님은 어떻게 해서 "하나님의 아들"로서 또한 하나님이 되실 수 있는가?
7. 하나님이 예수님을 "주"로 만드셨는데도 어떻게 그가 하나님이실 수가 있는가?
8. 하나님은 죽지 않으시는데 예수님은 십자가에 달려 돌아가셨다. 그러면 어떻게 해서 그가 하나님이실 수가 있는가?(딤전 1:17, 눅 23:46)
9. 요한복음 1:1에 따라 예수님이 단지 "말씀"이시라면, 생명이 없는 개념이 하나님이 되실 수 있는가?
10. 하나님을 예수님보다 크신 분이라고 했는데 어떻게 그가 하나님이실 수 있는가?

제10과

아버지와 아들의 관계

● 서론

이것이 그리스도의 신성을 부인하는 사람들의 논쟁 초점이다. 그들은 예수님은 우리와 같이 하나님의 아들이지 하나님은 아니라고 말한다. 그들은 성경 구절을 인용하면서 그가 아버지에게 종속된 아들이라고 주장한다. 우리 복음주의자들은 대답할 수 없는 것처럼 보이는 이 논쟁에 대해 어떻게 답변할 수 있는가?

하나님으로서 성육신 이전 상태의 예수님은 하나님 아버지와 동등했고, 동등하며, 항상 동등할 것이다. 그러나 성육신한 상태에서의 그는 분명 하나님께 종속된다. 성육신 이전의 그리스도를 연구함으로써, 그리스도께서 우리의 구주가 되기 위해 어떻게 친히 아들로서 자신을 비우셨는가를 감사할 수 있게 될 것이다(빌 2:5-8).

Ⅰ. 하나님으로서 예수 그리스도는 아버지와 동등하시다

유대인들이 이로 말미암아 더욱 예수를 죽이고자 하니 이는 안식일을 범할 뿐만 아니라 하나님을 자기의 친 아버지라 하여 자기를 하나님과 동등으로 삼으심이러라. (요 5:18)

강한 믿음의 소유자들이었던 유대인들은 "주 우리 하나님은 한 분이시다"라는 하나의 하나님만을 인정하여 예수님의 주장은 신성모독이므로 돌로 쳐 죽여야 마땅하다고 생각했다(레 24:12).

나와 아버지는 하나이니라. (요 10:30)

그러나 예수님께서 이렇게 말씀하신 것은, 분명 자신이 하나님과 동등하다는 증거다.

나를 본 자는 아버지를 보았거늘 어찌하여 아버지를 보이라 하느냐. (요 14:9)

그들은 하나이며 떼어놓을 수 없다.

그는 (그리스도는) 보이지 아니하는 하나님의 형상이시요. (골 1:15)

예수 그리스도는 보이지 않는 하나님–그는 영이시기 때문에 보이지 않는 하나님–의 보이는 영상이시다.

선한 일로 말미암아 우리가 너를 돌로 치려는 것이 아니라 신성모독으로 인함이니 네가 사람이 되어 자칭 하나님이라 함이로라. (요 10:33)

예수님은 그가 하나님이심을 증명하려 했지만 그들은 고집을 부리며 믿기를 거절했다.

그는 근본 하나님의 본체시나 하나님과 동등됨을 취할 것으로 여기지 아니하시고. (빌 2:6)

예수는 참으로 아버지 하나님과 동등하셨다.

아버지여 창세 전에 내가 아버지와 함께 가졌던 영화로써 지금도 아버지와 함께 나를 영화롭게 하옵소서. (요 17:5)

예수께서는 자신의 성육신 이전의 영화에 대해 언급하셨다.

태초에 말씀이 계시니라 이 말씀이 하나님과 함께 계셨으니 이 말씀은 곧 하나님이시니라. (요 1:1)

이것이 바로 요한복음을 여는 힘 있는 긍정적 진술이다.

또 아는 것은 하나님의 아들이 이르러 우리에게 지각을 주사 우리로 참된 자를 알게 하신 것과 또한 우리가 참된 자 곧 그의 아들 예수 그리스도 안에 있는 것이니 그는 참 하나님이시요 영생이시라. (요일 5:20)

요한은 그의 복음서와 서신에서 예수님은 하나님이시라는 사실을 반복하여 진술한다. 디도는 그의 간증에서 요한과 함께 한다.

복스러운 소망과 우리의 크신 하나님 구주 예수 그리스도의 영광이 나타나심을 기다리게 하셨으니. (디 2:13) – 하나님 구주 예수 그리스도라는 한 분으로 나타남.

우리가 기다리는 분은 베들레헴으로 처음 오신 구주 하나님이시다.

아들에 관하여는 하나님이여 주의 보좌는 영영하며. (히 1:8)

하나님 아버지는 그의 아들을 '하나님'이라 부르신다. 유다는 그의 유명한 축도에서 구주를 하나님이라 부른다.

우리 구주 홀로 하나이신 하나님께. (유 1:25)

이것은 오직 한 분 주 예수 그리스도를 말한다. 난해한 구절 중의 하나는 골로새서 2:9이다. "그 안에는 신성의 모든 충만이 육체로 거하시고." 이 구절은 유한한 인간이 이해하기는 힘든 말이다. 그리스도는 신성에 있어서 하나도 결여되지 않는 온전하고 완전하신 분이다.

Note

예수 그리스도를 단지 "하나"의 하나님의 아들이라고 말하는 것은 구세주를 모욕하고 참람하게 하는 것이다. 마태복음 17:2에서의 그리스도의 변형은 성육신 이전의 그리스도의 영광을 보여 주는데, "그 얼굴이 해같이 빛나며"라고 기록되어 있다. 누구든지 아버지와 동등하신 하나님으로서의 예수님을 받아들이기를 거절하거나 하나님의 말씀을 거절하는 것은 크나큰 죄다. 그리스도의 영원 전의 존재와 성육신 이전의 영광을 의심하거나 부인한다고 하여 예수님이 하나님이시고 또 하나님이셨다는 사실을 감하지는 못할 것이다.

이러한 사실을 의심하는 자는 구주를 중상모략하는 끔찍한 죄를 짓는 것이다. 오히려 자신이 아버지와 동등한 하나님이셨지만 우리를 위해 왕족의 옷을 벗고 자신을 비우신 사실에 영광을 돌리자. 그의 놀라운 희생을 인하여 경배와 찬양과 존경으로 그 앞에 무릎을 꿇자.

Ⅱ. 인간으로서 예수 그리스도는 아버지에게 종속되신다

예수 그리스도께서 인간이 되셨을 때 그는 자진하여 가장 낮은 자리–수치스럽고 하나님에 종속되는 자리–를 택하셨다.

> 내가 갔다가 너희에게로 온다 하는 말을 너희가 들었나니 나를 사랑하였더라면 내가 아버지께로 감을 기뻐하였으리라. (요 14:28)

인간이신 예수님은 영원하신 아버지에 대해 이야기하신다. 예수께서 성령으로 잉태되었을 때 그리스도는 하나님과 새로운 관계에 놓여졌다.

> 하나님(아버지)께서 어느 때에 천사 중 누구에게 너는 내 아들이라 오늘 내가 너를 낳았다 하셨으며. (히 1:5)

이 일은 누가복음 1:35에서 일어났다. 예수님께서는 자신이 "독생자"이심을 요한복음 3:16에서 언급하신다. 이것은 시편 2:7에서 예언되었다. 이 구절을 아들로서 잉태됨이 영원하신 하나님, 주 예수의 기원을 말하는가? 분명 아니다. 왜냐하면 하나님으로서의 그는 결코 태어나지 않았기 때문이다. 그는 항상 존재하셨다. 이사야 9:6-7, 누가복음 1:35에 나타난 잉태는 성령이 마리아에 임하여 인간 예수가 잉태되셨음을 언급하는 것이다.

A. 아들이 아버지께 종속된 방법

1. 세상에서의 예수님의 삶은 아버지 때문이다. "내가 아버지로 말미암아 사는 것

같이" (요 6:57). 아버지가 아들을 지탱케 하셨다.

2. 예수는 아버지를 떠나서는 독립적으로 아무것도 할 수 없었다. "아들이 아버지께서 하시는 일을 보지 않고는 아무것도 스스로 할 수 없나니 아버지께서 행하시는 그것을 아들도 그와 같이 행하느니라"(요 5:19).
3. 예수 그리스도는 아버지로부터 세상에 보내졌다. "예수께서 대답하여 이르시되 하나님께서 보내신 이를 믿는 것이 하나님의 일이니라 하시니"(요 6:29). • 참고/ 요 8:29, 42절
4. 아버지가 아들에게 권위와 관리를 부여했다. "내가 스스로 버리노라 나는 버릴 권세도 있고 다시 얻을 권세도 있으니 이 계명은 내 아버지에게서 받았노라"(요 10:18). • 참고/ 요 13:3
5. 예수 그리스도는 그의 메시지를 아버지께로부터 받았다. "내가 그에게 들은 그것을 세상에 말하노라"(요 8:26).
6. 아버지는 구주가 수행할 어떤 일들을 맡기셨다. "아버지께서 내게 주사 이루게 하시는 역사 곧 내가 하는 그 역사가 아버지께서 나를 보내신 것을 나를 위하여 증언하는 것이요" (요 5:36). • 참고/ 요 17:4
7. 아버지는 아들에게 천국을 맡기셨다. "내 아버지께서 나라를 내게 맡기신 것 같이 나도 너희에게 맡겨"(눅 22:29).
8. 오늘날 교회 시대에 예수는 아버지를 머리로 하는 종속 관계에 있다. "여자의 머리는 남자요 그리스도의 머리는 하나님이시라"(고전 11:3).
9. 그리스도는 인간이 하나님께 접근할 수 있도록 길이 되신다. "그러므로 자기를 힘입어 하나님께 나아가는 자들을 온전히 구원하실 수 있으니 이는 그가 항상 살아 계셔서 그들을 위하여 간구하심이라"(히 7:25).
10. 예수님은 하나님께로 가는 길, 즉 구원의 길이 되셨다. 그만이 유일한 길이 되신다(요 14:6).
11. 예수님은 아버지를 "나의 하나님"이라 언급하셨다. "예수께서 이르시되… 아직 (나의)아버지께로 올라가지 아니하였노라"(요 20:17). 마태복음 27:46에서도 십자가상에서 네 번째로 하신 말씀으로 언급되어 있다.

B. 이 종속은 얼마나 지속될 것인가

누가복음 22:29에서는 아버지가 아들에게 천국을 주셨다고 말씀한다. 아들은 이를 아버지께 되돌려 드린다.

Note

그 후에는 마지막이니 그가 모든 통치와 모든 권세와 능력을 멸하시고 나라를 아버지 하나님께 바칠 때라. (고전 15:24)

종속관계의 기간은 이 끝을 넘어선다. 이 시대의 종말을 지나서, 아니 백보좌 심판 때까지 지속된다.

만물을 그의 발 아래에 두셨다 하셨으니… 만물을 그에게 복종하게 하실 때에는 아들 자신도 그때에 만물을 자기에게 복종하게 하신 이에게 복종하게 되리니 이는 하나님이 만유의 주로서 만유 안에 계시려 하심이라. (고전 15:27-28)

● 결론

우리가 철저히 성령님을 이해한다면 여기에는 갈등이 전혀 없다. 성육신된 그리스도는 전능하신 하나님 아버지와 동등하며 항상 그래 왔다. 인간으로 성육신된 그리스도는 이 지위를 내려놓고 스스로 굴욕의 자리에 앉아 아이가 부모에게 하듯, 아버지에게 종속되는 자리를 택하셨다. 우리가 그리스도의 겸손(빌 2:5-8)을 공부하면 할수록 우리가 아직 죄인되었을 때 보이신 그의 놀라운 사랑을 더 많이 보게 될 것이다.

질문 Bible Study

1. 빌립보서 2:5-7에서 예수님은 자신을 어떻게 낮추셨는가?
2. 유대인들이 예수님을 죽이려고 한 이유는 무엇인가?(요 5:18)
3. 요한복음 10:30을 통해 알 수 있는 것은 무엇인가?
4. 요한복음 1:1의 중대성은 무엇인가?
5. 그리스도를 하나님이라고 말한 신약의 저자는 누구누구인가?
6. 어떤 식으로 그리스도는 아버지께 종속되었는가?
7. "아버지는 나보다 크심이니라"고 한 요한복음 14:28을 설명하라.
8. 언제 예수께서 잉태되셨나? 시편 2:7과 요한복음 3:16 참고하라.
9. 아들이 아버지께 종속된 방식을 말해보라.
10. 이 종속 기간은 어느 정도 지속되는가?

제11과

예수 그리스도의 인간성

● 서론

예수가 구주가 되기 위해서 그는 하나님이시고 동정녀에게서 태어나셔야 했다. 동시에 예수는 완전한 인간이어야 한다. 예수는 죄가 없는 것을 빼 놓고는 모든 면에 있어서 우리와 같으시다.

하나님은 한 분이시요 또 하나님과 사람 사이에 중보자도 한 분이시니 곧 사람이신 그리스도 예수라. (딤전 2:5)

예수님은 "하나님의 일에 자비하고 충성된 대제사장"(히 2:17)이 되기 위해 우리와 같이 만들어져야만 했다. 예수님은 율법으로부터 우리를 구속하기 위해 율법 아래 태어나셨다(갈 4:4-5). 첫 아담은 죄를 가져왔으나 두 번째 아담인 그리스도는 부활을 가져왔다(고전 15:21).

이 과에서 우리는 그리스도의 인간성에 대한 증거 몇 가지를 제시하고자 한다.

Ⅰ. 예수님에게 인간의 이름이 주어졌다

"아들을 낳으리니 이름을 예수라 하라"(마 1:21)는 말씀은 마태복음 1:23에서 성취되었다. 디모데전서 2:5에서 예수는 뚜렷이 사람으로 호칭된다. 그의 인간성을 강조하는 "인자"라는 낱말은 77번이나 나온다(눅 19:10). 죽기 바로 직전 스데반은 예수를 보고 그를 "인자"라고 불렀다(행 7:56).

Ⅱ. 예수님은 인간의 족보를 가지셨다

새끼 고양이를 얻으려면 부모 고양이를 가져야만 한다. 예수께서 인간이 되기 위해 인간 부모를 가져야 했고, 마리아를 그의 어머니로 삼았다.

Note

해산할 날이 차서 첫아들을 낳아. (눅 2:6–7)

때가 차매 하나님이 그 아들을 보내사 여자에게서 나게 하시고 율법 아래 나게 하신 것은. (갈 4:4)

예수님은 다윗의 혈통에서 태어나셨다.

하나님이 약속하신 대로 이 사람의 후손에서 이스라엘을 위하여 구주를 세우셨으니 곧 예수라. (행 13:23)

마태복음 1:1-16의 족보는 아브라함에서 그리스도까지의 가계를 추적한다.

우리 주께서는 유다로부터 나신 것이 분명하도다 이 지파에는 모세가 제사장들에 관하여 말한 것이 하나도 없고. (히 7:14)

Ⅲ. 예수님은 육신을 가지셨다

말씀이 육신이 되어 우리 가운데 거하시매. (요 1:14)

자녀들은 혈과 육에 속하였으매 그도 또한 같은 모양으로 혈과 육을 함께 지니심은. (히 2:14)

예수 그리스도를 사람이라 말하지 못하면 적 그리스도라는 표시다.

예수를 시인하지 아니하는 영마다 하나님께 속한 것이 아니니 이것이 곧 적그리스도의 영이니라. (요일 4:3)

Ⅳ. 예수님은 인간의 성장 과정을 거치셨다

1. 그는 자라났다.

아기 (예수)가 자라며 강하여지고. (눅 2:40)

2. 그는 질문을 했다.

사흘 후에 성전에서 만난즉 그가 선생들 중에 앉으사 그들에게 듣기도 하시며 묻기도 하시니. (눅 2:46)

3. 그는 지혜가 자라갔다.

예수는 지혜와 키가 자라가며. (눅 2:52)

4. 그는 순종함을 배웠다.

그가 (예수가) 아들이시면서도 받으신 고난으로 순종함을 배워서. (히 5:8)

5. 그는 고난을 당했다.

그가(예수님이) 시험을 받아 고난을 당하셨은즉 시험 받은 자들을 능히 도우실 수 있느니

라. (히 2:18)

만물이 그를 위하고 또한 그로 말미암은 이가 많은 아들들을 이끌어 영광에 들어가게 하시는 일에 그들의 구원의 창시자를 고난을 통하여 온전하게 하심이 합당하도다. (히 2:10)

6. 그는 서른 살 때까지 목수로 일했다.

이 사람이 마리아의 아들 목수가 아니냐 야고보와 요셉과 유다와 시몬의 형제가 아니냐 그 누이들이 우리와 함께 여기 있지 아니하냐 하고. (막 6:3)

예수님의 나이는 누가복음 3:23에 기록되어 있다. 예수님은 너무나 인간적이어서 일반 목수로 오인되었다.

7. 그는 시험을 당했다(마 4:1-11).

V. 예수님은 일반적인 사람이 갖는 본능을 갖고 계셨다

1. 그는 배가 고팠다.

사십 일을 밤낮으로 금식하신 후에 주리신지라. (마 4:2)

• 참고/ 마 21:18

2. 그는 갈증을 느끼셨다.

사마리아 여자 한 사람이 물을 길으러 왔으매 예수께서 물을 좀 달라 하시니. (요 4:7)

십자가에서 다섯 번째 하신 말씀은 "내가 목마르다"이다(요 19:28).

3. 그는 피곤하셨다.

거기 또 야곱의 우물이 있더라 예수께서 길 가시다가 피곤하여 우물곁에 그대로 앉으시니. (요 4:6)

4. 그는 주무셨다.

바다에 큰 놀이 일어나 배가 물결에 덮이게 되었으되 예수께서는 주무시는지라. (마 8:24)

5. 그는 사랑하셨다.

예수께서 그를 보시고 사랑하사. (막 10:21)

이에 유대인들이 말하되 보라 그를 얼마나 사랑하셨는가 하며. (요 11:36)

예수는 나사로를 사랑하셨다.

6. 그는 동정심을 가지셨다.

무리를 보시고 불쌍히 여기시니 이는 그들이 목자 없는 양과 같이 고생하며 기진함이라. (마 9:36)

예루살렘아 예루살렘아… 암탉이 그 새끼를 날개 아래에 모음 같이 내가 네 자녀를 모으려 한 일이 몇 번이더냐. (마 23:37)

7. 그는 화를 내고 슬퍼하셨다.

그들에게 이르시되 안식일에 선을 행하는 것과 악을 행하는 것, 생명을 구하는 것과 죽이는 것, 어느 것이 옳으냐 하시니. (막 3:4)

의로우신 분노는 성전을 깨끗하게 하시는 데에서도 나타난다(요 2:16).

8. 그는 경건한 신뢰감을 보이셨다.

그는 육체에 계실 때에 자기를 죽음에서 능히 구원하실 이에게 심한 통곡과 눈물로 간구와 소원을 올렸고 그의 경건하심으로 말미암아 들으심을 얻었느니라. (히 5:7)

9. 그는 통분히 여기셨다.

예수께서 그가 우는 것과 또 함께 온 유대인들이 우는 것을 보시고 심령에 비통히 여기시고 불쌍히 여기사. (요 11:33)

10. 그는 우셨다.

예수께서 눈물을 흘리시더라. (요 11:35)

아마 겟세마네에서도 우셨을 것이다(마 26:28, 38). 예수님은 예루살렘 성전을 향해서 우셨다(눅 19:41). 히브리서 5:7은 "심한 통곡과 눈물로 간구"하신 것에 대해 말한다.

11. 그는 기도하셨다.

무리를 보내신 후에 기도하러 따로 산에 올라가시니라. (마 14:23)

Ⅵ. 예수님은 육과 영혼을 가지셨다

1. 예수님은 육을 가지셨고(요 1:14, 히 2:14, 마 26:12), 예수님의 몸은 땅에 장사지내졌다(눅 23:52-56).

2. 예수님은 혼을 가지셨다.

내 마음이 매우 고민하여. (마 26:38)

예수의 혼은 죽으실 때 천국에 가셨다(눅 23:43).

3. 예수님은 영을 가지셨고, 그것은 죽음과 동시에 아버지께로 인도되었다.

아버지 내 영혼을 아버지 손에 부탁하나이다. (눅 23:46)

Ⅶ. 예수님은 죽으셨다

인생에 대한 생물학적인 절정은 죽음이다. 사람은 죽으려고 태어난다.

한 번 죽는 것은 사람에게 정해진 것이요. (히 9:27)

예수님은 이 규칙을 지켜야만 했다. 예수님은 인생의 중요한 시기에 갈보리에서 십자가에 못 박힘으로 죽음을 맞았다.

해골이라 하는 곳에 이르러 거기서 예수를 십자가에 못 박고 두 행악자도 그렇게 하니 하나는 우편에, 하나는 좌편에 있더라. (눅 23:33)

오직 우리가 천사들보다 잠시 동안 못하게 하심을 입은 자 곧 죽음의 고난 받으심으로 말미암아 영광과 존귀로 관을 쓰신 예수를 보니 이를 행하심은 하나님의 은혜로 말미암아 모든 사람을 위하여 죽음을 맛보려 하심이라. (히 2:9)

예수님은 죽기 위해 이 세상에 오셨고 죽음은 그가 인간이심을 보여주는 중요한 증거였다.

● 결론

예수님은 부활 후에도 계속 육신을 가지신다.

내 손과 발을 보고 나인 줄 알라 또 나를 만져 보라 영은 살과 뼈가 없으되 너희 보는 바와 같이 나는 있느니라. (눅 24:39)

네 손가락을 이리 내밀어 내 손을 보고. (요 20:27)

사도행전 7:55-56에서 스데반은 순교 시에 하나님의 우편에 앉아계신 예수를 보았다.

예수님은 모든 면에서 우리와 같은 인간이셨지만 다음 두 가지 점은 제외되었다.

1. 그는 죄의 성품이나 원죄를 갖지 않으셨다.
2. 그는 결코 죄를 짓지 않으셨기 때문에 죄가 없으시다.

질문 *Bible Study*

1. 그리스도의 인간됨을 증명하는 특징들은 무엇인가?
2. 예수의 인간됨을 증명하는 성경 단어는 무엇인가?
3. 사람은 부모 밑에서 태어난다. 예수님은 자격이 있으신가?
4. 빌립보서 2:7에서의 "사람들과 같이 되었다"는 표현은 무슨 뜻인가?
5. 예수님이 밟은 인간의 11가지 성장 법칙은 무엇인가?
6. 예수님이 가졌던 보통 인간이 갖는 7가지 본능을 열거하라.
7. 예수님이 하나님이셨다면, 그가 죽으실 수 있었을까? 그 이유는 무엇인가?
8. 예수님은 아직도 육신을 갖고 계실까?
9. 그리스도와 우리 사이의 차이점 두 가지를 말해 보라.
10. 왜 예수님이 인간이 되셨는가?(3가지로 제시해 보라.)

제12과

예수 그리스도의 무죄성

● 서론

예수님은 인간으로서의 아버지가 없이 동정녀에게서 태어났기 때문에 그에게는 원죄나 죄의 성품이 없으시다. 이 과에서는 한 걸음 더 나아가서 예수님께서 전 생애를 죄 없이, 한 가지의 죄도 저지르지 않으시고 사셨음을 보여 줄 것이다.

예수 그리스도는 반 하나님, 반 인간인 괴물이 아니시다. 그는 두 가지의 성품이 서로 혼합되지 않은 참 인간, 참 하나님이셨다. 구주가 갖는 두 가지 성품은 모든 점에서 분리되고 구별되었다. 그는 이상적인 인간이셨다. 그는 완전하고 정상적인 사람이었다. 죄가 없고, 완전히 흠이 없는 생을 사신 것이 예수의 유일성 중의 하나다.

Ⅰ. 그리스도의 무죄하심이 주는 의미

하나님은 거룩하시기 때문에 예수님에게 죄가 있다는 것은 모순이다. 예수님의 무죄성이 하나님의 뜻에 완전히 일치하는 것이다.

하나님이여 보시옵소서… 하나님의 뜻을 행하러 왔나이다. (히 10:7)

아버지께서 내게 하라고 주신 일을 내가 이루어. (요 17:4)

죄가 있음은 하나님의 뜻에 반하여 죄의 길로 들어서는 것이다. 죄는 외형적이지만 (거짓말, 도둑질, 살인 등) 또한 내면적이다. 마태복음 15:19은 "마음의 생각이 일만 악의 뿌리가 됨"을 말하고 있다. 예수님은 외면적으로나 내면적으로 일체 죄가 없으셨다. 그는 항상 전적으로 선하고 거룩함과 완전히 일치하셨다. 히브리서 7:26은 그리스도의 죄 없으심을 "거룩하고 악이 없고 더러움이 없고 죄인에게서 떠나 계시고"라고 말한다.

거룩이란 오점에서 자유로움을 의미한다. 베드로는 무죄함을 "흠없고 점없는 어린 양"으로 설명한다(벧전 1:19). 이 설명은 히브리서 9:14에서도 나타난다.

Ⅱ. 그리스도께서 무죄한 사실

사도행전 4:27, 30절에서 "거룩한 종 예수"라는 표현이 거듭 두 번 나오는데, 이는 날 때부터 그가 거룩하고, 순결하며, 오점으로부터 자유함을 의미한다. 마귀들도 예수님을 "하나님의 거룩한 자"(막 1:24)라고 인정한다. 누가복음 4:34에서 귀신들린 자가 "나는 당신이 누구인 줄 아노니 하나님의 거룩한 자니이다"라고 소리 질렀다. 그리스도께서 죄가 없으심을 가장 잘 증명하는 것은 마귀의 간증이 아니라 영감으로 쓰인 하나님의 말씀이다. 우리는 하나님의 말씀이 진실이라고 믿는다.

그는 죄를 범하지 아니하시고 그 입에 거짓도 없으시며. (벧전 2:22)

그가 우리 죄를 없애려고 나타나신 것을 너희가 아나니 그에게는 죄가 없느니라. (요일 3:5)

하나님이 죄를 알지도 못하신 이를 우리를 대신하여 죄로 삼으신 것은 우리로 하여금 그 안에서 하나님의 의가 되게 하려 하심이라. (고후 5:21)

우리에게 있는 대제사장은 우리의 연약함을 동정하지 못하실 이가 아니요 모든 일에 우리와 똑같이 시험을 받으신 이로되 죄는 없으시니라. (히 4:15)

주를 향하여 이 소망을 가진 자마다 그의 깨끗하심과 같이 자기를 깨끗하게 하느니라. (요일 3:3)

예수 그리스도는 온전히 깨끗하셨다.

Ⅲ. 그리스도께서 죄가 없으신 것과 관련된 예증

1. 예수님 자신의 증거에서 – 그는 다른 사람 안의 죄는 보셨지만 자신 안에서는 죄를 보지 못하셨다.

너희 중에 누가 나를 죄로 책잡겠느냐. (요 8:46)

그는 죄가 없으셨기 때문이다. 그리스도는 아담의 타락 이후 그 같은 주장을 할 수 있었던 유일한 사람이었다. 예수는 결코 잘못을 인정할 일이나 죄의 용서를 구할 일이 없으셨다. 어떠한 나쁜 생각도 그의 온전하고 거룩한 마음속에 자리를 잡은 적이 없었다.

2. 예수님의 재판관이었던 본디오 빌라도의 조사에서 – 본디오 빌라도는 "나는 그에게서 아무 죄도 찾지 못하겠다"(요 18:38)고 말했다. 책임 있는 재판관이 한 이 말보다 더 명백한 증거는 없다.

3. 본디오 빌라도 부인 – 그녀는 재판관의 아내로서 여인이었고 그리스도에게 개인적으로나 어떤 면에서나 전혀 호감을 갖지 않았다. 그런 그녀가 꿈을 꾸고 남편에게 다음과 같은 전문을

Note

보냈다. “저 옳은 사람에게 아무 상관도 하지 마옵소서”(마 27:19).

4. 십자가상에 있던 도둑이 예수님에 대해 증거 – “이 사람이 행한 것은 옳지 않은 것이 없느니라”(눅 23:41)고 했다. 이것은 자기 죄로 인하여 십자가에 처형되어 죽어가고 있는 죄인의 간증이다.

5. 예수님의 세상 사역에서 제자였던 가룟 유다 – 예수님의 결점이나 약점, 죄를 탐지할 수 있었던 사람은 그와 더불어 살고, 먹고 걷고 이야기했던 제자들 중의 한 사람이었으리라. 유다는 기적을 보았고 그의 가르침을 들었으며, 그의 가까이에서 그를 관찰하고 마침내 은 30냥으로 그를 배반했다. 유다는 마태복음 27:4에서 저주하며, “내가 무죄한 피를 팔고 죄를 범하였도다”고 간증했다. 예수님은 무죄하셨다.

6. 로마의 백부장 – 그는 “이 사람은 정녕 의인이였도다”라고 말했다(눅 23:47). 이는 강팍한 로마 군인으로부터 나온 놀라운 간증이다.

Ⅳ. 죄 없으신 구주에 대한 이론

1. 어떤 사람은 죄가 전혀 없다는 것은 불가능하다고 부인한다.

죄가 전혀 없다는 것을 합리적으로 설명할 수 없다고 해서 생명의 진실에 영향을 미칠 수 없다.

2. 혹자는 예수께서 유혹을 받았다는 사실은 그가 죄에 대해 민감했음에 틀림없다고 생각한다.

유혹 그 자체는 죄가 아니다. 유혹에 굴복하는 것이 죄다. 예수님은 세상과 환경, 죄에 대해 사탄으로부터 유혹을 당했지만 굴복하지 않으셨다.

3. 혹자는 마태복음 4:1-11의 유혹에 대해, 만약 예수가 온전하셨다면 유혹은 사실이 아니라고 논쟁한다.

어떻게 온전한 사람이 유혹을 당할 수가 있는가? 아담과 하와는 원죄없이 창조되어 온전했다. 그러나 그들은 유혹을 받아 굴복했는데 이것은 온전한 사람에게도 유혹이 올 수 있음을 보여 준다.

4. 어떤 사람은 악이 어떻게 선한 곳에 들어갈 수 있는지에 대해 의문을 갖는다.

죄에 대해서 약하면 어떤 악의 요소가 있기 때문이 아닌가 하고 묻는 것이다. 아담과 하와는 성숙과 발전의 개념에서 하나님과 같이 되려고 원했기 때문에 죄를 저질렀다. 유혹은 실제적이었고 그들은 죄를 범했다. 예수는 완전한 인간이셨다.

Ⅴ. 그리스도의 죄가 없으심을 부인하는 결과

만약 예수께서 죄가 있어서 자신의 죄로 갈보리에서 돌아가셔야만 했다면, 우리는 아직 죄인으로 살아갈 것이다. 만약 예수께서 죄가 있었다면 그는 하나님의 아들이나 인자도, 구세주도 아니리라. 예수께서 만약 죄가 있었다면, 그가 갈보리의 제물이 되기에는 불가능했으리라. 예수 그리스도의 죄 없으심을 부인하는 것은 인간으로부터 구주와 구원을 빼앗는 셈이다. 성경이 그가 죄가 없고 오늘날 우리에게 구원이 있다고 함에 대해 하나님을 찬양하라.

Ⅵ. 그리스도의 죄 없으심을 나타내는 두 가지 면

1. 결코 죄를 저지르지 않았고 거짓을 생각하거나 말하지도 않았다는 점.
2. 항상 생각과 말과 행위로 하나님을 기쁘시게 했다는 점.

Ⅶ. 그리스도의 죄 없으신 결과

1. 죄가 없으므로 그는 인류에게 하나님이심을 보여 주셨다.
2. 인간이며 죄가 없음은 온전한 중재자임을 증명한다. 그것은 그가 곧바로 인간의 차원- 유혹을 받으나 저항하고 극복하면서 -으로 내려온 것을 보여 준다.
3. 인간으로 죄가 없으심으로, 그는 우리의 죄를 인하여 갈보리의 희생물로 받아들여졌다.
4. 그는 우리가 따를 모범을 우리 앞에 세우셨다(벧전 2:21-22).
5. 그것은 죄 없으신 구주에 의해 열려진 천국의 집으로 인도하는 길을 제시한다.

● 결론

예수께서 원죄 없이 오셔서 완벽한 도덕 생활을 영위하여 죄 없이 천국으로 돌아가신 사실을 인하여 하나님께 찬양하자. 이 놀라운 승리를 인하여 그 앞에 예배와 찬양과 경배를 드리며 엎드리자. 죄와 육욕과 습관과 나쁜 소원에 얽매인 사람들을 구속하는 이 메시지는 얼마나 놀라운가! 온전히 승리하신 구주를 통해 우리에게 자유와 승리가 주어졌다.

질문 *Bible Study*

1. 예수께서 인간 어머니와 하나님 아버지를 가졌기 때문에 그는 혼합체인 것일까?
2. 예수님의 죄 없으심은 무슨 의미를 갖는가?

3. 예수님의 무죄를 증명하는 주요 성경 말씀은 무엇인가?

4. 예수님께서 죄가 없음을 목격한 사람 다섯 명을 들고, 짧게 그들의 간증을 써 보라.

5. 예수님은 마태복음 4:1-11에서 받은 유혹으로 죄를 범했는가?

6. 예수님만이 죄의 유혹에서 이긴 온전한 분이시었나? 그 밖에는 없는가?

7. 예수님 안에서 죄가 발견된다면 어떤 결과를 초래하는가? 4가지를 적어보라.

8. 예수님의 무죄하심을 증명하는 2가지 면은 무엇인가?

9. 예수님의 무죄로 어떤 결과가 나타나게 되었는가?

10. 이것은 성경의 주요 교리인가? 그 이유를 써 보라.

Note

제13과

예수 그리스도의 성품

● 서론

우리는 흔히 "예수와 같이 되기 원한다"고 노래하거나 기도를 한다. 그것은 무슨 뜻인가? 예수님은 우리의 모범이 되신다(벧전 2:21). 행동으로나 성격으로나 모범이 되신다. 로마서 8:29은 그의 형상을 본받으려면 기본적으로 그의 성품도 본받아야 한다고 말한다.

Ⅰ. 예수 그리스도는 거룩하셨다

이에 대한 것은 그리스도의 무죄하심에서 다루었다. 예수 그리스도는 거룩하시고 절대적으로 거룩하여 날 때부터 죄의 성품이 없으셨다. 더욱이 그는 어떠한 죄도 범하지 않았고 항상 옳고 순전한 것만 행하셨다. 사도행전 3:14에서 베드로는 예수님에 대해 "거룩하고 의로운 자"라고 언급했다. 예수께서는 의를 사랑하고 죄를 미워하는 데서 그의 거룩을 나타내셨다. 이것은 성전을 깨끗케 하고 죄와 위선을 비난하는 데서도 볼 수 있다. 예수님은 죄를 너무나 미워하신 나머지 죄를 패배하게 하기 위해 갈보리에서 기꺼이 돌아가심으로 그를 믿는 모든 자에게 의를 베푸셨다.

갈라디아서 3:13은 그리스도가 율법 아래 있는 우리의 저주를 대신했다고 기록하였다. 로마서 4:6은 하나님이 예수 그리스도를 구주로 받아들이는 사람들에게 의롭다 하신다고 말한다. "그에게 빛나고 깨끗한 세마포 옷을 입도록 허락하셨으니 이 세마포 옷은 성도들의 옳은 행실이로다 하더라"(계 19:8).

Ⅱ. 예수 그리스도는 사랑을 행하셨다

구주의 사랑은 두 가지로 나타나는데 첫째는 그의 아버지에게, 둘째는 인류에게다.

Note

오직 내가 아버지를 사랑하는 것과… 세상이 알게 하려 함이로라. (요 14:31)

예수님은 아버지에게 순종함으로 이 사랑을 표현하셨다.

내가 하늘에서 내려온 것은 내 뜻을 행하려 함이 아니요 나를 보내신 이의 뜻을 행하려 함이니라. (요 6:38)

요한복음 14:31 하반절을 보라. 예수님은 아버지가 그에게 맡기신 일(요 17:4, 19:30)을 이루었다. 특별히 그리스도는 교회를 사랑하신다.

그리스도께서 교회를 사랑하시고. (엡 5:25)

예수님은 그에게 속한 사람에게 특별한 사랑을 가지신다.

세상에 있는 자기 사람들을 사랑하시되 끝까지 사랑하시니라. (요 13:1)

누가복음 19:10은 그가 잃어버린 자를 찾아 구하려고 오셨다고 말한다. 예수님은 자신의 가르침인 마태복음 5:44에 순종하여 원수를 사랑했고(눅 23:34), 아이들을 사랑하셨음을 본다. 성경은 마가복음 10:13-16에서 이 장면을 아름답게 제시하고 있다. 그는 우리를 부요케 하기 위해 자신을 가난케 함으로써 그의 사랑을 나타내셨다.

우리 주 예수 그리스도의 은혜를 너희가 알거니와 부요하신 이로서 너희를 위하여 가난하게 되심은 그의 가난함으로 말미암아 너희를 부요하게 하려 하심이라. (고후 8:9)

그의 사랑은 우리를 위해 자발적으로 십자가에 달려 돌아가심으로 극치를 이룬다.

사람이 친구를 위하여 자기 목숨을 버리면 이보다 더 큰 사랑이 없나니. (요 15:13)

예수님은 그날그날 우리를 돌보고 생명을 유지시킴으로써 그의 사랑을 계속 나타내신다(마 6:33-34).

Ⅲ. 예수 그리스도는 영혼을 사랑하셨다

죄에서 방황하는 사람의 영혼을 끊임없이 사랑하는 구주를 따르라. 그는 유대인이나 이방인을 막론하고 잃어버린 양을 찾는 선한 목자로 오셨다.

또 이 우리에 들지 아니한 다른 양들이 내게 있어 내가 인도하여야 할 터이니. (요 10:16)

예수님은 무리를 사랑하셨다. 그는 세상, 즉 모든 인류를 위해 죽으려고 이곳에 오셨다. 그러나 그의 사역은 주로 한 사람 한 사람씩 접근하여 개별적으로 영혼을 구하는 것이었다. 요한복음 1:37-40은 요한의 두 제자 안드레와 그의 친구를, 42절에서는 베드로를, 43절은 빌립을, 47절은 나다나엘을 대하시고 있는 기록이다.

요한복음 3장에서는 니고데모와, 4장은 우물가에 있는 사마리아 여인과, 9장은 날 때부터 소경인 사람과의 대면이다. 한 영혼이라 할지라도 함께 시간을 보내는 것을 두려워하지 말자. 누가복음 15:4에서는 잃어버린 자들을 찾으려고 그의 마음을 비우셨다. "너희 중에 어떤 사람이 양 백 마리가 있는데 그중의 하나를 잃으면 아흔아홉 마리를 들에 두고 그 잃은 것을 찾아내기까지 찾아다니지 아니하겠느냐." 예수님은 잃어버린 바 된 죄인을 찾고 기뻐하셨다(눅 15:5-7).

누가복음 15:24에서 예수님은 탕자가 집에 돌아왔을 때 "그들이 즐거워하더라"고 말씀하신다. 마찬가지로 그는 그를 거절하는 자를 매우 슬퍼하신다. 예수님께서는 목이 굳은 예루살렘을 향해 우셨는데 그 도시 때문이 아니라 영혼 때문이었다(눅 19:41-42). 영혼과 개인을 향한 이 사랑을 따르도록 기도하자.

Ⅳ. 예수 그리스도는 영혼을 불쌍히 여기셨다

예수께서 눈물을 흘리시더라(요 11:35)라는 짤막한 성경구절(영어로는 두 단어임—역자 주)에서 예수 그리스도께 동정심이 있으셨음을 본다. 예수님의 동정심은 무리를 향해 나타났다.

> 예수께서 나오사 큰 무리를 보시고 그 목자 없는 양 같음으로 인하여 불쌍히 여기사 이에 여러 가지로 가르치시더라. (막 6:34)

우리도 이같이 동정심을 가져야 할 것이다. 예수님의 동정심은 그로 하여금 눈먼 자를 고치게 했다(요 9:1-38, 마 20:34). 그는 귀신 들린 자에게 동정심을 가지셨다(막 9:22, 25, 5:1-13, 눅 4:41). 예수님은 가난한 문둥병자에 동정적이셨다(막 1:40-41, 눅 5:12-15). 가끔 우리는 동정심을 가진다고 말하지만 예수님은 직접 행동으로 동정심을 보이셨다.

예수님은 잃어버린 양의 목자로서 이 세상에 오셨다. 그는 불운한 자의 구주가 되셨다. 그는 병든 자를 고치셨다. 귀신을 내쫓으셨다. 우리도 말과 행위로 사랑하자.

Ⅴ. 예수 그리스도는 기도로 점철된 생활을 하셨다

4복음서는 우리에게 위대한 주님의 기도 생활을 보여 주지만, 히브리서 5:7만큼 강하지는 않다. "그는 육체에 계실 때에 자기를 죽음에서 능히 구원하실 이에게 심한 통곡과 눈물로 간구와 소원을 올렸고." 예수께서 밤새도록 기도하신 것은 흔한 일이었다(눅 6:12, 막 1:35).

예수님은 세례나 시험과 같은 중대한 사건 앞에서 기도하셨다(눅 3:21, 요 6:15). 그는 공공연히 아버지께 기적을 구하는 기도를 하셨다(마 14:19, 요 11:41-42). 그는 세상을 떠나실 때 그의 입술에 아버지를 향한 기도를 담았다(눅 23:46). 예수님은 홀로 기도하기 위해 자주 호젓한 장소나 산을 찾으셨다. 때로는 혼자 기도하셨고(마 14:13) 때로는 제자들과 기도하셨다(눅 9:28, 눅 22:39-46).

예수님은 개인을 위해(눅 22:31-32에서 베드로를 위해) 또 "자기 백성"(요 17:9-20)을 위해 기도하셨다. 그는 겟세마네에서 아버지의 뜻에 따르기를 기도했다(마 6:9-13). 기도로서 그는 유혹을 물리치시고 기적을 행하셨으며 죽음을 피하고 하나님을 영화롭게 하셨다.

Note

Ⅵ. 예수 그리스도는 온유하셨다

온유는 사납고 다투기 좋아하는 것과는 반대되는 마음의 태도다. 온유는 다른 사람에 대해 유순하고 부드럽게 나타난다. 예수님은 친히 그가 온유하다고 말씀하신다.

나는 마음이 온유하고 겸손하니 나의 멍에를 메고 내게 배우라. (마 11:29)

이것은 마태복음 12:20에도 적혀 있다. 바울은 고린도 교인들에게 이 같은 질문을 했다. "내가 매를 가지고 너희에게 나아가랴 사랑과 온유한 마음으로 나아가랴"(고전 4:21). 그리스도인으로서 우리는 온유함을 배워야 한다.

온유한 심령으로 그러한 자를 바로잡고 너 자신을 살펴보아 너도 시험을 받을까 두려워하라. (갈 6:1)

주의 종은 마땅히 다투지 아니하고 모든 사람에 대하여 온유하며 가르치기를 잘하며 참으며 거역하는 자를 온유함으로 훈계할지니. (딤 2:24–25)

예수님은 상한 갈대를 꺾지 않고 꺼져가는 심지를 끄지 않는 온유함을 보이셨다(마 12:20). 그는 상한 심령을 부드럽게 다루셨고 꺼져 가는 불을 살리셨다.

Ⅶ. 예수 그리스도는 겸손하셨다

예수님은 온유하고 겸손하셨다.

마음이… 겸손하니. (마 11:29)

그는 자신의 영광을 구하지 않고 하나님의 영광을 구하심으로 겸손하셨다(요 8:50). 구주는 자긍케 하는 대중과 거짓된 광고를 피하셨다. 예수님의 겸손은 그로 세리와 죄인과 교제하게 하셨다(눅 15:1-2). 예수님의 겸손은 그를 격렬한 분노아래 잠잠하게 하셨다(벧전 2:23). 예수님은 제자들의 발을 씻기심으로 그의 겸손을 보이셨다(요 13:4-5).

사람의 모양으로 나타나사 자기를 낮추시고 죽기까지 복종하셨으니 곧 십자가에 죽으심이라. (빌 2:8)

결론

너희 안에 이 마음을 품으라 곧 그리스도 예수의 마음이니. (빌 2:5)

우리는 흉내만 내지 말고 구주이신 주 예수 그리스도의 거룩과 사랑과 동정심과 온유와 겸손을 새롭게 따르자.

질문 *Bible Study*

1. 예수님의 성품 7가지를 말하라.
2. 예수님은 어떤 식으로 자신의 두 가지 사랑을 보이셨는가?
3. 예수님은 어떤 사람들을 사랑하셨는가?
4. 요한복음 10:16의 중요성에 대해 말해 보라.
5. 예수님은 대중 전도를 중요하게 여기셨는가 아니면 개인 전도를 중요하게 여기셨는가?
6. 예수께서 동정심을 가졌던 부류에 대해 말해 보라.
7. 예수께서 우리에게 보이신 기도에 대한 가장 위대한 교훈은 무엇인가?
8. "온유함"은 무슨 뜻인가?
9. 예수께서 온유하셨음을 증명하라.
10. 예수께서 어떻게 자신의 겸손을 나타내셨는지 말해 보라.

제14과

예수 그리스도의 가르침

● 서론

이 과에서 우리는 그리스도께서 세상에 계실 때 가르치신 주의 말씀에 대해 요약하려 한다. 세상 사역에서 그리스도는 세 가지 긴 설교를 하셨다.

1. 산상설교 – 마태복음 5-7장
2. 감람산에서의 설교 – 마태복음 24-25장
3. 다락방 설교 – 요한복음 13-17장

그리고 다른 짤막한 설교들이 있다. 혹자는 예수님이 산상설교에서 18가지 제목을 다루셨다고 말한다.

> 예수께서 이 말씀을 마치시매 무리들이 그의 가르치심에 놀라니 이는 그 가르치시는 것이 권위 있는 자와 같고 그들의 서기관들과 같지 아니함일러라. (마 7:28–29)
>
> 그들이 그 가르치심에 놀라니 이는 그 말씀이 권위가 있음이러라. (눅 4:32)
>
> 그들이 다 그를 증언하고 그 입으로 나오는 바 은혜로운 말을 놀랍게 여겨. (눅 4:22)

어떤 면에서는 그의 가르침이 새롭고 혁신적이며, 인간의 이성에는 반대되었다.

Ⅰ. 구원에 대한 예수님의 가르침

니고데모와의 대화에서 예수님은 거듭나야만 한다고 말씀하셨다(요 3:1-15). 사마리아 여인과의 대화에서는 그녀로 하여금 생수이신 예수님을 갈망하게 하셨다. 요한복음 6장에서는 참으로 영적으로 굶주린 자를 만족시키는 진실한 떡으로 자신을 나타내셨다. 누가복음 7:47-48에서 예수님은 회개하는 자의 죄를 용서하는 권세를 가지셨다고 가르치셨다.

또한 선한 목자에 대한 설교에서 예수님은 그만이 구원에 이르는 유일한 길이며 그로 말미암지 않고는 아무도 구원받을 수 없다는 것을 나타내셨다(요 10장). 예수님은 수고하고 무거운 짐 진 자들이 구원을 얻어 영혼이 쉼을 얻도록 초대하셨다(마 11:28, 30절). 이 놀라운 구원에의 초대는 더 나아가 누가복음 14:16-24에서 큰 길이나 옆길에 있는 방황하는 자들–가난한 자, 불구자, 절름발이와 눈먼 자–에게까지 이른다. 이 구원의 이야기 중 가장 사랑받는 이야기는 누가복음 15장에 있는 탕자의 복귀다.

Ⅱ. 그리스도인의 일상생활에 대한 예수님의 가르침

1. 마태복음 5:33-48에서 우리는 (1) 맹세하지 말 것과 (2) 다른 뺨을 내밀 것과 (3) 원수를 사랑하는 것을 배운다.

2. 마태복음 6:1-4, 19-21에서 우리는 주는 것, 즉 (1) 비밀리에 행할 것과 (2) 영원한 것에 투자할 것을 배운다.

3. 예수님은 기도에 대해 여러 가지를 가르치셨다(마 6:5-13, 눅 11:1-13, 요 14:13-14; 16:23-24). 그것은 (1) 비밀리에 (2) 계속적으로 (3) 범위와 능력에 있어 무제한적으로 행해야만 했다. 예수께서는 그가 우리를 용서하시기 전에 우리가 먼저 다른 사람을 용서해야만 한다고 가르치셨다(마 6:14-15; 5:23-24).

4. 예수님은 금식을 실행하셨고 그것을 가르치셨다. 시험 전(마 6:16-18, 눅 4:2) 예수님께서는 생활에 너무 집착하는 것을 경고하셨다. 우리가 먼저 하나님의 나라를 구하면 주께서 매일 의식주에 대한 필수품을 제공하시리라 가르치셨다(마 6:25, 34절). 예수님은 그리스도를 주님으로 공공연히 고백할 필요성을 가르치셨다(마 10:32-33, 요 9:38). 예수님은 회심자에게 집에 가서 먼저 친척들에게 증거할 것을 지시하셨다(막 5:19). 예수님의 가르침은 구원받은 자에게 구원의 확신을 말씀하셨다(요 3:16, 18, 36; 5:24).

다락방 설교의 대부분이 믿는 자를 안내하고 기도하며 힘을 주며 강화시키는, 내재하는 성령의 사역에 대해 말한다(요 14:16-26). 예수님은 믿는 자나 제자에게 안일한 삶을 약속하지 않으시고 빈번한 핍박에 대해 언급하면서 시험이 올 때마다 도우시며 은혜를 베풀겠다고 약속하셨다(요 16:1-6, 눅 12:11-12).

Ⅲ. 바리새인과 거짓 교사들에 대한 예수님의 가르침

예수님은 거짓교사와 위선자들을 심히 비방하셨다. 마태복음 23:13-36에서 그는 여덟 번이나 "외식하는 서기관들과 바리새인들이여… 화 있을진저"라고 하시고, 그들을 소경된 인도자요, 어리석은 자라고 부르셨다. 요한복음 8:44에서 예수님은 그들이 "아비 마귀"에 속했다고 강

Note

한 언어를 사용하여 말씀하셨다. 마태복음 16:6에서 예수님은 부활을 부인하는 등, 잘못된 교리를 가르치는 "바리새인과 사두개인들의 누룩을 조심하라"고 그의 제자들에게 경고하셨다. 예수님은 이들 거짓 교회지도자들이 교인 하나를 얻기 위해 노력하다가 한 명을 만나면, 그들 자신들보다 이 새신자를 "배나 더 지옥 자식"이 되게 한다고 가르치셨다(마 23:15).

마태복음 7:15-20은 양의 옷을 입은 노략질하는 이리인 거짓 예언자들을 조심하라는 구주의 경고다. 누가복음 20:45-47은 제자들에게 서기관들을 조심하라는 분명한 경고다.

Ⅳ. 청지기 직분에 대한 예수님의 가르침

예수님은 누가복음 12:16-34에서 돈과 보물을 올바르게 사용하라고 가르치셨다. 보물은 부자인 개인의 만족을 위해 있는 것이 아니었다. 왜냐하면 그는 "어리석은 자"였기 때문이다. 참 보물(33-34절)은 주님을 먼저 구하는 것이다. 마가복음 12:41-44에서 한 여인이 두 렙돈을 넣었을 때 예수님은 그녀가 풍족한 중에서가 아니라 궁핍한 중에 넣었기 때문에 그 여자를 높여주며 칭찬하신 것이다.

마태복음 25:14-30에서 예수님은 하나님께서 주신 재능을 그의 영광을 위해 사용하라고 우리에게 가르치셨다. 누가복음 19:11-27에서는 주님의 영광과 왕국을 연장하기 위해 우리에게 준 돈을 "내가 돌아오기까지" 사용할 것을 제자들에게 명령하셨다. 그리스도인들은 돈과 시간과 재능과 은사와 기회에 있어서 청지기들이다.

Ⅴ. 천국과 지옥에 대한 예수님의 가르침

우리 주님은 천국과 영원한 벌에 대해 복음서에서 70번이나 언급하셨다. "저주를 받은 자들아 나를 떠나 마귀와 그 사람들을 위하여 예비된 영원한 불에 들어가라"(마 25:41). 무리에게 지옥의 고통을 가장 생생하게 묘사하신 분이 예수님이셨다(눅 16:19-31).

마가복음 9:42-48은 구더기도 죽지 않고 불도 꺼지지 아니하는(48절) 지옥을 피하라는 엄숙한 경고다. 다락방 설교에서 예수님은 처소를 예비하려고 잠시 떠나 있다가 다시 와서 우리를 영접하겠다는 재확신의 말씀을 하셨다(요 14:1-3).

죽음을 앞두고 회개하는 강도에게 주님은 "오늘 네가 나와 함께 낙원에 있으리라"고 하셨다. 예수님은 천국을 아버지 하나님이 계신 집으로 그리셨다(마 6:9, 눅 11:2).

많은 사람을 이끌어 천국에 들어가게 하시려고 예수님도 천국에서 죽기 위해 오셨다.

Ⅵ. 열매 맺는 것에 대한 예수님의 가르침

요한복음 15:1-17에서 다락방 설교의 중심은 포도나무와 가지와의 관계를 다룬다. 즉 보다 더 많고 풍성한 열매를 맺어야 하는 것이다. 누가복음 13:6-9의 열매 맺지 못한 무화과나무의 비유에서 열매를 맺지 못하는 나무(그리스도인)는 찍어버려 불에 태워져야만 했다. 예수님은 "그들의 열매로 그들을 알지니"라고 가르치신다(마 7:16-20).

마태복음 13:1-23의 씨 뿌리는 자와 씨와의 비유에서 예수님은 각 그리스도인은 혹 삼십 배, 혹 육십 배, 혹 백 배의 열매를 맺어야만 한다는 그의 소망을 표현하셨다. 그리스도인으로서 우리는 더 과실을 맺기 위해(요 15:2) 깨끗해져야만 한다. 깨끗해지는 것은 "파고 거름을 주는"(눅 13:8) 쓰라린 경험이지만 중요하다(눅 6:43-46). 우리는 그리스도인으로서 성령의 열매를 맺고 그를 위해 영혼들을 확보해야 한다.

Ⅶ. 예언에 대한 예수님의 가르침

마태복음 24-25장의 감람산 설교에서는 예언적인 주제를 다룬다.

마태복음 24:1-3은 A.D. 70년에 발생했던 예루살렘의 파괴에 대해 다룬다.

마태복음 24:4-14은 우리가 사는 이 시대의 부패상을 다룬다.

마태복음 24:15-26은 대환난, 야곱의 시련의 때를 다룬다.

마태복음 24:27-31은 주님께서 영광중에 오실 것을 말한다. 더 자세한 내용은 무화과나무의 비유(32-51절)와 마태복음 25:1-13의 열 처녀의 비유에 있다.

마태복음 25:31-46은 세상의 심판, 양과 염소의 분리에 대해 말한다.

마태복음 13:1-52의 일곱 가지 신비는 천구에 대한 각각의 다른 견해들이다.

● 결론

그리스도의 가르침을 한마디로 요약하면 '사랑'이라고 볼 수 있다. 전통주의 유대인들이 지키는 600여 가지의 계명을 예수님은 두 가지로 요약하셨다.

1. 하나님을 사랑하라.
2. 네 이웃을 사랑하라(마 22:37-39).

사랑은 그리스도인의 최고의 표가 된다.

너희가 서로 사랑하면 이로써 모든 사람이 너희가 내 제자인 줄 알리라. (요 13:35)

요한복음 15:13에서 예수님은 십자가의 대속적 죽음에 대해 언급하면서 가장 위대한 사랑은 한 개인에게 나타내는 것이라고 말씀하신다. 요한복음 17장에서의 예수님의 중보기도는 단합을 위한 탄원이다(21, 22, 23절). 그것은 조직적인 면에서의 단합이 아니라 잃어버린 영혼들을 구하는 목적에서의 단합을 의미한다. 예수님은 그가 없는 동안 그의 몸인 교회로 증거하게 하셨다(마 28:19, 막 16:15). 예수님의 교리는 사랑하는 사람만 사랑하는 것이 아니라 모든 사람을, 우리의 원수라 할지라도 사랑해야만 한다고 우리에게 가르친다.

Note

질문 *Bible Study*

1. 그리스도의 사역 중 3가지 주요 설교는 무엇인가?
2. 구원에 대한 예수님의 가르침을 3가지로 요약하라.
3. 예수님께서 주시는 일상생활에 대한 가르침은 무엇인가?
4. 예수님께서는 다락방 설교에서 주로 누구에 대해 말씀하셨는가?
5. 바리새인과 외식하는 자에 대한 8가지의 재난은 성경의 어느 구절인가?
6. 그리스도인들은 돈에 대해서만 청지기인가?
7. 예수님은 사랑을 가르치시면서 지옥은 버려두신 것일까?
8. 성경에서 열매 맺는 것에 대해 다룬 부분을 3가지 정도 제시해보라.
9. 예언에 대해 그리스도는 어떤 설교를 하셨는가?
10. 어떻게 모든 계명이 "사랑"이라는 동사로 집약될 수 있는가?

제15과

예수 그리스도의 명령

● 서론

성경은 하나님의 약속으로 가득한 책이다. 4복음서에는 147가지의 명령이, 서신서와 계시록에는 173가지의 명령이 있다. 예수 그리스도는 율법을 폐하려 오신 분이 아니라 완성하러 오신 분이다(마 5:17-18). 예수 그리스도는 오늘도 우리에게 분명하고 생생하게 말씀하고 계신다. 그러나 오늘날은 많은 사람이 그리스도께서 율법을 폐하셨거나 완전히 이루셔서, 사랑이라는 애매한 계명만을 남겨놓으셨다고 믿는 극단적인 무율법주의에 빠져 있다.

Ⅰ. 회개하라고 명령하신다

회개에는 양면성이 있다. 그것은 죄에서 돌아오는 면과 하나님께로 돌아가는 면이다.

회개하라 천국이 가까이 왔느니라. (마 4:17)

좁은 문으로 들어가기를 힘쓰라… 들어가기를 구하여도 못하는 자가 많으리라. (눅 13:24)

너희는 먼저 그의 나라와 그의 의를 구하라 그리하면 이 모든 것을 너희에게 더하시리라. (마 6:33)

Ⅱ. 믿음을 가지라고 명령하신다

우리는 복음을 믿고 있다. 그리스도 안에서 그리고 하나님 아버지 안에서 믿음을 가져야 한다.

회개하고 복음을 믿으라. (막 1:15)

하나님을 믿으니 또 나를 믿으라. (요 14:1)

이것은 분명히 명령이다.

하나님께서 보내신 이를 믿는 것이 하나님의 일이니라. (요 6:29)

Note

Ⅲ. 거듭나라고 명령하신다

거듭난다는 것은 사람의 마음을 바꾸는 성령의 신비로운 역사이다.

내가 네게 거듭나야 하겠다 하는 말을 놀랍게 여기지 말라. (요 3:7)

너희 이름이 하늘에 기록된 것으로 기뻐하라. (눅 10:20)

나무도 좋고 열매도 좋다 하든지 나무도 좋지 않고 열매도 좋지 않다 하든지 하라 그 열매로 나무를 아느니라. (마 12:33)

Ⅳ. 성령을 받으라고 명령하신다

모든 그리스도인은 성령 안에 거하며 성령께서 주시는 힘을 얻어야만 한다.

그들을 향하사 숨을 내쉬며 이르시되 성령을 받으라. (요 20:22)

너희는 위로부터 능력으로 입혀질 때까지 이 성에 머물라. (눅 24:49)

Ⅴ. 예수님을 따르라고 명령하신다

믿는 자는 예수님을 묵묵히 따를 뿐 별 도리가 없다.

사람이 나를 섬기려면 나를 따르라. (요 12:26)

아무든지 나를 따라오려거든 자기를 부인하고 날마다 제 십자가를 지고 나를 따를 것이니라. (눅 9:23)

너는 나를 따르라. (요 21:22)

예수님은 마태에게도 이렇게 말씀하셨다(눅 5:27).

Ⅵ. 기도하라고 명령하신다

그리스도인의 생활은 기도로써 채워져야만 한다.

이러므로… 항상 기도하며 깨어 있으라. (눅 21:36)

유혹에 빠지지 않게 기도하라. (눅 22:40)

그러므로 추수하는 주인에게 청하여 추수할 일꾼들을 보내 주소서 하라. (눅 10:2)

너희를 모욕하는 자를 위하여 기도하라. (눅 6:28)

Ⅶ. 신앙을 가지라고 명령하신다

성도는 하나님을 믿음으로 위대해진다.

하나님을 믿으라. (막 11:22)

이것은 절대적으로 중요하다.

믿음 없는 자가 되지 말고 믿는 자가 되라. (요 20:27) – 불신앙을 버려라.

안심하라 나니 두려워하지 말라. (마 14:27)

Ⅷ. 성경을 탐구하라고 명령하신다

이것은 믿는 자의 매일의 생활에 있어서 필수 조건이다.

성경을 연구하거니와. (요 5:39) – 이는 모든 그리스도인들을 향한 분명한 명령이다.

…한 말을 기억하라. (요 15:20) – 읽고 공부하며 기억하라.

Ⅸ. 네 빛을 비추라고 하라고 명령하신다

모든 그리스도인은 날마다 자신의 빛을 밝게 비추도록 해야만 한다.

이같이 너희 빛이 사람 앞에 비치게 하여 그들로 너희 착한 행실을 보고. (마 5:16)

이는 너희로 가서 열매를 맺게 하고 또 너희 열매가 항상 있게 하여. (요 15:16)

그에게 이르시되 집으로 돌아가 주께서 네게 어떻게 큰 일을 행하사 너를 불쌍히 여기신 것을 네 가족에게 알리라. (막5:19)

Ⅹ. 하나님을 향한 최고의 사랑을 고백하라고 명령하신다

네 마음을 다하고 목숨을 다하고 뜻을 다하고 힘을 다하여 주 너의 하나님을 사랑하라 하신 것이요. (막 12:30)

주 너의 하나님께 경배하고 다만 그를 섬기라. (마 4:10)

XI. 권위자에게 순종하라고 명령하신다

가이사의 것은 가이사에게… 바치라. (막 12:17)

Ⅻ. 이웃을 사랑하라고 명령하신다

우리의 이웃이란 우리에게 도움을 요청하는 사람들이다.

네 이웃을 네 자신과 같이 사랑하라. (마 19:19)

남에게 대접을 받고자 하는 대로 너희도 남을 대접하라. (눅 6:31)

Note

XIII. 탐심을 버리라고 명령하신다

우리의 생활은 세상 중심이 아니라 천국 중심이어야 한다.

삼가 모든 탐심을 물리치라. (눅 12:15) – 이것은 충고 이상으로 강한 것이다.

네게 구하는 자에게 주며 네게 꾸고자 하는 자에게 거절하지 말라. (마 5:42)

너희를 위하여 보물을 땅에 쌓아 두지 말라. (마 6:19)

XIV. 외식하지 말라고 명령하신다

특별히 종교적인 외식을 삼가야 한다.

바리새인들의 누룩 곧 외식을 주의하라. (눅 12:1)

그들이(서기관들과 바리새인들) 하는 행위는 본받지 말라. (마 23:2–3)

XV. 온유하라고 명령하신다

나는 마음이 온유하고 겸손하니 나의 멍에를 메고 내게 배우라. (마 11:29)

너희 중에 누구든지 으뜸이 되고자 하는 자는 모든 사람의 종이 되어야 하리라. (막 10:44)

이르기를 우리는 무익한 종이라 우리가 하여야 할 일을 한 것뿐이라. (눅 17:10)

XVI. 형제를 사랑하라고 명령하신다

우리는 사랑하고 용서하며 동시에 저주를 해서는 안 된다.

내가 너희를 사랑한 것같이 너희도 서로 사랑하라. (요 15:12) – 그리스도인들에게.

삼가 이 작은 자 중의 하나도 업신여기지 말라. (마 18:10) – 어린이들에 대하여.

먼저 가서 형제와 화목하고. (마 5:24)

만일 하루에 일곱 번이라도 네게 죄를 짓고 일곱 번 네게 돌아와 내가 회개하노라 하거든 너는 용서하라. (눅 17:4)

비판하지 말라… 정죄하지 말라… 용서하라 그리하면 너희가 용서를 받을 것이요. (눅 6:37)

XVII. 온전하라고 명령하신다

예수님은 믿는 자를 위해 낮은 기준을 세울 수 없으셨다.

그러므로 하늘에 계신 너희 아버지의 온전하심과 같이 너희도 온전하라. (마 5:48)

너희 아버지의 자비로우심 같이 너희도 자비로운 자가 되라. (눅 6:36)

XVIII. 지혜를 받으라고 명령하신다

이것은 인간의 지혜가 아니라 하나님께로부터 나오는 지혜다.

너희는 뱀 같이 지혜롭고 비둘기 같이 순결하라. (마 10:16)

거룩한 것을 개에게 주지 말며 너희 진주를 돼지 앞에 던지지 말라. (마 7:6)

이것은 언제 말해야 될지를 아는 지혜가 필요함을 알려준다.

XIX. 복음을 전파하라고 명령하신다

믿는 자마다 그가 어디에 있든지 간에 복음을 전해야 한다.

너희는 온 천하에 다니며 만민에게 복음을 전파하라. (막 16:15)

그의 이름으로 죄 사함을 받게 하는 회개가 예루살렘에서 시작하여 모든 족속에게 전파될 것이 기록되었으니. (눅 24:47)

이르시되 내 어린 양을 먹이라… 내 양을 치라… 내 양을 먹이라. (요 21:15-17)

XX. 그리스도의 재림을 대비하라고 명령하신다

우리는 매순간 그리스도의 재림을 대비해야만 한다.

그러므로 너희도 준비하고 있으라 생각하지 않은 때에 인자가 오리라. (눅 12:40)

XXI. 죽을 때까지 신실하라고 명령하신다

그러나 끝까지 견디는 자는 구원을 얻으리라. (마 24:13)

● 결론

사람이 나를 사랑하면 내 말을 지키리니. (요 14:23)

이것이 참 동기이다. 하나님 앞에서 자신의 개인 생활을 점검할 때 이 명령들을 사용하라. 예수님은 우리에게 이 세상 속에서 살아갈 때 안내서로써 사용하라고 이 계명들을 주셨다.

질문 *Bible Study*

1. 예수님은 4복음서에서 몇 가지의 계명을 주셨는가? 서한과? 계시록에서는 어떠한가?

2. 이들 계명의 목적은 무엇인가?

3. 믿음의 대상은 누구인가?

4. 예수님을 따르라고 명하신 것과 관계 있는 성경 구절을 찾으라.

5. 우리는 세상에 어떤 "착한 행실"(마 5:16)을 보여야 하는가?

6. 우리는 어떻게 하나님을 사랑해야 하는가?

7. "황금률"을 인용하라(눅 6:31).

8. "사람의 생명이 그 소유의 넉넉한 데 있지 아니하니라"(눅 12:15)라는 말씀을 설명해보라.

9. 왜 예수께서는 온전하지 못한 인간인 우리에게 온전하라고 명하시는가?(마 5:48)

10. 우리는 누구에게 복음을 전해야 하는가?

Note

제16과

예수 그리스도의 기적

● 서론

기적이란 과연 존재하는가? 기적은 분명히 있다고 주장하는 사람이 있는 반면에 부정하려는 사람들도 있다. 자연과 이성을 존중히 여기는 자들이나 합리주의자들은 기적을 이해하거나 증명할 수 없기 때문에 기적을 반대한다. 그러나 복음주의자들은 기적을 행하시는 하나님을 믿기 때문에 기적을 받아들인다.

기적이란 단어는 오늘날 아주 흔하게 사용된다. 누군가 자동차 사고로 죽을 뻔하다가 살아나면, “그것은 정말 기적이었어”라고 말한다. 그러나 사실상 그것은 하나님의 섭리–천사의 보호–였다. 때로 우리는 전혀 예기치 않았던 장소에서 보고 싶었던 사람을 우연히 만나면 기적이었다고 말한다. 그러나 사실상 그것은 ‘하나님의 섭리’였다. 하나님을 믿는 사람들은 자연인이 보지 못하는 기적을 본다. 그러면 기적에 대해 수긍할 만한 정의는 무엇일까?

Ⅰ. “기적”이란 단어의 정의

간단히 정의하자면 기적이란 보다 낮은 차원의 법이 보다 높은 차원의 법에 의해 밀려 나가는 것을 의미한다. 하나님의 보다 높은 법이 지상의 법을 대신하는 것이다. 사과가 밑으로 떨어지지 않고 “위로” 떨어지면 그것은 기적이리라. 그것은 중력과 원심력의 법칙을 바꾸는 하나님의 능력이기 때문이다.

사도행전 4:16, 22 절에서 유대의 관원이나, 사도행전 3:1-11의 날 때부터 못 걷는 자가 걷게 된 사건을 기적이라고 불렀다.

Note

Ⅱ. 예수님 기적의 특이성

주님의 기적은 그의 신성을 증명하기 위함이었고 그의 메시지를 믿게 하기 위함이었다. 결코 자연을 파괴하기 위해 기적을 베푼 것이 아니었다.

예수께서 이 첫 표적을 갈릴리 가나에서 행하여 그의 영광을 나타내시매 제자들이 그를 믿으니라. (요 2:11)

예언자들(모세, 아론, 엘리야, 베드로와 바울)은 위임된 권능(하나님께서 그들에게 특별한 임무를 수행하게 하시려고 주신 능력)으로 기적을 행했으나 예수님은 그의 신성을 보이시기 위해 그 자신의 권능으로 기적을 행하신 것이다. 통틀어서 예수님은 35-40가지(4복음서에 기록됨) 여러 유형의 기적을 행하셨다. 왜냐하면 "모든 권세"(마 28:18)가 그의 분별력에 따라 사용되기 위한 그 자신의 것이었기 때문이다. 누가복음 4:3-4의 유혹에서 예수님은 마귀에게 복종하는 기적이나 40주야를 금식한 후의 공복을 만족시키키기 위한 기적은 거절하셨다.

Ⅲ. 예수님께서 행하신 기적들

1. 자연을 정복하셨다.

예수께서 이르시되 어찌하여 무서워하느냐 믿음이 작은 자들아 하시고 곧 일어나사 바람과 바다를 꾸짖으시니 아주 잔잔하게 되거늘 그 사람들이 놀랍게 여겨 이르되 이이가 어떠한 사람이기에 바람과 바다도 순종하는가 하더라. (마 8:26–27)

2. 마귀를 정복하셨다.

예수님은 마가복음 5:12-13에서 귀신들을 내쫓으셨다(귀신들은 돼지에게 들어감). 마태복음 8:28–32, 9:32-33, 15:22-28, 17:14-18, 마가복음 1:23-27에도 나타나 있다.

3. 병을 정복하셨다.

중풍병자(마 9:6), 38년 된 병자(요 5:9), 손 마른 자(마 12:13) 등, 예수님은 적어도 10가지 이상의 병을 고치셨다(눅 13:12, 마 9:22, 눅 14:2, 마 8:15, 마 9:33, 요 9:1-38, 마 11:5, 마 8:3, 눅 17:19).

4. 죽음을 정복하셨다.

예수님은 나사로를 죽은 자 가운데서 살리셨다(요 11:43-44). 야이로의 딸(마 9:18-26), 나인 성에 사는 과부의 아들(눅 7:12-15)을 살리셨다.

5. 기타

물을 포도주로 바꾸심으로(요 2:1-11), 오천 명을 먹이심으로(요 6:1-14), 물위를 걸으심으로(요 6:15-21), 사천 명을 먹이심으로(마 15:32-39) 기적을 행하셨다(그 밖에/ 마 21:18-21, 마 17:27, 눅 5:1-11, 요 21:6).

6. 예수님의 부활은 모든 기적 중의 가장 위대한 것이었다(고전 15:4, 롬 1:4).

Ⅳ. 예수님이 행하신 기적의 신빙성

예수님의 기적은 성경의 곳곳에서 증언되어 있어서 따로 떼어놓을 수가 없다. 이들 기적에 대한 기록은 세상으로 놀라게 하려는 것이 아니다. 이러한 기적들은 모든 사람이 볼 수 있도록 많은 증인 앞에서 공개적으로 행해졌다.

신유의 기적은 과학자나 의사에 의해 결코 부인된 적이 없었다. 또한 그들 중 아무도 그 같은 기적을 하나라도 행할 수 있는 사람이 없었다. 예수님의 기적은 독특했다. 예수님은 부도덕적이거나 가치 없는 목적을 위해 결코 기적을 행하지 않으셨다. 예수님이 기적을 베푸신 동기는 항상 옳았다. 뿐만 아니라 예수님의 기적은 즉시 효과가 있었다. 병 고침은 순간적이었고 초자연적이었다. 예수님께서 행하신 기적은 그가 그리스도임을 세례 요한에게 증거하기 위함이었다(마 11:3-6). 기적을 설명하려는 시도는 하나님의 능력과 그리스도의 완전무결에 대한 모욕이다. 기적은 진실이었고 우리는 기꺼이 기록된 하나님의 말씀을 통해 그것을 믿는다.

Ⅴ. 예수님의 기적에 대한 반대 견해

1. 혹자는 예수님의 인격이 너무나 강해서 그의 정신력으로 병자를 치료했을 거라고 믿는다.

2. 혹자는 기적을 설명하려는 태도는 어리석은 생각이라고 말한다. 사실, 예수가 바다 위를 걸은 것은 바다가 얕아서 땅 위를 걸은 것이고, 오병이어의 기적은 그 소년이 빵과 고기를 내놓았을 때 다른 사람들도 자신의 점심을 풀어놓고 나누었을 뿐이라는 것이다. 부활 역시 죽은 자들은 참으로 죽었던 것이 아니라 잠이 들어 있었다고 말한다.

3. 물질주의는 하나님의 능력을 인정하기를 거절하고 오직 육신적인 힘과 물질적인 힘만을 시인하기 때문에 기적을 철저히 거절한다.

4. 자연의 법칙만을 인정하는 범신론자들에게는 기적이 불가능하게 보여진다.

5. 불가지론은 기적의 근원, 즉 하나님 자신을 부인하기 때문에 기적을 부인한다.

6. 자연주의자들은 자연의 조화에서는 기적이 배제된다고 말한다.

7. 철학은 기적이 사고의 일관성을 방해함으로 바람직한 견해가 아니라고 한다.

Note

8. 낙관주의자(이상주의자)는 모든 것은 선하므로, 기적이 필요하지 않다고 주장한다.

9. 어떤 사람들은 단순히 "증거 불충분"이라고 기적을 거절한다. 그러나 우리는 성경이 진실하기 때문에 기록된 말씀을 의심없이 받아들인다.

Ⅵ. 예수께서 행하신 기적의 가치

우리에게 기적은 예수님이 구세주이심을 확증하는 증거물이 된다. 예수님은 자신이 행하신 기적으로 그의 인격과 신앙을 증명하셨다. 기적은 초인간적인 능력을 증명한다(살후 2:9). 그러나 적그리스도의 능력은 사단에게서 나온다. 예수님은 어떤 곳에서, 어떤 분으로부터 그의 초인적인 능력을 받으셨다. 그분이 바로 하나님이시다.

한편 기적으로 사람을 구원할 수 있는 것은 아니다(요 12:37). 구원의 길은 예수를 믿음으로 온다는 사실을 가르쳐야 한다. 기적은 분명히 이미 믿은 자의 신앙을 견고하게 한다(마 8:27). 예수님의 기적은 우리가 가질지도 모를 불신앙을 없애고, 우리로 하여금 우리 안에 시작된 구원 사업을 주님이 이루신다는 믿음을 두려워하지 않고 믿도록 가르치신다.

Ⅶ. 오늘날의 기적의 가능성

기적은 모세, 엘리야, 엘리사와 같은 사람들에 의해 구약 시대에 행해졌다. 예수님은 4복음서를 통해 증언되는 그 시대에 많은 기적을 행하셨다. 승천하신 이후 기적은 베드로, 바울 그리고 다른 제자들에 의해 행해졌다. 만약 기적이 하나님의 권능으로 만들어졌다면(물론 분명한 사실이지만) 하나님은 결코 변하지 않는 분이시기 때문에 오늘날에도 기적은 가능하다(히 13:8). 그러나 한 가지는 변했다. 기적은 가끔 말씀을 전하는 자를 믿게 하려고 행해졌는데, 오늘날은 그런 필요성이 대단히 줄어들었다는 것이다. 우리는 예수님이 하나님이리사고 증명하는 기적을 필요로 하지 않는다. 왜냐하면 영감으로 쓰인 성경이 예수님이 곧 하나님이라고 증명하고 있기 때문이다.

● 결론

우리는 하나님의 거룩한 말씀에 기록되어 있는 기적을 가치 있는 것으로 받아들이고 주님께 영광을 돌려야 한다. 우리의 하잘 것 없는 지성으로 하나님을 모욕하지 말고, 불신앙으로 그의 말씀을 거역하지 말자. 오히려 우리는 한 여인의 이런 믿음을 배우자. "저는 성경이 증언하기 때문에, 큰 고기가 요나를 삼켰다고 믿습니다. 만약 요나가 큰 고기를 삼켰다고 성경이 말했다면 그것도 역시 믿을 거예요!"

질문 *Bible Study*

1. 왜 과학자들은 기적을 반대해 왔는가?
2. 소위 말하는 기적이란 실제적인 기적이었는가?
3. 기적이란 무엇인가?
4. 예수님이 행하신 기적의 독특성(고유성)은 무엇인가?
5. 예수님께서 행하신 기적을 나열해보라.
6. 예수님께서 고치신 여러 가지 병은 무엇이었는가?
7. 왜 우리는 예수 그리스도의 기적을 믿어야 하는가?
8. 기적을 믿지 않는 사람들의 주장은 무엇인가?
9. 예수님께서 행하신 기적의 가치를 말해 보라.
10. 오늘날에도 기적은 가능한가?

제17과

예수 그리스도의 죽음

● 서론

타락한 인간이 가장 싫어하는 두 가지 교리는 '성육신'과 '속죄론'이다. 이 두 교리는 불쌍하고 죄 많은 인간을 향한 하나님의 놀랍고 상상할 수도 없는 무한한 사랑을 보여 준다. 대속은 사도행전에서 베드로, 바울, 야고보와 빌립의 위대한 체험이었다.

"대속없는 인간은 한 가닥의 희망도 없다."– D.L. 무디

죽음은 이 세상에서 행하신 주 예수의 사업 중 가장 최고의 것이었다. 우리는 살려고 와서 죽음으로 우리의 일을 끝낸다. 예수님은 죽기 위해 이 세상에 오셨다. 그의 목적은 다른 방법으로 이루어질 수 없었다. "죄의 삯은 사망이다." 누구든지, 그 사람이 죄인이든 혹은 적당한 대리자이든지 죄를 담당해야만 한다. 여기 천국의 재판에서는 뇌물의 가능성이 절대 없다. 대속은 그리스도 사역의 핵심이다. 대속은 죄의 문제를 해결한다.

죄와 피의 대속은 성경의 핵심적인 요소다. 보혈의 '붉은 선'은 창세기에서 계시록까지의 성경의 중심부를 가로지른다.

I. 그리스도의 죽음에 대한 교리

1. 하나님께서 미리 말씀하셨다.

그가 살아 있는 자들의 땅에서 끊어짐은 마땅히 형벌 받을 내 백성의 허물 때문이라. (사 53:8)

예순두 이레 후에 기름 부음을 받은 자가 끊어져 없어질 것이며. (단 9:26) – 여기서 "끊어져 없어진다"는 말은 죽음을 예언한다.

목자를 치면 양이 흩어지려니와. (슥 13:7)

2. 하나님께서 그의 죽음을 정하셨다.

여호와께서는 우리 모두의 죄악을 그에게 담당시키셨도다. (사 53:6)

여호와께서 그에게 상함을 받게 하시기를 원하사 질고를 당하게 하셨은즉. (사 53:10)

그가 하나님께서 정하신 뜻과 미리 아신 대로 내준 바 되었거늘 너희가 법 없는 자들의 손을 빌려 못 박아 죽였으나. (행 2:23)

3. 그의 죽음의 의미

a. 속죄 – 이것은 죄를 덮는 것을 의미한다.

b. 화목제물 – 이것은 자비의 보좌를 생각하게 한다.

그는 우리 죄를 위한 화목제물이니. (요일 2:2)

c. 대속 – 이것은 다른 사람의 자리에 대신 들어가는 것을 말한다. 죄가 없는 사람이 죄인의 벌을 대신하는 것이다.

선한 목자는 양들을 위하여 목숨을 버리거니와. (요 10:11)

d. 구속 – 하나님께서 어떤 대가를 지불하고 죄인을 사시는 것이다.

대속함을 받은 것은 은이나 금 같이 없어질 것으로 된 것이 아니요… 그리스도의 보배로운 피로 된 것이니라. (벧전 1:18–19)

e. 화목 – 하나님과 인간이 원수의 사이에서 이제는 친구가 되었다.

곧 우리가 원수 되었을 때에 그의 아들의 죽으심으로 말미암아 하나님과 화목하게 되었은즉. (롬 5:10)

갈보리에서의 예수님의 죽음은 하나님과 인간에게 화목을 가져다주었다.

f. 대속물 – 죄인(죄에 의해 얽매인 자)을 풀어주기 위해 지불된 대가이다.

인자가 온 것은 섬김을 받으려 함이 아니라 도리어 섬기려 하고 자기 목숨을 많은 사람의 대속물로 주려 함이니라. (마 20:28)

4. 그의 죽음의 형태

그는 십자가에 달려 돌아가셨다(마 27:35, 막 15:24, 눅 23:33). 대에 달려 들려질 것이 미리 예언되었다(민 21:8). 그것은 굴욕적인 죽음이었다.

십자가를 참으사 부끄러움을 개의치 아니하시더니. (히 12:2)

그것은 저주받은 죽음이었다.

그리스도께서 우리를 위하여 저주를 받은 바 되사 율법의 저주에서 우리를 속량하셨으니 기록된 바 나무에 달린 자마다 저주 아래에 있는 자라. (갈 3:13)

5. 그의 죽음은 자발적이었다.

그는 우리를 위해 자발적으로 돌아가셨다. 그는 그렇게 하도록 강요당하지 않으셨다.

이를 내게서 빼앗는 자가 있는 것이 아니라 내가 스스로 버리노라. (요 10:18)

6. 그가 돌아가신 이유

왜 죄 없으신 주 예수께서 돌아가셔야만 했을까? 우리는 어떻게 죄인이 죄의 결과로 죽어야만 하는지 이해할 수 있다. 예수님은 우리의 죄를 대신하여 하늘에 있는 거룩하신 하나님의 공의를 만족시키기 위해 돌아가셨다.

죄는 값을 요구했다. 죄의 삯을 요구했다. 그리스도만이 그것을 완전히 지불하실 수 있었다. 하나님의 모든 속성은 구원이 가능하도록 조화를 이루어야만 한다. 하나님의 사랑은 하나님의 공의가 만족될 때까지 죄를 용서할 수 없으셨다. 그것은 갈보리 십자가 위에서 온전히 해결됐다.

7. 그의 죽음의 결과

그를 대속물로 받아들이는 모든 자에게 구원이 되었다.

곧 모든 사람 특히 믿는 자들의 구주시라. (딤전 4:10)

Ⅱ. 그리스도의 대속적 죽음을 반대하는 견해들

1. 인간은 자신의 죄를 위해 스스로 벌을 받을 수 없는가? 있다. 하지만 완전한 형벌은 영원한 죽음이며, 영원히 벌을 받아도 빚을 완전히 갚기에는 충분하지 못하다.

2. 인간은 스스로의 죄를 속죄할 수 없는가? 없다. 영원한 고통으로는 충분하지 않다.

율법을 따라 거의 모든 물건이 피로써 정결하게 되나니 피흘림이 없은즉 사함이 없느니라. (히 9:22)

죽음만이 하나님의 요구를 만족시킬 수 있고, 지옥에서의 죽음으로 인간은 성공할 수 없다(혹자는 지옥을 영원히 죽고 결코 다시 죽을 수 없는 곳으로 정리했다).

3. 속죄에 대한 교리는 바울이 처음 지어낸 것인가? 아니다. 그것은 우리 주 예수 그리스도께서 세상에 계실 때 친히 설교하셨다.

이때로부터 예수 그리스도께서 자기가 예루살렘에 올라가… 많은 고난을 받고 죽임을 당하고 제 삼일에 살아나야 할 것을 제자들에게 비로소 나타내시니. (마 16:21)

예수님은 '밀알'이셨다.

한 알의 밀이 땅에 떨어져 죽지 아니하면 한 알 그대로 있고 죽으면 많은 열매를 맺느니라. (요 12:24)

4. 이 교리는 인간을 더욱 절망케 하고 더욱 죄를 짓게 하지는 않는가? 아니다. 십

Note

자가는 하나님께서 얼마나 죄를 미워하시는지를 가르쳐준다.

그런즉 우리가 무슨 말을 하리요 은혜를 더하게 하려고 죄에 거하겠느냐. (롬 6:1)

5. 우리의 죄 때문에 죄 없는 사람을 그의 의지에 반하여 대신 고난을 받게 하는 것은 공평하지 않은 것 아닌가? 만약 예수님이 그의 의지에 반하여 우리의 죄를 대신하여 고난을 받으셨다면 공평하지 않았을 것이다. 그러나 예수님은 우리를 위하여 자발적으로 죽음을 택하셨다. 그렇게 하는 것이 그의 소원이었다.

6. 하나님께서는 갈보리의 무시무시한 죽음의 방법이 아닌 다른 것으로 죄인을 용서하실 수 없었는가? 죄란 하나님을 대항하여 저질러졌다. 하나님은 모두 다 없애버리면 그만이지 않으셨을까? 그러나 그는 그럴 수 없으셨다. 왜냐하면 하나님의 율법을 만족시켜야만 하기 때문이다.

네가 먹는 날에는 반드시 죽으리라. (창 2:17)

범죄하는 그 영혼은 죽으리라. (겔 18:4)

죄의 삯은 사망이요. (롬 6:23)

회개는 죄에 대한 형벌의 필요성을 없앨 수 없다. 죄는 저질러졌고 그 죄는 하나님 자신의 법칙에 따라 다루어져야만 했다. 하나님의 공의와 명예의 문제가 걸려 있고 이것은 잘 보존되어져야만 한다. 하나님의 거룩은 죄의 삯으로 죽음을 요구한다.

7. 죄인의 죄를 무죄한 자에게 옮기는 것이 가능한가? 인간의 법정에서는 죄 지은 자만을 벌하나 원한다면 벌을 받을 수도 있다. 왜냐하면 자발적으로 다른 사람의 죄를 대신 맡을 수 있기 때문이다.

그는 실로 우리의 질고를 지고 우리의 슬픔을 당하였거늘. (사 53:4)

그가 찔림은 우리의 허물 때문이요 그가 상함은 우리의 죄악 때문이라. (사 53:5)

친히 나무에 달려 그 몸으로 우리 죄를 담당하셨으니 이는 우리로 죄에 대하여 죽고 의에 대하여 살게 하려 하심이라 그가 채찍에 맞음으로 너희는 나음을 얻었나니. (벧전 2:24)

8. 죄 하나가 영원한 죽음 감이라면 갈보리에서의 짧은 시간 안에 셀 수도 없이 많은 죽음을 어떻게 대신할 수 있겠는가? 그것은 고난의 분량에 대한 문제가 아니라 충족시켜야만 하는 '하나님의 공의'에 관한 문제다. 죄 없는 거룩하신 분이 고난을 받았다는 사실이 중요한 것이다. 고난을 받았던 분은 단순한 사람이 아니었다. 그는 하나님이시며 사람이셨다(딤전 2:5).

전에는 그의 모양이 타인보다 상하였고 그의 모습이 사람들보다 상하였으므로 많은 사람이 그에 대하여 놀랐거니와. (사 52:14)

이 구절은 죽음이 너무나 끔찍하여 하나님께서 갈보리에서 어둠이 막을 내림으로 인간으로 하여금 훼손된 얼굴을 보지 못하도록 하신 것을 암시한다(눅 23:44).

Note

결론

예수 그리스도의 죽음은 모든 죄인을 위해 충분하다. 그는 전 세계의 죄를 위해 돌아가셨다. 그는 우리의 죄, 특별히 나의 죄를 위해 돌아가셨다.

질문 Bible Study

1. 세상에서의 사명을 성취하기 위해 예수님은 무엇을 하셔야만 했는가?
2. 위의 질문에 대한 답을 증명하는 구약 성구를 2가지 이상 찾아 써라.
3. 기꺼이 예수님이 세상의 죄를 지고 돌아가시도록 하나님께서 승인하심을 나타낸 성경 구절은 무엇인가?
4. 예수님의 죽음에 대한 의미를 6가지 말하고 각각을 설명해 보라.
5. 사람은 자신의 죄를 속죄할 수 있는가? 그 이유는 무엇인가?
6. 예수님은 왜 갈보리에서 돌아가셨는가?
7. 예수 그리스도의 죽음에 대한 결과는 무엇인가?
8. 예수님이 죽지 않고서는 하나님께서 죄를 용서하실 수 없으셨는가? 그 이유는 무엇인가?
9. 죄를 짓지도 않은 사람에게 남의 죄를 옮기는 것이 가능한가?
10. 예수님은 누구를 위해 돌아가셨나?

제18과
예수 그리스도의 부활

● 서론

부활은 신약에서 기초가 되는 교리이다. 신약에서는 부활에 대하여 104번이나 언급한다. 기독교는 살아 계신 근원자에 대한 유일한 종교다. 부처는 죽었다. 힌두교 브라만 신도 죽었고, 마호메트도 죽었으며, 공산주의의 마르크스도 죽었다.

기독교의 자랑과 영광은 '빈 무덤'이다. 예수님은 죽었다가 살아나셨다. 십자가에서 예수님은, "다 이루었다"고 외치셨고, 아버지는 죽은 자들 가운데서 아들을 부활하게 하심으로 "아멘"하고 회답하셨다. 만약 예수님이 부활하지 않으셨다면 우리는 모든 사람 가운데 가장 비참한 자다. 왜냐하면 우리는 아직 죄에 있고, 우리는 잃어버린 바 되었으며, 영원히 잃어 버렸을 것이기 때문이다(고전 15:16-19). 예수님은 죽었다가 사흘 만에 죽은 자 가운데서 다시 사시리라고 말씀하셨다. 만약 부활이 사실이라면 예수님은 참으로 하나님의 아들이시다. 이것은 기적 중의 기적이다. 이 기적 중의 기적이 사실이라면 나머지는 쉽게 믿어질 것이다.

I. 부활의 증거

1. 빈 무덤

그가 여기 계시지 않고 그가 말씀하시던 대로 살아나셨느니라 와서 그가 누우셨던 곳을 보라. (마 28:6)

들어가니 주 예수의 시체가 보이지 아니하더라. (눅 24:3)

2. 천사들의 간증(마 28:6)

여자들이 두려워 얼굴을 땅에 대니 두 사람이 이르되 어찌하여 살아 있는 자를 죽은 자 가운데서 찾느냐 여기 계시지 않고 살아나셨느니라 갈릴리에 계실 때에 너희에게 어떻게 말씀하셨는지를 기억하라

Note

이르시기를 인자가 죄인의 손에 넘겨져 십자가에 못 박히고 제 삼일에 다시 살아나야 하리라 하셨느니라. (눅 24:5–7)

3. 부활 후 그와 이야기한 사람들 – 베드로, 마리아, 도마

4. 예수님은 부활 후 음식을 잡수시며 친구들에게 상처를 보이셨다.

5. 동시에 500여 제자들에게 나타나셨다.

그 후에 오백여 형제에게 일시에 보이셨나니 그중에 지금까지 대다수는 살아 있고 어떤 사람은 잠들었으며. (고전 15:6)

6. 스데반의 순교 때 나타나셨다.

말하되 보라 하늘이 열리고 인자가 하나님 우편에 서신 것을 보노라. (행 7:56)

7. 다메섹으로 가는 길에서 바울에게 나타나셨다.

대답하되 주여 누구시니이까 이르시되 나는 네가 박해하는 예수라. (행 9:5)

8. 예수님은 살아 계신 구주이시라고 증명하는 수백만 명의 간증이 있다.

9. 이 밖에도 확실한 증거들이 많이 있다(행 1:3).

Ⅱ. 예수님의 부활에 대한 설명들

1. 사기설

전체의 이야기가 속임수로 교묘하게 꾸며낸 사기극이다. 그러나 역사와 성경은 딱 잘라 이 우스꽝스러운 가설을 부인한다.

2. 기절설

군병들이 예수를 죽이지 않아 기절한 채로 무덤 속에 들어갔고, 거기서 냄새 때문에 다시 살아나 생명을 갖게 되었다는 설이다. 그러나 그 냄새가 너무 고약한 악취라 오히려 예수를 죽이고도 남았을 것이다.

3. 환상설

제자들이 예수님을 너무 보고 싶어 한 나머지 그가 살아났으리라는 상상 속에서 그를 보았다고 말했다는 것이다. 그러나 성경은 우리에게 제자들이 불신앙에 빠져 그를 보고도 믿지 못했다고 말한다. 도마는 그를 만지고서야 믿었다. 제자들은 쉽사리 믿지 않는 사람들이었다. 그 때문에 예수께서 그들을 꾸짖으셨다(눅 24:25).

4. 귀신설

제자들이 귀신을 보고 예수님이라고 생각했다는 것이다. 그러나 귀신은 뼈와 살이 없고, 먹고 마시지도 않는다(눅 24:39, 43절).

5. 신화설

진실이 결여된, 떠도는 이야기를 옛사람들이 와전했다는 설이다. 그러나 성경 전문이 이 설이 거짓됨을 보여 준다.

6. 참 설명

말씀대로 예수 그리스도는 육신을 갖고 무덤에서 부활하셨다는 것은 사실이다. 예수 그리스도는 사망권세를 이기고 승리하셨다.

하나님께서 그를 사망의 고통에서 풀어 살리셨으니 이는 그가 사망에 매여 있을 수 없었음이라. (행 2:24)

Ⅲ. 부활 후의 몸

1. 살과 뼈가 있었다.

내 손과 발을 보고 나인 줄 알라 또 나를 만져 보라 영은 살과 뼈가 없으되 너희 보는 바와 같이 나는 있느니라. (눅 24:39)

2. 영광의 몸이었다.

우리의 낮은 몸을 자기 영광의 몸의 형체와 같이 변하게 하시리라. (빌 3:21)

3. 죽지 않는 몸이었다.

이는 그리스도께서 죽은 자 가운데서 살아나셨으매 다시 죽지 아니하시고 사망이 다시 그를 주장하지 못할 줄을 앎이로라. (롬 6:9)

4. 영적인 몸이었다.

육의 몸으로 심고 신령한 몸으로 다시 살아나나니. (고전 15:44)

5. 그 영적인 몸은 딱딱한 벽을 뚫고 나가는 능력을 가진다.

이 날 곧 안식 후 첫날 저녁 때에 제자들이 유대인들을 두려워하여 모인 곳의 문들을 닫았더니 예수께서 오사 가운데 서서 이르시되 너희에게 평강이 있을지어다. (요 20:19)

Ⅳ. 어떻게 예수께서 죽은 자들 가운데서 살아나셨나?

1. 아버지의 권능으로

너희가 법 없는 자들의 손을 빌려 못 박아 죽였으나 하나님께서 그를 사망의 고통에서 풀어 살리셨으니. (행 2:23–24)

• 참고/ 행 3:15; 5:30

2. 그리스도 자신의 권능으로

예수께서 대답하여 이르시되 너희가 이 성전을 헐라 내가 사흘 동안에 일으키리라. (요 2:19)

• 참고/ 요 10:18

3. 성령의 권능으로

육체로는 죽임을 당하시고 영으로는 살리심을 받으셨으니. (벧전 3:18)

V. 부활 후의 결과

1. 하나님의 존재를 증명한다.

만약 하나님이 계시지 않는다면 어떻게 그리스도께서 죽은 자 가운데서 일어나셨겠는가! 그는 살아 계신 하나님께서 부활하게 하심으로 일어나셨다.

2. 그리스도의 신성을 증명한다.

죽은 자들 가운데서 부활하사 능력으로 하나님의 아들로 선포되셨으니. (롬 1:4)

3. 그것은 구원이 성취된 사실임을 뜻한다.

예수께서는 그가 십자가에 달려 돌아가셨을 때 구원이 이루어졌고 부활은 이를 확인한다고 말씀하셨다.

4. 부활은 다른 사람들도 일어날 것을 보증한다.

① 의로운 자들을 영생으로 ② 불의한 자들은 분노의 심판을 대면하여 영원한 저주로

5. 그것은 그의 다음 약속인 "다시 올 것"을 이루게끔 그를 준비시킨다.

6. "부활의 능력"(빌 3:10)은 지금 우리가 누려야 할 경험이다.

그것은 부활하신 그리스도께서 사신 삶을 우리의 육신을 통해 새롭게 사는 새 생활을 뜻한다.

● 결론

부활은 세상에서 가장 위대한 능력이다. 부활은 원자폭탄, 수소폭탄, 코발트 원자폭탄, 우라늄(U2-35)의 힘을 훨씬 능가한다. 그것들은 파괴하는 힘이 있으나 부활은 죽은 자에게 생명을 주는 힘을 가진다. 어떤 무신론자가 유언에서, 죽음 후에 다시는 일어나지 못할 것을 확신하는 구절을 남겼다. "내 몸을 화장한 후 내 재를 비행기에 태워 하늘을 다니며 5대양 6대주에 뿌려다오." 그러나 수천 년 후 나팔이 울리고 부활이 있을 때 그 몸은 다시 붙여져 그리스도 앞에 온전히 서게 될 것이다.

부활의 강력한 힘은 우리 몸을 죄로부터 보호하도록 하신다. 부활은 기독교가 서느냐 죽느냐를 판가름하는 기초가 된다. 부활은 기독교적 증거의 요새이다. 불신앙과 불가지론과 무신론은 부활 앞에 참패자에 불과하다. 그리스도께서 일어나셨기 때문에 물질주의나 공산주의, 무신론은 없어져야만 한다. 오늘날 가장 강력한 정복자는 죽음인데, 이 정복자는 땅 위를 활보하고 다니며 지구의 반을 파헤쳐 죽은 자들로 그 구멍을 채운다. 그러나 부활은 더 큰 권능으로 무덤의 권능을 무너뜨린다. 우리는 승리의 확신 가운데 외칠 수 있다. "사망아 너의 승리가 어디 있느냐 사망아 네가 쏘는 것이 어디 있느냐"(고전 15:55).

우리는 살아나신 구주를 섬긴다. 그는 오늘날 세상에 계신다. 승리는 우리의 것이다. 왜냐하면 군대와 같이 교회의 머리이신 정복자 그리스도와 더불어 앞으로 앞으로 행진하기 때문이다. 다른 사람들도 그가 살아 계신다는 것을 인식하기를 기원한다.

질문 *Bible Study*

1. 기독교의 가장 뛰어난 특징은 무엇인가?
2. 부활에 대한 증거를 제시하라.
3. 부활에 관련한 기절설은 무엇이며 그것은 사실인가?
4. 우리는 어떻게 환상설이 거짓임을 알 수 있는가?
5. 그리스도의 부활에 대한 올바른 설명을 제시해 보라.
6. 부활한 후의 그리스도의 몸을 설명하라.
7. 어떻게 그리스도는 죽은 자 가운데서 살아나셨는가?
8. 어떻게 그리스도의 부활이 하나님의 존재를 증명할 수 있는가?
9. 왜 많은 사람이 부활에 대한 교리를 부인한다고 생각하는가?
10. 세상에서 가장 위대한 능력은 무엇이라고 생각하는가?

제19과

예수 그리스도의 승천

● 서론

예수 그리스도의 생애는 4가지의 위대한 기적으로 이루어졌다. 즉 성육신, 부활, 승천 그리고 재림이다. 오늘 우리는 세 번째의 기적에 대해 공부한다. 승천은 그리스도께서 사람들이 보는 앞에서 하늘로 올라가신 사건이다. 예수는 비천한 처지의 아기로 세상에 오셨다. 그러나 그가 세상을 떠날 때는 높이 들려진 정복자였다. 예수님의 지상 사역이 끝날 때 그는 우리를 위해서 처소를 예비하고 대제사장으로서 중재 역할을 하시기 위해 하늘의 사역으로 들어가셨다.

Ⅰ. 승천에 대한 성경의 증언

이 말씀을 마치시고 그들이 보는데 올려져 가시니 구름이 그를 가리어 보이지 않게 하더라 올라가실 때에 제자들이 자세히 하늘을 쳐다보고 있는데 흰 옷 입은 두 사람이 그들 곁에 서서 이르되 갈릴리 사람들아 어찌하여 서서 하늘을 쳐다보느냐 너희 가운데서 하늘로 올려지신 이 예수는 하늘로 가심을 본 그대로 오시리라 하였느니라. (행 1:9–11)

승천에 대한 설명은 두 단어로 요약할 수 있다. 그는 ① 보이는 데서 ② 육신으로 승천하셨다.

Ⅱ. 승천은 성경에서 예언되었고 가르쳐졌다

주께서 높은 곳으로 오르시며 사로잡은 자들을 취하시고. (시 68:18)

여호와께서 내 주에게 말씀하시기를 내가 네 원수들로 네 발판이 되게 하기까지 너는 내 오른쪽에 앉아 있으라 하셨도다. (시 110:1)

승천 이후 그는 아버지의 우편에 앉으셨다.

예수께서 승천하실 기약이 차가매 예루살렘을 향하여 올라가기로 굳게 결심하시고. (눅 9:51)

승천은 하나님의 계획 안에 있었다.

그러면 너희는 인자가 이전에 있던 곳으로 올라가는 것을 본다면 어떻게 하겠느냐. (요 6:62)

내가 갔다가 너희에게로 온다 하는 말을 너희가 들었나니 나를 사랑하였더라면 내가 아버지께로 감을 기뻐하였으리라. (요 14:28)

예수께서 이르시되 나를 붙들지 말라 내가 아직 아버지께로 올라가지 아니하였노라 너는 내 형제들에게 가서 이르되 내가 내 아버지 곧 너희 아버지, 내 하나님 곧 너희 하나님께로 올라간다 하라 하시니. (요 20:17)

구약에서도 그것에 대해 인식했고 예수님은 자유로이 그의 승천에 대해 가르치셨다. 아마도 예수의 제자들은 그의 죽음과 장사됨, 부활의 귀중한 사실들을 이해하는 것 이상으로 승천을 이해하지는 못했을 것이다.

Ⅲ. 승천은 예수님의 부활 후 40일이 지나서 일어났다

예수님은 몇 가지 이유로 아버지께 돌아가는 것을 늦추고 세상에 머무르셨다. 첫째, 의심의 그림자를 없애고 예수께서 죽은 자 가운데서 살아나셨음을 증명하기 위해서다. 이것은 믿는 자들의 믿음을 확립하는 데 중요한 것이었다. 둘째, 제자들에게 그리스도의 생활에 따른 지시가 좀 더 필요했기 때문에 지체하셨다. 부활하기까지의 기간 동안 예수님은 그가 과거에 가르쳤던 그의 죽음이나 장사됨, 부활에 대해 좀 더 설명하셨다.

그가 고난 받으신 후에 또한 그들에게 확실한 많은 증거로 친히 살아 계심을 나타내사 사십 일 동안 그들에게 보이시며 하나님 나라의 일을 말씀하시니라. (행 1:3)

Ⅳ. 승천의 방법

축복하실 때에 그들을 떠나 하늘로 올려지시니. (눅 24:51)

예수 그리스도는 지금 아버지 우편에 계신다.

그의 능력이 그리스도 안에서 역사하사 죽은 자들 가운데서 다시 살리시고 하늘에서 자기의 오른편에 앉히사. (엡 1:20)

어떤 사람들은 '하나님의 우편'이란 표현은 상징적이라고 생각하여, 그 뜻을 능력으로 풀이한다. 하지만 문자 그대로 오른편을 의미한다.

보라 하늘이 열리고 인자가 하나님 우편에 서신 것을 보노라. (행 7:56)

승천은 비밀로 행해진 것이 아니라 많은 사람이 보는 앞에서 진행됐다. 그것을 제자들이 보고 증거했다. 예수 그리스도는 개인적으로 사람들이 보는 앞에서 육체를 갖고 떠나가셨으며, 갈은 방법으로 세상에 다시 오실 것이다.

Note

V. 승천의 필요성

하늘은 그의 집이었고 일을 끝냈으면 집으로 다시 돌아가는 것이 당연했다. "내가 아버지께로 감을"(요 14:28). 예언은 이루어져야만 했다. 그는 아버지께로 돌아갈 것을 말씀하셨고, 그렇게 했다(요 16장). 신성한 계획은 그리스도께서 부활하신 후에 성령이 믿는 자들 안에 거하기 위해 임하시기로 되어 있었다. 승천은 성령강림을 앞서야 했다.

그러나 내가 너희에게 실상을 말하노니 내가 떠나가는 것이 너희에게 유익이라 내가 떠나가지 아니하면 보혜사가 너희에게로 오시지 아니할 것이요 가면 내가 그를 너희에게로 보내리니. (요 16:7)

그리스도의 승천은 처소를 예비하려는 그의 사업에 선행조건이 되었다.

내 아버지 집에 거할 곳이 많도다 그렇지 않으면 너희에게 일렀으리라 내가 너희를 위하여 거처를 예비하러 가노니 가서 너희를 위하여 거처를 예비하면. (요 14:2-3)

만약 예수님이 부활하시기 직전의 권능으로 영원히 세상에 사셨으면 얼마나 좋았겠는가. 그러나 그것은 교회에 대한 하나님의 계획이 아니었다.

1. 예수님은 구속사업을 이루기 위해 승천하셨다(요 20:16-17).

2. 예수님의 승천은 그를 따르는 자들로 하여금 약속된 위대한 사업을 시행하게끔 했다(요 14:12).

3. 예수님은 하나님의 보좌에서 중재자의 직분을 수행하기 위해 승천하셨다.

4. 예수님의 승천은 팔레스타인뿐만 아니라 전 세계의 사역을 위함이었다(마 28:18).

5. 승천은 부활 후의 몸에 대한 강한 증거와 설명이 된다.

VI. 승천의 목적

예수님은 하나님을 영화롭게 하기 위해 승천하셨다.

아버지여 때가 이르렀사오니 아들을 영화롭게 하사 아들로 아버지를 영화롭게 하게 하옵소서. (요 17:1)

예수님은 임금과 구주가 되기 위해 승천하셨다.

그를 오른손으로 높이사 임금과 구주로 삼으셨느니라. (행 5:31)

예수님은 우리를 위해 길을 열어 주시는 전주자로서 승천하셨다.

그리로 앞서 가신 예수께서. (히 6:20)

예수님은 우리의 처소를 예비하고(요 14:2), 우리의 대제사장이 되시며(히 9:21-24), 그로 하여금 합당한 자리에 앉게 하기 위해서(히 10:12-13) 승천하셨다.

Ⅶ. 승천의 결과

그는 사람들에게 선물을 주셨다.

그러므로 이르기를 그가 위로 올라가실 때에 사로잡혔던 자들을 사로잡으시고 사람들에게 선물을 주셨다 하였도다. (엡 4:8)

그가 올라가셨기 때문에 성령께서 내려오셨다(요 16:7, 행 2:23). 그는 앉아 계심으로 죄를 정결케 하는 완성된 행위를 보이셨다.

죄를 정결하게 하는 일을 하시고 높은 곳에 계신 지극히 크신 이의 우편에 앉으셨느니라. (히 1:3)

그가 승천하심으로 그는 지금 우리를 온전히 구하실 수 있다(히 7:25). 그분은 죄의 시궁창 가운데 있는 죄인을 꺼내 그와 함께 있도록 천상으로 올릴 수 있는 분이시다. 그가 하늘에 계심으로 우리가 "양심의 악을 깨닫고… 참 마음과 온전한 믿음으로 하나님께 나아가게"(히 10:22) 된다. 그는 지금 천상문에서 서서 "예수를 바라보도록"(히 12:2) 우리를 향해 손짓하신다. 그는 여행의 마지막 목표와 같이 서 계신다. 우리는 오늘 그와 함께 천상에 앉혀져 있다.

또 함께 일으키사 그리스도 예수 안에서 함께 하늘에 앉히시니. (엡 2:6)

그는 만물을 충만케 하기 위해 승천하셨다.

내리셨던 그가 곧 모든 하늘 위에 오르신 자니 이는 만물을 충만하게 하려 하심이라. (엡 4:10)

그는 승천하셨으므로 천사나 권세들과 능력들이 그에게 종속되어진다.

그는 하늘에 오르사 하나님 우편에 계시니 천사들과 권세들과 능력들이 그에게 복종하느니라. (벧전 3:22)

승천은 여섯 가지 경건의 비밀들 중 하나다(딤전 3:16).

● 결론

예수 그리스도께서 높여지심으로 어느 날 모든 사람이 그 앞에 무릎을 꿇고 모든 입이 예수 그리스도는 하나님 아버지의 영광을 따르는 주님이시라고 자백할 것이다.

이러므로 하나님이 그를 지극히 높여 모든 이름 위에 뛰어난 이름을 주사. (빌 2:9-11)

우리의 구주를 영화롭게 하기 위해 그날까지 기다리지 말고 그를 위해 살고, 그를 증거하자.

중력의 법칙을 무시하고 승천하신 그리스도를 경배하고 섬기자. 그가 몸을 가지고 우리가 보는 앞에서 돌아오실 때는 즉시 그를 환영할 수 있도록 준비하자.

Note

질문 Bible Study

1. 그리스도의 생애 가운데 가장 위대한 4가지 기적은 무엇인가?
2. 승천에 대한 기록은 어디에 있는가?
3. 그리스도의 승천에 대한 예언은 어떤 것이었는가?
4. 예수님이 부활하신 후 즉시 승천하지 않으신 이유는 무엇인가?
5. 예수님은 어떻게 승천하셨는가?
6. 예수님의 승천이 필요한 이유를 말해 보라.
7. 승천의 목적은 무엇인가?
8. 승천의 결과는 어떠했는가?
9. 베드로전서 3:22에서 승천에 대해 배울 수 있는 것은 무엇인가?
10. 에베소서 4:10, 마태복음 18:20을 통해 어떤 교훈을 배울 수 있는가?

제20과

예수 그리스도의 중보적 사역

●서론

부활 후 예수님은 무엇을 하고 계셨을까? 아무것도 하지 않고 계셨는가? 주무신 것일까? 아니다. 예수님은 구속한 자들의 처소를 마련하려고 자신의 모든 시간을 보내셨다. 이것이 바로 예수님의 중요한 임무 중에 하나였기 때문이다.

내 아버지 집에 거할 곳이 많도다 그렇지 않으면 너희에게 일렀으리라 내가 너희를 위하여 거처를 예비하러 가노니. (요 14:2)

이 사역에 덧붙여 예수님은 중재사업에도 적극적으로 관계하신다.

이는 그가 항상 살아 계셔서 그들을 위하여 간구하심이라. (히 7:25)

그리스도께서는 참 것의 그림자인 손으로 만든 성소에 들어가지 아니하시고 바로 그 하늘에 들어가사 이제 우리를 위하여 하나님 앞에 나타나시고. (히 9:24)

제사장은 죄인의 입장에서 공의로우신 하나님께 중재하는 조정자이다. 제사장은 피를 가지고 주님께 속죄를 드린다(레 4:16-18). 욥의 소원은 그 시대의 중재자 곧 판결자가 되는 것이었다.

우리 사이에 손을 얹을 판결자도 없구나. (욥 9:33)

우리는 베들레헴과 갈보리 때문에 하나님께 감사드리며 또한 우리를 위해 하나님 우편에서 지금 우리를 옹호하시는 그분께 감사드려야만 한다. 날마다 우리의 대제사장은 우리를 위해 아버지 하나님께 간구하신다.

Note

Ⅰ. 그리스도의 속죄 사업은 세상에서 끝났다

십자가에서 예수님은 "다 이루었다"(요 19:30)고 말씀하셨다. 이로써 구원은 완전히 완성되었다. 죄는 십자가에서 의롭게 다루어졌다. 예수님께서는 다시 죄 때문에 죽는 일은 결코 없으실 것이다. 히브리서 9:24-28은 로마 사람들이 매일 성소에 들어가서 제물을 바치는 것은 죄이며 잘못인 것을 보여 준다.

Ⅱ. 그리스도는 제사장이 되는 요구 조건을 갖추셨다

1. 그는 사람 가운데서 취한 분이시다.

대제사장마다 사람 가운데서 택한 자이므로 하나님께 속한 일에 사람을 위하여 예물과 속죄하는 제사를 드리게 하나니. (히 5:1)

2. 그는 임무를 수행하도록 하나님의 뜻대로 정해졌고 임명되었다.

그는 자기를(대제사장으로) 세우신 이에게 신실하시기를. (히 3:2)

3. 그는 그 일을 수행하도록 하나님의 부르심을 입었다.

하나님의 부르심을 받은 자라야 할 것이니라. (히 5:4–5)

4. 그는 하나님의 일을 했다.

그러므로 그가 범사에 형제들과 같이 되심이 마땅하도다 이는 하나님의 일에 자비하고 신실한 대제사장이 되어 백성의 죄를 속량하려 하심이라. (히 2:17)

5. 그는 죄를 인하여 예물과 속죄하는 제사를 드렸다(히 5:1). 예수 그리스도는 자신을 드렸다.

Ⅲ. 그리스도는 아론과 같은 제사장이었다

지상에서의 예수님은 결코 제사장과 같이 행동하지 않으셨다. 그는 결코 지성소에 들어가신 적이 없다.

1. 아론과 예수님은 모두 사람들 앞에서 제물을 드렸다. 예수님은 갈보리에서 분명하게 자기 자신을 드리셨다.

2. 아론과 예수님은 모두 백성들을 위해 하나님 앞에 섰다.

3. 아론과 예수님은 백성들을 축복하기 위해 오셨다. 그러나 아론은 죽었다. 하나님으로서 예수님은 영원히 멜기세덱의 반차를 좇는 제사장이시다(히 5:6).

Ⅳ. 그리스도는 갈보리에서 친히 희생물이 되셨다

우리가 아직 죄인이었을 때 구주가 우리를 위해 죽으셨다. 그는 예루살렘에서 죽으셨다. 그는 십자가에서 아무것으로도 가려지지 않은 채 돌아가셨다. 그의 희생은,

1. 자발적이었다. 즉 자유의지에 의한 것이다(히 10:5-10). 그는 죽음에 자신을 맡기셨다.
2. 대속하셨다(히 7:24-28). 그는 내 대신 돌아가셨다.
3. 흠이 없으셨다(히 9:14). 그는 흠이 없고 죄없는 온전한 양이셨다.
4. 피로써 속죄를 이루었다(히 9:12). 속죄는 그 자신의 피로, 신성한 피로 이루어졌다(행 20:28).
5. 용납되었다(히 13:20-21). 아버지의 공의가 만족되었다.
6. 끝을 내었다(히 7:27). 갈보리의 일이 되풀이될 필요가 없다.

Ⅴ. 그리스도는 이제 우리를 위해 하나님 앞에 나타나신다

1. 장소: 천국에서. 히브리서 9:1-8은 제사장의 책임에 대해 말하고 있다.

그리스도께서는 장래 좋은 일의 대제사장으로 오사 손으로 짓지 아니한 것 곧 이 창조에 속하지 아니한 더 크고 온전한 장막으로 말미암아 염소와 송아지의 피로 하지 아니하고 오직 자기의 피로 영원한 속죄를 이루사 단번에 성소에 들어가셨느니라. (히 9:11–12)

그리스도께서는 참 것의 그림자인 손으로 만든 성소에 들어가지 아니하시고 바로 그 하늘에 들어가사. (히 9:24)

2. 누구를 위해서 : 그 자신을 위해서다.

이제 우리를 위하여 하나님 앞에 나타나시고. (히 9:24)

하나님께 나아가는 자들을 위해 간구하신다는 히브리서 7:24-25을 묵상해 보라.

3. 그의 탄원의 근거는 자신의 피다.

오직 자기의 피로. (히 9:12)

요한복음 17:1-26(대제사장의 역할로서의 기도에 대한 것)에서 예수님은 이루신 일에 대해 말씀하신다.

4. 실제적인 탄원

a. 필요로 하는 성도들에게 주기 위한 은혜(고후 12:9).
b. 약한 자들에게 주기 위한 힘(요 17:11).
c. 죄와 유혹으로부터 우리를 지키신다(요 17:15).
d. 우리가 죄를 자백할 때 용서하신다(요일 1:9).

Note

e. 우리가 그리스도를 증거할 때 권능이 된다(행 1:8).

f. 그리스도의 형상을 닮게 한다(롬 8:29).

5. 탄원의 목적

a. 생명을 유지시킨다(히 9:24).

b. 정결케 하신다(요일 2:1).

c. 은혜와 도움을 주신다(히 4:15-16).

d. 승리케 하기 위함이다(히 2:17-18).

Ⅵ. 그리스도는 지금 우리의 대언자이시다

사탄은 하나님의 보좌 앞에서 형제를 참소한다(욥 1:6-12). 사탄의 고발에 대응하여 우리에게는 천국 법정에 설 한 변호사가 있다. 우리의 변호인, 중보자는 주 예수 그리스도이시다.

> 나의 자녀들아 내가 이것을 너희에게 씀은 너희로 죄를 범하지 않게 하려 함이라 만일 누가 죄를 범하여도 아버지 앞에서 우리에게 대언자가 있으니 곧 의로우신 예수 그리스도시라. (요일 2:1)

희생이 변호인이 되게 한다. 우리가 죄를 범할 때 그는 그의 끝난 사업과 갈보리를 근거로 우리를 위해 간구하신다. 그때 성도는 구주로 인해 아버지의 용서를 받는다(요일 1:9).

Ⅶ. 그리스도는 오늘 여러분의 중보자이시다

우리가 용서를 구하지 않으면 용서받지 못할 것이다.

1. 우리가 혹독한 재판을 받을 때, 법정에 한 진실한 친구가 있음을 기뻐해야만 한다.

2. 구주는 우리를 도우시려고 하늘의 법정에서 만반의 준비를 하고 서 계신다.

3. 그는 기꺼이 아버지 앞에서 우리 개인 개인을 대표하신다.

4. 우리가 기도할 때는 우리의 형편을 신성하게 다루도록 그의 손에 맡기시는 것이다.

5. 참 사람으로 그도 우리와 같이 모든 점에서 유혹을 받았지만 그는 죄가 없으셨다. 그는 죄를 극복하시고 지금은 우리가 극복할 힘을 주신다.

6. 우리는 사탄이 끊임없이 아버지께 우리를 참소하고 있다는 것을 모른다. 사탄

의 참소가 어떤 것은 참말이지만 대다수는 거짓말이다.

참소하던 자가 쫓겨났고. (계 12:10)

7. 우리와 헤어진 사랑하는 사람들, 성도들 혹은 마리아는 우리의 대언자가 될 수 없다.

결론

시몬아, 시몬아, 보라 사탄이 너희를 밀 까부르듯 하려고 요구하였으나 그러나 내가 너를 위하여 네 믿음이 떨어지지 않기를 기도하였노니. (눅 22:31–32)

이것이 오늘 그리스도께서 우리를 위해 하시는 사역이다. 그는 모든 것을 알기 때문에 유혹이 오기 전에 유혹에 대해 기도하실 수 있다. 일상생활에서 은혜와 힘과 능력으로 생활되도록 예수님께 중보사역을 맡기라. 예수님의 축복받은 형상을 당신이 닮을 수 있도록 예수님께 중보사역을 맡기라(롬 8:29).

예수님의 중재사역은 지속적이고 인상적으로 그리스도인의 삶 속에 강한 동기를 제공해 왔다. 부활하신 예수님은 우리를 지켜보고 계신다. 그리스도의 군병들은 사탄보다 비교할 수 없는 높은 위치에서 싸우시는 그리스도를 본다. 하늘의 싸움터에서(엡 6:12) 말이다. 가장 겸손한 신도는 예수님의 신실한 보호하심이 시간이나 사건에 영향을 받지 않고 역사하는 것을 믿고 그 사랑 안에서 휴식을 취한다.

질문 *Bible Study*

1. 그리스도의 현재 사역은 무엇인가?
2. 그리스도는 아직도 구원을 완성하려고 하실까?
3. 그리스도 안에 있는 제사장이 갖추어야 할 5가지 조건은 무엇인가?
4. 예수님은 어떤 모형의 제사장을 닮으셨는가?
5. 갈보리에서의 예수님의 희생에 대해 설명해 보라.
6. 예수님은 어디에서 대제사장의 직분을 수행하시는가?
7. 대제사장이 우리를 위해 하는 탄원 6가지를 말해 보라.
8. 대제사장이 하늘에 있는 것이 왜 중요한가?
9. 요한계시록 12:10을 통해 어떤 위로를 받게 되는가?
10. 누가복음 22:31의 그리스도의 기도는 이례적인 것이었는가? 그 이유는 무엇인가?

제21과

예수 그리스도의 재림

● 서론

예수님의 재림을 희랍어로는 세 가지로 표현할 수 있다. ① 파르시아(Parousia)–'개인적인 임재' ② 아포칼립시스(Apokalupsis)–'계시' ③ 에피파네이아(Epiphaneia)–'나타남'이다. 이 세 단어는 예수님께서 모든 사람 앞에서 개인적으로 자신을 세상에 나타내기 위해 오실 때가 있음을 의미한다. 어떤 사람들은 재림이란 사람이 죽을 때에 "예수께서 영혼을 거두려고 오시는 것"으로 가르치나, 그것은 온 세상이 보도록 하는 계시는 아니다.

사도행전 1:10-11은 우리가 전 과에서 공부했던 승천을 묘사하는데, 즉 예수님은 ① 개인적으로, ② 육신적으로, ③ 보는 데서, ④ 권능으로 올라가셨다. 그리스도의 초림은 치욕적이었으나 재림은 영광스러울 것이다. 사실상 예수의 재림에 관해 3가지의 주요한 견해가 있다.

1. 후천년설 : 천 년 통치 후에 재림이 오리라는 설
2. 무천년설 : 문자 그대로 천 년이 아니라 그리스도가 오시면 모든 것이 곧바로 끝난다는 것으로 믿는 설
3. 전천년설 : 주님이 오시고 그 후 천 년 통치가 따른다는 설

또 다른 문제는 재림이 두 가지 단계라는 것이다. 첫째, 주님이 성도를 위해 비밀히(살전 4:15-17) 강림하시는 휴거인데, 그때 우리는 공중에서 그를 만나게 된다. 둘째, 보는 데서(계 1:7)의 계시인데, 그때는 주님이 성도들과 천 년 통치를 하신다(살전 3:13). 전 천년설의 또 하나의 미해결의 문제는 교회가 환난을 겪게 되는데, "전 환난"인지 그냥 "환난"인지의 문제다.

I. 그리스도의 재림에 대한 예언

그의 초림은 예언되었고 문자 그대로 그에 대한 예언들이 이루어졌다. 이것은 우리에게 큰

자신감을 주는데, 두 번째 예수님의 재림에 대한 예언도 상징적으로나 영적인 의미가 아닌 문자 그대로 성취될 것이기 때문이다.

1. 그것은 예언자들에 의해 이미 선포되었다.

내가 또 밤 환상 중에 보니 인자 같은 이가 하늘 구름을 타고 와서 옛적부터 항상 계신 이에게 나아가 그 앞으로 인도되매. (단 7:13)

2. 그것은 예수께서 친히 하신 말씀이었다.

인자가 자기 영광으로 모든 천사와 함께 올 때에 자기 영광의 보좌에 앉으리니. (마 25:31)

3. 그것은 이미 바울이 말한 것이다.

우리 주 예수 그리스도께서 나타나실 때까지 흠도 없고 책망 받을 것도 없이 이 명령을 지키라. (딤전 6:14)

4. 그것은 이미 천사들이 말한 것이다. 구주께서 세상에서 올라가실 때 이러한 예언은 초림 시에는 이루어지지 않았다(행 1:10-11).

Ⅱ. 그리스도께서 오시는 시기

이것은 주님만이 아시는 비밀이다.

그러나 그날과 그때는 아무도 모르나니 하늘의 천사들도, 아들도 모르고 오직 아버지만 아시느니라. (마 24:36)

인간으로서 예수 그리스도는 그날을 모르지만 하나님으로서의 예수 그리스도는 전지하시기 때문에 분명히 정확한 순간을 아신다. 성경 말씀대로 재림은 각 족속에게 복음이 전파된 후에 오신다고 하셨다(마 24:14).

Ⅲ. 그리스도께서 오시는 목적

1. 성도의 구원을 이루기 위해서 : 그는 죄의 권세와 형벌에서 우리를 구하셨지만 그 다음은 죄의 면전에서 우리를 구하실 것이다(히 9:28).

2. 성도에게서 영화를 얻기 위해서 : "그날에 그가 강림하사 그의 성도들에게서 영광을 받으시고 모든 믿는 자들에게서 놀랍게 여김을 얻으시리니"(살후 1:10).

3. 어두움에 감춰진 것들을 드러내기 위해서 : "그러므로 때가 이르기 전 곧 주께서 오시기까지 아무것도 판단하지 말라 그가 어둠에 감추인 것들을 드러내고 마음의 뜻을 나타내시리니"(고전 4:5).

4. 심판하시기 위해서 : "하나님 앞과 살아 있는 자와 죽은 자를 심판하실 그리스도 예수 앞

에서 그가 나타나실 것과 그의 나라를 두고 엄히 명하노니"(딤후 4:1).

5. 왕노릇 하시기 위해서 : "그가 세세토록 왕 노릇 하시리로다"(계 11:15).

6. 그가 있는 곳에 우리를 영접하기 위해서 : "가서 너희를 위하여 거처를 예비하면 내가 다시 와서 너희를 내게로 영접하여 나 있는 곳에 너희도 있게 하리라"(요 14:3).

7. 사망을 멸망시키기 위해서 : "그가 모든 원수를 그 발 아래에 둘 때까지 반드시 왕 노릇 하시리니 맨 나중에 멸망 받을 원수는 사망이니라"(고전 15:25-26).

Ⅳ. 그리스도께서는 어떻게 오시는가?-휴거(Rapture) 속에서 비밀로

주의 날이 밤에 도둑 같이 이를 줄을 너희 자신이 자세히 알기 때문이라. (살전 5:2)

이러므로 너희도 준비하고 있으라 생각하지 않은 때에 인자가 오리라. (마 24:44)

생각하지 않은 날 알지 못하는 시각에 그 종의 주인이 이르러. (마 24:50)

오늘 그를 만나도 될 준비를 하라.

볼지어다 그가 구름을 타고 오시리라 각 사람의 눈이 그를 보겠고 그를 찌른 자들도 볼 것이요 땅에 있는 모든 족속이 그로 말미암아 애곡하리니 그러하리라 아멘. (계 1:7) • 참고/ 마 24:30, 딛 2:13

Ⅴ. 그리스도께서는 어디로 오시는가?

1. 휴거에서는 공중에서 만날 것이다(살전 4:17).

2. 계시에서는 그와 더불어 세상에 내려오실 것이다. 아마도 감람산에 착륙하실 것이다(슥 14:4).

Ⅵ. 오시는 방법

1. 구름을 타고

인자가 구름을 타고… 오는 것을 보리라. (마 24:30)

2. 아버지의 영광으로

인자가 아버지의 영광으로 그 천사들과 함께 오리니. (마 16:27)

3. 자기의 영광으로

인자가 자기 영광으로… 올 때에. (마 25:31)

4. 불꽃 중에

Note

불꽃 가운데 나타나실 때에 하나님을 모르는 자들과 주 예수의 복음을 복종치 않는 자들에게 형벌을 주리니. (살후 1:7–8)

5. 능력과 큰 영광으로

구름을 타고 능력과 큰 영광으로 오는 것을 보리라. (마 24:30)

6. 그가 승천하셨을 때처럼 육신으로(행 1:9~11).

주께서 호령과 천사장의 소리와 하나님의 나팔 소리로 친히 하늘로부터 강림하시리니. (살전 4:16)

7. 성도들과 함께

그의 모든 성도와 함께 강림하실 때에. (살전 3:13)

8. 천사들과 함께

마태복음 16:27–위에서 인용했음

9. 홀연히

그가 홀연히 와서 너희가 자는 것을 보지 않도록 하라. (막 13:36)

Ⅶ. 그리스도의 오실 징조들

디모데후서 3:1-7에서 재림의 징조로 23가지를 들고 있는데, 이는 오늘날에 현저히 나타나고 있다.

1. 고통할 때가 이른다.
2. 사람들은 자기를 사랑한다.
3. 돈을 사랑한다.
4. 자랑한다.
5. 교만하다.
6. 비방한다.
7. 부모를 거역한다.
8. 감사하지 않는다.
9. 거룩하지 않다.
10. 무정하다.
11. 원통함을 풀지 않는다.
12. 모함한다.
13. 절제하지 못한다.
14. 사납다.

Note

15. 선한 것을 좋아하지 않는다.
16. 배반한다.
17. 조급하다.
18. 자만한다.
19. 쾌락을 사랑하기를 하나님 사랑하는 것보다 더한다.
20. 경건의 모양은 있으나 경건의 능력은 부인한다.
21. 죄를 짓는 어리석은 여자들이 많다.
22. 여러 가지 욕심에 이끌린 바 된다.
23. 항상 배우나 끝내 진리의 지식에 이를 수 없다.

마태복음 24:5-7과 12-38절에는 10가지 징조가 열거되어 있다.

1. 많은 거짓 그리스도가 있다.
2. 난리와 난리 소문을 들을 것이다.
3. 기근이 있다.
4. 유행병이 나돈다.
5. 지진이 있다.
6. 불법이 성행한다.
7. 많은 사람의 사랑이 식는다.
8. 식도락이 유행한다.
9. 술 취한다.
10. 장가들고 시집간다.

다른 징조들도 있다.

1. 예루살렘의 멸망(눅 21:20, 24).
2. 교회의 완성(롬 11:25).
3. 복음이 각 곳에 전파된다(마 24:14).
4. 적 그리스도가 나타난다(살후 2:3-8).

● 결론

베드로후서 3:3에 나오는 사람들과 같이 비웃는 자들이 되지 말라. 왜냐하면 예수님은 분명하고도 확실히 오실 것이기 때문이다. 그렇다면 모든 소유물을 팔고 산에 올라가 그를 기다리고 있는 것이 옳은 것일까? 분명히 아니다. 마치 그가 다른 세기에 오는 것처럼 계획하고 일하는 것이 아니라, 오늘 오시는 것처럼 거룩하고 순전하게 살아야만 한다(살전 3:12-13). 이 교리가 우리의 삶에 영향을 끼쳐야 한다. 우리는 바쁘고 조심스럽게 살아야 한다.

질문 Bible Study

1. 그리스도의 재림에 사용되는 희랍 단어 3가지는 무엇인가?
2. 사도행전 1:10–11에서 예수님은 어떻게 재림한다고 묘사되어 있나?
3. 재림을 예언한 사람은 누구이며, 성경 구절은 어디인가?
4. 그리스도는 언제 오시는가?
5. 그리스도의 재림의 목적 7가지는 무엇인가?
6. 데살로니가전서 5:2과 마태복음 24:44을 통해 재림에 대해 무엇을 배우는가?
7. 그리스도는 어디로 재림하시는가?
8. 재림의 방법 9가지를 말해 보라.
9. 재림의 징조 10가지를 나열하되 5가지는 디모데후서 3:1–7에서, 나머지 5가지는 마태복음 24장을 참고하여 제시하라.
10. 어떻게 이 교리를 실질적으로 적용할 수 있는가?

제22과

재림의 결과

● 서론

그리스도의 재림에 관해서는 신약 260장에 걸쳐서 318번이 언급되어 있다. 이것은 신약의 매 25절마다 한 번씩 들어있는 셈이다. 데살로니가전서 4:18은 주 예수 그리스도께서 곧 돌아오신다는 사실로 인해서 우리가 서로 위로해야 한다고 말씀한다(특히 공산권에 있는 성도들에게는 절실한 문제다). 인류는 4천 년 동안 약속의 메시야가 오시기를 희망했고, 이제 신약의 희망이란 주 예수 그리스도의 속히 오심이다. 성경의 마지막 기도는 요한계시록 22:20의 "주 예수여 오시옵소서"이다. 이 가르침은 사탄을 분노케 한다. 사탄은 이 마지막의 영광스러운 사건을 아주 싫어한다.

세속적인 교회나 육체적인 그리스도인도 이 귀한 가르침을 역시 싫어한다. 예수 재림의 사실은 성도로 하여금 그리스도 안에서 조심스럽고 충실하며, 지혜롭게 살게 하며, 활동적이고 순전하며, 자제하며 기도하는 삶을 살게 한다. 특별한 축복이 방심하지 않고 사는 사람들에게 약속되어 있다.

주인이 와서 깨어 있는 것을 보면 그 종들은 복이 있으리로다. (눅 12:37)

Ⅰ. 하나님과 관련하여

여호와의 영광이 나타나고 모든 육체가 그것을 함께 보리라 이는 여호와의 입이 말씀하셨느니라. (사 40:5)

그리스도께서 돌아오실 때 주님의 영광이 나타날 것이다. 각 사람이 그 영광을 볼 것이다.

Ⅱ. 교회와 관련하여

1. 예수 그리스도의 재림 때에 그리스도 안에서 죽은 자들이 일어날 것이다. (살전 4:13-18)

그리스도 안에서 죽은 자들이 먼저 일어나고 (16절).

2. 그리스도의 재림 때에 믿는 자들의 몸이 그리스도의 몸과 같이 변할 것이다.

우리의 낮은 몸을 자기 영광의 몸의 형체와 같이 변하게 하시리라. (빌 3:20-21)

요한일서 3:2를 읽어 보라.

3. 그가 오실 때에 살아 있는 믿는 자들과 부활한 믿는 자들이 다 함께 그를 만나며(살전 4:17) 주님과 영원히 함께 있게 된다.

4. 믿는 자들에 대한 심판 또는 상이 따를 것이다(딤후 4:8, 벧전 5:4).

5. 모든 것이 드러날 때 교회는 그리스도와 더불어 살게 되며 그리스도와 함께 통치하게 될 것이다.

살아서 그리스도와 더불어 천 년 동안 왕 노릇 하니. (계 20:4)

Ⅲ. 이스라엘과 관련하여

그리스도의 재림이 있은 후 이스라엘이 다시 모일 것이다. 이사야 11:11-12, 에스겔 36:24, 37:21과 스바냐 3:19-20의 예언이 이루어져 왔다. 아마도 휴거 직후에는 더 크게 모일 것이다. 그가 오실 때 이스라엘 국가, 즉 12족속이 재결합될 것이다(겔 37:19-24). 다윗의 자손인 예수 그리스도는 예언된 대로 왕으로 군림하실 것이다(렘 23:5-6). 이스라엘은 의심할 여지없이 심판을 받을 것이며 이때 또한 깨끗함을 받을 것이다.

그리하여 온 이스라엘이 구원을 받으리라 기록된 바 구원자가 시온에서 오사 야곱에게서 경건하지 않은 것을 돌이키시겠고. (롬 11:26) • 참고/ 겔 37:23; 36:25-29

이스라엘과 팔레스타인은 이때 상당히 번영하게 될 것이다(렘 31:31-34).

내가 그들의 수효를 양떼 같이 많아지게 하되… 예루살렘이 정한 절기의 양 무리같이 황폐한 성읍을 사람의 떼로 채우리라. (겔 36:37-38)

이 땅이 황폐하더니 이제는 에덴 동산 같이 되었고. (겔 36:33-37)

이렇게 되면 이스라엘은 세계를 지도하는 국가가 될 것이다(슥 8:23, 사 49:22-23).

이때 이스라엘은 모든 열방에 천국의 메시지를 전하게 될 것이다.

그들이 나의 영광을 뭇 나라에 전파하리라. (사 66:19)

이스라엘이 첫 번째 재림에서 성취하리라고 기대했던 수많은 약속들이 주님께서 두 번째 오실 때에 사실상 이루어지게 될 것이다.

Note

Ⅳ. 모든 나라와 거듭나지 못한 개인들과 관련하여

재림은 교회나 이스라엘에게는 행복한 일이지만, 나머지 모든 사람들에게는 슬픈 사건이다.

그때에 인자의 징조가 하늘에서 보이겠고 그때에 땅의 모든 족속들이 통곡하며 그들이 인자가 구름을 타고 능력과 큰 영광으로 오는 것을 보리라. (마 24:30)

참으로 거듭나지 못한 자들에게는 슬픈 날이다.

땅에 있는 모든 족속이 그로 말미암아 애곡하리니. (계 1:7)

모든 나라에 대한 심판은 그리스도께서 오신 후에 일어나게 될 것이다.

인자가 자기 영광으로 모든 천사와 함께 올 때에 자기 영광의 보좌에 앉으리니. (마 25:31–32)

양과 염소가 구별되는 것이다. 그때 양의 나라들은 주님을 따를 것이요(사 2:2-3), 염소의 나라들은 타오르는 불 속에 화를 당할 것이다(살후 1:7-9). 지상에 남아 있는 사람들은 그리스도를 섬기도록 강요받을 것이다. 그 이유는 예수께서 철장권세로 다스리시기 때문이다(시 2:9, 슥 9:10, 계 11:15). 이 모든 나라들은 전쟁을 그치고 평화롭게 살 것이다(미 4:3-4, 사 2:4).

Ⅴ. 이 세상과 관련하여

지상은 물이 바다를 덮음같이 주님의 지식으로 가득 차게 될 것이다.

물이 바다를 덮음 같이 여호와를 아는 지식이 세상에 충만할 것임이니라. (사 11:9)

Ⅵ. 적그리스도, 마귀와 관련하여

적그리스도도 휴거 후에 자신을 드러낼 것이며, 공포의 통치는 주 예수 그리스도께서 성도들과 함께 나타나실 때 끝날 것이다.

그때에 불법한 자가 나타나리니 주 예수께서 그 입의 기운으로 그를 죽이시고 강림하여 나타나심으로 폐하시리라. (살후 2:8)

요한계시록 19:20은 적그리스도가 불 못에 던져질 때의 마지막 종말에 대해 말하고 있다. 마귀는 묶여서 주 예수 그리스도의 출현 시부터 시작해서 천 년 간을 무저갱 속에 던져질 것이다.

하늘로부터 내려와서 용을 잡으니 곧 옛 뱀이요 마귀요 사탄이라 잡아서 천 년 동안 결박하여 무저갱에 던져 넣어 잠그고 그 위에 인봉하여 천 년이 차도록 다시는 만국을 미혹하지 못하게 하였는데 그 후에는 반드시 잠깐 놓이리라. (계 20:1–3)

Ⅶ. 우주만물과 관련하여

창조물은 부패의 굴레에서 벗어나게 될 것이다.

피조물이 고대하는 바는 하나님의 아들들이 나타나는 것이니… 피조물도 썩어짐의 종 노릇 한 데서 해방되어 하나님의 자녀들의 영광의 자유에 이르는 것이니라. (롬 8:19, 21)

저주 자체나 저주의 일부가 사라지게 될 것이다.

잣나무는 가시나무를 대신하여 나며 화석류는 찔레를 대신하여 날 것이라. (사 55:13)

그것은 동물세계에 있어서도 평화가 오는 것을 의미한다.

이리와 어린 양이 함께 먹을 것이며 사자가 소처럼 짚을 먹을 것이며 뱀은 흙을 양식으로 삼을 것이니 나의 성산에서는 해함도 없겠고 상함도 없으리라 여호와께서 말씀하시니라. (사 65:25)

황무지에 열매가 맺혀질 것이다.

마침내 위에서부터 영을 우리에게 부어 주시리니 광야가 아름다운 밭이 되며 아름다운 밭을 숲으로 여기게 되리라. (사 32:15)

사막에서 장미꽃과 같은 꽃들이 피어날 것이다.

광야와 메마른 땅이 기뻐하며 사막이 백합화 같이 피어 즐거워하며. (사 35:1)

이 모든 일들은 천 년 통치를 알리는 재림 때문에 일어나는 것이다.

● 결론

우리는 깨어서 준비해야 한다.

주의하라 깨어 있으라 그때가 언제인지 알지 못함이라. (막 13:33)

그러므로 깨어 있으라 어느 날에 너희 주가 임할는지 너희가 알지 못함이니라. (마 24:42)

주님께서는 우리에게 청지기 직분을 감당하라고 말씀하신다. 그분은 우리가 그 책임을 충실히 완수할 것을 요구하신다(마 25:14-30). 우리는 귀한 성품을 유지하도록 주의해야 한다. 이제 곧 주님이 오신다고 생각해 볼 때, 마태복음 28:18-20의 위대한 주님의 지상명령, 즉 복음을 모든 족속과 모든 사람에게 전할 수 있도록 서둘러야 할 것이다. 주께서 빨리 오시도록 최선을 다해 사명을 수행해야 할 것이다.

질문 *Bible Study*

Note

1. 신약에서는 재림에 대하여 얼마나 자주 언급하는가?
2. 성경의 마지막 기도는 무엇이며, 어디에 나오는가?
3. 재림의 결과를 하나님과 관련하여 생각해보라.
4. 주님의 재림 시, 교회와 관련하여 어떤 일이 일어나게 되는가?
5. 주님이 돌아오실 때 이스라엘과 관련해서 어떤 일이 일어나게 되는가?
6. 주님이 다시 오실 때 이방 국가에서는 어떤 일이 일어나는가?
7. 이 영광스러운 기간 동안 사회는 어떤 경험을 하게 되는지 설명해 보라.
8. 예수께서 오실 때 적그리스도에게는 무슨 일이 일어나는가?
9. 그리스도의 나타나심 이후에 어느 정도 저주가 세상에서 제거되는가?
10. 주님이 오실 것을 감안할 때 교회가 수행해야 할 과제는 무엇인가?

Bible Stu

제3권
성령 하나님

제23과 성령님의 인격성
제24과 성령님의 신성과 이름들
제25과 성령님의 사역
제26과 성령님을 거스르는 죄들
제27과 성령 충만한 생활
제28과 성령 세례
제29과 성령님의 은사와 열매들
제30과 성령님에 대한 더 깊은 가르침

제23과

성령님의 인격성

● 서론

하나님의 세 번째 위(位)인 성령님은 신자들 속에 내주하고 그들을 인도하기 위해서 아버지와 아들에 의해 보냄을 받았다. 많은 사람이 성령님을 믿는다고는 하지만 아버지 하나님과 아들 하나님을 믿는 것이지, 사실상 성령님은 하인이나 심부름꾼으로 취급하고 있다. 이것은 잘못된 것이다. 성령은 성부와 성자와 동등하며 어느 면으로나 일치한다.

어떤 사람들은 성령이 마치 전력과 같이 강력하지만 무생물의 한 세력으로, 살아 있는 인격이란 전혀 없는 하나님보다 훨씬 못한 존재로 격하시킨다. 이 과에서는 그분의 인격을 증거하고 다음 과에서는 신성을 증명하려고 한다.

Ⅰ. 이 교리의 중요성

1. 만약 성령님이 살아 계신 인격자로 아버지와 아들과 동등한 거룩하신 하나님이라면 그는 있는 그대로 경배를 받으셔야 한다. 그의 이름은 축도와 세례 때 아버지와 아들과 연결되어진다.

2. 그가 단순한 영향력이나 세력이라면 우리는 그분을 "그것"이라 부르게 되고, 이렇게 되면 "'그것'을 더 갖고 싶다"고 말하는 잘못을 범하게 될 것이다. 그분이 하나의 인격을 갖는 분이라면 그를 부를 때 적합한 대명사를 사용해야 한다.

3. 그분이 인격이시라면, 우리는 더욱 친밀하고 개인적으로 성령님을 알려고 해야 한다.

Ⅱ. 성경에서는 성령님을 언급할 때 인칭 대명사를 사용한다

보혜사 곧 아버지께로부터 나오시는 진리의 성령이 오실 때에 그가 나를 증언하실 것이요. (요 15:26)

그가 와서 죄에 대하여, 의에 대하여, 심판에 대하여 세상을 책망하시리라. (요 16:8)

Note

그러나 진리의 성령이 오시면 그가 너희를 모든 진리 가운데로 인도하시리니. (요 16:13)

그가 내 영광을 나타내리니 내 것을 가지고 너희에게 알리시겠음이라. (요 16:14)

희랍어로 "영"의 대명사는 일반적으로 중성이다. 희랍어 신약을 공부하는 학생은 성령을 남성 대명사로 선택한 것에 놀란다. 요한복음 16:7-8, 13-15의 구절에서 희랍어로 12번이나 성령을 "그"라는 남성 대명사를 사용하여 호칭한다. 한 군데 주목할 만한 예외가 있는데 그것은 로마서 8:16이다. 즉 "성령이 친히(itself라고 중성 사용-역자 주) 우리 영으로 더불어… 증거하시나니"이다. 불행 중 다행으로 이 실수는 개정판 성경에서 고쳐졌다. 같은 잘못이 로마서 8:26에도 있는데, 개정판에는 이렇게 되어 있다. "오직 성령이 말할 수 없는 탄식으로 우리를 위하여 친히(Himself라고 남성 대명사 사용-역자 주) 간구하시느니라."

Ⅲ. 성령님은 인격이시다(성품을 가진 분)

1. 의지력

이 모든 일은 같은 한 성령이 행하사 그의 뜻대로 각 사람에게 나누어 주시는 것이니라. (고전 12:11)

성령께서 결정하신다.

2. 지성

또 주의 선한 영을 주사 그들을 가르치시며. (느 9:20)

마음을 살피시는 이가 성령의 생각을 아시나니 이는 성령이 하나님의 뜻대로 성도를 위하여 간구하심이니라. (롬 8:27)

그분은 감찰하시고 사물을 아는 능력을 가지셨다.

3. 지식

성령은 모든 것… 통달하시느니라 사람의 일을 사람의 속에 있는 영 외에 누가 알리요. (고전 2:10-11)

성령은 지식을 갖고 모든 것을 아신다.

4. 권능

오직 성령이 너희에게 임하시면 너희가 권능을 받고 예루살렘과 온 유대와 사마리아와 땅 끝까지 이르러 내 증인이 되리라 하시니라. (행 1:8)

그분은 바울로 하여금 강력한 변화를 체험하게 하셨다.

5. 사랑

성령의 사랑으로 말미암아. (롬 15:30)

6. 때로 슬퍼하심

하나님의 성령을 근심하게 하지 말라. (엡 4:30)

성령님은 그가 생각하고, 느끼고, 목적하고, 알고, 뜻대로 하며, 사랑하고 슬퍼하시기 때문에 인격이시다. 그 영은 단순한 영향력이 아니다. 결코 성령님을 배척하거나 의심하고, 미워하거나 모욕하지 말자. 계속해서 사랑과 믿음과 경배를 드리며 그를 가까이 하자.

Ⅳ. 성령님은 인격이 할 수 있는 일들을 하신다

1. 성령님은 하나님의 깊은 것이라도 감찰하신다.

성령은 모든 것 곧 하나님의 깊은 것까지도 통달하시느니라. (고전 2:10)

최신형 컴퓨터라도 이렇게까지 알 수는 없을 것이다.

2. 성령님은 말씀하실 수 있다.

귀 있는 자는 성령이 교회들에게 하시는 말씀을 들을지어다. (계 2:7)

3. 성령님은 부르짖게 하실 수 있다.

너희가 아들이므로 하나님이 그 아들의 영을 우리 마음 가운데 보내사 아빠 아버지라 부르게 하셨느니라. (갈 4:6)

4. 성령님은 간구하신다.

오직 성령이 말할 수 없는 탄식으로 우리를 위하여 친히 간구하시느니라. (롬 8:26)

5. 성령님은 증거하신다.

보혜사… 오실 때에 그가 나를 증언하실 것이요. (요 15:26)

6. 성령님은 가르치신다.

보혜사… 성령 그가 너희에게 모든 것을 가르치고 내가 너희에게 말한 모든 것을 생각나게 하리라. (요 14:26)

이 능력이 요한복음 16:12-14, 느헤미야 9:20에도 언급이 되어 있다.

7. 성령님은 인도하시고 방향을 제시하신다.

무릇 하나님의 영으로 인도함을 받는 사람은 곧 하나님의 아들이라. (롬 8:14)

8. 성령님은 명령하신다.

Note

성령이 아시아에서 말씀을 전하지 못하게 하시거늘… 영이 허락하지 아니하시는지라. (행 16:6–7)

V. 성령님은 사람을 불러 일을 시키신다

주를 섬겨 금식할 때에 성령이 이르시되 내가 불러 시키는 일을 위하여 바나바와 사울을 따로 세우라 하시니. (행 13:2)

성령이 그들 가운데 여러분을 감독자로 삼고. (행 20:28)

VI. 성령님은 그가 보냄을 받은 대로 그의 사역을 하신다

곧 아버지께로부터 나오시는 진리의 성령이 오실 때에 그가 나를 증언하실 것이요. (요 15:26)

VII. 성령님은 특별한 직분을 맡으셨다

그는 공식적인 보혜사이시다.

그가 또 다른 보혜사를 너희에게 주사. (요 14:16)

여기에 쓰인 희랍어 "Parakletos"는 "옆에 늘 같이 있는 분"이란 뜻이다. 성령님은 인격자로서 우리를 인도하고 위로하는 가장 좋은 친구가 되신다. R.A. 토레이는 「성령」이란 책을 통해 이 교리를 실제로 적용하는 것이 중요하다고 제의한다.

1. 성령님은 어두움에 반하는 비정상적인 두려움의 치료제다.

성령님은 나와 함께하신다.

2. 불면증에 대한 치료제다.

성령님과 교제를 나누어보라. 여러분은 곧 잠이 들 것이다. "주 예수 그리스도의 은혜와 하나님의 사랑과 성령의 교통하심이 너희 무리와 함께 있을지어다"(고후 13:13).

3. 온갖 어려움을 달래는 치료제다.

성령님과 더불어 이 같은 우정을 전개해 보라.

4. 상한 마음을 달래는 치료제다.

성령님께서 당신의 아픈 공허한 마음속을 차지하시도록 초청하라.

5. 무기력에 대한 권능과 치료제로서 가장 훌륭한 격려가 된다.

6. 가르치고 설교할 때의 자극제이다.

성령님께서 나와 더불어 나를 인도하신다.

7. 그의 임재하심은 개인의 일에서 권위가 되신다.

살아 있는 영께서 그같이 나를 인도하셨다.

Ⅷ. 성령님은 감정을 갖고 계신다

1. 그는 슬퍼하실 수 있다.

그들이 반역하여 주의 성령을 근심하게 하였으므로. (사 63:10)

2. 그는 모욕을 당하실 수 있다.

은혜의 성령을 욕되게 하는. (히 10:29)

3. 그는 거짓말을 당하실 수 있다.

어찌하여 사탄이 네 마음에 가득하여 네가 성령을 속이고. (행 5:3)

4. 그는 훼방을 당하실 수 있다.

성령을 모독하는 것은 사하심을 얻지 못하겠고. (마 12:31–32)

Ⅸ. 성령님은 인격자이시다

우리는 성령께서 모든 필요한 자질, 즉 지성, 감정, 의지, 지식과 행동을 갖고 계심으로 그가 인격자이심을 믿는다. 성령을 "그것"이라고 부름으로써 성령님을 모욕하는 일이 결코 없어야 할 것이다.

● 결론

살아 있는 인격자이신 성령님이 우리와 항상 교제하시기를 바라라.

• 기도/ 주여, 저에게 보다 많이 성령님과 교제할 수 있도록 가르쳐 주소서.

성령님께서 우리의 동반자, 상대자와 친구가 되어 매순간 우리와 교제하시게끔 하자.

질문 *Bible Study*

1. 사람들이 성령님에 대해 가지는 잘못된 생각을 말해 보라.
2. 이 주제가 왜 중요한지 이유 세 가지를 제시해 보라.
3. 인칭 대명사를 사용하여 성령님을 언급한 성경구절 셋을 들라.

4. 대명사가 오역된 곳 두 군데를 지적하라.

5. 희랍어로 "Parakletos"는 어떤 뜻을 가지고 있는가?

6. 성령님께서 갖고 계시는 인격자로서의 특징 여섯을 들라.

7. 성령님께서 인격자이심을 전제로, 그분이 하시는 일 8가지를 나열하라.

8. 성령님의 직분은 무엇인가?

9. "Parakletos"가 실질적으로 적용되는 사례 7가지를 말해 보라.

10. 성령님께서 갖고 계시는 4가지 감정은 무엇인가?

Note

제24과

성령님의 신성과 이름들

● 서론

지난 과에서 우리는 성령님이 인격자이심을 공부했다. 그러나 인간적인 인격자는 아니시다. 왜냐하면 그분은 우리와 같이 몸을 가지신 것이 아니기 때문이다. 성령님이 인격자이심을 믿는다. 성령님은 어느 모로 보나 아버지와 아들과 동등한 전능하신 하나님이다.

I. 성령님의 신성

성경은 성령님이 다음과 같은 이유로 신성하다고 가르치신다.

A. 성령님은 신적 속성을 갖고 계신다.

1. 영원하시다.

하물며 영원하신 성령으로 말미암아 흠 없는 자기를 하나님께 드린 그리스도의 피가. (히 9:14)

2. 편재하신다.

내가 주의 영을 떠나 어디로 가며 주의 앞에서 어디로 피하리이까 내가 하늘에 올라갈지라도 거기 계시며 스올에 내 자리를 펼지라도 거기 계시니이다. (시 139:7–8)

3. 전능하시다.

성령은 거룩한 아기를 잉태하는 능력을 갖고 계신다(눅 1:35).

하나님의 영은 수면 위에 운행하시니라. (창 1:2)

그의 입김으로 하늘을 맑게 하시고. (욥 26:13)

4. 전지하시다.

성령은 모든 것 곧 하나님의 깊은 것까지도 통달하시느니라… 하나님의 영 외에는 아무도 알지 못하느니라. (고전 2:10–11)

보혜사… 그가 너희에게 모든 것을 가르치시고. (요 14:26)

그러나 진리의 성령이 오시면 그가 너희를 모든 진리 가운데로 인도하시리니. (요 16:13)

5. 거룩하시다.

거룩한 영(우리말 성경에는 그냥 성령이라고만 되어 있음_역자 주). (눅 11:13)

거룩하다는 말은 명사가 아니라 그분의 성격을 표현하는 형용사다.

6. 진리이시다.

증언하는 이가 셋이니 성령과 물과 피라 또한 이 셋은 합하여 하나이니라. (요일 5:7–8)

7. 자비로우시다.

주의 선한 영을 주사 그들을 가르치시며. (느 9:20)

8. 교통하신다.

성령의 교통하심이. (고후 13:13)

B. 성령님께서는 하나님만이 하실 수 있는 일들을 하신다.

1. 창조하심.

하나님의 영이 나를 지으셨고. (욥 33:4)

주의 영을 보내어 그들을 창조하사. (시 104:30)

2. 구원하심.

주 예수 그리스도의 이름과 우리 하나님의 성령 안에서 씻음과 거룩함과 의롭다 하심을 받았느니라. (고전 6:11)

에베소서 1:13에서의 성령의 인침.

3. 생명을 주심.

살리는 것은 영이니 육은 무익하니라 내가 너희에게 이른 말은 영이요 생명이라. (요 6:63)

4. 거듭나게 하심.

사람이 물과 성령으로 나지 아니하면 하나님의 나라에 들어갈 수 없느니라 육으로 난 것은 육이요 영으로 난 것은 영이니. (요 3:5–6)

5. 예언하심.

예언은 언제든지 사람의 뜻으로 낸 것이 아니요 오직 성령의 감동하심을 받은 사람들이 하나님께 받아 말한 것임이라. (벧후 1:21)

(성경도 성령의 감동으로 쓰여짐)

6. 사람들로 의와 장래에 심판이 있음을 깨닫게 하심.

Note

그가 와서 죄에 대하여, 의에 대하여, 심판에 대하여 세상을 책망하시리라 죄에 대하여… 의에 대하여… 심판에 대하여. (요 16:8-11)

C. 성경은 때로 강력한 말을 하신다.

1. 이사야 6:8-10은 "내가 또 주의 목소리를 들으니…"이라고 말하고, 바울은 이 구절을 사도행전 28:25-27에서 "성령이 선지자 이사야를…"이라고 말한다. 이것은 "주"와 "성령"을 동일시한 것이다.

2. 사도행전 5:3-4에서 성령은 하나님이라고 불려진다. "사탄이 네 마음에 가득하여 네가 성령을 속이고… 사람에게 거짓말한 것이 아니요 하나님께로다."

D. 하나님을 칭하는 문구에 나온다.

1. 세례 시, "아버지와 아들과 성령의 이름으로…"(마 28:19).

2. 고린도후서 13:13의 축복기도에서, "주 예수 그리스도의 은혜와 하나님의 사랑과 성령의 교통하심이 너희 무리와 함께 있을지어다."

3. 요한복음 14:16에서 "내(아들 예수 그리스도)가 아버지(하나님 자신)께 구하겠으니 그가 또 다른 보혜사(성령이신 하나님)를 너희에게 주사."

Ⅱ. 성령님은 아버지와 아들과는 구분된다

어떤 사람들은 성령님을 별개의 인격자로 생각하지 않고 "아버지의 영"이나 "아들의 영"으로 생각한다. 그러나 예수께서 세례를 받으시는 장면을 보면 별개의 세 인격자가 있음이 분명하다(눅 3:21-22).

1. 아버지 하나님이 "너는 내 사랑하는 아들이라"고 말씀하셨다.

2. 아들 하나님이 요단강에서 세례 요한에 의해 세례를 받으셨다.

3. 성령 하나님이 비둘기 같이 육신적인 모습으로 강림하셨다. 마태복음 28:19에서의 세례 문구는 세 인격자 사이에 분명한 구분이 있음을 보여 준다. 요한복음 14:16에는 아들이 기도하고, 아버지가 보내시며, 성령이 거하려고 오심을 본다. 사도행전 2:33에서 아들은 하나님의 오른팔로 높여지고, 아버지는 그의 보좌요, 성령님은 예수께서 받아 교회로 보내진다. 아버지와 아들과 성령은 각기 구별된 인격을 가진 채, 서로 관계를 맺고, 서로에게 이야기하며 서로를 인정한다(토레이).

Ⅲ. 성령님의 아버지와 아들에 대한 종속 관계

1. 아버지는 세상에 성령님을 보내시고 성령님은 명령에 복종하신다(요 14:26).

Note

2. 아들은 믿는 자들과 교회에 성령님을 보내신다(요 15:26).

3. 성령님은 "예수의 영"으로서 언급된다(행 16:7).

4. 성령님은 "하나님의 영"으로서 언급된다(롬 8:9).

5. 거룩한 영은 자신의 말을 하는 것이 아니고 들은 말을 반복하신다.

그가 스스로 말하지 않고 오직 들은 것을 말하며 장래 일을 너희에게 알리시리라. (요 16:13)

성령님은 그리스도를 영화롭게 하신다.

그가 내 영광을 나타내리니 내 것을 가지고 너희에게 알리시겠음이라. (요 16:14)

거룩한 영의 이름은 세 분이 한 문장에서 나올 때, 다른 두 분을 뒤따른다. 마태복음 28:19에서 아버지, 아들, 성령, 고린도후서 13:13에서 아들, 아버지, 성령 등.

Ⅳ. 성령님을 일컫는 명칭들

1. 거룩한 영

너희 하늘 아버지께서 구하는 자에게 성령(거룩한 영_역자 주)을 주시지 않겠느냐. (눅 11:13)

2. 영

육으로 난 것은 육이요 영으로 난 것은 영이니. (요 3:6)

3. 주의 신

여호와(주)의 영 곧 지혜와 총명의 영이요 모략과 재능의 영이요 지식과 여호와를 경외하는 영이 강림하시리니. (사 11:2)

4. 여호와의 신

주 여호와의 영이 내게 내리셨으니. (사 61:1)

5. 살아 계신 하나님의 영

오직 살아 계신 하나님의 영으로 쓴 것이며. (고후 3:3)

6. 그리스도의 영

누구든지 그리스도의 영이 없으면. (롬 8:9)

7. 아들의 영

너희가 아들이므로 하나님이 그 아들의 영을 우리 마음 가운데 보내사 아빠 아버지라 부르게 하셨느니라. (갈 4:6)

8. 예수 그리스도의 영

너희의 간구와 예수 그리스도의 성령의 도우심으로 나를 구원에 이르게 할 줄 아는 고로. (빌 1:19)

9. 예수의 영

예수의 영이 허락하지 아니하시는지라. (행 16:7)

10. 소멸하는 영

이는 주께서 심판하는 영과 소멸하는 영으로 시온의 딸들의 더러움을 씻기시며 예루살렘의 피를 그중에서 청결하게 하실 때가 됨이라. (사 4:4)

11. 성결의 영

성결의 영으로는 죽은 자들 가운데서 부활하사 능력으로 하나님의 아들로 선포되셨으니 곧 우리 주 예수 그리스도시니라. (롬 1:4)

12. 약속의 성령

약속의 성령으로 인치심을 받았으니. (엡 1:13)

13. 진리의 영

요한복음 14:17, 15:26과 16:13에서 사용된다.

14. 생명의 성령

이는 그리스도 예수 안에 있는 생명의 성령의 법이.

15. 지혜와 총명의 신, 모략과 재능의 신, 지식의 신 – 이사야 11:2에 나오는 이름들이다.

16. 은혜의 성령

은혜의 성령을 욕되게 하는 자가 당연히 받을 형벌은 얼마나 더 무겁겠느냐. (히 10:29)

17. 영광의 영

영광의 영 곧 하나님의 영이 너희 위에 계심이라. (벧전 4:14)

18. 영원하신 성령

영원하신 성령으로 말미암아. (히 9:14)

19. 보혜사

보혜사 곧 아버지께서 내 이름으로 보내실 성령. (요 14:26)

20. 즐거움의 기름

주의 하나님이 즐거움의 기름을 주께 부어 주를 동류들보다 뛰어나게 하셨도다. (히 1:9)

● 결론

또한 성령님은 온순하고 조용한 비둘기로 비유된다. 바람으로 비유될 때도 있다. 요한복음 3:1-9에서는 보이지 않는 신비로운 요소로 표현되어 있다. 성령님은 성결케 하는 솟아나는 샘물과도 같다(요 7:38-39). 그는 보혜사로서 그리스도인의 생활을 위로하고, 안내하며, 지도하신다(요 14:16).

Note

질문 Bible Study

1. 우리가 다 똑같이 인격자라면 우리와 성령 사이의 차이는 무엇인가?
2. 성령의 신성을 증명하는 속성을 6가지 이상 말해 보라.
3. 성령의 신성을 보여 주는 6가지의 중요한 일은 무엇인가?
4. 이사야 6:8–10과 사도행전 28:25–27을 대조하여 볼 때 무엇을 배우게 되는가?
5. 이 교리와 관련하여 사도행전 5:3–5의 의미는 무엇인가?
6. 마태복음 28:19과 고린도후서 13:13에 왜 성령의 이름이 포함되어 있는가?
7. 누가복음 3:21–22를 통해 성령에 대해서 무엇을 배우게 되는가?
8. 성령의 아버지와 아들과의 종속관계를 나타내는 성경 구절 셋을 들라.
9. 성령의 7가지 이름은?
10. 성령은 무엇과 비유되는가? 4가지를 제시해 보라.

제25과

성령님의 사역

● 서론

성령님은 신성한 인격으로 세상에서 특정한 기능을 갖고 계신다. 성경을 연구하다 보면 성령님께서 얼마나 활동적이신가를 알게 된다. 그의 활동은 우주와 지구상에 있는 사람들 속에서 나타났다. 오순절 이후 그의 사역은 믿는 자들과 관련해서 어느 정도는 변했다. 구약에서는 성령님이 "운행하는" 사역을 하셨다. 오순절 때에 성령님은 믿는 자들 안에 내재하시기 위해서 오셨고, 살아 계신 예수 그리스도의 교회에서 거하시려고 임했다.

여호와의 영이 기드온에게 임하시니. (삿 6:34)

여호와의 영이 사울에게서 떠나고. (삼상 16:14)

이에 여호와의 영이 입다에게 임하시니. (삿 11:29)

나를 주 앞에서 쫓아내지 마시며 주의 성령을 내게서 거두지 마소서. (시 51:11)

다윗의 이 기도는 오순절 이후에는 분명히 부적합하다. 왜냐하면 지금은 성령님께서 영원히 거주하고 계시기 때문이다.

보혜사를 너희에게 주사 영원토록 너희와 함께 있게 하리니. (요 14:16)

Ⅰ. 창조와 관련하여

성령님께서는 창조 시 활동적이셨다.

하나님의 영은 수면 위에 운행하시니라. (창 1:2)

• 참고/ 욥 26:13-14; 33:4, 시 104:30

여호와의 말씀으로 하늘이 지음이 되었으며 그 만상을 그의 입 기운으로 이루었도다 (시 33:6)

(여기서 그의 입 기운은 바로 성령님이시다.)

Ⅱ. 우주를 보존시키는 것과 관련하여

풀은 마르고 꽃이 시듦은 여호와의 기운이 그 위에 붊이라. (사 40:7)

성령님은 창조하시고 보존하신다. 그분은 또한 임의로 파괴하신다.

주의 영을 보내어 그들을 창조하사 지면을 새롭게 하시나이다. (시 104:30)

하나님의 말씀과 성령님의 능력으로 세상이 새로워진다.

Ⅲ. 불신자와 관련하여

그가 와서 죄에 대하여, 의에 대하여, 심판에 대하여 세상을 책망하시리라. (요 16:8)

그는 사람들이 예수 그리스도를 믿지 않기 때문에 죄의 세계에 대해 깨닫게 하실 것이다. 그는 그리스도께서 온전히 의로우셨기 때문에 의의 세계에 대해 깨닫게 하실 것이다. 그는 그리스도께서(갈보리에서) 이미 심판을 받았으므로 심판의 세계에 대해 깨닫게 하실 것이다. 그리스도와 갈보리를 계속 증거하는 것은 성령님의 일이다. 이것은 꼭 그런 것은 아니지만 주로 믿는 자들의 간증을 통해 하시는데 왜냐하면 하나님의 말씀을 통해 인간의 양심을 움직이시기 때문이다.

Ⅳ. 성령과 관련하여

성령님은 성경의 저자다.

먼저 알 것은 성경의 모든 예언은 사사로이 풀 것이 아니니… 오직 성령의 감동하심을 받은 사람들이 하나님께 받아 말한 것임이라. (벧후 1:20-21)

성령님은 또한 우리에게 성경 말씀을 통역하는 분이시다(요 16:14).

보혜사 곧 아버지께서 내 이름으로 보내실 성령 그가 너희에게 모든 것을 가르치고 내가 너희에게 말한 모든 것을 생각나게 하리라. (요 14:26)

각자의 삶에서 우리의 필요에 따라 성령님께서 얼마나 신실하게 말씀을 생각나게 하시고 특별히 어려운 질문 앞에 답변하게 하시는가!

Ⅴ. 예수 그리스도와 관련하여

1. 예수님은 성령님에 의해 잉태되었는데 문자적으로 말하면 성령님으로 나셨다(눅 1:35).

2. 그는 세례 이후 시험을 받으러 성령님의 이끌린 바 되어 광야로 갔다(마 4:1).

Note

3. 예수님은 섬기려고 성령님에 의해 기름 부은 바 되었다(행 10:38).

4. 예수님은 성령님의 힘 안에서 십자가에 달리셨다(히 9:14).

5. 예수님은 성령님의 힘으로 무덤에서 부활하셨다(롬 1:4, 8:11).

6. 예수님은 성령님을 통해 제자와 교회에게 지시하셨다(행 1:2).

7. 예수님은 믿는 자들에게 성령님을 주셨다(행 2:33).

Ⅵ. 믿는 자와 관련하여

1. 그는 믿는 자로 아들임을 확신케 하고 아들같이 만든다(롬 8:16-17, 갈 4:6).
2. 그는 믿는 자들에게 보증이나 미래의 영광표로서 인을 치신다(고후 1:22, 엡 1:13-14).
3. 그는 믿는 자가 승리의 생활을 하도록 그 속에 충만히 거하신다(행 1:4-8, 엡 5:18).
4. 그는 믿는 자가 거룩해지도록 성결케 한다(살후 2:13, 벧전 1:2).
5. 그는 신자와 계속 함께 거한다(요 14:16).
6. 그는 하나님의 말씀을 택하여 믿는 자에게 가르친다(요 14:26, 고전 2:13).
7. 그는 우리가 충실히 배운 것들을 생각나게 한다(요 14:26).
8. 그는 구주를 우리에게 증거한다. 그는 계속적으로 그리스도를 나타낸다(요 15:26).
9. 그는 신자를 모든 진리 가운데로 이끈다(요 16:13). 즉 잘못된 점들을 고치게 한다.
10. 그는 우리의 육신을 취하여 육체 안에서 육체를 통해 그리스도를 영화롭게 하신다(요 16:14).
11. 그는 그리스도의 영적인 것들을 취하여 우리에게 그것들을 보인다(요 16:14).
12. 그는 우리가 약할 때 우리로 하나님께 복종하게끔 힘을 주고 우리를 감화시킨다(겔 36:27).
13. 그는 어떠한 대가를 치르건 상관없이 믿는 자로 하여금 진리에 순종할 힘을 주신다(벧전 1:22).
14. 그는 믿는 자에게 죄와 사망의 법에서 자유함을 주신다(롬 8:2).
15. 그는 약한 믿음을 가지고 있는 자를 취하여 그 안에서 의의 법을 성취하신다(롬 8:3-4).
16. 그는 믿는 자로 하여금 육신을 이기게 함으로써 하나님을 기쁘게 하는 힘을 주신다(롬 8장).
17. 그는 우리의 죽은 몸을 소생시킨다(롬 8:11).
18. 그는 사람이 몸의 행실을 죽이는 힘을 주신다(롬 8:13).
19. 그는 믿는 자들이 하나님의 뜻에 맞는 기도 생활을 하도록 지도하신다(롬 8:26-27).

Note

20. 그는 믿는 자들이 육체의 무서운 욕심을 좇지 않게 하여 승리를 가져다 주신다(갈 5:16-17).
21. 그는 믿는 자가 율법 아래 있지 않고 그리스도 안에서 자유를 누리도록 인도하신다(갈 5:18).
22. 그는 우리가 성령의 열매를 맺도록 인도한다(갈 5:22-23).
23. 그는 우리가 성령의 이끌림을 받도록 하여 거룩한 걸음을 떼게 하신다(갈 5:25).
24. 그는 하나님 아버지를 불쾌하게 하는 일들을 능히 물리치도록 도우신다(엡 4:30-32).
25. 그는 사탄에 대항하는 수준을 높임으로 사단을 패주시킨다(약 4:7, 사 59:19).
26. 그는 주를 믿는 영혼에게 안식을 준다(사 63:14).
27. 그는 예수 그리스도를 우리 개인 생활의 주인으로 만드신다(고전 12:3).
28. 그는 하나님의 자녀에게 자유함을 주신다(고후 3:17).
29. 그는 하나님의 자녀들에게 하나님의 사랑을 주신다(롬 5:5, 골 1:4; 8).
30. 그는 성도들에게 충만한 기쁨, 완전한 행복과 만족을 주신다(행 13:52).
31. 그는 내적으로 악을 대적하는 영적 힘을 북돋워 주신다(엡 3:16).
32. 그는 주님의 자녀들에게 의와 평화와 기쁨을 주신다(롬 14:17; 15:13).
33. 그는 하나님의 깊은 것들을 나타내고 통역하며 적용하신다(고전 2:10).
34. 그는 우리가 다른 사람들과 더불어 진리를 나눌 수 있게 하신다(행 1:8, 고전 2:1-4, 살전 1:5).
35. 그는 하나님 자신을 예배하고 경배하도록 영감을 불어 넣어주신다(요 4:23-24, 빌 3:3).
36. 그는 위로하신다(행 9:31).
37. 그는 사람을 불러 봉사하도록 지도하신다(행 8:27-29; 13:2-4).
38. 그는 믿는 자의 생활과 봉사의 세세한 면까지 인도하신다(마 4:1, 롬 8:14, 행 10장).
39. 그는 우리로 하여금 진실로 하늘에 계시는 아버지께로 나아갈 수 있게 하신다(엡 2:18).
40. 그는 그리스도 안에 있는 구속과 소유를 알게 해 주신다(고전 2:12).

여기에 고린도전서 12장에 나오는 성령님이 교회에게 주는 은사들은 포함되어 있지 않다.

Ⅶ. 성령님의 다른 일들

1. 그는 사람들을 죄에서 의로 돌아서게 하려고 애쓰셨다(창 6:3).
2. 그는 사람들을 각성시키셨다(욥 32:8). 성령님은 그들로 총명하게 하셨다.
3. 그는 사람들에게 재주를 부여하셨다(출 31:2-5).
4. 그는 사람들이 나팔을 부는 것 같은 평범한 일을 하도록 시키셨다(삿 6:34, 기드온).
5. 그는 삼손에게 육체적인 힘을 주셨다(삿 14:6).

성령님께서 너무나 활동적으로 일하시기 때문에 위에 열거한 사항이 성령님과 관련한 전부는 아니라고 확신한다.

● 결론

성령님에 의해 신실한 직분을 쇄신하게 하시는 주님을 찬양하자. 우리에게 은사를 주신 주님을 찬양하자(고전 12:7-11).

질문 *Bible Study*

1. 오늘날 여전히 시편 51:1을 우리의 기도로 삼는 것이 옳은가? 그 이유는?
2. 성령님이 창조 시에 활동적이셨다고 가르치는 성경 구절 2가지를 말해 보라.
3. 성령님이 우주를 새롭게 하고 보존한다고 가르치신 말씀은 무엇인가?
4. 성령님께서 세상을 깨우치는 3가지는 무엇인가?
5. 성경에 입각하여 성령님이 하시는 사역 2가지를 말해 보라.
6. 성령님께서 구주를 위해 하시는 일곱 가지 일은 무엇인가?
7. 성령님께서 믿는 자에게 하시는 일들 40가지에 한 가지를 더 추가할 수 있겠는가?
8. 성령님이 개인적으로 당신에게 말씀하시는 귀중한 일을 열거해 보라.
9. 믿는 자들을 향한 성령의 일을 로마서 8장을 통해 찾아보라.
10. 성령님께서 하시는 다른 일 5가지를 말해 보라.

제26과
성령님을 거스르는 죄들

●서론

성령님은 비난받으실 수 있는 인격자이시다. 의식적으로나 무의식적으로 그분께 죄를 저지르지 않도록 조심하라. 이들 죄 중에는 믿는 자들만이 저지를 수 있는 것과 믿지 않는 자들이 저지르는 죄가 있다. 그러나 그 차이를 절대적으로 증명하기란 어려울 것이다.

Ⅰ. 사람들의 추측으로 성령님이 모독될 때

성령님을 모독하는 것은 용서할 수 없는 죄다.

그러므로 내가 너희에게 이르노니 사람에 대한 모든 죄와 모독은 사하심을 얻되 성령을 모독하는 것은 사하심을 얻지 못하겠고. (마 12:31)

그것은 용서할 수 없는 죄며 이 세상에서 저지를 수 있는 가장 무서운 죄라고 일컬어진다(막 3:22-30). 예수님은 성령님의 힘에 의해 마귀를 내쫓았지만 서기관들은 예수님이 사단의 힘에 의해 기적을 행했다고 말했다. 이것은 신성모독죄다. 성령님의 일을 작게 만드는 것을 조심하라. 이것은 대단히 중대한 문제다.

"성령님은 하나님의 일이 낮게 평가되어 말하거나 쓰일 때 조심하신다. 축복된 하나님의 사업과 그의 이름으로 하나님께 영광 돌리지 않으면 성령님은 근심하신다. 무엇이든 부활에 대한 이야기가 나오면 무조건 그대로 받아들여 사실을 있는 그대로 전하도록 하라." – 찰스 피니

Ⅱ. 사람들의 자만심으로 성령님이 모욕 당하실 때

하물며 하나님의 아들을 짓밟고 자기를 거룩하게 한 언약의 피를 부정한 것으로 여기고 은혜의 성령을 욕되게 하는 자가 당연히 받을 형벌은 얼마나 더 무겁겠느냐 너희는 생각하라. (히 10:29)

성령님은 죄인에게 그리스도 구속 사업을 제시하신다. 만약 성령의 역사를 받아들이기를 거절하거나 성령의 역사를 믿지 않는다면 그는 성령님을 모독하는 것이 된다. 거절함으로써 죄인은 성령님께 "그리스도의 전 사업이 속임수요, 거짓이고 또 다른 구원계획(사업)을 하나님께 제시하는 것이다"고 말하게 된다. 그리스도의 죽음을 모든 사람의 죽음과 같이 평범하게 다루는 것이 바로 성령님을 모독하는 것이다. 그리스도의 신성과 보혈의 귀중함을 부인하는 것은 성령의 증거를 멸시하는 것이다(요일 5:8).

Ⅲ. 사람들의 불순종으로 성령님이 화나게 될 때

그들이 반역하여 주의 성령을 근심하게 하였으므로. (사 63:10)

이 부분은 이스라엘 민족이 타락하는 장면이지만 하나님의 원칙은 결코 변하지 않았고 오늘날의 사람들도 그때 못지않게 불순종하고 반역적이다. 구속을 받은 자들이 내재하는 성령님을 반역하고 화나게 하는 것이 얼마나 끔찍한 일인지를 생각해 보라. 우리가 만약 자신에게 정직하다면 이 문제가 아마도 우리를 영적으로 가장 방해하고 있을 것이다. 때때로 성령님이 우리의 추함을 보여 주실 때 우리는 그 추함을 알게 된 것을 감사하는 대신 반역하기 쉽다. 자존심이 필요한 자백을 못하게 만드는 것이다. 화냄의 뿌리는 반역이다. 그것은 투덜거리고 불평하는 데서 생긴다. 지체 안에서 주어진 본분을 받아들이기를 거절하고 계속 불평만 한다면, 성령님께서는 마침내 의로운 화를 내시게 되며 동시에 성령님을 근심케 한 것이 된다. 계속 경고를 주시고 풍성한 빛과 지식과 함께 갑절의 축복을 주시는 데도 불구하고 악을 지지하고 그를 무시하면 확실히 성령님을 근심하게 하는 것이다. 귀중한 성령님의 말씀을 듣고 굴복하여 순종하자. 결코 성령님을 화나게 하지 말자. 우리의 고집을 꺾고 그가 주시기를 원하는 축복을 받아들이자.

Ⅳ. 사람들의 불신앙으로 성령님이 거스름을 받을 때

너희도 너희 조상과 같이 항상 성령을 거스르는도다. (행 7:51)

하나님의 말씀을 의심할 때 우리는 성령님을 거스르게 된다.

이로 보건대 그들이 믿지 아니하므로 능히 들어가지 못한 것이라. (히 3:19)

불신앙은 사람으로 하여금 거역하게 한다. 가끔 성령님은 올바른 양심으로 행하도록 재촉하시지만 그의 탄원과 인도에 고의적으로 거스를 때는 사실상 우리가 불신앙의 행동을 보이는 것이다. 때로 성령님은 우리에게 한 영혼에게 이야기할 것을, 죄를 버릴 것을, 선교사가 될 것을, 성경학교에 갈 것을, 구별된 삶을 살 것을, 가난한 자들에게 줄 것을 재촉하시나, 우리는 순종하는 대신 그의 안내에 저항한다. 여기에 경고가 있다.

Note

나의 영이 영원히 사람과 함께 하지 아니하리니. (창 6:3)

너무 오래 저항하면 하나님께 버림받을지 모른다(롬 1:24). 만약 성령님이 우리의 마음을 온전히 주관토록 해야만 한다면, 우리는 모든 저항을 그치고 오랫동안 우리를 오염시킨 악을 모두 버려야 한다. 지금 당장 불신앙을 던져 버려라.

Ⅴ. 사람들의 불성실로 성령님을 시험할 때

너희가 어찌 함께 꾀하여 주의 영을 시험하려 하느냐. (행 5:9)

형제들을 속이려고 한 아나니아와 삽비라는 사실상 성령님을 시험하고 성령님께 거짓말을 한 것이었다. 다른 사람들을 저주하기에 앞서 자기 자신을 돌아보라. 형제들에게는 하나님께 완전히 헌신한 것처럼 보이나 사실상 하나님과 떨어져 비밀스런 죄에 빠져 있는 것은 죄다. 주님 앞에서보다 사람들 앞에서의 거룩한 신앙 고백을 조심하라.

하나님이여 내 속에 정한 마음을 창조하시고 내 안에 정직한 영을 새롭게 하소서. (시 51:10)

우리는 헌신예배 때 "모든 것을 바친다"고 하면서 속으로는 자신이 위선 행하고 있음을 알고 있지 않는가. 열왕기하 5:25-27에는 게하시가 스승 엘리사에게 거짓말하여 그 벌로 문둥이가 되는 것을 보게 된다. 성령님께 결코 거짓말하지 말라.

"모든 속임수와 과장, 모든 거짓된 인상은 해로운 것이며 사람에게 하는 모든 거짓말은 성령께 하는 거짓말이다." – 오스왈드 J. 스미스

Ⅵ. 사람들의 편견으로 성령님이 소멸 당하실 때

성령을 소멸하지 말며. (살전 5:19)

이것은 단호한 명령이다. 소멸한다는 사상은 이사야 4:4의 "소멸하는 영(태우는 영)"으로서 불이 꺼지는 것을 말한다.

상한 갈대를 꺾지 아니하며 꺼져 가는 심지를 끄지 아니하기를. (마 12:20)

능히 악한 자의 모든 불화살을 소멸하고. (엡 6:16)

소멸한다는 뜻은 질식시켜 잠잠케 함을 말한다. 성령님의 탄원을 소멸하고, 억누르며, 제지하고, 숨 막히게 하며, 침묵하게 하지 말라. 그가 말씀이나 양심을 통해 우리에게 말씀하실 때 우리는 어떠한 대가를 치르더라도 상관없이 복종해야만 한다. 우리가 만약 우리의 삶 가운데 불이 꺼지도록 한다면, 재만이 남을 것이다. 한쪽으로

는 성령님을 소멸하고 다른 것들에 대해서는 그에게 복종할 수도 있다.

사람이 처음 회심하여 어떤 잘못을 저지르게 되면 성령님께서 큰소리로 말하시지만, 그 목소리를 무시하면 그의 영향력은 점점 작아져 마침내는 침묵하신다. 주목받지 못하는 질책은 마음이 강퍅한 데에 기인하고, 이는 소멸로 인도한다. 다른 믿는 자의 간증이나 설교에서 나타나는 성령님을 비판하지 않도록 주의하여 그를 소멸하는 죄를 저지르지 않도록 조심하자.

Ⅶ. 사람들의 경솔함으로 성령님이 근심하실 때

하나님의 성령을 근심하게 하지 말라 그 안에서 너희가 구원의 날까지 인치심을 받았느니라. (엡 4:30)

성령님은 우리가 죄를 저항하도록 하시며, 하나님께 순종하게 하신다. 그러나 만약 우리가 실패하면 성령님은 슬퍼하신다. 죄와 타협한다는 것은 우리 안에 계신 성령님의 신뢰를 파괴하는 것이요, 성령님을 실망시키는 일이다. 성령님은 쉽게 놀라 도망가는 민감한 비둘기와 같이 표현된다. 계속해서 에베소서 4:31에서는 "너희는 모든 악독과 노함과 분냄과 떠드는 것과 비방하는 것을 모든 악의와 함께 버리고"라고 강조하고 있다. 성령님은 악독한 말을 하는 사람과 함께 역사하실 수 없다. 그러므로 우리의 입술의 문을 조심하자. 우리는 죄를 가볍게 여기는 것과 성령님을 슬프게 하는 일을 결코 저질러서는 안 된다. 성령으로 충만한 사람들만이 형식적이 아닌 행복을 소유할 수 있다.

● 결론

성령님의 쇄신 사역으로 거스르는 일을 막고, 성령님의 내주하심으로 근심하게 하는 일을 막고, 봉사함으로써 성령님의 소멸하는 역사를 막자. 우리는 끊임없이 성령님과 교제하면서 살아가야 할 것이다.

질문 *Bible Study*

1. 성령님을 거스르는 7가지 죄들은 무엇인가?
2. 용서받을 수 없는 죄란 무엇인가?
3. 부흥의 비결을 따르라는 '찰스 피니의 경고'는 무엇인가?
4. 히브리서 10:29의 성령님의 모독이란 무엇인가?
5. 어떻게 사람들이 성령님을 화나게 할 수 있는가?

6. 성령님을 거역하는 기초적인 원인은 무엇인가?

7. 성령님을 시험하는 2가지 예를 말해 보라.

8. 성령님을 소멸하는 기본적인 사상은 무엇인가?

9. 한편으로는 성령님을 소멸하고 다른 것들에 대해서는 성령님에게 복종하는 예를 말해 보라.

10. 성령님을 탄식하게 하는 가장 근본적인 방법은 무엇인가?

Note

제27과

성령 충만한 생활

● 서론

회심하게 되면 신자는 칭의의 생활로 들어간다. 즉, 의롭게 된다는 말이다. 이렇게 될 때 우리는 우리의 생활 속에서 주님의 주권을 인정하여 맡기는 생활을 하게 된다.

> 너희 몸은 너희가 하나님께로부터 받은 바 너희 가운데 계신 성령의 전인 줄을 알지 못하느냐 너희는 너희 자신의 것이 아니라 값으로 산 것이 되었으니 그런즉 너희 몸으로 하나님께 영광을 돌리라. (고전 6:19-20)

헌신하는 제단에서 우리는 우리의 삶과 의지를 주께 굴복시킨다(마 26:39). 우리 속에 있는 죄악과 자존심을 버릴 때 우리는 자기 자신을 비우는 겸손한 생활로 들어간다. 그렇다고 해서 우리가 공백 상태에서 생활할 수 있다는 것은 아니다. 우리의 삶은 성령님으로 충만해야 한다. "술 취하지 말라 이는 방탕한 것이니 오직 성령으로 충만함을 받으라"(엡 5:18).

이 말씀은 대단히 강력한 명령이다. 회심하게 되면 신자는 그리스도 안에서 온전해지지만, 한참 시일이 지날 때까지는 일반적으로 성령 충만을 받지 못한다. 회심했다는 사실은 모든 신자가 성령을 갖는다는 뜻을 의미한다(롬 8:16). 그러나 성령으로 충만한 것과는 다르다. 집에 점거하는 예를 들어보자. 성령으로 충만하는 않다는 것은 성령님을 객실에 모시되 부엌이나 침실, 혹은 창고는 절대 주관하시지 못하게 하는 경우와 같다. 성령님을 거주하게는 하지만 주관하지는 못하게 하여 단순한 거주자로서 남게 하는 것이다. 우리가 우리 자신을 주관하지 않고 성령님께 드릴 때, 그분은 더욱더 우리 안에 충만히 거하신다는 사실을 알아야 한다.

> 너희가 악할지라도 좋은 것을 자식에게 줄 줄 알거든 하물며 너희 하늘 아버지께서 구하는 자에게 성령을 주시지 않겠느냐. (눅 11:13)

여기서 우리는 성령님으로 채우게 해달라고 기도해야 함을 배운다.

Note

Ⅰ. 성령님과 믿는 자의 관계

제자들은 오순절을 기다리면서 예루살렘에서 머무르기로 되어 있었다. 누가복음 24:49, 사도행전 2:4은 성령님께서 거하려 오실 때 이 약속이 이루어졌음을 보여 준다. 모든 신자는 성령님을 모시고 있지만 동시에 모든 신자가 반드시 성령님에 의해서 주관되지는 않는다. 어떤 신자는 아직도 고집스런 반항적 의지를 갖고 있다. 그가 기도를 하든지 안 하든지, 주든지 안 주든지, 증거하든지 하지 않든지, 맡기든지 혹은 맡기지 않는 것은 그의 자유다.

그는 순종할 수도 있고 저항하여 성령님을 슬프게 할 수도 있다. 믿음의 행위라는 것은 성도가 그의 생활을 성령님께 맡기기 위해서 자기 생활을 포기하는 것이다. 이것은 구원에 필요한 것이라기보다 성령 충만하는 데 필요하다. 믿는 자가 성령님께서 그의 생활을 전폭적으로 주관하시고 생활의 모든 부분에서 온전히 통치하심을 의식적으로 인정할 때 성령님으로 채워진다.

Ⅱ. 충만은 순종해야 할 명령이다

이 놀라운 경험은 사도들이나 스데반과 같은 소수 사람들에게 국한된 사치인가? 아니다. 그것은 모든 믿는 자의 경험이어야만 된다. 에베소서 5:18은 선택의 여지가 있는 명령이 아니다. S.D. 고든은 이 구절을 「성령의 직분」이라는 책에서 "하나님께 도취된 사람들"이라고 말한 바 있다.

에베소서 5:18의 모습은 술(세상)이든지 성령님이든지 간에 어떤 다른 세력에 의해 완전히 좌우되는 두 인간을 대조시킨다. 애굽은 항상 나일강을 갖고 있지만 매년 그것이 넘치기를 기다린다. 나일강을 가지고 있는 것과 나일강이 넘치는 것은 전혀 별개의 문제다. 나일강이 넘칠 때 애굽은 소생한다. 넘치는 성령님에 대해 알자(요 7:38-39).

원래 희랍어로 "충만"이란 명령 진행, 즉 "계속 채워짐"을 뜻한다. 채워짐이 끊임없이 계속되게 하자. 사도 베드로는 사도행전 2:4에서, 또 다시 사도행전 4:8, 그리고 다시 사도행전 4:31에서 성령님으로 채워졌다. 우리들도 그날그날 새롭게 충만할 필요가 있다.

Ⅲ. 모든 사람이 성령님으로 충만할 필요가 있다

예수 그리스도 안에 있는 모든 믿는 자는 성령 충만할 필요가 있다. 성령 충만은 사도, 설교자, 아버지, 어머니, 젊은이, 노동자들 할 것 없이 모두에게 필요하다. 그것은 우리가 가장 훌륭한 그리스도인이 되도록 우리 자신의 이익을 위해서도 필요하다. 그것 없이는 성품과 섬기는 일과 관련하여 우리를 위한 주님의 뜻에 따를 수가 없다. 그러므로 성령 충만이란 개인적인 축복이다. 개인적으로 하나님과의 관계를 맺어야 한다.

우리가 그분께 굴복하고 계속 굴복 당해야만 비로소 성령께서 우리의 마음을 비추시고, 우리의 애정을 따뜻하게 하시며, 우리의 양심을 깨끗하게 하시고 우리의 의지에 힘을 불어넣어 주신다.

Ⅳ. 교회는 모든 지체의 성령 충만이 필요하다

때로는 성령 충만의 이름 하에 지각없고 터무니없으며 광신적인 일들이 행해진다. 이 때문에 많은 신도가 성령 충만에 어리벙벙해진다. 혹자는 방언을 하는 능력이 성령 충만의 증거라고 말한다. 하지만 이것만 주장하는 것은 잘못된 생각이다. 방언은 불신자들에게 복음이 생활을 변하게끔 한다는 실제를 보이는 것이다(고전 14:22).

교회는 성령 충만한 지체들을 필요로 한다. 충만이 없으면 교회는 무질서하고, 투쟁하고, 서로 뒤에서 헐뜯고, 시기하며, 불미스러운 일들만 일어날 것이다. 교회의 모든 지체, 즉 목사, 장로, 집사, 주일학교 교사, 예배인도자, 성가대 그리고 평신도에 이르기까지 모두가 성령님으로 충만토록 해야 할 것이다.

Ⅴ. 세상이 성도들의 성령 충만을 기대한다

그리스도인의 길을 걷는 데는 두 가지가 있다. 첫째는 하나님을 향해서요, 둘째는 이웃을 향해서다. 세상은 모든 그리스도인이 완전하기를 기대한다. 세상이 요구하는 기준에 따라 살려면 모든 신도가 절대적으로 성령 충만할 필요가 있다. 성령 충만하지 않으면 우리는 효과적인 증인이 될 수 없다. 육신적인 힘으로 주님의 일을 하면 오직 실망과 실패만이 있을 뿐이다. 세상에 대해 십자가에 못 박힌 생활을 하는 성령 충만한 성도들은 죄인들에게 죄를 깨닫게 하며 확신시키시는 주님의 손에 효과적으로 쓰임 받을 수 있다.

Ⅵ. 성령 충만하기 위한 조건

Note

1. 용서

베드로가 이르되 너희가 회개하여 각각 예수 그리스도의 이름으로 세례를 받고 죄 사함을 받으라 그리하면 성령의 선물을 받으리니. (행 2:38)

내가 나의 마음에 죄악을 품었더라면 주께서 듣지 아니하시리라. (시 66:18)

성령께서는 죄와 더불어 살 수 없다.

2. 아들됨의 확신

너희가 아들이므로 하나님이 그 아들의 영을 우리 마음 가운데 보내사 아빠 아버지라 부르게 하셨느니라. (갈 4:6)

3. 간절히 사모함

명절 끝날 곧 큰 날에 예수께서 서서 외쳐 이르시되 누구든지 목마르거든 내게로 와서 마시라 나를 믿는 자는 성경에 이름과 같이 그 배에서 생수의 강이 흘러나오리라 하시니 이는 그를 믿는 자들이 받을 성령을 가리켜 말씀하신 것이라(예수께서 아직 영광을 받지 않으셨으므로 성령이 아직 그들에게 계시지 아니하시더라). (요 7:37–39)

나는 목마른 자에게 물을 주며 마른 땅에 시내가 흐르게 하며 나의 영을 네 자손에게, 나의 복을 네 후손에게 부어 주리니. (사 44:3)

4. 믿음

이는 그를 믿는 자들이 받을 성령을 가리켜 말씀하신 것이라. (요 7:39)

성령은 믿는 자에게 주어진다.

그리스도께서 우리를 위하여 저주를 받은 바 되사 율법의 저주에서 우리를 속량하셨으니 기록된 바 나무에 달린 자마다 저주 아래에 있는 자라 하였음이라 이는 그리스도 예수 안에서 아브라함의 복이 이방인에게 미치게 하고 또 우리로 하여금 믿음으로 말미암아 성령의 약속을 받게 하려 함이라. (갈 3:13–14)

5. 순종

우리는 이 일에 증인이요 하나님이 자기에게 순종하는 사람들에게 주신 성령도 그러하니라 하더라. (행 5:32)

그분은 그에게 순종하는 자에게 성령을 주신다.

6. 기다림

볼지어다 내가 내 아버지께서 약속하신 것을 너희에게 보내리니 너희는 위로부터 능력으

로 입혀질 때까지 이 성에 머물라 하시니라. (눅 24:49)

사도와 함께 모이사 그들에게 분부하여 이르시되 예루살렘을 떠나지 말고 내게서 들은 바 아버지께서 약속하신 것을 기다리라. – 서두르지 말라. (행 1:4)

7. 기도

우리에게 날마다 일용할 양식을 주시옵고. (눅 11:3)

성령님은 구하는 자에게 주신다(행 4:31).

8. 그 사실에 맞게 행동하라(요 1:12).

구하라 그러면 받게 된다(눅 11:9-10). 성령 충만의 선물을 받고 변화된 생활이 참이요 진실임을 나타내라. 성령 충만의 비결은 굴복하는 것, 우리의 의지와 육신을, 소유물을 그리고 우리의 생활의 모든 면에서 성령님의 주관 하에 굴복시키는 것이다.

Ⅶ. 성령 충만의 결과

1. 증거하는 능력은 성령 충만한 성도가 갖는 하나의 강력한 증거다.

2. 승리하는 그리스도인의 생활이 가능하다. 사도행전 20:22-24에서 바울이 에베소 교인들에게 이야기하고 있다.

3. 확실히 주님께 영광을 돌리게 될 것이고 이것이 성령님의 기본적인 직분이다(요 16:14).

4. 성령 충만은 모든 거룩한 생명체에게 없어서는 안 될 자질이다.

5. 성령님은 지 · 정 · 양심 · 의 및 성격을 고무시키신다.

6. 성령 충만은 말씀 안에 거하고 순종하며 하나님을 영광되게 하는 신뢰에서 오는 비밀이다.

● 결론

우리는 성령님이 머무는 곳이 아니라 통로이다. 우리는 넘쳐나야만 한다. 축복이 흘러 넘쳐나야 한다. 우선 먼저 변화된 다음 충만해져 넘쳐 흘러나야 한다. 다음은 성경에서 성령님의 일을 아름답게 묘사한 것이다.

1. 솟아나는 샘물(요 4:14)

2. 생수의 강(요 7:37-39)

3. 나무에 있어서 수액의 풍성함(롬 8:11)

• 참고/ 시 104:16

4. 넘쳐흐르는 물(엡 5:18)

성령 충만은 단 한 번만의 경험이 아님을 기억하라. 그것은 매일 되풀이되어야만 한다.

Note

질문 Bible Study

1. 에베소서 5:18에서 말하는 부정적인 것과 긍정적인 가르침은 무엇인가?
2. 누가복음 11:13을 통해 깨닫는 기도해야 하는 이유는 무엇인가?
3. 성령 충만은 회심 후 즉시 일어나는가? 그 이유는 무엇인가?
4. 성령 안에 거하는 것과 성령 충만의 차이는 무엇인가?
5. 에베소서 5:18에서 얻어지는 정신적 그림은 무엇인가?
6. 오늘날 성령 충만은 단체로 사람들에게 임하실 수 있는가?
7. 방언을 하는 것은 성령 충만의 증거인가? 왜 그렇다고 생각하는가?
8. 어떻게 성도가 불신자의 기대에 맞게 살 수 있을까?
9. 성령 충만의 8가지 조건을 말해 보라.
10. 성령 충만의 결과 6가지를 나열하라.

제28과
성령 세례

● 서론

성령 세례는 복음주의자들과 신학자들 사이에 상당히 논쟁이 되어온 문제다. 이 과가 성령 세례를 이해하는 데 혼돈을 주는 것이 아니라, 가장 어렵고 복잡한 문제를 이해하는 열쇠가 되길 바란다. 이 문제는 성령의 역사에서 보면 모든 그리스도인들을 하나로 묶는 일이 되지만 사탄의 역사에서 보면 모든 그리스도인을 분열시키는 데에 사용되어 왔던 무기였다.

Ⅰ. 성령 세례에 대한 여러 가지 해석이나 설명들

1. '성령 충만은 한 번뿐이다' 라는 주장 :

이 해석은 용어상 "성령 세례", "성령 충만", "성령의 은사"가 서로 비슷하다는 느낌을 준다. 그러나 그것들은 서로 같지 않다. 세례와 충만이란 단어는 서로 반대의 뜻이 있다. 세례는 어떤 물체 속으로 잠기는 것이다. 충만은 어떤 것을 채워 넣는 것이다. 이 이론은 오순절(성령강림) 사건 즉, 사도행전 2:4에서 사람들이 성령 충만하여 방언했던 이야기에서 근거한다(행 10:44-46 참고). 이는 오순절의 사건이 바로 성령시대의 서곡이었다는 사실로 설명할 수 있다.

2. '성령 세례란 방언을 말하는 경험이다' 라는 주장 :

이 말이 4가지 경우에 있어서는 사실이다. 방언은 공공연히 여러 그룹을 한 지체로 통합하기 위해서였다. 사도행전 2장의 오순절에서 방언했던 사람들은 유대인들이었다. 사도행전 8:17에서는 사마리아인 성도를 인정하고 있다. 사도행전 10:44-45에서는 "이방인"을 성령님께서 공공연히 용납하신다. 네 번째 그룹은 세례요한의 제자들이었다(행 19:1-7).

복음은 (1) 예루살렘, (2) 유대 (3) 사마리아 그리고 (4) 전 세계의 이방인들에게 전해져야만 했다. 위에 열거한 4가지 경험은 서로 아름답게 관련을 맺고 있다. 오순절은 이 4그룹이 적당하게 동화했던 세례요한 때부터 적어도 사도행전 19장까지의 여러 해 동안의 전환기였다. 그러므로 이 주장은 받아들일 수 없는데, 그 이유는 훨씬 이전에 전환기가 끝났기 때문이다.

Note

3. '성령 세례란 방언이 아니라 은사로써 이루어지는 두 번째의 일이다'라는 주장 :

이 점은 대개 D.L. 무디, R.A. 토레이, 찰스 피니와 같은 하나님을 사랑한 위대한 사람들의 경험에 근거하고 있는데, 그들이 회심과는 떠나서 뚜렷한 경험을 가졌기 때문이다. 그들은 사도행전 8:15-16을 그 증거로 제시하는데, 과도기의 관점에서 쉽사리 이해될 수 있다(행 19:1-2). 그러나 이제 바야흐로 율법시대에서 은혜시대로, 아들시대에서 성령님의 시대로 과도기가 끝났으므로, 이 주장은 옳지 않다. 인간의 경험을 기초로 하여 교리를 세운다는 것은 대단히 위험한 처사다.

4. '성령 세례는 오순절 때만 해당됐던 말이고 오늘날 우리에겐 적용되지 않는다'라는 주장 :

이것이 오늘날 많은 수의 큰 교회들이 갖는 태도인데, 그곳에서는 성령 충만을 거부하고 그 가르침을 전적으로 계속 무시한다. 그들은 방언과 같이 나타나는 증거들을 거부하며 사실상 전 가르침을 부인하는 극단으로 빠진다. 이것도 역시 잘못되었다. 요엘 2:28-32, 마태복음 3:11, 마가복음 1:8, 누가복음 3:16, 요한복음 1:33과 사도행전 1:5에서와 같은 예언적인 구절들이 오순절 때 이루어졌던 것은 사실이다. 그러나 고린도전서 12:13과 에베소서 4:5과 같은 구절의 관점에서 볼 때 "성령 세례"라는 표현은 오늘의 우리에게도 역시 적용되어야만 한다.

5. '성령 세례는 세례요한이 마태복음 3:11에서 언급한 세례로서 오늘에도 가능하다'라는 주장 :

이 견해는 "성령의 기름부음"과 "성령의 세례"를 혼돈시킨다. 그것은 회심 후이 같은 특별 경험을 해야만 예수께서 친히 성령님으로 각 개인에게 세례를 베풀 것이라는 말이다. 그것은 이 세례가 시편 45:7-8의 조건, 즉 의를 사랑하고 죄악을 미워할 때 일어난다고 가르친다. 그러나 이 구절은 기름부음에 관한 언급이지, 세례에 관한 것이 아니다(눅 4:18, 고전 12:13 참고).

Ⅱ. 성령 세례에 대한 설명의 참과 거짓

이 제목에 대한 유일한 성경적 설명은 고린도전서 12:13이다. "우리가 유대인이나 헬라인이나 종이나 자유인이나 다 한 성령으로 세례를 받아 한 몸이 되었고 또 다 한 성령을 마시게 하셨느니라." 마태복음 3:11, 마가복음 1:8, 누가복음 3:16, 요한복음 1:33, 사도행전 1:5에 나타나는 5가지의 예언은 오순절을 고대하고 있었고 "며칠이 지나지 않아" 완전히 성취되었다. 고린도전서 12:13의 동사는 과거시제이나 그것은 경험이 완료되었음을 말한다. 그것은 회심 즉시 성령에 의해 성취되었다. 오늘날 우리에게 적용되는 성령 세례는 회심 즉시 새로운 회심자를 성령께서 눈에 보이지 않은 그리스도의 몸 속으로 집어넣으시는 것이다.

서신들에서 보면 어느 곳에서도 성령 세례를 구하라고 권면하지 않는다. 왜냐하면 그것은 이미 이루어진 경험이기 때문이다. 우리는 이에 대해 걱정하거나 찜찜해 할 필요가 없다. 우리가 "성령으로 충만하고" 성령을 "슬퍼하게 하거나" 혹은 "소멸하지 말도록" 권면을 받는다. 오순절은 새로운 시대를 최초로 나타내는 경험이었다(행 2:1-4). 오스왈드 샌더스는 고린도전서 12:13에서 4가지 사실을 지적하고 있다.

1. 각 성도는 성령 세례를 받았다. "다 한 성령으로 세례를 받아."

2. 그 경험은 과거 시제다. 그것은 이미 처리되었다.

3. 이 세례의 기능은 성도로 하여금 "한 몸"이 되게 하는 것이다.

4. 그것은 종족, 피부색깔 또는 정치상의 모든 차이점을 초월하여 성도로 하여금 서로 단합하게 한다.

Ⅲ. 에베소서 4:5의 "세례도 하나"라는 것은 무슨 뜻인가?

혹자는 세례에는 적어도 물과 성령으로 하는 두 가지 세례가 있는데, 이 중 어느 것인가 하고 묻는다. 하나님의 생각으로는 고린도전서 12:13에서의 성령 세례란 참 세례이어야만 한다. 교회가 필요로 하는 성례전에서의 물세례는 고린도전서 12:13의 세례가 이미 일어났음을 뜻하는 세상적 표시다. 참 세례는 에베소서 5:30이 응해져야만 한다. "우리는 그 몸의 지체임이라."

Ⅳ. 성령 세례에 대한 개요

그것은 구원받을 때 일어나는 최초의 일이다.

다 한 성령으로 세례를 받아 한 몸이 되었고 또 다 한 성령을 마시게 하셨느니라. (고전 12:13)

방주에서 물로 말미암아 구원을 얻은 자가 몇 명뿐이니 겨우 여덟 명이라 물은 예수 그리스도께서 부활하심으로 말미암아 이제 너희를 구원하는 표니 곧 세례라 이는 육체의 더러운 것을 제하여 버림이 아니요 하나님을 향한 선한 양심의 간구니라. (벧전 3:20–21)

우리를 구원하시되 우리가 행한 바 의로운 행위로 말미암지 아니하고 오직 그의 긍휼하심을 따라 중생의 씻음과 성령의 새롭게 하심으로 하셨나니. (디 3:5)

Note

로마서 6:3-11은 성경에서 성령 세례에 대해 다루는 유일한 정의다.

그리스도 안에서 살아 있는 믿음으로 비롯되는 행위의 같은 점은 성도들이

1. 성령으로 태어난 것(영생으로의 첫 디딤, 요 3:3-8).
2. 진실하신 성령을 받은 것(최고의 언약, 엡 1:14, 고후 1:22; 5:5).
3. 성령으로 인치심을 받음(계속적인 보증, 엡 1:13; 4:30).
4. 성령께서 내주하심(영생이 계속 유지됨, 롬 8:9).
5. 한 몸으로 세례받음(그리스도와 성도를 맺는 상관적인 활동, 고전 12:13).

V. 로마서 6:3-11에 따른 성령 세례의 정의

1. 그의 죽으심과 합하여 세례를 받음(롬 6:3).

내가 그리스도와 함께 십자가에 못 박혔나니. (갈 2:20)

2. 세례를 받아 그와 함께 장사되었음(롬 6:4).

그의 몸과 온전히 하나가 됨.

3. 세례를 받아 그의 부활에 참예함(롬 6:5).

그의 새로운 몸 안으로 온전히 들어감.

4. 세례를 받아 그와 함께 부활되어 삼(롬 6:8).

"그와 함께" 그의 몸 안에서 살게 된다. 고린도전서 12:13의 경험은 구주와 함께 온전히 동일시됨을 뜻한다.

● 결론

골로새서 2:10-12을 보면 우리는 성령 세례를 받음으로써 새롭게 부활된 몸으로 완전하다. 오순절에 성령님께서 거하시려고 왔던 날에 제자들은 성령님으로 충만하고 세례를 받고 기름부음을 받았다. 오순절은 결코 다시 변동될 수 없는 분명한 역사적인 사건이었다. 그것은 성령님께서 여러 가지 직위를 떠맡았던 취임식 날이었다. 우리는 회심 즉시 성령님으로부터 세례를 받는다. 우리는 섬기기 위해 사도행전 1:8의 능력으로 기름부음을 받을 필요가 있고, 또 계속적으로 성령 충만할 필요가 있다.

질문 *Bible Study*

1. 성령 세례를 5가지로 해석해 보라.
2. 성령 충만과 세례의 다른 점은 무엇인가?
3. 방언으로 말하는 것이 왜 성령 세례가 아닌가?
4. 성령 세례를 받는 것이 현 세대에도 가능한가? 그 이유는 무엇인가?
5. 시편 45:7-8은 성령 세례의 조건에 대해 말하고 있는가?
6. 성령 세례에 대한 올바른 설명은 무엇인가?
7. 에베소서 4:5의 "세례도 하나"라는 말을 설명해 보라.
8. 성령 세례에 관한 개요을 말해 보라.
9. "성령으로 세례를 받아" 예수 그리스도와 하나가 됨에는 무엇이 포함되었는가?
10. 성령 세례와 관련하여 골로새서 2:10-12를 설명해 보라.

제29과

성령님의 은사와 열매들

● 서론

성령님의 일과 열매는 분명히 구분된다. 성령님의 일은 성령님의 적극적 임무의 직접적 결과다. 한편 성령님의 열매는 그가 내재하시고 우리는 그에게 복종한 결과다. 갈라디아서 5:17-23은 육신의 일과 성령님의 열매를 날카롭게 구분 짓고 있다. 육신의 일(17가지)은 아담의 성품에서 비롯되는 자연적 결과다. 성령님의 열매(9가지)는 그 열매가 하나라는 것을 보여 준다. 그것은 아홉 가지 모두가 있지 않으면 완전하지 못하다. 기독교인은 자신 안에 이 아홉 가지의 은혜가 나타나기까지는 완전하지 않다.

I. 성령님의 열매

1. 열매의 종류

유일체, 즉 한 성령님으로서 아홉 가지 은혜를 나열하고 있다(갈 5:22-23).

a. 사랑

이것은 신적인 사랑, 내재하는 하나님의 속성이다(요일 4:16, 고전 13장).

b. 희락

소위 세상에서 말하는 행복이 아니라 깊은 기쁨이다(빌 4:4).

c. 화평

이것은 혼을 완전히 만족시키는 하나님의 사랑이다(골 3:15).

d. 오래 참음(인내)

자연인은 참을성이 없다. 성도들은 그 반대다.

e. 자비(은혜)

예수님은 은혜로우시다.

f. 양선(착한 일)

이 덕은 그리스도인으로 하여금 선한 일들을 하게 한다.

g. 충성(성실)

그는 신뢰할 만하고 언제라도 의지할 수 있다.

h. 온유(기질이 온순함)

그는 겸손하시다. 우리에게 해당된다(딤후 2:25).

i. 절제(자제)

마시는 것, 식욕, 옷, 습관 및 유행에서의 절제

이 아홉 가지는 육신적으로 된 부정하고 자연적인 일과는 전혀 반대거나 대조적이다. 이 아홉 가지 은사는 그리스도 안에 아름답게 묘사되어 있다. 왜냐하면 예수님은 성령님으로 가득 차 있으시기 때문이다.

2. 열매는 죽음의 증거다.

내가 진실로 진실로 너희에게 이르노니 한 알의 밀이 땅에 떨어져 죽지 아니하면 한 알 그대로 있고 죽으면 많은 열매를 맺느니라. (요 12:24)

만약 우리가 죽지 않으면 단지 육신의 일만 거둘 뿐이다. 열매는 증거인데, 왜냐하면 자아가 믿는 자와 같이 십자가에 못 박히지 않았기 때문이다. 많은 사람이 열매를 맺지 못하는데, 이는 자아가 십자가에 못 박히지 않아 그들이 계속 홀로 거하기 때문이다. 새 삶만이 하나님의 영광에 열매를 맺게 한다.

3. 열매가 필요하다.

무릇 내게 붙어 있어 열매를 맺지 아니하는 가지는 아버지께서 그것을 제거해 버리시고 무릇 열매를 맺는 가지는 더 열매를 맺게 하려 하여 그것을 깨끗하게 하시느니라. (요 15:2)

이 후에 만일 열매가 열면 좋거니와 그렇지 않으면 찍어버리소서 하였다 하시니라. (눅 13:9)

거듭난 이후 우리가 여기에 존재하는 유일한 이유는 열매 맺기 위함이다. 열매를 맺지 못하는 사람들은 열매 맺는 사람들의 특권을 오래 즐길 수 없다. 열매 맺지 못하는 것과 하나님의 총애는 함께할 수 없다. 황무지에서 떠나라.

포도원지기에게 이르되 내가 삼 년을 와서 이 무화과나무에서 열매를 구하되 얻지 못하니 찍어버리라 어찌 땅만 버리게 하겠느냐. (눅 13:7)

그는 영적 열매를 맺는 것 이외에는 만족하지 않을 것이다.

그러므로 형제들아 주께서 강림하시기까지 길이 참으라 보라 농부가 땅에서 나는 귀한 열매를 바라고 길이 참아 이른 비와 늦은 비를 기다리나니. (약 5:7)

Note

주 예수 그리스도는 우리가 생활 가운데서 참 열매(갈 5:22-23)를 맺기를 기다리고 계신다.

4. 열매는 신분을 말해 준다.

나무도 좋고 열매도 좋다 하든지 나무도 좋지 않고 열매도 좋지 않다 하든지 하라 그 열매로 나무를 아느니라. (마 12:33)

민수기 13:26에 밀정들이 그 땅이 좋은 땅임을 증명하기 위해 가나안의 열매를 보여 주었다. 신약에서는 성도가 그가 거듭남을 보여 주기 위해 그에 맞는 열매를 그린다. 외모와 품질도 좋지만 없어서는 안 될 증거는 나무가 망고인지 사과나무인지, 성도인지 위선자인지를 말해 주는 열매다. 마태복음 7:16-20에서, 포도는 무화과나 엉겅퀴 혹은 가시를 내지 않는다. 성도들은 육신의 일과 관련된 어떤 열매도 맺지 말아야 한다(갈 5:17-21). 흔히 우리의 생활은 저주와 축복, 달콤함과 쓰디씀, 무화과와 올리브의 모순이다(약 3:9-12).

5. 열매의 목적

열매 거둘 때가 가까우매 그 열매를 받으려고 자기 종들을 농부들에게 보내니. (마 21:34)

열매는 오로지 나무만을 위해서도 아니다. 다른 사람들이 우리의 착한 행실을 보고 하나님께 영광을 돌리게 하려는 것이 목적이다. 우리 자신의 이익만을 위해 달콤한 과일을 생산하는 것은 하나님을 영화롭게 하지 못한다.

6. 열매의 근원

에브라임의 말이 내가 다시 우상과 무슨 상관이 있으리요 할지라 내가 그를 돌아보아 대답하기를 나는 푸른 잣나무 같으니 네가 나로 말미암아 열매를 얻으리라 하리라. (호 14:8)

근원은 하나님께 있다.

내 안에 거하라 나도 너희 안에 거하리라 가지가 포도나무에 붙어 있지 아니하면 스스로 열매를 맺을 수 없음 같이 너희도 내 안에 있지 아니하면 그러하리라. (요 15:4)

자연적인 열매는 광야의 육신적인 일이다. 성도는 열매를 맺는데 이는 그가 그리스도 안에 뿌리를 박아 근거를 두고 있기 때문이다.

7. 열매는 번식의 근원이다.

하나님이 이르시되 땅은 풀과 씨 맺는 채소와 각기 종류대로 씨 가진 열매 맺는 나무를 내라 하시니 그대로 되어. (창 1:11)

씨는 열매다. 열매가 없다면 씨도 없고 재생산도 없다. 우리의 생활 가운데 영적 열매가 없다면 우리는 재생산할 수가 없다. 축복이 되기보다는 오히려 우리의 생활이 복음을 전하는 데 방해가 될 뿐이다.

주께 합당하게 행하여 범사에 기쁘시게 하고 모든 선한 일에 열매를 맺게 하시며 하나님을 아는 것에 자라게 하시고. (골 1:10)

당신은 재생산하고 있는가? 그렇지 못하다면 그 이유는 우리가 결코 성령의 열매를 맺은 적이 없기 때문은 아닌가?

Ⅱ. 성령님의 은사

1. 은사의 종류

성령님의 은사에는 지혜, 지식, 믿음, 병 고침, 능력 행함, 예언, 영의 분별, 방언, 방언을 통역하는 은사가 있다(고전 12:8-10)고린도전서 12:28에는 사도, 선지자, 교사, 능력자, 병 고치는 자, 돕는 자, 다스리는 자와 각종 방언을 하는 자에 맞는 은사를 말하고 있다. 에베소서 4:11-16은 다음과 같은 은사들을 추가하고 있다. "복음 전파, 목사의 직분, 봉사의 은사"이다. 로마서 12:6-8에는 예언하는 은사, 구제하는 은사, 다스리는 은사, 긍휼을 베푸는 은사가 있다.

2. 은사는 위로부터 주어진다.

이 모든 일은 같은 한 성령이 행하사 그의 뜻대로 각 사람에게 나누어 주시는 것이니라. (고전 12:11)

성령님은 새로운 회심자로 하여금 그리스도의 몸에 처소를 마련하여 그 몸 중 그에게 적당한 위치에 그를 배치하신다(엡 2:21-22).

위치를 선택하는 것은 하나님의 특권이다. 그것은 하나님 자신의 주권적 의지다. 위치를 선택하면, 그는 형을 만들어 새 세포에 맞추기 시작하신다.

3. 은사는 유익하기 위함이다.

각 사람에게 성령을 나타내심은 유익하게 하려 하심이라. (고전 12:7)

그것은 그 세포로 하여금 좀 더 유용하고 유익하게 하려고 주어진다. 몸 전체는 불필요한 부분이 없고(맹장도 그 기능이 있다) 그리스도의 몸 또한 쓸모없는 부분이 없다. 우리가 회심하여 세례를 받고 한 몸이 되는 것(고전 12:13)은 단순히 지옥에서 빠져 나올 수 있다는 사실 이상이다. 그것은 우리가 그 몸에 도움이 되고 축복이 되는 것을 의미한다. 그리스도의 몸, 즉 보이는 몸인 '교회'는 성령님께서 부여한 특별한 은사를 갖춘 당신이 들어감으로 더욱 강해져야만 한다.

4. 은사는 원해야만 주어진다.

너희는 더욱 큰 은사를 사모하라 내가 또한 가장 좋은 길을 너희에게 보이리라. (고전 12:31)

단지 한두 가지 은사로 만족하지 말라. 성령께서 그 몸에서 마련해주신 특별한 위치에 있는

Note

당신을 도울 수 있도록 다른 사람을 달라고 기도하라. 바울은 가장 원하는 은사가 '예언'이라고 했다(고전 14:1, 39절). 어떤 사람은 한 가지 재능(은사)이 주어졌고, 또 어떤 이는 둘 혹은 다섯이 주어졌다(마 25:14-30). 다섯을 받은 사람은 다섯을 더 얻었고, 마 25:28에서 땅에 묻어 두었던 사람 것까지 받아 결국 11개의 은사를 가졌다. 회심할 때 우리는 오로지 한두 가지 은사를 갖고 있을지 모르지만 그의 영광을 위해 계속 더 구하라.

나는 성경학교를 졸업할 때만 해도 두 가지 정도만 은사를 갖고 있었는데, 과거 20여 년 간 성령께서는 나에게 5-6가지 은사를 더 주셨다고 믿는다.

5. 은사는 그 사람에게 주어진다.

> 나는 모든 사람이 나와 같기를 원하노라 그러나 각각 하나님께 받은 자기의 은사가 있으니 이 사람은 이러하고 저 사람은 저러하니라. (고전 7:7)

예수 그리스도 안에 있는 믿는 자는 하나같이 은사를 갖고 있다. 한 사람도 잊혀지지 않았다. 관리자는 설교의 은사가 필요없다. 성령님께서 기능에 따라 각 세포에 맞는 은사를 주신다.

6. 은사는 사용해야만 한다.

> 네 속에 있는 은사 곧 장로의 회에서 안수 받을 때에 예언을 통하여 받은 것을 가볍게 여기지 말며. (딤전 4:14)

어떤 이는 다른 사람들이 가진 은사만큼 못하다고 자신들의 은사를 감춘다. 그러나 사용하지 않는 은사는 썩게 되어 우리에게서 떠날지도 모른다(마 25:28). 나는 개인적으로 느끼기에 공산주의 밑에 살았던 18개월 간 저작 활동을 못해, 글을 쓰는 은사를 잃어버렸다. 그래서 그 재능을 사용하지 못하게 되었다고 생각한다.

7. 은사는 향상시켜야 한다.

> 내가 나의 안수함으로 네 속에 있는 하나님의 은사를 다시 불일 듯하게 하기 위하여 너로 생각하게 하노니. (딤 1:6)

은사는 하나님의 왕국이 유일하도록 계속 사용할 필요가 있다. "이를 위하여 나도 내 속에서 능력으로 역사하시는 이의 역사를 따라 힘을 다하여 수고하노라"(골 1:29).

결론

은사는 자연적인 재능이 아니다. 이것은 성령님께서 주신 특별한 은사다. 가능한

한 가장 좋은 은사를 받도록 계속 열매 맺으라.

질문 *Bible Study*

1. 갈라디아서 5:22에서는 왜 "열매"라고 단수를 사용했을까?
2. 성령님의 열매와 일치되는 9가지 은사를 나열해 보라.
3. 어떤 그리스도인들은 왜 성령의 열매를 맺지 못할까?
4. 열매를 나타내는 것과 관련하여 약 3:9–12에 나오는 3가지 역설을 말해 보라.
5. 열매를 왜 맺어야 하는가?
6. 성령님의 9가지 은사를 나열해 보라(고전 12:8–10).
7. 누가 그리스도의 몸속에 믿는 자의 자리를 정하는가?
8. 우리가 거듭난 후 은사가 늘어날 수 있다는 증거는 무엇인가?
9. 모든 성도는 적어도 한 가지씩은 은사를 갖고 있음을 증명해 보라(3가지 성경구절).
10. 성령님의 은사를 갖고 해야 될 2가지 일을 말해 보라.

제30과

성령님에 대한 더 깊은 가르침

● 서론

이 과에서는 성경에서 언급하고 있는 성령님에 관한 다른 가르침을 배운다. 그렇다고 성경에서 나오는 모든 것을 다루지는 않는다.

Ⅰ. 성령님의 상징들

A. 물/ 요한복음 3:5; 7:38-39

우리는 물에서 성령님에 대한 다섯 가지를 배울 수 있다.

1. 물은 땅을 비옥하게 한다. 성령 충만한 그리스도인들은 물을 공급받은 나무와 같다(시 1:3).
2. 물은 상쾌하게 한다. 갈증을 풀어준다(요 4:14, 시 46:4).
3. 물은 값없이 주어진다(사 55:1, 요 4:14, 계 22:17).
4. 물은 깨끗케 한다(엡 5:26). 교회는 성령님과 말씀으로 씻겨 성결하게 된다.
5. 물은 풍성하다(요 7:37-38). 단순히 물이 흐르는 것이 아니라 강물이 되어 흐른다.

B. 불

나는 너희로 회개하게 하기 위하여 물로 세례를 베풀거니와 내 뒤에 오시는 이는 나보다 능력이 많으시니 나는 그의 신을 들기도 감당하지 못하겠노라 그는 성령과 불로 너희에게 세례를 베푸실 것이요. (마 3:11)

1. 불은 비춘다(요 5:35). 성령님으로 충만했던 세례요한은 빛나고 있었다.
2. 불은 탄다(요 5:35). 타는 성령님이 세례요한 안에서 탔다.

3. 불은 더러움을 제거한다(말 3:2-3). 성령님은 정련사의 불로써 순화시키신다.

4. 불은 구석구석까지 비치며 찾는다. 불과 같이 성령님은 가만히 계실 수 없다(고전 2:10).

C. 바람

바람이 임의로 불매 네가 그 소리는 들어도 어디서 와서 어디로 가는지 알지 못하나니 성령으로 난 사람도 다 그러하니라. (요 3:8)

1. 바람은 힘이 있다(왕상 19:11).

그의 능력은 찾을 수가 없다(행 2:2).

2. 바람은 소생한다(겔 37:9–10, 14절). 성령님(바람)이 죽은 뼈를 소생시키신다.

3. 바람은 독립적이다(요 3:8). 성령님은 주권적이시다(고전 12:11).

4. 바람은 볼 수 없지만 실제적이다(요 3:8). 우리는 성령님의 일을 분명하게 본다.

D. 기름

왕은 정의를 사랑하고 악을 미워하시니 그러므로 하나님 곧 왕의 하나님이 즐거움의 기름을 왕에게 부어 왕의 동료보다 뛰어나게 하셨나이다. (시 45:7)

1. 기름은 봉헌한다.

구약에서 기름은 하나님께 봉헌한다(출 29:7, 눅 4:18).

2. 기름은 위로한다.

무릇 시온에서 슬퍼하는 자에게 화관을 주어 그 재를 대신하며 기쁨의 기름으로 그 슬픔을 대신하며 찬송의 옷으로 그 근심을 대신하시고 그들이 의의 나무 곧 여호와께서 심으신 그 영광을 나타낼 자라 일컬음을 받게 하려 하심이라. (사 61:3) • 참고/ 히 1:9

3. 기름은 비추인다(마 25장). 기름이 없던 어리석은 처녀들은 비출 수가 없었다.

4. 기름은 고친다(눅 10:34). 선한 사마리아인은 성령을 나타내는 기름을 사용했다.

E. 비와 이슬

그는 벤 풀 위에 내리는 비 같이, 땅을 적시는 소낙비 같이 내리리니. (시 72:6)

1. 비는 식물이 자람같이 알아차릴 수 없다(막 4:26-29).

2. 비는 소생시킨다(시 68:9, 사 18:4). 새롭게 하는 부활의 소나기다.

3. 비는 풍부하다(시 133:3). 누가 이슬과 비를 측량할 수 있겠는가?

4. 비는 땅을 비옥하게 한다(겔 34:26-27). 축복의 소나기는 싹트게 하여 자라게 한다.

F. 비둘기

예수께서 세례를 받으시고 곧 물에서 올라오실새 하늘이 열리고 하나님의 성령이 비둘기 같이 내려 자기 위에 임하심을 보시더니. (마 3:16)

Note

예수님께서 세례를 받을 때 성령님께서 비둘기같이 임하셨다. 비둘기는 대단히 온유하다(마 10:16). "비둘기같이 순결(직역 : 해가 없어라)하라." 온유의 열매(갈 5:22).

G. 음성

내가 또 주의 목소리를 들으니 주께서 이르시되 내가 누구를 보내며 누가 우리를 위하여 갈꼬 하시니 그때에 내가 이르되 내가 여기 있나이다 나를 보내소서 하였더니. (사 6:8)

1. 음성은 인도한다(사 30:21). 성령의 음성이 우리를 진리 가운데로 인도한다(요 16:13).

2. 음성은 말한다.

"말하는 이는 너희가 아니라 너희 속에서 말씀하시는 이 곧 너희 아버지의 성령이시니라"(마 10:20).

3. 음성은 경고한다(히 3:7-11, 요 16:7-11). 죄와 의 그리고 심판에 대한 경고이다.

H. 인(印)

또 보매 다른 천사가 살아 계신 하나님의 인을 가지고 해 돋는 데로부터 올라와서 땅과 바다를 해롭게 할 권세를 받은 네 천사를 향하여 큰 소리로 외쳐. (계 7:2)

하나님의 성령을 근심하게 하지 말라 그 안에서 너희가 구원의 날까지 인치심을 받았느니라. (엡 4:30)

1. 인은 확증을 세운다(요 6:27, 고후 1:22). 우리는 성령님에 의해 표시되고, 소인이 찍혀 있다.

2. 인은 보증한다(엡 1:13-14). 그것은 거래를 보증하는 선불이다.

Ⅱ. 그리스도인의 생활은 성령님 안에서의 생활이다

1. 우리는 성령님 안에서 하나님을 경배한다(요 4:24). 요한복음 4:24에는 하나님을 '영'과 '진리'로 경배하라고 되어 있다.

2. 우리는 영을 통해 사물을 이해한다(계 4:1-2). 요한은 "성령에 감동되어" 이해했다.

3. 바울은 사도행전 20:22-24에서 "심령"에 매인 바 되었다. 이는 성령님과의 밀접한 결합을 사랑스럽게 표현한 것이다.

4. "영 안에" 거하면 영이 우리 안에 계신 증거다(롬 8:9).

5. 그리스도인들은 "영 안에" 산다(갈 5:25).

우리의 생활은 너무나 밀접히 연결되어 있다.

6. 그리스도인들은 "영 안에서" 걷는다(갈 5:25). 영은 우리가 택하는 길을 지도하신다.

7. 그리스도인의 봉사(섬김)는 "영 안에서" 주어진다(행 6:3, 고전 2:4).

8. 우리는 "영 안에서" 기도한다(엡 6:18). 그분은 우리를 이같이 훌륭히 훈련시키며 지도하신다.

Ⅲ. 성령님의 권능

1. 권능은 필요하다. 성령님의 권능없이 그리스도인 생활을 영위하는 것은 아무 소용없다.

볼지어다 내가 내 아버지께서 약속하신 것을 너희에게 보내리니 너희는 위로부터 능력으로 입혀질 때까지 이 성에 머물라 하시니라. (눅 24:49)

2. 권능은 약속되어져 있다.

오직 성령이 너희에게 임하시면 너희가 권능을 받고 예루살렘과 온 유대와 사마리아와 땅 끝까지 이르러 내 증인이 되리라 하시니라. (행 1:8)

하나님이 우리에게 주신 것은 두려워하는 마음이 아니요 오직 능력과 사랑과 절제하는 마음이니. (딤 1:7)

3. 권능은 생명을 넣어준다. 영은 풍성한 삶을 재촉하며 또한 제공한다(고후 3:6).

4. 권능은 충분히 있다. 고린도전서 2:3-4에서 바울은 말로나 눈속임이 아니라 참으로 영의 권능이 충분히 있음을 발견했다.

5. 그것은 사 들일 수가 없다. 사도행전 8:18에서 시몬 마구스가 그렇게 하려다가 신랄한 힐책을 당했다.

6. 그것은 흉내 낼 수가 없다. 인간적인 열심이나 육신적인 노력은 주님께서 거절하신다. 우리는 누군가를 흉내 낼 수 있을지는 모르나, 그의 능력(영의 권능)은 흉내 낼 수 없다.

7. 그것은 잃어버릴 수가 없다. 사사기 16:20에서 삼손은 한 번 영의 권능을 알았으나 그것을 잃었다. 영적 능력을 잃은 그리스도인은 맛을 잃은 소금과 같아서 밖에 내다버려지고 만다(마 5:13).

Ⅳ. 스승으로서의 성령

A. 특징

1. 없어서는 안 된다(고전 2:11; 14절, 롬 11:33).

영만이 이러한 것들을 찾을 수 있다.

Note

2. 의심할 여지가 없다.

오직 하나님이 성령으로 이것을 우리에게 보이셨으니 성령은 모든 것 곧 하나님의 깊은 것까지도 통달하시느니라. (고전 2:10)

영은 하나님을 아는 지식이 있는데 이는 그가 하나님이시기 때문이다.

3. 모든 것이 족하다.

너희는 주께 받은 바 기름 부음이 너희 안에 거하나니 아무도 너희를 가르칠 필요가 없고 오직 그의 기름 부음이 모든 것을 너희에게 가르치며 또 참되고 거짓이 없으니 너희를 가르치신 그대로 주 안에 거하라. (요일 2:27)

요한복음 14:26에서 성령은 그리스도와 관련하여 그 같은 것들을 가르치신다.

4. 겸손하다.

그러나 진리의 성령이 오시면 그가 너희를 모든 진리 가운데로 인도하시리니 그가 스스로 말하지 않고 오직 들은 것을 말하며 장래 일을 너희에게 알리시리라. (요 16:13)

B. 그가 가르치는 방법

1. 마음을 일깨운다. 에베소서 1:17-18에서 그는 진리로 마음의 눈을 뜨게 한다.

2. 그리스도의 고난을 지적한다(요 16:11, 슥 12:10).

3. 이해를 촉진시킨다. 그는 마음뿐만 아니라 뇌까지 다루신다 (사 11:2-3).

4. 영적인 것들을 분별하게 하신다.

오직 성령께서 가르치신 것으로 하니 영적인 일은 영적인 것으로 분별하느니라. (고전 2:13)

5. 감추인 것들을 드러내신다(눅 2:26). 성령께서 시몬에게 보이셨다(요 16:14).

6. 잊혀진 것들을 기억하게 하신다.

보혜사 곧 아버지께서 내 이름으로 보내실 성령 그가 너희에게 모든 것을 가르치고 내가 너희에게 말한 모든 것을 생각나게 하리라. (요 14:26)

• 참고/ 시 119:11

7. 이기적인 일들을 방해하신다. 영께서 바울과 실라에게 그들 자신의 길을 가지 않고 예수님의 길로 가게 하셨다.

성령이 아시아에서 말씀을 전하지 못하게 하시거늘 그들이 브루기아와 갈라디아 땅으로 다녀가 무시아 앞에 이르러 비두니아로 가고자 애쓰되 예수의 영이 허락하지 아니하시는지라. (행 16:6-7)

C. 그는 언제 우리를 가르치시나?

1. 우리가 순종할 때(행 8:26). 빌립이 순종했을 때 성령께서 그에게 방향을 지시하셨다.

2. 우리가 묵상할 때(행 10:19). "베드로가… 생각할 때에 성령께서… 말씀하시되."

3. 우리가 섬길 때(행 13:2). "주를 섬겨 금식할 때에 성령이 가라사대."

4. 우리가 가다릴 때(눅 2:26). 시몬이 기다렸을 때 성령님께서 그것을 보이셨다.

5. 우리가 귀를 기울일 때(계 2:7). "귀 있는 자는… 들을지어다."

V. 성령의 기름부음

기름을 붓는 것은 권능을 받고 하나님의 진리를 이해하는 데에 있다. 우리 주님은 세례받기 이전의 30년 간 계속 성령님으로 충만하셨다. 누가복음 3:21-22에서 예수님은 물로 세례를 받으셨고 영의 형체로 강림하셨다. 누가복음 4:1에서는 예수께서 성령님의 충만함을 입어 광야로 시험을 받으러 이끌리셨다. 누가복음 4:18에서 예수님은 그의 기름부음 받은 데에 대해 말씀하시면서 이사야 61:1을 읽으셨다. "주 여호와의 영이 내게 내리셨으니 이는 여호와께서 내게 기름을 부으사 가난한 자에게 아름다운 소식을 전하게 하려 하심이라." 이 기름부음에 대한 예언은 시편 45:7-8에서 발견된다.

힘 있는 봉사를 위한 기름부음은 마태복음 3:11의 '불로써 악이 불살라지고 그리스도의 의가 나타날 때' 주어진다. 이 기름부음은 우리가 주님께 굴복하여 성령님으로 충만함의 직접적 결과로 가능하다. 기름부음에는 오직 한 가지가 있을 뿐이다(행 1:8, 고후 1:21-22, 요일 2:20, 27절, 행 4:31). 영으로 기름부음은 믿음으로 받아들여야만 한다(요 7:37-39; 4:14).

결론

성령의 놀랄 만한 직분으로 인하여 주님께 찬양하라.

질문 Bible Study

1. 성령의 8가지 상징을 말해 보라.
2. 물이 성령님을 묘사하는 5가지 방법(길)을 설명하라.
3. 어떻게 불이 성령님의 일을 나타내는가?
4. 그리스도인들이 영 안에서 해야 할 5가지 일을 말해 보라.
5. 성령님의 권능 7가지를 말해 보라.
6. 영의 가르침에 대한 4가지 특징을 설명하라.

7. 어떻게 성령님께서 가르치시는가?

8. 영의 가르침을 받으려면 어떤 조건을 갖추어야 하는가?(5가지)

9. 영으로 기름부음을 받는 목적은 무엇인가?

10. 그리스도의 기름부음에 대한 예언과 성취는 무엇이 있는지 말해 보라.

Note

Bible Stu

제4권
하나님의 말씀 - 성경

제31과 성경의 영감
제32과 성경
제33과 성경에 대한 더 깊은 가르침

제31과

성경의 영감

● 서론

성경의 저자는 성령님이시다. 성경의 모든 페이지는 하나님의 본성과 목적들이 기록되어 있는 권위 있는 계시이다. 성경은 하나님의 지식에 대한 근본적인 책이다. 성경은 신적 진리의 교과서다.

성경은 영원한 생명에 이르는 안내서다. "Bible"이라는 단어는 희랍어 "Biblos"에서 유래된 것으로서, "하나의 책"이라는 의미다. 성경책은 "두루마리들", "편지들", "하나님의 말씀"이라고 호칭되기도 한다(눅 4:17, 고후 3:14, 막 12:10, 마 22:29, 히 4:12). 성경은 66권의 책들로 구성되어 있으며 두 부분으로 나뉘어져 있다. 즉 구약은 39권으로, 신약은 27권으로 되어 있다. 성경은 36-40명의 저자들이 1,600년 동안 세계의 다른 지역에서 기록되었다.

성경의 독특한 구성은 성서가 하나님의 영감으로 쓰였다는 것에 대한 최대의 증거가 된다. 왜냐하면 모순없이 하나의 책이 여러 사람들에 의해서 기록되었다는 것은 기적이기 때문이다. 이 기적은 오직 한 주인(저자)이 인도하는 손길에 의해서만 해석될 수 있는 것이다.

성경의 핵심 주제는 성경 이해의 열쇠가 되는 예수 그리스도이시다. 구약은 히브리어로 쓰였고, 구약 중에서 다니엘서와 에스라서만이 아람어로 기록되었다. 신약은 헬라어로 쓰였다.

Ⅰ. 영감의 뜻

'영감으로'라는 것은 신약과 구약이 만들어지는 과정에 있어서 하나님에 의한 초자연적 통제를 받는 것을 의미한다(로버트 리).

성경은 "데오프뉴토스"(하나님께서 입김을 불어 넣으심)이다.

모든 성경은 하나님의 감동으로 된 것으로 교훈과 책망과 바르게 함과 의로 교육하기에 유익하니.

(딤 3:16)

Note

"영감이란 진리를 말할 수 있는 자격을 인간에게 주시는 하나님의 강렬한 의식적인 입김이다." – 윌리암 에반스

예언은 언제든지 사람의 뜻으로 낸 것이 아니요 오직 성령의 감동하심을 받은 사람들이 하나님께 받아 말한 것임이라. (벧후 1:21)

성령은 성경을 기록할 때 그것이 정확하게 쓰이도록 기적적으로 내재하셨다. 하나님의 거룩한 사람들은 성령의 그늘 아래에서 하나님의 명령들을 기록했다. 이것은 그들이 알든지 모르든지 간에 기록의 과정 가운데 생길 모든 오류로부터 보호를 받았다.

Ⅱ. 영감에 대한 다양한 이론들

대부분의 사람은 어떻게 하나님이신 성령께서 성경을 기록하셨는지, 정확하게 알고 싶어 한다. 성경의 저자 중 몇 명은 그들이 본 역사를 기록했으며, 또 몇 명은 오래 전에 일어났던 사건들을 기록했다(모세와 창조). 다른 저자들은 예언을 기록했다.

1. 계시(Revelation) : 성경의 저자들이 주님에 의해 그들에게 계시되었던 대로 환상 중에 본 성경의 한 단어 한 단어를 그대로 베껴 썼다고 생각하는 견해다. 물론 성경 대부분의 저자들이 예언을 기록했지만, 하나님께서 단어의 선택까지도 저자들에게 허락하지 않으셨다고 하는 위의 주장은 받아들일 수 없는 것이다. 사도 바울의 논리적이고 교육적인 마음은 로마서나 갈라디아서에 분명히 나타나 있다.

2. 조명(Illumination) : 성령님께서 영적인 방법으로 그 사건을 볼 수 있게 저자들에게 조명하셨다. 그리고 저자들은 그들의 언어와 스타일대로 그 사실들을 썼다고 보는 견해다. 우리는 생각이 영감되었을 뿐만 아니라 언어까지도 영감되었음을 볼 수 있다. 하나님은 저자들의 언어와 교육 그리고 그들의 개성까지도 사용하셨다. 그러나 이러한 것이 성경을 기록하는 데 충분한 것이라고는 보지 않는다. 성경은 경건한 사람들이 하나님을 묵상함으로 생겨난 것이 아니라 하나님께서 자신의 생각을 인간에게 영감으로 주신 것이다.

3. 축자적인 기록(Verbatim reporting) : 사장이 비서에게 말하듯이 하나님께서 인간 저자에게 성경을 불러 주셨다는 견해다. 이것은 영감을 단순히 기계적인 과정으로 감소시키므로 이 주장은 옳지 않다. 왜냐하면 다윗과 모세, 베드로와 같이 사람들의 개성과 인격이 성경에 아주 분명히 나타나 있기 때문이다. 의사인 누가도 누가복

음 8:44에서 '지혈'이라는 의학적 용어를 사용했다. 목자인 다윗은 양과 돌팔매, 목자의 장비(막대기와 지팡이)라는 단어를 썼다.

4. 자연적인 영감 : 이 주장은 인간의 천성적 재질에 기초하고 있다. 영감에 있어서 초자연적이고 신비스럽고 독특한 것을 부정한다. 이 주장은 성경을 세익스피어나 밀턴, 공자나 맹자와 같이 특별한 저작으로 감소시킨다. 영감이란 이런 작품들 이상의 것이다. 사실상 이것은 "하나님께서 이르시대"의 하나님이 말씀하시는 것이다. 성경은 하나님의 말씀을 포함하는 책이 아니라 하나님의 말씀, 그 자체인 것이다.

5. 보편적인 그리스도인의 영감 : 우리는 모두 하나님의 아들들이다. 그러므로 각 시대에 따라 누구든지 책이나 시나 다른 것들을 영감을 받아 쓸 수 있다는 견해다. 시대별로 누군가가 책을 쓰거나 시를 짓거나 영감을 받고 있다. 이것은 또 이렇게 영감을 받기도 하고 저렇게 받기도 한다고 주장하는 견해다. 이 말이 사실이라면 어느 시대이건 간에 새로운 성경이 나타날 수 있을 것이다. 성경의 영감이란 이 이상의 것이다. 그것은 하나님의 메시지를 인류에게 전하기 위해서 기록된 것으로 성경의 영감이란 완전하고 특별한 형태의 영감이다.

6. 기계적 영감 : 사람들이 기계가 되어서 깨닫거나 이해하지도 못한 채, 이상한 충동에 의해서 썼다는 것이다. 그러나 그렇지 않다. 사도 요한의 서신에서 요한의 사랑하는 성품을 볼 수 있고, 야고보서에서는 야고보의 엄격한 성품을 볼 수 있고, 베드로의 서신에서는 베드로의 감성적인 성품을 볼 수 있다.

7. 사상 영감 : 이 주장은 모든 단어가 영감을 받을 뿐만 아니라 구두점까지도 주님에 의해서 영감되었다고 말한다. 사실상 원래의 언어에는 구두점 대문자는 없는 법이다.

8. 부분 영감 : 성경의 일부가 영감되었고 성경을 하나님의 말씀을 포함한다고 주장하는 견해다. 그러나 그렇지 않다. 디모데후서 3:16을 보면, "모든 성경은…"이라고 말씀한다. 이 주장은 각자가 자유롭게 선택하여 이것이 정말로 영감받은 부분인가를 판단하게 한다. 그러나 이러한 주장은 우리로 하여금 의심과 불확신과 완전한 혼돈으로 이끌고 있을 뿐이다.

Ⅲ. 바른 견해 – 완전 또는 전(全)영감

디모데후서 3:16의 말씀처럼 모든 성경은 하나님의 감동으로 기록되었다. 우리는 사실상 성경이 "어떻게" 영감되었는지 모른다. 그러나 성경의 모든 저자가 그들 자신의 개성과 교육, 경험의 어떤 한계가 있음에도 불구하고 자유롭게 쓸 수 있었다. 성령님은 모든 생각, 모든 구절, 모든 단어들을 완전하게 사용하도록 인도하셨다.

Ⅳ. 성경은 영감을 주장한다

1. 저자들에게

오직 성령의 감동하심을 받은 사람들이 하나님께 받아 말한 것임이라. (벧후 1:21)

2. 성경의 각 책들에게

모든 성경은 하나님의 감동으로 된 것으로. (딤 3:16)

3. 모든 단어에게

우리가 이것을 말하거니와 사람의 지혜가 가르친 말로 아니하고 오직 성령께서 가르치신 것으로 하니 영적인 일은 영적인 것으로 분별하느니라. (고전 2:13)

곧 거룩한 선지자들이 예언한 말씀과 주 되신 구주께서 너희의 사도들로 말미암아 명하신 것을 기억하게 하려 하노라. (벧후 3:2)

사랑하는 자들아 너희는 우리 주 예수 그리스도의 사도들이 미리 한 말을 기억하라. (유 1:17)

Ⅴ. 영감에 관해서 기억해 둘 일

번역은 영감된 것이 아니다. 그들은 복사자의 오류를 갖는다. 성경의 원본은 오늘날 존재하지 않지만 발견된 고대 사본은 그 내용이 거의 동일하다. 성경의 기록들은 사실들을 기록한다. 즉 아나니아가 거짓말을 했는데 그 거짓말은 기록되고 있다. 서기관들이 예수님을 향하여 마귀에 들렸고 미쳤다고 했는데, 이 거짓말도 기록되어 있다.

● 결론

우리는 성경이 오류가 없는 하나님의 말씀으로 받아들인다. 성경 66권은 완전하다. 외경이나 다른 어떤 책은 영감된 것으로 볼 수 없다. 성경 원본은 마지막 날에 심판의 기준이 될 것이다(요 12:48). 매일 성경을 읽자. 그리고 매일의 생활에서 그의 말씀대로 순종하자. 하나님의 사람들은 이 성경책을 조심스럽게 그리고 경외하면서 다루어야 한다. 성경은 하나님께서 우리에게 주신 그분의 책이다. 하나님께서 말씀하셨다. 또한 말씀의 계시의 빛 안에서 우리가 걸을 수 있도록 성령님의 능력이 부어진 사실을 기뻐하자.

Note

질문 *Bible Study*

1. 성경의 저자는 누구인가?
2. 성경 영감을 다루는 중요한 두 가지 성경구절을 말해 보라.
3. 성경에 관한 다음 사항을 설명하라.

   a) 여러 가지 이름들 b) 부분들 c) 저자들 d) 저작연대 e) 주제 f) 언어
4. '영감으로'라는 말은 무슨 뜻인가?
5. 영감에 대한 잘못된 8가지 주장을 열거해 보라.
6. 잘못된 영감설을 반대하는 이유를 한 마디로 말해 보라.
7. 완전영감설 또는 전영감설을 설명하라.
8. 성경이 주장하는 영감에 대한 성경구절을 말해 보라.

   a) 저자들에 대해서 b) 책들에 대해서 c) 단어들에 대해서
9. 성경이 사실을 기록했다는 증거를 들라.
10. 왜 외경의 영감을 부인하는가? 성경구절을 말해 보라.

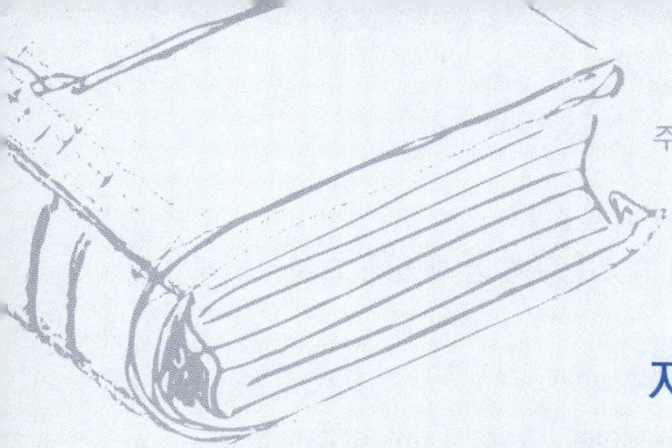

제32과
성경

● 서론

성경은 예수 그리스도와 성령 다음으로 우리에게 주어진 하나님의 위대한 3번째 선물이다. 수많은 책을 썼으며 방대한 양의 도서를 소지하고 있던 월터 스코트 경은 "성경이야말로 책 중의 유일한 책"이라고 고백했다. 성경은 현존하는 책 중에 가장 오래된 것이다. 성경을 기록하기 위해서 1,600여 년이 걸렸으며, 첫 번째 기록자는 마지막 기록자가 태어나기 1,450년 전에 죽었다.

성경은 그 자체가 번역에 공헌하는 바가 크며, 벌써 일부 혹은 전부가 수천 여 개의 언어와 방언으로 번역되고 있다.

Ⅰ. 경탄할 만한 7가지 성경의 오묘함

1. 놀라운 구성

한 책은 한 곳에서 한 나라 말로 기록되었고, 다른 책은 또 다른 나라에서 다른 언어로 수세기 후에 쓰인 것이다.

2. 놀라운 통일성

성경은 66권으로 된 도서이며, 각각 책은 모두 같은 저자인 성령님이시고, 서로 상치되거나 모순됨이 없다.

3. 놀라운 연륜

그것은 모든 책 중에 가장 오래되었다.

4. 놀라운 판매량

단연코 각 시대의 베스트셀러이다.

5. 놀라운 영향력

그것은 계급과 연령을 초월해서 모든 사람이 읽을 수 있는 유일한 책이다. 그것은 남녀노소를 막론하고 모든 나라에서 읽혀지고 있다.

6. 놀라운 언어

거의 대부분이 제대로 교육 받지 못한 많은 사람들에 의해 기록되었지만, 누구도 흉내 낼 수 없을, 뛰어난 문학이다.

7. 놀라운 보존성

성경은 모든 책 중에서 가장 미움을 받은 책이며, 세월과 왕들과 정부들에 의해서 태워지고 파기되었으나, 하나님께서는 오늘날까지 우리를 위해서 그것을 보존시키셨다. 고로, 어느 누구이든지 말씀을 찾아볼 수가 있다.

Ⅱ. 하나님의 말씀을 예증하는데 사용되는 7가지 상징

1. 칼 : 성경은 듣는 사람의 죄를 지적하는 날카로운 말씀이다(히 4:12).
2. 망치 : 성경은 듣는 사람의 완악함을 깨뜨리는 강력한 힘이 있다(렘 23:29).
3. 씨 : 성경은 듣는 자들을 희생시키는 살아 있는 말씀이다(벧전 1:23).
4. 거울 : 성경은 자신의 모습을 스스로 비추어 볼 수 있는 신실한 말씀이다(약 1:23-25).
5. 불 : 성경은 듣는 자들의 불순한 것들을 소멸하기 위해 타오르는 말씀이다(렘 23:29; 20:9).
6. 등 : 성경은 날마다 신자들을 인도하기 위해 비추는 말씀이다(시 119:105).
7. 음식 : 성경은 영을 살찌게 하는 영양가 높은 음식이다(벧전 2:2, 고전 3:2, 롬 10:17).

하나님의 말씀은 개개인을 깨닫게 하여 깨뜨리며, 희생시키며, 나타내 보이며, 소멸하며, 비추며, 자라게 하는 영양소이다.

Ⅲ. 하나님의 말씀을 전해야만 하는 7가지 이유

마가복음 2:2의 예수님께서는 수많은 무리와 직면하시면서 하나님의 말씀을 전하기로 놀라운 결정을 내리셨다. 우리는 어떤 새로운 교회를 전하기 위해 보내진 것이 아니라, 성경에 나타난 그대로의 그리스도를 전하기 위해 파송 받았다. 우리가 하나님의 말씀을 전파해야 하는 이유는 그것이 시간과 영원을 초월해 존재하는 것이기 때문이다(사 40:8).

1. 전파되는 하나님의 말씀을 통해 깨달을 수 있기 때문이다. 오순절 베드로의 설교를 보면 알 수 있다(행 2:14-37). 베드로의 설교 23구절 중 9구절은 구약성서로부터 인용한 것이다.

Note

2. 하나님의 말씀을 들음으로써 믿음이 생겨나기 때문이다(롬 10:17).

3. 하나님의 말씀은 우리를 깨끗케 하는 역사가 있기 때문이다(고후 7:1). 이와 같은 약속들은 하나님의 말씀이다.

4. 하나님의 말씀은 우리에게 확신을 주기 때문이다(요일 5:13).

5. 하나님의 말씀은 우리에게 위로를 주기 때문이다(살전 4:18). 이 말씀 또한 성경에서 여러 번 반복되고 있다.

6. 하나님의 말씀은 우리에게 진리를 알게 하시기 때문이다(행 17:11).

7. 하나님의 말씀은 우리를 거듭나게 하시기 때문이다(벧전 1:23).

Ⅳ. 하나님의 말씀을 읽지 않은 7가지 이유

1. 성경의 진리에 대해 무식하기 때문이다. 성경의 구성과 지식의 효용성에 대해 무식하다.

2. 벌써 재를 먹었기 때문이다(사 44:20). 이미 정치와 우스꽝스러운 것들에 물든 것이다.

3. 병들어 있기 때문이다. 죄로 병든 영혼은 하나님의 말씀에 대해 갈급해 하지 않는다.

4. 식사 사이에 먹는 간식 정도로 생각하기 때문이다. 그들은 가볍고, 천박하며, 알맹이가 없는 삶을 살기 때문이다.

5. 성경은 흥미가 없기 때문이다. 예를 들면 사업, 운동, 교육은 흥미가 있는데 반하여 성경은 그렇지 않다고 생각한다.

6.성경은 너무 달콤하기 때문이다(계 10:8-10). 성경은 꿀과 같이 달았다. 어떤 사람들은 생각하기를 성경은 오직 병들고, 나이 많고, 죽어 가는 사람들을 위한 것이지, 활동적이며 건강한 사람들에게는 너무 단 것이라고 여긴다.

7. 성경은 너무 쓰기 때문이다(계 10:8-10). "내가 천사의 손에서 작은 두루마리를 갖다 먹어 버리니 내 입에는 꿀 같이 다나 먹은 후에 내 배에서는 쓰게 되더라"(10절).

성경에 나오는 심판과 지옥과 죄에 대한 진리들은 너무 쓰기 때문에 사람들로 하여금 성경을 읽기 두렵게 만든다.

Ⅴ. 성경을 읽을 때 기억해야 할 7가지 요점

1. 사랑하는 마음으로 읽으라. 성경은 구세주께서 나에게 한 말씀이기 때문이다

(시 119:11).

2. 경건한 마음으로 읽으라. 성경은 전능하신 구세주이며 심판자이신 하나님의 말씀이기 때문이다.

3. 기도하는 마음으로 읽으라. 성경은 하나님이 나의 마음과 삶에 관해 나에게 주는 말씀이기 때문이다.

4. 묵상하는 마음으로 읽으라. 그 옛날의 이삭과 같이 하나님의 말씀을 묵상하라.

5. 조직적으로 읽으라. 성경의 일부분만 선택하지 말고 처음부터 쭉 읽어 내려가라.

6. 단호한 결심으로 읽으라. 나의 아버지께서 성경에 가르치신 대로 순종하겠다는 마음으로 읽으라.

7. 매일 읽으라. 주일날만 읽지 말고 날마다 수시로 읽으라.

● 결론

성경을 당신의 삶 속에 있어서 충실한 안내자와 친구로 삼으라. 성경은 하나님의 말씀이다. 그것은 믿을 만한 가치가 있다. 끊임없는 기도를 통해 성령의 도우심으로 복음의 비밀을 이해할 수 있도록 노력하라. 우리가 만일 하나님의 말씀을 저버린다면 마지막 날에 그 말씀 역시 우리를 심판하실 것이다(요 12:48).

"주님, 저를 가르쳐 훈계하심으로써 이 책을 높일 수 있도록 도우소서. 필요할 때면 언제든지 성경을 수호하게 하시고, 저로 하여금 하나님의 모든 권고와 계획을 선포하도록 담대하게 하소서."

질문 *Bible Study*

1. 서론을 통해 알 수 있는 성경에 관한 사실을 말해 보라.
2. 성경의 경탄할 만한 7가지 오묘함은 무엇인가?
3. 하나님의 말씀을 비유하는 7가지 상징은 무엇인가?
4. 개개인을 위한 말씀의 7가지 사역은 무엇인가?
5. 히브리서 4:12를 통해 성경말씀에 관해 우리가 배울 수 있는 것은 무엇인가?
6. 베드로전서 2:2을 통해 알 수 있는 사실은 무엇인가?
7. 마가복음 2:2에서 예수님께서 많은 사람 앞에서 하신 것은 무엇인가?

8. 하나님의 말씀을 읽어야만 하는 7가지 이유는 무엇인가?

9. 사람들이 하나님의 말씀을 읽지 않는 이유는 무엇인가?

10. 성경을 읽을 때는 어떤 마음으로 읽어야 하는가?

Note

제33과

성경에 대한 더 깊은 가르침

● 서론

성경은 하나님의 말씀을 포함하지 않는다. 성경은 하나님의 말씀 그 자체다. 만일 성경이 단순히 인간의 책이었다고 한다면, 우리는 머지않아 또 다른 책이 나올 것을 기대할 수 있다. 만일 성경이 인간의 책이라면, 왜 사람들이 성경의 저자를 이해하고 모든 장들을 이해하기가 그렇게 어렵단 말인가? 사람들이 성경의 전적 영감설을 부인하는 이유는 죄 때문이며, 죄의 영향과 죄의 결과에 대한 심판을 최소로 축소시키려는데 기인한 것이다. 성경은 여러 세대를 거쳐 사람들이 모르는 진리와 이제 막 발견되는 진리를 포함하고 있다(엡 3:5).

사도들에게 주어진 계시는 그들의 생각과는 전혀 별개의 것이었다(벧전 1:10-12). 그들이 전한 것이나 기록한 것은 하나님의 말씀이 그들에게 나타난 그대로의 것이다. 어떠한 예언도 선지자 자신의 뜻으로 된 것은 절대로 아니다(벧후 1:21). 다윗은 예언을 위한 성별된 영감의 필요성을 주장했다(삼하 23:2). 사도들과 선지자들의 글은 하나님의 말씀인 것이다(벧후 1:21). 성경은 불순물이 들어가지 않은 순금과 같다(딤후 3:16).

느헤미야는 선지자들의 말을 하나님의 말씀으로 받아들였다(느 9:13, 30). 마태복음 22:31-32을 보면 예수님도 성경을 인간에게 주어진 순전한 하나님의 말씀으로써 인용하셨다. 구약 성경에서도 선지자들은 2,600번이나 자신의 말이 하나님의 말씀이라고 단언했으며, 마찬가지로 신약 성경에서도 525번이나 똑같은 말들이 언급되었다.

I. 성경의 권위

Note

수세대 전만 하더라도 성경은 권위 있는 하나님의 말씀으로 여겨져 왔다. 그러나 이 같은 사실이 더 이상 진리가 될 수 없다고 주장하는 것은 너무나 통탄할 일이다. 오늘날의 어떤 사람들은 성경의 권위에 도전하는 것이 매우 현명하고 똑똑한 일인 것처럼 생각한다. 우리의 시대는 점점 더 법이 없는 시대가 되어 가고 있다. 즉 삶의 여러 영역에 걸쳐, 종교적으로나, 정치적으로나, 지성적으로나, 성경의 권위에 반역하는 세대를 살아가는 것이다.

인간은 원래 권위를 필요로 하며 우월한 존재를 예배하도록 창조되었다. 오늘날의 많은 사람이 성경을 놀라운 책이라고 우러러 생각하고 있지만 사실 그 권위를 인정하지는 않는다. 심지어 일부 신자들도 예수 그리스도를 최고의 권위자로 인정하지만 성경의 권위에 복종하기를 거절하고 있다. 이것이야말로 지지하기 어려운 입장인 것이다. 우리가 최고의 권위자로 인정하는 그리스도는 성경에 언급된 그리스도이시다. 왜 사람들이 성경을 최고의 권위로 인정하지 못하는 것일까? 그 내용을 살펴보면 다음과 같다.

1. 그들은 성경과 과학이 일치하지 않기 때문이라고 말한다. 증명되지 않은 많은 비과학적 학설들은 성경과 일치하지 않는다. 그러나 진실로 증명된 과학과 성경이 일치하지 않은 곳은 한군데도 없다(딤전 6:20).

2. 그들은 성경과 지질학이 일치하지 않기 때문이라고 말한다. 지질학자인 구요트는 진실한 지질학은 성경과 완벽하게 일치한다고 증언했다.

3. 그들은 성경과 일반 과학이 일치하지 않기 때문이라고 말한다. 로열 소사이어티의 회장이었던 G.G. 스토케스 경은 단호하게 이것을 부정했다.

4. 그들은 성경과 화학이 일치하지 않기 때문이라고 말한다. 미국의 위대한 화학자 래더는 이와 같은 실수 역시 논박하고 있다.

5. 어떤 사람들은 성경과 지리학과 의견을 달리하기 때문이라고 말한다. 저명한 지리학자 크리스터 박사는 성경에는 단 하나의 지리학적 실수도 없다고 말했다.

6. 어떤 사람들은 최고의 권위는 성경이 아니라 교회이기 때문이라고 말한다. 교회는 신약 성경보다 먼저 생겼다고 하지만, 정확무오한 하나님의 말씀인 구약 성경은 훨씬 오래된 것이며, 교회보다 먼저 존재했다는 것은 너무 자명한 사실이다.

7. 진짜 이유는 사도행전 18:17에 나오는 갈릴레오가 가지고 있던 것과 같은 영적 무관심일 것이다.

Ⅱ. 성경의 우월성

성경이 최고의 책인 이유는 세상에 쓰인 다른 어떤 책보다도 가장 탁월하기 때문이다. 또한 인류를 비극과 죽음의 나날들로부터 돌아서게 한 유일한 책이기 때문이다. 그리고 삶과 죽음의 문제에 대한 응답을 가지고 있다는 점에서도 우월하다. 성경은 가장 오래된 책이다. 성경이 수많은 나라와 사람들에게 끼친 영향은 말로 할 수 없을 정도다. 성경은 순수한 책으로써 신화나 거짓은 포함되지 않았다. 성경은 진실로 하나님의 말씀이다.

Ⅲ. 어떤 사람들이 상상하는 성경상의 모순

1. 하나님은 영이시기 때문에 볼 수가 없다. 그러나 그들은 하나님의 반영된 모습은 볼 수가 있다.

그는 이 빛이 아니요 이 빛에 대하여 증언하러 온 자라. (요 1:8)

이스라엘의 하나님을 보니 그의 발 아래에는 청옥을 편 듯하고 하늘 같이 청명하더라. (출 24:10)

사실 양쪽이 모두 사실이다. 그들은 하나님을 볼 수 없었다. 왜냐하면 하나님은 영이시기 때문이다. 그러나 그들은 하나님의 반영된 모습은 볼 수 있었다. 우리가 거울을 들여다볼 때마다 자신의 반사된 얼굴을 볼 수 있다. 그러나 결코 다른 사람이 보는 것처럼 볼 수는 없다.

2. 민수기 25:9 – 염병으로 24,000명이 죽었다.

고린도전서 10:8 – 하루에 23,000명이 죽었다.

답 : 23,000명이라는 숫자는 하루에 죽은 사람 수였고, 24,000명은 죽어간 사람들 전체의 합계이다.

3. 사무엘하 24:24 – 다윗은 타작마당 값으로 은 50세겔을 지불했다.

역대상 21:25절 – 다윗은 금 600세겔을 지불했다.

답 : 그것은 서로 다른 별개의 거래이다. 먼저 다윗은 은 50세겔로 타작마당을 샀고, 그 후에 금 600세겔로 전 기지를 몽땅 샀던 것이다.

4. 디모데전서 6:16 – 하나님은 빛 가운데 거하신다.

열왕기상 8:12 – 하나님은 깊은 어두움 가운데 계신다.

답 : 양쪽 다 진실이다. 왜냐하면 하나님께서는 어느 곳에나 계시는 무소부재한 분이시기 때문이다.

Note

5. 이사야 40:28 – 하나님은 결코 피곤하지도 않으시며, 휴식을 요하지도 않으시는 분이다.

출애굽기 31:17 – 하나님께서는 세상을 6일 만에 창조하시고 일곱째 날에는 휴식을 취하셨다.

답 : 그것은 하나님께서 피곤하기 때문에 쉬셨다는 것을 말하려는 것은 아니다. 하나님께서는 피곤하지 않으시다. 하나님께서 일곱째 날에 쉬신 것은 당신이 창조하신 것들을 감상하시기 위함이다.

6. 요한복음 13:27 – 사탄이 최후의 만찬 중에 유다에게로 들어왔다.

누가복음 22:3-4; 7절 – 사탄이 최후의 만찬 전에 유다에게로 들어간 것은 명백하다.

답 : 사탄은 유다에게 두 번 들어갔다. 두 번째는 좀 더 완벽하게 역사하기 위함이었다.

7. 사도행전 1:9-12 – 예수님은 감람산에서 승천하셨다.

누가복음 24:50-51 – 예수님은 베다니에서 승천하셨다.

답 : 둘 다 정확한 이야기이다. 왜냐하면 베다니는 감람산 옆에 위치하고 있기 때문이다.

8. 사도행전 9:7 – 바울의 친구들은 음성을 들었다.

사도행전 22:9 – 바울의 친구들은 음성을 듣지 못했다.

답 : 그 친구들은 천둥치는 듯한 소리는 들었으나 어떤 말씀을 들은 것은 아니다.

9. 열왕기상 6:1에 보면 출애굽기에서부터 성전 건축을 시작하기까지의 기간을 480년으로 잡고 있다. 그러나 사실 역사에 의하면 그것은 573년이었던 것이다.

답 : 차이가 나는 93년은 정확히 말하면 사사들 밑에서 노예 생활을 하던 기간이요, 유대 역사에는 포함되지 않는 기간이다. 하나님과 멀리 떨어져 지낸 연한들은 잃어버린 날들이며, 무익한 것이며 주님의 계산에 넣을 수 없는 기간이다.

10. 사무엘상 6:19에 보면 하나님께서 언약궤를 들여다본 사람들을 치사, 5만 70명이 죽었다고 했으나, 역사가인 요세푸스는 약 70명 정도밖에는 죽지 않았다고 말한다.

답 : 아마 둘 다 옳을 것이다. 하나님께서는 그 자리에서 즉시로 70명을 죽이셨으며, 이 사건으로 인해서 나중에 5만 명이 죽었다고 볼 수 있는 것이다.

11. 누가복음 18:35, 43절 – 예수님께서 여리고에 가까이 오셨을 때 눈 먼 사람 하

나를 고치셨다.

마가복음 10:46, 52절 – 예수님께서 여리고를 떠나시다가 병자 한 사람을 고쳐 주셨다.

마태복음 20:29-34 – 예수님께서는 여리고에서 얼마 떨어진 곳에서 이름을 알 수 없는 두 사람을 고쳐 주셨다.

답 : 이것들은 한 사건을 3가지로 보고한 것이 아니라, 3개의 각각 다른 별개의 사건으로 보아야 한다.

12. 또 다른 피상적인 모순들도 역시 쉽게 풀이될 수 있는 것이다. 성경은 정확무오한 하나님의 말씀이기 때문이다.

Ⅳ. 성경의 신빙성

당신은 어떻게 성경이 믿을 만한 것이라는 사실을 아는가?

어떻게 우리는 상상의 인물로나 생각되는 저자들이 정말로 성경을 기록했다는 사실을 알 수 있는가?

과연 성경은 믿을 만한 가치가 있는 것인가? 물론이다. 아직까지 현존하는 사본이 하나도 없는 것은 아마 어리석은 사람들이 그것들을 숭배하는 것을 막기 위함일 것이다. 현존하는 것 중에 가장 오래된 사본들은 다음과 같다.

1. 4세기 것으로 로마에 있는 바티칸 사본
2. 4세기 것으로 러시아의 레닌그라드에 있는 시내 사본
3. 5세기 것으로 영국 런던에 있는 알렉산드리아 사본

우리는 성경을 신빙성 있는 책으로 받아들인다. 왜냐하면 성경은 주후 180년에 교회에 있어서 믿을 만한 가치가 있다고 인정되었기 때문이다. 성경이 받아들여질 수 있는 외적 증거가 교부 신학자들에 의해 밝혀진 것이다. 심지어는 비기독교인들이나 이단자들도 정말 그것이 정확무오한 하나님의 말씀이냐 하는 것을 증거하는 데 주력했던 것이다.

현존하는 4,000여 개의 고대 사본의 조사는 성경의 신빙성을 다시 한 번 확고하게 해 준다.

● 결론

우리가 믿는 바 성경이야말로 전적으로 의존할 수 있는 것이며, 또한 기꺼이 우리의 삶을 성경에 맞추어 살아가야 할 것이다.

Note

질문 *Bible Study*

1. 성경의 저자들이 몇 번이나 자신의 말이 하나님의 말씀이라고 주장했는가?
2. 과학과 성경 사이에 일치하지 못하는 점이 있는가?
3. 성경이 가장 우수한 책인 까닭은 무엇인가?
4. 요한복음 1:18과 출애굽기 24:10을 연결하면 어떤 결론을 내릴 수 있는가?
5. 민수기 25:9과 고린도전서 10:8을 연결하면 어떤 결론을 내릴 수 있는가?
6. 사무엘하 24:24과 역대상 21:25의 모순을 설명해 보라.
7. 이사야 40:28을 미루어 보아 하나님께서 천지를 창조하고 쉬신 이유는 무엇인가? (출 31:17)
8. 열왕기상 6장과 역사적 기록에 따른 성전 건축을 위해 출애굽한 때부터 계수한 햇수가 차이가 있는 이유는 무엇인가?
9. 사도행전 9:7과 사도행전 22:9의 '음성'에 관한 문제를 조화시킬 수 있겠는가?
10. 현존하는 사본 중 가장 오래된 3가지는 무엇인가?

Bible Stud

제5권
인간과 창조

제34과 창조

제35과 진화

제36과 인간의 타락

제37과 죄

제38과 인간의 영, 육, 혼

제34과
창조

● 서론

우리는 하나님께서 만물의 창조자이심을 믿는다. 많은 사람이 받아들이고 있으면서도 제대로 이해하지 못하여 혼란스러워 하는 문제를 이번 과에서 자세히 다루어보자. 몇몇 성경 교사들은 진화론과 소위 과학과의 사이에 생겨지는 논쟁 때문에 이 주제를 피하려고 한다. "우리 주 하나님이여 영광과 존귀와 권능을 받으시는 것이 합당하오니 주께서 만물을 지으신지라 만물이 주의 뜻대로 있었고 또 지으심을 받았나이다"(계 4:11). 이 세상에는 우리의 이해와 결단에 영향을 주지 못하며 하나님께서 창조주이심을 믿지 못하는 많은 것들이 존재한다.

Ⅰ. 창세기의 저자와 창조

태초에 하나님이 천지를 창조하시니라. (창 1:1)

우리는 성경의 첫 절과 그 다음에 이어지는 모든 구절은 하나님의 말씀으로 영감 받은 것이 틀림없다고 받아들인다. 누가 창세기를 썼을까? 창조 당시 저자가 있었을까? 누가 그에게 상세한 얘기를 해 주었을까? 우리는 모세가 창세기를 썼다고 믿고 있다. 실제로 그가 처음 5권을 썼다. 창세기는 하나님의 말씀으로 믿어지며 신약의 각기 다른 책들 속에서 60번 이상 인용되고 있다.

마태복음 19:4-6에서 예수님께서는 아담과 하와의 창조와 시간의 시초에 대해 말씀하신다. 마태복음 24:37-39에서 예수님께서는 노아의 홍수에 대해 말씀하셨다. 하나님은 아담에게 과거 역사를 계시하심으로써 창조 이야기를 전하셨다.

하나님은 미래를 예언하실 수 있기 때문에 분명 과거를 나타내실 수도 있다. 우리는 창조 이야기의 아름다움, 간결함, 논리적이면서도 단순한 것에 감탄한다. 특히 우리는 창조로 인하여 현존하는 인간과 이것을 대조해 본다. 부활하신 예수님은 엠마오로 가는 길에서 제자들에게 말씀하셨다. 그는 가르치기 시작하셨고, 누가복음 24:27은 하나님이 모세로부터 시작했다고 말한다. "내가 너희와 함께 있을 때에 너희에게 말한 바 곧 모세의 율법과 선지자의 글과 시편에 나를 가리켜 기록된 모든 것이 이루어져야 하리라 한 말이 이것이라"(눅 24:44).

Ⅱ. 창세기에서의 창조자의 목적

어떤 사람들은 창세기에서 어려움과 모순과 과학의 혼란을 느낀다. 당신은 무엇을 알고 있는가? 나는 하나님 스스로가 권능의 창조자로 나타나심을 알고 있다. 그분은 정확한 질서와 논리와 이치와 누구도 흉내 낼 수 없는 원대한 계획을 갖고 계신다. 창세기가 인간의 모든 질문에 대답하기 위해 있는 것은 아니다. 또한 우리가 천문학자나 지리학자들이 되기 위해 있는 것도 아니다. 창세기는 우리가 하나님 그분만을 경배하도록 인도하기 위해 있는 것이다.

Ⅲ. 창조의 시기

이를 놓고 복음주의자들과 진화론자들 간에 논쟁이 한창이다. 과학자들은 지리학에 의거하여 지구는 몇 백만 년 되었다고 주장하고, 다른 사람들은 단지 6,000년이 되었다고 말한다. 아마 양쪽 다 맞는 이야기일 것이며, 창세기 1:2-3 사이의 시간의 길이가 알려지지 않아 생긴 오해일 것이다. 6,000년이라는 숫자는 지구상에 인간이 존재하던 기간으로서는 매우 정확하다.

창세기 1:1은 훨씬 전의 때, 어쩌면 수백만 년 전일지 모른다고 말하는데, 우리는 세계 창조의 최초의 시기를 알지 못한다. 논리상 하나님이 창조하신 것은 무엇이나 완전해야 한다는 것을 요구한다(창 1:10, 12, 18, 21, 25절). 창세기 1:2은 최초의 완전한 창조에 대해 언급하지는 않지만 최초의 창조 이후 천재지변의 사건 다음의 황폐함을 기술하고 있다. 이는 어떤 굉장한 사건이 일어났음을 의미한다. 즉 막심한 참화, 무서운 응징, 형태나 공간이 없는 상태, 어두움 따위가 놀랄 만한 상황임을 기술하고 있다.

에스겔 28:12-15과 이사야 14:9-14의 사건들이 여기에 해당한다. 이러한 메시지들은 창세기 3:1-7에 이미 있던 사탄의 타락을 기술한다. 창세기 1:3에는 세계의 새 기원의 이야기가 있다. 예레미야 4:23-26은 창세기 1:2의 상태를 훨씬 상세히 기술하

Note

고 있다.

Ⅳ. 창조에 대한 성경적 근거를 밑받침하는 사실들

1. 성경적 근거는 하나님은 한 분이시며 그 말씀으로 인하여 만물이 창조되었다는 것을 선언한다.

2. 육지와 바다, 대기와 궁창으로 나눈 훌륭한 의도를 주시하라. 만일 대양의 평면이 몇 피트 올라왔다면 육지의 대부분은 침수될 것이다(사하라 사막은 호수가 될 것 등). 열과 수분의 증발을 생각해 보면 균형이 유지되고 있음을 알고 알 수 있다. 공기는 산소와 질소(비율 21대 79)로 완벽히 균형을 이루고 있다. 어떤 물리, 화학 법칙도 이 균형을 유지시키지 못하나, 하나님의 창조 능력으로는 보존된다. 아낌없는 창조의 결과, 수백 종의 새와 꽃, 동물과 풀, 과일, 물고기, 나무, 양치류가 있다. 진화는 이러한 것을 제공해 줄 수 없다.

3. 원시인과 역사에 대한 연구는 창세기에서 타락의 결과 인간이 잔학하고 야만스러워짐을 보여 준다. 새로이 드러난 고립된 무리는 타락의 예가 될 것이다. 동물은 인간처럼 야만적이지 않다. 짐승의 수컷은 암컷을 학대하지 않는다. 동물은 자기를 해치는 음식은 끝내 먹지 않는다. 이것은 타락한 인간의 표시다. 야만성은 타락의 결과다.

Ⅴ. 창조의 진행

성경은 6일 동안의 창조에 대해 말씀한다. 어떤 사람들은 각각의 날이, 베드로후서 3:8에 따르면 천 년에 해당된다고 주장한다. 나는 그것들이 24시간뿐인 날들이라고 믿는다. 지리학자들은 창조 순서는 지구의 유형을 따른 것이라고 말한다.

첫째 날 : 밝음과 어두움을 갈라 낮과 밤으로 만드심(창 1:3-5).

둘째 날 : 물과 궁창을 나누어 하늘을 만드심(창 1:6-8).

셋째 날 : 땅과 물을 나누어 육지로 풀, 나무를 돋게 하심(창 1:9-13).

넷째 날 : 낮과 밤을 나누어 해, 달, 별이 다스리게 하심(창 1:14-19).

다섯째 날 : 생물, 물고기, 새, 고래 등을 만드심(창 1:20-23).

여섯째 날 : 날짐승, 길짐승 그리고 마지막으로 인간을 창조하심(창 1:24-31).

여기에 "하나님이 보시기에 좋았더라"라는 후렴이 날마다 뒤따른다.

Ⅵ. 하나님의 형상대로 창조된 인간

"형상"은 형태의 윤곽이나 영상을 뜻한다. "비슷하다는 것"은 형태에 영상을 준 것이 닮았음

Note

을 뜻한다. W.M.에반스 박사는 "창조 이야기에 있어서 그 두 말은 실제로 동의어이다"라고 말했다.

남자는 하나님의 형상과 영광이니 그 머리를 마땅히 가리지 않거니와 여자는 남자의 영광이니라. (고전 11:7)

하나님이 이르시되 우리의 형상을 따라 우리의 모양대로 우리가 사람을 만들고. (창 1:26)

1. 우리가 하나님의 형상을 닮았다는 의미가 그분과 신체적으로 닮았다는 것이 아니다. 영혼 또한 인간이 가진 지체나 감정을 갖고 있지 않다는 것을 말하는 것이 아니다.

2. 이 두 표현은 인간이 자연을 지배한다는 뜻 이상의 것을 의미한다.

3. 성경에 따르면 그것은 지식, 의로움, 성스러움을 뜻한다. 그것은 신체적으로 닮은 것이 아니라 도덕적으로 닮은 것을 말한다.

오직 너희의 심령이 새롭게 되어 하나님을 따라 의와 진리의 거룩함으로 지으심을 받은 새 사람을 입으라. (엡 4:23–24)

새 사람을 입었으니 이는 자기를 창조하신 이이 형상을 따라 지식에까지 새롭게 하심을 입은 자니라. (골 3:10)

결론

아담과 하와는 아담이 동물들에게 이름을 붙여주던 그 예지로 창조되었다. 그들은 진화된 인간은 무지로부터 발전된 것이라고들 말한다. 인간은 도덕적, 영적 특성으로 창조되어 사탄에 대항할 수 있었다. 하나님으로부터 창조되었다는 것은 하나님으로부터는 어떤 악도 없다는, 훌륭한 것을 표명한다. 우리가 시작하는 모든 것에 하나님이 임재하시도록 하자. 창조주의 권능과 권위와 방법과 질서를 깨닫자. 야고보서 4:8에서처럼 경의와 예배로써 하나님 가까이로 모이자.

질문 *Bible Study*

1. 마태복음 19:4–6은 창조 이야기에 대해 무엇을 내포하고 있는가?
2. 창세기 1:1, 누가복음 24:44, 요한복음 1:45은 어떤 관계인가?
3. 창세기 1장에 나타난 4가지 창조 이야기의 뚜렷한 문학적 특성은 무엇인가?
4. 창세기에 나타난 창조자의 목적은 무엇인가?

5. 세계 창조의 근사한 시기는 무엇인가?

6. 창조 시기와 관련, 야기되는 혼란에 대하여 도움을 주는 메시지는 무엇인가?

7. 창조에 대한 성경적 이해를 뒷받침하는 3가지 사실은 무엇인가?

8. 창세기에서 6일 간의 창조 과정을 추적해 보라.

9. 하나님의 형상으로 인간이 창조되었다는 것을 설명하라. 이 점을 분명히 해 줄 2가지 기록은 무엇인가?

10. 어떻게 하면 진화론자들의 주장에 대해 지혜롭게 논박할 수 있는가?

제35과
진화

●서론

앞에서 우리는 창조의 성경적 이해에 대해 공부했다. 불행히도 이것은 오늘날 많은 대학이나 신학교에서 사실로 받아들여지지 않고 있다. 진화를 이론뿐만 아니라 가능한 사실로 가르치고 있는 것이다. 미국 과학연맹의 회장인 메이널드 쉬플리는 세계의 "과학자들이 일반 진화 이론을 타당하고 논쟁의 여지가 없다고 인정하며 진화 과정을 사실로 여긴다"고 말했다. 린빌, 켈리 그리고 클리브는 자신의 교재「일반지리」에서, "현대의 모든 과학자들은 진화가 사실이라는 것에 동의한다"고 썼다.

그리스도인으로서 우리는 다수가 내리는 이 의견에 큰 영향을 받을 필요가 없다. 대다수란 종종 그릇되며, 그들은 그리스도를 십자가에 못 박았다. 그러나 소수는 옳았다. 성경이 사실이고 진화론은 허위 이론임을 믿으라. 어서 브라운 박사는 "진화론은 본래의 모순과 불가능한 무게로 완전히 붕괴되었다"고 말했다.

Ⅰ. 진화론의 정의

헐버트 스펜서는 이렇게 말했다. "진화는 항상 기본적으로 물질의 통합과 동작의 소멸이다. 진화는 물질의 통합이며 부수되는 동작의 소멸이다. 그동안 물질은 불분명하고 조리가 서지 않는 균질에서 분명하고 조리가 서는 이질로 변화하고, 유지되던 동작은 같은 방향으로 전환한다." 스펜서는 자연의 진행 과정이 항상 단순한 데서 복잡한 데로, 복잡한 데서 더 복잡한 데로 옮겨간다고 말했다. 그는 이것을 식물이나 동물, 인간에게도 똑같이 적용했다. 그 과정은 살아 있지 않은 물질에서 식물, 동물, 그 다음은 인간에게로 이동한다. 간단히 말해서 진화론은 저급한 단계의 살아 있는 물질에서 고등 형태로 점차 발전해 간다는 것이다. 이 이론은 우주가 "초기의 구름 모양”에서 현대의 세계처럼 되어졌다고 설명하려는 것이다.

Ⅱ. 진화론의 주장

진화론자들은 모든 물질의 원소, 심지어는 가장 미분된 생물일지라도 그 범위에 포함시킬 것을 주장한다. 또한 과거, 현재, 미래의 모든 존재하는 시간을 포함시킬 것을 주장한다. 그러나 다른 모든 이론이나, 우주와 세계에 대한 설명을 단호히 배격한다. 영속성을 강조하면서도, 자연적 선택, 유전, 환경에의 적응, 신체의 선택, 삶과 최선의 생존을 위한 자연상의 투쟁 따위와 같은 2차적 원인을 인정한다.

Ⅲ. 진화론의 중대한 허점

진화론은 최초의 원소를 고려하지 않는다. 근원이 되는 물질이 어떻게 동질적인 것에서 움직이는 것으로 변화했는가를 설명하지 못한다. 현재의 우주가 어떻게 통합되었으며 혼란을 일으키지 않는가에 대해 설명하지 못한다. 또한 ‘영속성’을 설명하지 못한다. 예컨대, 어떻게 말이 진화된 모양이 아닌 말을 낳을 수 있냐는 것이다. 진화론은 생명이 어떻게 살아 있지 않은 최초의 원소로 생겨났는지에 대해 설명하지 못한다. 동물들에게 어떻게 감각과 인식이 들어가게 됐는지 또한 설명하지 못한다. 동물 세계에서 인간 세계로 도약된 것이나 수없이 많은 별과 혹성들에 있는 물질 분포를 설명하지 못한다. 그리고 정신적 · 사회적 · 도덕적 · 영적 영역으로부터의 변화를 설명하지 못한다.

Ⅳ. 유신론적 진화론

첫 번째의 허점에 대답하기 위해 유신론적 진화론은 분명하지 않은 어둠 가운데, 어디에선가 과거의 하나님이 최초의 물질을 창조하여 움직이는 원소들로 무더기를 이루었다고 말한다. 현대의 진화론자들은 유신론적 진화론에 점차 좌우되고 있다. 이것은 로만 교수나 존 피스케 교수의 경우에서 알 수 있다. 유신론적 진화론은 두 가지 양상으로 나뉜다. 하나는, 하나님은 단지 최초의 원소들을 만드셨다는 것이고, 또 하나는 하나님은 파생하는 과정 속에 여전히 조력하고 계신다는 것이다.

Ⅴ. 진화론에 대한 태도

1. 몇몇 독단론자들은 진화론을 반박하는 논쟁에도 불구하고 진화론을 고수한다.
2. 어떤 사람들은 진화론은 고도의 가능성이 있으나 아직 정립되지 않은 가설로 여긴다. 과학

에서 합당한 가설로 여기는 증거로는 다음과 같은 것들이 있다.

a. 일단 과학적인 것으로 정립된 사실은 일관성이 없어서는 안 된다.

b. 계속적인 조사에 의해, 입증, 반증될 수 있어야만 한다.

c. 현상의 설명과 기술에 적용되어야만 하고, 만일 적용된다면 그것들을 생산하기 위해 충분히 타당한 근거를 약속할 수 있어야 한다.

진화론은 a와 c의 견해에 위반된다.

3. 어떤 사람들은 일부 변경된 형태로 유신론적 진화론을 받아들인다.

4. 복음주의자들은 진화론을 배격하고 창세기에 나타난 하나님의 창조 이야기를 받아들인다.

Ⅵ. 몇몇 저명한 과학자들은 진화론을 받아들이지 않는다

독일의 에를랑겐 대학의 동물학 교수인 알베르트 플레슈만은 "다윈 이론은 자연의 영역에서 자연을 확증하기 위한 유일한 사실을 갖고 있지 못하다. 그것은 과학 연구의 결과가 아니라 단지 상상의 부산물인 것이다. 유전학설은 입증되지 못했다"고 말했다. 영국 런던의 빅토리아 학회장인 존 암브로스 플레밍경은 「진화와 창조」라는 책에서 통렬히 진화론을 공격했다. 영국의 저명한 자연론자 더글라스 듀어는 진화론에 반대하는 완벽하고 영향력 있는 주장을 「진화론에 대한 이의」라는 책을 통해 펼쳤다.

미국 자연사 박물관의 인류학 부문의 관리 주임인 클락 비슬리 박사는 자신의 책 「진화론에 반대되는 경우」에서, "과학이 인간은 전부터 늘 인간이었다는 사실을 발견한 이상, 거기에 발달은 없었고 오늘날은 더욱이나 모든 기능에 있어서 인간은 여전히 인간이다. 사람은 우리가 연구해 본 대로 푸른 하늘로부터 왔다"고 말했다. 이것은 그가 창조되었다는 의미다. 미국 지구 물리학 연합회의 해양학자인 오스틴 H. 클락 박사는 자신의 책 「새로운 진화론–동물의 기원」에서 "큰 집단을 이루어 사는 동물들은 다른 동물 집단으로 흡수되지 않는다. 그것들은 처음부터 고정되어 왔다"고 말했다.

게리트 밀러 박사는 "인간과 다른 포유동물 사이에 확실히 어떤 연결점이 있음을 시인하는데 주저하지 않는다. 지금은 그렇게 생각될 만한 단편적인 화석들에서 그 연결점을 갖는다"라고 말했다. 신시내티 대학의 L.T. 무어 교수는 자신의 책 「진화론의 도그마」에서 "다윈의 장래 명성은 불운할 것이다. 그의 논점은 모두가 사실과 모순된다"고 말했다. 듀어는「진화이론의 난점들」에서, "종축 전문가는 그가 실험하는 바가 식물이건 동물이건 간에 주어진 어떤 방향에서 수없이 많은 작은 변화의 효과를 얻다가 갑자기 중지하게 된다. 그의 많은 노력에도 불구하고 비교적 짧은 시간에 일을 더 이상 수행할 수 없는 단계에 도달한다. 이와 같은 사실이 진화이론의 운명이다"라고 말했다. 캠브리지의 A.C. 스워드 교수는 "진지하게 연구하는 학생이라면 화석이 문제를 해결하기보다는 더 많은 문제를 일으킨다는 사실을 곧 발견한다"고 했다.

● 결론

해양학, 식물학, 비교 해부학, 유기체론, 발생학, 지리학, 고생물학 등에서 얻어지는 진화론의 증거들은 진정한 과학적 연구를 저해한다. 기껏해야 진화론은 가설의 구조물에 불과하다. 진화론의 많은 부분이 순전히 허구이다. 인간과 만물은 완전하게 창조되었고 지금 있는 그대로 각각 창조되었다. 하나님의 창조 질서는 살아 있는 창조물의 "종류대로"였다(창 1:24). 식물계에 대한 명령도 "그 종류대로"였고(21절), 이러한 법칙은 그대로 수행되었다. 나는 이러한 하나님의 주장과 똑같은 입장에 선다. 진정한 과학은 이런 유독한 이론의 오류에 대항한다.

질문 *Bible Study*

1. 오늘날 대학에서 받아들이는 창조에 대한 입장은 무엇인가?
2. 진화론이란 무엇인가?(자신의 말로 간단히 설명하라.)
3. 진화론의 4가지 주장이 무엇인가?
4. 진화론에 의해 밝혀진 제2원인은 무엇인가?
5. 진화론의 중대한 허점은 무엇인가?
6. 무신론적 진화론과 유신론적 진화론의 차이는 무엇인가?
7. 진화론에 대한 태도를 설명해 보라.
8. 진화론을 반대하는 클락 비슬리의 주장은 무엇인가?
9. 화석에 대한 스워드 교수의 견해는 무엇인가?
10. 진화론이 틀렸다는 사실을 입증하는 말씀을 창세기 1장에서 찾아보라.

제36과

인간의 타락

● 서론

인간의 타락은 기독교보다 다른 종교에서 먼저 가르쳐 왔다. 그런 이야기들은 그 사실에 대한 두려움 외에 다른 것들은 왜곡했다. 진화론은 문제를 풀기보다는 문제를 일으켰다. 만일 창세기가 거짓이라면 인간의 죄악과 도덕의 타락은 무슨 까닭인가? 어떤 사람은 순수하고, 거룩하고, 무죄하신 하나님께서 에덴동산에 사탄이 들어오도록 허용하신 것은 모순이라고 생각한다.

이 질문에 대한 대답은 하나님의 신비 속에 잠겨 있다. 창세기 3장은 이 전율할 인간 역사의 비극이 어디에 있는지 그 까닭을 충분히 알려준다. 이 이야기는 우주 속으로 들어온 죄는 말하지 않는다. 왜냐하면 사탄이 이미 죄를 범했고 하늘에서 쫓겨났기 때문이다(겔 28:12-15, 사 14:9-14).

이 이야기는 죄가 어떻게 인종 속에 들어오고 인간을 어떻게 죄인으로 만들었는지를 말해 준다. 어떤 사람들은 이 이야기를 비유로 본다. 또 어떤 이들은 신화로 본다. 우리는 성경을 절대로 확실한 하나님의 말씀으로 받아들인다. 그리고 이 이야기를 진리로 생각하고 그것을 문자대로 받아들인다. 이 이야기에 나오는 저주들은 우리 매일의 생활에서 문자 그대로 확실히 나타나고 있다.

Ⅰ. 타락의 사자 (창 3:1) – 사탄은 뱀을 통하여 작용한다.

뱀은 그때부터 지금까지 사람들에게 공포의 대상이 되어 왔다. 사람들은 뱀을 싫어한다. 뱀을 좋아하는 사람은 괴상하게 여겨진다. 창세기 3:1에 "그"라는 대명사는 사탄을 뜻한다. 뱀은 "그것"으로 표현된다.

Ⅱ. 사탄의 교활성

1. 사탄은 자신의 인격으로는 나타나지 않는다. 사탄은 아름다운 뱀으로 나타난다. 어떤 사람은 뱀이 인간 외에 말을 할 수 있는 유일한 피조물이라고 말한다(요세푸스, 유대인 역사가). 이 말이 옳다면 하와는 뱀이 말을 하고 있다고 생각했을 것이다.

2. 사탄은 아담과 하와가 서로 떨어져 있을 때 공격했다(연합의 강화).

3. 사탄은 식욕과 지식욕이라는 당연한 인간의 경향성을 통하여 유혹했다.

4. 사탄은 "참으로 하나님이 말씀했느냐"라고 하여, 하나님의 말씀에 대해 의심하게 함으로써 공격을 시작했다.

사탄은 그 나무 열매가 하와로 하여금 선악을 알게 해 준다고 말했으나 선을 행할 능력을 상실한다는 말은 하지 않았다.

Ⅲ. 하나님이 아담과 하와 앞에 둔 시험(창 2:16-17)

"여호와 하나님이 그 사람에게 명하여 이르시되 동산 각종 나무의 열매는 네가 임의로 먹되 선악을 알게 하는 나무의 열매는 먹지 말라 네가 먹는 날에는 반드시 죽으리라 하시니라."

Ⅳ. 타락의 단계

1. 하와가 나무 가까이에 있었다. 하와는 그 유혹의 자리에서 멀리 떠나 있어야 했다. 아마도 하와는 그 열매의 아름다움에 경탄하고 서 있었을 것이다. 즉 금지된 것을 부러워하고 있었고, 이내 그것을 소유하여 즐기고 싶은 강한 욕망에 이끌렸다.

2. 하와는 악마와 담판을 지었다. 우리에게 주의가 요구되는 것은, 성경을 인용하는 경우 외에는 결코 악마와 대화하거나 논쟁하지 말아야 한다는 것이다.

3. 하와는 하나님의 말씀을 부질없이 변경했다. 그녀는 이런 문구를 덧붙였다. "만지지도 말라." 하나님은 하와에게 이런 명령을 주신 적이 없었다. 하와는 제멋대로 원래의 하나님의 명령을 감했다.

그녀는 하나님의 말씀의 권위를 낮추었다. 즉, 하나님은 "정녕 죽으리라" 하셨는데, 하와는 "죽을까 하노라"로 깎아 내렸다.

4. 하와가 열매를 먹은 이유는 나무를 본즉 먹음직도 하고 보암직도 하고 지혜롭게 할 만큼 탐스럽기도 했기 때문이다(창 3:6).

Note

V. 범죄의 현상

여자가 그 나무를 본즉 먹음직도 하고 보암직도 하고 지혜롭게 할 만큼 탐스럽기도 한 나무인지라 여자가 그 열매를 따 먹고 자기와 함께 있는 남편에게도 주매 그도 먹은지라. (창 3:6)

열매를 따 먹은 죄에 대한 결과들 :

1. 그들은 죄인이 되었다. 그들의 영적 생명은 죽었다(엡 2:1).

2. 그들의 눈이 밝아져서 자기들이 벌거벗었음을 알았다.

3. 무화과 나뭇잎으로 자신의 벗은 몸을 가렸다.

4. 그들은 하나님의 면전을 피하여 숨었다. 죄는 인간을 하나님으로부터 갈라놓는다.

VI. 하나님이 저주를 발하심(창 3:14–19)

1. 뱀에게 : 들판의 모든 짐승과 모든 가축보다 더 저주하심. 배로 기어 다니고 종신토록 먼지를 먹을 것이라고 하심.

2. 여자에 대하여 : 해산의 고통과 슬픔이 있으며 남편의 지배를 받게 될 것이라고 하심.

3. 남자에 대하여 : 땅이 저주를 받아 엉겅퀴와 가시를 낼 것이며, 그의 평생이 슬픔이고, 땀을 흘려야 먹고 살며, 죽으면 처음 왔던 흙으로 돌아갈 것이라 하심.

VII. 타락의 결과들

1. 상황과 계층에 관계없이 모든 사람이 지금 하나님 앞에 죄인이 되었다.

유대인이나 헬라인이나 다 죄 아래에 있다고 우리가 이미 선언하였느니라 기록된 바 의인은 없나니 하나도 없으며. (롬 3:9–10)

모든 사람이 죄를 범하였으매 하나님의 영광에 이르지 못하더니. (롬 3:23)

그러므로 한 사람으로 말미암아 죄가 세상에 들어오고 죄로 말미암아 사망이 들어왔나니 이와 같이 모든 사람이 죄를 지었으므로 사망이 모든 사람에게 이르렀느니라. (롬 5:12)

죄의 정도에 차이는 있으나 죄를 지은 사실은 똑같다.

2. 온 세상이 심판과 진노와 저주 아래 놓이게 되었다.

모든 입을 막고 온 세상으로 하나님의 심판 아래에 있게 하려 함이라. (롬 3:19)

무릇 율법 행위에 속한 자들은 저주 아래에 있나니 기록된 바 누구든지 율법 책에 기록된 대로 모든 일을 항상 행하지 아니하는 자는 저주 아래에 있는 자라 하였음이라. (갈 3:10)

다른 이들과 같이 본질상 진노의 자녀이었더니. (엡 2:3)

3. 거듭나지 않은 사람은 하나님의 자녀가 아니고 악마의 자녀로 여겨지게 되었다.

너희는 너희 아비 마귀에게서 났으니 너희 아비의 욕심대로 너희도 행하고자 하느니라. (요 8:44)

영접하는 자 곧 그 이름을 믿는 자들에게는 하나님의 자녀가 되는 권세를 주셨으니. (요 1:12)

4. 모든 인종이 사탄에게 사로잡히게 되었다.

이 세상의 신이 믿지 아니하는 자들의 마음을 혼미하게 하여 그리스도의 영광의 복음의 광채가 비치지 못하게 함이니. (고후 4:4)

5. 인간성 전부, 즉 정신적, 도덕적, 영적, 신체적으로 죄에 물들게 되었다.

a. 이해력이 어두워짐(엡 4:18, 고전 2:14).
b. 속이며 사악한 마음이 됨(렘 17:9-10).
c. 정신과 의식이 더럽혀짐(창 6:5, 딛 1:15).
d. 이기적이고 영이 더러워짐(고후 7:5).
e. 의지가 쇠약해짐(롬 7:18).
f. 하나님의 성품이 우리에게서 없어짐(롬 7:18).

● 결론

인간은 잃어버린 죄인이요, 하나님의 적으로 태어난다. 타락한 인간과 더불어 하나님은 구세주와 구원의 계획을 언약하신다. 이 예언을 하나님은 4,000년 후에 갈보리에서 성취하신다. 하나님은 무화과 잎을 치우시고 아담과 하와에게 가죽옷을 입히셨다. 이것은 죄인의 몸값으로 요구되는 속죄의 피의 모형이다.

질문 *Bible Study*

1. 하나님은 왜 죄를 허용하시고 사탄이 에덴동산에 들어가도록 하셨는가?
2. 타락한 사람 중에 누가 최초의 범죄자인가?
3. 사탄의 교활함을 설명하라.
4. 하나님이 인류 앞에 내놓으신 시험은 무엇인가?
5. 죄를 범하기 전의 하와의 4가지 실수를 말해 보라.

6. 선악과를 따 먹은 후 즉각적으로 나타난 모습은 무엇인가?

7. 타락한 인간에게 말하신 하나님의 저주는 무엇인가?

8. 오늘날 우리에게 분명한 타락의 결과 5가지를 나열하라.

9. 사람이 어떻게 죄에 물들게 되는가?

10. 타락한 인간에게 하나님은 어떠한 언약을 하시는가?

Note

제37과
죄

● 서론

36과 인간의 타락에서 우리는 죄가 아담을 통하여 들어왔기 때문에 인간이 타락했다는 사실을 배웠다. 오늘날 대부분의 사람들은 죄를 단지 인간의 약함이나 어떤 경향으로 간주함으로써 자기 자신을 기만하려 한다. 죄의 감각이 사람에게 느껴질 때 비로소 인간은 긍휼을 구하려고 하나님께로 돌아서게 된다. 우리가 죄의 무서움을 깨달을 때까지는 결코 갈보리 언덕을 이해할 수가 없다. 우리가 갈보리 언덕의 의미를 깨닫는 만큼 거룩하시고 의로우신 하나님의 관점에서 죄의 진정한 모습을 보게 될 것이다.

Ⅰ. 죄의 정의

사전에서는 죄에 대하여 "범죄, 악, 일반적 도덕의 위반, 종교나 사회적 규범의 위반"이라고 명시한다. 그러나 성경에는, "행위나 상태에 있어서 하나님의 품성과 일치하지 않는 것이며 또한 동시에 죄는 문둥병이나 암처럼 절망적인 영적인 불치병과 같은 것"이라고 말한다. 사실 성경은 죄가 육에 속한 옛 성품의 특색이라고 말씀한다.

죄를 짓는 자마다 불법을 행하나니 죄는 불법이라. (요일 3:4)

1. 행위의 죄 : 율법과 계명을 파괴하는 것이 죄다.
2. 상태의 죄 : 공의없는 인간의 타락한 상태가 죄이다.
3. 본질의 죄 : 하나님과 불화한 타락한 인간의 본질이 죄다.

Ⅱ. 죄의 기원

1. 죄는 사탄으로부터 생겨났다. 이것은 야고보서 1:14-15에서 설명된다. "오직 각 사람이 시

험을 받는 것은 자기 욕심에 끌려 미혹됨이니 욕심이 잉태한즉 죄를 낳고 죄가 장성한즉 사망을 낳느니라."

Note

2. 죄는 아담을 통하여 세상에 들어왔다.

그러므로 한 사람으로 말미암아 죄가 세상에 들어오고 죄로 말미암아 사망이 들어왔나니 이와 같이 모든 사람이 죄를 지었으므로 사망이 모든 사람에게 이르렀느니라. (롬 5:12)

3. 인간 타락의 사실이 창세기 3:1-6에 다음과 같이 묘사되었다.

a. 하나님을 대적하여 비방하는 소리에 귀를 기울임(사탄의 소리).

b. 하나님의 사랑과 그의 말씀을 의심함.

c. 하나님이 금하신 것을 바라봄.

d. 하나님이 금하신 것을 갈망함.

e. 하나님의 명령에 절대적으로 불순종함.

Ⅲ. 죄의 형태들

1. 범죄 – 율법을 범하는 것이다.

내 죄악을 지워 주소서. (시 51:1)

2. 죄악 – 계명을 범했을 때처럼 태어날 때부터 저지르게 되는 그릇된 행위나 금지된 행위이다.

3. 오류 – 정의로부터 이탈이다.

내 모든 죄악을 지워 주소서. (시 51:9)

4. 목표상실 – 하나님의 표준에 이르는 데 실패하였다(요일 5:17, 롬 3:23).

5. 침해 – 하나님의 권위의 영역을 인간의 교만과 자아로 침범했다.

6. 불법 – 이것은 영적인 무질서다.

오직 불법한 자와 복종하지 아니하는 자와. (딤전 1:9)

7. 빚 – 의무에 실패한 것. 태만의 죄, 우리가 스스로 방치해 둔 것들이다.

8. 불신 – 하나님의 신적인 성품에 대한 모욕이다.

너희 중에 누가 믿지 아니하는 악한 마음을 품고 살아 계신 하나님에게서 떨어질까. (히 3:12)

Ⅳ. 죄의 목록

1. 출애굽기 20:3-17(십계명) : 다른 신을 섬김, 우상의 형상을 만듦, 하나님을 악

용, 안식일을 범함, 부모에게 불공경함, 살인, 간음, 도둑질, 거짓말, 탐욕(10가지 죄).

2. 고린도전서 6:9-10 : 연약하여 유혹을 잘 받는 자, 음욕이 많은 자, 욕하는 자, 토색하는 자(4가지 죄).

3. 로마서 1:29-31 : 불의, 추악, 탐욕, 악의, 시기, 살인, 분쟁, 사기, 악독, 수근수근하는 자, 비방하는 자, 하나님의 미워하시는 자, 능욕하는 자, 자랑하는 자, 악을 도모하는 자, 부모를 거역하는 자, 배약하는 자, 무정하고 우매하고 무자비한 자(18가지 죄).

4. 디모데전서 1:9-11 : 불법, 불순종, 거룩치 않음, 불경건, 망령된 자, 부모를 죽이는 자, 살인자, 음행하는 자, 사람을 탈취하는 자(유괴자), 거짓말하는 자, 거짓 맹세하는 자(11가지 죄).

5. 골로새서 3:5-8 : 음란, 부정, 사욕, 악한 정욕, 탐심(우상숭배), 노여움, 분노, 악의, 훼방과 부끄러운 말(10가지 죄).

6. 갈라디아서 5:19-21 : 음행, 더러운 것, 호색, 우상숭배, 술수, 원수 맺는 것, 분쟁, 시기, 분내는 것, 당 짓는 것, 분리하는 것, 이단, 투기, 술취함, 방탕(15가지 죄).

7. 마가복음 7:20-23 : 악한 생각, 즉 음란, 도둑질, 살인, 간음, 탐욕, 악독, 속임수, 음탕, 흘기는 눈, 훼방, 교만, 광패 등(12가지 죄).

각기 많은 변화가 있는 50개 이상의 다른 죄목들의 총계이다.

Ⅴ. 죄는 숨길 수 없다

너희가 만일 그같이 아니하면 여호와께 범죄함이니 너희 죄가 반드시 너희를 찾아낼 줄 알라. (민 32:23)

자기의 죄를 숨기는 자는 형통하지 못하나 죄를 자복하고 버리는 자는 불쌍히 여김을 받으리라. (잠 28:13)

죄가 발견될 뿐만 아니라, 죄인은 반드시 적발되기도 한다. 하나님께서는 사람의 숨은 죄들을 보시고 반드시 드러내신다. 아담, 가인, 아간, 아나니아와 삽비라는 하나님으로부터 물건을 숨기려 했으나 실패했다.

Ⅵ. 죄의 결과

1. 죽음 – 분리를 뜻하는 단어이다.

죄의 삯은 사망이요 하나님의 은사는 그리스도 예수 우리 주 안에 있는 영생이니라. (롬 6:23)

2. 상실 – 사람이 하나님을 잃어버리고 천국으로부터 멀어졌다.

이 내 아들은 죽었다가 다시 살아났으며 내가 잃었다가 다시 얻었노라 하니 그들이 즐거워하더라.

(눅 15:24)

Note

3. 사형선고 – 이것은 하나님의 심판을 의미하는 재판상의 단어이다.

그를 믿는 자는 심판을 받지 아니하는 것이요 믿지 아니하는 자는 하나님의 독생자의 이름을 믿지 아니하므로 벌써 심판을 받은 것이니라. (요 3:18)

4. 죄 – 양심에 가책을 받는 것을 의미하는 지시단어이다.

아비멜렉이 이르되 네가 어찌 우리에게 이렇게 행하였느냐 백성 중 하나가 네 아내와 동침할 뻔하였도다 네가 죄를 우리에게 입혔으리라. (창 26:10)

5. 파멸(지옥) – 멸망과 파멸을 의미하는 장래에 관한 단어이다.

부하려 하는 자들은 시험과 올무와 여러 가지 어리석고 해로운 욕심에 떨어지나니 곧 사람으로 파멸과 멸망에 빠지게 하는 것이라. (딤전 6:9)

6. 형벌 – 벌 주는 것을 의미하는 자의식적인 단어이다.

그들은 영벌에, 의인들은 영생에 들어가리라 하시니라. (마 25:46)

7. 영원한 불 – 형벌의 기간을 의미하는 지속적인 단어이다.

소돔과 고모라와 그 이웃 도시들도 그들과 같은 행동으로 음란하며 다른 육체를 따라가다가 영원한 불의 형벌을 받음으로 거울이 되었느니라. (유 1:7)

8. 지옥 – 마귀의 거주지이고 동시에 그를 따르는 자들의 거주지이다.

또 왼편에 있는 자들에게 이르시되 저주를 받은 자들아 나를 떠나 마귀와 그 사자들을 위하여 예비된 영원한 불에 들어가라. (마 25:41)

9. 불못 – 둘째 사망이다.

사망과 음부도 불못에 던져지니 이것은 둘째 사망 곧 불못이라. (계 20:14)

Ⅶ. 죄에 대한 해결책

성경은 그리스도의 속죄와 부활만이 죄에 대한 치료법이라고 말씀한다.

보라 세상 죄를 지고 가는 하나님의 어린 양이로다. (요 1:29)

그가 우리 죄를 없애려고 나타나신 것을 너희가 아나니 그에게는 죄가 없느니라. (요일 3:5)

어떤 선한 인간도 죄에서 자기 자신을 깨끗케 할 수 없다.

내가 눈 녹은 물로 몸을 씻고 잿물로 손을 깨끗하게 할지라도 주께서 나를 개천에 빠지게 하시리니. (욥 9:30–31)

주 여호와의 말씀이니라 네가 잿물로 스스로 씻으며 네가 많은 비누를 쓸지라도 네 죄악

이 내 앞에 그대로 있으리니. (렘 2:22)

죄의 치료는 오직 그리스도의 피를 통한 용서뿐이다.

우리는 그리스도 안에서 그의 은혜의 풍성함을 따라 그의 피로 말미암아 속량 곧 죄 사함을 받았느니라. (엡 1:7)

그 아들 예수의 피가 우리를 모든 죄에서 깨끗하게 하실 것이요. (요일 1:7)

죄 없는 사람은 없으므로 우리 모두에게는 구세주가 필요하다.

그러나 성경이 모든 것을 죄 아래에 가두었으니. (갈 3:23)

모든 사람이 죄를 범하였으매 하나님의 영광에 이르지 못하더니. (롬 3:23)

결론

그리스도는 죄가 없는 유일하신 분이므로 우리 죄를 용서할 수 있는 구세주가 되신다.

하나님이 죄를 알지도 못하신 이를 우리를 대신하여 죄로 삼으신 것은 우리로 하여금 그 안에서 하나님의 의가 되게 하려 하심이라. (고후 5:21)

우리에게 있는 대제사장은 우리의 연약함을 동정하지 못하실 이가 아니요 모든 일에 우리와 똑같이 시험을 받으신 이로되 죄는 없으시니라. (히 4:15)

그에게는 죄가 없느니라. (요일 3:5)

그는 죄를 범하지 아니하시고. (벧전 2:22)

하나님은 죄 자체를 결코 용납하지 않으신다. 그러므로 예수 그리스도를 통해서 용서의 길을 보여 주셨다. "주께서는 눈이 정결하시므로 악을 차마 보지 못하시며 패역을 차마 보지 못하시며"(합 1:13).

"주여, 우리로 하여금 죄로 심히 죄됨을 알도록 가르쳐 주소서(롬 7:13). 그리고 죄를 미워하게 하소서. 여호와를 사랑하고 악을 미워하게 하소서(시 97:10). 주여, 내 죄를 자백하도록 가르쳐 주소서(요일 1:9). 죄를 버리는 것을 가르쳐 주소서"(잠 28:13).

질문 *Bible Study*

1. 갈보리를 이해하는 열쇠는 무엇인가?
2. 죄는 무엇인가?
3. 죄의 3가지 양상을 열거하고 정의하라.
4. 창세기 3:1–6절에 표현된 인간 타락의 사실 6가지는 무엇인가?

5. 죄의 8가지 형태를 쓰고 설명해 보라.

6. 하나님께서 말씀하신 죄의 목록은 어떠한 것들인가? 구약에서 하나, 신약에서 하나를 들어보라.

7. 죄에 대하여 민수기 32:23과 잠언 28:13에서 배울 수 있는 귀한 진리는 무엇인가?

8. 죄의 9가지 결과를 각기 짧게 설명해 보라.

9. 죄에 대한 해결책은 무엇인가?

10. 죄에 관하여 그리스도인의 기도를 성경에 기초하여 외워보라.

Note

제38과

인간의 영, 육, 혼

● 서론

4과의 결론에서 삼위일체에 대하여 설명할 때, 사람도 세 부분으로 구성된 존재라고 말했다. 즉 사람은 '몸'과 '혼'과 '영'으로 되어 있다. 사람이 세 가지 성분을 가진 것을 분명히 가르쳐 주는 두 가지 말씀이 있다.

> 평강의 하나님이 친히 너희를 온전히 거룩하게 하시고 또 너희의 온 영과 혼과 몸이 우리 주 예수 그리스도께서 강림하실 때에 흠 없게 보전되기를 원하노라. (살전 5:23)

이 구절은 사람이 세 개의 분리된 뚜렷한 부분을 가지고 있음을 명백히 말해 준다. 그 차이는 작지만 분명히 존재한다.

> 하나님의 말씀은 살아 있고 활력이 있어 좌우에 날선 어떤 검보다도 예리하여 혼과 영과 및 관절과 골수를 찔러 쪼개기까지 하며 또 마음의 생각과 뜻을 판단하나니. (히 4:12)

어떤 사람은 혼(soul)과 영(Spirit)은 두 개의 단어이지만 같은 것을 뜻한다고 가르친다. 그러나 이 단어는 말이 다른 것처럼 다른 의미이다. 성경의 여러 구절에서 영과 혼이란 전문용어가 섞여서 사용되는 부분도 있지만 이들은 분명 다른 의미를 지닌다. 이 사실을 성경을 통해 살펴보자.

1. 영(Spirit)은 사람에게 "하나님 의식"을 준다 – 하나님과 교통하는 능력.
2. 혼(Soul)은 사람에게 "자의식"을 준다 – 사람, 즉 인격화되는 능력.
3. 몸(Body)은 사람에게 "세상의식"을 준다 – 감각으로 이해하는 능력.

Ⅰ. 인간의 기원

창세기 1:1은 하나님이 태초에 계셨음을 우리에게 말해 준다. 그는 항상 계시고, 그는 영원하시다. 사람이 여섯째 날에 창조되었다는 사실을 연대순으로 기록하고 있다(창 1:26-27). 창세기 2:7은 인간이 어떻게 이루어졌는지 자세하게 알려준다.

"여호와 하나님이 땅의 흙으로 사람을 지으시고 생기를 그 코에 불어넣으시니 사람이 생령이 되니라."

1. 사람의 몸 – 우리의 살, 뼈, 피가 흙으로 만들어졌다.

2. 사람의 영 – 여호와 하나님에 의해서 사람의 코 안에 하나님의 호흡이 들어갔다.

3. 사람이 생령이 됨 – 이것은 다른 두 개의 결합이다. 그것은 몸보다 위에, 영보다 밑에 있는 부분이며 둘 사이에서 중간 역할을 한다.

Ⅱ. 사람의 몸(Body)

몸은 인간에게 가장 친숙한 부분이다. 사람의 물리적 부분에 해당한다.

내가 주께 감사하옴은 나를 지으심이 심히 기묘하심이라. (시 139:14)

성경은 사람의 몸이 흙으로 이루어졌다고 말씀한다. 흙은 96가지 성분을 함유하는 것으로 분석되며 사람 역시 흙과 같은 96가지 성분이 들어 있다. 이것이 바로 창조의 기이한 증거다. 96가지 중 몇 가지를 든다면, 칼슘, 탄소, 염소, 불소, 수소, 옥소, 철, 마그네슘, 질소, 산소, 인, 칼슘, 규소, 소륨 등이다. 인간의 타락 이후에 인간에게 저주를 선언하시는 말씀에서 하나님은, "네가 흙으로 돌아갈 때까지 얼굴에 땀을 흘려야 먹을 것을 먹으리니 네가 그것에서 취함을 입었음이라 너는 흙이니 흙으로 돌아갈 것이니라 하시니라"(창 3:19)고 말씀하셨다.

인간의 몸은 다섯 감각을 가지고 있다. 즉 보고, 듣고, 맛보고, 만지고, 냄새 맡는 것이다. 모든 황홀함, 아픔, 지각, 혹은 능력은 육체로 표현되며 동시에 육체를 통하여 나타난다. 타락 이후에 몸은 죽어 가고 파멸할 수밖에 없는 몸이 되었다.

한 번 죽는 것은 사람에게 정해진 것이요 그 후에는 심판이 있으리니. (히 9:27)

에덴동산에서 죄로 타락한 이래로 인간은 죽을 운명을 가지고 태어났다.

Ⅲ. 인간의 영(Spirit)

영은 사람에게 하나님 의식을 심어 준다. 곧 하나님과 교통하는 능력을 주는 것이다. 하나님이 아담의 코에 생기를 불어넣으심으로 그에게 영(바람, 호흡)을 주셨다. 혹자는 말하기를 인간은 "신이 호흡을 불어넣은 흙"이라 했다. "영은 혼과 육체를 통하여 표면적이고 감각적인 사물의 영향을 받는다. 그러나 보다 높은 수준에 속하며

Note

그의 한층 높은 감각과 기능과 관계하여 직접 하나님을 알 수 있다. 영은 인간 품성의 수로이다." 하나님은 영이시다(요 4:24). 그리고 인간의 영은 하나님을 가장 많이 닮아 있다. 이것은 우리의 구원의 확신에서 나타난다.

성령이 친히 우리의 영과 더불어 우리가 하나님의 자녀인 것을 증언하시나니. (롬 8:16)

전도서 12:7은 죽을 때 몸은 흙으로 가고, 영은 하나님께로 돌아간다고 가르친다. "흙은 여전히 땅으로 돌아가고 영은 그것을 주신 하나님께로 돌아가기 전에 기억하라."

인생들의 혼은 위로 올라가고 짐승의 혼은 아래 곧 땅으로 내려가는 줄을 누가 알랴. (전 3:21)

사람의 영은 죽을 때 하나님께로 올라가고, 짐승의 영은 아래로 내려간다.

하나님은 이르시되 어리석은 자여 오늘 밤에 네 영혼을 도로 찾으리니. (눅 12:20)

누가복음 16:22에서 거지의 혼은 아브라함의 품으로 갔고, 누가복음 16:23의 부자의 혼은 지옥으로 끌려갔다.

Ⅳ. 인간의 혼(Soul)

혼은 '자의식'이다. 즉 그것은 개인이나 개인 생활을 의미한다. 성경은 굶주린 영혼, 지친 심령에 대해 말씀한다(렘 31:25). 갈급한 영혼을 시편 42:2에서, 욥기 30:25에서는 슬퍼하는 영혼을, 아가서 1:7은 사랑하는 심령을 말씀하고 있다. 혼은 몸과 영 사이에 있는 인간의 부분이며, 몸이나 영의 특성을 각각 지니고 있으나 두 개의 혼합물은 아니다.

혼은 두 세계, 육체와 정신세계를 결합하는 것이다.

혼의 사역은 그 두 나뉜 부분의 활동을 결합하는 것이다.

혼은 가장 고매한 영에 몸이라는 가장 낮은 것을 종속시키도록 한다.

하나님은 성령에 의해 지배되고 내재해 있는 사람의 영이 하나님과 더불어 사람이 끊임없는 접촉을 하도록 의도하셨고 모든 면에 합당한 우수성을 유지하고 혼과 몸을 다스리도록 하셨다. 그것은 예수님이 십자가에서 죽으심으로 구속하신 인간의 영혼이다.

우리는 뒤로 물러가 멸망할 자가 아니요 오직 영혼을 구원함에 이르는 믿음을 가진 자니라. (히 10:39)

너희 영혼을 능히 구원할 바 마음에 심어진 말씀을 온유함으로 받으라. (약 1:21)

그들의 생명을 속량하는 값이 너무 엄청나서 영원히 마련하지 못할 것임이니라. (시 49:8)

누가복음 16:23은 영혼이 형벌의 장소에서 버리워질 수 있음을 말해 준다. 요한계시록 18:12-13은 상인들이 거래하는 상품을 열거하고 있는데, 즉 금, 은, 보석, 상아, 나무, 향유, 포도주, 감람유, 짐승과 사람의 영혼들이다.

● 결론

Note

하나님은 인간을 창조하실 때 하나님을 사랑하고, 자신의 생을 즐기고, 자기 본성을 즐기도록 하는 세 부분을 창조하셨다. 사람은 생각하고 사랑하고 결정하는 능력을 가지고 창조되었다. 인간은 하나님을 위해 만들어졌으며 인간의 영은 하나님과 교통하도록 되어 있다. "그들이 그날 바람이 불 때 동산에 거니시는 여호와 하나님의 소리를 듣고." 창세기 3:8에 나타난 이 말씀은 하나님과 인간이 교제하는 아름다운 모습이다. 그러므로 당신은 당신의 나뉜 부분이 재결합하고 모든 만물의 심판 앞에 설 부활의 날을 위해 준비해야 한다. 예수님은 우리의 영혼을 지옥의 공포로부터 구하시려고 십자가에서 돌아가셨다.

질문 *Bible Study*

1. "인간의 삼겹존재"란 무엇을 의미하는가?
2. 인간이 나누어진 세 부분을 가지고 있다는 것을 입증하는 2가지 말씀은 무엇인가?
3. 인간의 세 부분 사이의 차이는 무엇인가?
4. 인간은 어떻게 창조되었는가?
5. 우리는 어떤 방법으로 두렵고 기묘하게 만들어졌는가?(시 139:14)
6. 창세기 3:19을 통해 흙과 인간의 몸과의 관계는 무엇인가?
7. 혼과 영을 구분하여 설명해 보라.
8. 하나님은 개인과 어떻게 교통하시는가?
9. 인간이 만들어진 목적은 무엇인가?
10. 예수님은 사람의 어느 부분을 구원하시려 오셨는가?

Bible Stu

제6권
천사와 사탄

제39과 천사

제40과 사탄

제41과 마귀

제42과 그리스도인들에게 대항하는 사탄의 공격들

제39과
천사

● 서론

우리는 천사의 사역을 과소평가해서는 안 된다. 특히 보호하는 천사에 대하여 더욱 그렇다. 틀림없이 우리는 우리가 그들에게 진 신세를 모르고 있다.

어느 날, 밖에서 잠을 잘 수밖에 없었던 한 선교사의 이야기다. 한밤중에 혼자 밖에서 잠을 자는 선교사를 발견한 도둑들은 그에게로 다가갔다. 그런데 가까이 다가가니 멀리서 보이지 않던 칼을 든 16명의 병사가 있는 게 아닌가? 도둑들은 깜짝 놀라 줄행랑을 쳤다. 선교사는 도망가는 도둑들을 쳐다보며 웃을 뿐이었다. 얼마 후 선교사는 16명의 기도 모임에서 그날 밤에 자신을 위해 특별히 기도했다는 사실을 알게 됐다. 천사들의 사역에 대해 여호와를 찬양하라.

Ⅰ. 천사의 존재

"천사"란 말은 창세기 16:7에 처음 등장한다. 하나님의 천사는 사라가 하갈을 학대하여 도망치자 후에 하갈에게 도움을 주었다. 천사는 언제 창조됐는지 모르지만 하나님에 의해 창조되었다.

만물이 그에게서 창조되되 하늘과 땅에서 보이는 것들과 보이지 않는 것들과 혹은 왕권들이나 주권들이나 통치자들이나 권세들이나 만물이 다 그로 말미암고 그를 위하여 창조되었고. (골 1:16)

이에 마귀는 예수를 떠나고 천사들이 나아와서 수종드니라. (마 4:10)

성경은 마태복음 18:10에서 지켜주는 천사에 대하여 말씀하고 있다. "삼가 이 작은 자 중에 하나도 업신여기지 말라 너희에게 말하노니 그들의 천사들이 하늘에서 하늘에 계신 내 아버지의 얼굴을 항상 뵈옵느니라." 예수님은 천사를 믿었으며 바울도 천사를 믿었다(골 2:18, 살후 1:7).

Ⅱ. 천사의 본성

Note

1. 천사는 영의 존재다.

모든 천사들은 섬기는 영으로서 구원받을 상속자들을 위하여 섬기라고 보내심이 아니냐. (히 1:14)

바람을 자기 사신으로 삼으시고 불꽃으로 자기 사역자를 삼으시며. (시 104:4)

천사는 영으로서 인간 법칙에 매이지 않는다. 즉 천사는 인간의 잠겨진 감옥에도 들어갈 수 있고(행 12:7), 옥문을 열 수도 있고(행 5:19), 불꽃 속에서 올라가기도 한다(삿 13:19-20). 천사는 아주 빨리 굉장한 거리를 여행할 수 있다(수광 년 떨어진 것 같이 멀리 떨어진 하늘에서 땅까지).

• 참고/ 다니엘 10:12-13에 천사가 21일 늦은 데 대하여 변명함.

2. 천사는 인간보다 더 지혜롭다.

내 주 왕의 지혜는 하나님의 사자의 지혜와 같아서 땅에 있는 일을 다 아시나이다. (삼하 14:20)

3. 천사는 강하다.

능력이 있어 여호와의 말씀을 행하며 그의 말씀의 소리를 듣는 여호와의 천사들이여 여호와를 송축하라. (시 103:20)

a. 한 천사가 어떤 날 밤에 앗수르 병사 185,000명을 죽였다(왕하 19:35).

b. 한 천사가 다윗의 죄를 따르는 이스라엘 백성 70,000명을 살해했다(삼하 24:15-16).

c. 한 천사가 무덤에서 돌을 굴려내고 그 인봉을 부수어 로마의 권력을 꺾었다(마 28:2, 4절).

d. 한 천사가 어떤 날 마귀를 결박하고 천 년 간 마귀를 감금할 것이다.

천사들의 계급과 서열에는 여러 가지가 있다. 유다서 1:9에 미가엘은 천사장이라 호칭된다. 성경은 천사장들, 천사들, 주권들, 권세들, 주관들, 보라들에 관해서 말한다(골 1:16, 단 10:12-21, 살전 4:16, 벧전 3:22). 천사들은 죽지 않는다. 육체의 형상도 없고 썩는 것이나 죽음을 모른다(눅 20:35-36). 만일 예수님이 천사가 되었더라도 죽을 수 없었을 것이다. 천사는 남녀 구별이 없고 시집 장가도 가지 않는다(마 22:30, 눅 20:35-36).

Ⅲ. 천사의 수

천사는 셀 수 없이 많다.

많은 천사의 음성이 있으니 그 수가 만만이요 천천이라. (계 5:11)

너희가 이른 곳은 시온 산과 살아 계신 하나님의 도성인 하늘의 예루살렘과 천만 천사와. (히 12:22)

마태복음 26:53에서 예수님은 12군단의 천사들을 보내게 하실 수 있다고 말씀하셨다(각 군단은 3,000 내지 6,000으로 구성됨). 열왕기하 6:17에서 엘리사의 사환이 엘리사를 둘러 있는 불마차가 산에 가득한 것을 보았는데, 이들은 물론 천사들이었다.

Ⅳ. 천사의 타락

천사들은 하나님에 의해 거룩한 것(죄없고 순수한)으로 묘사되었다.

인자도 아버지의 영광으로 거룩한 천사들과 함께 올 때에 그 사람을 부끄러워하리라. (막 8:38)

천사들은 피창조물로서 거룩하게 창조되었다. 누가복음 9:26, 베드로후서 2:4, 유다서 1:6, 디모데전서 5:21에 의하면 우리는 하나님이 천사를 한때 시험한 것으로 짐작할 수 있다(천사들을 택하심, 즉 거룩함에 굳게 서는 것을 의미).

구체적인 시험과 천사들의 멸망의 시기는 불확실하다. 다만 몇 가지 추측이 있다.

1. 사탄이 하나님처럼 되려고 할 때 반역했다(시 14장, 겔 28장, 계 12:7).
2. 그것은 자만과 불순종의 죄였다.
3. 세상의 여인들과 동거하는 죄였다(창 6:1-4).

마태복음 25:41 말씀에 의하면, "또 왼편에 있는 자들에게 이르시되 저주를 받은 자들아 나를 떠나 마귀와 그 사자들을 위하여 예비된 영원한 불에 들어가라"고 했다. 천사들의 타락의 결과로써 그들은 심판을 기다리게 되었다.

또 자기 지위를 지키지 아니하고 자기 처소를 떠난 천사들을 큰 날의 심판까지 영원한 결박으로 흑암에 가두셨으며. (유 1:6)

Ⅴ. 천사의 일

1. 하늘에서 – 하나님께 영광 돌리고, 예배하고, 수종든다(계 5:11-12; 8:3-4).
2. 땅위에서 – 주님을 위하여 심부름한다.

a. 하갈에게 샘물을 보여 줌.

b. 뽑혀진 칼을 가지고 여호수아 앞에 나타남.

Note

c. 베드로의 사슬을 풀어줌.

d. 옥문을 엶.

e. 하나님의 자녀를 먹이고, 강하게 하고, 지킴 등등.

3. 하나님의 심판과 목적을 행한다.

a. 발람의 길을 막음(민 22:22).

b. 헤롯을 죽임(행 12:23).

c. 마지막 심판의 때에 죄 있는 가라지를 모아서 불에 태움(마 13:41).

4. 신자들을 인도한다. 한 천사가 에디오피아 내시를 만나도록 빌립을 인도했다(행 8:26).

5. 성도들을 돕고, 보호하고 강하게 한다.

a. 엘리야를 도움(왕상 19장).

b. 사자굴에서 다니엘을 보호함(단 6:22).

c. 예수님께 수종듬(마 4:11, 눅 22:43).

6. 주님이 다시 오실 때 주님과 동행할 것이다(마 25:31, 살후 1:7-8).

7. 그들은 주의 자녀를 죽음에서 하늘로 데려간다(눅 16:22).

8. 천사들은 율법을 전하는 일을 담당한다(히 2:2, 행 7:53, 갈 3:19).

Ⅵ. 천사의 현주소

천사들의 현주소는 하늘나라이다.

부활 때에는 장가도 아니 가고 시집도 아니 가고 하늘에 있는 천사들과 같으니라. (마 22:30)

• 참고/ 엡 3:10, 요 1:51, 눅 2:13, 15절.

Ⅶ. 인간은 천사보다 우월하다

천사들과 인간의 조상은 모두 완전하게 창조되었다. 즉 천사들은 영적 존재로 완전하며 아담과 하와는 육체적 인간으로 완전하다. 그러나 다른 면에서 우리는 천사보다 우월하다.

1. 천사들은 복음을 전하는 임무를 맡지 않았다. 이 역할은 사람인 우리에게 주어진 것이다.

2. 언젠가 인간은 천사를 심판할 것이다.

우리가 천사를 판단할 것을 너희가 알지 못하느냐. (고전 6:3)

유다서 6절에 의하면 우리는 타락한 천사들을 심판하게 된다. 이 굉장한 영예가 구원받은 자에게는 진정 영광스럽지만 한편으로는 황송하기도 하다. 우리가 죄에 빠졌다 해도 하나님이 그리스도 안에서 천사보다 더 높이 들려 올리시기 때문이다.

● 결론

천사들이 죄를 지었을 때 하나님은 그들을 위해 구세주를 준비하지 않으셨다. 그러나 인간의 죄를 사하시기에 하나님은 독생자를 보내시는 은혜를 베푸셨다. 보호하는 천사의 성실하고 끈기 있는 사역을 인하여 하나님께 끊임없는 감사를 드리자. 마태복음 18:10은 아이들에게 할당된 천사들이 있다는 것을 의미한다. "그들의 천사들이 하늘에서 하늘에 계신 내 아버지의 얼굴을 항상 뵈옵느니라." 천사들이 아무리 놀랍다고 해도 우리는 그들을 숭배해서는 안 된다(계 22:8-9). 천사들은 보이기도 하고 인간의 음식을 먹기도 한다(눅 2:9, 창 32:1-2; 18:5).

질문 *Bible Study*

1. 언제 어떻게 천사가 시작되었는가?
2. 천사의 존재를 증거할 만한 성경 구절을 제시해 보라.
3. 천사의 본성에 대하여 말해 보라.
4. 천사의 힘을 증거하는 업적은 무엇인가?
5. 천사의 숫자에 대한 개념을 말하고 있는 말씀은 무엇인가?
6. 천사가 타락한 원인은 무엇인가?
7. 천사들의 사역에 포함되는 8가지 일은 무엇인가?
8. 어떻게 인간이 천사보다 우월하다고 할 수 있는가?
9. 요한계시록 22:8–9에서 배우게 되는 천사에 관한 교훈은 무엇인가?
10. 천사에 관하여 누가복음 16:22에서 어떤 위로의 교훈을 배우게 되는가?

제40과
사탄

서론

기독교인의 생활은 악마라고 불리는 우리의 적, 사탄과의 싸움의 연속이다. 인간이 타락하여 우리는 악마의 소유물, 즉 저당물이 되었다. 우리는 같은 운명을 가졌다. 하나님에 의해 저주를 받고 지옥으로 갈 운명이다.

우리가 예수 그리스도를 우리의 구세주로 받아들일 때 이러한 사탄과 죄인과의 관계는 깨어지지만 사탄은 우리를 쉽게 포기하지 않는다. 그는 우리를 다시 얻기 위해 결사적으로 싸운다. 성경은 우리에게 사탄을 대적하고 그와 싸워서 우리의 생활 속에 어떤 자리도 그에게 내주지 말 것을 강력하게 말씀한다.

Ⅰ. 사탄의 기원

사탄은 골로새서 1:16에서 주님에 의하여 창조된 피조물로 나타나 있다. 에스겔 28:12-19에서는 다음과 같이 묘사되었다.

12절 : 사탄은 지혜가 충족하고 온전히 아름답다.

13절 : 그는 각종 보석 곧 홍보석과 황보석과 금강석과 황옥과 홍마노와 창옥과 청보석와 남보석과 홍옥과 황금으로 단장하였다.

14절 : 그는 기름부음을 받은 그룹이며 아마도 가장 높은 지위의 천사인 것 같다.

15절 : 그는 완전하게 창조되었고 죄가 그에게 들어갈 때까지 완전했다.

16절 : 죄와 불법이 사탄 속에서 발견되었다.

17절 : 그는 자신의 아름다움과 지혜로 말미암아 교만해졌다.

16-18절 : 사탄은 하늘에 계신 하나님 앞에서 쫓겨났다.

사탄은 또한 이사야 14:12-17에도 다음과 같이 묘사되었다.

12절 : 아침의 아들 계명성(루시퍼)이라고 호칭되었다.

13-14절 : 그의 자만이 가장 높은 하나님과 같이 되도록 유혹했다.

15절 : 그의 운명은 결국 구덩이 맨 밑, 음부가 될 것을 언급하고 있다.

사탄이 하늘에서 쫓겨난 이래로 그는 지금 공중에 그의 주소를 가지고 있다(엡 2:2). 사탄은 아직 형제들을 비난하려고 하늘에 제한된 출입을 하고 있다(욥 1:6-12, 슥 3:1). 이 권세는 요한계시록 12:10의 완성 때까지 계속될 것이다.

Ⅱ. 사탄의 인격

오늘날 많은 사람이 인간의 악덕이나 욕망에 대한 경향을 인간의 약점으로만 여김으로써 악마의 존재를 믿지 않는다. 예수님은 믿지 않는 유대인들에게 말씀하시기를, "너희는 너희 아비 마귀에게서 났으니 너희 아비의 욕심대로 너희도 행하고자 하느니라"(요 8:44)고 하셨다. 사탄이 인간의 아버지가 되기 위해서는 사람이 되어야 한다.

욥기 1:6-12에서, 사탄은 하나님께 욥이 악하다며 저주했다. 영은 말을 할 수 없다. 실제적 사람이어야(즉 인격화) 말할 수 있다.

마태복음 4:1-11에 그리스도의 시험당하는 이야기에서 예수님은 실제 인물, 실제의 적, 기교, 간교한 원수와 더불어 상대하고 있었다. 사람은 생명과 지식과 의지와 느낌을 지닌 실재 인격이다. 그러나 사탄은 영적 존재이며 인간의 몸을 소유하지 못한다(꼬리도 뿔도 없다).

Ⅲ. 사탄의 성격

1. 그는 강도다.

마태복음 13:19에서 악마는 듣는 자의 마음에서 하나님의 말씀을 도적한다고 했다.

2. 그는 교활하다.

고린도후서 11:3에서 사탄이 하와를 속였다고 기록하고 있다. "뱀이 그 간계로 하와를 미혹한 것 같이…"(36과 참조).

3. 그는 살인자다.

너희는 너희 아비 마귀에게서 났으니 너희 아비의 욕심대로 너희도 행하고자 하느니라. (요 8:44)

4. 그는 거짓말쟁이다.

그는 처음부터 살인한 자요 진리가 그 속에 없으므로 진리에 서지 못하고 거짓을 말할 때마다 제 것으

로 말하나니 이는 그가 거짓말쟁이요 거짓의 아비가 되었음이라. (요 8:44)

5. 그는 사기꾼이다.

옛 뱀 곧 마귀라고도 하고 사탄이라고도 하며 온 천하를 꾀는 자라. (계 12:9)

Ⅳ. 사탄의 명칭들

1. 그는 빛의 천사이다.

사탄도 자기를 광명의 천사로 가장하나니. (고후 11:14)

2. 그는 우는 사자이다.

너희 대적 마귀가 우는 사자 같이 두루 다니며 삼킬 자를 찾나니. (벧전 5:8)

3. 그는 공중의 권세 잡은 왕자다.

공중의 권세 잡은 자를 따랐으니 곧 지금 불순종의 아들들 가운데서 역사하는 영이라. (엡 2:2)

4. 그는 어둠의 권세이다.

그가 우리를 흑암의 권세에서 건져내사 그의 사랑의 아들의 나라로 옮기셨으니. (골 1:13)

5. 그는 큰 용이며, 뱀이며, 마귀이며, 사탄이다.

큰 용이 내쫓기니 옛 뱀 곧 마귀라고도 하고 사탄이라고도 하며 온 천하를 꾀는 자라 그가 땅으로 내쫓기니 그의 사자들도 그와 함께 내쫓기니라. (계 12:9)

6. 그는 이 세상의 왕자다.

이 세상의 임금이 오겠음이라 그러나 그는 내게 관계할 것이 없으니. (요 14:30)

7. 그는 세상의 신이다.

그 중에 이 세상의 신이 믿지 아니하는 자들의 마음을 혼미하게 하여. (고후 4:4)

8. 그는 끝없는 구덩이의 왕이다.

그 이름은 히브리어로 아바돈이다(계 9:11). 헬라어로는 '아볼루온'이다.

Ⅴ. 사탄의 사역

1. 그는 삼킬 자를 찾는다.

근신하라 깨어라 너희 대적 마귀가 우는 사자 같이 두루 다니며 삼킬 자를 찾나니. (벧전 5:8)

2. 세상에 가라지와 나쁜 교리를 뿌린다(마 13:25, 30절).

사람들이 잘 때에 그 원수가 와서 곡식 가운데 가라지를 덧뿌리고 갔더니. (마 13:25)

Note

둘 다 추수 때까지 함께 자라게 두라 추수 때에 내가 추수꾼들에게 말하기를 가라지는 먼저 거두어 불사르게 단으로 묶고 곡식은 모아 내 곳간에 넣으라 하리라(30절).

3. 사람들의 마음을 혼미케 한다.

그중에 이 세상의 신이 믿지 아니하는 자들의 마음을 혼미하게 하여. (고후 4:4)

4. 형제들을 참소한다.

우리 형제들을 참소하던 자 곧 우리 하나님 앞에서 밤낮 참소하던 자가 쫓겨났고. (계 12:10)

5. 그리스도인을 시험한다.

시몬아, 시몬아, 보라 사탄이 너희를 밀 까부르듯 하려고 요구하였으나. (눅 22:31)

6. 인간의 육신을 파괴한다.

이런 자를 사탄에게 내주었으니 이는 육신은 멸하고 영은 주 예수의 날에 구원을 받게 하려 함이라. (고전 5:5)

Ⅵ. 사탄의 하수인들

1. 사탄의 사자들, 악한 영들, 더러운 영과 악마들

하나님이 범죄한 천사들을 용서하지 아니하시고 지옥에 던져 어두운 구덩이에 두어. (벧후 2:4)

또 자기 지위를 지키지 아니하고 자기 처소를 떠난 천사들을 큰 날의 심판까지 영원한 결박으로 흑암에 가두셨으며. (유 1:6)

2. 정사, 권세, 세상 주관자, 악의 영들

우리의 씨름은 혈과 육을 상대하는 것이 아니요 통치자들과 권세들과 이 어둠의 세상 주관자들과 하늘에 있는 악의 영들을 상대함이라. (엡 6:12)

3. 자기 멋대로 하는 죄인들

너희는 너희 아비 마귀에게서 났으니 너희 아비의 욕심대로 너희도 행하고자 하느니라. (요 8:44)

4. 성도들도 때때로 베드로가 행한 것같이 무심결에 사탄이 그들을 이용하도록 허용한다(마 16:22-23). 예수께서 베드로를 쳐다보시며 말씀하셨지만 사실은 베드로의 입술을 통하여 말한 사탄을 견책하신 것이다.

Ⅶ. 사탄의 운명

1. 사탄은 하늘에서 쫓겨날 것이다.

하늘에 전쟁이 있으니 미가엘과 그의 사자들이 용과 더불어 싸울 새 용과 그의 사자들도 싸우나 이기지 못하여 다시 하늘에서 그들이 있을 곳을 얻지 못한지라. (계 12:7–8)

Note

2. 사탄은 하나님을 대항해서 사람들을 선동할 것이다.

땅과 바다는 화 있을진저 이는 마귀가 자기의 때가 얼마 남지 않은 줄을 알므로 크게 분내어 너희에게 내려갔음이라. (계 12:12)

3. 사탄은 천사에 의해서 결박당할 것이다.

또 내가 보매 천사가 무저갱의 열쇠와 큰 쇠사슬을 그의 손에 가지고 하늘로부터 내려와서 용을 잡으니 곧 옛 뱀이요 마귀요 사탄이라 잡아서 천 년 동안 결박하여 무저갱에 던져 넣어 잠그고 그 위에 인봉하여 천 년이 차도록 다시는 만국을 미혹하지 못하게 하였는데 그 후에는 반드시 잠깐 놓이리라. (계 20:1-3)

4. 사탄은 천 년 동안 무저갱에 던져질 것이다(계 20:3).

5. 이후에 그는 잠깐 풀려나 사람들을 미혹하러 나와서 하나님께 반역하려 할 것이다.

천 년이 차매 사탄이 그 옥에서 놓여 나와서 땅의 사방 백성 곧 곡 과 마곡을 미혹하고 모아 싸움을 붙이리니 그 수가 바다의 모래 같으리라 . (계 20:7-8)

6. 사탄은 영원한 불못에 던져져 멸망한다(계 20:7-10).

● 결론

사탄은 강하지만 하나님은 전능하시다. 사탄은 갈보리에서 영원히 패배했다. 우리는 끊임없이 갈보리의 피를 통하여 예수 이름으로 사탄에게서 승리해야 할 것이다. 성령의 검과 믿음의 방패를 가지고 나아가라.

또 우리 형제들이 어린 양의 피와 자기들이 증언하는 말씀으로써 그를 이겼으니 그들은 죽기까지 자기들의 생명을 아끼지 아니하였도다. (계 12:11)

질문 Bible Study

1. 타락하기 전의 사탄에 대해 말해 보라.
2. 사탄이 인격임을 증거해 보라.
3. 사탄의 5가지 성격을 제시해 보라.
4. 위의 질문에 기록된 특성 중 어느 것이 가장 무섭다고 생각하는가? 왜 그런가?
5. 사탄의 다른 명칭을 기록해 보라.
6. 사탄이 하는 6가지 일을 써 보라.

7. 누가 사탄의 부하이며 조수인가?

8. 사탄이 베드로의 입술을 통해서 예수님께 한 말은 무엇인가?

9. 요한계시록 12:7-12과 20:1-10을 통해 볼 때 결국 사탄의 운명은 어떻게 되는가?

10. 사탄에게 승리할 수 있는 방법은 무엇인가?

제41과
마귀

● 서론

악령의 존재는 우리가 알고 있는 고대부터 현재까지 많은 사람들이 경험하고 있다. 원시인들은 이러한 영들이 살아 있는 사람들을 괴롭히려고 되돌아 온 죽은 혼이라 생각했다. 귀신을 보았다는 사람들은 동물과 여러 종류의 모습은 물론, 사람의 모습으로 보는데 보통 귀신은 보이지 않는 영들이다. 예수님 자신은 귀신의 존재를 이의없이 받아들이셨으며, 마가복음에는 예수님께서 귀신들을 쫓아낸 많은 이야기가 있다. 사람들은 귀신들과 영들이 오늘날에도 존재하는지 의심한다. 그러나 예수님이 인정하신 것처럼 분명히 사탄이 부리는 악한 영인 귀신은 존재하는 실재이다.

Ⅰ. 마귀 또는 귀신의 기원

1. 어떤 이들은 사탄이 하나님께 죄를 지었을 때(사 14:12-20, 겔 28:11-19) 그가 혼자 죄 지은 것이 아니고 천사들 집단의 지도자로서였다고 한다. 사탄이 타락했을 때 그와 그의 사자들은 쫓겨났으며 이들 타락한 천사들이 귀신이 되었다. 마태복음 12:26에서 사탄은 열세의 마귀들 왕국에 왕으로 추대되었다.

2. 어떤 이들은 천사들이 땅에 내려와서 여자들과 결혼하는 것이라 여겼다(창 6:1-6). 그 자녀들은 거인이 되었으며 이들이 죽은 후 귀신이 되었다는 것이다. 다른 이들은 이 구절을 하나님의 후손인 셋과 인간의 후손인 가인과의 잡혼으로 설명했다.

3. 또 어떤 이들은 사탄이 아담 이전 족속의 영들이라고 했다. 그리고 창세기 1장의 처음 두 구절 사이에서 멸망했다는 것이다. 예레미야 4:23-26에 따르면, "…사람이 없으며…"라고 쓰여 있으며 한때 사람이 있었음을 의미한다.

Ⅱ. 오늘날 마귀의 존재

성경은 구세주가 세상에 계실 당시에 많은 귀신이 있었음을 분명히 제시하고 있다. 오늘날 과학 문명시대의 유물들을 즐기며 사는 사람들은 성경의 주장을 단순히 중세 미신의 잔재나 흥미로운 장난으로 무시해 버린다. 그러나 이것은 바로 마귀 또는 귀신들의 제1 전략에 불과하다. 그들은 "하나님은 죽었는가"라고 현대인에게 묻게 하면서도, "마귀는 죽었는가"의 질문을 하지 못하도록 사기꾼처럼 철저히 자기 자신의 존재를 숨기려 든다. 하나님은 살아 계신다. 그러나 분명히 우리가 알아야 할 것은 마귀도 있다는 사실이다. 귀신들린 현대인들이 얼마나 많은가. 공산당 귀신, 돈 귀신, 섹스 귀신, 권력 귀신, 살인 귀신, 간음 귀신, 가난 귀신, 병 귀신. 심지어는 무신론을 주장하는 경건한 학자들에게도 변장하여 들어가 있다.

신약의 저자들은 귀신을 굳게 믿었다. 요한계시록 9:20에서 요한은 장래(대환난의 때), 사람들이 마귀 또는 귀신을 계속 숭배할 때에 대하여 말한다. 많은 이교도는 오늘날 독한 술 숭배자들이다. 마귀의 존재에 대한 현대의 증거로써 세계 도처에 귀신들린 사람을 보고 그들 입을 통하여 귀신들이 말하는 소리를 들은 것에 대한 증거는 너무나 많다.

Ⅲ. 마귀 또는 귀신의 본성

귀신들은 영적 존재이다. 마태복음 8:16에서는 예수님이 귀신들을 쫓아내신다. 마가복음 1:23에서는 귀신을 "더러운 영"이라 불렀다. 귀신들과 악령들은 하나이고 같은 것이다. 바울은 에베소서 6:12에서, 우리는 "혈과 육에 대하여 씨름하지 않고 실체가 아니고, 형태가 없으며 보이지 않는 공중권세에 대하여 싸운다"고 말했다. 귀신들은 영이지만 인격을 가졌고 이성적 존재로 행동한다(막 5:10, 눅 4:34, 창 3:1, 고후 11:14).

인간은 그들의 초자연적인 지식의 힘을 빌려 미래에 일어날 일들에 대하여 그들로부터 미리 정보를 얻으려고 한다. 즉 사람들은 점치기 위해 악령들과 대담한다. 병을 고치고 귀신을 쫓기 위해 굿을 하기도 하고 점성술, 궁합, 심령과학 또는 동양철학, 통계학이라는 이름으로 활동한다. 그들은 도덕적으로 더러운 존재로 표현된다(마 10:1, 막 1:27, 눅 8:27). 귀신들린 사람을 붙잡기 위해 여러 사람이 필요한 만큼 그들은 초인간적 힘을 가졌다. 그들은 벙어리, 소경, 정신이상, 자해증 등의 원인이 되기도 한다. 그들은 사람을 영적으로 육적으로 억압한다.

Ⅳ. 마귀 또는 귀신들의 활동

1. 그들은 하나님께 대항하여 하나님의 뜻을 전복시키려 한다. 사탄은 형제를 고발하는 자다.

Note

사탄은 한 번에 한 곳밖에 존재하지 못하며 그의 종들인 귀신들은 사탄에게 정보를 모아 주기 위해 활동한다(계 12:10; 2:13).

2. 그들은 인간을 억압하고 인간의 삶을 방해하려 한다. 한 여인이 18년 간 사탄에게 얽매어 있었다. 그것은 사탄이나 혹은 그의 종 귀신이다(욥 1:12, 눅 13:16). 사탄은 무소부재하지도 못하고 전능하지도 못하다. 그래서 그의 거대한 활동의 대부분을 귀신들에게 위탁할 수밖에 없다. 귀신들은 인간의 몸과 마음을 혼란케 함으로써 괴롭힌다(막 1:23-27; 5:1-20).

3. 그럼에도 귀신들은 하나님의 목적을 성취한다. 하나님은 사악한 아합 왕을 벌하시려고 거짓 영을 사용하셨다(왕상 22:23). 요한계시록 16:13-16에 귀신들이 아마겟돈으로 하나님을 대적하는 군대를 불러 모을 것이다. 그러나 결국 하나님의 손 아래서 부정적으로 하나님의 일을 돕고 있다.

V. 마귀 또는 귀신들의 조직

사탄은 동시에 여러 곳에 있는 것처럼 보이려고 편재하는 듯하나, 실은 한 번에 한 지역에만 존재한다. 사탄의 자리는 요한계시록 2:13에서 '버가모'였다. 그러나 그는 그 이후로 아마 여러 번 옮겼을 것이며 오늘날에는 헐리우드나 모스크바, 서울에 있을지도 모른다. 사탄은 잘 조직된 많은 귀신을 다룬다(단 7:19-20, 계 12:4, 7절).

사탄의 왕국은 단지 동등하지 않은 폭도일 뿐만 아니라(마 12:26), 잘 분류된 악의 왕국으로 치밀하게 조직되어 있다. 사탄은 타락한 인간을 자만과 야심, 이기심, 무력, 탐욕, 쾌락으로 다스린다(요 14:30; 18:36, 엡 2:2; 6:12, 요일 2:15-17). 사탄은 같은 모양으로 조직된 악의 왕국으로 타락한 영들을 통치한다. 타락한 천사들 몇몇은 흑암에 지금까지 결박되어 있다(유 1:6).

VI. 마귀 또는 귀신의 운명

귀신들의 파멸은 사탄과 마찬가지로 갈보리의 그리스도에 의하여 멸망을 당한다. 지옥은 귀신들을 벌하는 중간 장소이다(계 9:11). 귀신들은 그들의 파멸이 다가옴을 알고 있다.

> 이에 그들이 소리 질러 이르되 하나님의 아들이여 우리가 당신과 무슨 상관이 있나이까 때가 이르기 전에 우리를 괴롭게 하려고 여기 오셨나이까 하더니. (마 8:29)

귀신들은 영원한 불에서 사탄과 같이 영원한 파멸을 맛보게 될 것이다.

마귀와 그 사자들을 위하여 예비된 영원한 불에 들어가라. (마 25:41)

Ⅶ. 마귀 또는 귀신들의 능력

1. 점치는 일 – 신접한 자의 도움으로 장래를 보거나 말하는 능력이다. 레위기 20:27은 신접한 자는 죽이라고 했다.

2. 술법 – 이것은 사울이 사무엘과 접촉할 때 했던 것처럼 죽은 몸과 접촉하는 것이다(삼상 28:8). 이것은 하나님께서 보시기에 가증스러운 죄다(대하 33:6, 레 20:6).

3. 예언 – 이것은 에스겔 21:21에서 설명되며, 점치는 것과 우상과 들새와 짐승의 내장을 살피는 것을 포함한다.

4. 마술 – 이것은 창세기 41:8에 있는 대로, 애굽에서 굉장한 학술이며 학문의 혼합(천문학, 점성학)과 신접한 자들을 수반한다. 이것은 오늘날 최면술과 심리치료, 점치는 것으로 행해진다. 신비스러운 방법으로 치료하려고 노력하지 마라.

5. 요술 – 이것은 천문학, 화학, 신접함을 포함하는 이상한 신조를 수반한다. 이사야 47:9-13, 사도행전 19:18-19에서 참고하면, 모두 불태웠다고 한다.

6. 마법 – 악령과 더불어 의식적인 공범이다. 갈라디아서 5:20에서는 이것을 죄라고 단정했다. 그것은 본래 마귀 숭배이며 반역으로 여겨진다(삼상 15:23).

● 결론

귀신들린 자나 귀신의 영향력을 행사하는 사람들을 인식하는 데 도움이 되는 4가지 테스트 방법을 소개한다.

1. 악령과 관계되어 있는 자들은 언제나 어두움 가운데서 역사한다.
2. 그 영들은 악한 존재로서의 사탄과 자신의 존재를 부인한다.
3. 그들은 주 예수 그리스도의 이름을 싫어하고 "그리스도의 보혈"이란 표현을 꺼린다.
4. 예수 그리스도가 육체를 입고 오셨다는 사실을 부인한다(요일 4:3).

귀신들을 내쫓는 데 도움이 되는 몇 가지 제안 :

1. 주 예수 그리스도의 이름으로 사탄을 대적한다. 구세주의 완전한 형태의 이름을 사용하는 것이 최상의 방법이다.

2. 믿음으로 기도할 것이며 함께 기도할 수 있는 다른 사람들을 가능한 한 많이 모으라. 아주

긴급한 경우를 제외하고는 결코 혼자서 사탄을 대적하지 말라.

3. 귀신이 발악하고 완악할 때는 금식하라.

기도 외에 다른 것으로는 이런 종류가 나갈 수 없느니라. (막 9:29)

4. 그리스도의 보혈에 관한 찬송과 말을 하라.

어린 양의 피와… 이겼으니. (계 12:11)

5. 그리스도가 모든 악령의 권세를 이기셨다는 성경 구절을 이용하고 읽어 보라.

Note

질문 Bible Study

1. 영들에 대한 이방인들의 공통적인 생각은 무엇인가?
2. 마귀의 기원에 관한 3가지 이론을 제시하라.
3. 교육과 과학이 영들과 마귀들을 근절시켰는가? 이유는 무엇이라고 생각하는가?
4. 마귀나 귀신에 대한 본성을 말해 보라.
5. 마귀의 활동을 묘사해 보라.
6. 마귀의 능력을 통하여 보게 된 사탄의 조직은 어떠한가?
7. 악령들의 최후 운명은 무엇인가?
8. 마귀적 의식의 6가지 형태를 기록하라.
9. 마귀 들린 자나 마귀의 영향력을 가진 자를 인식할 수 있는 4가지 시험은 무엇인가?
10. 마귀를 쫓아내는 5가지 제안을 써 보라.

제42과

그리스도인들에게 대항하는 사탄의 공격들

● 서론

11과에서 사탄은 실제적이며 살아 있고, 활동하는 그리스도인들의 적이라는 것을 공부했다.

근신하라 깨어라 너희 대적 마귀가 우는 사자 같이 두루 다니며 삼킬 자를 찾나니 너희는 믿음을 굳건하게 하여 그를 대적하라 이는 세상에 있는 너희 형제들도 동일한 고난을 당하는 줄을 앎이라. (벧전 5:8–9)

마귀에게 틈을 주지 말라. (엡 4:27)

만일 우리가 마귀를 대적하지 않으면 마귀가 우리를 공격할 뿐만 아니라 우리가 하나님께 불순종하게 된다. 사탄은 하나님의 진실한 자녀 모두를 공격한다. 그러므로 당신과 나는 사탄의 이 공격 목표에서 결코 예외일 수 없다.

"대적하라"는 말은 항거하다, 굳게 대항하다, 필요할 경우 대항할 뿐만 아니라 싸우는 것을 의미한다. "근신하라"는 정신이 온전하고 정신적으로 절제하고 경계하고 있다는 뜻이다. "깨어 있으라"는 잠 안 자고 깨어 있는 것뿐만 아니라 근무 중에 있는 보초병처럼 경계하는 것이며, 적이 접근하는 것을 지켜보고 소리를 잘 듣는 것을 의미한다. 사탄은 거짓말쟁이, 살인자, 분열자, 위조하는 자, 울부짖는 사자 혹은 위장된 빛의 천사이다.

많은 사람이 "나는 하나님을 의지하므로 사탄을 무시한다"고 말함으로써 소극적으로만 사탄을 대적하려 한다. 그러나 하나님은 "강하라, 일어나라, 검을 빼어라, 대항하라, 대적하라, 그리고 이겨라"라고 말씀하신다. 믿음의 영웅뿐만 아니라 평범한 모든 그리스도인도 사탄과 부단히 싸워야 한다. 이사야 14장과 에스겔 28장에서 시작된 하나님과 사탄과 이 싸움은 지금까

Note

지 계속되고 있다는 사실을 명심하라. 창세기 3:15은 사탄과 인류와의 계속되는 적대관계를 말하고 있다. "내가 위로부터 태어난 것은 패배하며 살기 위해서가 아니라 승리하기 위해서다."

Ⅰ. 사탄이 그리스도인을 공격하는 방법

1. 게으름 : 마귀는 우리를 게으르게 만든다. 둔감한 정신과 무기력함을 가져다주며 우둔해지고 피곤해지며 패기를 잃게 한다. 우리는 이 게으름을 수면 부족과 기후와 음식, 일의 압박 때문이라고 변명할지 모른다. 그러나 자기 자신을 점검해 보라. '내가 충분한 수면을 취했는가? 날씨가 전보다 더 더운가? 나의 음식 섭취는 충분한가? 내가 정상 이상으로 더 분주한가? 정말 그렇기 때문에 이렇게 무력해졌는가?' 만일 위의 질문에 대한 대답이 부정적이라면 위의 것들은 사탄의 공격인 줄 알고 '주님의 이름으로 사탄을 꾸짖으라'. 그러면 사탄은 멀리 도망갈 것이다. 기도하고 금식하라. 그러면 완전히 사탄은 떠날 것이다.

너희는 하나님께 복종할지어다 마귀를 대적하라 그리하면 너희를 피하리라. (약 4:7)

2. 수면 부족 : 만일 사탄이 우리를 깨어나지 못하게 하는 데 성공한다면 우리의 감각은 무디어진다. 우리의 활동은 정지되고 빈약해진다. 정상적인 일상생활이 약화된다.

3. 일의 압력 : 이것은 우리를 피곤하게 하며 위축시키고 짜증나게 한다. 지나치게 바쁘고 활동을 많이 하게 되면 일이 밀리는 것 때문에 좌절하게 되고 이때 사탄은 우리를 이용한다.

4. 신경질 : 사탄은 우리 신체를 공격하여 신경질적인 사람으로 만든다. 사탄이 이것에 성공한다면 그 약점을 통해 우리로 하여금 더 쉽게 범죄하도록 한다. 귀신이 많은 사람은 머리가 복잡하고 생각이 많다. 반면에 성령이 충만한 사람은 마음이 평안하고 사랑이 충만하고 신경질을 내지 않는다.

5. 우리 마음의 파괴(고후 4:4) : 사탄은 인간의 마음을 지배하려고 마음의 전쟁을 하고 있다. 사탄은 계속 우리 사고의 영역에 머물러 있는 잘못된 생각과 인상과 사상을 통해 우리의 마음으로 뚫고 들어오려고 한다. 사탄은 용서 못하는 쓴 뿌리와 욕심과 실망, 교만 등을 통해서 마음에 들어온다.

6. 주검 : 사탄은 살인자이다. 하나님께서는 생사의 열쇠를 쥐고 계신다. 그런데 하나님이 종종 사탄에게 이 권세를 주기도 하신다. 욥기 1:12에서 하나님은 사탄에

게 욥의 가족을 파괴하는 권세를 주셨기 때문에 사탄은 욥의 일곱 아들과 세 딸을 집을 무너뜨려 죽게 했다(욥 1:18-19).

7. 자살 : 마태복음 4:6에 나오는 예수에 대한 마귀의 최대 유혹이 있다. 거룩한 성전의 꼭대기에서 뛰어 내리게 함으로써 자살과 영웅심을 유혹한 사건이다. 아무것도 아닌 일에 "죽어버리겠다"고 무의식적으로 함부로 말하는 것은 사탄의 장난이다.

8. 변덕 : 심적 변화는 누구나 겪는 것이지만 너무 심한 사람이 있다. 신경질, 부정적 사고, 불안 등, 사탄은 악랄하게 우리의 감정과 기분을 이용하여 자기의 목적을 성취하려고 한다. 하나님의 사람은 절대로 변덕스럽지 않다. 변덕은 사탄의 무기이다. 당신의 감정 또는 기분을 잘 관찰하라. 예수 그리스도의 거룩한 인격을 통해서 빨리, 그리고 영원히 치료하여 승리하기를 바란다.

9. 사치심 조장 : 10년 동안 17번 집을 바꾸고 그때마다 새로운 가구를 장만한 부인의 이야기가 있다. 매일 옷을 바꾸어 입고 새 옷, 새 집, 새 가구에 거의 미치다시피 한 사람들이 있다. 이 얼마나 시간과 돈의 낭비인가? 악마는 때때로 선한 이유로 합리화시켜, 우리로 하여금 지나치게 행하도록 충동하고 죄를 짓게 만든다.

10. 유행을 좇아감 : 지성적이고 심미적이고 세련되었고 현대적이라는 미명으로 유행에서 헤어 나오지 못하도록 사탄은 역사한다. 그래서 영적이고 신앙적인 관심사는 저 멀리 날아가게 만드는 것이다. 옷은 정숙하고 깨끗하게 입어야 한다. 의상을 택할 때 이성에게 어떤 성적 자극을 주는지, 혐오감을 주는지 생각하지 않고 단순히 유행이기 때문에 좇아가는 경우가 있다. 성적인 죄를 범한 어떤 사람의 고백이다. "나는 결코 그런 죄를 범할 생각이 없었습니다. 단지 그 여자의 정숙하지 못한 옷차림이 나 자신을 억제하지 못하도록 유혹했습니다."

11. 부정적 사고와 언어 : 부정적이고 소극적이고 비타협적인 태도는 사탄의 역사를 유도하는 일이다. 악령과 허무주의 그리고 인생무상을 노래하는 모든 철학은 사탄적이다. 동시에 공산주의적 무신론은 사탄의 요새이며 원천이다.

12. 혼돈과 회의 : 하나님의 말씀은 분명하고 확실하다. 사탄은 여러 가지 이상한 제안을 함으로써 방황하고 의심하는 자에게 다가온다. 하나님의 말씀은 분명하나 사탄의 음성은 애매모호하고 불확실하다.

13. 잘못된 환상 : 이것은 마귀가 스며들기 가장 좋은 방법 중의 하나다. 환상에는 좋은 것과 나쁜 것이 있다. 환상을 보는 것은 신앙의 영웅심과 명예심을 충동한다. 환상보다 더 분명한 것은 '하나님의 말씀'이다. 기독교는 신비스러운 종교이거나 신비주의가 아니다. 하나님의 말씀과 다른 어떤 종류의 신비와 환상도 사탄이 주는 것임을 명심하라.

Note

14. 감정 : 우리는 어떤 일을 결정할 때 사실에 근거하기보다 감정에 근거할 때가 더 많다. 신앙은 지적인 면과 의지적인 면과 함께 감정적인 면이 조화를 이루어야 한다. 쉽게 단정하여 노하지 말고 선입견을 버려라. 가정에 의한 결정은 결과를 그릇되게 한다. 예수님을 믿음으로 하나님의 자녀가 되는 것이지(요 1:12) 예수님을 느낌으로 하나님의 자녀가 되지는 않는다.

15. 비판 : 비판하는 일과 고발하는 일은 사탄의 작업이다. 자기 자신의 들보보다 다른 사람의 티가 더 잘 보이는 법이다. 또한 비판을 받을 때도 하나님의 전신갑주를 입은 사람은 절대로 낙심하지 않는다. 자기의 잘못을 겸손하게 고칠 뿐이지 자학하지 않는다.

16. 낙심 : 절망과 낙심만큼 큰 죄도 없다. 이런 마음은 하나님을 바라보는 것을 포기하게 하기 때문이다. 낙심하게 함으로써 사탄은 우리를 공격한다. 예수 그리스도 안에서 오뚝이와 같은 신앙을 갖자.

17. 병들고 늙음 : 병들고 나이가 많은 신자에게 사탄은 "자 이제 너는 병들고 너무 늙어서 더 이상 버틸 수 없어. 긴장을 풀고 좀 쉽게 살아라"고 속삭인다. "너는 모든 사람에게 걸림돌이 될 뿐이다. 차라리 빨리 죽어라"고 유혹한다. 그러나 하나님은 이런 때일수록 성숙한 신앙과 사역을 주신다.

18. 목사의 신앙적 성공이라는 우상 : "좋은 설교", "큰 교회", "기적", "40일 금식기도" 등, 과도한 찬사와 노출된 자랑을 통해서 사탄은 강력하게 역사한다. 또한 성공적인 삶이라는 욕심을 예수라는 사탕발림으로 위장하는 수가 있다.

19. 기도와 말씀없는 모든 종교 활동 : 기도만 하지 말고 선교, 봉사, 설교, 친교 등 모든 것을 하라고 사탄은 충동한다. 사탄은 기도없이 행한 모든 것이 모래 위에 세운 집처럼 되는 것을 노린다.

• 주의 : 계속되는 갈등, 긴장, 실망, 낙담, 심적인 파멸에 오래 머물러 있게 되면 사탄적 성격과 사상이 형성된다. 그러므로 잘못된 것을 깨달았을 때 기도와 금식으로 그 상황에서 벗어나야 한다.

Ⅱ. 사탄에게 어떻게 대항할 것인가?

1. 용감하게 공격하라.

마귀를 대적하라. (약 4:7)

즉, 마귀로부터의 공격을 인식하고 적극적인 자세로 공격하라는 뜻이다. 공격이 최대의 수비임을 명심하자.

2. 대항하여 싸우고 검을 들라.

마귀의 간계를 능히 대적하기 위하여 하나님의 전신 갑주를 입으라. (엡 6:11)

3. 하나님의 전신갑주를 입으라(엡 6:13-18).

14절 : 진리로 허리띠를 띠고

14절 : 의의 흉배를 붙이고

15절 : 평안의 복음이 준비한 것으로 신을 신고

16절 : 모든 것 위에 믿음의 방패를 가지고 악한 자의 모든 불화살을 소멸하고

17절 : 구원의 투구로 머리를 보호하고

17절 : 하나님의 말씀인 성령의 검으로 싸우라.

4. 주 예수 그리스도로 옷을 입으라.

오직 주 예수 그리스도로 옷 입고 정욕을 위하여 육신의 일을 도모하지 말라. (롬 13:14)

내 안에 살아 계신 예수님은 모든 것에서 승리하실 수 있다.

5. 성경 말씀을 사용하라.

마태복음 4:1-11을 보면 예수님은 최대의 유혹 앞에서 기도하시거나 보호해 달라고 천사를 요청하지도 않으셨다. 오직 세 번(4, 7, 10절) 하나님의 말씀으로 사탄을 대적하셨다.

6. 적극적인 자세를 취하라.

마귀는 소극적이고 우울하고, 고독을 좋아하고 잡생각이 많고 혼자 있기 좋아하는 사람에게 잘 찾아간다. 그리스도인의 삶은 적극적이고 긍정적이며 명랑하고 겸손하고 유쾌한 삶이다(갈 5:22-23 참조).

7. 다음과 같이 스스로 말함으로써 자신의 결단과 의지를 표현하라. "나는 죄 짓지 않겠다", "나는 예수의 이름으로 너를 대적하여 내쫓겠다", "나는 하나님의 아들이다", "너의 속임수와 꾀에 속아 넘어가지 않겠다."

8. 성령의 인도를 좇으라.

내가 이르노니 너희는 성령을 따라 행하라 그리하면 육체의 욕심을 이루지 아니하리라. (갈 5:16)

9. 끊임없이 기도하고 특별히 기도하라.

모든 기도와 간구를 하되 항상 성령 안에서 기도하고 이를 위하여 깨어 구하기를 항상 힘쓰며 여러 성도를 위하여 구하라. (엡 6:18)

10. 예수님의 보혈의 피가 당신 영혼을 감싸게 하라.

사탄은 예수님의 보혈 때문에 골고다에서 참패했다.

또 우리 형제들이 어린 양의 피와 자기들이 증언하는 말씀으로써 그를(사탄) 이겼으니.
(계 12:11)

결론

당신이 죄를 지었다면 사탄이 그 죄를 이용하기 전에 즉시 그것을 하나님께 예수 이름으로 고백하라(요일 1:9). 그리고 성령의 검을 들라.

질문 *Bible Study*

1. 성도와 사탄과의 투쟁에 대한 베드로전서 5:8–9의 교훈을 써 보라.
2. 사탄에 대해서 수동적으로 대항하는 것이 왜 나쁜가?
3. 사탄이 성도들을 공격하기 위해서 사용하는 전략은 무엇인가?
4. 사탄의 공격을 받았던 경험이 있다면 나누라.
5. 야고보서 4:7의 귀중한 약속은 무엇인가?
6. 감상적인 감정이 왜 잘못된 것인가?
7. 목사에게는 사탄이 어떻게 공격하는가?
8. 사탄과 대적하기 위해서 기억해야 할 것을 정리해 보라.
9. 에베소서 6:10–18의 무기 종류와 우리 몸의 부분을 연결해 보라.
10. 사탄에 대응하는 방법을 요한계시록 12:11을 인용하여 설명해 보라.

Note

Bible

제7권
구원

제43과 의롭게 됨 또는 중생

제44과 거듭남

제45과 양자 됨

제46과 믿음

제47과 회개

제48과 용서

제49과 예수를 믿을 때 생기는 일들

제43과

의롭게 됨 또는 중생

● 서론

오늘날 현대 그리스도인이 범하는 오류 중 하나는 의롭게 여겨지는 일과 용서받는 일을 동일시하는 데 있다. 의롭다고 여겨지는 것은 용서하는 것 이상이다. 즉 의롭다는 것은 죄인이 정당함을 선언 받는 것이다. 인간을 구원하시는 하나님의 문제는 죄인을 의롭게 하여 구원하는 것이지, 그의 죄를 관대히 보아주거나 단순히 자비를 베푸는 것이 아니다. 하나님은 죄를 판결함에 있어서 결코 죄를 양보하실 수도 죄를 가볍게 다루실 수도 없다. 법과 정의는 모든 죄에 대하여 사형을 요구했다.

범죄하는 그 영혼은 죽으리라. (겔 18:4)

범죄하는 그 영혼은 죽을지라. (겔 18:20)

하나님의 방법은 사랑으로써 죄인을 구원하고자 하신 것이다. 인간의 법정에서 재판관은 정당한 자에게 옳다고 하고 악한 자에게는 유죄를 언도한다.

재판장은 그들을 재판하여 의인은 의롭다 하고 악인은 정죄할 것이며. (신 25:1)

하나님은 죄인을 의롭다 하기를 거부하신다.

나는 악인을 의롭다 하지 않겠노라. (출 23:7)

하나님은 재판을 그릇되게 하는 재판관에 대해서도 역시 심판을 선언하신다.

포도주를 마시기에 용감하며 독주를 잘 빚는 자들은 화 있을진저 그들은 뇌물로 말미암아 악인을 의롭다 하고 의인에게서 그 공의를 빼앗는도다. (사 5:22–23)

예수께서 이르시되 너희는 사람 앞에서 스스로 옳다 하는 자들이나 너희 마음을 하나님께서 아시나니 사람 중에 높임을 받는 그것은 하나님 앞에 미움을 받는 것이니라. (눅 16:15)

예수님께서는 하나님 앞에서 자신을 옳다고 하는 바리새파 사람들을 나무라셨다.

오직 율법을 행하는 자라야 의롭다 하심을 얻으리니. (롬 2:13)

그러나 삼위일체의 하나님께 직면하는 문제는, "어떤 인간이 율법을 완전하게 지킬 수 있겠는가"라는 것이다.

모든 사람이 죄를 범하였으매 하나님의 영광에 이르지 못하더니. (롬 3:23)

그 문제는 참으로 해결하기 어려운 것이기 때문에 단지 하나님 아버지의 무한한 지혜와 자비에 의해서만 해결될 수 있었다. 하나님의 해결은 다음과 같았다. 즉 예수께서 율법에 따라 완전한 삶을 산 사람이 되시고 의롭다 함을 얻으셔서 죄없는 인간이 되어 죄인(우리)을 위해 십자가에서 죽는 것이었다.

Ⅰ. '의롭다 함'의 정의

'의롭다 함'이란 하나님 앞에서 옳다고 평가되는 것이다. 죄인은 예수 그리스도의 의로운 몸에 믿음으로 동참하며, 하나님은 예수 그리스도의 의로움 속에서 죄인을 완전하게 보시는 것이다. 이렇게 하여 하나님은 죄인을 구세주 속에서, 즉 예수 그리스도 안에서 의롭다고 보신다. 예수님의 의롭다 함이란 그리스도를 믿는 자들이 하나님의 눈앞에 의롭다고 선언되어 죄와 심판으로부터 자유로워지는 하나님의 심판(행위)이다.

성경이 무엇을 말하느냐 아브라함이 하나님을 믿으매 그것이 그에게 의로 여겨진 바 되었느니라. (롬 4:3)

일을 아니할지라도 경건하지 아니한 자를 의롭다 하시는 이를 믿는 자에게는 그의 믿음을 의로 여기시나니. (롬4:5)

Ⅱ. 의롭다 함의 내용

1. 죄의 용서와 그 죄와 심판의 면제를 의미한다.

거룩하시고 의로우신 하나님께서 죄를 용서하심은 결코 작은 문제가 아니다. "주와 같은 신이 어디 있으리이까 주께서는 죄악과 그 기업에 남은 자의 허물을 사유하시며 인애를 기뻐하시므로 진노를 오래 품지 아니하시나이다 다시 우리를 불쌍히 여기셔서 우리의 죄악을 발로 밟으시고 우리의 모든 죄를 깊은 바다에 던지시리이다"(미 7:18-19). 의롭다 함에 의하여 우리의 모든 죄가 용서받고 죄와 심판이 면제되는 것이다.

그러므로 형제들아 너희가 알 것은 이 사람을 힘입어 죄 사함을 너희에게 전하는 이것이며 또 모세의 율법으로 너희가 의롭다 하심을 얻지 못하던 모든 일에도 이 사람을 힘입어 믿는 자마다 의롭다 하심을 얻는 이것이라. (행 13:38-39)

2. 그리스도의 의로우심의 전가를 의미한다.

일반 법정에서 죄인은 형기를 마치고 나면 더 이상의 형벌을 받지 않아도 되지만 호적에 빨간 줄이 그어진다. 그러나 예수 그리스도 안에서 용서받은 죄인은 모든 권리를 되찾는다. 즉 빨간 줄이 없다.

곧 예수 그리스도를 믿음으로 말미암아 모든 믿는 자에게 미치는 하나님의 의니 차별이 없느니라. (롬 3:22)

예수 그리스도의 완전하고 거룩한 의가 죄인에게 의롭다 함을 주시는 것으로 완전하게 이전되는 것이다.

Ⅲ. 용서의 조건 : 믿음

그러면 죄인은 "내가 어떻게 함으로써 이 의롭다 하심의 선물을 받을 수 있습니까?"라고 질문하게 된다. 그 해답은 구세주와 주로서 주 예수 그리스도에 대한 "믿음을 통하여" 가능하다.

사람이 의롭게 되는 것은 율법의 행위로 말미암음이 아니요 오직 예수 그리스도를 믿음으로 말미암는 줄 알므로 우리도 그리스도 예수를 믿나니 이는 우리가 율법의 행위로써가 아니고 그리스도를 믿음으로써 의롭다 함을 얻으려 함이라 율법의 행위로써는 의롭다 함을 얻을 육체가 없느니라. (갈 2:16)

곧 이때에 자기의 의로우심을 나타내사 자기도 의로우시며 또한 예수 믿는 자를 의롭다 하려 하심이라. (롬 3:26)

일을 아니할지라도 경건하지 아니한 자를 의롭다 하시는 이를 믿는 자에게는 그의 믿음을 의로 여기시나니. (롬 4:5)

Ⅳ. 의롭다 하심의 방법들

1. 하나님 아버지에 의하여 : 하나님은 의롭다 하심의 권위자이며 또 그것을 부여하시는 분이다.

누가 능히 하나님께서 택하신 자들을 고발하리요 의롭다 하신 이는 하나님이시니. (롬 8:33)

의롭다 함이란 전지전능하신 하나님 아버지에 의하여 행하여지는 판단 행위이다.

2. 은혜로서 : 은혜는 의롭다함의 기초요, 근원이다.

그리스도 예수 안에 있는 속량으로 말미암아 하나님의 은혜로 값 없이 의롭다 하심을 얻은 자 되었느니라. (롬 3:24)

Note

우리로 그의 은혜를 힘입어 의롭다 하심을 얻어 영생의 소망을 따라 상속자가 되게 하려 하심이라. (딛 3:7)

3. 보혈로써 : 보혈은 의롭다함의 기초요, 근원이다.

그러면 이제 우리가 그의 피로 말미암아 의롭다 하심을 받았으니 더욱 그로 말미암아 진노하심에서 구원을 받을 것이니. (롬 5:9)

4. 부활을 통하여 : 부활은 의롭다함의 승인이요, 선언행위이다.

예수는 우리가 범죄한 것 때문에 내줌이 되고 또한 우리를 의롭다 하시기 위하여 살아나셨느니라. (롬 4:25)

Ⅴ. 의롭다 함의 증거 : 행위

진실로 의로워진 사람은 선행 속에서 이 사실을 증명할 것이다.

우리 조상 아브라함이 그 아들 이삭을 제단에 바칠 때에 행함으로 의롭다 하심을 받은 것이 아니냐 네가 보거니와 믿음이 그의 행함과 함께 일하고 행함으로 믿음이 온전하게 되었느니라. (약 2:21~22)

이 구절은 믿음과 행위 간의 정당한 관계를 보여 주고 있다. 믿음으로 우리가 의로워질 것이나, 그 후로는 선행을 함으로써 의로운 삶을 살게 되는 것이다.

Ⅵ. 의롭다 함의 결과

1. 평화

그러므로 우리가 믿음으로 의롭다 하심을 받았으니 우리 주 예수 그리스도로 말미암아 하나님과 화평을 누리자. (롬 5:1)

하나님의 자비로써 양심의 평화, 하나님의 사랑으로써 감정의 평화, 하나님의 진리로써 마음의 평화, 하나님의 존재하심으로써 영혼의 평화를 누리게 된다.

2. 찬양과 청원을 통하여 하나님의 살아 계심을 알 수 있다.

또한 그로 말미암아 우리가 믿음으로 서 있는 이 은혜에 들어감을 얻었으며 하나님의 영광을 바라고 즐거워하느니라. (롬 5:2)

3. 하나님의 은혜에의 참여 : 의로움을 통한 새로운 지위

4. 시련 : 인도 마드라스의 사뮤엘 매트 신부는 매우 조심스럽게 지적하기를, 그가 보기에는 하나님과의 평화, 그리고 이 세상에서의 시련, 이것이 의로움의 중대한 두

가지 결과라는 것이다(롬 5:3).

무릇 그리스도 예수 안에서 경건하게 살고자 하는 자는 박해를 받으리라. (딤 3:12)

● 결론

우리는 하나님에 의하여 심판되어 의로워진다.

의롭다 하신 이는 하나님이시니. (롬 8:33)

그가 자기 영혼의 수고한 것을 보고 만족하게 여길 것이라 나의 의로운 종이 자기 지식으로 많은 사람을 의롭게 하며 또 그들의 죄악을 친히 담당하리로다. (사 53:11)

우리는 믿음을 통하여 간접적으로 의로워진다.

그러므로 우리가 믿음으로 의롭다 하심을 받았으니. (롬 5:1)

우리의 행위를 통하여 의로움이 입증된다.

내 형제들아 만일 사람이 믿음이 있노라 하고 행함이 없으면 무슨 유익이 있으리요 그 믿음이 능히 자기를 구원하겠느냐. (약 2:14)

질문 Bible Study

1. 의롭다 함과 용서함에는 어떤 차이가 있는가?
2. 의롭다 함을 정의해 보라.
3. 성경에서 의롭다 함에 포함되어 있는 두 요소는 무엇인가?
4. 출애굽기 23:7과 고린도전서 6:11을 조화시켜 생각해 보라.
5. 의로움의 조건은 무엇인가?
6. 의로워지는 4가지 방법은 무엇인가?
7. 부활과 의롭다함의 관계는 무엇인가?
8. 야고보서 2:21-23과 로마서 4:3-5을 연결하여 생각해 보라.
9. 로마서 5:1-3로부터 의롭다 함의 결과는 무엇인가?
10. 로마서 5:1이 어떻게 이사야 53:11의 성취인가?

제44과

거듭남

● 서론

개종과 거듭나는 것은 불가분의 관계에 있다. 개종은 죄로부터 그리스도께로 귀의하는 행위이다. 그리고 거듭남은 성령의 힘에 의하여 새로운 생명으로 거듭나는 것이다. 거듭나는 것은 우리를 하나님의 가족으로 인도해 가는 수단이며, 하나님의 독생자의 세계로 인도하는 수단이다. 기독교인이 되는 유일한 방법은 '거듭남', 즉 '성령의 힘에 의하여 새로운 생명으로 태어나는 것'이다. 새로운 생명으로의 탄생은 구원에의 길이며 결국 천국으로 들어가는 문이다.

Ⅰ. 거듭남의 정의

그것은 재생 또는 재창조를 의미한다. 새로운 생명으로의 탄생인 동시에 두 번째 출생이다. 새로운 창조인 것이다. 거듭남이란 "새로운 창조" 또는 "새 생명"(New Man)으로 불리는 인간에 있어 성령에 의한 새로운 생명의 창조이다. 처음 죄를 회개한 뒤 성장에 이르는 데는 수일, 수주 또는 수개월이나 수년이 걸리더라도 거듭남이란 최초의 출생과 마찬가지로 하나의 사건이지 과정이 아닌 것이다. 사실 출생은 태아가 암흑으로부터 빛으로 나오는 것인데, 그것은 순간에 이루어진다. 인간은 제2의 출생을 함으로써 새 생명을 얻는다.

Ⅱ. 거듭남의 필요성

거듭날 필요가 있는 사람은 누구인가? 단지 니고데모와 같은 성인인가? 또는 바울과 같은 사람인가? 그것은 견해와 선택의 문제인가? 그러나 성경은 단지 모든 사람이 거듭날 필요가 있다고 가르친다. 예수님의 말씀은 강제적이다.

예수께서 대답하여 이르시되 진실로 진실로 네게 이르노니 사람이 거듭나지 아니하면 하나님의 나라

를 볼 수 없느니라. (요 3:3)

내가 네게 거듭나야 하겠다 하는 말을 놀랍게 여기지 말라. (요 3:7)

이 법칙에는 구세주 외에는 어떠한 예외도 없다. 남녀노소 지위고하나 어떤 조건도 거듭남의 필요성을 면제시킬 수는 없는 것이다. 거듭나는 것 외에는 어떠한 대체적인 방법도 없다. 즉 다시 태어나는 데 실패하는 자는 버림받을 것이다.

할례나 무할례가 아무것도 아니로되 오직 새로 지으심을 받는 것만이 중요하니라. (갈 6:15)

"새로 지음을 받는다는 것"(to become a new creature)은 "다시 태어나는 것"(to be born again)이다.

구스인이 그의 피부를, 표범이 그의 반점을 변하게 할 수 있느냐 할 수 있을진대 악에 익숙한 너희도 선을 행할 수 있으리라. (렘 13:23)

즉, 거듭나지 않고는 불가능하다.

만물보다 거짓되고 심히 부패한 것은 마음이라 누가 능히 이를 알리요마는. (렘 17:9)

오직 하나님만이 새롭고 순수하고 청결한 마음을 주실 수 있으며 이것이 새로 태어난 인간(the new birth)인 것이다. 사람은 근본적으로 죄로부터 변화, 즉 구원을 필요로 한다. 하나님의 거룩함은 인간이 "다시 태어날 것"을 요구하는 것이다.

모든 사람과 더불어 화평함과 거룩함을 따르라 이것이 없이는 아무도 주를 보지 못하리라. (히 12:14)

거룩함이란 본능적인 인간에게는 낯선 것이다. 즉 그것은 다시 태어남을 통해서만 얻을 수 있다. 하나님의 자녀로서 살기 위해서는 반드시 하나님의 본성, 즉 하나님의 '거룩성'을 지녀야만 한다.

Ⅲ. 거듭남의 본질

1. 그것은 세례는 아니다. 세례는 그리스도와 함께 죽고 다시 부활하는 영적 변화의 표이다. 거듭남은 개혁도 아니다. 개혁은 인간의 변화이지만 거듭남은 하나님의 초본능적인 행위이다. 그것은 영적인 변화이며 본질의 변화이다.

2. 거듭남은 영적인 소생이며, 재생이며, 새로 지음받는 것을 의미한다. 창조 때부터 모든 것은 유(有)에서 유(有), 종에서 종을 낳을 뿐이다. 악인은 악인을 낳는다. 우리는 인간의 본성을 변화시킬 수도 개혁할 수도 없고 또 되살릴 수도 없다. 다시 "새로이 태어나는 것", 즉 하나님의 성령을 통해서 거듭나는 것 이외에는 길이 없다.

그런즉 누구든지 그리스도 안에 있으면 새로운 피조물이라 이전 것은 지나갔으니 보라 새 것이 되었도다. (고후 5:17)

Note

그는 허물과 죄로 죽었던 너희를 살리셨도다. (엡 2:1)

죽음에서 생명으로의 변화, 이것은 개혁(reformation)이 아니다. 이것은 영적인 부활이다. 우리는 최초에는 육체적으로 생을 받고, 두 번째에는 영적인 생을 받는다.

Ⅳ. 거듭남에 사용되는 것들

1. 하나님의 말씀

그가 그 피조물 중에 우리로 한 첫 열매가 되게 하시려고 자기의 뜻을 따라 진리의 말씀으로 우리를 낳으셨느니라. (약 1:18)

너희가 거듭난 것은 썩어질 씨로 된 것이 아니요 썩지 아니할 씨로 된 것이니 살아 있고 항상 있는 하나님의 말씀으로 되었느니라. (벧전 1:23)

오늘날 현대적인 설교를 통하여 새로이 태어나는 삶이 극히 적은 이유는 현대의 설교 속에는 하나님의 말씀이 충분히 들어 있지 않기 때문이다.

내가 너희에게서 다만 이것을 알려 하노니 너희가 성령을 받은 것이 율법의 행위로냐 혹은 듣고 믿음으로냐. (갈 3:2)

영혼을 구원하는 것은 하나님의 말씀을 듣고 생겨난 믿음의 결과다.

2. 하나님의 성령

사람이 물과 성령으로 나지 아니하면 하나님의 나라에 들어갈 수 없느니라. (요 3:5)

육으로 난 것은 육이요 영으로 난 것은 영이니. (요 3:6)

영적인 생명은 성령에 의하여 탄생된다.

바람이 임의로 불매 네가 그 소리는 들어도 어디서 와서 어디로 가는지 알지 못하나니 성령으로 난 사람도 다 그러하니라. (요 3:8)

성령님의 목적은 먼저 죄인으로 하여금 자기 죄로 인한 가책을 느끼게 하고 나서 성령에 귀의하도록 이끄시는 것이다. 그를 하나님의 나라로 데려가는 실제적인 행위를 하시는 것이다.

Ⅴ. 거듭남의 방법

1. 하나님의 측면에서

이는 혈통으로나 육정으로나 사람의 뜻으로 나지 아니하고 오직 하나님께로부터 난 자들이니라. (요 1:13)

우리는 하나님의 의지에 의해 탄생되었다. 거듭남이란 하나님께서 베푸시는 창조

행위지 인간에 의한 개혁 행위가 아니다(약 1:18).

2. 인간적인 측면에서

영접하는 자 곧 그 이름을 믿는 자들에게는 하나님의 자녀가 되는 권세를 주셨으니. (요 1:12)

인간의 입장에서는 우리의 개인적인 구세주로서 예수 그리스도를 믿고 받아들이는 것이다.

그리스도 안에서 일만 스승이 있으되 아버지는 많지 아니하니 그리스도 예수 안에서 내가 복음으로써 너희를 낳았음이라. (고전 4:15)

복음은 인간을 변화시키는 능력을 가진 하나님의 힘이다(롬 1:16). 새롭게 태어난 인간은 하나님의 말씀, 즉 복음을 믿고 받아들이는 것이다.

오직 주의 말씀은 세세토록 있도다 하였으니 너희에게 전한 복음이 곧 이 말씀이니라. (벧전 1:25)

거듭나게 하시는 능력자는 하나님이시다. 곧 거듭남은 예수 그리스도를 통하여 이루어지고, 거듭나도록 시키는 것은 성령이시며, 거듭남은 하나님의 말씀을 믿음으로써, 그리스도를 받아들임으로써 이루어진다.

Ⅵ. 거듭남의 증거

1. 의로운 삶을 산다.

너희가 그가 의로우신 줄을 알면 의를 행하는 자마다 그에게서 난 줄을 알리라. (요일 2:29)

2. 죄인의 삶을 살지 않는다.

하나님께로부터 난 자마다 죄를 짓지 아니하나니. (요일 3:9)

우리 안에 있는 하나님의 새로운 성령은 죄를 짓지 않으신다.

하나님께로부터 난 자는 다 범죄하지 아니하는 줄을 우리가 아노라. (요일 5:18)

3. 타인을 사랑하라는 명령을 따른다.

네 이웃을 네 자신 같이 사랑하라. (눅 10:27)

사랑하는 자들아 우리가 서로 사랑하자. (요일 4:7)

4. 고난을 극복하며 살아간다.

무릇 하나님께로부터 난 자마다 세상을 이기느니라. (요일 5:4)

5. 예수께서 그리스도이심을 믿는다.

예수께서 그리스도이심을 믿는 자마다 하나님께로부터 난 자니. (요일 5:1)

Ⅶ. 거듭남의 결과

거듭나면 마음이 변화되고 죄를 증오하게 되며, 그리스도를 사랑하며 삶에 변화가 일어난다.

새롭고 성스런 욕구가 생수의 우물과 같이 끊임없이 솟아오른다(요 4:14). 새로운 삶은 타인에 대한 사랑과 선행들로 가득 차게 된다.

> 나를 믿는 자는 성경에 이름과 같이 그 배에서 생수의 강이 흘러나오리라 하시니. (요 7:38)

Note

● 결론

거듭남은 성령만이 하실 수 있는 행위다. 왜냐하면 "바람은 하나님이 원하시는 대로 불기" 때문이다.

> 바람이 임의로 불매 네가 그 소리는 들어도 어디서 와서 어디로 가는지 알지 못하나니 성령으로 난 사람도 다 그러하니라. (요 3:8)

그러나 증거들은 후에 나타날 것이며 그를 따르는 자들에게 여러 가지 방법으로 나타나게 된다. 삶 속에서 이러한 증거들이 날마다 증거될 수 있도록 기도하라.

질문 Bible Study

1. 거듭남이란 무엇인가?
2. 거듭남이 필요한 이유는 무엇인가?
3. '세례'와 '거듭남'의 차이는 무엇인가?
4. 고린도후서 5:17을 요한복음 3:3에 비추어 설명해 보라.
5. 거듭남이 이루어지는 데는 2가지 요인이 작용한다는 것을 보여 주는 말씀은 무엇인가?
6. 거듭남의 2가지 측면은 무엇인가?
7. 변화된 삶의 5가지 증거를 말해 보라.
8. 거듭남의 5가지 결과는 무엇인가?
9. 누가복음 10:27을 통해 알 수 있는 거듭납의 증거는 무엇인가?
10. 요한복음 3:18에서 새로이 태어남을 설명하는데, 왜 예수님께서는 바람의 상징을 사용하셨는가?

제45과

양자 됨

● 서론

거듭남이란 성령에 의하여 새롭게 태어남으로써, 한 영혼 속에서 하나님의 새로운 삶이 시작되게 하는 것이다. 의롭다 함은 그 영혼에 대한 하나님의 새로운 태도를 다루는 것이다. 택하심이란 인간으로 하여금 하나님 아버지에 대한 자식으로서의 기쁨을 가지고 하나님의 가족이 되도록 용인하는 것이다.

거듭남이란 본질의 변화이며, 의롭다 함이란 자세의 변화이고, 성화는 성격의 변화인 반면 택하심이란 지위의 변화다. 거듭남을 통하여 신자는 하나님의 어린아이가 되며 택하심을 통하여 그 아이들이 성년의 아들의 지위를 얻는다.

율법 아래에 있는 자들을 속량하시고 우리로 아들의 명분을 얻게 하려 하심이라. (갈 4:5)

그러므로 네가 이 후로는 종이 아니요 아들이니 아들이면 하나님으로 말미암아 유업을 받을 자니라. (갈 4:7)

택하심을 받아 우리는 그리스도 앞으로 나아가 새로운 지위를 얻게 되는 것이다. 여기에 우리 각자가 숙고해야 할 두 가지 문제가 있다. 첫째, 이러한 지위는 그리스도께 귀의함으로써 금방 얻어지는 것인가? 둘째, 택하심을 받은 아들이 그 지위를 박탈당하여 패륜아로 버려질 수도 있는가?

I. 양자 됨의 의미

양자 됨은 "아들의 지위에 놓임"을 의미하는 그리스어이다.

너희는 다시 무서워하는 종의 영을 받지 아니하고 양자의 영을 받았으므로 우리가 아빠 아버지라고 부르짖느니라. (롬 8:15)

그 기쁘신 뜻대로 우리를 예정하사 예수 그리스도로 말미암아 자기의 아들들이 되게 하셨으니. (엡 1:5)

Note

구약시대에 그 말(adoption, 택하심)은 두 가지 의미를 가졌다.

1. 타인을 아들로서 자기 가족으로 받아들이는 사적 행위

2. 아들을 상속자로서 인정하는 공적이고 법률적인 축하 행위 : 즉, 생일 잔치나 성년식 같은 것이다. 이 예식이 치뤄지기 전까지 그 아이는 실제적으로 가정에서 종과 별로 다를 바가 없었다. 이 말은 하나님과 우리의 관계에 관한 것이 아니라 하나님 앞에서의 우리의 지위에 관한 것이다. 택하심으로써 하나님은 의로워진 신자를 성년 아들로 받아들이셔서 그로 하여금 아들로서의 특권과 의무를 행하게 하신다.

출애굽기 2장에서 모세는 성년이 됨과 동시에 바로 공주의 상속자로서 그에 따른 모든 권리와 특권을 갖게 되었다. 그러나 모세는 다른 것을 위하여 그의 애굽 시민으로서의 지위를 거부했다(히 11:24). 즉 믿음으로 모세는 어른이 되었을 때 바로의 딸의 아들이라 불리기를 거절했다.

Ⅱ. 양자 됨의 조건

양자 됨은 단지 그리스도 속에 산다는(그와는 결합), 단 하나의 조건을 요구한다.

너희가 다 믿음으로 말미암아 그리스도 예수 안에서 하나님의 아들이 되었으니. (갈 3:26)

우리는 성자가 되는 데 일 년이나 10여 년을 기다릴 필요도 없이, 즉각적인 하나님의 인정을 받는 상속자로서의 모든 축복을 받게 된다.

Ⅲ. 양자 됨의 시기

1. 그것은 세상이 창조되기 이전에 행해졌다.

그 자식들이 아직 나지도 아니하고 무슨 선이나 악을 행하지 아니한 때에 택하심을 따라 되는 하나님의 뜻이 행위로 말미암지 않고 오직 부르시는 이로 말미암아 서게 하려 하사. (롬 9:11)

양자 됨은 오로지 하나님의 은혜로써 행해지는 자비로운 행위이지 인간의 노력이나 지위 때문에 되는 것이 아니다.

2. 그것은 실제로 한 사람이 예수 그리스도를 믿는 그 순간에 일어난다.

사랑하는 자들아 우리가 지금은 하나님의 자녀라. (요일 3:2)

아들로서의 지위는 현재의 소유인 것이다. 우리는 진실로 "나는 주의 아들이다"라고 말할 수 있다. 즉, 주의 노예가 아니라 그의 아들이며 상속자이다. 우리는 유모와 가정교사 아래 교육받는 유아가 아니라 하나님의 가족 속에서의 성인이다.

3. 양자됨은 우리가 주의 앞에 나아가는 때 부활에 의하여 완전히 완성된다.

그뿐 아니라 또한 우리 곧 성령의 처음 익은 열매를 받은 우리까지도 속으로 탄식하여 양자 될 것 곧 우리 몸의 속량을 기다리느니라. (롬 8:23)

이 세상에서는 때로 우리가 하나님의 아들로서 인정받지 못하는 경우도 있다. 그러나 주의 앞에서 그때 우리는 거짓 가면(육신)을 벗어버리고 새로운 육신의 옷으로 갈아입는다.

Ⅳ. 양자 됨의 표식

양자 됨의 표식은 성령에 의하여 나타날 것이다.

무릇 하나님의 영으로 인도함을 받는 사람은 곧 하나님의 아들이라. (롬 8:14)

성령님의 인도를 받음으로써 아들의 지위를 얻을 것이며, 그 지위의 정당함이 입증될 것이다. 성령님은 신자를 하나님의 진리로 인도하실 것이다.

진리의 성령이 오시면 그가 너희를 모든 진리 가운데로 인도하시리니. (요 16:13)

너희가 만일 성령의 인도하시는 바가 되면 율법 아래에 있지 아니하리라. (갈 5:18)

Ⅴ. 양자 됨에 있어서 아빠 아버지의 관계

너희는 다시 무서워하는 종의 영을 받지 아니하고 양자의 영을 받았으므로 우리가 아빠 아버지라고 부르짖느니라. (롬 8:15)

너희가 아들이므로 하나님이 그 아들의 영을 우리 마음 가운데 보내사 아빠 아버지라 부르게 하셨느니라. (갈 4:6)

예수께서는 겟세마네 동산의 기도에서, "아빠 아버지"라고 하셨다(막 14:36). 이것은 애정과 친밀한 관계를 나타내는 특별한 어휘다. "아빠"는 그리스도의 유년기의 언어이고, "아버지"는 그리스어로서 그가 교육받고 배운 후에 사용된 언어이다. 종은 결코 그의 주인을 "아빠"라 부를 수 없었다.

Ⅵ. 양자 됨의 축복

1. 그들은 하나님의 특별한 사랑의 대상이 되었다.

아버지께서 나를 보내신 것과 또 나를 사랑하심 같이 그들도 사랑하신 것을 세상으로 알게 하려 함이

로소이다. (요 17:23)

즉, 하나님 아버지와 그 아들의 친밀한 애정관계인 것이다.

2. 그들은 어버이 되시는 하나님 아버지의 보살핌의 대상이 된다.

하나님 아버지께서는 그들이 무엇을 입고 먹을 것인가, 그리고 그들의 소유와 건강에 대하여 돌봐 주시는 것이다(눅 12:27-33).

3. 그들은 자녀로서의 이름을 가진다.

보라 아버지께서 어떠한 사랑을 우리에게 베푸사 하나님의 자녀라 일컬음을 받게 하셨는가. (요일 3:1)

4. 그들은 그 자녀의 모습을 갖는다.

하나님이 미리 아신 자들을 또한 그 아들의 형상을 본받게 하기 위하여 미리 정하셨으니. (롬 8:29)

5. 그들은 가족으로서의 사랑을 받는다.

우리는 형제를 사랑함으로 사망에서 옮겨 생명으로 들어간 줄을 알거니와 사랑하지 아니하는 자는 사망에 머물러 있느니라. (요일 3:14)

그리고 그들도 또한 우리를 사랑한다.

6. 그들은 자식으로서의 마음 자세를 갖는다.

우리가 아빠 아버지라고 부르짖느니라. (롬 8:15)

즉, 어버이와 자식의 관계다.

7. 그들은 가족으로서 모인다.

우리가 그에게 가서 거처를 그와 함께 하리라. (요 14:23)

8. 그들은 아버지의 징계를 받아들일 것이다.

히브리서 12:6-8에서는 그들이 진정한 아들들임을 증거한다. "주께서 그 사랑하시는 자를 징계하시고 그가 받아들이시는 아들마다 채찍질하심이라 하였으니 너희가 참음은 징계를 받기 위함이라 하나님이 아들과 같이 너희를 대우하시나니 어찌 아버지가 징계하지 않는 아들이 있으리요 징계는 다 받는 것이거늘 너희에게 없으면 사생자요 친아들이 아니니라."

9. 그들은 아버지의 위로를 받는다.

우리의 모든 환난 중에서 우리를 위로하사 우리로 하여금 하나님께 받는 위로로써 모든 환난 중에 있는 자들을 능히 위로하게 하시는 이시로다. (고후 1:4)

10. 그들은 하나님 아버지의 기업을 잇는다.

Note

썩지 않고 더럽지 않고 쇠하지 아니하는 유업을 잇게 하시나니. (벧전 1:4)

Ⅶ. 양자된 자의 의무

하늘의 충성스런 가족의 일원은 품위를 가지고 모든 것을 행해야 한다. 우리는 우리의 지위에 따르는 이 높은 영예를 헛되지 않게 해야 한다. 우리는 한 가족에 속한 형제자매로서 서로 사랑하고 봉사해야 한다.

내가 주와 또는 선생이 되어 너희 발을 씻었으니 너희도 서로 발을 씻어 주는 것이 옳으니라. (요 13:14)

내가 이것을 너희에게 명함은 너희로 서로 사랑하게 하려 함이라. (요 15:17)

● 결론

아이들이 자유로이 집에 드나들고 또 언제라도 아버지에게로 달려갈 수 있듯이, 믿는 자도 하나님 앞에 이렇게 나아갈 수 있다. 하나님의 가족으로 택하심을 받는 자는 성령 하나님의 인도를 받는다.

"내가 성령에 의하여 인도받습니까? 내가 하나님 아버지에 대한 어린 아들로서의 신뢰를 가질 수 있겠습니까? 내가 바로 그 앞으로 나아갈 수 있는 자유를 누릴 수 있습니까? 하나님의 가족으로서, 나의 형제들을 깊이 사랑할 수 있겠습니까? 내가 충성스러운 아들입니까? 하나님께서 주시는 명령에 내가 잘 순종할 수 있겠습니까? 나로 하여금 유아기적 신앙에서 벗어나 그리스도 안에 있는 성인의 지위를 얻게 하여 주십시오."

우리는 우리가 가진 것을 가지고 하나님의 아들로서, 즉 하나님의 상속자로서 생활해야 한다. 거룩하신 그분께서 우리를 그분의 가족으로 선택하셨다.

질문 *Bible Study*

1. 거듭남, 의롭다 함, 양자 됨을 구별해 보라.
2. 양자 됨(adoption)의 구약 시대의 의미를 말해 보라.
3. 양자 됨의 조건은 무엇인가?
4. 택하심의 3가지 시제를 각각에 대한 성경 구절을 인용하여 설명해 보라.
5. 한 사람이 하나님의 가족으로서 택하심을 받았다는 징표는 무엇인가?
6. "아빠 아버지"에 대하여 설명해 보라.

7. 양자 됨에 의한 축복을 7가지 이상 말해 보라.

8. 히브리서 12:6–8과 양자됨의 관계가 무엇인가?

9. 양자된 자의 하나님에 대한 의무는 무엇인가?

10. 하나님의 아들이 된 이들이 누리는(축복받은) 특권은 무엇인가?

Note

제46과
믿음

●서론

믿음은 그리스도인의 신앙과 행위에 있어 가장 기본적인 것이다. 왜냐하면 에베소서 2:8에서 보듯이 우리는 믿음에 의하여 구원받기 때문이다. 그리스도께서 사람들과 대화하시고 또 그들의 병을 고쳐주셨을 때 그리스도께서는 그들 각각의 마음속에 있는 믿음의 특성을 살피셨다.

1. 수로보니게 여인은 믿음으로 참고 견딜 수 있음을 보여 주었다(막 7:26).
2. 백부장은 그의 겸허한 믿음을 증명했다(마 8:8-10).
3. 소경은 간절한 믿음을 보여 주었다(막 10:51).
4. 다니엘은 다니엘서에서 훌륭한 믿음을 증명하였다(단 6:10-23).

믿음은 하나님에 대한 신뢰이다. 이로써 우리는 그의 말씀, 즉 성경을 믿는 것이다. 믿음으로써 우리는 예수 그리스도를 구세주로 받아들이며 그에게 우리 자신의 모든 것을 완전히 고백하는 것이다.

Ⅰ. 믿음의 정의

사전에서는 믿음에 대하여 어떤 신조나 종교에 대한 옳다는 확신이요, 신뢰요, 성실이며 또 충성이라고 정의했다.

믿음은 바라는 것들의 실상이요 보이지 않는 것들의 증거니. (히 11:1)

우리는 의자나 침대에 앉을 때 긴장을 풀고 자연스럽게 다른 의심없이 자기 몸을 올려놓는다. 즉 믿음으로 우리가 바닥에 넘어지지 않을 것을 안다. 믿음은 어린아이가 행하기에는 너무나 쉽고 간단하지만 성인이 완전히 이해하거나 만족할 만하게 설명하기에는 어려운 것이다. 믿음은 맹목적인 행위가 아니다. 하나님을 향한 믿음이란 하나님의 의심할 수 없는 그 말씀을 의지하는 것이다.

믿음은 성경의 하나님에 대한 그리고 하나님께서 보내신 예수 그리스도에 대한 신뢰이며 이로써 그를 구세주요 우리의 주로 받아들여 사랑으로써 복종하며 선을 행하는 것이다. 우리를 구원하는 믿음이란 주 예수 그리스도에 대한 개인적인 신뢰인 것이다.

Ⅱ. 믿음의 필요성

믿음이 없이는 하나님을 기쁘시게 하지 못하나니 하나님께 나아가는 자는 반드시 그가 계신 것과 또한 그가 자기를 찾는 자들에게 상 주시는 이심을 믿어야 할지니라. (히 11:6)

하나님의 존재에 대한 믿음이 없이는 보이지 않는 하나님과의 교제가 불가능하다. 우리는 그가 존재하심을 믿고 완전히 그에게 의지하고 맡겨야 한다. 이러한 신뢰가 바로 "믿음"이다.

믿음은 구원에 있어 필수 불가결한 것이다.

주 예수를 믿으라 그리하면 너와 네 집이 구원을 받으리라. (행 16:31)

믿음이 없는 신앙 행위란 근본적으로 불가능하다.

Ⅲ. 믿음의 본질

구원과 관련하여 볼 때 믿음에는 두 종류가 있다.

1. 머리로 믿는 믿음 : 역사적인 인물로서의 그리스도에 대한 지식과 성경에 대한 일반적 수용을 보여 주는 태도이다.

2. 마음에 의한 믿음 : 마음으로 믿어 믿음으로 행하는 것이다. "이르되 주 예수를 믿으라"(행 16:31). 즉 "on"이지 "in"이 아니다. 예를 들면 병든 자가 한 병의 약을 가지고 있다고 하자. 그가 약을 먹고 병이 나아서 약의 효험을 믿는다면 그것은 자신의 경험을 믿는(on) 것이다. 그러나 약 자체를 믿는(in) 것은 먹어 보지 않아도 약을 먹고 나면 나을 것을 믿는(in) 것이다. 우리는 우리의 믿음을 그리스도 위에 근거해야 하며 우리 자신의 믿음 가운데 믿음을 기초해서는 안 된다. 그리스도에 대한 진실한 믿음은 그리스도를 받아들일 수 있을 만큼 믿어야 한다(요 1:12).

지식(knowledge)이나 동의(assent)같은 것은 결코 진실한 믿음이 아니다. 진정한 믿음은 의지로써 완전히 수긍하는 것을 의미한다. 믿음이란 영혼이 그가 믿는 그리스도에게로 달려 나가 그를 맞이하는 것이다.

Note

Ⅳ. 믿음의 원천

1. 성령적인 면 : 믿음은 삼위일체 하나님의 행위이다.

a. 하나님 아버지

오직 하나님께서 각 사람에게 나누어 주신 믿음의 분량대로 지혜롭게 생각하라. (롬 12:3)

그러므로 모든 사람은 믿음에 대한 잠재적인 가능성을 가지고 있다.

다른 사람에게는 같은 성령으로 믿음을. (고전 12:9)

어떤 사람은 다른 사람보다 더 많은 믿음을 갖는다. 왜냐하면 믿음 또한 성령에 의한 선물(재능) 중의 하나이기 때문이다.

b. 하나님 아들

믿음의 주요 또 온전하게 하시는 이인 예수를 바라보자. (히 12:2)

사도들이 주께 여짜오되 우리에게 믿음을 더하소서. (눅 17:5)

우리 모두가 믿음을 가지고 있으나 우리가 믿음을 단련하고 기도함에 따라 믿음은 자라고 증가한다.

c. 하나님 성령

오직 성령의 열매는 사랑과 희락과 화평과 오래 참음과 자비와 양선과 충성과. (갈 5:22)

2. 인간적인 면

그러므로 믿음은 들음에서 나며 들음은 그리스도의 말씀으로 말미암았느니라. (롬 10:17)

우리가 성경을 보고 읽음에 따라 우리의 믿음은 점점 더 커지게 된다. 우리가 하나님의 말씀을 들음에 따라 우리의 믿음은 강해진다. 사람들은 하나님의 말씀을 듣고 믿었다(행 4:4). 즉, "믿음"을 갖게 되었다.

내가 믿나이다 나의 믿음 없는 것을 도와주소서. (막 9:24)

이것이 우리의 언제나 변하지 않는 고백이요, 기도문이 되어야 할 것이다. 사도들은 "우리에게 믿음을 더하소서"라고 기도했다(눅 17:5). 마태복음 17:19-21의 예수께서는 그의 사도들에게 어떤 악마들은 단지 주에 대한 생생하고 절대적인 믿음으로 행해지는 기도와 단식에 의해서만 퇴치될 수 있다고 말씀하신다.

Ⅴ. 믿음의 대상

1. 하나님의 말씀 : 믿음은 믿음이라고 불리는 막연한 것에 대한 믿음이어서는 결코 안 된다. 그것은 반드시 하나님의 말씀에 대한 믿음이어야 한다. 믿음은 성경의 말씀들을 계시된 하나님

의 말씀으로, 즉 진실하고 순수한 하나님의 말씀으로 받아들이는 것이다.

Note

2. 예수 그리스도 : 믿음 그 자체에 대한 믿음은 결코 구세주가 될 수 없다. 즉, 예수 그리스도라는 하나님의 아들에 대한 믿음을 지녀야 한다. 믿음은 그 자체로써 가치 있는 것이 아니고, 단지 그것을 매체로 하여 주 예수 그리스도를 나의 개인적인 구세주요, 주로 받아들이는 것이다.

Ⅵ. 믿음의 원칙

믿음의 원칙은 일상생활에서 기초가 되는 원리와 같다. 즉, 우리가 가게에서 우유를 구입할 때 우유 용기 안에 우유가 들어 있는지를 확인해 보지 않고 물건을 받는 것과 같다. 우리는 상표를 믿고 구입하는 것이다. 모든 사업은 다른 사람의 증명하는 바를 믿음으로 타인에 대한 신뢰와 믿음의 원칙을 바탕으로 수행된다.

택시 운전사는 먼저 당신에게 돈을 보여 줄 것을 요구하지 않는다. 즉 그는 "믿음"으로 당신이 돈을 가지고 있고, 나중에 요금을 지불하리라 믿는 것이다. 하나님에 대한 "믿음"은 하나님과 그의 말씀을 신뢰하는 것이다.

Ⅶ. 믿음의 결과

1. 우리는 믿음으로 구원받는다.

아브람이 여호와를 믿으니 여호와께서 이를 그의 의로 여기시고. (창 15:6)

2. 우리는 믿음에 의해 그리스도를 받아들인다.

영접하는 자 곧 그 이름을 믿는 자들에게는 하나님의 자녀가 되는 권세를 주셨으니. (요 1:12)

3. 우리는 믿음으로 의로워진다.

그러므로 우리가 믿음으로 의롭다 하심을 받았으니. (롬 5:1)

4. 우리는 믿음으로 하나님의 아들이 된다.

너희가 다 믿음으로 말미암아 그리스도 예수 안에서 하나님의 아들이 되었으니. (갈 3:26)

5. 우리는 믿음으로 거룩하게 된다.

나를 믿어 거룩하게 된 무리 가운데서 기업을 얻게 하리라. (행 26:18)

6. 우리는 믿음으로 보호된다.

믿음으로 말미암아 하나님의 능력으로 보호하심을 받았느니라. (벧전 1:5)

7. 믿음으로 안식을 얻는다.

이미 믿는 우리들은 저 안식에 들어가는도다. (히 4:3)

8. 믿음으로 기적을 체험하게 된다. 히브리서 11장에 기록된 이적들은 믿음을 가진 자에게만 가능하다.

9. 우리의 영원한 운명(eternal destiny)은 우리의 믿음 또는 불신(unbelief)에 의해 결정된다. 우리는 믿음으로 구원 하늘나라에서 주 예수 그리스도와 함께 영생을 누릴 수 있다. 우리가 불신한다면 자신이 여전히 죄 속에 있음을 깨닫게 될 것이며, 결국은 지옥 속으로 영원히 던져질 것이다.

● 결론

너희에게 이르노니 만일 너희에게 믿음이 겨자씨 한 알 만큼만 있어도 이 산을 명하여 여기서 저기로 옮겨지라 하면 옮겨질 것이요 또 너희가 못할 것이 없으리라. (마 17:20)

예수님께서는 어떤 전지전능한 힘을 믿음에 의한 것으로 여기셨다. 즉 사도도 믿음으로 거대한 이적을 행할 수 있었다. 여기에 당신과 나를 위한 거대한 힘이 있다. 즉, 그것은 '믿음의 힘'이다.

그들과 같이 우리도 복음 전함을 받은 자이나 들은 바 그 말씀이 그들에게 유익하지 못한 것은 듣는 자가 믿음과 결부시키지 아니함이라. (히 4:2)

우리가 설교를 통하여 성경공부에서 그리고 모든 그리스도인의 대화 속에서 전하는 말씀이 듣는 사람의 믿음으로 화합할 수 있도록 기도하라. 하나님께 그들에게 믿음을 주시도록 기도하라. 믿음은 말씀과 화합되어야만 한다. 그리스도인이 품어야 할 커다란 의문은, "내가 무엇을 할 수 있느냐?"가 아니라 "내가 얼마나 깊이(많이) 믿을 수 있는가(나의 믿음이 얼마나 큰가?)"이다. "주여 내가 믿나니 나의 믿음 없음을 도와주소서. 그리고 나의 믿음이 더욱 커지도록 도와주소서."

예수께서 이르시되 할 수 있거든이 무슨 말이냐 믿는 자에게는 능히 하지 못할 일이 없느니라 하시니. (막 9:23)

질문 *Bible Study*

1. 4가지 종류의 믿음의 예를 각각 말해 보라.
2. 믿음을 두 가지 방법으로 정의해 보라.

a) 사전적 의미 b) 성경적 의미

3. 믿음이 얼마나 중요한 것인가?

4. 머리로의 믿음과 마음으로의 믿음을 구별해 보라.

5. 믿음의 성령적인 면을 보여 주는 성경 말씀을 찾아보라.

6. 믿음의 인간적인 면을 강조하는 성경 말씀은 무엇인가?

7. 믿음의 대상은 무엇인가?

8. 믿음의 원칙은 무엇인가?

9. 믿음의 결과는 무엇인가?

10. 마태복음 17:20으로부터 우리는 믿음에 대해 어떤 교훈을 배우게 되는가?

Note

제47과
회개

● 서론

구약에서는 율법과 희생제물의 법대로 사람들은 자신의 죄를 고백했고 제물을 바쳤다. 하지만 그러고 나서 또 죄를 반복해서 지었다. '복음적인 회개'란 죄로부터 돌아서서 하나님께로 돌아가는 것이다.

유대인과 헬라인들에게 하나님께 대한 회개와 우리 주 예수 그리스도께 대한 믿음을 증언한 것이라. (행 20:21)

소위 "생명에 이르는 회개"이다. 그 이유는, 새로운 마음이란 단순히 악에서부터 떠나는 것만이 아니라 그리스도 안에 기초한 생명을 얻는 것을 말하기 때문이다.

하나님께서 이방인에게도 생명 얻는 회개를 주셨도다 하니라. (행 11:18)

그것은 또한 회개의 목적이 되는 구원에 이르는 회개라 부를 수 있다.

하나님의 뜻대로 하는 근심은 후회할 것이 없는 구원에 이르게 하는 회개를 이루는 것이요 세상 근심은 사망을 이루는 것이니라. (고후 7:10)

다시 후회할 것이 없다는 것은 사람이 바로 그 죄로 돌아가지 않는다는 것을 의미한다.

Ⅰ. 회개의 정의

1. 부정적인 측면에서 : 회개란 단순히 죄에 대한 슬픔이 아니다. 죄에 대해서 우는 사람은 많다. 그러나 회개가 없으면 즉시 그는 똑같은 죄로 돌아가게 된다. 참회하는 일이 곧 회개는 아니다. 왜냐하면 그것은 죄인에게 구원을 얻기 위한 수단으로 주어지며 그리고 참 회개를 방해하기 때문이다. 가룟 유다는 죄에 대한 슬픔은 보여 주었으나 회개하지는 않았다.

그가 그 후에 축복을 이어받으려고 눈물을 흘리며 구하되 버린 바가 되어 회개할 기회를 얻지 못하였

느니라. (히 12:17)

2. 긍정적인 측면에서 : 그것은 행위의 변화로 인도하는 마음의 변화를 뜻한다. 마태복음 21:28-32에 보면 소년이 처음에는 포도원에서 일하기를 거절했지만 그러나 후에는 회개했다. 그의 마음을 바꾸고 포도원으로 가서 실제로 일한 것이다.

Ⅱ. 회개의 필요성

1. 모든 사람은 하나님의 관점에서 볼 때 죄인이기 때문에 회개할 필요가 있다. 세례 후 예수님의 첫 번째 설교와 광야에서의 시험은 회개에 관한 것이었다.

이때부터 예수께서 비로소 전파하여 이르시되 회개하라 천국이 가까이 왔느니라 하시더라. (마 4:17)

또 예수님은 이렇게 설교하셨다. "너희에게 이르노니 아니라 너희도 만일 회개하지 아니하면 다 이와 같이 망하리라"(눅 13:3).

2. 회개는 믿기 전에 온다.

회개하고 복음을 믿으라 하시더라. (막 1:15)

3. 회개는 용서 전에 온다.

또 그의 이름으로 죄 사함을 받게 하는 회개가 예루살렘에서 시작하여 모든 족속에게 전파될 것이 기록되었으니. (눅 24:47)

4. 회개는 회심 전에 온다.

그러므로 너희가 회개하고 돌이켜 너희 죄 없이 함을 받으라. (행 3:19)

5. 하나님은 회개를 명령하신다.

알지 못하던 시대에는 하나님이 간과하셨거니와 이제는 어디든지 사람에게 다 명하사 회개하라 하셨으니. (행 17:30)

Ⅲ. 회개의 중요성

회개는 성경에서 아주 중요한 주제로, 성경에 100회 이상 언급되었다. 회개는 세례 요한의 주제였다.

그때에 세례 요한이 이르러 유대 광야에서 전파하여 말하되 회개하라 천국이 가까이 왔느니라. (마 3:1-2)

예수님께서 복음을 전파하려 제자들을 보내실 때, 그들에게 회개를 가르치라고 명령하셨다.

Note

제자들이 나가서 회개하라 전파하고. (막 6:12)

오순절 이후 제자들은 회개를 선포했다.

베드로가 이르되 너희가 회개하여 각각 예수 그리스도의 이름으로 세례를 받고 죄 사함을 받으라. (행 2:38)

회개는 또한 사도 바울의 메시지였다(행 20:21). 하나님께서는 모든 인간이 회개하길 원하신다. 베드로후서 3:9의 "아무도 멸망하지 아니하고 다 회개하기에 이르기를 원하시느니라"는 말씀은 하나님께 순종하는 일에 실패하면 영원한 심판에 설 것임을 알려주고 있다.

너희에게 이르노니 아니라 너희도 만일 회개하지 아니하면 다 이와 같이 망하리라. (눅 13:3)

Ⅳ. 회개의 본질

1. 지적인 면에서

대답하여 이르되 아버지 가겠나이다 하더니 가지 아니하고. (마 21:29)

이 젊은이는 자신의 마음과 생각과 관점을 바꾸었다. 회개란 죄와 의로 향한 우리의 태도와 관점에 대한 혁명이다. 회개란 우리로 하여금 죄를 미워하게 가르치고 거룩과 순결을 사랑하도록 배우게 한다.

탕자는 회개했다. 그는 먼 나라에서 자기 생활을 바꾸기로 마음을 먹고 종으로서 아버지의 집에 돌아갈 것을 결심했다. 오순절 날 베드로는 유대인들에게 회개하라고 요구했는데 그것은 그리스도의 인격에 대한 그들 마음의 변화를 요구하는 것이었다. 지적인 회개는 예수를 단순한 인간, 모독자, 사기꾼이라고 생각하는 데서부터 예수를 하나님의 아들, 메시야, 세상의 구세주로 인정하는 데까지의 변화를 의미한다.

2. 정적인 면에서

내가 지금 기뻐함은 너희로 근심하게 한 까닭이 아니요 도리어 너희가 근심함으로 회개함에 이른 까닭이라. (고후 7:9)

감정이란 회개에 있어서 큰 역할을 한다.

그들이(두로와 시돈) 벌써 베옷을 입고 재에 앉아 회개하였으리라. (눅 10:13)

이 여자는 눈물로 내 발을 적시고 그 머리털로 닦았으며(회개의 표시로서). (눅 7:44)

누가복음 18:13에서 세리는 자기 마음의 슬픔을 보이면서 가슴을 쳤다. 헬라어로 회개란 사람으로 하여금 '근심하게 한다'는 의미가 있다. 히브리어로 회개란 '헐떡거림, 한숨 쉬는 것, 슬퍼하는 것'을 의미한다.

내 죄악을 아뢰고 내 죄를 슬퍼함이니이다. (시 38:18)

Note

3. 의지적인 면에서

회개에 대한 히브리어의 또 다른 의미는 '돌아서다'이다. 누가복음 15:18, 20은 탕자가 "내가 일어날 것이다… 그는 일어났다"라고 표현하고 있다. 회개란 외적으로 볼 때 변화된 경험을 동반하는 위기이다. 사도 바울은 일어났다(회개했다). 그는 회개를 사라지는 단순한 하나의 행동으로 보지 않고 하나의 경험으로써 가르쳤다. 회개는 양면의 행동을 말한다. 즉, ① 죄로부터 돌아서는 것 ② 하나님께로 돌아가는 것.

하나님께로 돌아가는 것 없이 죄로부터 돌아서는 것은 재생없는 개혁과 같다.

너희가 어떻게 우상을 버리고 하나님께로 돌아와서 살아 계시고 참되신 하나님을 섬기는지와. (살전 1:9)

사탄의 권세에서 하나님께로 돌아오게 하고. (행 26:18)

Ⅴ. 어떻게 회개할 수 있는가?

이것은 근본적으로 하나님께서 주시는 은사에 속한다.

이르되 그러면 하나님께서 이방인에게도 생명 얻는 회개를 주셨도다 하니라. (행 11:18)

혹 하나님이 그들에게 회개함을 주사 진리를 알게 하실까 하며. (딤 2:25)

회개란 하나님 아버지께서 우리에게 허락해 주신 특권이다. 사람들이 복음의 메시지를 들을 때 성령님께서 그들의 죄를 깨닫게 해 주시며 회개에 대한 강력한 요구가 그 결과로 개인적으로 나타나게 된다. 요나는 니느웨 성의 사람들에게 회개를 요청하는 설교를 전했다. 그 결과 니느웨의 백성들은 그 메시지를 믿었고 그리고 하나님께로 돌아왔다.

혹 네가 하나님의 인자하심이 너를 인도하여 회개하게 하심을 알지 못하여 그의 인자하심과 용납하심과 길이 참으심이 풍성함을 멸시하느냐. (롬 2:4)

무릇 내가 사랑하는 자를 책망하여 징계하노니 그러므로 네가 열심을 내라 회개하라. (계 3:19)

하나님께서는 가끔 우리를 죄로부터 회개케 하시려고 우리를 책망하기도 하시며 채찍으로 치기도 하신다.

Ⅵ. 회개의 결과

1. 하늘에서 기뻐한다.

내가 너희에게 이르노니 이와 같이 죄인 한 사람이 회개하면 하늘에서는 회개할 것 없는 의인 아흔아홉으로 말미암아 기뻐하는 것보다 더하리라…내가 너희에게 이르노니 이와 같이 죄인 한 사람이 회개하면 하나님의 사자들 앞에 기쁨이 되느니라. (눅 15:7, 10절)

2. 죄에 대한 용서와 사죄가 있다.

악인은 그의 길을, 불의한 자는 그의 생각을 버리고 여호와께로 돌아오라 그리하면 그가 긍휼히 여기시리라 우리 하나님께로 돌아오라 그가 너그럽게 용서하시리라. (사 55:7)

그러므로 너희가 회개하고 돌이켜 너희 죄 없이 함을 받으라 이같이 하면 새롭게 되는 날이 주 앞으로부터 이를 것이요. (행 3:19)

회개한다고 용서가 되는 것이 아니라 회개는 단순히 용서의 조건일 뿐이다. 회개는 사람에게 용서를 마련해 준다. 그러나 그에게 용서의 특권을 주는 것은 아니다.

3. 성령님은 회개하는 자에게 임하신다.

베드로가 이르되 너희가 회개하여 각각 예수 그리스도의 이름으로 세례를 받고 죄 사함을 받으라 그리하면 성령의 선물을 받으리니. (행 2:38)

● 결론

회개한 죄에 대해서는 다시 회개하지 마라.

질문 Bible Study

1. 구약과 신약의 회개의 다른 점은 무엇인가?
2. 고린도후서 7:10에 따르면 회개의 목적은 무엇인가?
3. 부정적인 측면에서 회개를 정의해 보라.
4. 긍정적인 측면에서 회개를 정의해 보라.
5. 회개의 필요성을 5가지로 구분해 보라.
6. 회개의 중요성을 나타내는 성경 구절을 써라.
7. 지적인 면에서 회개를 어떻게 하는가?
8. 감정적인 면에서 회개를 어떻게 하는가?
9. 의지적인 면에서 회개를 어떻게 하는가?
10. 회개의 결과 3가지는 무엇인가?

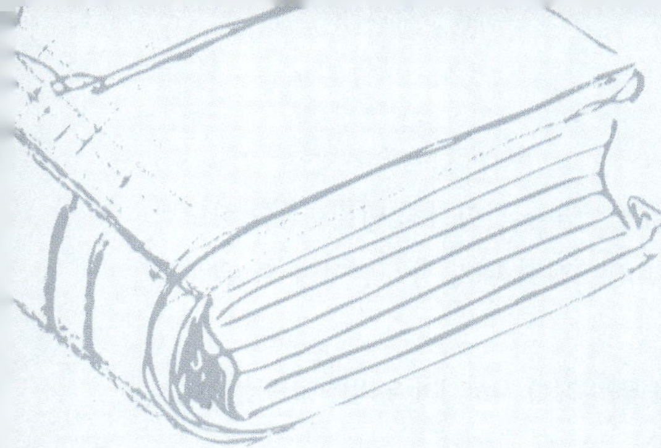

제48과
용서

● 서론

첫 인간의 타락으로 말미암아 모든 사람은 죄인이 되었다. 죄라고 하는 것은 사람이 천국에서부터 떨어져 나가는 것을 말한다. 천국이란 거룩한 장소이며 결코 악이 존재할 수 없는 곳이다. 그러면 천국에 어떻게 들어갈 수 있을까? 이 열쇠는 용서이다. 만일 하나님께서 우리의 여러 가지 죄를 용서하신다면 우리가 천국에 들어가는 것을 막을 수 있는 자는 아무도 없다. 죄인에게 있어서 용서라는 것은 그의 생애 가운데 가장 중요한 문제가 된다. 구약에는 용서에 대하여 3가지 단어로 표현한다. 첫째, "덮는다(to cover)", 둘째, "치운다(to lift away)", "멀리 보낸다(to send away)"이다. 신약에 있어서는 그리스도의 속죄와 순수한 은혜로 말미암아 죄로부터 그 죄인이 분리되는 것을 의미한다(R. 리).

Ⅰ. 용서의 주인 – 오직 하나님뿐이시다

죄인이 하나님의 법을 파괴한 이래로 그 죄를 지은 인간을 용서할 수 있는 분은 하나님뿐이시다. 만일 당신이 나의 망치를 훔쳤다면 나는 망치를 훔친 당신을 용서할 수는 있을 것이다. 그러나 만약 당신이 한국의 법을 파괴했다면 한국의 법을 어긴 당신을 내가 용서할 수는 없다. 당신이 하나님의 법을 파괴했을 때 어떤 지상에 있는 인간도 당신을 용서할 수 있는 특권이 없다. 오직 하나님만이 당신을 용서하실 수 있다.

함께 앉아 있는 자들이 속으로 말하되 이가 누구이기에 죄도 사하는가 하더라. (눅 7:49)

이 사람이 어찌 이렇게 말하는가 신성모독이로다 오직 하나님 한 분 외에는 누가 능히 죄를 사하겠느냐. (막 2:7)

이 두 가지 경우에 있어서 오직 하나님만이 죄를 용서하실 수 있다는 유대인들의 견해는 옳았다. 하나님의 법을 어겼을 때 용서를 얻기 위해서 결코 사람을 찾아가지 마라. 직접 하나님께로만 나아가라. 용서를 위해서 인간 중보자를 찾지 마라. 직접 내가 용서받아야 할 그분께로 가라.

만일 우리가 우리 죄를 자백하면 그는 미쁘시고 의로우사 우리 죄를 사하시며 우리를 모든 불의에서 깨끗하게 하실 것이요. (요일 1:9)

우리에게 율법을 주신 거룩하신 주 하나님께서는 기쁘게 죄인들을 용서하신다. 왜냐하면 예수님은 하나님이시며 동시에 하나님의 아들이시기 때문이며 그분은 죄를 용서하기로 약속하셨기 때문이다.

이스라엘에게 회개함과 죄 사함을 주시려고 그를 오른손으로 높이사 임금과 구주로 삼으셨느니라. (행 5:31)

Ⅱ. 용서의 방법(통로) – 오직 예수 그리스도

그러므로 형제들아 너희가 알 것은 이 사람을 힘입어 죄 사함을 너희에게 전하는 이것이며. (행 13:38)

이 말씀은 죄짐을 지고 있는 영혼들에게 구원을 선포하는 놀라운 메시지이다. 누가복음 7:48에서 구세주께서 개인적으로 여자를 용서하여 주셨는데, "네 죄사함을 받았느니라"고 말씀하셨다.

예수님은 마가복음 2:9에서 개인적으로 중풍병자에게 "네 죄사함을 받았느니라"고 하셨다. 예수님은 오늘날 육체로 우리와 함께 계시지는 않지만 눈에 보이지 않게 바로 여기에, 우리 한 사람 한 사람을 용서하실 준비가 되어 있다. 지금 우리가 바로 눈을 감고 그동안 지은 우리의 모든 죄를 고백한다면 예수님은 우리를 용서하실 것이다. 용서란 어떤 교회에서나 성만찬, 또는 공동체 모임에서 발견될 수 있는 것이 아니라, 바로 그리스도 안에서만 발견될 수 있다.

Ⅲ. 용서의 근거

1. 용서는 주님의 불쌍히 여기는 마음에서부터 비롯된다.

오직 하나님은 긍휼하시므로 죄악을 덮어 주시어 멸망시키지 아니하시고 그의 진노를 여러 번 돌이키시며 그의 모든 분을 다 쏟아 내지 아니하셨으니. (시 78:38)

2. 용서는 하나님의 공의에서 비롯된다.

만일 우리가 우리 죄를 자백하면 그는 미쁘시고 의로우사 우리 죄를 사하시며 우리를 모든 불의에서 깨끗하게 하실 것이요. (요일 1:9)

하나님은 죄를 용서하실 수 있다. 그리고 거룩하고 공의롭게 계속 존재하신다.

3. 용서는 그리스도의 피에서 비롯된다.

우리는 그리스도 안에서 그의 은혜의 풍성함을 따라 그의 피로 말미암아 속량 곧 죄 사함을 받았느니라. (엡 1:7)

"피로 말미암아"라는 뜻은, 그리스도의 화해적인 십자가 사건을 말한다. 십자가 위에서 예수님은 우리의 영원한 구속을 위해서 완전한 대가와 속전(ransom)을 위한 그분의 피를 흘리셨다. 하나님께서는 다음과 같이 선포하셨다. "범죄하는 그 영혼은 죽으리라"(겔 18:4). 죄는 필연적으로 죽음을 가져왔다. 인간은 죄를 지었기 때문에 그 결과로 죽을 수밖에 없었다.

선악을 알게 하는 나무의 열매는 먹지 말라 네가 먹는 날에는 반드시 죽으리라 하시니라. (창 2:17)

하나님은 언제나 피를 요구하셨다. 그것은 죄를 속죄하는 것으로써 죽음을 상징했다. 하나님은 아담과 하와의 벗은 몸을 감추기 위해서 가죽옷을 지어 입히셨는데, 그로 인해 동물은 피를 흘려야 했다(창 3:21).

아벨의 제사는 피를 흘리는 제사였기 때문에 하나님께 열납되었고, 가인의 제사는 피흘림이 없는 제사였기 때문에 열납되지 못했다(창 4:3-5).

육체의 생명은 피에 있음이라 내가 이 피를 너희에게 주어 제단에 뿌려 너희의 생명을 위하여 속죄하게 하였나니 생명이 피에 있으므로 피가 죄를 속하느니라. (레 17:11)

Ⅳ. 용서의 완전성 – 모든 죄

예수님께서 죄를 용서하실 때 모든 죄를 용서하신다. ¼이나 ½이나 499/500를 용서하시는 것이 아니라 모든 죄를 완전히 용서하신다.

이러므로 내가 네게 말하노니 그의 많은 죄가 사하여졌도다. (눅 7:47)

그가 네 모든 죄악을 사하시며 네 모든 병을 고치시며. (시 103:3)

허물의 사함을 받고 자신의 죄가 가려진 자는 복이 있도다 마음에 간사함이 없고 여호와께 정죄를 당하지 아니하는 자는 복이 있도다. (시 32:1–2)

또 범죄와 육체의 무할례로 죽었던 너희를 하나님이 그와 함께 살리시고 우리의 모든 죄를 사하시고. (골 2:13)

그러므로 내가 너희에게 이르노니 사람에 대한 모든 죄와 모독은 사하심을 얻되. (마 12:31)

이상이 아주 중요한 요점들이다. 한 가지 죄라도 용서받지 못한 것이 있다면 그 사

Note

람은 천국에 갈 수 없으며 따라서 영원히 지옥에서 지내게 된다.

무엇이든지 속된 것이나 가증한 일 또는 거짓말하는 자는 결코 그리로 들어가지 못하되. (계 21:27)

한 가지의 죄가 당신과 천국 사이를 가로 막을 수 있으며 한 가지 죄로 인해 모든 인간은 죽음에 이르게 된 것이다.

V. 용서의 소유 – 우리는 가졌다

이것은 현재 소유하고 있음을 뜻한다. 많은 사람이 죽을 때까지 기다렸다가 그들의 죄가 용서받았는지 못 받았는지 알려고 한다. 복음은 용서가 현재 소유될 수 있다는 기쁜 소식을 가져다준다.

우리는 그리스도 안에서 그의 은혜의 풍성함을 따라 그의 피로 말미암아 속량 곧 죄 사함을 받았느니라. (엡 1:7)

누가복음 7:36-50에 나오는 여인은 즉시로 용서를 받았다.

자녀들아 내가 너희에게 쓰는 것은 너희 죄가 그의 이름으로 말미암아 사함을 받았음이요. (요일 2:12)

우리는 각자가 속한 자리에서 우리의 죄가 사함을 입었으며 이 죄 사함에는 의심할 여지가 없는 확실성이 있음을(긍정적인 복음의 메시지) 사람들에게 가르쳐야 한다.

VI. 용서의 조건

1. 회개

이스라엘에게 회개함과 죄 사함을 주시려고 그를 오른손으로 높이사 임금과 구주로 삼으셨느니라. (행 5:31)

회개는 용서에 선행되어야 한다. 회개란 죄로부터 돌이켜 하나님을 향한다는 뜻이다.

베드로가 이르되 너희가 회개하여 각각 예수 그리스도의 이름으로 세례를 받고 죄 사함을 받으라 그리하면 성령의 선물을 받으리니. (행 2:38)

누가복음에 7:36-50에 보면 여인이 자신의 회개를 겸손과 눈물로 표현했다.

2. 믿고 구하기

네 믿음이 너를 구원하였으니 평안히 가라. (눅 7:50)

회개는 믿음과 용기를 이끌어낸다.

3. 고백(자백)

만일 우리가 우리 죄를 자백하면 그는 미쁘시고 의로우사 우리 죄를 사하시며 우리를 모든 불의에서

깨끗하게 하실 것이요. (요일 1:9)

고백하지 않는 죄는 용서받을 수 없다. 성령으로 하여금 우리의 죄를 밝혀 자백할 수 있도록, 그리고 모두에게도 같은 은총이 내리도록 기도하라.

내가 이르기를 내 허물을 여호와께 자복하리라 하고 주께 내 죄를 아뢰고 내 죄악을 숨기지 아니하였더니 곧 주께서 내 죄악을 사하셨나이다(셀라). (시 32:5)

다윗의 경험이 오늘날 우리의 경험이 되어야 할 것이다.

4. 다른 사람을 용서

너희가 사람의 잘못을 용서하지 아니하면 너희 아버지께서도 너희 잘못을 용서하지 아니하시리라. (마 6:15)

비판하지 말라 그리하면 너희가 비판을 받지 않을 것이요 정죄하지 말라 그리하면 너희가 정죄를 받지 않을 것이요 용서하라 그리하면 너희가 용서를 받을 것이요. (눅 6:37)

서로 친절하게 하며 불쌍히 여기며 서로 용서하기를 하나님이 그리스도 안에서 너희를 용서하심과 같이 하라. (엡 4:32)

• 참고/ 마 18:21-35

Ⅶ. 용서의 빈도

우리가 죄를 범할 때마다 우리의 죄를 자백하면 예수 그리스도의 피가 우리의 죄를 씻으실 것이다. 회개는 죄를 버리고 하나님의 능력에 의하여 다시는 그 죄를 반복하지 않겠다는 약속을 포함한다. 그러면 우리가 은혜 안에 더 풍성히 거하기 위해 계속 죄를 되풀이해도 되는 것일까? 로마서 6:1은 사도 바울을 통한 주님의 엄하신 경고를 증거하고 있다. "그런즉 우리가 무슨 말을 하리요 은혜를 더하게 하려고 죄에 거하겠느냐." 로마서 6:2의 "그럴 수 없느니라"고 하신 하나님의 말씀은 저주의 사상까지 담고 있다. 그렇다면 반복하여 죄를 범할 수밖에 없는 우리는 얼마나 용서받을 수 있을까? 이 물음에 대하여 주님은 일흔 번씩 일곱 번이라고 말씀하시나(마 18:21-25), 그 내용은 영속성을 뜻하고 있다.

● 결론

죄에 대한 하나님의 메시지가 각기 세 가지로 기록되었다.

1. 출애굽기 20장의 십계명, 이는 사람들을 위한 행실의 표준 법칙이다.
2. 다니엘 5:27, "데겔은 왕을 저울에 달아 보니 부족함이 보였다 함이요."

로마서 3:23, "모든 사람이 죄를 범하였으매 하나님의 영광에 이르지 못하더니."

3. 요한복음 8:1-11, 예수님께서 땅에 엎드리어 손가락으로 글을 쓰셨다. 무엇을 쓰셨을까? 우리는 알 도리가 없다. 그러나 이 말씀을 쓰셨을 것이다. "용서." 지금도 주님은 우리에게 말씀하신다. "가라. 그리고 다시는 죄를 범하지 말라."

질문 Bible Study

1. 누가복음 7:49과 마가복음 2:7에서 왜 유대인들은 분개하여 예수님을 힐난했는가?
2. "만일 우리가 우리 죄를 (곧, just) 자백하면"(요일 1:9)이란 말이 왜 중요한가?
3. 성경 상에 사용된 용서의 기본이 되는 세 마디 단어는 무엇인가?
4. 사도행전 13:38에 나타난 "이 사람"이란 단어는 왜 중요한가?
5. 에베소서 1:7은 레위기 17:11을 어떤 방법으로 이루고 있는가?
6. 우리의 모든 죄를 사해 주시는 용서를 나타내는 구절을 3가지 정도 써 보라.
7. 요한계시록 21:27에 의하면 얼마나 많은 어떤 죄인들이 하늘나라에 들어가지 못하는가?
8. 오늘날 용서를 확인하고 증명할 수 있는 방법은 무엇인가?
9. 하나님께 용서받을 수 있는 조건 4가지는 무엇인가?
10. 얼마나 자주 용서받을 필요가 있는가? 얼마나 자주 남을 용서해야 하는가?

제49과

예수님을 믿을 때 생기는 일들

● 서론

스웬슨 교수는 "죄인이 그리스도를 영접하자마자 이전보다 더 깊은 평화와 행복, 그리고 용서받는 것뿐만 아니라 38가지의 새로운 특권이 부여된다"고 말했다.

차는 달리면서 변속 기어를 사용해야 하는데 그때마다 수없이 클러치를 밟고 떼야 한다. 그러나 그 변화도 차가 주행 중일 때만 있다는 것을 운전자이면 누구나 다 안다. 실제로 백 가지 이상의 새로운 변화와 특권이 있다는 것을 점차적으로 배우게 될 것이다. 레이 프레임 목사는 이런 다양한 특권을 잘 정돈해 보여 주고 있다.

I. 하나님과의 관계

1. 하나님의 은혜에 가까이 감

이는 그로 말미암아 우리 둘이 한 성령 안에서 아버지께 나아감을 얻게 하려 하심이라. (엡 2:18)

먼저 구원에 이르고 그 후에는 기도.

우리가 그 안에서 그를 믿음으로 말미암아 담대함과 확신을 가지고 하나님께 나아감을 얻느니라. (엡 3:12)

2. 양자 됨

율법 아래에 있는 자들을 속량하시고 우리로 아들의 명분을 얻게 하려 하심이라. (갈 4:5)

그 기쁘신 뜻대로 우리를 예정하사 예수 그리스도로 말미암아 자기의 아들들이 되게 하셨으니. (엡 1:5)

3. 기업을 얻음

그 눈을 뜨게 하여 어둠에서 빛으로, 사탄의 권세에서 하나님께로 돌아오게 하고 죄 사함과 나를 믿어 거룩하게 된 무리 가운데서 기업을 얻게 하리라. (행 26:18)

4. 택함을 받음

곧 하나님 아버지의 미리 아심을 따라 성령이 거룩하게 하심으로 순종함과 예수 그리스도의 피 뿌림을 얻기 위하여 택하심을 받은 자들에게 편지하노니 은혜와 평강이 너희에게 더욱 많을지어다. (벧전 1:2)

곧 창세 전에 그리스도 안에서 우리를 택하사 우리로 사랑 안에서 그 앞에 거룩하고 흠이 없게 하시려고. (엡 1:4)

너희가 나를 택한 것이 아니요 내가 너희를 택하여 세웠나니 이는 너희로 가서 열매를 맺게 하고 또 너희 열매가 항상 있게 하여 내 이름으로 아버지께 무엇을 구하든지 다 받게 하려 함이라. (요 15:16)

5. 하나님의 자녀가 됨

영접하는 자 곧 그 이름을 믿는 자들에게는 하나님의 자녀가 되는 권세를 주셨으니. (요 1:12)

보라 아버지께서 어떠한 사랑을 우리에게 베푸사 하나님의 자녀라 일컬음을 받게 하셨는가, 우리가 그러하도다 그러므로 세상이 우리를 알지 못함은 그를 알지 못함이라. (요일 3:1)

6. 하늘나라의 시민권을 얻음

그러나 우리의 시민권은 하늘에 있는지라 거기로부터 구원하는 자 곧 주 예수 그리스도를 기다리노니. (빌 3:20)

7. 하나님의 후사(後嗣)가 됨

자녀이면 또한 상속자 곧 하나님의 상속자요 그리스도와 함께 한 상속자니 우리가 그와 함께 영광을 받기 위하여 고난도 함께 받아야 할 것이니라. (롬 8:17)

너희가 그리스도의 것이면 곧 아브라함의 자손이요 약속대로 유업을 이을 자니라. (갈 3:29)

8. 새로운 피조물이 됨

그런즉 누구든지 그리스도 안에 있으면 새로운 피조물이라 이전 것은 지나갔으니 보라 새 것이 되었도다. (고후 5:17)

타락한 아담의 옛 성품을 갖고 태어났지만, 예수님을 믿으면 하나님의 거룩한 성품을 갖게 되는 것이다.

9. 하나님의 종이 됨

그러나 이제는 너희가 죄로부터 해방되고 하나님께 종이 되어 거룩함에 이르는 열매를 맺었으니 그 마지막은 영생이라. (롬 6:22)

예수 그리스도의 종 바울은 사도로 부르심을 받아 하나님의 복음을 위하여 택정함을 입었으니. (롬 1:1)

10. 하나님의 제사장이 됨

그러나 너희는 택하신 족속이요 왕 같은 제사장들이요 거룩한 나라요 그의 소유가 된 백성이니 이는 너희를 어두운 데서 불러 내어 그의 기이한 빛에 들어가게 하신 이의 아름다운 덕을 선포하게 하려 하심이라. (벧전 2:9)

11. 하나님과 더불어 화목하게 됨

곧 우리가 원수 되었을 때에 그의 아들의 죽으심으로 말미암아 하나님과 화목하게 되었은즉 화목하게 된 자로서는 더욱 그의 살아나심으로 말미암아 구원을 받을 것이니라. (롬 5:10)

그때에 너희는 그리스도 밖에 있었고 이스라엘 나라 밖의 사람이라 약속의 언약들에 대하여는 외인이요 세상에서 소망이 없고 하나님도 없는 자이더니 이제는 전에 멀리 있던 너희가 그리스도 예수 안에서 그리스도의 피로 가까워졌느니라. (엡 2:12–13)

12. 성화(聖化)

너희 중에 이와 같은 자들이 있더니 주 예수 그리스도의 이름과 우리 하나님의 성령 안에서 씻음과 거룩함과 의롭다 하심을 받았느니라. (고전 6:11)

그 눈을 뜨게 하여 어둠에서 빛으로, 사탄의 권세에서 하나님께로 돌아오게 하고 죄 사함과 나를 믿어 거룩하게 된 무리 가운데서 기업을 얻게 하리라 하더이다. (행 26:18)

Ⅱ. 그의 아들과의 관계

1. 그의 사랑하는 자 안에서 받아들여짐

이는 그가 사랑하시는 자 안에서 우리에게 거저 주시는 바 그의 은혜의 영광을 찬송하게 하려는 것이라. (엡 1:6)

우리는 예수 그리스도로 말미암아 현재와 미래에 이르기까지 하나님의 가족의 일원으로 대 환영을 받는 성도가 된다.

2. 세례를 받아 그리스도와 한 몸이 됨

우리가 유대인이나 헬라인이나 종이나 자유인이나 다 한 성령으로 세례를 받아 한 몸이 되었고 또 다 한 성령을 마시게 하셨느니라. (고전 12:13)

3. 그리스도와 함께 장사(葬事)지낸 바 됨

그러므로 우리가 그의 죽으심과 합하여 세례를 받음으로 그와 함께 장사되었나니 이는 아버지의 영광으로 말미암아 그리스도를 죽은 자 가운데서 살리심과 같이 우리로 또한 새 생명 가운데서 행하게 하려 함이라. (롬 6:4)

Note

이는 너희가 죽었고 너희 생명이 그리스도와 함께 하나님 안에 감추어졌음이라. (골 3:3)

4. 보내신 아버지께 그리스도가 사랑을 간구하심

내가 그들을 위하여 비옵나니 내가 비옵는 것은 세상을 위함이 아니요 내게 주신 자들을 위함이니이다 그들은 아버지의 것이로소이다. (요 17:9)

우리는 하나님께로부터 특별하고도 특이한 사랑을 선물로 받았다. 그 선물이 곧 '예수 그리스도'이시다.

5. 그리스도로 인하여 구원을 받음

이르되 주 예수를 믿으라 그리하면 너와 네 집이 구원을 받으리라. (행 16:31)

다른 이로써는 구원을 받을 수 없나니 천하 사람 중에 구원을 받을 만한 다른 이름을 우리에게 주신 일이 없음이라. (행 4:12)

6. 그리스도의 내주하심

볼지어다 내가 문 밖에 서서 두드리노니 누구든지 내 음성을 듣고 문을 열면 내가 그에게로 들어가 그와 더불어 먹고 그는 나와 더불어 먹으리라. (계 3:20)

예수께서 대답하여 이르시되 사람이 나를 사랑하면 내 말을 지키리니 내 아버지께서 그를 사랑하실 것이요 우리가 그에게 가서 거처를 그와 함께 하리라. (요 14:23)

7. 영생을 얻음

내가 그들에게 영생을 주노니 영원히 멸망하지 아니할 것이요 또 그들을 내 손에서 빼앗을 자가 없느니라. (요 10:28)

내가 하나님의 아들의 이름을 믿는 너희에게 이것을 쓰는 것은 너희로 하여금 너희에게 영생이 있음을 알게 하려 함이라. (요일 5:13)

8. 평화

평안을 너희에게 끼치노니 곧 나의 평안을 너희에게 주노라 내가 너희에게 주는 것은 세상이 주는 것과 같지 아니하니라 너희는 마음에 근심하지도 말고 두려워하지도 말라. (요 14:27)

그리하면 모든 지각에 뛰어난 하나님의 평강이 그리스도 예수 안에서 너희 마음과 생각을 지키시리라. (빌 4:7)

9. 하나님의 친구가 됨

이제부터는 너희를 종이라 하지 아니하리니 종은 주인이 하는 것을 알지 못함이라 너희를 친구라 하였노니 내가 내 아버지께 들은 것을 다 너희에게 알게 하였음이라. (요 15:15)

10. 하늘나라 생명책에 기록됨

그러나 귀신들이 너희에게 항복하는 것으로 기뻐하지 말고 너희 이름이 하늘에 기록된 것으로 기뻐

하라. (눅 10:20)

또 참으로 나와 멍에를 같이한 네게 구하노니 복음에 나와 함께 힘쓰던 저 여인들을 돕고 또한 글레멘드와 그 외에 나의 동역자들을 도우라 그 이름들이 생명책에 있느니라. (빌 4:3)

11. 그리스도와 하늘에 앉게 됨

또 함께 일으키사 그리스도 예수 안에서 함께 하늘에 앉히시니. (엡 2:6)

12. 복스러운 소망을 얻음

복스러운 소망과 우리의 크신 하나님 구주 예수 그리스도의 영광이 나타나심을 기다리게 하셨으니. (디 2:13)

이것들을 증언하신 이가 이르시되 내가 진실로 속히 오리라 하시거늘 아멘 주 예수여 오시옵소서. (계 22:20)

13. 삼위와의 교제

우리가 보고 들은 바를 너희에게도 전함은 너희로 우리와 사귐이 있게 하려 함이니 우리의 사귐은 아버지와 그의 아들 예수 그리스도와 더불어 누림이라. (요일 1:3)

14. 영광의 처소를 예비하심

내 아버지 집에 거할 곳이 많도다 그렇지 않으면 너희에게 일렀으리라 내가 너희를 위하여 거처를 예비하러 가노니. (요 14:2)

Ⅲ. 성령님과의 관계

1. 거듭나게 됨

예수께서 대답하여 이르시되 진실로 진실로 네게 이르노니 사람이 거듭나지 아니하면 하나님의 나라를 볼 수 없느니라… 내가 네게 거듭나야 하겠다 하는 말을 놀랍게 여기지 말라. (요 3:3, 7절)

베드로전서 1:23에 의하면 우리가 거듭나는 것은 하나님의 살아 있고 항상 있는 말씀으로 된다고 했다.

2. 기름부음을 받음

너희는 주께 받은 바 기름 부음이 너희 안에 거하나니 아무도 너희를 가르칠 필요가 없고 오직 그의 기름 부음이 모든 것을 너희에게 가르치며 또 참되고 거짓이 없으니 너희를 가르치신 그대로 주 안에 거하라. (요일 2:27) • 참고/ 요 14:26; 16:13

3. 성령님의 전(殿)이 됨

Note

너희 몸은 너희가 하나님께로부터 받은 바 너희 가운데 계신 성령의 전인 줄을 알지 못하느냐 너희는 너희 자신의 것이 아니라. (고전 6:19)

4. 성령님에 의해 성령의 은사를 받게 됨

이 모든 일은 같은 한 성령이 행하사 그의 뜻대로 각 사람에게 나누어 주시는 것이니라. (고전 12:11)

5. 성령님과 함께 거함

성령이 친히 우리의 영과 더불어 우리가 하나님의 자녀인 것을 증언하시나니. (롬 8:16)

6. 성령님의 인침을 받음

그 안에서 너희도 진리의 말씀 곧 너희의 구원의 복음을 듣고 그 안에서 또한 믿어 약속의 성령으로 인치심을 받았으니. (엡 1:13)

Ⅳ. 죄와의 관계

1. 용서받음

이에 여자에게 이르시되 네 죄 사함을 받았느니라 하시니. (눅 7:48)

우리는 그리스도 안에서 그의 은혜의 풍성함을 따라 그의 피로 말미암아 속량 곧 죄 사함을 받았느니라. (엡 1:7)

2. 의롭게 됨

그러므로 우리가 믿음으로 의롭다 하심을 받았으니 우리 주 예수 그리스도로 말미암아 하나님과 화평을 누리자. (롬 5:1)

일을 아니할지라도 경건하지 아니한 자를 의롭다 하시는 이를 믿는 자에게는 그의 믿음을 의로 여기시나니. (롬 4:5)

3. 대속해 주심

그들이 새 노래를 불러 이르되 두루마리를 가지시고 그 인봉을 떼기에 합당하시도다 일찍이 죽임을 당하사 각 족속과 방언과 백성과 나라 가운데에서 사람들을 피로 사서 하나님께 드리시고. (계 5:9)

너희가 알거니와 너희 조상이 물려준 헛된 행실에서 대속함을 받은 것은 은이나 금 같이 없어질 것으로 된 것이 아니요 오직 흠 없고 점 없는 어린 양 같은 그리스도의 보배로운 피로 된 것이니라. (벧전 1:18–19)

Ⅴ. 사탄과의 관계

1. 그리스도가 우리의 옹호자 되심

나의 자녀들아 내가 이것을 너희에게 씀은 너희로 죄를 범하지 않게 하려 함이라 만일 누가 죄를 범

하여도 아버지 앞에서 우리에게 대언자가 있으니 곧 의로우신 예수 그리스도시라. (요일 2:1)

2. 승리하게 됨

무릇 하나님께로부터 난 자마다 세상을 이기느니라 세상을 이기는 승리는 이것이니 우리의 믿음이니라. (요일 5:4)

Ⅵ. 다른 사람들과의 관계

1. 그리스도의 사신(使臣)이 됨

그러므로 우리가 그리스도를 대신하여 사신이 되어 하나님이 우리를 통하여 너희를 권면하시는 것 같이 그리스도를 대신하여 간청하노니 너희는 하나님과 화목하라. (고후 5:20)

● 결론

우리는 하늘에 속한 모든 신령한 복을 받게 된다.

찬송하리로다 하나님 곧 우리 주 예수 그리스도의 아버지께서 그리스도 안에서 하늘에 속한 모든 신령한 복을 우리에게 주시되. (엡 1:3)

내 평생에 선하심과 인자하심이 반드시 나를 따르리니 내가 여호와의 집에 영원히 살리로다. (시 23:6)

질문 Bible Study

1. 스웬슨 교수는 예수님을 믿고 난 후의 변화에 대해 어떻게 말하고 있는가?
2. 예수님을 믿을 때 생기는 일 중 하나님과의 관계에 관한 12가지는 무엇인가?
3. 갈라디아서 4:5은 아버지 하나님과의 관계에서 생기는 12가지 일들 중 어디에 해당하는가?
4. 예수님을 믿고 나서 새로운 피조물이 됨을 증명하는 성경 구절은 어디인가?
5. 아들 그리스도와의 관계에서 생기는 일들의 목록을 적어 보라.
6. 성령님과의 관계에서 생기는 일들의 목록을 적어 보라.
7. 죄와의 관계에서 생기는 일들의 목록을 적어 보라.
8. 사탄과의 관계에서 생기는 일들의 목록을 적어 보라.
9. 이웃과의 관계에서 생기는 일들의 목록을 적어 보라.
10. 하늘의 신령한 복을 받게 됨을 나타내는 성경 구절을 들라.

Note

Bible Stu

제8권

그리스도인의 삶

제50과 성화

제51과 구원의 확신

제52과 그리스도에 대한 고백

제53과 영혼 구원(전도)

제54과 헌신

제55과 주님의 뜻을 발견하는 법

제56과 기도

제57과 묵상

제58과 승리하는 그리스도인의 삶

제59과 성별

제60과 타락

제61과 예배

제62과 그리스도인의 고통

제63과 세례

제64과 성만찬

제65과 그리스도인의 교제

제50과
성화

● 서론

이 문제는 대단히 중요한 주제이다.

모든 사람과 더불어 화평함과 거룩함을 따르라 이것이 없이는 아무도 주를 보지 못하리라. (히 12:14)

중생함으로 우리의 본성이 변하였고, 의롭게 됨으로 우리의 자리가 바뀌었고, 양자됨으로 우리의 위치가 바뀌었으며, 거룩하게 됨으로 우리의 성품이 변하였다. 거룩함은 의로운 생활의 열매로 나타나는 것이다. 우리는 우리의 구세주께서 거룩하셨으므로 우리도 거룩하게 되어야 한다. 우리의 거룩함은,

1. 아버지 하나님에 의해서

하물며 아버지께서 거룩하게 하사 세상에 보내신 자가 나는 하나님의 아들이라 하는 것으로. (요 10:36)

2. 주님께서 스스로

또 그들을 위하여 내가 나를 거룩하게 하오니. (요 17:19)

3. 그의 백성에 의해서

너희 마음에 그리스도를 주로 삼아 거룩하게 하고. (벧전 3:15)

거룩은 모든 믿는 자를 위한 하나님의 뜻이다.

하나님의 뜻은 이것이니 너희의 거룩함이라. (살전 4:3)

거룩함과 성화에 대한 주제는 성경 안에 1,066회나 언급되어 있다.

Ⅰ. 성화의 의미

성화는 성령의 역사다. 성화나 거룩은 본질적으로 같다. 거룩의 근본 의미는 곧 "분리"다.

여호와께서 자기를 위하여 경건한 자를 택하신 줄 너희가 알지어다 내가 그를 부를 때에 여호와께서

들으시리로다. (시 4:3)

성도들은 하나님의 바라는 대로 쓰임을 받기 위해 하나님에 의해 구별되어졌다. 성경에서는 성화의 뜻을 다음과 같이 규정 짓는다. 첫째, 하나님에 의해서, 둘째 하나님을 위해서, 셋째 죄로부터, 넷째는 거룩한 생활로(히 12:14).

그러므로 누구든지 이런 것에서 자기를 깨끗하게 하면 귀히 쓰는 그릇이 되어 거룩하고 주인의 쓰심에 합당하며 모든 선한 일에 준비함이 되리라. (딤 2:21)

성경은 성막과 그 내용물들을 거룩하게 하는 것에 대해서도 말하고 있다. 즉 사람, 건물들, 뜰, 제사장, 제물, 처음 난 것들, 민족들을 말하기도 한다(출 40:9-11, 레 27:14-16, 민 8:17).

믿는 성도들에게는 성화가 두 가지의 의미를 갖는다.

1. 악한 것으로부터 분리(대하 29:5, 15-18절).

2. 하나님께 구별하여 드림(레 27:16).

Ⅱ. 성화의 주체(삼위)

1. 아버지 하나님

평강의 하나님이 친히 너희를 온전히 거룩하게 하시고 또 너희의 온 영과 혼과 몸이 우리 주 예수 그리스도께서 강림하실 때에 흠 없게 보전되기를 원하노라 너희를 부르시는 이는 미쁘시니 그가 또한 이루시리라. (살전 5:23–24)

2. 아들 그리스도

이(그리스도)는 곧(신자들이 구성원이 되고 있는 교회를) 물로 씻어 말씀으로 깨끗하게 하사 거룩하게 하시고. (엡 5:26)

3. 성령님

하나님이 처음부터 너희를 택하사 성령의 거룩하게 하심과 진리를 믿음으로 구원을 받 게 하심이니. (살후 2:13)

그리피드 토마스 박사는 “거룩이란 성취되어지는 업적이 아니라, 선물로 받는 것이다”라고 말했다. 이 선물을 끊임없이 사용함으로써 우리의 성화를 증진시킬 수 있다.

Ⅲ. 성화의 방법

우리는 어떻게 성화되는가?

Note

1. 하나님의 말씀으로써

그들을 진리로 거룩하게 하옵소서. (요 17:17)

성화되기 위해서는 하나님의 말씀과 많은 시간을 보내야 한다. 그 말씀은 우리를 순전하고 깨끗하게 하기 때문이다. 말씀은 죄를 드러나게 한다. 신약 성경에서는 202가지의 각기 다른 죄의 목록이 나타나 있다.

2. 피로써

그러므로 예수도 자기 피로써 백성을 거룩하게 하려고 성문 밖에서 고난을 받으셨느니라. (히 13:12)

3. 징계로써

그들은 잠시 자기의 뜻대로 우리를 징계하였거니와 오직 하나님은 우리의 유익을 위하여 그의 거룩하심에 참여하게 하시느니라 무릇 징계가 당시에는 즐거워 보이지 않고 슬퍼 보이나 후에 그로 말미암아 연단 받은 자들은 의와 평강의 열매를 맺느니라. (히 12:10–11)

4. 하나님께 자신을 드림으로써

너희 육신이 연약하므로 내가 사람의 예대로 말하노니 전에 너희가 너희 지체를 부정과 불법에 내주어 불법에 이른 것 같이 이제는 너희 지체를 의에게 종으로 내주어 거룩함에 이르라. (롬 6:19)

5. 우리가 노력함으로써

그런즉 사랑하는 자들아 이 약속을 가진 우리는 하나님을 두려워하는 가운데서 거룩함을 온전히 이루어 육과 영의 온갖 더러운 것에서 자신을 깨끗하게 하자. (고후 7:1)

성화하는 과정에서 우리가 담당해야 할 부분이 있다. 죄를 찾아내는 것이며, 그것을 판단하여 심판하고 던져버리며, 깨끗케 하기 위해 쉬지 말고 기도해야 하며, 거룩한 생활을 살도록 기도해야 한다. 매일의 생활에서 예수 그리스도를 자기 거룩의 징표로 소유해야 한다. 그리고 매일 그리스도 예수의 거룩함, 사랑, 은혜, 그리고 믿음을 선포해야 한다. 거룩한 생활의 비결은 구세주 예수의 거룩한 삶을 끊임없이 유지하고 소유하는 데 있다. 우리의 성화의 수준은 우리가 주 예수를 어느 정도 소유하였느냐에 따라 달라진다.

Ⅳ. 성화의 시기

이 문제에 대해서는 의견이 분분하다. 어떤 사람은 예수 그리스도를 믿는 그 순간, 즉 회개하자마자 우리는 성화된다고 말한다. 다른 학자들은 성령의 이차적인 사역으로 이루어진다고 한다. 성화란 회개와는 아주 다른 체험이라는 것이다. 어떤 이는 이 체험을 옛 성품을 뿌리째 뽑아내는 것으로 이야기한다. 또 어떤 이들은 순간적이면서 부단히 진보하는 것이라고도 가르친다. 나는 바로 이 모든 것을 합친 것이 성경이 말하고 있는 바라고 믿는다.

1. 회개한 순간

너희 중에 이와 같은 자들이 있더니 주 예수 그리스도의 이름과 우리 하나님의 성령 안에서 씻음과 거룩함과 의롭다 하심을 받았느니라. (고전 6:11)

이 말씀은 씻음과 의롭다 함을 얻은 체험을 과거로 하여 거룩함을 이야기하고 있다.

2. 성화는 진보한다.

야고보서 1:22-25에서는 자신의 더러운 허물을 거울에 비추어 보고 그 허물을 없애려고 애쓰는 것으로 성화의 과정을 묘사하고 있다. 거울이란 우리의 죄를 드러나게 하는 하나님의 말씀이다. 자기 죄를 알게 되면 마땅히 그것을 회개해야 한다. 성령은 우리의 비신자적인 모든 허물을 단번에 알게 하시지는 않는다. 성령이 그 모든 허물을 단번에 알게 하신다면 우린 너무도 기가 죽어서 절망하고 말 것이다. 씻음을 받아야 될 죄나 허물 등등이 나타날 때마다 우리는 끊임없이 자기 죄를 회개해야 하며, 그 과정을 통해 성화에 이르게 된다.

3. 최후의 완성

평강의 하나님이 친히 너희를 온전히 거룩하게 하시고 또 너희의 온 영과 혼과 몸이 우리 주 예수 그리스도께서 강림하실 때에 흠 없게 보전되기를 원하노라. (살전 5:23)

모든 부분의 완전 성화, 곧 몸, 혼, 영의 거룩함을 말한다. 언젠가는 하나님의 거룩한 은혜가 온전히 우리에게 임하셔서 우리로 열매 맺게 하시고 완전히 완성케 하실 것이다. 이런 놀라운 체험은 예수 그리스도가 다시 오실 그날에 우리의 육체가 변화되면서 일어나게 될 것이다. 요한일서 3:2의 말씀과 같이, 우리는 '온전히 그리스도와 같이 거룩하게 될 것'이다. 오, 놀랍고도 감격에 찬 그날이여! 사도 바울도 빌립보서 3:12-14에서 장차 이루어질 영광된 그것을 잡으려고 좇아간다는 말씀으로 성도들의 성화의 점진성을 잘 가르쳐 주었다.

V. 성화되어야 할 이유

또 그들을 위하여 내가 나를 거룩하게 하오니 이는 그들도 진리로 거룩함을 얻게 하려 함이니이다. (요 17:19)

예수 그리스도께서 성화되어야 할 필요가 있으셨다면 우리도 또한 그럴 필요가 있다. 하나님의 거룩한 아들로서 그보다 더 어떻게 거룩하실 수 있었겠는가? 그 가능성을 로마서 15:3, "그리스도께서도 자기를 기쁘게 하지 아니하셨나니"라는 말씀에서 찾아볼 수 있다. 즉 이 말씀은 보다 나은 것에 대한 압박을 뜻한다. 예수님의 제자인 우리들은 줄곧 '위'를 향하여, 보다 더 '예수 그리스도와 닮도록' 부지런히 노력해야 한다.

Ⅵ. 성화의 결과

1. 그리스도를 통한 온전함

그가 거룩하게 된 자들을 한 번의 제사로 영원히 온전하게 하셨느니라. (히 10:14)

2. 거룩의 열매

그러나 이제는 너희가 죄로부터 해방되고 하나님께 종이 되어 거룩함에 이르는 열매를 맺었으니 그 마지막은 영생이라. (롬 6:22)

여러분의 영혼은 거룩해지고자 하는 열망이 있는가? 성화되고 싶은 열망이 있는가? 순결하려는 열망이 있는가? 기독교인다운 삶이고 싶은가? 하나님의 아들의 형상과 닮으려고 하는가? 만일 그렇다면 자기 죄를 참회하며 고백하고, 삶 가운데 예수님이 필요하다고 고백하라. 그렇게 되면 예수님은 당신 영혼의 가장 간절한 소원들을 만족시켜 주실 것이다. 이를 위해서 치룰 값은 다만 죄와 더러움에서 떠나겠다는 마음이면 된다.

Ⅶ. 성화를 유지하는 방법

1. 성령에 의해서 여러분에게 주어지는 빛에 절대 순종하는 삶을 살라.
2. 만약 나태해지거나 실패할 때에는 즉시 하나님께 죄를 자백하라. 하나님께서는 즉시 여러분을 회복시키실 것이다.
3. 마귀를 대항하라. 마귀는 여러분을 떠나 도망할 것이다(약 4:7).
4. 꾸준히 성경을 읽고 기도하며 타인을 위해 전도하라.

● 결론

성화는 우리가 죽은 후에 얻을 영원한 기업을 보장해 준다.

그 눈을 뜨게 하여 어둠에서 빛으로, 사탄의 권세에서 하나님께로 돌아오게 하고 죄 사함과 나를 믿어 거룩하게 된 무리 가운데서 기업을 얻게 하리라 하더이다. (행 26:18)

땅엣 것만 바라보고 낙심하지 말고 위엣 것(하늘나라)을 바라보고 용기를 내라.

너희를 부르시는 이는 미쁘시니 그가 또한 이루시리라. (살전 5:24)

질문 Bible Study

Note

1. 성화란 무엇인가?
2. 데살로니가전서 4:3과 히브리서 12:14을 통해 성화에 대하여 무엇을 배우는가?
3. 삼위가 성화와 관련되어 있음을 보여 주는 말씀을 찾아보라.
4. 성화의 방법을 쓰고 각각에 관한 말씀을 한 구절씩 기록해 보라.
5. 성화의 시기를 각각 관련 성구와 함께 기록해 보라.
6. 우리는 왜 성화되어야 하는가?(요 17:19)
7. 성화의 결과는 무엇인가?
8. 어떻게 하면 성화된 생활을 유지할 수 있는가?
9. 사도행전 26:18을 통해 알 수 있는 성화의 축복은 무엇인가?
10. 성화와 거룩의 차이점은 무엇인가?

제51과

구원의 확신

●서론

그리스도인이 다른 사람에게 영적으로 도움을 주기 위해서는 구원에 대한 확신이 필요하다. H. 힐데브란트 목사는 "내 교회에서 몇몇 사람들은 자신이 그리스도인이라고 생각하고, 대부분의 사람들은 그렇기를 바라고, 몇몇은 그렇게 말하고, 몇 사람은 자신이 구원을 받았다는 것을 알고 있다"고 말했다.

당신은 결혼했는가? 그것을 확신하고 있는가? 여러분은 결혼했거나 또는 하지 않았거나 둘 중의 하나다. 그 중간은 있을 수 없다. 인간은 구원을 받았거나 또는 버림을 받았거나 둘 중 하나다. 즉, "주 안에 있거나 주님을 떠나 있거나"이다.

구원이란 기적같이 놀라운 변화를 말한다. 여러분에게 기적이 일어났는가? 예, 아니요, 둘 중 어느 것인가? 만일 우리가 주 안에서 산다면 구원을 전적으로 확신해야만 한다. 많은 성도가 구원에 대한 확신은 불가능하다고 생각한다. 그들은 구원을 확신한다고 말하는 것을 신성모독으로까지 여긴다. 신앙이란 하나님을 믿는 것이다.

만약 우리가 행함으로만 구원을 얻는다면 그들의 생각이 옳을 것이다. 그러나 구원은 행함 이상의 것을 할 필요가 있다. 행함이란 그 내용이 어떤 표준에 도달해야 하기 때문이다. 그러나 구원이란 우리가 주님을 믿을 때 받는 선물(엡 2:8)이다.

Ⅰ. 구원의 확신에 대한 정의

구원의 확신을 갖는다는 것은 우리가 구원을 받았고, 또 우리가 세상을 떠날 때 천국에 가게 되리라는 것을 완전히 믿는 것이다. 구원의 확신은 우리가 구원을 소유하는 것이며 곧 예수 그리스도를 소유하는 것이다. 구원은 영생이다. 그 생명은 하나님의 생명이며 거룩한 삶이다. 내가 영생을 소유하게 되면 나는 구원을 받았고 영원히 살게 된다.

Note

내가 그들에게 영생을 주노니 영원히 멸망하지 아니할 것이요 또 그들을 내 손에서 빼앗을 자가 없느니라 그들을 주신 내 아버지는 만물보다 크시매 아무도 아버지 손에서 빼앗을 수 없느니라. (요 10:28–29)

Ⅱ. 어떤 자가 구원의 확신을 가질 수 있는가?

1. 예수 그리스도를 자신의 구주로 영접하는 자

영접하는 자 곧 그 이름을 믿는 자들에게는 하나님의 자녀가 되는 권세를 주셨으니. (요 1:12)

2. 예수 그리스도를 믿는 자

하나님이 세상을 이처럼 사랑하사 독생자를 주셨으니 이는 그를 믿는 자마다 멸망하지 않고 영생을 얻게 하려 하심이라. (요 3:16)

아들을 믿는 자에게는 영생이 있고 아들에게 순종하지 아니하는 자는 영생을 보지 못하고 도리어 하나님의 진노가 그 위에 머물러 있느니라. (요 3:36)

Ⅲ. 구원의 확신에 대한 토대

확신이 감정으로부터 나올 수 있는가? 결코 그렇지 않다. 마귀는 우리의 감정을 조정하고 또 큰 영향을 미치려 한다. 건강, 날씨, 주위의 환경 또한 감정에 영향을 미친다. 구원의 길에 들어서는 어떤 사람들에게 그것은 진정한 감정적 전율이다. 하나님은 구원을 확신할 수 있는 토대가 되는 세 가지 증거를 우리에게 주셨다.

1. 성령의 증거

성령이 친히 우리의 영과 더불어 우리가 하나님의 자녀인 것을 증언하시나니. (롬 8:16)

회개에 앞서 성령은 죄와 의와 다가올 심판에 대해 깨닫게 해 주신다. 성령의 은혜로운 사역은 성도에게 있어서 영적인 평화와 함께 예수 안에 있는 사람들에게만 보장되는 내적인 휴식을 허락하신다.

너희가 아들이므로 하나님이 그 아들의 영을 우리 마음 가운데 보내사 아빠 아버지라 부르게 하셨느니라. (갈 4:6)

"아빠(abba)"는 매우 가까운 관계를 뜻하는 단어다. 성령이 우리 영혼에 부드럽게 속삭이신다. "너는 이제 하나님의 아들이라."

2. 하나님의 말씀

종종 성령님은 하나님의 말씀을 통해서 증거하신다.

하나님의 아들을 믿는 자는 자기 안에 증거가 있고 하나님을 믿지 아니하는 자는 하나님을 거짓말하는 자로 만드나니 이는 하나님께서 그 아들에 대하여 증언하신 증거를 믿지 아니하였음이라. (요일 5:10)

내가 하나님의 아들의 이름을 믿는 너희에게 이것을 쓰는 것은 너희로 하여금 너희에게 영생이 있음을 알게 하려 함이라. (요일 5:13)

조건은 "믿는 것"이요, 결과는 "알게 되는 것"이다. 마귀가 와서 당신의 구원을 의심하도록 유혹하면 손가락을 이 구절에 짚고 주의 이름으로 마귀를 질타하라. 그러면 마귀가 도망칠 것이다. 마귀에게 이렇게 말하라. "하나님은 예수 그리스도를 믿는다면 영생을 얻는다고 말씀하셨다. 지금 나는 예수님을 믿었고, 그러므로 영생을 얻었다. 나는 구원을 받았다. 나의 죄는 용서받았고 지금 나는 천국으로 가는 길에 서 있다!"

당신이 완전한 확신을 갖는 데 있어서 하나님의 말씀을 근간으로 삼도록 하라. 그렇게 되면 영생의 길을 잃어버린 사람들이 영원한 것들에 대해서 갈급해 하며 헤맬 때 당신을 찾아 올 것이다. 구원의 확신의 토대가 되는 여러 가지 말씀이 있다.

내가 진실로 진실로 너희에게 이르노니 내 말을 듣고 또 나 보내신 이를 믿는 자는 영생을 얻었고 심판에 이르지 아니하나니 사망에서 생명으로 옮겼느니라. (요 5:24)

또 모세의 율법으로 너희가 의롭다 하심을 얻지 못하던 모든 일에도 이 사람을 힘입어 믿는 자마다 의롭다 하심을 얻는 이것이라. (행 13:39)

(믿는다는 조건을 충족시키는 이는 의롭다 하심을 얻는다.)

이에 여자에게 이르시되 네 죄 사함을 받았느니라 하시니. (눅 7:48)

(죄가 없어지면 천국의 길이 눈앞에 열린다.)

누구든지 주의 이름을 부르는 자는 구원을 받으리라. (롬 10:13)

(주 예수의 이름을 부르면 구원받은 것이다.)

3. 변화된 생활

우리는 구원받았다. 주위의 모든 사람이 우리의 변화된 모습을 볼 것이다. 우리는 진실한 하나님의 아들이고 진정으로 거듭났다는 확신이 우리 마음에 자리 잡을 것이다.

우리는 형제를 사랑함으로 사망에서 옮겨 생명으로 들어간 줄을 알거니와 사랑하지 아니하는 자는 사망에 머물러 있느니라. (요일 3:14)

이것은 명백한 증거요, 구원에 대한 실례이다. 그리스도인은 주 안에서 거듭난 자이며(고후 5:17), 이것의 징후는 좋아하는 것, 싫어하는 것, 사랑하는 것, 증오하는 것이 바뀌는 데서 나타난다. 나쁜 습관의 영향과 존재가 사라지는 것을 보게 될 때 우리는 구원받았음을 더욱 확신하게 될 것이다.

Note

Ⅳ. 구원을 확신하는 문제

성경과 성령에 의하면 구원의 확신을 갖는 것이 가능하다고 명백히 나타나 있는데, 왜 이렇게 소수의 사람만이 확신을 가지고 있을까? 그 이유는 마귀의 비난에 귀를 기울이기 때문이다. 다음의 두 질문에 대답해 보라.

1. 나는 예수 그리스도를 내 구주로 영접하였는가?

2. 주 예수 그리스도를 진실로 믿는가?

위의 두 질문에 "예"라고 대답할 수 있다면 하나님의 말씀에 근거해서 구원받은 것이다. 하나님의 말씀을 의심하는 것은 하나님의 성경에 먹칠하는 심각한 죄다(히 11:6).

Ⅴ. 구원의 확신을 갖지 못하게 만드는 장애물

1. 하나님의 말씀을 믿지 못하는 것

진실로 구원받았다면 하나님께 믿음을 키워주시고 또 성경에 기록된 것을 믿게 도와 달라고 기도해야 한다. 자유분방한 교육은 종종 말씀에 대한 믿음을 깎아내린다. 이것을 제거해 주시고 또 말씀에 대한 옛날과 같은 확실한 믿음을 달라고 기도하라.

2. 영적인 졸음

「천로역정」에서 순례자가 잠이 들어 두루마리를 잃어 버렸다. 종종 그리스도인들은 영적인 잠이 들어 기쁨과 구원의 확신을 잃어버릴 때가 있다. 만약 이런 경우가 발생하면, 요한일서 1:9에 따라 자기 죄를 참회하고 새 출발을 해야 한다. "만일 우리가 우리 죄를 자백하면 그는 미쁘시고 의로우사 우리 죄를 사하시며 우리를 모든 불의에서 깨끗하게 하실 것이요."

3. 속된 마음

속세에 연연하는 마음은 하나님을 향한 소망, 하나님의 말씀, 그리고 기도를 멀리하게 한다.

4. 성령 충만의 결핍

명절 끝날 곧 큰 날에 예수께서 서서 외쳐 이르시되 누구든지 목마르거든 내게로 와서 마시라 나를 믿는 자는 성경에 이름과 같이 그 배에서 생수의 강이 흘러나오리라 하시니 이는 그를 믿는 자들이 받을 성령을 가리켜 말씀하신 것이라(예수께서 아직 영광을 받지 않으셨으므로 성령이 아직 그들에게 계시지 아니하시더라). (요 7:37-39)

이것은 종종 성령님께 복종하지 않는 생활을 하는 데서 기인한다.

• 치료 : 두 주인을 섬기려 하지 마라. 너의 의지를 주님께 맡기라.

5. 운명예정설, 선택, 속세에서의 구원, 영원한 구원 등등의 교리에 관한 지나친 강조.

6. 죄와 재타락

• 치료 : "만일 우리가 우리 죄를 자백하면 그는 미쁘시고 의로우사 우리 죄를 사하시며 우리를 모든 불의에서 깨끗하게 하실 것이요"(요일 1:9).

● 결론

주님은 우리 마음에 찾아오셔서 우리가 구원을 소유하고 있는지, 성령님이 마음속에 살아 계시는지 볼 것이다. 우리가 진정으로 구원받았다면, 성경의 그 명백한 말씀들을 결코 의심하지 않게 도와주실 것이다. 그러나 구원받지 않았다고 느낀다면 이렇게 기도하라.

"주여, 그릇된 확신을 거두어 주옵소서. 저는 진실을 알기 원합니다."

• 주의 : 사람들에게 구원받았다는 것을 납득시킬 때에 주의하라. 이것은 성령님께서 하실 일이다. 성령님은 마음을 알고 살피시는 유일한 분이다. 구원을 확신하게 되면 더욱 더 독실한 그리스도인이 된다. 확신은 추측이나 자만이 아니라 단지 하나님의 말씀을 믿는 것이다. "나는 구원받았다"라고 말할 때 겸손하라. 왜냐하면 구원은 오로지 하나님의 은총과 자비만으로 이루어지기 때문이다. 그가 나를 구원하셨고 나를 보살피시고 또 천국으로 인도하실 것이다.

질문 *Bible Study*

1. 구원의 확신에 대한 정의를 내리라.
2. 구원이란 무엇인가?
3. 어떤 자가 구원의 확신을 가질 수 있는가?
4. 구원의 확신에 대한 토대 3가지는 무엇인가?
5. 구원의 확신을 가르치는 성경 말씀을 써 보라.
6. 그리스도를 영접하고 난 후 생활에 있어서 가장 큰 변화는 무엇인가?
7. 구원의 확신에 대한 2가지 질문은 무엇인가?

8. 나는 위의 질문에 대답할 수 있는가?

9. 완전한 구원의 확신을 가지려 할 때 찾아오는 장애물은 무엇인가?

10. 개인 전도를 하는 사역자가 새로운 회심자에게 그 회심자 자신이 구원받았노라고 설득을 시켜야만 하는가? 왜 그런가?

Note

제52과

그리스도에 대한 고백

● 서론

누구든지 사람 앞에서 나를 시인하면 나도 하늘에 계신 내 아버지 앞에서 그를 시인할 것이요 누구든지 사람 앞에서 나를 부인하면 나도 하늘에 계신 내 아버지 앞에서 그를 부인하리라. (마 10:32–33)

네가 만일 네 입으로 예수를 주로 시인하며 또 하나님께서 그를 죽은 자 가운데서 살리신 것을 네 마음에 믿으면 구원을 받으리라. (롬 10:9)

다른 사람 몰래 예수님을 은밀히 믿을 수는 없을까? 물론 잠시 동안은 가능할 것이다. 요한복음 19:38에서 아리마대 요셉은 믿음을 숨긴 사람이었다. 그러나 후에 예수의 시체를 가져가려고 함으로써 그리스도를 공개적으로 시인하였다. 마태복음 10:32-33과 로마서 10:9은 신앙의 본질이기 때문에 믿음을 숨기는 것은 불가능하다고 말씀한다. 구원에는 다음과 같은 두 부분이 있다.

1. 마음속으로 믿으면서 주 예수를 구세주로 영접하는 것
2. 예수 그리스도를 주님이라고 입으로 시인하는 것

십자가 상에서 회개한 강도가 예수님을 주님으로 시인했다.

예수여 당신의 나라에 임하실 때에 나를 기억하소서 하니. (눅 23:42)

다메섹 도상에서 바울은 "주여 누구시니이까?"(행 9:5)라고 했다.

성령으로 아니하고는 누구든지 예수를 주시라 할 수 없느니라. (고전 12:3)

Ⅰ. 모든 사람이 들을 수 있도록 그리스도를 시인해야 하는 이유

1. 그리스도께서 우리에게 그렇게 명령하셨기 때문이다(마 10:32-33).

2. 그것은 우리 삶의 도움과 강건함의 근원이기 때문이다. 그리스도를 시인할 때 오는 가장 큰 축복은 우리 마음속의 기쁨이다. 그리스도를 시인함이 우리의 믿음을 강화하고 그리스도를

아는 일에 더 큰 용기를 준다. 증거하는 그리스도인은 좀처럼 타락하지 않는다. 반면에, 공개적으로 그리스도를 시인하는 데 실패함으로써 급격히 타락하는 많은 사람을 볼 수 있다.

3. 그리스도를 시인함은 회심한 사람들에게 진정한 즐거움을 가져온다. 즐거움은 하나님께 복종하는 데서 온다.

4. 그리스도를 시인함은 많은 문제를 해결하기 때문이다. 다른 사람들이 당신이 누구이고 무엇을 주장하고 있는지를 알게 되고, 뚜렷한 주장 때문에 당신을 존경하게 된다. 세상 사람들은 약하고 겁이 많고 은폐하는 그리스도인을 경멸한다. 여러 곳에서 오는 즐거움의 유혹은 정지되고, 교회 활동에 초대되는 일이 늘어난다. 그것은 자동적으로 당신을 다른 종류의 그룹으로 밀어 넣는다.

5. 그리스도가 당신을 위하여 하신 일 때문이다. 만약 어떤 사람이 당신을 위해 큰 일을 했다면 당신은 그러한 사실을 모든 사람에게 얘기할 것이다. 어떤 길에서 당신이 죽음으로부터 구출되었다고 상상해 보자. 우리는 위대한 구세주에 의해 구원받았다. 그래서 우리는 모든 사람에게 그 소식을 분명히 얘기해야만 한다.

Ⅱ. 그리스도를 시인하는 방법

1. 공적으로 교회의 회합이나, 기도모임, 청년모임, 간증모임에서 하라.
2. 사적으로 당신의 친구들, 친척들, 이웃들과의 매일의 대화 속에서 하라.
3. 평판이 좋은 교회와의 연합에서, 세례식에서 공공연히 그리스도를 시인하라.
4. 진리와 영적으로 움직이는 교회에 출석함으로써 하라.
5. 교회 예배와 성찬식에 계속 참여함으로써 그리스도를 시인하라.

아마도 가장 어렵긴 하지만 필수적인 것은 친구나 친척, 그리고 낯선 사람들에게 우리의 간증을 아주 간단히 말하는 것이다.

Ⅲ. 그리스도를 시인하는 횟수

일생에 한 번 정도로 충분한가? 아니다. 그것은 되풀이해서 시인해야만 한다.

시인하지 않는 기독교인의 생활은 굶주려 죽게 될 것이다.

내가 다시는 여호와를 선포하지 아니하며 그의 이름으로 말하지 아니하리라 하면 나의 마음이 불붙는 것 같아서 골수에 사무치니 답답하여 견딜 수 없나이다. (렘 20:9)

이것은 그의 증언을 제한하려 한 모든 진실한 그리스도인의 경험인 것이다. 불은 감추어질 수 없다. 나타나야만 한다. 그리스도인은 되풀이해서 시인해야만 한다.

Ⅳ. 누구에게 증거해야 하는가?

오직 성령이 너희에게 임하시면 너희가 권능을 받고 예루살렘과 온 유대와 사마리아와 땅 끝까지 이르러 내 증인이 되리라 하시니라. (행 1:8)

제자들은 모든 사람에게 복음을 증거했다. 자기 고향인 예루살렘, 유대지방, 이웃 나라인 사마리아와 이방인들에게까지 전했다.

가서 성전에 서서 이 생명의 말씀을 다 백성에게 말하라 하매. (행 5:20)

우리의 주요 책임은 우리 친구와 친척들에게 증거하는 것이다. 그러고 나면 우리 영향권은 더 확대되어 더욱 많은 사람을 접하게 될 것이다.

Ⅴ. 그리스도를 시인할 때 우리가 말해야만 하는 것

그리스도를 시인함은 자신이 기독교인이라는 사실을 증거하려는 것이다. 증인은 무엇인가를 알고 있는 사람이다. 증거라 함은 절대로 설교하는 것이 아니고 우리가 알고 있는 실제 사실을 간단히 이야기하는 것이다.

1. 증인의 지식은 상상이나 풍문이 아닌 긍정적이고 분명하고 인격적이어야 한다. 그것은 그의 오감(五感)의 한 부분에 영향을 준 어떤 것이어야 한다(듣고, 느끼고, 맛보고, 보고, 만지는 감).

2. 그리스도를 위한 증인은 증거하는 사람 자신이 반드시 구원받은 사람이어야 한다. 그의 증언은 반대심문에도 견딜 수 있어야 한다.

3. 당신의 회심과 생활 속에서의 변화에 대한 간단한 사실을 말하라.

4. 당신이 응답받은 기도에 대해 이야기하라.

환난 날에 나를 부르라 내가 너를 건지리니 네가 나를 영화롭게 하리로다. (시 50:15)

5. 그리스도가 당신에게 얼마나 완전한 만족을 주시는가 이야기하라. “나는 구원을 받았어. 그리고 예수님이 내 죄를 씻어주셨기 때문에 난 정말 행복해”라고 말한다면, 사람들은 당신의 진지함에 귀를 기울이게 될 것이다. 입으로는 행복하다고 말하면서 죽을 것 같은 불행한 모습을 보이지 마라.

6. 죄와 유혹을 이기고 인격적으로 승리한 것에 관해 이야기하라. 이것은 사람들에게 흥미를 주고 당신에게 승리를 주신 구세주를 영화롭게 하는 것이다. 물론 당신이 이것을 말하기 전에 당신의 개인 생활이 깨끗해야만 한다.

7. 당신이 좋아하는 성경 구절에 대하여 이야기하라. 오늘 아침, 성경의 특별한 구절이 당신

에게 어떻게 말씀하셨는가에 대해 말하라.

8. 당신의 친구들에게 그리스도의 복음을 전하라. 그리스도의 완전한 생활, 죽음, 장사지냄, 부활, 승천 그리고 재림과 장래의 심판에 관해 이야기하라.

Note

Ⅵ. 그리스도를 시인하는 데 장애가 되는 것들

그리스도를 시인함에는 어떤 장애도 없어야 한다. 왜냐하면 우리는 성경의 명백한 명령에 순종해야만 하기 때문이다.

1. 사람에 대한 두려움

반박에 대한 두려움, 사람들이 비난하며 말하는 것에 대한 두려움.

하나님이 우리에게 주신 것은 두려워하는 마음이 아니요 오직 능력과 사랑과 절제하는 마음이니. (딤 1:7)

사랑 안에 두려움이 없고 온전한 사랑이 두려움을 내쫓나니. (요일 4:18)

내게 능력 주시는 자 안에서 내가 모든 것을 할 수 있느니라. (빌 4:13)

2. 부끄러움

그러므로 너는 내가 우리 주를 증언함과 또는 주를 위하여 갇힌 자 된 나를 부끄러워하지 말고 오직 하나님의 능력을 따라 복음과 함께 고난을 받으라. (딤 1:8)

3. 불결한 생활

증언이 실제 생활과 일치하지 않을 것을 두려워하라. 처음부터 다시 시작하라. 요한일서 1:9에 따라 당신의 죄를 고백하고, 하나님께서 당신과 함께하셔서 새롭고 깨끗한 시작을 하게 해 달라고 간구하고 잘못을 공공연히 시인하라. 이는 다시 헌신하는 데 좋은 출발점이 된다.

Ⅶ. 증거하지 않음의 위험

가령 내가 악인에게 이르기를 악인아 너는 반드시 죽으리라 하였다 하자 네가 그 악인에게 말로 경고하여 그의 길에서 떠나게 하지 아니하면 그 악인은 자기 죄악으로 말미암아 죽으려니와 내가 그의 피를 네 손에서 찾으리라. (겔 33:8)

이것은 그리스도를 믿는 사람이 침묵을 지키는 데 대한 엄중한 경고다. 증거한 결과에 책임질 필요는 없다. 그들이 우리의 열성적인 인도와 증거를 외면한다면 그것은 그들의 책임이다.

결론

당신은 그리스도를 구세주로서, 주님으로서 시인해 본 적이 있는가?(계 2:10)

질문 *Bible Study*

1. 마태복음 10:32-33과 로마서 10:9에 의해서 모든 신앙인에게 가장 기본적으로 요구되는 것은 무엇인가?
2. 믿음을 은폐하는 것은 가능한가?
3. 다른 사람이 듣도록 그리스도를 시인해야 하는 이유 5가지는 무엇인가?
4. 그리스도를 시인하는 방법에 대해 말해 보라.
5. 한 번 그리스도를 공적으로 시인하면 그것으로 충분한가?
6. 누구에게 증거해야 하는가?
7. 사람들이 받아들일 만한 증거를 할 때 언급해야만 하는 것에 대해 말해 보라.
8. 그리스도를 시인하는 데 장애가 되는 것들은 무엇인가?
9. 증거하지 않음으로 인한 위험은 무엇인가?
10. 당신은 언제 그리스도를 마지막으로 시인했는가? 그때 어떤 말을 했는가?

제53과
영혼 구원(전도)

● 서론

의인의 열매는 생명나무라 지혜로운 자는 사람을 얻느니라. (잠 11:30)

(다니엘 12:3을 같이 볼 것)

눈물을 흘리며 씨를 뿌리는 자는 기쁨으로 거두리로다 울며 씨를 뿌리러 나가는 자는 반드시 기쁨으로 그 곡식 단을 가지고 돌아오리로다. (시 126:5–6)

설교자로 선택되어진 사람, 거듭난 모든 기독교인은 '영혼을 얻는 자'로 부름받는다. 즉 개인적으로, 인격적으로 영혼을 다루는 사람인 것이다. 그런데 설교자나 선교사들은 모임과 강의 때문에 너무 바빠서 개인적으로 영혼 구원하는 일을 잊어버릴 때가 있다. 다음은 어떤 목사의 나쁜 꿈 이야기이다. 어느 날 그가 심판대 앞에 섰다. "네 친구들과 하인들의 영혼은 어디 있는가?"라고 하나님께서 물으셨다. "저는 모릅니다, 주님." 대답을 마친 그는 지옥으로 떨어졌다. 잠에서 깨어난 그는 깨자마자 부인에게 꿈 이야기를 들려주더니, 곧바로 죽고 말았다.

"영혼의 구원은 일정한 시간에 정해진 사람이, 분명한 구세주를 영접하도록 인도하는 확실한 노력이다." – 빌리 선데이

조그만 능력을 가진 사람들이 무디와 스펄전의 영혼을 얻었다. 안드레는 그리스도에게 베드로를 데려 왔다. "나는 순전히 이기적이고 나 자신의 행복만을 추구했다. 그런데 구세주를 찾아 만난 사람으로부터 완전한 충만, 최고의 순수한 행복, 가장 고상한 질서를 들어 알고 나서부터는 하나님께 굴복하여 영혼을 얻는 사람이 되기로 했다." – 찰스 스펄전

I. 영혼을 구원하는 사람이 되어야 하는 이유

1. 영혼은 가치 있는 것이다. 우리는 특정한 영혼에 감동을 줄 수 있는 유일한 사람이 될 수도

있다. 또한 그 영혼은 천하보다 더 소중하다(막 8:35-38).

2. 지옥은 확실히 있다. 많은 영혼이 지옥불, 유황, 암흑, 고문, 고통, 영원한 아픔과 같은 불확실한 미래를 향해 가고 있다는 것을 믿는다면, 우리는 그 영혼들을 죄악으로부터 끌고 나와서 그리스도께로 인도해야만 한다. 그 일에 우리의 힘을 모두 바쳐야 할 것이다.

3. 죄인들을 위해 예수님께서 십자가 위에서 고난을 당하셨다.

4. 이 세상은 부질없음과 어리석음으로 가득 차 있다. 그리스도 안에서 우리는 무언가를 발견했다. 그리고 우리는 우리 친구들이 현재에서 견딜 수 있는 결정적인 그 무언가를 가지고 있다.

5. 가족 모두 하늘나라에 가는 소망이 있기 때문이다. 우리가 부주의하고 게을러서 가족 중 일원이 천국행에서 빠진다면 슬프지 않겠는가?

6. 하늘의 영광이 이러한 것을 다른 사람에게 나누어주도록 촉구한다.

7. 믿음이 좋은 영혼의 획득자들이 받게 되는 개인적인 보상 – 면류관 등.

Ⅱ. 영혼을 구원하는 사람이 갖추어야 할 것

1. 그는 구원받아야 하고 구원에 대한 확신이 있어야 한다(51과).

2. 그는 내적, 외적으로 깨끗한 생활을 해야 한다 – 그리스도에게 굴복된 생활.

3. 그는 억압하거나 거만하지 않고 사랑과 인내로써 일해야 한다.

4. 그는 성경에 대해 올바른 지식을 가져야 한다. 성경을 어떻게 사용해야 하는지를 알아야 한다. 많은 사람이 성경에 대한 무지를 구실삼아 자신의 인격적인 작업을 피하려 한다. 무지는 정당한 구실이 될 수 없다. 부지런히 성경을 공부하라.

너희 중에 누구든지 지혜가 부족하거든 모든 사람에게 후히 주시고 꾸짖지 아니하시는 하나님께 구하라 그리하면 주시리라. (약 1:5)

5. 그는 죄 지은 자를 변화시키기 위해 하나님께 의지하며 기도하는 사람이어야 한다.

6. 그의 생활은 성령으로 충만해서 힘이 넘쳐야 한다.

술 취하지 말라 이는 방탕한 것이니 오직 성령으로 충만함을 받으라. (엡 5:18)

7. 그는 잃어버린 영혼을 위한 연민의 정을 가져야 한다.

Ⅲ. 영혼을 얻기 위한 하나님의 방법(시편 126:5–6)

1. 영혼을 얻기 위해 “가라” – “앞으로 간 그.”

죄 지은 자가 당신에게 대화를 시작하거나 당신에게 말하기를 기다리지 마라. 하나님의 명령은 우리가 그와 구원에 관한 대화를 하는 것이다.

Note

2. 영혼을 얻기 위해 아파하는 마음 – "… 울며…."

예수님은 예루살렘을 바라보며 슬퍼하셨다. 그분의 마음은 잃어버린 양들에 대한 연민으로 가득했다. 예레미야 9:1에서 예레미야는 이스라엘을 위해 밤낮으로 울었다. 바울 또한 영혼들을 위해 울었다. 사도행전 20:19에서 "곧 모든 겸손과 눈물이며…", 사도행전 20:31에서 "내가 삼 년이나 밤낮 쉬지 않고 눈물로 각 사람을 훈계하던 것을 기억하라"고 했다.

3. 하나님의 말씀 – "… 귀중한 씨를 열매 맺는…."

혹 미사여구나 논리적인 논쟁으로 사람을 변화시키려 하지 않는가? 베드로는 사람은 하나님의 말씀에 의해 다시 태어난다고 말했다(벧전 1:23). 예수님은 씨 뿌리는 자와 거두는 자의 비유에서 좋은 씨를 사용하도록 권고하신다. 대체로 여러 성경 구절은 혼란만 일으키므로 한 구절로 충분하다. 기억에 남는 구절을 공부하라. 적어도 당신이 그것을 찾아낼 수 있도록 참고를 공부하라. 하나님 말씀에 의지하여 믿음 안에서 죄를 깨닫고 새로워지라.

4. 결과의 확실성

당신이 말한 모든 사람을 얻는 승리를 이룰 수는 없다. 그러나 몇 사람은 얻을 수 있을 것이다. 우리가 그들 중 2%를 하나님께로 돌이킨다면 놀라운 일이 아닐 것이다. 마찬가지로 우리는 똑같은 사람에게 10번 이야기해서 11번째로 그를 얻을 수도 있다. 서로의 대화는 다른 사람을 죄의 사슬에서 풀어내어 그리스도께로 인도하는 중요한 연결점이다.

5. 영혼을 얻는 자의 즐거움

성경에서는 죄인 하나가 회개하면 하늘에서 기뻐한다고 말씀한다(눅 15:10, 사 53:11). 그는 자기 영혼의 수고를 보고 만족하게 될 것이다. 한 사람의 구원을 위한 시작은 곧 영혼을 얻는 즐거움으로 바뀌게 될 것이다.

Ⅳ. 진행상의 절차와 일반적인 규칙

1. 기회를 찾아서 기도하라. 그러고 나서 그 기회들을 이용하라. 좋은 시기를 찾는다고 마냥 기다리지 마라.

2. 그리스도를 명확히 영접하도록 직접 인도하라. 그리스도와 성경에 대해, 그리고 그와 관련된 주제들에 대해서 분명히 얘기하되, 절대로 논쟁거리로 내세우지는 마라.

3. 가능한 한 당신의 나이와 성별이 같은 범위에서 다루라. 그러나 어쨌든 성령께서(당신 자신의 생각이 아닌) 당신에게 어떤 사람을 생각나게 하시면 주저하지 말고 곧장 나아가라.

4. 예의 바르게 하고, 너무 말을 많이 하거나 뽐내지 마라. 논쟁하지 말고 그들로 하여금 얘기하게 하라.

5. 친숙한 사이를 피하라. 고마워할 수도 있지만 화를 내는 경우도 있다.

6. 가능한 한 개인 별로 다루어라. 무리 속에서는 구실을 붙여 구원에 대항하게 되지만, 혼자일 때 그는 마음을 더 많이 열기 쉽다. 마음에서 마음으로 이어진다는 것을 기억하라.

7. 항상 자신감을 가지라. 그가 죄를 고백한다면 성경이 말씀하신 것을 기억하라.

> 너희가 알 것은 죄인을 미혹된 길에서 돌아서게 하는 자가 그의 영혼을 사망에서 구원할 것이며 허다한 죄를 덮을 것임이라. (약 5:20)

8. 논쟁으로 끌어들이지 마라. 사탄은 대화가 빗나가도록 이런 논쟁을 이용한다.

9. 당신의 경험이나 능력에 의존하지 마라. 인도하심을 위해 조용히 기도하라.

10. 성급해지지 마라. 그것은 굉장한 결정이다. 생에 있어 가장 위대한 결정이므로 사람들이 그 걸음을 내딛기 전에 잘 숙고할 수 있도록 도우라.

11. 마치 당신도 같은 죄인인양 행동하라. 우월한 위치에서 얘기하지 않도록 조심하라.

● 결론

사람들이 결단하려고 할 때 가능한 한 무릎을 꿇어앉히라. 그리고 그 사람과 함께 그를 위하여 기도하라. 주의할 것은 자신의 목소리를 직접 들을 수 있도록 그로 하여금 기도하게 하라. 기도한 후에 구원의 확신에 관한 성경 구절을 가르쳐 주라. 사정이 허락하면 그와 계속 접촉하면서 가르치라. 그에게 증거하게 하고 곧 그리스도를 위해 일하게 하라. 당신의 시도가 실패로 돌아가더라도 계속 기도하고 노력하라. 그리하면 하나님께서 영광과 결실을 주실 것이다.

질문 *Bible Study*

1. 영혼 구원을 강조한 말씀을 찾아보라.
2. 영혼을 구원하는 사람이 되어야 하는 이유는 무엇인가?
3. 영혼을 구원하는 사람이 되기 위한 7가지 요건은 무엇인가?
4. 영혼을 구원하는 사람에게 용기를 주기 위해서 야고보서 1:5을 인용해 보라.
5. 영혼을 얻음에 있어서 눈물이 가지는 역할은 무엇인가?

6. 영혼을 구원하는 사람이 확실한 결과를 위해 매우 깊이 의존해야 하는 것은 무엇인가?

7. 한 영혼이 회심했을 때 얻게 되는 3중의 기쁨은 무엇인가?

8. 영혼을 얻는 데 따르는 일반적인 규칙에 대해 말해 보라.

9. 위의 11가지 규칙 중 당신이 가장 중요하다고 생각하는 것은 무엇인가? 그 이유는 무엇인가?

10. 당신은 실제로 한 영혼을 그리스도께로 인도하고 있는가?

Note

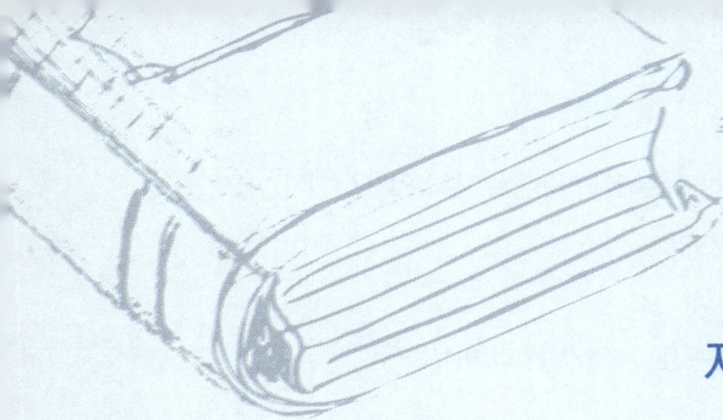

제54과
헌신

서론

헌신이란 단어는 "바치다, 선별하다, 헌납하다, 하나님의 영광을 위한 봉헌"의 의미를 가진 구약성경에 나오는 어휘이다. 신약에서는 히브리서 7:28과 10:20에 2번 나온다.

율법 후에 하신 맹세의 말씀은 영원히 온전하게 되신 아들을 세우셨느니라. (히 7:28)

그 길은 우리를 위하여 휘장 가운데로 열어 놓으신 새로운 살 길이요 휘장은 곧 그의 육체니라. (히 10:20)

헌신은 죄없는 순전한 상태나 전환을 의미하는 것이 아니다. 또 흥분된 감정이나 갑작스런 충동이 꼭 필요한 것도 아니다. 헌신은 전적으로 그리스도를 믿는 영혼 그것이다. 더 이상 우리의 소유가 아닌, 대가를 치르고 샀으므로 그리스도께 영원히 우리를 복종시키려는 것이다. 온 시간을 다 드려서 예배하는 것이 신앙을 증진시키기는 하지만 꼭 그렇게 할 필요는 없다.

오늘 누가 즐거이 손에 채워 여호와께 드리겠느냐 하는지라. (대상 29:5)

예배는 헌신을 위한 외적 형태이다. 근본적으로 헌신은 경배가 되어야 한다. "누가 기꺼이 하겠느냐?" 하나님은 우리 자신을 하나님께 드릴 수 있도록 기회를 주신다. 하나님은 결코 인간의 책임의 한계를 무시하지 않으신다. "기꺼이 헌신." 헌신은 의지의 행동이다. 스스로 결정해야 한다. 헌신은 예수 그리스도를 위하여 우리 삶의 직권을 버리려는 것이다. "나"를 주인이신 그리스도의 권능에 복종시키는 것이다. 당신의 삶의 주인은 누구인가?

나의 개인적인 헌신은 아브라함의 네 번 복종에 근거한, 네 번의 설교의 결과에서 비롯되었다.

1. 고향과 친척을 떠남(창 12:1)
2. 롯과 헤어짐(창 13:9)
3. 하갈과 이스마엘을 내쫓음(창 21:10)

4. 이삭을 드림(창 22장)

Note

Ⅰ. 헌신이란 무엇인가?

헌신은 두 가지 행동을 내포한다.

1. 내 의지를 하나님께 복종시킴 – 그리스도의 영광을 위해 그리스도께 내 자신을 드림.

2. 헌신이란 내가 드리는 희생을 하나님이 받으셨을 때의 하나님의 행동이다. 제사장들은 헌신하지 않았다. 아론과 그의 아들들은 다만 복종했을 뿐이다. 진정한 헌신이란,

1. 하나님께 나를 전심전념하는 것을 내포한다(미 4:13).

2. 자기 몸을 구별하여 드리는 것이다(민 6:12).

3. 성령으로 가득 채워지는 충만함이다(출 29:33). 또한 헌신은 하나님을 섬기기 위해 봉헌하는 것을 의미한다.

Ⅱ. 누가 헌신할 수 있을까?

그리스도의 피로써 깨끗함을 입은 사람들은 헌신하기에 적합하다. 하나님께서 가족의 일원이 된 사람들을 헌신하도록 초대하신다. 헌신은 위대하고 거대한, 그리고 재능 있는 사람들만이 독점하는 것이 아니라, 모든 믿는 사람들에게 열려 있다. 바울 사도는 로마서 12:1에서 "그러므로 형제들아 내가 하나님의 모든 자비하심으로 너희를 권하노니 너희 몸을 하나님이 기뻐하시는 거룩한 산 제물로 드리라 이는 너희가 드릴 영적 예배니라"고 말했다.

Ⅲ. 헌신을 위한 간청 – "하나님의 자비"(롬 12:1)

강제나 직권으로 헌신을 강요받는 것이 아니고 하나님의 자비로 행하게 된다. 또한 두려움 때문에 행하는 것이 아닌 하나님의 사랑과 자비에 의한 자발적 행동이다.

하나님의 자비에 관해 : 칭의, 동일시, 성별(봉헌), 성령의 내주, 무죄함, 매일의 도움, 사후(死後)의 천국, 건강, 친구, 교회 등.

Ⅳ. 헌신의 행동 – "너희 몸을 드리라"(롬 12:1)

1. 자발적이다. 바울은 헌신에의 인도하심과 권면하심 또는 초청을 했다. 그것은

선물을 주는 것과 같다. 우리는 강제로 헌신하지 않는다.

2. 인격적이다. "너희 몸." 이것은 우리가 가지고 있는 모든 것, 우리의 삶 전체를 의미한다.

3. 희생적이다. "살아 있는 제물." 우리의 삶을 제단에 바치는 것이다. 아브라함이 이삭을 바친 것처럼 말이다. 하나님께 자기 삶을 헌신하는 것은 확실히 하나님 아버지의 마음을 매우 기쁘게 해드리는 것이다. 육의 아버지는 자신의 아이가 반항하며 부모와 멀어지려 한다면 큰 슬픔과 아픔을 느낄 것이다. 어린 아이는 아버지의 보호와 음식, 옷 등을 받아들이지만 반면에 아버지 역시 그 아이의 진한 애정을 바란다. 나는 이러한 행동이 경배에 대한 최선의 행동이라고 믿는다.

내가 아이와 함께 저기 가서 예배하고 우리가 너희에게로 돌아오리라. (창 22:5)

Ⅴ. 헌신에 대한 개요 – "온당한 봉사"(롬 12:1)

우리가 진실로 속죄함을 받았다면 하나님께 우리의 보잘것없는 것이라도 드리는 것은 온당하다. 이해력 있는 기독교 신앙은 즐겁게 주저함없이 봉사하도록 이끈다. 빌리 선데이는 이렇게 말했다. "하나님께 봉사하는 것은 부당한 것이 아니고 유일하게 지각 있는 일이다." 잠깐만 생각해 보아도 거기에는 다른 결론이 있을 수 없다.

어쩌면 헌신이란 너무 힘든 것이라고 말할 수도 있다. 아버지와 아들이 헤어지는 것은 참 어려웠다. 이삭을 바친다는 것은 아브라함에게 큰 고통이었다. 요셉의 생애는 힘들었다. 안락한 이집트 왕궁을 떠나야 했던 모세도 물론 힘들었다. 모든 것을 잃어버린 욥은 더 이상 버틸 힘도 없었다. 바울이 로마와 에베소에서 전도하는 것도 너무나 어려웠다. 그러나 이 모든 것이 하나님의 뜻이었기 때문에 그들은 받아들였다(순종했다).

Ⅵ. 나는 무엇을 헌신해야 하나? – "너희 몸"(롬 12:1)

1. 나의 몸을 하나님께서 원하는 대로 사용하시도록 드려야 한다. 그렇게 함으로써 하나님은 더 큰 영광을 얻으신다. 우리의 몸은 자신의 것이 아니고 그리스도께서 그의 피로써 속죄하신 그분의 것이다.

a. 우리의 육신적인 힘을 그에게 드리자. 건강을 주신 데 대해 하나님을 찬양하고 그분을 위해 우리의 건강을 사용하자.

b. 자비를 전하는 심부름꾼이 되기 위하여 우리 발을 하나님께 드리자.

c. 타락한 자들을 건지고 자선을 베풀기 위하여 우리의 손을 하나님께 드리자.

d. 심령이 가난한 자들과 멸망해 가는 자들을 찾아내기 위해 우리의 눈을 하나님께 드리자.

Note

e. 실망하여 하나님을 찾고 울부짖는 자들의 소리를 듣기 위해 우리의 귀를 하나님께 드리자.

2. 나의 시간을 하나님께 드려야 한다. 하나님이 우리의 모든 시간을 지배하심이 마땅하다. 하나님께서 나의 계획을 조정하시도록 해야 한다. 공부하는 시간, 일하는 시간, 노는 시간을 신성하게 여기라. 이러한 문제에 있어서 매순간 순간을 하나님께서 당신을 인도하시도록 맡기라. 세월을 아끼라(엡 5:16, 골 4:5).

3. 나의 재능을 하나님께 드려야 한다. 한 달란트, 두 달란트 또는 다섯 달란트 아니면 더 많은 달란트를 가졌든지 간에 모두 하나님을 위해 사용하라.

a. 말하는 능력 – 하나님의 말씀을 섬기고 전하며 가르치기 위한 것이다.

b. 노래하는 능력 – 하나님의 영광을 위해 성가대 혹은 오케스트라를 지휘하고 악기를 다루는 것이다.

c. 책을 쓰는 능력 – 시, 기사, 기독교인의 이야기 등, 하나님을 알리고 높이는 내용을 기록하는 것이다.

d. 기도하는 능력 – 걱정에 쌓인 자들을 위해 기도하는 중재자의 삶이다.

e. 지도와 조직의 능력 – 이것은 오늘날 교회에서 너무도 많이 요구되고 있다.

f. 좋은 제자가 되는 능력 – 다른 사람을 도와주고 계획을 제대로 이행하는 것이다.

g. 나의 직업으로 나타난 능력 – 의사, 선생님, 공무원, 정치인, 기술자, 판매원 등.

4. 나의 소유를 하나님께 드려야 한다. 우리는 기꺼이 우리가 가지고 있는 금, 은, 그 외 모든 것을 하나님께 드려야 한다. 10분의 1뿐만 아니라 모두를 드리라.

5. 내 마음을 하나님께 드려야 한다. 이것은 하나님께서 다른 어떤 것보다 더 원하시는 것이다. 마음은 진실한 자아, 영혼의 상징이다.

우리가 바라던 것뿐 아니라 그들이 먼저 자신을 주께 드리고. (고후 8:5)

헌신은 내가 가진 모든 것을 하나님께 드리는 것을 의미한다. 그러나 제일 우선하여 드려야 할 것은 우리 자신이다.

Ⅶ. 헌신의 결과 – "하나님의 온전한 뜻을 분별하라"(롬 12:2)

1. 이 세상을 따르지 않는 생활. 그 생활은 세속적이거나 자기중심적이지 않다.

2. 새로워진 마음에 의해 변화된 생활. 중생한 사람은 하나님의 생각으로 생각한다. 내세와 영원의 가치를 기대하면서 말이다.

3. 하나님의 뜻 안에서 조화롭게 살아가는 생활. 나를 위한 하나님의 계획을 행복

하게 따르는 것이다.

4. 받아들여지는 생활. 하나님의 뜻은 결코 불쾌하지 않다. 이 생활은 확실히 하나님에게나 인간에게 받아들이게 될 것이다.

5. 선한 생활. 그 생활은 유익함으로 가득할 것이다. 헌신의 결과를 절대로 두려워하지 마라. 당신이 순종함으로 인해서 모든 이가 일어나 당신에게 '축복받은 이'라고 불러줄 것이다.

6. 즐겁고 승리에 찬 행복한 생활. 그것은 나를 창조하시고 그의 보배피로 나를 속죄해 주신 하나님의 완전한 뜻 안에서 살기 때문이다.

● 결론

헌신은 한 과정이다. 헌신은 매일의 위기에서 날마다, 매순간 순종하는 과정이다. 우리의 헌신을 새롭게 하는 것은 육이 아니고 성령의 이끄심이다. 그것은 예배라는 최상의 행위로 나타난다. 지금 바로 당신의 모든 것을 구세주께 헌신하라. 헌신을 결코 철회하지 말라. 더 이상 반환을 요구할 수 없는 선물이 주어졌다.

질문 *Bible Study*

1. 헌신에 관해 무엇을 배울 수 있는가?(대상 29:5)
2. 헌신의 가장 근본적인 목적은 무엇인가?
3. 헌신에 관련된 두 가지 행동을 적어 보자.
4. 헌신을 하는 데는 어떤 사람이 적합한가?
5. 신약성경에서 헌신에 대해 나타내는 구절은 어디인가?
6. 로마서 12:1을 통해 우리가 헌신에 대해 배워야 할 것은 무엇인가?
7. 만일 헌신이 어렵다면, 그것은 불합리하다는 뜻인가? 왜 그런가?
8. 하나님은 성도들의 헌신된 몸을 어떻게 사용하라고 제안하시는가?
9. 헌신에 있어서 하나님이 가장 원하시는 것은 무엇인가?
10. 헌신의 6가지 결과는 무엇인가?

제55과

주님의 뜻을 발견하는 법

● 서론

"그리스도인은 자기 자신의 뜻을 모두 포기하고 자신이 영위하는 모든 삶을 전적으로 하나님의 뜻에 맡기는 사람이다." – 굿맨

여기에서 모든 그리스도인이 부딪히는 문제는 어떻게 하나님의 뜻을 발견해내느냐 하는 것이다. 이 땅에서의 예수 그리스도의 생애는 하나님의 뜻에 완전히 일치하는 완벽한 삶이었다.

하나님이여 보시옵소서 두루마리 책에 나를 가리켜 기록된 것과 같이 하나님의 뜻을 행하러 왔나이다. (히 10:7)

예수 그리스도는 하나님의 뜻을 이루시기 위해 이 땅에 오셨다. 예수 그리스도는 실제로 아버지께서 이 땅에서 행하라 하신 모든 일을 완수하셨다.

아버지께서 내게 하라고 주신 일을 내가 이루어 아버지를 이 세상에서 영화롭게 하였사오니. (요 17:4)

예수님께서 이 땅에서 행하실 특별한 임무를 부여받으신 것처럼, 모든 그리스도인도 각자에게 부여된 특별한 임무가 있다. 따라서 우리의 삶을 향한 주님의 계획을 아는 것은 우리 모두의 의무이다.

Ⅰ. 하나님은 모든 사람의 삶에 대하여 계획을 갖고 계신다

하나님은 우리 한 사람 한 사람의 삶을 향하여 각각의 청사진을 준비해 놓으셨다. 이 계획은 우리 각자의 개성과 재능, 욕구와 잠재력 그리고 환경에 따라 알맞게 수립되어 있다.

우리는 그가 만드신 바라 그리스도 예수 안에서 선한 일을 위하여 지으심을 받은 자니 이 일은 하나님이 전에 예비하사 우리로 그 가운데서 행하게 하려 하심이니라. (엡 2:10)

하나님께서는 그리스도인 한 사람 한 사람에 대하여 특별한 임무를 정해 놓으시고 또 그것

을 위해 역사하신다.

우리에게 구름 같이 둘러싼 허다한 증인들이 있으니 모든 무거운 것과 얽매이기 쉬운 죄를 벗어 버리고 인내로써 우리 앞에 당한 경주를 하며. (히 12:1)

우리 한 사람 한 사람에 대하여 각기 다른 경기가 준비되었다. 사도 바울은 자기 자신의 임무를 완수했고 그의 일이 완성되었기 때문에, "나는 선한 싸움을 싸우고 나의 달려갈 길을 마치고 믿음을 지켰으니"라고 말할 수 있었던 것이다(딤후 4:7).

그가 또 이르되 우리 조상들의 하나님이 너를 택하여 너로 하여금 자기 뜻을 알게 하시며. (행 22:14)

하나님은 사도 바울이 하나님의 뜻을 알기를 원하셨다. 당신에 대한 하나님의 뜻은 매우 개별적이다. 그것은 당신에게만 적합한 계획이며, 하나님은 당신의 삶에 그런 계획이 준비되어 있음을 당신이 알게 되기를 바라신다.

내가 네 갈 길을 가르쳐 보이고 너를 주목하여 훈계하리로다. (시 32:8)

하나님의 뜻은 매우 세밀하게 짜여 있다.

여호와께서 사람의 걸음을 정하시고 그의 길을 기뻐하시나니. (시 37:23)

하나님께서는 먼 장래의 일을 항상 단번에 드러내 주시지는 않는다. 즉 하나씩 하나씩 보여 주시는 것이다.

하나님의 계획은 지속적이다.

여호와가 너를 항상 인도하여. (사 58:11)

하나님의 뜻은 분명하고 특별하시다.

너희가 오른쪽으로 치우치든지 왼쪽으로 치우치든지 네 뒤에서 말소리가 네 귀에 들려 이르기를 이것이 바른 길이니 너희는 이리로 가라 할 것이며. (사 30:21)

주님께서는 말씀을 통하여 성령으로 우리를 인도해 주신다.

하나님께서는 우리가 그분의 뜻을 알기 위하여 노력하기를 원하신다.

내가 다닐 길을 알게 하소서.

하나님께서는 우리가 일상생활의 사소한 일까지도 주님께 기도로써 아뢰기를 원하신다. 하나님의 뜻은 믿는 자들에게 항상 선함과 인자함, 온전함을 더하여 주시는 것이다.

너희는 이 세대를 본받지 말고 오직 마음을 새롭게 함으로 변화를 받아 하나님의 선하시고 기뻐하시고 온전하신 뜻이 무엇인지 분별하도록 하라. (롬 12:2)

Ⅱ. 하나님의 계획은 모든 사람의 삶에 있어서 매우 중요하다

우리가 자신의 계획대로 사는 이기적이고 고집스런 길을 택함으로써 하나님의 계획을 깨닫지 못한다면 이는 매우 불행한 일이다. 이것은 결코 범하지 말아야 할 비극적인 실수이다. 사실상 우리는 자신의 삶에 대하여 스스로 계획을 세울 수 없는 존재다.

Note

여호와여 내가 알거니와 사람의 길이 자신에게 있지 아니하니 걸음을 지도함이 걷는 자에게 있지 아니하니이다. (렘 10:23)

오직 하나님 한 분만이 미래 일을 알고 계시어, 그분만이 우리가 할 일과 갈 길을 정하실 수 있다.

Ⅲ. 하나님의 계획은 항상 일정한 특징을 포함한다

1. 죄악으로부터 벗어나 거룩함에 이른다.

하나님의 뜻은 이것이니 너희의 거룩함이라 곧 음란을 버리고. (살전 4:3)

하나님은 거룩하시다. 따라서 우리도 그와 같이 거룩하게 되는 것이 하나님의 뜻이다. 기도와 감사는 우리를 향하신 하나님의 뜻이다.

쉬지 말고 기도하라 범사에 감사하라 이것이 그리스도 예수 안에서 너희를 향하신 하나님의 뜻이니라. (살전 5:17-18)

2. 선한 일을 행하는 것이 또한 하나님의 뜻이다.

곧 선행으로 어리석은 사람들의 무식한 말을 막으시는 것이라. (벧전 2:15)

Ⅳ. 하나님의 인도를 받을 조건

1. 주님을 믿으라(시 37:3; 32:8).

하나님의 인도는 믿는 자들만을 위한 것이다. 구원받지 못한 자들을 향한 하나님의 계획은 단 한 가지로 요약할 수 있다. 즉 "믿고, 구원을 받으라"는 것이다.

2. 주님 안에서 기뻐하라(시 37:4).

하나님의 뜻을 알기 위해 열심히 노력하고 그 뜻에 기쁘게 따라가야 한다.

3. 앞길을 모두 주님께 의탁하라(시 37:5).

우리는 하나님에 대한 완전하고도 명확한 믿음을 가져야 한다.

4. 주님 안에서 조용히 참고 기다리라(시 37:7).

하나님께서는 인도해 주실 것을 약속하셨지만, 우리가 그 뜻을 알고자 요구할 때마다 당장 그 뜻을 알려주시지는 않는다.

5. 하나님의 뜻에 복종하라. 하나님의 뜻에 기꺼이 복종할 마음의 자세를 갖추고 있어야 한다(롬 12:1-2).

6. 세상과 죄라고 알려진 모든 것으로부터 벗어나라.

너희는 이 세대를 본받지 말고 오직 마음을 새롭게 함으로 변화를 받아 하나님의 선하시고 기뻐하시고 온전하신 뜻이 무엇인지 분별하도록 하라. (롬 12:2)

죄악에서 벗어나게 되면, 그때 비로소 하나님의 뜻을 분별할 수 있게 되는 것이다.

7. 영적인 마음자세를 가지라.

오직 마음을 새롭게 함으로. (롬 12:2)

하나님의 고요하고 은은한 음성을 듣기 위해 마음가짐을 주님과, 주의 성령과, 주님의 말씀에 맞추어야 한다.

V. 하나님이 인도하시는 방법

이런 후에는 "하나님께서는 그 뜻을 알고자 애쓰는 사람들에게 어떻게 그 뜻을 드러내 주시는가" 하는 문제가 생긴다. 하나님께서는 전지전능하시므로, 어떤 틀에 박힌 형식에 따라 일하시지 않는다. 하나님은 모든 사람을 각각 다르게 다루신다. 때로 하나님께서는 그 뜻을, 어떤 적절한 기회나 환경, 부모의 희망, 친구의 충고, 자신의 능력에 대한 평가, 개인적인 취향, 욕구 혹은 양심을 통해 우리에게 나타내신다.

1. 하나님께서는 대개 성경말씀을 통해서 우리가 갈 길을 인도하신다. 여기서 주의해야 할 것은 눈을 감고 성경의 아무 곳이나 펼쳐 읽고는 그것이 하나님의 뜻이라고 여기는 섣부른 판단을 하지 말라는 것이다. 하나님께서는 결코 우연한 방법으로 역사하시지 않는다. 우리는 하나님께서 우리 마음속에 다양하게 역사하시도록, 우리의 전부를 하나님 말씀으로 꽉꽉 채워야만 한다. 하나님의 뜻이 성경과 어긋나는 일은 결코 없다. 따라서 우리는 성경을 알아야 하는 것이다.

2. 성령 하나님께서 내리시는 마음속의 판단

성령이 친히 우리의 영과 더불어 우리가 하나님의 자녀인 것을 증언하시나니. (롬 8:16)

즉, 성령님께서 어떤 특정한 방향의 행동이 과연 선하고 옳은 것인지 혹은 그릇된 것인지 판단해 주신다는 것이다. 중요한 것은 그것이 내 자신의 욕망에서 나온 것이냐, 하나님께서 나에게 원하시는 일이냐를 판단하는 것이다.

성령이 이르시되 내가 불러 시키는 일을 위하여 바나바와 사울을 따로 세우라 하시니. (행 13:2)

하나님께서는 우리를 인도하실 목적으로 성령을 주신 것이다.

그러나 진리의 성령이 오시면 그가 너희를 모든 진리 가운데로 인도하시리니 그가 스스로 말하지 않고 오직 들은 것을 말하며 장래 일을 너희에게 알리시리라. (요 16:13)

3. 하나님께서는 환경을 통하여 차례로 우리에게 길을 열어 주신다.

Note

하나님의 사람들에게 우연히 생기는 일은 없다. 모든 일이 하나님의 뜻에 따라 미리 계획된 것이다. 우리가 처한 환경이 하나님의 인도를 뜻하는 방향 제시의 신호등이 된다는 것이다. 운전을 하는 데 있어서 신호등의 빨간불은 파란불과 똑같은 중요성을 가진다. 즉 환경이 그다지 좋지 않을 때는 우리가 하나님의 뜻을 참고 기다려야 한다는, 빨간 신호등이 켜진 상태라고 말할 수 있다.

4. 하나님께서는 환상을 보여 주심으로써 우리를 인도하시기도 한다. 바울에게 마케도니아인의 환상이 보인 것이 좋은 예가 될 수 있다(행 16:9-10). 그러나 하나님께서는 요즘에는 이 방법을 자주 사용하시지는 않는다.

5. 양털에 이슬을 내림으로써 인도하시기도 한다(삿 6:37-39).

기드온은 어떤 특별한 일이 발생하는 양상에 따라 주님의 뜻을 알 수 있도록 기도했다. 주의할 점은, 자연의 법칙을 따를 때 항상 우리 자신의 뜻이 이길 수밖에 없는 상황 설정을 해서는 안 된다는 것이다. 예를 들어 보자. 장마철에 시내에 몹시 나가고 싶은데, "내일 비가 오면 시내에 나가고, 만일 비가 오지 않으면 집에 머물겠다"라는 식의 억지 조건을 붙이지 말라는 것이다.

Ⅵ. 조지 뮬러가 제시한 하나님의 인도하심을 찾는 방법

1. 네 자신의 뜻을 포기하라. 어떤 선택도 미리 하지 말고, 완전히 중립적인 입장을 취하라.
2. 성경을 통해 주님의 뜻을 알도록 노력하라.
3. 하나님의 섭리로 부여된 환경을 고려하라.
4. 기도로써 인도하심을 간구하라.
5. 하나님을 섬기라.

Ⅶ. F. B. 마이어가 제시한 하나님의 인도하심을 찾는 방법

"하나님의 말씀과 내 마음 속에서 역사하시는 성령님의 충동, 그리고 외적인 환경이 조화를 이룰 때, 비로소 나는, 내가 하나님의 뜻에 맞게 행동하고 있다는 확신을 갖게 된다."

● 결론

하나님의 인도하심은 대개 몇 가지의 요소가 결합된 형태로 나타난다. 우리는 어떤 상황에 부딪혔을 때, 다만 한 걸음 내딛기 위한 빛이 필요하다. 하나님이 우리에게 비춰주신 빛을 믿고 따라가기만 하면, 하나님께서는 우리에게 계속해서 밝은 빛을 비춰주실 것이다. 하나님께서는 우리에게 우리의 삶에 대한 종합적인 계획과 아울러 세밀한 계획까지 함께 제시해 주시기를 원하신다. 따라서 우리는 참고 기다려야 하며, 그러면 하나님께서는 그의 뜻을 하나 하나 나타내 주실 것이다. 또한 하나님의 인도하심을 거스르지 말 것이며 하나님의 인도하심에 의문을 품어 나름대로 판단하지 말아야 한다.

질문 *Bible Study*

1. 히브리서 10:7과 요한복음 17:4을 통해 예수 그리스도의 생애에 관해 무엇을 배울 수 있는가?
2. 우리 삶에 대한 계획은 언제 작성되었는가?
3. 사도행전 22:14과 시편 32:8을 통해 하나님의 뜻에 관해 무엇을 배울 수 있는가?
4. 하나님의 뜻이 포함하고 있는 3가지 특징에 대하여 말해 보라.
5. 하나님의 인도하심을 받기 위해서 필요한 조건은 무엇인가?
6. 하나님께서는 자신의 뜻을 나타내시기 위해 어떤 방법을 사용하시는가?
7. 사도행전 13:2, 로마서 8:16, 요한복음 16:13을 통해 알 수 있는 하나님이 인도하시는 방법은 무엇인가?
8. 조지 뮬러는 하나님의 인도하심을 어떻게 알 수 있었는가?
9. 하나님께서 자신의 뜻을 나타내셨던 방법 중에(위에 제시된) 어떤 것이 가장 위험한 방법인가? 그 이유는 무엇인가?
10. F. B. 마이어의 말 중에서 하나님의 인도하심을 찾는 중요한 3가지 사항은 무엇인가?

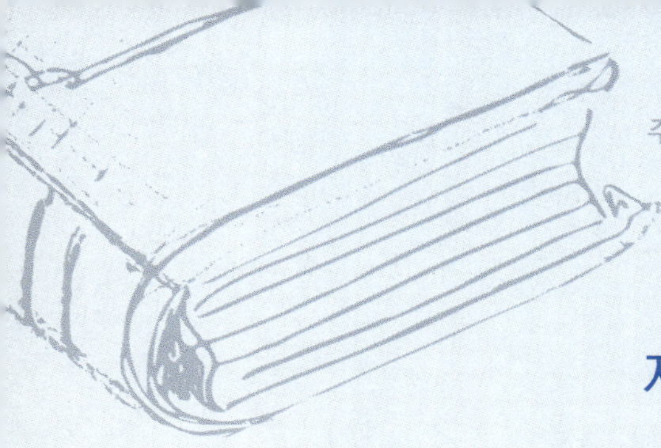

제56과

기도

● 서론

"기도는 예수님과의 대화이다." – 웨스트민스터 주일학교 학생. "기도는 우리의 정당하고 꼭 필요한 모든 것들을 구주 예수 그리스도의 중재를 통하여 꼭 얻으리라는 확신을 가지고 하나님께 드리는 하나의 제사다." "기도는 주 예수의 이름과 성령님의 힘으로 하나님께 드리는 하나의 예배다." – H. W. 프로스트. "기도는 하나님께 이야기하는 인간의 마음이다."

기도는 적어도 다음의 4부분으로 이루어져야 한다. 즉, ACTS이다. 찬양(Adoration), 하나님께 드리는 마음의 찬양과 경배(시 95:6)를 말한다. 고백(Confession), 모든 죄에 대한 회개(시 32:5)이다. 감사(Thanksgiving), 모든 것에 대한 감사(빌 4:6)가 있어야 한다. 간구(Supplication), 간구, 기도, 도고, 희망(딤전 2:1)이다.

우리는 하나님을 향해서(행 12:5), 예수 그리스도의 이름으로(요 14:13), 성령의 권능으로(렘 6:18) 기도해야 한다.

Ⅰ. 어디서 기도할 것인가

1. 어느 곳에서나

각처에서 남자들이 분노와 다툼이 없이 거룩한 손을 들어 기도하기를 원하노라. (딤전 2:8)

2. 골방에서

너는 기도할 때에 네 골방에 들어가 문을 닫고 은밀한 중에 계신 네 아버지께 기도하라. (마 6:6)

3. 성전에서(교회)

두 사람이 기도하러 성전에 올라가니 하나는 바리새인이요 하나는 세리라. (눅 18:10)

4. 큰 회중 앞에서 기도함 – 솔로몬의 기도(대상 8:22-53)

a. 개인적인 기도는 은밀한 곳에서 한다.

b. 가족기도는 작은 그룹으로 한다.

c. 대중기도는 회중 앞에서 한다.

Ⅱ. 언제 기도할 것인가

1. 항상

예수께서 그들에게 항상 기도하고 낙심하지 말아야 할 것을 비유로 말씀하여. (눅 18:1)

쉬지 말고 기도하라. (살전 5:17)

2. 아침에

여호와여 아침에 주께서 나의 소리를 들으시리니 아침에 내가 주께 기도하고 바라리이다. (시 5:3)

3. 정오와 저녁에

저녁과 아침과 정오에 내가 근심하여 탄식하리니 여호와께서 내 소리를 들으시리로다. (시 55:17)

4. 매일

주여 내게 은혜를 베푸소서 내가 종일 주께 부르짖나이다. (시 86:3)

5. 밤낮으로

여호와 내 구원의 하나님이여 내가 주야로 주 앞에서 부르짖었사오니. (시 88:1)

다니엘은 하루에 세 번 기도했다(단 6:10).

Ⅲ. 기도 제목

1. 예수님의 재림, 주님 뜻의 이루어짐, 일용할 양식, 용서, 인도, 유혹과 죄악으로부터의 승리(마 6:9-13, 주기도문).

2. 병든 자를 위한 기도(약 5:13-16).

3. 모든 사람, 임금, 높은 지위에 있는 사람들, 우리의 개인적인 생활, 죄인들의 구원을 위한 기도(딤전 2:1-4).

4. 장수(생명의 연장)를 위한 기도(사 38:1-5).

5. 개인적인 안전과 다른 사람들의 안녕을 위한 기도(단 6:18-23).

6. 지혜와 명철을 위한 기도(왕상 3:5-9).

7. 의식주를 위한 기도(마 6:25-34).

8. 좋은 여행을 위한 기도(롬 1:10).

9. 모든 그리스도인이 그리스도 예수 안에서 완전해지기를 간구하는 기도(골 1:28).

Note

10. 우리를 악용하고, 핍박하는 사람들을 위한 기도, 우리의 원수를 위한 기도(마 5:38-48).

11. 교회에서의 윗사람을 위한 기도(딤전 5:17).

Ⅳ. 어떻게 기도할 것인가

1. 성령의 인도하심을 받아야 한다.

이와 같이 성령도 우리의 연약함을 도우시나니 우리는 마땅히 기도할 바를 알지 못하나 오직 성령이 말할 수 없는 탄식으로 우리를 위하여 친히 간구하시느니라 마음을 살피시는 이가 성령의 생각을 아시나니 이는 성령이 하나님의 뜻대로 성도를 위하여 간구하심이니라. (롬 8:26–27)

2. 하나님의 살아 계심을 믿고 기도해야 한다.

믿음이 없이는 하나님을 기쁘시게 하지 못하나니 하나님께 나아가는 자는 반드시 그가 계신 것과. (히 11:6)

3. 하나님께서는 믿음의 간구에 꼭 응답해 주심을 믿고 기도해야 한다.

그가 자기를 찾는 자들에게 상 주시는 이심을 믿어야 할지니라. (히 11:6)

4. 꾸준히 계속해야 한다(눅 18:1-8).

과부의 꾸준한 간청이 끝내는 뜻을 이루게 하였다. 또한 꾸준히 문을 두드린 사람은 떡을 먹을 수 있었다(눅 11:1-13).

5. 겸손함으로 기도해야 한다.

내 이름으로 일컫는 내 백성이 그들의 악한 길에서 떠나 스스로 낮추고 기도하여 내 얼굴을 찾으면 내가 하늘에서 듣고 그들의 죄를 사하고 그들의 땅을 고칠지라. (대하 7:14)

6. 죄를 회개할 준비가 되어 있어야 한다.

내 백성이 그들의 악한 길에서 떠나 스스로 낮추고 기도하여. (대하 7:14)

Ⅴ. 기도의 조건

1. 하나님의 뜻 안에서 기도해야 한다(롬 8:27).

나의 원대로 마시옵고 아버지의 원대로 하옵소서. (마 26:39)

2. 하나님께 기도하기 전에 먼저 다른 사람들을 용서해야 한다.

서서 기도할 때에 아무에게나 혐의가 있거든 용서하라. (막음 11:25)

3. 믿음으로 기도해야 한다.

무엇이든지 기도하고 구하는 것은 받은 줄로 믿으라 그리하면 너희에게 그대로 되리라. (막 11:24)

오직 믿음으로 구하고 조금도 의심하지 말라 의심하는 자는 마치 바람에 밀려 요동하는 바다 물결 같으니 이런 사람은 무엇이든지 주께 얻기를 생각하지 말라. (약 1:6–7)

4. 하나님의 계명을 지켜야 한다.

무엇이든지 구하는 바를 그에게서 받나니 이는 우리가 그의 계명을 지키고 그 앞에서 기뻐하시는 것을 행함이라. (요일 3:22)

5. 그리스도 안에 거해야 한다.

너희가 내 안에 거하고 내 말이 너희 안에 거하면 무엇이든지 원하는 대로 구하라 그리하면 이루리라. (요 15:7)

6. 성령 안에서 기도해야 한다.

성령으로 기도하며. (유 1:20)

7. 예수님의 이름으로 기도해야 한다.

지금까지는 너희가 내 이름으로 아무것도 구하지 아니하였으나 구하라 그리하면 받으리니 너희 기쁨이 충만하리라. (요 16:24)

Ⅵ. 기도의 장애물

1. 불신(약 1:6-7)
2. 남을 용서하지 않으려는 태도(막 11:25)
3. 죄악

내가 나의 마음에 죄악을 품었더라면 주께서 듣지 아니하시리라. (시 66:18)

4. 그릇된 요구(나쁜 동기에서 나온 혹은 주님의 뜻을 따르지 않는 요구)

구하여도 받지 못함은 정욕으로 쓰려고 잘못 구하기 때문이라. (약 4:3)

Ⅶ. 기도에 관한 약속들

마가복음 11:24, 요한복음 15:7, 요한일서 5:14-15, 빌립보서 4:19, 마태복음 7:7-8, 누가복음 11:9-13, 히브리서 4:16

● 결론

하나님께서는 기도에 대해 어떤 응답을 주실까? 하나님은 다음의 3가지 중에 하나로 대답하신다. ① Yes ② No ③기다리라

그들이 부르기 전에 내가 응답하겠고 그들이 말을 마치기 전에 내가 들을 것이며. (사 65:24)

내 육체에 가시 곧 사탄의 사자를 주셨으니 이는 나를 쳐서 너무 자만하지 않게 하려 하심이라. (고후 12:7–10)

바울이 병의 치유를 간구했으나 하나님께서는 들어주지 않으셨다. 나 자신도 아버지의 개종을 위해 17년 간 기도했으며 하나님께서는 당신께서 작정하신 기한이 되어서야 응답해 주셨다. 우리는 하나님의 뜻을 기다림과 동시에 하나님의 정하신 때를 기다려야 한다.

하나님께서는 들어 주시기로 약속하신 죄인의 기도는,

세리는 멀리 서서 감히 눈을 들어 하늘을 쳐다보지도 못하고 다만 가슴을 치며 이르되 하나님이여 불쌍히 여기소서 나는 죄인이로소이다 하였느니라. (눅 18:13)

• 참고/ 벧후 3:9

단순히 기도에 관한 책을 읽는다고 해서 기도하는 법을 배울 수는 없다. 실제로 기도해야 하는 것이다. 또한 기도의 응답을 받을 때마다 하나님께 꾸준히 감사드리라.

Note

질문 *Bible Study*

1. 기도란 무엇인가?
2. 기도가 포함해야 할 4가지는 무엇인가?
3. 기도를 할 수 있는 장소는 어디인가?
4. 언제 기도해야 하는가?
5. 우리는 무엇을 위해 기도해야 하는가?
6. 기도에 대해서 로마서 8:26–27로부터 무엇을 배울 수 있는가?
7. 기도하기 전에 해야 할 한 가지 중요한 것은 무엇인가?
8. 기도의 7가지 조건을 열거해 보라.
9. 기도의 장애가 되는 것은 무엇인가?
10. 하나님은 기도에 대해서 어떻게 응답하시는가?

제57과
묵상

● 서론

묵상이야말로 그리스도인의 일상생활의 핵심이 되는 시간이다. 이 시간을 잘 지키고 활용하는 여부에 따라 그리스도인의 삶의 질이 결정된다. 여기서 실패한 크리스천들은 믿음의 기복이 심해지고 연약한 삶을 살아가는 것을 보게 된다. D. E. 호스트는, 선교의 현장에 도착한 선교사 지원자들 중에서 끝까지 잘 해나갈 사람을 분별하기가 참 어렵지만, 얼마나 묵상 시간을 잘 지키느냐에 따라 성패여부가 갈린다고 말했다. 묵상을 잘 지켜나가는 그리스도인은 주님과 더불어 날마다 자라는 삶을 살게 된다.

아브라함이 그 아침에 일찍이 일어나 여호와 앞에 서 있던 곳에 이르러. (창 19:27)

아브라함은 묵상의 훌륭한 본보기를 보여 주었다. 즉,

1. 그는 아침에 일찍 일어났다. 이는 훌륭한 그리스도인이 생활 속에서 보여 줄 실천이다.
2. 그는 하나님을 만나는 특정한 장소를 갖고 있었다.
3. 그는 매일 이를 행했다. 불규칙적으로 가끔 한 것이 아니었다.
4. 그는 주님 앞에 서서 주님께서 말씀하시기를 기다렸다.

오직 우리 주 곧 구주 예수 그리스도의 은혜와 저를 아는 지식에서 자라가라. (벧후 3:18)

식물의 성장에 공기와 햇빛, 광합성(운동)이 필요한 것처럼, 우리의 영적 생활에도 자양분이 필요하다. 이것은 불규칙적이어서는 안 되며, 그리스도인의 삶에 매일매일 공급되어져야 한다. 다윗은 시편 5:3에서 이렇게 노래했다. "여호와여 아침에 주께서 나의 소리를 들으시리니 아침에 내가 주께 기도하고 바라리이다." 예수님은 아침뿐만 아니라 때때로 밤을 새워가며 기도하시기도 했다. "이때에 예수께서 기도하시러 산으로 가사 밤이 새도록 하나님께 기도하시고"(눅 6:12).

Note

예수님께서 보여 주신 모범과 선배 신앙인들의 경험은, 우리의 묵상 시간(주님과 또한 그 말씀과 함께하는 매일 매일의 시간)을 지킴에 있어 좋은 지침이 된다.

Ⅰ. 묵상의 목적

묵상의 근본적인 목적은 하나님과의 교제다. 하나님께서는 우리보다 훨씬 더 이 시간을 원하신다. 아버지께서는 매일 우리가 드리는 경배를 원하고 계신다.

묵상의 두 번째 목적은 '하루를 살아가는 힘을 얻기 위함'이다. 그리스도인의 생활은 죄악과의 싸움이며 세상과, 악마들과의 전쟁인 것이다. "우리의 씨름(싸움)은…"(엡 6:12). 즉 정신적인 적과의 싸움이다. 한편 묵상은 체계적인 성경공부와 기도를 위한 좋은 기회를 제공해 준다.

Ⅱ. 묵상을 위한 준비

밤이 늦도록 깨어 있지 말고 일찍 잠자리에 들라. 이에 대한 엄격한 규칙을 세우고 잘 지켜 나가라. 그러면 하나님께서 그에 대해 풍성한 축복을 내리실 것이다. 기도하거나 성경을 읽기 전에 잠에서 완전히 깨어나라. 무릎을 꿇고 앉는 것이 졸립게 한다면, 자세를 고쳐 보라. 아브라함은 서서 기도했다. 만일 집중하는 데 필요하다면 걸으면서 크게 기도하는 것도 좋다. 성경을 읽을 때는 불필요한 것들을 치워버리라. 기도하면서 너무 말을 많이 하는 것도 방해가 될 수 있다.

> 너희는 가만히 있어 내가 하나님 됨을 알지어다. (시 46:10)

말하기를 멈추고 주님의 목소리를 들으라. 욥의 친구는 7일이나 욥과 함께 앉아 있으면서 서로 아무 말도 하지 않았다(욥 2:13). 현대에 와서는 이러한 멋진 관계를 보기 힘들어졌다. 묵상 중에 성령님의 인도하심과 그의 축복을 빌라. 성경에서 읽은 말씀에 기꺼이 순종하라(요 2:5). 주님 앞에 깨끗한 마음으로 나아가라.

> 하나님께서 구하시는 제사는 상한 심령이라 하나님이여 상하고 통회하는 마음을 주께서 멸시하지 아니하시리이다. (시 51:17)

Ⅲ. 묵상을 위한 준비

1. 묵상에 정기적으로 성경을 읽는 시간을 할애하여 말씀을 읽으라. 읽기와 명상에 적합한 장소를 마련하여 주님의 임재를 기도하며 마음을 다스리라. 어떤 한 곳을 응시하는 것도 좋다. 설교시간이 아니고 나의 마음을 드리는 시간이기 때문이다. 정

해진 계획에 따라 성경을 충실히 읽어 나간다.

2. 성경말씀을 기록할 필기도구를 준비한다.

3. 기도제목과 응답 내용을 기록할 노트를 준비한다.

Ⅳ. 묵상 중의 성경공부에 있어서 필요한 질문

성경공부에 있어서 장에 따라 읽든지 권에 따라 읽든지, 혹은 제목(주제)별로 읽기를 선택하여 계획을 세운다. 성경을 읽은 후 다음과 같은 질문에 대해 답을 기록한다.

1. 오늘 읽은 부분에서 어떤 새로운 것을 배웠는가?
2. 내가 순종해야 할 명령은 없었는가?
3. 내가 따라야 할 본보기는 없었는가?
4. 내가 피해야 할 실수는 없었는가?
5. 내가 버려야 할 죄악은 없었는가?
6. 내가 요구해야 할 약속은 없었는가?
7. 하나님을 향한 새로운 생각은 없었는가?

Ⅴ. 묵상에 대한 계획

묵상이 기계적으로 흐르지 않도록 노력하라. 주님의 성령이 계신 곳에는 자유가 있다. 상투적인 것이 되지 않도록 하되, 어색하고 무리한 변화는 삼가라. 가능하면 매일 같은 시간에 묵상을 하도록 하라. 체계적인 계획을 수립하라. 즉 반은 성경 읽기에, 반은 기도에 할애하는 것 등. 단, 규칙에 너무 얽매이지 마라. 즉, 성령께서 임재하시면 시간이 넘어도 기도를 계속하라. 말씀이 밝은 빛으로 파고들면 계속해서 성경을 읽어 성령으로 충만해지도록 하라.

• 추천할 만한 순서 : ① 간단한 기도 ② 성경 읽기 ③ 기도.

이러한 순서로 하면, 매일 똑같은 기도가 반복되는 것을 피할 수 있다. 즉 바로 읽은 성경 말씀에서 기도의 제목을 얻는 것이다. 성경 말씀 자체를 찬양과 간구의 기본으로 삼도록 하라.

Ⅵ. 묵상의 기도

진실된 기도는 노력없이 되지 않는다. 그것은 많은 시간과 훈련을 요한다. 매일 매일 꾸준히 해 나가는 것이 가장 좋은 훈련이 될 것이다. 기도 제목이 적혀 있는 책을 보면서, 기도의 응답에 주의한다. 응답받은 기도에 대해서 주님께 감사하는 것을 잊어서는 안 된다.

환난 날에 나를 부르라 내가 너를 건지리니 네가 나를 영화롭게 하리로다. (시 50:15)

Note

하나님을 찬양함으로 기도하고 간구하라. 기도할 때는 간단하면서도 진지하게 구하라. 마치 어린아이가 아버지에게 하듯, 하나님 아버지께 기도하라. 기도는 다음의 4가지 요소를 꼭 갖추도록 하라(ACTS).

1. Adoration(찬양) – 마음에서 우러나는, 하나님을 향한 찬양.

오라 우리가 굽혀 경배하며 우리를 지으신 여호와 앞에 무릎을 꿇자. (시 95:6)

2. Confession(고백) – 모든 죄악으로부터 벗어나고, 그것을 뉘우침.

내가 이르기를 내 허물을 여호와께 자복하리라 하고 주께 내 죄를 아뢰고 내 죄악을 숨기지 아니하였더니 곧 주께서 내 죄악을 사하셨나이다(셀라). (시 32:5)

3. Thanksgiving(감사) – 기쁜 일이나 슬픈 일이나, 모든 일에 대해 주님께 감사한다(빌 4:6).

4. Supplication(간구) – 간구, 탄원, 요구, 희망(딤전 2:1).

Ⅶ. 묵상의 어려움

마귀들은 우리의 조용한 시간이 지켜지지 않도록 온갖 방법을 동원한다. 이는 매일 매일의 싸움이 될 것이다. 만일 오늘 하루 조용한 시간을 갖지 못했다고 할지라도 이것을 꼭 실패라 여겨 낙심하지 마라. 성령께서 잘못을 깨우쳐 주시는 즉시, 잘못을 고백하고 용서를 받으라. 사실 집중이 중요한 문제가 된다(엡 6:12). 그것은 마음속에서의 싸움이다. 이에서 승리하기 위해 주님의 십자가와, 주님께서 흘리신 피와, 부활의 권능을 계속 생각하라. 어린이들이 문제에 부딪히게 되면, 부모가 그에 대한 적절한 대책을 마련해 주는 것이 좋다.

● 결론

묵상의 목적과 방법을 바로 익히고 어렵더라도 꾸준히 실천하는 훈련을 하라. 성령님이 도우실 것이다.

질문 Bible Study

1. 성공적인 그리스도인의 생활에서 가장 핵심적인 것은 무엇인가?
2. 아브라함의 묵상에서 배울 수 있는 점은 무엇인가?
3. 묵상의 2가지 목적을 말해 보라.

4. 묵상의 준비에 있어서 주의해야 할 사항은 무엇인가?

5. 시편 46:10에서 묵상에 대해 어떤 교훈을 얻을 수 있는가?

6. 묵상에 필요한 3가지 도구는 무엇인가?

7. 성경을 읽은 후 검토해야 할 7가지 질문은 무엇인가?

8. 당신은 묵상을 하는 데 하루의 시간 중 얼마나 할애하고 있는가?

9. 매일 똑같은 기도만 되풀이 되는 것을 피하려면 어떤 방법이 있을까?

10. 당신의 묵상을 하는 데 있어서 가장 큰 방해물은 무엇인가?

제58과

승리하는 그리스도인의 삶

● 서론

가끔 수년 간의 실패를 거듭한 끝에 갑자기 하나님의 축복에 휩싸이게 된 선교사나 목사들의 간증을 듣는다. 어떤 성도들은 열심히 노력했으나 실패했을 때 낙심하여 아주 침체된 상태에 빠지고 만다. 자신이 원했던 것과는 딴판으로 낮은 수준의 신앙생활에서 헤어나지 못한다. 그러나 다시 실패할까 봐 두려워 앞으로 나아갈 희망조차 포기한 상태에서 사는 사람들도 있다. 또 어떤 성도들은 승리하는 생활에 대해서는 들어보지도 못한 채 죄를 짓고 회개하는 생활만을 반복하기도 한다. 과연 이런 것들이 주님께서 우리에게 요구하시는 삶의 전부일까?

Ⅰ. 승리하는 생활의 가능성

성경은 모든 성도를 위해, 죄악에 대한 영광스런 승리를 가르치고 있다.

무릇 하나님께로부터 난 자마다 세상을 이기느니라 세상을 이기는 승리는 이것이니 우리의 믿음이니라. (요일 5:4)

요한은 여기서 하늘나라에서의 승리를 이야기하는 것이 아니라 이 땅에서의 승리를 말하고 있다. 즉 매일매일의 싸움에서 승리하는 것을 의미한다. 만일 이 구절이 성도의 생활에서 그대로 이루어지지 않고 있다면, 무엇인가 잘못된 것이다. 마귀들은 바로 이러한 사실을 그리스도인들이 알지 못하게 하기 위해 자기가 가진 온힘을 쏟는다. 사탄은 단순히 종교적인 사람이나 혹은 힘없는 그리스도인은 문제 삼지 않는다. 그가 정말로 무서워하는 것은 승리하는 생활의 위대한 힘이다. 즉, 승리하는 삶은 구별된 몇몇 사람들에게만이 아니고, 하나님 안에서 한 식구가 된 모든 사람에게 가능하다는 것이다.

Ⅱ. 승리하는 생활에 주어지는 약속

명절 끝날 곧 큰 날에 예수께서 서서 외쳐 이르시되 누구든지 목마르거든 내게로 와서 마시라 나를 믿는 자는 성경에 이름과 같이 그 배에서 생수의 강이 흘러나오리라 하시니. (요 7:37-38)

이것은 예수님께서, 성도인 당신에게 약속하신 말씀이다.

내가 온 것은 양으로 생명을 얻게 하고 더 풍성히 얻게 하려는 것이라. (요 10:10)

예수님께서는 우리가 생명과 승리의 일부분뿐만 아니라 풍성히 얻기를 원하신다.

죄가 너희를 주장하지 못하리니. (롬 6:14)

이것은 매우 힘 있는 말씀이다.

항상 우리를 그리스도 안에서 이기게 하시고. (고후 2:14)

"항상" 즉, 때때로가 아니라 언제나 승리하게 하시는 것이다. 우리의 승리는 그리스도를 통한 승리인 것이다. 고린도전서 10:13은 모든 사람에 대한 모든 유혹에의 승리를 약속하고 있다.

그러나 이 모든 일에 우리를 사랑하시는 이로 말미암아 우리가 넉넉히 이기느니라. (롬 8:37)

단순한 승리가 아니라 넉넉히 이기는, 풍성한 승리인 것이다.

내가 이르노니 너희는 성령을 따라 행하라 그리하면 육체의 욕심을 이루지 아니하리라. (갈 5:16)

그리스도인의 생활은 정욕을 채우는 생활이 아니다.

Ⅲ. 승리하는 생활의 원리 – "믿음으로"

승리하는 생활의 원리는 그것이 믿음에 의해 하나님으로부터 받은 선물이라는 것이다. 우리의 구원은 하나의 선물이다. 우리는 그것을 받을 자격이 조금도 없고, 또한 우리의 노력으로 얻을 수도 없다. 승리도 또한 하나의 선물이다. 그것도 역시 우리 힘으로는 얻을 수 없다. 그것은 결코 불가능하다.

오직 의인은 믿음으로 말미암아 살리라. (롬 1:17)

• 참고/ 갈 3:11, 히 10:3

성도는 구원을 얻고, 성령 안에서 새로운 삶에 속하게 된다. 많은 성도가 육에 속해서 살려고 했던 갈라디아 교인들처럼 어리석은 삶을 살고 있다. 승리는 우리 안에 계시는 주님께서 하시는 일이지, 우리 자신이 하는 것이 아니다. "내 능력이 약한 데서 온전하여 짐이라." 우리가 스스로의 무능함을 고백하고 주께 모든 것을 의지할 때, 주님께서는 승리를 얻게 하신다. 술주정뱅이가 회개하여 술에 대해 이기었다면, 그것이 곧 승리하는 생활이다. 신앙이 튼튼한 사람들도 자신뿐만 아니라 사소한 죄악들과 싸워서 승리해야 한다.

Note

"믿음이란 하나님께 모든 것을 맡기는 것 외에는 아무것도 아니다. 승리하는 생활을 위해 갖춰야 할 조건은 부러진 날개와 깨어진 본성, 극도의 허약함이다."– C. G. 트럼블

승리하는 생활의 비결은 주 안에서 사는 것이다. 승리는 노력하는 데 있는 것이 아니라, 주님께 의지하는 데 있다.

Ⅳ. 승리하는 생활의 비결

승리하는 생활의 비결은 우리가 주님과 하나가 되는 것이다. 로마서 6:4-22는 일반적으로 승리의 장으로 불린다. 주님의 십자가에는 두 가지 중요한 진리가 담겨 있다. 즉 그리스도의 대속과 "하나가 됨"이 그것이다. 죄인들에게는 대속을 가르친다. 즉 "십자가를 보면서 살라"이다. 한편 성인들에게는 "십자가 밑에 죽으라"라고 가르친다.

1. 그리스도의 죽음과 하나가 됨(그리스도와 함께 죽음).

만일 우리가 그의 죽으심과 같은 모양으로 연합한 자가 되었으면 또한 그의 부활과 같은 모양으로 연합한 자도 되리라 우리가 알거니와 우리의 옛 사람이 예수와 함께 십자가에 못 박힌 것은 죄의 몸이 죽어 다시는 우리가 죄에게 종 노릇 하지 아니하려 함이니. (롬 6:5–6)

내가 그리스도와 함께 십자가에 못 박혔나니 그런즉 이제는 내가 사는 것이 아니요 오직 내 안에 그리스도께서 사시는 것이라. (갈 2:20) – 완전한 연합.

죽음은 인간을 죄의 지배로부터 단번에, 그리고 영원히 해방시켜 준다(롬 6:7).

2. 그리스도의 장사와 하나가 됨(그리스도와 함께 묻힘).

그와 함께 장사되었나니. (롬 6:4)

죽은 것은 땅에 묻혀야 한다.

3. 그리스도의 부활과 하나가 됨(그리스도와 함께 부활함).

그의 부활과 같은 모양으로 연합한 자도 되리라. (롬 6:5)

4. 그리스도의 승리하는 생활과 하나가 됨.

그리스도를 죽은 자 가운데서 살리심과 같이 우리로 또한 새 생명 가운데서 행하게 하려 함이라. (롬 6:4)

죄의 몸이 죽어 다시는 우리가 죄에게 종 노릇 하지 아니하려 함이니. (롬 6:6)

또한 그와 함께 살 줄을 믿노니. (롬 6:8)

그가 살아 계심은 하나님께 대하여 살아 계심이니. – 오직 하나님만을 위한 삶. (롬 6:10)

비결은 이것이니, 즉 우리 안에 거하시는 그리스도께서 모든 성도의 삶의 주인이 되시기 위하여 그들의 마음과 삶 속에서 사시는 것이다.

이 비밀은 너희 안에 계신 그리스도시니 곧 영광의 소망이니라. (골 1:27)

"나는 죽었고, 내 속에 거하시는 그리스도께서 살아 계셔서 나를 위해 끊임없이 승리하고 계시느니라."

Ⅴ. 승리하는 생활의 요건 – "맡김"

당신이 그리스도와 함께 죄에 대하여 죽은 것이 사실이라면, 당신이 할 일이 하나 있다. 그것은 자기 자신을 하나님께 맡기는 것이다.

오직 너희 자신을 죽은 자 가운데서 다시 살아난 자 같이 하나님께 드리며 너희 지체를 의의 무기로 하나님께 드리라. (롬 6:13)

믿음으로 새로운 위치를 찾으라. "죽은 자 가운데서 살아남." 우리는 지금 부활의 기초 위에 살고 있다. 즉 십자가의 승리의 토대 위에 서 있는 것이다. 죄와 세상은 다시 당신을 붙들 수 없다. 죄와 싸우려 하지 마라. 결코 그것을 이길 수 없다. 다만 부활하신 그리스도의 능력에 모든 것을 맡기라.

Ⅵ. 승리하는 생활의 선택

그리스도인으로서의 나는 계속 자유 의지를 가진다. 내가 승리를 선택한다면, 나는 분명히 그것을 주님으로부터의 선물로 받을 것이다. 만일 내가 이 선물을 거부한다면, 나는 그리스도인으로서 패배한 생활을 계속하게 될 것이다.

너희 자신을 종으로 내주어 누구에게 순종하든지 그 순종함을 받는 자의 종이 되는 줄을 너희가 알지 못하느냐 혹은 죄의 종으로 사망에 이르고 혹은 순종의 종으로 의에 이르느니라. (롬 6:16)

의를 택하든지 죄를 택하든지 선택은 우리 자신에게 달려 있다.

죄로부터 해방되어 의에게 종이 되었느니라. (롬 6:18)

해방은 우리가 원하면 바로 우리의 것이 된다.

19절의 경고 : 만일 내가 부정한 것을 선택한다면, 그것이 죄에서 죄로 나를 끌어내릴 것이다.

22절의 권고 : "너희가 죄로부터 해방되었으므로 예수 그리스도의 종이 돼라."

그렇다면 선택은 "누구에게 나 자신을 맡길 것인가" 하는 것이 된다.

결론

Note

"만일 우리가 우리 죄를 자백하면 그는 미쁘시고 의로우사 우리 죄를 사하시며 우리를 모든 불의에서 깨끗하게 하실 것이요"(요일 1:9). 주님은 결코 실패하지 않으셨다. 당신의 실패는 그리스도를 약하게 할 수 없다. 그는 당신을 용서하실 것이며, 이 실패로 인해서 앞으로는 그러한 실수를 범하지 않도록 힘을 주실 것이다. 과거의 승리에 의존하지 마라. 항상 주님만을 의지하라. 그 약속을 항상 기억하고, 유혹하는 마귀에게 그 약속을 들려주라. 계속해서 주 안에 거하라.

성령께서 우리에게 주신 명령을 준행하면 승리는 우리의 것이 될 수밖에 없다. 승리하는 생활을 살 수 있는 유일한 시간은 "지금"이다. 오늘부터 즉시 시작하라. 이 진리를 이론적으로만 알고 있지 말고, 생활 속에서 경험적으로 느껴 보라. 허드슨 테일러는 다음과 같은 생각으로 승리의 생활을 하게 되었다. "신앙을 가지려고 노력하는 것이 아니고, 믿음을 가지신 분(예수)을 바라보는 것이 우리가 필요로 하는 모든 것이다." 내가 바라는 것은 "이제는 내가 산 것이 아니요, 오직 내 안에 그리스도께서 사신 것이라"(갈 2:20)와 같은 삶이다.

질문 Bible Study

1. 성도들은 어떤 모습으로 살아가고 있는가?
2. 요한일서의 영광스런 약속은 무엇인가?
3. 승리하는 그리스도인의 생활의 약속을 열거하라.
4. 로마서 1:17을 통해 볼 때 승리하는 삶의 원리는 무엇인가?
5. 대속과 "하나가 됨"의 차이는 무엇인가?
6. 로마서 6:4-22에서의 그리스도와 연합함에 대해 설명해 보라.
7. 죄를 이기는 데 있어서 그리스도인이 해야 할 실제적인 일은 무엇인가?
8. 만일 그리스도인의 승리가 가능한 것이라면, 왜 그토록 많은 성도들이 그것을 얻지 못하고 있는 것인가?
9. 만일 어떤 성도가 승리를 얻으려고 노력했으나 실패했다면, 그것이 필연적으로 실패를 의미하는 것인가?
10. 허드슨 테일러가 생각한, 승리의 생활을 하는 방법은 무엇인가?

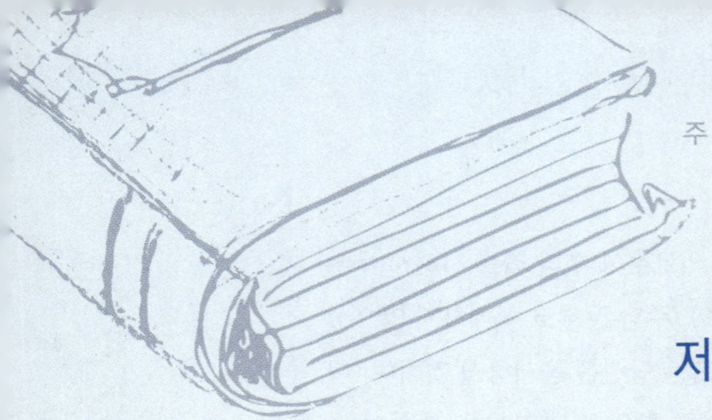

제59과
성별

●서론

이 세상이나 세상에 있는 것들을 사랑하지 말라 누구든지 세상을 사랑하면 아버지의 사랑이 그 안에 있지 아니하니. (요일 2:15)

이것은 매우 힘든 일이다. 그러나 그리스도인으로서 우리들은 매일 이런 문제와 마주치게 된다. 어떤 극단론자들은 이것을 지키기 위해 세상과 떨어져 수도원에서 산다. 그러나 이것은 잘못된 것이다.

Ⅰ. 성경에서 말하는 '세상'의 의미

요한복음 3장 16절을 보면, 하나님께서 세상을 사랑하셔서 독생자를 보내주신 것을 알 수 있다. 여기서 '세상'은 '사람들', 즉 세상에 살고 있는 죄인들을 가리킨다. 예수님께서는 죄인들의 세상을 사랑하셨으므로 그리스도인들도 죄인들을 사랑해야 한다. 사도 요한은 요한일서 2장 16절, 즉 우리에게 세상을 사랑하지 말라고 한 그 다음 절에서 '세상'의 의미를 밝혀 놓았다. 즉 세상은 '육신과 정욕', '안목의 정욕', '이생의 자랑'을 의미한다. 다시 말해서 세상은 사탄에 의해 조종되고 있는 이 세상의 모든 것을 가리킨다. 여기서 현세 삶의 물질적인 축복으로부터 떠난다는 암시는 찾아볼 수 없다. 이러한 축복은 하나님께서 모든 이에게 풍성히 누리도록 내려 주신다.

네가 이 세대에서 부한 자들을 명하여 마음을 높이지 말고 정함이 없는 재물에 소망을 두지 말고 오직 우리에게 모든 것을 후히 주사 누리게 하시는 하나님께 두며. (딤전 6:17)

이 축복은 맑은 웃음, 어린아이의 천진한 모습, 깨끗한 생활, 건강한 오락, 아름다운 자연에 대한 사랑 같은 것들이 포함된다. 이런 것은 결코 비성서적, 혹은 세상적이거나 죄스런 것이 아니다. 이런 것들을 잘못 이해하게 되면 금욕주의로 흐르고 만다. 예수님께서도 자연을 사랑

Note

하셨다. 그는 꽃과 나무와 씨에 대해 말씀하셨다. 예수님의 사회적인 접척 범위도 광범위했다. 즉 바리새인의 집에서 식사를 하시고(눅 7:36), 가나의 혼인 잔치에 참석하셨으며(요 2장), 조용한 곳에서 휴식을 취하기도 하셨다(막 6:31). 사실상 예수님은 사람들로부터 먹기를 탐하는 자라는 비난을 받으시기까지 하셨다.

인자는 와서 먹고 마시매 말하기를 보라 먹기를 탐하고 포도주를 즐기는 사람이요 세리와 죄인의 친구로다 하니. (마 11:19)

Ⅱ. 분명히 한계를 그을 수 있는 것들

1. 성도와 불신자 사이의 결혼은 금해야 한다. 이것은 세대가 바뀌어도 변할 수 없는 명확한 성경의 원칙이다.

너희는 믿지 않는 자와 멍에를 함께 메지 말라. (고후 6:14–17)

두 사람이 뜻이 같지 않은데 어찌 동행하겠으며. (암 3:3)

2. 불의로부터 벗어나야 한다. 어떤 이들은 성도와 불신자 사이의 동업관계도 이 구절이 금하고 있는 것으로 포함시킨다.

의와 불법이 어찌 함께 하며. (고후 6:14)

3. 흑암으로부터 벗어나야 한다. 성도들 안에는 세상의 빛이신 그리스도께서 거하신다.

빛과 어둠이 어찌 사귀며. (고후 6:14)

4. 악마인 벨리알로부터 벗어나야 한다. 그리스도인들 안에는 하나님의 아들이 거하신다.

그리스도와 벨리알이 어찌 조화되며. (고후 6:15)

5. 불신자들로부터 벗어나야 한다. 우리는 그들과 교제를 맺을 수 없으므로, 그들로부터 벗어나야 한다.

믿는 자와 믿지 않는 자가 어찌 상관하며. (고후 6:15)

6. 우상으로부터 벗어나야 한다. 그리스도인은 바로 하나님께서 거하시는 성전이 된다.

하나님의 성전과 우상이 어찌 일치가 되리요. (고후 6:16)

7. 근본된 교리에 대해 논쟁하는 거짓 선생들로부터 벗어나야 한다.

멀리하라. (딛 3:10)

• 참고/ 딤후 4:3–4, 갈 3:2

8. 이단으로부터 벗어나야 한다(요이 1:9-11). 이런 이들은 집안에 들이지도 말아야 한다.

9. 죄악이나 부도덕의 형태를 취한 모든 것들(술 등)로부터 벗어나야 한다(벧전 1:16).

Ⅲ. 한계가 분명치 않은 것들

1. 시간을 잘 분배하라. 예배, 사업, 공부, 교제, 오락 등에 얼마의 시간을 할애할 것인가? 어떤 시간도 지나치면, 우리가 영위해 나가야 할 생활에 부조화를 가져온다.

2. 오락은 일반적으로 즐겁고 순수하며 즐길 만한 것이어야 한다. 그러나 어떤 것들은 해로운 것도 있다.

3. 운동은 필요하다. 대부분의 운동은 몸과 마음의 건강에 유익하다. 그러나 여기서도 적당한 조화가 있어야 한다.

4. 세속적 오락을 조절하라. 춤, 화투, 영화, 잡지, 담배, 그림, 유행하는 옷들, TV, 데이트 등. 이런 것들은 성경에 언급이 없으므로, 특별한 한계를 설정할 수 없다.

Ⅳ. 세 가지 기본적 규칙

만일 어떤 일들이 문젯거리가 된다면, 이 세 가지 규칙들을 적용시켜 보라. 그러나 이때는 아주 개인적인 차원에서 생각해야 한다.

1. 하나님에 대한 신앙을 약화시키는 모든 것들(모임 등)을 멀리 하라.

2. 신앙적인 체험으로부터 얻은 교훈을 파괴하려 하는 것들을 멀리 하라. 자신의 개인적인 간증이 이 땅에서 얻을 수 있는 가장 값진 것들 중의 하나이다.

3. 도덕적인 기반을 흔들어서 죄악으로 이끄는 모든 것들로부터 멀리 해야만 할 것이다. 화투가 도박으로 이끈다면, 그것을 멀리해야 한다. 만일 춤이 부정한 욕망을 불러일으킨다면, 나에게 있어 그것은 죄스런 것이 된다.

Ⅴ. 몇 가지 일반적 규칙들

1. 만일 나의 어떤 행동이, 형제를 흔들리게 만다면, 그것을 하지 말아야 한다.

그러므로 만일 음식이 내 형제를 실족하게 한다면 나는 영원히 고기를 먹지 아니하여 내 형제를 실족하지 않게 하리라. (고전 8:13)

사도 바울은 만일 어떤 것이 그의 신앙적 간증에 방해가 되면, 기꺼이 그것을 멀리했다.

2. 어떤 특별한 문제에 대해서 기도나 성경을 통해 하나님의 인도하심을 구한다. 하나님과 사람 앞에서 항상 양심에 거리낌이 없도록 노력해야 한다(행 24:16).

Note

3. 무엇을 하든지 하나님의 영광을 위해서 해야 한다.

또 무엇을 하든지 말에나 일에나 다 주 예수의 이름으로 하고 그를 힘입어 하나님 아버지께 감사하라. (골 3:17)

담배를 피우거나 화려한 옷을 입는다고 해서 하나님을 영화롭게 할 수 있겠는가? 기도하는 중에 그에 대한 대답이 "No"라면, 그런 것들은 나에게 죄스런 것이 되는 것이다(약 4:17).

4. 매사에 있어서 성화된 상식을 적용시키라. 하나님은 합리적이신 분이며 또한 당신과 변론하기를 원하신다.

오라 우리가 서로 변론하자. (사 1:18)

5. 육체적으로든 정신적으로든 감정적으로든, 해가 되는 모든 것들을 멀리해야 할 것이다.

너희 몸은 너희가 하나님께로부터 받은 바 너희 가운데 계신 성령의 전인 줄을 알지 못하느냐 너희는 너희 자신의 것이 아니라 값으로 산 것이 되었으니 그런즉 너희 몸으로 하나님께 영광을 돌리라. (고전 6:19–20)

6. 우리가 하는 일이 예수 그리스도를 기쁘시게 하는 일인가? 예수님이라면 이런 일을 하셨을까? 만일 그분께서 하지 않으셨을 거라면, 우리 역시 해서는 안 된다.

그리스도도 너희를 위하여 고난을 받으사 너희에게 본을 끼쳐 그 자취를 따라오게 하려 하셨느니라. (벧전 2:21)

7. 내가 하는 일이 나의 신앙을 강하게 만드는가 혹은 약하게 만드는가?

Ⅵ. 몇 가지 도움이 되는 성경구절

너희는 이 세대를 본받지 말고 오직 마음을 새롭게 함으로 변화를 받아 하나님의 선하시고 기뻐하시고 온전하신 뜻이 무엇인지 분별하도록 하라. (롬 12:2)

간음한 여인들아 세상과 벗된 것이 하나님과 원수 됨을 알지 못하느냐 그런즉 누구든지 세상과 벗이 되고자 하는 자는 스스로 하나님과 원수 되는 것이니라. (약 4:4)

또 땅에서는 외국인과 나그네임을 증언하였으니. (히 11:13)

도리어 하나님의 백성과 함께 고난받기를 잠시 죄악의 낙을 누리는 것보다 더 좋아하고. (히 11:25)

데마는 이 세상을 사랑하여 나를 버리고 데살로니가로 갔고. (딤 4:10)

그러므로 너희는 그들 중에서 나와서 따로 있고 부정한 것을 만지지 말라 내가 너희를 영

접하여. (고후 6:17)

● 결론

항상 이치에 맞게 행동하고, 다른 사람들을 가혹하게 판단하지 말아야 한다. 각자가 자기 자신의 주인 편에 설 것이다. 다른 사람과 구별되이 살되, 우월감이 아니고 겸손한 마음가짐으로 살 것이다. 구별된다는 것은 두 가지 뜻이 있음을 기억하라. 즉 (1) 죄로부터, (2) 하나님께로.

질문 *Bible Study*

1. 요한복음 3:16과 요한일서 2:15에 나오는 상충되는 점에 대해 설명하라(세상을 사랑하는 문제에 대하여).
2. 세상에서 우리가 사랑해도 좋은 면이 있다면 어떤 것들인가?
3. 성도들이 멀리해야 할 9가지는 무엇인가?
4. '믿지 않는 자와 멍에를 함께 메지 말라'는 것은 무엇을 의미하는가?
5. 예배, 사업, 가족과의 시간, 오락, 식사, 수면 등을 포함하여, 가장으로서의 1주간 계획표를 작성해 보라.
6. 어떤 일을 할 것인지 하지 말 것인지를 결정하는 데 있어서 따라야 할 3가지 기본적 규칙은 무엇인가?
7. 고린도전서 8:13이 순수한 오락과 그렇지 못한 것에 대해 가르치는 바는 무엇인가?
8. 고린도전서 6:19-20로부터 구별된 생활에 대해 무엇을 배울 수 있는가?
9. 히브리서 11:25와 디모데후서 4:10을 비교해 볼 때, 구별된 생활에 대해 배울 수 있는 점은 무엇인가?
10. 구별된 생활에 있어서 기억해야 할 2가지 의미는 무엇인가?

제60과
타락

●서론

오늘은 너무나 열심히 주님을 따르다가도 며칠 뒤면 언제 주님을 믿었냐는 듯이 타락하는 사람들이 있다. 때로 우리는 "주님을 버릴 다음 사람은 누구인가?"라는 질문을 하게 된다. 분명한 대답은 "나는 아니다"이다. 고린도전서 10:12의 엄중한 경고를 기억하라. "그런즉 선 줄로 생각하는 자는 넘어질까 조심하라."

교만은 패망의 선봉이요 거만한 마음은 넘어짐의 앞잡이니라. (잠 16:18)

우리는 주님의 은총과 능력으로 보호받는다. 그는 우리를 지키실 수 있다. 그러나 우리가 그의 은총과 도움을 고의로 거절한다면, 우리는 타락할 것이다.

내가 믿는 자를 내가 알고 또한 내가 의탁한 것을 그날까지 그가 능히 지키실 줄을 확신함이라. (딤 1:12)

확실히 그는 존재하신다!

Ⅰ. 타락의 정의

1. 타락은 하나님으로부터 돌아서는 것이다.

솔로몬이 마음을 돌려 이스라엘의 하나님 여호와를 떠나므로 여호와께서 그에게 진노하시니라. (왕상 11:9)

2. 타락은 처음 사랑을 잃고 냉담해지는 것이다.

그러나 너를 책망할 것이 있나니 너의 처음 사랑을 버렸느니라. (계 2:4)

3. 타락은 단순한 복음으로부터 율법에 의한 구원으로 돌아서는 것이다.

율법 안에서 의롭다 함을 얻으려 하는 너희는 그리스도에게서 끊어지고 은혜에서 떨어진 자로다.

(갈 5:4)

4. 어떤 이는 타락을 주님과 성도를 분리시키는 죄로 정의한다.

오직 너희 죄악이 너희와 너희 하나님 사이를 갈라 놓았고 너희 죄가 그의 얼굴을 가리어서 너희에게서 듣지 않으시게 함이니라. (사 59:2)

5. 일반적으로 타락이란, '주님과 성경말씀, 기도와 교회 출석, 하나님을 증거하는 일에 흥미를 잃어버리고 냉담해져서 세상으로 향하는 것'이다.

Ⅱ. 타락은 점진적 과정이다

나는 갑자기 타락한다는 것을 믿지 않는다. 무서운 죄가 갑작스럽게 드러날 때 사실 우리는 놀라게 된다. 그러나 작지만 많은 일이 계속 우리 삶에 파고 들어와서 생을 침식시키는 것도 사실이다. 롯의 이야기는 타락하는 7단계를 보여 준다.

1. 탐심

이에 롯이 눈을 들어 요단 지역을 바라본즉 소알까지 온 땅에 물이 넉넉하니 여호와께서 소돔과 고모라를 멸하시기 전이었으므로 여호와의 동산 같고 애굽 땅과 같았더라. (창 13:10)

타락 앞에서 눈은 제일 먼저 구세주를 떠난다. 그들(눈)은 매혹적인 것을 본다. 많은 사람은 좋지 않은 대상에 자기 눈을 고정시키는 실수를 저지른다.

2. 낮은 것을 선택함

롯은 산 대신에 평야를 선택했다(창 13:10). "그 사람들이 그들을 밖으로 이끌어 낸 후에 이르되 도망하여 생명을 보존하라 돌아보거나 들에 머물지 말고 산으로 도망하여 멸망함을 면하라"(창 19:17). 눈을 들어 높은 곳을 바라보라. 구세주를 바라보라(히 12:1).

3. 절충

롯은 소돔을 향하여 장막을 쳤다(창 13:12-13). 롯은 절충하여 죄악의 도시 근처에서 살았다. 아브라함은 하나님과 함께 산에서 번성했다. 성경은 말씀한다. "또한 너는 청년의 정욕을 피하고"(딤후 2:22). 소돔(죄) 근처에서는 살지 마라.

4. 원수에게 잡힘(창 14:11-12)

죄 가까이에 사는 사람은 죄에 붙잡히게 된다. 회개한 술꾼이라면 당장 술집에서 떠나야 할 것이다. 도둑으로 하여금 유혹의 장소로부터 떠나게 해야 한다. 만일 당신이 세상과 짝한다면 멸망할 것이다. 만일 당신이 당신의 손가락을 죄에게 내어준다면, 그것은 당신의 손, 팔, 몸 그리고 영혼을 빼앗아 갈 것이다.

5. 물질적인 가치관

Note

"롯이 소돔 성문에 앉아 있다가"(창 19:1). 그는 마을의회의 회원이었다. 롯은 세상적인 세력은 얻었으나 영적인 감화력은 잃어버리고 말았다. "그러나 롯이 지체하매"(창 19:16). 롯은 소돔을 사랑했다. 롯은 하나님이 싫어하시는 것, 그리고 멸망받을 것을 사랑했다. 당신도 하나님이 싫어하시는 것, 곧 멸망하게 될 것을 사랑하고 있지는 않은가?

6. 범죄적 연약성

롯은 자신의 두 딸을 기꺼이 죄 가운데 내주려고 했다(창 19:8). 한 사람이 타락할 때는 다른 사람들을 끌어 들인다. "우리 중에 누구든지 자기를 위하여 사는 자가 없고 자기를 위하여 죽는 자도 없도다"(롬 14:7). 롯은 그의 사위에게는 조롱하는 사람으로 여겨졌다(창 19:14).

7. 술취함(창 19:33-38)

여기서 우리는 롯이 포도주를 마시고, 부도덕에 빠진 것을 발견한다. 롯은 죄를 사랑했다. 롯은 죄 가운데 머뭇거렸다. 술은 항상 부도덕으로 인도한다. 롯을 정죄하지는 말자. "소돔과 고모라 성을 멸망하기로 정하여 재가 되게 하사 후세에 경건하지 아니할 자들에게 본을 삼으셨으며 무법한 자들의 음란한 행실로 말미암아 고통 당하는 의로운 롯을 건지셨으니(이는 이 의인이 그들 중에 거하여 날마다 저 불법한 행실을 보고 들음으로 그 의로운 심령이 상함이라)"(벧후 2:6-8). 죄에 빠지지 않도록 주의하고 조심하라.

Ⅲ. 타락의 외적인 원인

1. 탐심(창 13:10) : 롯은 자신을 위하여, 하나님의 뜻이 아닌 것을 열망했다.

2. 사회(창 19:26) : 롯의 아내는 그녀가 사랑하던 것들을 바라봄으로써 소금 기둥이 되었다.

3. 공포(마 26:70-74) : 베드로는 사람을 두려워했기 때문에 구세주를 부인했다.

4. 교만한 영(잠 16:18) : "거만한 마음은 넘어짐의 앞잡이다."

5. 이기심(잠 14:14) : "마음이 굽은 자는 자기 행위로 보응이 가득하겠고." 하나님의 뜻과 방식에 관심을 가져야 한다.

6. 우상숭배(출 32:8) : 이스라엘은 계속해서 하나님을 떠나서 우상과 거짓 신들을 좇았다.

7. 불복종(삼상 15:11) : "그가 돌이켜서 나를 따르지 아니하며, 내 명령을 행하지

아니하였음이니라."

8. 금, 은, 옷들을 사랑함(민 7:1-24) : 아간의 경우를 살펴보라.

9. 돈을 사랑함(요 13:29) : 가룟 유다를 기억하라.

10. 이방 여인(느 13:26) : 솔로몬의 삶을 들여다보라.

11. 권능을 사랑함(행 8:19) : 시몬, 그는 돈으로 그것을 사려고 했다.

12. 세상을 사랑함(딤후 4:10) : 데마가 어떤 행동을 했는지 살펴보라.

Ⅳ. 타락의 진정한 원인

1. 지속적으로 묵상하지 못함 : 많은 사람이 주님께 돌아와 비통의 눈물을 흘리며 말한다. "나는 묵상을 통해 하나님과 함께 하지 못했습니다."

2. 기도에 대한 실패 : 우리는 하나님께 힘을 달라고 청원하는 기도를 할 필요가 있다. 기도에 실패하는 것은 일종의 자만심 때문이다. "교만은 패망의 선봉이요 거만한 마음은 넘어짐의 앞잡이니라"(잠 16:18). 때로는 기도 시간을 가지지 못함으로 인해 실패하기도 한다.

3. 성경 읽기에 실패 : "너는 진리의 말씀을 옳게 분별하며 부끄러울 것이 없는 일꾼으로 인정된 자로 자신을 하나님 앞에 드리기를 힘쓰라"(딤후 2:15). 하나님께 대한 불복종은 반드시 보응을 받는다. 우리는 우리에게 향하신 하나님의 뜻과 섭리를 알기 위해서 기도해야 한다.

4. 교회 출석에 실패

모이기를 폐하는 어떤 사람들의 습관과 같이 하지 말고 오직 권하여 그날이 가까움을 볼수록 더욱 그리하자. (히 10:25)

분명히 일주일에 한 번 교회에 가는 것과, 성경공부, 기도하는 사람들의 모임 등에 참석해야 한다.

5. 성령을 거스름

하나님의 성령을 근심하게 하지 말라 그 안에서 너희가 구원의 날까지 인치심을 받았느니라. (엡 4:30)

6. 예수를 고백하지 못함

누구든지 사람 앞에서 나를 부인하면 나도 하늘에 계신 내 아버지 앞에서 그를 부인하리라. (마 10:33)

네가 만일 네 입으로 예수를 주로 시인하며 또 하나님께서 그를 죽은 자 가운데서 살리신 것을 네 마음에 믿으면 구원을 받으리라. (롬 10:9)

7. 빛에 거하지 못함

그가 빛 가운데 계신 것 같이 우리도 빛 가운데 행하면 우리가 서로 사귐이 있고 그 아들 예수의 피가

Note

우리를 모든 죄에서 깨끗하게 하실 것이요. (요일 1:7)

우리는 주님께서 우리에게 주신 빛을 따라가야만 한다.

Ⅴ. 타락의 결과

타락은 능력의 상실, 평화의 훼손, 기쁨과 행복의 상실을 가져온다. 불평과 어둠이 매일매일 가는 길을 흐려놓을 것이다. 타락은 상급을 잃게 하며, 해를 받게 한다(고전 3:15). 어떤 이는 타락이 영혼의 상실을 가져오기도 한다고 가르친다.

Ⅵ. 회개하도록 부르시는 하나님

배역한 자식들아 돌아오라 내가 너희의 배역함을 고치리라 하시니라 보소서 우리가 주께 왔사오니 주는 우리 하나님 여호와이심이니이다. (렘 3:22)

Ⅶ. 용서하신다고 약속하신 하나님

내가 그들의 반역을 고치고 기쁘게 그들을 사랑하리니 나의 진노가 그에게서 떠났음이니라. (호 14:4)

● 결론

나는 당신에게 주의 이름 안에서 그리고 그의 능력으로 말미암아 타락하지 말 것을 권고한다.

네가 죽도록 충성하라 그리하면 내가 생명의 관을 네게 주리라. (계 2:10)

참 기독교인은 타락을 싫어한다.

나는 비천한 것을 내 눈 앞에 두지 아니할 것이요 배교자들의 행위를 내가 미워하오리니. (시 101:3)

"내 눈 앞에"란 말은 우리의 목전에 놓여진 아주 중요한 것을 가리킨다. 이것은 응시해야 할 진정한 대상이다.

믿음의 주요 또 온전하게 하시는 이인 예수를 바라보자. (히 12:2)

바울의 목적은 그리스도였다.

푯대를 향하여 그리스도 예수 안에서 하나님이 위에서 부르신 부름의 상을 위하여 달려가노라. (빌 3:14)

질문 Bible Study

1. 고린도전서 10:12, 잠언 16:18의 엄중한 경고는 무엇인가?

2. 타락의 5가지 정의는 무엇인가?

3. 롯은 어떻게 타락하게 되었는가?

4. 타락의 외적인 원인 12가지는 무엇인가?

5. 타락의 진정한 원인은 무엇인가?

6. 타락의 결과는 어떠한가?

7. 예레미야 3:32을 통해 알 수 있는 사실은 무엇인가?

8. 시편 101:3의 말씀은 타락에 대해서 살펴보는 데 어떤 도움을 주는가?

9. 히브리서 12:2과 빌립보서 3:14은 타락으로부터 우리를 어떻게 지켜주는가?

10. 타락에 대한 하나님의 약속은 무엇인가?(호 14:4)

제61과

예배

● 서론

알프레드 깁스가 쓴 「예배」(Walterick printing Co.)라는 책에서 보면, 예배는 기도나 찬양과는 다르다고 말한다. "주는 내 영혼을 구원하셨습니다"는 기도이고, "주님, 새 영혼을 구원해주셔서 감사합니다"는 찬양이며, "감사합니다, 주님. 당신이 하신 일을 인하여"는 예배이다. 성경에 제일 처음 나오는 예배에 대한 언급은 창세기 22:5이다. "이에 아브라함이 종들에게 이르되 너희는 나귀와 함께 여기서 기다리라 내가 아이와 함께 저기 가서 예배하고 우리가 너희에게로 돌아오리라 하고." 박사들이 새로 나신 왕 예수께 경배하러 왔다(마 2:2, 11절). 예수는 십계명을 인용하셨다. "주 너의 하나님께 경배하고 다만 그를 섬기라 하였느니라"(마 4:10). "하나님은 영이시니 예배하는 자가 영과 진리로 예배할지니라"(요 4:24).

Ⅰ. 예배의 의미

예배란 말은 '은혜', '사랑'처럼 뚜렷한 정의를 내릴 수 없다. 그것은 초월한 존재에 대한 경외나 존경심을 의미한다. 인간은 하나님께 경배해야만 한다. "하나님의 은총 아래서, 기쁜 마음이 넘쳐남"(시 23:5). "하나님의 현전에서 영혼의 안식을 누린다"(아 2:3-4). "예배는 은혜 주는 자로서 하나님을, 구세주로서 예수를, 내재하는 영으로서 성령을 인식하는 마음의 발로이다." "예배는 마음의 요구나, 기원을 따르는 것이 아니라, 하나님 자신의 규례에 따르는 마음의 점유이다"(삼하 7:18-22).

Ⅱ. 예배의 중요성

1. 율법의 첫째 계명 – 출애굽기 20:1-2; 34:14, "다른 신들을 섬기지 마라. 여호와는 질투라

이름하는 질투의 하나님이시다."

2. 하나님은 예배를 목적으로 성막과 성전을 세우게 하셨다. 레위기에는 참 하나님을 예배하는데 관하여 상당한 분량의 지시가 있다.

3. 하나님은 아브라함, 모세, 이사야, 다윗, 그리고 그밖에 다른 사람들에게처럼, 사람들에게 예배드리는 법을 가르치셨다.

4. 예배는 영원을 위한 우리의 업무이다(계 4-5장 참조).

Ⅲ. 예배의 대상

성경은 누가복음 4:8에 분명히 명시하고 있다. "예수께서 대답하여 이르시되 기록된 바 주 너의 하나님께 경배하고 다만 그를 섬기라 하였느니라." "그는 네 주인이시니 너는 그를 경배할지어다"(시 45:11). "너는 네 하나님 여호와를 예배해야 한다." 우리는 우상을 숭배하지 않는다. "너는 나 외에는 다른 신들을 네게 두지 말라"(출 20:3). 세상의 많은 사람은 나무와 돌로 만든 우상에 절한다. 또 다른 사람들은 자기 자신, 돈, 사업, 쾌락, 놀이, 가정, 재산, 권력, 과학의 우상을 숭배한다. 우리는 사람을 숭배해도 안 된다(행 10:25-26에 베드로 앞에 무릎 꿇는 고넬료 이야기를 참고하라). 우리는 천사를 섬기지 않는다. 요한계시록 19:10, 22:8-9에는 이것이 금지되었음을 명시하고 있다. 우리는 자연을 숭배해서도 안 된다(신 4:14-20, 욥 31:24-28). 우리는 자연을 보고 감탄할 수는 있다. 그러나 태양, 달, 별, 나무 등을 숭배하려 해서는 안 된다.

1. 우리는 하나님 아버지를 예배한다. "아버지께 참되게 예배하는 자들은 영과 진리로 예배할 때가 오나니 곧 이때라 아버지께서는 자기에게 이렇게 예배하는 자들을 찾으시느니라"(요 4:23). 우리는 하나님께서 하신 일(우리를 사랑하셔서 우리를 위하여 아들을 보내신 일) 때문에 그에게 예배한다.

2. 우리는 우리의 주되신 예수 그리스도를 예배한다. "이르되 주여 내가 믿나이다 하고 절하는지라"(요 9:38). 우리는 그가 해 놓으신 일 즉, 성육, 삶, 희생들로 인하여 그를 예배한다. 우리는 그가 우리의 중보자로, 그리고 대제사장으로 현재에도 일하고 계시기 때문에 그를 예배한다.

Ⅳ. 예배의 근본 원리

어떻게 죄인이 거룩한 하나님께 예배할 수 있을까? 단 하나의 근거는, 의로운 아버지께서 받으신 제물로서의 예수 그리스도의 피에 의한 것이다(히 10:19). 우리는 '아버지'라고 부를 수 있는 관계에서 예배해야 한다(마 6:9, 롬 8:15).

Note

V. 신자를 예배로 인도하시는 성령

예배의 능력은, 우리의 예배를 주님께 인도하고, 지도하시는 성령님께 있다. 성령은 성경 안에서 하나님을 예배하고, 감지하고, 이해하도록 가르치신다. 예배는 회중을 모으고 흩는 근본적인 무엇이 아니라, 신자의 영혼으로부터 계속적으로 일어나는 무엇이다. 하나님께 온전한 예배를 드리려면 성령을 슬프게 하거나, 메마른 영을 가지고 있어서는 안 된다. 성령으로 하여금 당신을 가르치시고, 하나님과 예수님께서 받으실 예배로 인도하시도록 하라.

VI. 예배의 태도

1. 예배는 신성해야 한다. "하나님은 영이시니 예배하는 자가 영과 진리로 예배할지니라"(요 4:24).

2. 예배는 진지해야 한다. 하나님은 우리 입술의 말이, 내면의 참되고 진지하고 솔직한 표현인지 아닌지를 보시려고 마음을 살피신다.

3. 예배는 지적이어야 한다. 하나님은 무지에 초과가치를 부여하지 않으신다. 하나님은 우리가 성경이 가르치는 바를 알기 원하신다. 어떤 이는 교회에 복종하거나, 그들이 이해하지도 못하는 기도를 암송함으로써 하나님께 예배하려 한다. 교회 예배순서를 따르는 것이 반드시 하나님께 예배하는 것은 아니다. 어떤 사람은 예배를 드리면서 맘속으로 식사 준비를 하거나, 고기를 잡거나, 돈을 버는 등의 딴 생각들을 하고 있을 수도 있다. 우리의 예배가 예수 그리스도를 통하여 신령과 진정으로 그리고 지적으로 하나님께 드려지는지 살펴보아야 한다. 사적인 예배는 규칙적으로는 정의될 수 없는 마음의 훈련이다. 우리는 예배 의식의 각 부분에서 노래로, 기도로, 설교로, 예물 드림으로 예배해야 한다. 주님은 우리 마음의 예배를 매우 열망하시는데, 때로 우리는 그를 실망시켜 드릴 때가 있다.

VII. 예배를 방해하는 요소

예배는 기독교인의 지고의 의무이다. 그러므로 사탄의 시험을 받는다.

1. 자기 의지 – 레위기 10:1-11에서 나답과 아비후는 여호와께서 명하시지 않은 다른 불로써 예물을 드리다가 죽었다. 신자는 예배할 때 그 자신의 의지를 내려놓고 주님의 뜻에 따라 예배해야 한다.

2. 속된 마음 – 신자는 세상에 있으나 절대로 세상에 속한 것은 아니다(요 17:11-15). 예수 그리스도는 기독교인의 삶의 중심과 주인이 되셨다. 예배는 예수님 자신에게 집중하는 인격, 정신, 몸이다.

3. 비판적 정신 – 교회에 가서 저녁 식사 때 나눌 화젯거리나 만들고 오는 사람은 하나님께 예배한 것이 아니다. 진정한 예배는 설교, 교회, 성가 이상이다.

만일 서로 물고 먹으면 피차 멸망할까 조심하라. (갈 5:15)

다른 사람의 칭찬할 점을 찾으라. 당신의 마음을 하나님을 향한 사랑과 경외에 쏟아 부으라. 비판할 것을 찾지 마라. 오히려 칭찬할 것을 찾으라.

4. 게으름 – 하나님을 예배하는데, 필요한 열정을 쏟는 데 너무 게으르다(잠 24:30-34). 하나님을 예배할 때 많은 사람이 육체적으로가 아니라, 영적으로 잠자고 있기 때문에 주를 만나고 그를 찬양하려는 근본 욕구가 실패로 돌아간다. 영적인 나태는 도둑과 마찬가지다. 그러므로 영적 무기력은 영적 각성으로 대치되어야 한다.

5. 조바심 – 주님은 이사야 40:31에서 '기다리라'고 말씀하셨다. 그러나 조급한 우리 세대는 조용히 앉아서 하나님의 선하심과 역사를 묵상하면서 그의 현존을 배우는 데 실패한다.

6. 형식주의로 변한 의식, 혹은 하나님께 대한 자유로운 마음의 예배를 종교적 의식으로 대치해 버리는 것.

7. 용서하지 못하는 영 – 악의 등은 용서받고 배상해 줘야 한다(마 5:23-24).

8. 인격, 종족, 교육, 교양 등을 자랑하는 것은 진정한 예배를 방해한다(약 4:6).

● 결론

우리는 어디서 하나님께 예배할 것인가? 그리심산인가? 아니면 예루살렘인가?(요 4:20) 예수님은 그 장소는 중요하지 않다고 답변하셨다. 중요한 것은 성도의 지리적 위치가 아니라, 사람의 영적 상황이다. 우리는 교회에서, 집에서 그 밖의 장소에서 예배할 수 있다. 우리는 그의 현존 속으로 들어가 지고의 의무인 예배에 관계할 때 비로소 하나님을 예배하는 것이다. 진정한 예배에는 두 가지 중대한 결과가 따른다. 첫째, 하나님께서 찬양과 존귀와 영광을 받으심으로 영화롭게 되실 것이다. 둘째, 신자는 축복을 받을 것이다. 하나님께서는 기쁨과 평강으로 예배하는 자의 마음을 채우실 것이다. 주님의 마음을 기쁘시게 하고, 그의 거룩한 이름에 영광을 돌리는 경건한 예배의 지속적 흐름이 당신과 나의 마음속에서 계속해서 우러나야 한다.

질문 *Bible Study*

Note

1. 예배, 기도, 찬양의 차이점을 설명해 보라.
2. 예배란 무엇인가?
3. 예배가 왜 중요한가?
4. 출애굽기 20:3과 누가복음 4:8을 통해 배우게 되는 것은 무엇인가?
5. 히브리서10:19과 마태복음 6:9, 로마서 8:15을 비교할 때 배우게 되는 예배의 근본 원리는 무엇인가?
6. 예배에서 성령은 무엇을 담당하시는가?
7. 예배의 태도는 어떠해야 하는가?
8. 예배를 드릴 때 가장 마음을 다하기 힘든 부분은 무엇인가?(찬양, 기도, 설교, 헌금 등)
9. 예배에 방해가 되는 것은 무엇인가?
10. 진정한 예배에 따른 중대한 결과 2가지는 무엇인가?

제62과

그리스도인의 고통

●서론

때로 기독교인들은 심각한 시험에 빠지기도 한다. 어떤 사람은 육체적으로, 어떤 사람은 정신적으로, 또 어떤 이들은 경제적으로, 다른 이들은 직 · 간접으로 사탄의 시험을 받는다. 많은 사람이 하나님께 부르짖는다. "왜? 왜 제가 이 같은 고난을 당해야 합니까?"

그리스도를 위하여 너희에게 은혜를 주신 것은 다만 그를 믿을 뿐 아니라 또한 그를 위하여 고난도 받게 하려 하심이라. (빌 1:29)

당신과 나는 이중의 기회를 갖는 것이다. 첫째는 예수 그리스도를 믿는 것과, 둘째는 그를 위하여 고난받는 것이다. 우리는 예수 그리스도를 구주로 믿기를 원한다. 우리는 구원, 용서, 천국, 사랑, 그리고 주되신 예수를 원한다. 그런데 이런 것들과 함께 고난도 온다.

내가 그리스도와 그 부활의 권능과 그 고난에 참여함을 알고자 하여 그의 죽으심을 본받아. (빌 3:10)

이것은 바울 사도의 기도이다. 예수는 고난을 당하셨다. 베들레헴에서 그는 오해받고, 비난받고, 모욕을 당하셨다. 겟세마네에서 잡히셔서 채찍에 맞으시고 십자가에 달리셨다. 우리의 고난은 그와 비교하면 아무것도 아니다.

우리가 잠시 받는 환난의 경한 것이 지극히 크고 영원한 영광의 중한 것을 우리에게 이루게 함이니. (고후 4:17)

어떤 사람에게 삶은 무의미하다. 그것이 단지 혼란과 근심과 고통과 눈물로 일관되어 있기 때문이다. 진정한 기독교인에게 삶은 일종의 설계도이다. 왜냐하면 하나님께서 각자의 삶을 향한 목적을 갖고 계시기 때문이다. "우리가 알거니와 하나님을 사랑하는 자 곧 그의 뜻대로 부르심을 입은 자들에게는 모든 것이 합력하여 선을 이루느니라"(롬 8:28).

Note

Ⅰ. 고난은 어떻게 오는가?

1. 우리의 잘못과 죄 때문에

스스로 속이지 말라 하나님은 업신여김을 받지 아니하시나니 사람이 무엇으로 심든지 그대로 거두리라. (갈 6:7)

살인한 사람은 하나님께 용서받을 수 있으나, 그의 죄 때문에 감옥에서 고통받아야 한다. 술로 몸을 망치는 사람은 몸의 기능이 약화되거나, 죄로 인해 파멸에 이른다. 우리가 비록 잘못을 저질렀다 하더라도 주님을 받아들여서, 우리 마음을 전적으로 회개하면, 다시 이런 잘못을 저지르지 않도록 은혜를 내려주신다.

2. 다른 사람의 잘못과 죄 때문에

하나님의 허락없이는 당신에게 어떤 시험이나 환난도 있을 수 없다.

3. 유혹 때문에

사람이 감당할 시험밖에는 너희가 당한 것이 없나니 오직 하나님은 미쁘사 너희가 감당하지 못할 시험 당함을 허락하지 아니하시고 시험 당할 즈음에 또한 피할 길을 내사 너희로 능히 감당하게 하시느니라. (고전 10:13)

하나님은 당신이 견딜 수 있는 짐의 한계를 아신다.

4. 하나님의 섭리 때문에

이것은 고통당하는 영혼에게는 잘 이해되지 않을 것이다. 그래서 그는 절망적으로 외친다. “왜, 왜?” 하나님은 우리가 이해할 수 없는 하나님의 역사에 대한 이유를 알려주겠다고 약속하지는 않으셨다. 하나님은 최고의 주권자이시다. 가장 어려운 환경 속에서조차 우리는 그가 사랑하는 하늘의 아버지이심을 확신한다. 세례 요한에게는 능력이 있었다. 그러나 그는 투옥되고 말았다. 예수께서는 세례요한의 근처에 계셨으나 그를 방문하거나, 그의 요구에 응답하지 않으셨다. 오히려 예수님은 이렇게 말씀하신다. “감옥에서도 나를 의뢰하라. 요한아.”

Ⅱ. 고난은 왜 오는 것일까?

1. 죄의 결과

a. “그 후에 예수께서 성전에서 그 사람을 만나 이르시되 보라 네가 나았으니 더 심한 것이 생기지 않게 다시는 죄를 범하지 말라 하시니”(요 5:14). 이것은 그의 병이 죄의 결과임을 의미하는 것이다. 그는 38년 동안이나 병들어 있었다.

b. 민수기 12:10에서 미리암은 주의 종 모세에 대하여 불평한 죄로 문둥병으로 하얗게 되었다.

c. 역대하 16:12의 아사왕은 젊었을 때는 하나님을 신뢰했으나, 늙어서 하나님의 인도하심을 따르지 않게 되었고 발에 병이 생기는 벌을 받았다.

2. 하나님의 일을 드러내심(요 9:2-3)

제자들이 물었다. "제자들이 물어 이르되 랍비여 이 사람이 맹인으로 난 것이 누구의 죄로 인함이니이까 자기니이까 그의 부모니이까"(2절). 예수께서는 아무의 죄도 아니라고 대답하셨다. 단지 예수께서 그를 고치실 수 있음을 보이기 위함이었다. 어떤 사람이 아플 때 그를 판단하여 "이번에 그가 무슨 죄를 지었는가?"라고 말해서는 안 된다. 주님께서는 그와 함께 더욱 친밀히 교제하시기 위해 그를 아프게 하신 것이다.

3. 하나님의 영광을 위하여

예수께서 들으시고 이르시되 이 병은 죽을 병이 아니라 하나님의 영광을 위함이요 하나님의 아들이 이로 말미암아 영광을 받게 하려 함이라 하시더라. (요 11:4)

나사로는 죽음에서 살아났고 많은 사람이 이를 보고 믿었다. 진실로 하나님은 지금까지 이 이야기를 통하여 많은 영광을 받으신다. 우리에게 어떤 시험이 닥치든지, '이 일로 인하여 하나님을 기쁘시게 할 수 있다면 나는 행복하다'라는 태도를 가져야 한다.

4. 하나님께서 허락하신 사탄의 역사

a. 욥기에 기록된 욥의 시험

b. 거라사 지방의 버림받은 사람은 귀신이 그 속에 거함으로 정신적으로 병들었다(막 5:1-5).

c. 누가복음 13:16에 나오는 여인은 18년 동안 사탄에게 매여 있었다.

d. 사도행전 10:38에는 귀신에게 눌린 사람들에 대하여 이야기하고 있다.

5. 아이들의 훈련을 위한 징계(히 12:5-13)

a. 부모는 아이들이 제멋대로 살도록 내버려두지 않는다. 이처럼 하나님도 우리가 제 갈 길로 가려할 때 그대로 두시지 않는 것이다.

b. 부모는 자녀가 현명하게 선택한 것을 기쁘게 받아들인다. 하나님은 우리가 현명하고 바른 판단을 내리도록 가르치시려는 것이다.

c. 징계의 목적은 아이들이 부모를 떠나서도 바른 판단을 내리도록 훈련하는 것이다. 고난은 때때로 우리를 훈련시키시려는 하나님의 섭리 중의 하나다.

Ⅲ. 고난의 목적

1. 우리의 아들됨을 증명하기 위해

Note

징계는 다 받는 것이거늘 너희에게 없으면 사생자요 친아들이 아니니라. (히 12:8)

무릇 그리스도 예수 안에서 경건하게 살고자 하는 자는 박해를 받으리라. (딤 3:12)

고난을 모르는 사람은 참 기독교인이 아니다. 진실로 아들을 사랑하는 부모는 아들을 징계한다. 고난은 하나님의 특별하신 사랑의 징표이다.

2. 우리의 유익을 위하여

오직 하나님은 우리의 유익을 위하여. (히 12:10)

고난은 우리를 위한 것이다. 강철막대는 10페소의 가치가 있고, 중량에 따라 값이 더 나간다. 말굽은 60페소, 바늘은 700페소, 칼은 65,000페소, 시계태엽은 500,000페소다. 왜 차이가 날까? 그것은 다져진 정도, 무게, 제련 등이 다르기 때문이다.

3. 거룩하게 하기 위하여

오직 하나님은 우리의 유익을 위하여 그의 거룩하심에 참여하게 하시느니라. (히 12:10)

하나님은 우리가 좀 더 거룩하고 신성하여 그분과 같이 되기를 원하신다. 그것은 고난을 통해서 제련되어진다.

4. 우리를 시험하시기 위해

당신은 진정한 그리스도인가? 고통과 고난 속에서도 하나님을 신뢰할 수 있는가? 고난은 찌꺼기를 제거하고 순수한 금을 남기기 위한 용광로이다.

5. 추수하게 하시기 위해

무릇 징계가 당시에는 즐거워 보이지 않고 슬퍼 보이나 후에 그로 말미암아 연단받은 자들은 의와 평강의 열매를 맺느니라. (히 12:11)

우리의 삶은 잎사귀만 있거나, 열매를 맺거나 둘 중의 하나다(갈 5:22-23). 고난은 많이 추수하기 위해 하나님이 선택하신 비료의 일종이다.

Ⅳ. 고난에 대한 반응

1. 고난을 받아들이지 않고 반역하면서 무시할 수 있다. 그러나 이런 태도는 결국 자신을 난처한 상황에 놓이게 한다.

2. 고난을 받아들이지 않음으로 해서 생기는 여러 난처한 상황들은 우리를 약해지게 만든다. 하지만 그럴 필요가 없다. 주님은 말씀하신다. "내 은혜가 네게 족하도다." 은혜는 가시와 시련과 고난을 견디게 한다.

3. 묵종(默從)하며 견딜 수 있다. 그러나 이것은 승리의 가장 저급한 형태다.

4. 기꺼이 하나님의 뜻에 따를 수 있다. 하나님의 뜻을 받아들여서, 기독교적인 삶

속에서 전진하는 것은 승리의 가장 최고의 형태이다.

● 결론

만일 우리가 하나님의 뜻 가운데 서 있다면, 우리에게로 오는 모든 것(병, 고난, 시련, 고통, 오해, 질투, 무시, 상실, 어둠 등)은 하나님의 사랑스런 손길에서 비롯되었으므로, 우리는 그것이 유익한 것임을 알게 될 것이다.

질문 *Bible Study*

1. 각 사람의 이중의 특권은 무엇인가?(빌 1:29)
2. 예수 그리스도는 어떤 고난을 받으셨는가?
3. 지상에서의 고통은 결국에 가서 어떤 보상을 받게 되는가?(고후 4:17)
4. 고난에 대하여 갈라디아서 6:7이 교훈하는 것은 무엇인가?
5. 고난이 찾아오는 4가지 길에 대하여 말해 보라.
6. 고난이 오는 이유는 무엇인가?
7. 죄 때문에 고난받은 세 사람의 이름을 써 보라.
8. 고난의 5가지 목적은 무엇인가?
9. 고난에 대응하는 4가지 반응은 무엇인가?
10. 어느 때든지 가장 안전한 곳은 어디인가?

제63과
세례

● 서론

세례는 가장 논쟁적인 주제임에도 불구하고, 가르쳐져야 한다. 사도행전 8:26-40에서 빌립은 이방인 내시에게 하나님의 말씀의 깊은 진리에 대해 가르쳤다. 내시는 소리쳤다. "보소서. 여기 물이 있나이다." 우리는 영혼을 예수께로 인도하는 것도 잘해야 하지만, 구원의 확신에 대해서도 가르쳐야 한다(행 8:39). 세례는 신약의 교리지만, 고린도전서 10:2에 나타난 세례라는 말은 이스라엘이 구름 덮인 홍해를 지나는 것에 대해 언급하고 있다. 예수님을 예비하러 왔던 세례 요한은 설교하고 세례를 주었다. 요한은 광야에서 세례를 주고 죄사함을 받게 하는 회개의 세례를 전파했다(막 1:4). 요한의 세례는 독자적인 것이 아니라 하늘로부터 온 것이다(막 11:30). 많은 사람이 요한에게 세례를 받았다(눅 3:7). 그러나 지식계급은 요한의 세례를 거부하고, 영적 고통을 받았다.

> 바리새인과 율법교사들은 그의 세례를 받지 아니함으로 그들 자신을 위한 하나님의 뜻을 저버리니라. (눅 7:30)

요한은 회개에 합당한 열매를 맺는 사람에게만 세례를 주었다(눅 3:8). 누가복음 3:8-14은 맺어야 할 열매에 대해 기록하고 있다. – 관용, 친절, 사랑, 정직, 정의, 신실, 온유, 침착, 절제, 만족 – 이것은 갈라디아서 5:22에 기록된 성령의 열매와 아주 비슷하다.

Ⅰ. 세례의 의미

세례가 죄의 용서나 거듭남을 의미하는 것은 아니다(27과를 보라). 세례는 이미 이전에 일어났던 사건의 진상에 대해 말한다. 세례는 내적인 실제(참된 회개)의 외적인 상징이다.

1. 하나님의 명령에 대한 순종을 의미한다.

믿고 세례를 받는 사람은 구원을 얻을 것이요. (막 16:16)

믿음은 세례에 선행하는 것임을 주의하라.

2. 그리스도의 본을 따르는 것을 의미한다.

이를 위하여 너희가 부르심을 받았으니 그리스도도 너희를 위하여 고난을 받으사 너희에게 본을 끼쳐 그 자취를 따라오게 하려 하셨느니라. (벧전 2:21)

3. 모든 의를 이루심을 의미한다.

예수께서 대답하여 이르시되 이제 허락하라 우리가 이와 같이 하여 모든 의를 이루는 것이 합당하니라 하시니. (마 3:15)

예수께서 그렇게 요구하셨으니, 우리도 그렇게 하는 것이 마땅하다.

4. 죄로부터 죽음으로써 옮기우는 것을 의미한다.

이는 너희가 죽었고 너희 생명이 그리스도와 함께 하나님 안에 감추어졌음이라 (골 3:3)

• 참고/ 갈 6:14

5. 그리스도와 연합함을 의미한다(롬 6:4-13).

a. 예수의 죽으심과 연합

만일 우리가 그의 죽으심과 같은 모양으로 연합한 자가 되었으면 또한 그의 부활과 같은 모양으로 연합한 자도 되리라. (롬 6:5)

b. 예수의 장사됨과 연합

그러므로 우리가 그의 죽으심과 합하여 세례를 받음으로 그와 함께 장사되었나니. (롬 6:4)

c. 예수의 부활과 연합

이는 아버지의 영광으로 말미암아 그리스도를 죽은 자 가운데서 살리심과 같이 우리로 또한 새 생명 가운데서 행하게 하려 함이라. (롬 6:4)

6. 그리스도의 몸과 연합함을 의미한다.

우리가 유대인이나 헬라인이나 종이나 자유인이나 다 한 성령으로 세례를 받아 한 몸이 되었고 또 다 한 성령을 마시게 하셨느니라. (고전 12:13)

한 몸, 한 교회, 눈에 보이는 것, 눈에 보이지 않는 것에서 모두 하나가 되었다.

Ⅱ. 누가 세례받을 것인가?

요한은 일정한 표준이 도달한 사람에게만 세례를 주었다.

1. 복음을 듣고, 믿는 사람(막 16:16, Ⅰ의 1 참고)

2. 눈이 열려진 사람

Note

즉시 사울의 눈에서 비늘 같은 것이 벗어져 다시 보게 된지라 일어나 세례를 받고. (행 9:18)

3. 회개한 사람

회개하여 각각 예수 그리스도의 이름으로 세례를 받고. (행 2:38)

회개는 죄로부터 돌이켜서 하나님을 섬기는 데로 향하는 이중성을 가진다.

4. 회개에 합당한 열매 맺는 사람(눅 3:8, 마 3:8)

5. 성령을 모시는 사람

이에 베드로가 이르되 이 사람들이 우리와 같이 성령을 받았으니 누가 능히 물로 세례 베풂을 금하리요 하고. (행 10:47)

6. 하나님의 말씀을 배우는 사람

그러므로 너희는 가서 모든 민족을 제자로 삼아 아버지와 아들과 성령의 이름으로 세례를 베풀고 내가 너희에게 분부한 모든 것을 가르쳐 지키게 하라 볼지어다 내가 세상 끝날까지 너희와 항상 함께 있으리라 하시니라. (마 28:19–20)

7. 예수님과 함께 죽어 장사되었다가 그의 부활을 본받아 사는 사람 – 이는 모든 믿는 사람이 제대로 이해해야 할 로마서 6:1-13의 가르침에 근거한다.

Ⅲ. 어떻게 세례받을 것인가?

1. 누구의 이름으로?

a. 성부, 성자, 성령의 이름으로 – 마태복음 28:19(중대한 위탁)

b. 예수의 이름으로 – 사도행전 8:16; 19:5(바울이 에베소에서).

c. 주님의 이름으로 – 사도행전 10:48(베드로가 이방인들에게 대해).

2. 무엇으로? 물로 준다. “그 내시가 말하되 보라 물이 있으니 내가 세례를 받음에 무슨 거리낌이 있느냐”(행 8:36).

요한도 살렘 가까운 애논에서 세례를 베푸니 거기 물이 많음이라 그러므로 사람들이 와서 세례를 받더라. (요 3:23)

3. 누가? 교회를 대표하는 한 사람이나 혹 몇몇 사람(예를 들면 세례 요한, 빌립, 베드로, 바울, 실라, 아나니아 등).

4. 어디에서 행하나?

a. 일반적으로 강가에서 거행한다 (마 3:13-17, 요 3:22-23)

b. 때로 건물 안에서, 혹은 특별하지 않은 장소에서 – 사도행전 16:13-15의 루디아,

사도행전 16:33에는 감옥과 집에서, 사도행전 8:12-13의 마술사 시몬의 예를 보라.

5. 세례의 방법

a. 붓는 방법 – 구약의 기름부음에서부터 본 뜬 것으로 추정한다(삼상 10:1).

b. 뿌리는 방법 – 구약의 할례에서 본 뜬 것이다. 물을 뿌림으로 유아 세례를 거행하는 복음주의자들은 다음과 같이 믿는다. i) 유아 세례가 어린이를 구원하려고 하는 것은 아니다. ii) 믿는 부모의 자녀들은 그들의 양심에 대하여 고의적인 죄를 짓기 이전에 구원의 반열에 서 있는 것이다(고전 7:14, 마 18:10). iii) 세례는 할례를 대신한다. 그들은 태어난 지 8일 만에 할례를 행했다. 부모는 자녀를 위하여 주님과 그리고 교회 앞에 서약하는 것이다. iv) 유아 세례는 그의 완전한 의미가 이해되고 입교나, 견진성사 등의 의식에 의해 인정될 때 비로소 교우들에게 타당성을 갖는다. v) 유아세례는 믿지 않는 부모의 자녀들에게는 부당하다.

c. 침례 – 세례의 본래 의미는 담그는 것이다. 침례는 전통적인 신약의 세례 방법으로 받아들여진다. 마태복음 3:16에서 예수는 물에서 똑바로 올라오셨다. 사도행전 8:38-39에 내시와 빌립은 함께 물속으로 들어갔다가 물에서 올라왔다. 로마서 6:1-13에 의하면, 뿌리는 것과 붓는 것은 청결과 정화를 의미하며, 침례는 신자가 죽고 장사되었다가 부활하여 예수를 위하여 사는 것을 세상에 증거하는 것이다.

너희가 세례로 그리스도와 함께 장사되고 또 죽은 자들 가운데서 그를 일으키신 하나님의 역사를 믿음으로 말미암아 그 안에서 함께 일으키심을 받았느니라. (골 2:12)

중요한 것은 방법이 아니라 내면적이고 영적인 의미이다.

Ⅳ. 세례는 언제 받는가?

세례는 내가 나의 죄를 용서받기 원할 때, 개신교도가 되려고 결단할 때 받는 게 아니다. 세례를 이해할 충분한 나이가 되어서도 아니다. 세례는 Ⅱ의 조건을 갖추었을 때 받을 수 있다.

성경에는 세례받은 세 가족에 대한 기록이 있다. 사도행전 16장의 빌립보 간수, 고린도전서 1:16의 스데반, 사도행전 16:15의 루디아, 사도행전 4:12에 남자와 여자들이 세례를 받았다고 언급되어 있다. 구원은 세례를 통해서가 아니라 그리스도를 통한 것이다(행 4:12). 사무엘하 12:15-23에 다윗의 자식은 할례나 세례를 받지 않고 죽었다. 그러나 다윗은 "나도 그에게 갈 것이다"라고 말했다. 다윗은 그를 만나기를 고대했던 천국으로 갔음에 틀림없다.

● 결론

세례는 어둠의 세력에 대한 도전이다. 세례는 이길 수 있는 힘을 얻도록 하나님의 은혜를 요청하는 신앙의 행위이다. 세례는 선택하는 것이 아니라 명령이다. 예수께서 모든 의를 완성시키기 위하여 세례받기 원하셨던 것처럼 나도 분명히 그렇게 해야 한다. 우리는 기도하는 마음으로 꾸준하게 세례와 승리의 삶을 향해 부지런히 나가야겠다.

Note

질문 Bible Study

1. 사도행전 8:36에서 내시는 왜 세례를 받으려 했을까?
2. 바리새인과 사두개인들이 세례 요한의 세례를 거부했을 때 누가 고통당했는가?(눅 7:30)
3. 세례의 6가지 의미에 대해 말해 보라.
4. 로마서 6:4-5에서 그리스도와 신자가 연합하는 3가지 양상은 무엇인가?
5. 세례받을 사람의 7가지 필요조건은 무엇인가?
6. 세례는 어떻게 받는 것인가? - 누구의 이름으로? 무엇으로?
7. 일반적으로 신약성서시대에는 어디에서 세례를 받았는가?
8. 오늘날 행해지고 있는 세례의 3가지 방법을 쓰라.
9. 기독교인은 언제 세례를 받는가?
10. 세례받지 않고 죽으면 잃어버린 자가 되는가?

제64과

성만찬

● 서론

성찬식은 예수 그리스도에 의해서 확립된 성례식의 일종이다(마 26:26-29). 그리스도께서는 겟세마네의 저녁에 그의 제자들과 함께 한 번의 예식을 거행하셨다. 첫 번째 성찬의 이야기는 복음서에 나와 있다. 이를 다음과 같이 나열해 보았다.

1. 제자들은 식탁에 모여서 친교하는 것이 아니라 누가 그들 중에 제일 큰가에 대해 논쟁을 벌이고 있었다(눅 22:24-30).
2. 예수님께서 그들의 발을 씻기셨다(요 13:1-20).
3. 예수께서 그들 중에 하나가 배반할 것을 선언하셨다(마 26:21-25).
4. 제자들이 매우 흥분하여 각각 물었다. "주여 내니이까?(마 26:21-23).
5. 예수께서 배반자가 그들과 함께 먹고 있다고 말씀하셨다(요 13:21-22).
6. 베드로는 여쭈어 보라고 요한에게 고갯짓을 했다(요 13:23-25).
7. 예수께서 떡 조각을 받는 자임을 암시하셨다(마 26:23).
8. 유다는 놀란 사람들을 두고 떠났다(요 13:26-30).
9. 예수께서 떡을 들어 축사하시고 떼어 제자들에게 주셨다(눅 22:19).
10. 예수께서 잔을 들어 축사하시고 그들에게 주셨다(눅 22:20).
11. 그들은 찬미하고, 겟세마네 동산으로 떠나갔다(마 26:30-36).

I. 첫 성만찬의 모습

1. 저녁 때였다(마 26:20).
2. 다락방에서였다(눅 22:12).
3. 무교병을 먹었다(마 26:17).

Note

4. 떡을 떼어 주셨다(눅 22:19).

5. 그들은 떡 한 덩이와 잔 하나를 사용했다(마 26:26-27). – 동양적인 방법

6. 그들은 서로 기대는 자세였다(요 13:23-26). 요한은 예수님의 가슴에 기대어 있었다.

7. 식사 후에 열렸다(마 26:26).

8. 여자는 참석하지 않고 예수님과 제자들만 있었다.

Ⅱ. 성찬식의 목적

성찬식은 죄를 용서받으려고 하는 것은 아니다. 성례식에는 죄를 사하는 능력이 없다. 우리는 그리스도의 명령에 순종하려고 성찬식을 한다(고전 11:24). 우리는 주께서 속히 오시기를 고대한다(고전 11:26). 우리는 주의 죽으심을 전하는 데 동참한다(고전 11:26). 성찬에 참여하기에 합당한 사람은 없다. 우리가 하나님의 자녀로 된 것은 모두 하나님의 은혜이다. 아무도 이 식탁에 당당하게 앉을 사람은 없다. 우리의 참여는 우리의 무가치함과, 우리의 확신이라는 두 가지 측면을 포함한다. 우리가 하나님의 참된 자녀라면 우리는 담대하게 나아갈 수 있다. 두려움으로 사랑하는 하늘 아버지의 식탁으로부터 되돌아서지 마라. 하나님은 우리를 오라고 부르신다. 우리는 그가 허락하신 친교의 기쁨을 거부해서는 안 된다. 성찬식에서 예수님은 엠마오 도상에서처럼 우리와 교제하시기 위해 가까이 다가오실 것이다.

Ⅲ. 누가 성찬식에 참여하는가?

하나님의 자녀된 자만이 주와 교제하면서 그의 식탁에 앉을 자격이 있다. 불신자와 자연인은 '악마의 식탁'에 속해 있다(고전 10:21). 어떤 교회는 세례받은 성도만 성찬식에 참여하도록 규칙을 정하고 있다.그러나 몇몇 엄격한 교회들은 자기 교인들에게만 성찬을 주기도 한다. 주님의 식탁을 삼가도록 징계 받은 성도들은 적당한 때까지는 그 교회나 혹 다른 교회에서도 성찬에 참여함을 삼가해야 한다.

Ⅳ. 성찬에 참여하기 전에 자기성찰은 필수적이다

사람이 자기를 살피고 그 후에야 이 떡을 먹고 이 잔을 마실지니. (고전 11:28)

너희는 믿음 안에 있는가 너희 자신을 시험하고 너희 자신을 확증하라. (고후 13:5)

여호와여 나를 살피시고 시험하사 내 뜻과 내 양심을 단련하소서. (시 26:2)

하나님이여 나를 살피사 내 마음을 아시며 나를 시험하사 내 뜻을 아옵소서. (시 139:23)

자신을 성찰하는 것은 조사하고, 조심스럽게 살펴보고, 시험해 보는 것을 의미한다.

1. 누구를 성찰하는가 – 자기 자신이다.

2. 왜 스스로 성찰해야 하는가?

a. 성경의 직접적인 명령이기 때문이다.

b. 합당치 않게 먹으면 심판, 연약, 병, 그리고 일찍 죽음을 가져오기 때문이다. 성찰은 죄를 발견하고, 회개함으로 죄를 청산하는 반성이 되어야 한다.

3. 어떻게 자신을 성찰해야 하는가?(자신에게 적절한 질문을 해 보라.)

a. 나는 정말 진실하게 예수 그리스도를 믿는가?(행 16:31)

b. 나는 진실로 하나님의 자녀로 다시 태어났는가?(요 3:3-7)

c. 내 생활 가운데 아직도 고백하지 못한 죄가 있는가? 자기연민, 자만, 탐욕, 나태, 불순종, 죄를 사랑한 것, 세상을 사랑한 것, 생각이 깨끗한가? 계속해서 그리스도를 증거했는가? 성경을 읽고 기도하는 데 충실했는가? 개인적으로 기도해 주겠다는 약속을 지켰는가? 등이다.

d. 나는 정말로 내 죄를 회개하는가? 회개없는 고백은 헛수고이다.

e. 나는 좀 더 거룩하게 살겠다고 다짐하는가?

f. 나는 마음과 목숨과 힘과 뜻을 다하여 하나님을 사랑하는가?(눅 10:27)

g. 나는 이웃을 내 몸처럼 사랑하는가?(눅 10:27)

h. 나는 나에게 죄 지은 사람을 용서하는가?(마 6:14-15; 5:23-24)

i. 나는 인격적으로 명하신 그리스도의 명령을 전심을 기울여 준행하는가?(말씀 전함, 찬송, 구제, 일요학교 공부, 증거, 십일조 등)

j. 나는 성찬을 위한 준비에 순종하고 있는가?

V. 성찬식에 있어 필요한 것

떡과 포도주는 예수님의 몸과 피를 상징한다. 우리는 떡과 포도주가 실제 예수님의 살과 피로 변했다거나, 같다고 가르치지 않는다. 다만 상징일 뿐이라고 믿는다. 우리는 상징 속에 있는 어떤 신비적 능력이나 변화도 부인한다. 발효되지 않은 떡은 죄의 도말을 의미한다. 이로써 우리는 성찬 이후에는 깨끗하고 거룩한 삶을 살아야 한다는 것을 추론할 수 있다.

VI. 결과

1. 자기 자신을 살펴봄으로써 깨끗하고 정결케 되어서 죄뿐만 아니라 죄 지을 생각까지도 멸

할 그리스도의 피를 필요로 하게 된다.

2. 주님과 성도들과 교제함으로써 신앙이 돈독해질 수 있다.

3. 그리스도의 죽음과 부활에 대해 깊이 상고(생각)함으로써 교화된다.

Note

● 결론

성찬식이 끝나면 어디로 갈 것인가? 어떤 사람은 시장으로, 또 어떤 사람은 투기장으로, 혹은 도박판으로 간다. 이것이 성찬 후의 삶으로 적합한가? 제자들은 첫 번째 성찬식이 끝난 후 나가서 구세주를 부인하고 그를 버렸다. 우리는 성찬식이 끝나면 기도하는 곳으로 가야 한다. 더욱 축복을 받도록 깨어 있자. 그리스도 안에서 매일 승리하도록 전진해야 한다. 겸손하게 그러나 담대하게 성찬예식에 자주 참여하라. 우리는 주님이 오시는 그날을 고대하면서 이 예식에 참여해야 할 것이다.

"이를 행하여 나를 기념하라." 예수님의 이 말씀을 반드시 기억하라. 우리는 예식에 참여하면서 그의 육신을 입고 오심, 세례, 유혹, 기적, 가르침, 고난, 겟세마네, 잡히심, 조롱, 채찍질, 죽음, 부활, 승천, 그리고 재림에 대하여 생각하는 것이다. 예식에 임하는 당신의 마음을 예수 그리스도로 가득 채우라.

질문 *Bible Study*

1. 주님의 첫 번째 성만찬에 대하여 정리해 보라.
2. 지금은 일반적으로 실행되지 않는 첫 번째 성만찬에 관한 8가지는 무엇인가?
3. 성찬식에 죄의 용서가 포함되어 있는가?
4. 왜 우리는 성찬식에 참여해야 하는가?
5. 성찬식은 어떤 사람이 참여할 수 있는가?
6. 성찬식에 참여하기 전에 모든 성도가 필수적으로 해야 할 일은 무엇인가?
7. 우리는 어떻게 스스로를 성찰할 수 있을까?
8. 성찬식에 필요한 2가지는 무엇인가?
9. 성찬예식에 참여한 3가지 결과는 어떤 것인가?
10. 예수님의 "이를 행하여 나를 기념하라"는 말씀은 무엇을 깨닫게 하는가?

제65과

그리스도인의 교제

● 서론

그가 빛 가운데 계신 것 같이 우리도 빛 가운데 행하면 우리가 서로 사귐이 있고. (요일 1:7)

너희로 우리와 사귐이 있게 하려 함이니 우리의 사귐은 아버지와 그의 아들 예수 그리스도와 더불어 누림이라. (요일 1:3)

교제의 세상적인 의미는 가까운 사람들 간의 친밀한 관계이다. 어떤 사람은 "교제"를, "같은 배에 탄 두 사람"이라고 말한다. 그러나 이 말은 옳지 않다. 왜냐하면 같은 배에 탄 승객이라 할지라도 공통된 것이 없어서 서로 말을 걸지 않을 수도 있기 때문이다.

그리스도인의 교제는 세상의 교제보다 훨씬 더 깊고 즐겁다. 성경에서 말하는 교제는 영적인 사귐, 공통협력, 공유, 동역자들을 의미한다. 그리스도인의 교제는 다른 공동체에서 나누는 교제와 다르다. 그들은 공통점이 아주 많다. 모든 사람이 같은 아버지에게서 태어났고(요 1:13), 같은 값으로 산 것이 되었으며(고전 6:20), 같은 몸의 구성원이고(골 1:18), 같은 성령에 의해 가르침을 받고(요 16:13), 같은 길을 걸으며(고후 5:7), 같은 주님을 섬기고(마 23:8), 같은 기업을 이어받을 후사인 것이다(롬 8:17).

I. 교제의 기초

요한일서 1:7을 보면 교제는 우리가 빛 가운데 걸어가는 것을 조건으로 하고 있다. 죄는 교제를 깨뜨린다. 깨어진 교제는 회개와 고백으로 회복될 수 있다.

오직 너희 죄악이 너희와 너희 하나님 사이를 갈라 놓았고 너희 죄가 그의 얼굴을 가리어서 너희에게서 듣지 않으시게 함이니라. (사 59:2)

요한일서 1:7 말씀은 그리스도의 보혈로 회복된 교제를 정결하게 하는 방법을 알려준다. 이

Note

보혈의 적용은 자동적인 것이 아니다. 그것은 우리가 자기 죄를 고백할 때 적용된다(요일 1:9). 빛 가운데로 걸어간다는 것은 하나님의 뜻에 순종하며 걸어간다는 의미이다. 즉, 매일 그분의 발자취를 따라간다는 것이다. 그분의 발자취를 따르면서 죄를 짓지 않는다는 것이다(벧전 2:21-22).

교제는 그리스도와 친밀한 가족 관계를 갖는 데에 기초한다. 두 사람이 동의하지 않고 함께 걸어갈 수 있을까?(암 3:3) 그럴 수 없다. 그들은 다음과 같은 것에 동의해야 한다.

1. 만남의 장소 – 십자가
2. 가는 방향 – 천국으로
3. 목표 – 그리스도와 함께 거룩함
4. 걸음걸이나 속도 – 예수께서 정하시면 우리는 따라야만 한다.

우리는 사귐을 갖는다. 왜냐하면 우리의 지위가 예수님의 적에서 하늘나라의 시민으로 바뀌었기 때문이다.

Ⅱ. 우리는 누구와 교제하는가?

1. 하나님 아버지와 그 아들 예수 그리스도(요일 1:3)

우리는 하나님의 가족으로 태어나고 이제는 그 가족의 실제 한 구성원으로서 진정한 사귐을 갖는다.

너희를 불러 그의 아들 예수 그리스도 우리 주와 더불어 교제하게 하시는 하나님은 미쁘시도다. (고전 1:9)

기본적인 부름은 희생이나 봉사보다 오히려 교제임을 알 수 있다.

2. 동료 그리스도인들과 함께(요일 1:3, 7절, 사도, 제자, 성도들과의 교제)

그리스도인들은 함께 있는 것을 사랑한다. 함께 이야기하고, 함께 기도하고, 함께 찬송하고, 함께 웃고, 함께 우는…, 다만 함께 있는 것을 사랑하게 된다. 그리스도인은 주님에 관한 것을 말하고 경험과 증거를 나누기 위해 오는 지체를 사랑한다. 우리는 서로 힘을 주고 격려하는 데 이 교제를 필요로 한다. 고립된 그리스도인은 굶어서 영적으로 실패할지도 모른다. 먼저 기도와 성경 읽기로 주님과 교제하기를 구하라. 그 다음에 하나님의 다른 자녀들과 교제하라. 교제는 성도의 얼굴을 빛나게 한다.

Ⅲ. 왜 우리는 다른 사람들과 교제를 해야 하는가?

모이기를 폐하는 어떤 사람들의 습관과 같이 하지 말고 오직 권하여 그날이 가까움을 볼수록 더욱 그리하자. (히 10:25)

교제는 하나님이 인간에게 정해주신 질서이다. 하나님은 인간이 6일 동안 일을 하고 제7일에는 자유롭게 쉬고 교제하며 경배하도록 창조하셨다. 하나님은 창세기 2:18에서 "여호와 하나님이 이르시되 사람이 혼자 사는 것이 좋지 아니하니 내가 그를 위하여 돕는 배필을 지으리라"고 하심으로써 창조에 있어 이 원리를 인정하셨다. 이것은 결혼을 말하고 있지만, 마찬가지로 그리스도인의 성장에도 똑같이 해당되는 것이다. 예수님은 제자들을 두 명씩 짝지어 전도하러 내보내실 때도 이 원리를 인정하셨다(막 6:7). 어떤 그리스도인들은 고립되어 감옥에 갇혀 사는 동안 성숙했던 것도 사실이지만 그것은 예외인 경우다.

Ⅳ. 어떻게 교제를 하는가?

보통 교회 예배를 드리기 위해 함께 모여서 교제를 갖게 된다. 그러나 기도모임, 간증모임, 또 거리에서의 모임에도 교제가 있다. 대학생들은 그룹 성경공부나 작은 기도모임에서 교제를 갖는다. 교제는 예수님께서 말씀하셨듯이, 종종 두세 사람이 비공식적으로 모인 곳에서도 아주 잘 이루어진다(마 18:20). 자가용이나 버스에 함께 탄 두 사람은 훌륭한 교제, 즐거운 영적 교제를 나눌 수 있다. 노동 집단 속에 있는 두 그리스도인도 함께 교제를 나눌 수 있다. 예수님과 두 제자는 엠마오로 가는 길 도상에서 훌륭한 교제를 나눴다(눅 24:32). 예수님이 가까이 다가가시자 그들의 마음은 이상하게 뜨거워졌다. 이것이 영적 교제다.

그들이(예루살렘 교회에 있는 성도들) 사도의 가르침을 받아 서로 교제하고 떡을 떼며 오로지 기도하기를 힘쓰니라. (행 2:42)

초대 교회는 열심히 교제를 나눴다. 그들은 교제가 아주 필수적인 것이라고 생각했다. 교제는 수동적인 것이 아니다. 그것은 단지 모임에 참석하는 것이 아니다. 우리가 모임에 어떤 것을 기여할 때 교제가 존재한다. 그것은 일종의 "주고받는 과정"이다.

Ⅴ. 교제의 목적

1. 서로 힘을 주기 위해서 – 우리가 교제를 필요로 하지 않는다 할지라도, 우리는 다른 사람과 교제를 나눠야 할 이유가 있다. 그러는 과정 중에 우리도 은혜를 받게 될 것이다.

2. 어려운 삶 속에서 서로 격려하기 위해 – 많은 사람이 미소를 띠면서, 고통스러운 마음과

Note

짐스러운 영혼을 덮어두고 있다.

3. 함께 성장하기 위한 자기 경험을 나누는 자리 – 자기 삶에 대해 간증함으로써, 몰라서 저지른 실수와 고통을 다른 사람에게는 미리 방지하게 할 수 있다.

4. 모든 사람이 우리와 함께 기뻐할 수 있도록 기쁨을 나누는 자리 – 응답받은 기도에 대한 기쁨을 나누기 위해 교제하는 것이다. 이것은 확실히 다른 사람에게 계속 기도하도록 격려가 되어 줄 것이다.

5. 우는 자와 함께 울기 위해서(롬 12:15) – 눈물, 슬픔 그리고 고통을 나누는 교제이다.

6. 약한 형제를 하나님 말씀의 신비 안에서 일깨워주기 위해서 – 배운 대로 그 말씀을 나누라. 그러면 그것은 당신의 마음속에 감명을 줄 것이고, 당신은 기꺼이 더 많은 것을 배우려고 할 것이다.

7. 주님을 저버린 자가 주님께 돌아올 수 있도록 권면하기 위해서 – 당신이 교제를 하자고 제안한 것이 그에게 지나간 행복한 나날을 생각나게 하여 주님과 그 은혜의 길로 돌아가고자 하는 열망을 형성해 줄지도 모른다.

Ⅵ. 누구와 교제하면 안 되는가?

1. 귀신들

나는 너희가 귀신과 교제하는 자가 되기를 원하지 아니하노라. (고전 10:20)

이는 마법사, 무당, 영매 등 모든 형태의 귀신숭배나 강신술을 포함한다.

2. 열매 없는 어두움의 일

너희는 열매 없는 어둠의 일에 참여하지 말고 도리어 책망하라. (엡 5:11)

이는 나이트클럽, 술 파는 곳, 범죄집단, 무신론자 클럽, 공산주의자 조직 등에 가담하는 것을 뜻한다. 요한복음 3:19을 읽어 보라.

3. 믿지 않는 자들, 불의, 어두움, 악마와 이단들(고후 6:14-16)

우리는 구원받지 못한 사람들과 사업상의 관계를 맺을 수는 있으나 영적인 교제는 가질 수 없다. 우리는 구원받지 못한 사람에게 예수님을 증거해야 하지만 그들의 잘못된 행위에 가담해서는 안 된다.

그러면 누구와 교제하는 것이 좋을까? 교제는 믿음의 그리스도인들과 하는 것이 가장 좋고 유쾌하다.

Ⅶ. 그리스도인의 교제의 결과

1. 주님의 뜻에 순종하여 빛 가운데 행하는 것을 배운다(요일 1:7).

2. 함께 고난받는 것을 배운다(빌 3:10).

3. 함께 섬기는 것을 배운다(골 4:7).

4. 서로 위안하는 것을 배운다(살전 4:18). 하나님의 말씀과 경험을 나누면서 배운다.

5. 서로를 위해 기도하는 것을 배운다(살전 5:25).

6. 서로의 짐을 지는 것을 배운다(갈 6:2). 기쁨과 슬픔을 함께 나눈다.

7. 즐거워하는 자들로 함께 즐거워하는 것을 배운다(롬 12:15). 기쁨은 다행히도 전염되기 쉽고 활기를 북돋워준다.

8. 우리는 주님을 아는 지식에서 자라가고 빛을 발한다(벧후 3:18). 서로 받은 축복을 주고 받는다.

● 결론

하루를 교제로 시작하라 – 묵상, 기도, 성경공부 시간에 교제하라. 그날 하루 동안 하나님의 말씀을 많이 묵상하라. 주님이 우리 생각을 주관하시게 하라. 같은 믿음의 성도들과 사귀라. 그러나 항상 구원받지 못한 사람과 접촉하여, 그들에게 말씀을 증거할 기회를 기다리고, 그들이 구원받도록 권유하라. 라디오 설교를 듣는 것과 교회에 참석하는 것 사이에는 어떤 차이가 있을까? 근본적으로 그 차이는 '교제'에 있다. 라디오를 통해 훌륭한 설교가들에게 귀를 기울이는 것도 좋으나, 주일 아침에 자신의 교회에 참석하여 교제를 마음껏 해야 한다.

질문 *Bible Study*

1. 세상의 교제와 그리스도인의 교제 사이에는 어떤 차이가 있는가?
2. 그리스도인의 교제가 총괄적인 이유는 무엇인가?
3. 그리스도인의 교제는 무엇에 기초하여 이루어지는가?(4가지)
4. 우리는 누구와 교제를 하는가?
5. 왜 다른 그리스도인들과 교제해야 하는가?
6. 성도들이 어떻게 함께 교제할 수 있는가?
7. 교제의 목적 7가지는 무엇인가?

Note

8. 고린도전서 10:20, 예레미야 5:11, 요한복음 3:19, 고린도후서 6:14-16절과 같은 성구에 기초하여 볼 때 누구와 교제해서는 안 되는가?

9. 교제의 8가지 결과를 열거해 보라.

10. 교제는 명령, 특권, 선택할 수 있는 책임인가? 아니면 단지 영적 훈련인가?

Bible Stu

제9권

교회

제66과 교회

제67과 교회 경시 풍조

제68과 교회 생활 훈련

제69과 목사

제70과 장로와 집사의 직분

제71과 교회에서의 평신도의 위치

제72과 부흥

제66과
교회

●서론

성경은 지상에 보이는 어느 한 교회만을 교회로 인정하지 않는다. 그리스도의 몸인 교회는, 그리스도의 보혈로 구속되고 성령에 의해 변화된 중생한 영혼들로 구성된다. 오직 일부분의 교회만이 지상에 존재해 있고 대부분은 이미 주님과 함께 있다. 교회는 지상에 보이는 머리는 없으나 천국에 보이지 않는 머리(그리스도)를 갖는다. 그리스도는 교회를 세울 수 있도록 자신의 생명을 내주셨다.

그리스도께서 교회를 사랑하시고 그 교회를 위하여 자신을 주심 같이 하라. (엡 5:25)

이 시대에 하나님께서 하시는 최상의 일은 교회를 모으는 일이다.

하나님이 처음으로 이방인 중에서 자기 이름을 위할 백성을 취하시려고 그들을 돌보신 것을 시므온이 말하였으니. (행 15:14)

이 선택된 사람들은 그리스도의 몸으로 세례를 받는다(교회).

I. 교회의 정의

그리스도인의 교회는 오순절에 시작하여 휴거와 함께 그리스도의 재림 때에 끝날 신약의 한 제도이다. "교회"라는 말은 "불러내다"라는 의미의 그리스어 "에클레시아"에서 연유한다. 그리스도인들은 세상 제도에서 불러내어져 "그리스도 안에" 있게 된다.

고린도에 있는 하나님의 교회 곧 그리스도 예수 안에서 거룩하여지고 성도라 부르심을 받은 자들과. (고전 1:2)

교회라는 단어는 성도들의 국소적인 모임을 말할 수 있다.

네 집에 있는 교회에 편지하노니. (몬 1:2)

Note

그 여자의 집에 있는 교회에 문안하고. (골 4:15)

3. 교회라는 단어는 보편적인 교회를 말할 수도 있다.

나는 하나님의 교회를 박해하였으므로 사도라 칭함 받기를 감당하지 못할 자니라. (고전 15:9)

1. 교회와 천국의 구별

마태복음 13장에 나타난 비유들을 보면, 천국은 선과 악을 둘 다 포함하고 있다. 교회는 그러므로 천국의 한 부분이다. 전에 유대인에게 거절당했던 천국은 메시야가 다시 오실 때 세워질 것이다.

2. 보이는 교회와 보이지 않는 교회의 구별

보이는 교회는 지역 교회에 등록을 하고 다니는 사람들로 구성된다. 그리고 그 보이는 교회에는 세상의 모든 이름과 종파, 선과 악, 그리고 무관심이 포함되어 있을 것이다. 그러나 보이지 않는 교회는 어린 양의 생명책에 이름이 기록된 자들로 구성된다(계 21:27).

3. 지역 교회와 일반 교회의 구별

지역 교회는 어느 일정한 위치에 모여 있는 지역 종교 집회를 의미한다. 그러나 일반적 교회는 어느 곳에나 있는 모든 교회를 포함하는 용어이다.

4. 실제 교회와 이상적 교회의 구별

실제 교회는 아직 불완전하나 그리스도를 통해서 완전에 이르려고 노력하는 사람들을 포함한다. 그러나 이상적 교회는 이미 천국에 가서 이제는 완전해진 사람들로 구성된다.

5. 투쟁하는 교회와 승리하는 교회의 구별

투쟁하는 교회는 지상에서의 진정한 교회를 말한다. 그러나 승리하는 교회는 이미 천국에 있는 교회의 분파를 말한다.

Ⅱ. 교회의 설립

내가 이 반석 위에 내 교회를 세우리니 음부의 권세가 이기지 못하리라. (마 16:18)

교회는 예수 그리스도가 하나님의 아들이고 메시야이며 그리스도요, 인간으로 성육신하신 하나님이라는 베드로의 신앙고백에 근거하여 예수 그리스도에 의해서 세워졌다. 우리 주님은 베드로 위에 교회를 세운 것이 아니라 베드로의 말 위에 교회를 세우셨다. 마태복음 16:16-18, 마태복음 18:18을 공부하면 베드로가 다른 제자들보다 더 높은 지위를 받지 않았다는 것을 알게 된다(모든 사람이 맬 수 있었다). 역사적으로 볼 때 교회는 성령이 강림하셨던 때인 사도행전 2장에서의 오순절날 설립되었다.

주께서 구원받는 사람을 날마다 더하게 하시니라. (행 2:47)

그들은 모임 장소를 정해 놓았다(행 1:13; 2:46; 5:12; 12:12). 그들은 모이는 시간도 정해 놓았다(매일 – 행 2:46, 매주일 – 행 20:7).

Ⅲ. 교회 구성원이 되는 조건들

1. 회개.

베드로가 이르되 너희가 회개하여 각각 예수 그리스도의 이름으로 세례를 받고 죄 사함을 받으라. (행 2:38)

2. 주 예수 그리스도를 구주, 주님, 그리고 하나님의 아들로 믿음(마 16:16-18).

3. 구원, 중생, 새로운 탄생(행 2:47). 구원받는 사람이 교회에 더해졌다. 그들은 구원받기 위해서 교회에 더해진 것이 아니라 이미 구원받았기 때문에 더해진 것이다(보이지 않는 교회의 구성원이 지상에 있는 보이는 교회의 구성원이 됨).

4. 삼위일체의 이름으로 세례를 받음. "너희가 회개하여 각각 예수 그리스도의 이름으로 세례를 받고 죄 사함을 받으라"(행 2:38; 10:47-48; 22:16, 마 28:19 참고).

5. 사도의 가르침이 계속됨. "그들이 사도의 가르침을 받아 서로 교제하고 떡을 떼며 오로지 기도하기를 힘쓰니라"(행 2:42). 그들은 성경 말씀을 따라 살았다.

Ⅳ. 성경에서 말하는 교회의 상징

1. 몸. 그리스도는 몸의 머리이시고 우리는 그 몸의 구성원들이다.

그는 몸인 교회의 머리시라. (골 1:18)

온 몸이 머리로 말미암아 마디와 힘줄로 공급함을 받고 연합하여 하나님이 자라게 하시므로 자라느니라. (골 2:19)

2. 하나님의 영이 계시는 성전, 건물, 거주지, 처소이다. 이 건물에서 그리스도는 중요한 모퉁이 돌이 되시고 우리는 그 건물의 각기 다른 부분들이다(엡 2:20-21).

3. 그리스도의 신부

내가 너희를 정결한 처녀로 한 남편인 그리스도께 드리려고 중매함이로다. (고후 11:2)

요한복음 3:29을 보면 그리스도가 신랑이다. 결혼은 요한계시록 19:7의 말씀대로 일어날 것이다. "우리가 즐거워하고 크게 기뻐하며 그에게 영광을 돌리세 어린 양의 혼인 기약이 이르렀고 그의 아내가 자신을 준비하였으므로."

Note

Ⅴ. 교회의 의식

어떤 사람은 7가지 의식이 있다고 가르치기도 하는데, 성경은 오직 두 가지 교회 의식을 가르친다.

1. 세례(마 28:19-20, 막 16:16, 행 2:38-41; 8:36-40; 10:47-48).
2. 주의 만찬(행 2:42-46; 20:7, 고전 11:20-34).

Ⅵ. 교회의 목적

1. 하나님께 경배하고 지상에서 그분을 영화롭게 하기 위해서

이는 그가 사랑하시는 자 안에서 우리에게 거저 주시는 바 그의 은혜의 영광을 찬송하게 하려는 것이라. (엡 1:6)

2. 세계를 복음화하기 위해서

그러므로 너희는 가서 모든 민족을 제자로 삼아 아버지와 아들과 성령의 이름으로 세례를 베풀고 내가 너희에게 분부한 모든 것을 가르쳐 지키게 하라. (마 28:19–20)

• 참고/ 막 16:15, 엡 3:8

3. 그리스도인을 가르치고 훈련하기 위해서

이는 성도를 온전하게 하여. (엡 4:12–15)

• 참고/ 살전 5:11, 고전 12:1–31

4. 항상 증거하기 위해서

예루살렘과 온 유대와 사마리아와 땅 끝까지 이르러 내 증인이 되리라. (행 1:8)

Ⅶ. 지상 교회의 단일성 – 예수님의 대제사장으로서의 기도 중에서

1. 우리는 같은 아버지를 경배하기 때문에 하나되었다(요 17:1-5).
2. 구원받은 사람은 모두 하나님의 아들에게 속하기 때문에 하나되었다(요 17:6-10).
3. 모든 사람 안에 같은 성령이 내주하시기 때문에 하나되었다(요 16:7, 롬 8:16).
4. 아버지와 아들이 연합되어 있고 우리도 마땅히 그래야 하기 때문에 하나되었다(요 17:11).
5. 우리는 같은 말씀으로 살기 때문에 하나되었다(요 17:14-17).

6. 단일성은 불신자들을 믿게 할 것이기 때문에 하나되었다(요 17:21, 23절).

7. 우리는 천국에서 함께 살 것이기 때문에 하나되었다(요 17:24).

결론

세상에 많은 교파가 있는 이유는 무엇인가? 각각의 교파는 아마도 과일의 다양함과 같을 것이다. 그리고 그것은 과수원을 이루기 위해서 많은 다양한 과일들을 취한다(바퀴를 만드는 데 많은 수레바퀴살을 취하는 것처럼). 그리스도의 희망은 지상에 있는 교회가 순결하고 영예로우며 거룩해지는 것이다.

자기 앞에 영광스러운 교회로 세우사 티나 주름 잡힌 것이나 이런 것들이 없이 거룩하고 흠이 없게 하려 하심이라. (엡 5:27)

질문 *Bible Study*

1. 어느 교회가 진정한 교회인가?
2. 사도행전 15:14에 근거해 볼 때 교회란 무엇인가?
3. 교회와 천국을 구별해 보라. 보이는 교회와 보이지 않는 교회를 구별해 보라.
4. 교회는 언제, 무엇 위에 세워졌는가?
5. 교회의 구성원이 되는 5가지 조건은 무엇인가?
6. 교회를 나타내는 성경적인 상징어 3가지를 간단히 설명해 보라.
7. 교회 의식 2가지는 무엇인가?
8. 교회의 목적 4가지는 무엇인가?
9. 요한복음 17:1-26에 근거하여 지상 교회가 하나되어야 하는 이유를 말해 보라.
10. 많은 교파를 갖는다는 것이 옳은 일인가, 그릇된 일인가? 그 이유는 무엇인가?

제67과
교회 경시 풍조

● 서론

너희가 먹고 마실 집이 없느냐 너희가 하나님의 교회를 업신여기고. (고전 11:22)

이 말은 그들의 나쁜 행동이 고린도교회에 수치가 되었음을 뜻한다. 이 과에서 우리는 때때로 우리의 생각없는 행동 속에 내포된 것을 깨닫지 못하면서 교회를 경시하는 방식들을 돌아볼 것이다.

구약에서는 하나님께서 한 민족과 상대하셨다. 신약에서는 한 교회와 상대하신다. 성령이 강림하신 오순절 이후에 그들은 모두 예수 그리스도의 몸으로 연합하여 세례를 받았다. 교회는 지상의 조직 이상의 것이다. 그것은 그리스도의 몸이다. 개종 시에 우리 각 사람은 이 몸으로 연합하여 세례를 받는다. 어떤 그리스도들은 좋은 위치, 눈, 혀, 손 등을 갖고 있다. 그러나 대부분의 그리스도인들은 그 몸 안에 작고 중요하지 않은 숨겨진 장소, 아마도 미세한 세포의 자리를 차지할 것이다. 그러나 그 숨겨진 세포가 해를 입으면 몸 전체가 고통을 받는다.

교회는 신자들의 보이지 않는 몸이다. 보이는 교회는 선과 악, 곡식과 가라지, 구원받은 자와 위선자를 포함하는 지상의 조직체이다. 지상의 교회는 불행히도 종파, 교파, 고립된 교회로 나누어져 있다. 예수님의 현재 일은 교회를 세우시는 것이다. "내가 이 반석 위에 내 교회를 세우리니 음부의 권세가 이기지 못하리라"(마 16:18). 이것은 돌로 만든 건물이 아니라 살아 있는 몸이다. 당신은 이 교회를 경시하고 있지 않는가? 경시한다는 것은 경멸하는 태도로 대하고 몹시 싫어하는 것을 의미한다.

I. 교회가 어떻게 경시될 수 있을까?

비신자나 무신론자는 교회를 비열하고 쓸모없는 조직체로 비웃는다. 그리스도인들은 물론 이런 식으로 교회를 경시하지 않을 것이다. 불행히도 그리스도인은 좀 더 미묘한 방법을 채택

한다.

1. 교회 참석을 폐함.

모이기를 폐하는 어떤 사람들의 습관과 같이 하지 말고. (히 10:25)

교회에 출석하지 않는 사람들은 공동체에게 이런 말을 하곤 한다. "교회 출석은 중요한 것이 아니다. 만일 당신의 기분이 좋고 날씨마저 화창하며 다른 약속이 없어서 시간이 많으면 교회에 가는 것이 좋다." 이것은 교회를 경멸하는 것이다. 왜냐하면 당신은 다른 것들이 당신의 생에서 더 중요하다고 인정하여 교회를 가볍게 다루고 있기 때문이다. 물론 어떤 사람이 몹시 아프다면 교회에 올 수 없다는 것을 인정한다. 여기서는 교회에 오려고 하면 머리가 아프다가도 오후에 외식하러 나갈 때면 두통이 깨끗이 사라지는 사람들에 대해 이야기하는 것이다.

2. 책임은 받아들이지 않고 유익만을 받아들임으로써 교회를 경시한다.

a. 자녀들을 교회에 데리고 가나 주일학교에는 결코 데려가지 않는다.

b. 젊은 사람들이 결혼하도록 교회에 데리고 가나 결코 가족의 제단을 세우지는 않는다.

c. 교회에 등록은 하나 이방인이나 불신자처럼 생활한다.

d. 일 년에 한 번, 혹은 한 달에 한 번 성찬식에 참석하지만 결코 잃어버린 자를 찾으려 하지 않는다.

e. 크리스마스와 부활절 프로그램은 즐기지만 결코 진리의 말씀은 배우지 않는다.

f. 죽은 사람을 장사하러 교회에 가나 자신의 죽음에 대해서는 준비도 하지 않고 계속 악하게 살아간다.

g. 교회를 사업, 오락, 결혼 목적을 위한 사교클럽으로 격하시킴으로써 교회를 경시한다.

3. 예배 준비를 잘 하지 못하는 것도 교회를 경시하는 것이다.

우리는 설교자가 많이 공부하고 기도하여 준비한 좋은 설교를 듣기 원한다. 그렇지만 각 구성원도 또한 준비를 해야 한다. 깨끗하고 단정한 옷을 입고 교회에 오는 것도 좋지만, 가장 중요한 준비는 영적으로 잘 갖추어서 오는 것이다. 하나님께서 당신의 굶주린 영혼을 채워주기를 바라며 기대하는 심정으로 오는 것이다. 또한 성경, 연필, 그리고 축복의 말씀을 표시하거나 기록할 종이 약간을 가져오라.

4. 예배 중에 말씀을 잘 듣지 않거나 불경건함도 교회를 경시하는 것이다.

하나님은 불경건을 싫어하신다. 당신이 하나님을 경배하기 위해 그의 집에 와 있다는 것을 기억하라. 그것은 우리가 무엇을 듣느냐 하는 것뿐만 아니라 어떻게 듣느냐 하는 것도 포함된다.

5. 종교적 신념, 견해, 교리에 관한 확신을 흐리게 함으로써 교회를 경멸한다. 단에서 설교를 하거나 자리에서 종교적인 말을 할 때 미온적 태도를 취하는 사람들이 여기에 해당한다. 우리는

Note

일상생활에 필요한 모든 것(시장을 보고 바느질을 하고 요리를 하고 사업을 하는 법)을 배운다. 그런데 예수 그리스도의 신성을 증명해 보일 수는 있는가?

6. 구원을 받았다고 고백한 후에 계속 잘못된 방식으로 살아가는 감으로써 교회를 경멸한다.

잘못되고 모순되는 생활을 함으로써 악명 높은 (죄인) 교인을 한 명 만난다면 나는 이렇게 말하겠다. “그보다 더 나은 그리스도인을 만들 줄 모르는 그 교회를 부끄러워하라.” 이 집회의 한 구성원으로서 당신은 이 공동체 앞에서 무거운 책임을 지닌다.

7. 교회에 가치없는 것을 냄으로써 경시하고 있다.

만약 자녀에게 콜라값으로 만 원을 주면서 교회에는 단지 5천 원을 헌금한다면, 이는 존경심을 나타내는가? 아니면 불경함을 나타내는가? 만일 내가 교회에 내는 것이 주님에게 내는 것이라면 그때 나의 선물은 나의 창조주이며 주님되시는 그분에 대한 사랑의 정도를 반영한다. 율법 아래에서 우리는 십일조를 내도록 되어 있었다. 은혜 아래에서 우리는 십일조에 사랑의 헌금을 더하여 드려야 한다.

8. 나의 재능을 보잘것없게 사용함으로써 교회를 경시한다.

다른 사람을 즐겁게 하기 위해 노래하지만 성가대에서 노래하는 것은 거절한다. 파티에서 말을 하고 대접하며 권면하나 이 재능을 주님을 위해서는 결코 사용하지 않는다. 친구나 사업상의 동료와 교제하는 데 훌륭한 인격을 갖고 있지만 영혼을 구원하는 일에는 이 재능을 결코 사용하지 않는다. 의식적으로, 무의식적으로 이런 말들을 하는 것이다. “나의 재능은 너무 훌륭해서 그런 작은 교회에 낭비할 수는 없어.” 거짓된 겸손은 일종의 교만임을 알아야 할 것이다.

9. 그리스도인이 교회로부터 분리되면서 교회를 경시한다.

이것은 극심한 분리다. 교회에는 너무 많은 위선자가 있다고 여기며. 교회에 출석하는 대신 집에서 방송을 통해 유명 목사의 설교를 듣는 것이다. 이것은 그의 교회, 그의 몸을 경시하는 것이다. 비록 우리가 그들의 행동과 생각에 백 퍼센트 동의할 수 없다 할지라도 우리는 여전히 서로 교제할 수 있다.

10. 교회에 속하는 것을 거절함으로써 교회를 경시한다.

“내가 그 교회를 다니기에는 난 너무 훌륭해”라고 말하는 것이다.

Ⅱ. 하나님의 교회를 경시한 결과

1. 주 예수님은 굉장히 고통을 느끼심에 틀림없다. 우리는 그분께 죄를 짓고 있다.

2. 지상의 조직체는 약화된다. 교회는 당신을 필요로 하고 당신은 교회를 필요로 한다.

3. 죄인은 걸려 넘어지고 구주 예수님을 외면한다. 순결하고 힘 있는 교회가 죄인을 그리스도 앞으로 이끈다.

4. 그 결과 교회에 다니는 그리스도인들이 약해지고 과중한 짐을 지게 된다. 교회의 일들은 아주 소수의 사람들이 감당하기에는 너무 크다.

5. 근본적으로 교회에 다니지 않는 자는 잃어버린 자이다.

a. 영적으로 – 왜냐하면 당신의 영적 생활이 곤란한 상태에 있기 때문이다.

b. 경제적으로 – 하나님은 그분께 드리는 자에게 주신다.

c. 도덕적으로 – 당신은 교회에서 주는 도덕적 가르침과 힘을 필요로 한다.

d. 육체적으로 – 하나님은 당신이 7일 가운데에 하루는 일을 떠나서 하나님을 경배하기를 원하신다.

Ⅲ. 하나님의 교회를 경시하는 데에 대한 해결책

1. 자기 죄를 인정하라. 당신은 주 예수님의 귀중한 몸을 경시했다.

2. 주 예수님께 죄를 고백하라. 그러면 예수님은 그 죄를 씻어 주고 용서하실 것이다(요일 1:9).

3. 다시는 이런 중요한 문제를 소홀히 하지 않겠다고 하나님께 약속하라.

4. 보이지 않는 그리스도의 몸인 교회를 영예롭게 하고 존경하는 방법을 가르쳐 달라고 하나님께 기도하며 구하라.

5. 당신이 잘못했다고 목사님께 이야기하되, 그러나 앞으로는 더 좋은 구성원으로 목사님이 믿을 수 있는 사람이 되겠다고 말하라.

● 결론

예수 그리스도가 분주하게 세우시는 교회를 경시하는 것은 위험하다.

질문 *Bible Study*

1. 고린도전서 11:22에 사용된 "업신여기고"라는 말을 정의하라.

2. 구약과 신약에서 하나님이 관심을 가지신 특별한 대상은 무엇인가?

3. 불신자들은 어떻게 교회를 경시하는가?

Note

4. 성도가 하나님의 교회를 경시하는 예를 말해 보라.
5. 교회에 나오지 않는 이들이 핑계를 대는 예를 들어 보라.
6. 교회가 공동체에 주는 유익은 무엇인가?
7. 4번 문제에서 말한 여러 가지 예 중에서 어느 것이 가장 좋지 않다고 생각하는가? 그 이유는 무엇인가?
8. 교회를 경시한 결과는 무엇인가?
9. 교회에 참석하지 않는 사람은 그로 인해 어떤 면에서 잃은 자가 되는가?
10. 교회를 경시하는 문제를 어떻게 해결할 수 있는가?

제68과
교회 생활 훈련

● 서론

교회 징계는 날씨와 같다. 우리는 징계에 대해 많이 이야기하나 그것을 직접 행하는 일은 거의 없다. 바울은 그리스도인들이 정부 법정이 아닌 교회 법정을 사용하기를 기대했다.

> 너희 중에 누가 다른 이와 더불어 다툼이 있는데 구태여 불의한 자들 앞에서 고발하고 성도 앞에서 하지 아니하느냐 성도가 세상을 판단할 것을 너희가 알지 못하느냐 세상도 너희에게 판단을 받겠거든 지극히 작은 일 판단하기를 감당하지 못하겠느냐 우리가 천사를 판단할 것을 너희가 알지 못하느냐 그러하거든 하물며 세상 일이랴. (고전 6:1–3)

또한 12절도 보라. "모든 것이 내게 가하나 다 유익한 것이 아니요 모든 것이 내게 가하나 내가 무엇에든지 얽매이지 아니하리라."

징계는 '교인들의 선행을 지속시키기 위해 처벌로 제재 수단들을 취하는 것'을 의미한다. 그런데 이것은 오늘날 교회에서는 효과를 거두지 못하고 있다. 왜 그럴까? 우리가 그 원리를 좇아 행동하기에 약하고, 마음에 내키지 않아 하며 두려워하기 때문인가? 아니면 우리 모두가 완전한 상태에 도달해서 더 이상 징계를 필요로 하지 않기 때문인가? 혹시 교회가 교인들을 잃어버릴까 봐 두려워하기 때문은 아닐까? 죄를 처벌하면 교회 수입이 줄어들 것을 염려하는가? 우리는 거룩 이상으로 인기, 부, 큰 교회, 편한 때를 사랑하는가? "죄"를 "죄"라고 부르기가 두려워서 지체들의 악행을 너그럽게 용서하는가?

사도 시대의 교회는 순수했기 때문에 강했다. 현대 교회는 우리가 지위와 타협하고 교인들의 죄를 너그럽게 보아주었기 때문에 약해져 있다.

Ⅰ. 징계를 가르칠 시기

Note

나는 개종 후에 가르치되, 세례받기 전이어야 한다고 믿고 있다. 우리는 세례 지망자들에게 세례 과정에서 그리스도인들의 표준을 내세운다. 이 표준과 함께 우리는 그들에게 불순종하면 받게 되는 처벌 또한 가르쳐야만 한다. 우리는 아이들에게 이렇게 말한다. "네 방을 치우지 않으면 용돈을 주지 않을 거야." 그러면 아이들은 그 사실을 신중하게 생각하고 그에 맞게 행동한다. 교회와 그 책임에 참여하기 전에 세례 지망자는 이런 중요한 점을 미리 알아두어야 한다.

Ⅱ. 징계에 관해 가르칠 내용

1. 징계를 집행할 권위의 기초

네 형제가 죄를 범하거든 가서 너와 그 사람과만 상대하여 권고하라 만일 들으면 네가 네 형제를 얻은 것이요 만일 듣지 않거든 한두 사람을 데리고 가서 두세 증인의 입으로 말마다 확증하게 하라 만일 그들의 말도 듣지 않거든 교회에 말하고 교회의 말도 듣지 않거든 이방인과 세리와 같이 여기라. (마 18:15–17)

a. 잘못을 범한 사람은 혼자 있을 때 가서 회개하도록 권면하라.

b. 그가 듣지 않으면 두세 사람을 증인으로 데려가라.

c. 그가 계속 마음을 강퍅하게 하면 교회에 이야기하라.

d. 그래도 듣지 않으면 그를 죄 짓는 이방 사람으로 간주하라.

2. 징계가 필요한 경우

a. 거짓 교리

이 증언이 참되도다 그러므로 네가 그들을 엄히 꾸짖으라 이는 그들로 하여금 믿음을 온전하게 하고. (딛 1:13)

당신의 교회는 부패한 교리에 대항할 만한 강한 입장을 취한 적이 있는가? 우리의 교육제도는 거짓 교사들을 일소할 필요가 있다.

b. 드러난 죄

범죄한 자들을 모든 사람 앞에서 꾸짖어 나머지 사람들로 두려워하게 하라. (딤전 5:20)

당신의 교회는 극악한 죄에 대해 징계의 행동을 취한 적이 있는가?

주께서는 눈이 정결하시므로 악을 차마 보지 못하시며. (합 1:13)

이는 계명으로 말미암아 죄로 심히 죄 되게 하려 함이라. (롬 7:13)

죄를 무섭게 여겨 그것을 처벌하거나 우리 중에서 몰아내도록 하나님께 기도하자.

c. 부도덕

너희 중에 심지어 음행이 있다 함을 들으니 그런 음행은 이방인 중에서도 없는 것이라 누가 그 아버지의 아내를 취하였다 하는도다 그리하고도 너희가 오히려 교만하여져서 어찌하여 통한히 여기지 아니하고 그 일 행한 자를 너희 중에서 쫓아내지 아니하였느냐. (고전 5:1–2)

이 남자는 자기 어머니인 계모와 간음했기 때문에 파문되었다.

3. 징계의 범위

이런 자를 사탄에게 내주었으니 이는 육신은 멸하고 영은 주 예수의 날에 구원을 받게 하려 함이라. (고전 5:5)

밖에 있는 사람들은 하나님이 심판하시려니와 이 악한 사람은 너희 중에서 내쫓으라. (고전 5:13)

그 가운데 후메내오와 알렉산더가 있으니 내가 사탄에게 내준 것은 그들로 훈계를 받아 신성을 모독하지 못하게 하려 함이라. (딤전 1:20)

그 죄악이 파문을 받을 만한 것이 아닐 때에는 어떻게 하는가? 죄인이 진정으로 회개하는 모습이 보이면 그 사람을 일정기간 동안(범한 죄에 따라 3개월, 6개월, 1년) 성찬식이나 공직에 참여하지 못하게 하라. 이 판단은 교회의 당회를 주재하면서 정해져 내려온 것이다.

Ⅲ. 징계를 가르치는 방법

먼저 교회와, 또 특별히 교회 당회는 말과 행위에 있어서 비난받지 않고 스스로 깨끗하고 규율 있는 모범을 보여야 한다.

1. 겸손하게

그런즉 선 줄로 생각하는 자는 넘어질까 조심하라. (고전 10:12)

넘어진 자 위에 군림하지 마라. 만일 유혹과 그 상황이 비슷하면 아마 우리는 더 큰 죄를 범했을지도 모른다. 또한 우리가 "빠지기 쉬운 죄"는 그가 지은 죄와 상당히 다를 수 있다. 내가 죄를 범하는 문제가 이 잘못을 저지른 사람에게는 강한 점이 될 수도 있다. "그대보다 더 거룩"하다는 우월의식이 있어서는 안 된다.

2. 성실하게

형제 눈의 티를 말하기 전에 당신 눈에서 들보를 제거하라.

어찌하여 형제의 눈 속에 있는 티는 보고 네 눈 속에 있는 들보는 깨닫지 못하느냐 보라 네 눈 속에 들보가 있는데 어찌하여 형제에게 말하기를 나로 네 눈 속에 있는 티를 빼게 하라 하겠느냐 외식하는 자여 먼저 네 눈 속에서 들보를 빼어라 그 후에야 밝히 보고 형제의 눈 속에서 티를 빼리라. (마 7:3–5)

Note

어떤 사람은, "나는 완전하지 않다. 그러므로 형제를 훈계할 수 없다"는 태도를 취할지도 모른다. 그러나 이것은 잘못된 태도다. 하나님이 우리에게 책임을 주신다면 그 책임을 이행하지 않으면 안 되기 때문이다.

3. 사랑으로

사랑은 오래 참고 사랑은 온유하며 시기하지 아니하며 사랑은 자랑하지 아니하며 교만하지 아니하며. (고전 13:4)

우리는 분명히 사랑으로 다루어야 한다. 사랑은 진정한 의의 길로 돌아서게 하려는 사람에게 가장 강력한 지렛대가 된다. 그가 우리의 말과 설득을 듣지 않을 때 우리의 사랑에는 반응할 지도 모른다. "오래 참아라." 진정한 회개의 표시가 있으며 "일흔 번씩 일곱 번까지" 많은 인내를 꼭 발휘하도록 하라.

4. 성경에 의해서

반드시 그가 한 일이 성경에서 말하는 죄이고 단순히 "세상 문화"를 범한 것이 아님을 입증할 수 있도록 하라. 교회는 성경에 근거하여 세워지고 교회의 행동은 하나님의 말씀에 입안한 교리와 원리가 밖으로 나타난 것이어야 한다.

5. 증거에 의해서

그 주제에 관해 기꺼이 개인적인 경험을 나누도록 하라. 이는 친구나 형제같은 신뢰, 상호 신뢰를 형성하는 데 도움이 될 것이다. 이는 우리로 하여금 그를 한 형제로 대하고 발 아래의 개로 대하지 않도록 하는데 도움이 될 것이다.

6. 경험에 의해서

판지엄에서(중국 남서부) 있었던 한 교회에서 징계를 하는 세 경우는 다음과 같다.

a. 남자가 두 번째 아내를 얻으면 제명된다(중혼).

b. 나라법에 저촉되는 아편 거래를 한 여자는 3개월 동안 성찬식에 참가하지 못한다.

c. 과부가 젊은 남자와 간통하면(건전하고 성숙한 교인에게 어울리지 않는 행동을 하면) 징계를 받았다.

결론

하나님께서 징계를 행사할 수 있는 확신에 찬 용기를 우리에게 주시도록 기도하자.

여러분은 자기를 위하여 또는 온 양 떼를 위하여 삼가라 성령이 그들 가운데 여러분을 감독자로 삼고 하나님이 자기 피로 사신 교회를 보살피게 하셨느니라. (행 20:28)

질문 *Bible Study*

1. 교회 법정은 성경적인가? 증거는 무엇인가?
2. 교회 징계의 궁극적인 목적은 무엇인가?
3. 왜 오늘날 교회 징계가 제대로 실행되지 않는 것인가?
4. 마태복음 18:15-17에서 언급된 징계의 4단계를 요약하라.
5. 교회 징계의 3가지 경우를 열거하라.
6. 교회 위원회가 가할 수 있는 여러 가지 처벌들을 말해 보라.
7. 징계는 어떻게 가르쳐져야 하는가?
8. 잘못을 범한 교인을 상대하기 전에 교회의 당회는 무엇을 필요로 하는가?
9. 당신의 교회 당회가 징계를 집행한 마지막 때는 언제였는가?
10. 마태복음 18:22에 기초해 볼 때 사람들은 판단을 연기해야 하는가?(단지 490번만 용서해야 하는가?)

제69과
목사

● 서론

뛰어난 설교자는 기도나 설교가 결코 길지 않다. 그는 기억해야 될 것을 결코 잊지 않으며 잊어야 될 것을 결코 기억하지 않는다. 그는 언제 말하고 언제 침묵을 지켜야 할지 잘 안다. 그는 항상 때를 맞춰 웃고 심리적으로 중요한 적당한 때에 눈물을 흘린다. 그의 설교는 항상 잘 준비되어 있다. 그는 대학 총장이 되기에 충분할 만큼 교육을 받았으나 겸손하다. 그는 항상 가장 적은 월급으로 편안히 살려고 하기 때문에 어떤 재정적인 곤란에도 당황하지 않는다. 그는 결코 다투지 않되 항상 솔직하게 말하며 용기가 있다. 그는 이상적인 방문자인 동시에 이상적인 학생이다. 그는 교회의 실질적인 지도자이며 그의 적들도 그를 칭찬한다. 그의 신학은 가장 보수적인 사람들을 기쁘게 할 만큼 구식이고 가장 급진적인 사람들을 만족시킬 만큼 새로운 것이다.

이런 목사를 둔 성도들은 어떤 어려움도 있을 수 없다. 어떻게 임명하든지 그를 얻는 일이 기쁘고, 그도 항상 모든 사람의 이익을 위해서 기꺼이 자신을 희생하기 때문이다. 회중 가운데서 한 목사가 되는 것은 하나님께 받은 귀한 소명이다.

Ⅰ. 개인 생활

목사의 개인 생활은 사람들이 주일마다 그의 설교를 듣고 그것을 일주일 내내 어떻게 실행하는가를 주시하므로 매우 중요하다. 목사는 경건한 사람(주 예수 그리스도를 빛내는 경건하고 거룩한 사람)이어야 한다. 불신자들은 목사가 언제나 완전하기를 기대한다. 또한 목사는 기도하는 사람이어야 한다. 교회는 그가 매일(심지어는 매시간) 기도하는 데 상당한 시간을 보낼 것을 기대한다. 목사는 모든 불순물이 드러나서 제거될 때까지 하나님 앞에 오래 남아서 자신의 개인적인 거룩에 도달하기 위해 기도해야 한다.

나는 너희를 위하여 기도하기를 쉬는 죄를 여호와 앞에 결단코 범하지 아니하고 선하고 의로운 길을 너희에게 가르칠 것인즉. (삼상 12:23)

사무엘은 양 떼를 위해서 기도하는 짐을 졌다. 모든 목사는 가능한 한 교인의 이름을 불러가며 양 떼를 위해서 기도해야 한다.

이로써 우리도 듣던 날부터 너희를 위하여 기도하기를 그치지 아니하고 구하노니. (골 1:9)

이것은 사도 바울의 기도생활이었다.

여호와의 기구를 메는 자들이여 스스로 정결하게 할지어다. (사 52:11)

목사는 잃어버린 자와 죽어가는 자에게 열정을 가진 사람이어야 한다.

그러므로 여러분이 일깨어 내가 삼 년이나 밤낮 쉬지 않고 눈물로 각 사람을 훈계하던 것을 기억하라. (행 20:31)

무리를 보시고 불쌍히 여기시니 이는 그들이 목자 없는 양과 같이 고생하며 기진함이라. (마 9:36)

Ⅱ. 개인 목회

1. 목사는 개인적으로 구원, 개인 문제에 관해서 사람들에게 이야기하거나 사람들의 증거의 모순점을 지적해낼 수 있어야 한다(마 18:15-17).

2. 목사는 희망을 잃은 사람과 슬퍼하는 모든 사람을 위로하는 법을 배워야 한다.

3. 성도의 개인생활을 잘 살펴, 그 가정의 한 부분이 될 수 있어야 한다.

즐거워하는 자들과 함께 즐거워하고 우는 자들과 함께 울라. (롬 12:15)

4. 목사는 매우 특수한 면에서, 언제든지 이 지상에서 주 예수님을 대표하는 하급 목자라는 것을 기억해야 한다.

Ⅲ. 공공 목회

1. 목사로서 그의 가장 위대한 일은 강단에 서서 복음을 전하는 일이다. 이는 교육, 경험을 포함할 것이고, 죄인들을 회개케 하고 성도들의 믿음을 강화하는 데 효과적이 되도록 하나님의 축복을 요구할 것이다. 그는 하나님의 충고를 전달하는 사람이다. 그것은 복음, 성경교리, 가르침, 견책, 권고 그리고 경고를 포함한다.

이는 내가 꺼리지 않고 하나님의 뜻을 다 여러분에게 전하였음이라. (행 20:27)

2. 그는 또한 공중 기도하는 법을 배워야 한다. 그것은 오직 비밀 장소에서 개인적으로 기도를 많이 함으로써 배울 수 있다. 목회 중의 기도에서, 목사는 장엄한 예배 분위기 가운데 회중들을 하나님의 임재로 끌어올린다.

Note

3. 그는 또한 성경을 명확하고 경건하며 분명하게 읽는 법을 배워서 모든 사람이 이해할 수 있게 해야 한다.

하나님의 율법책을 낭독하고 그 뜻을 해석하여 백성에게 그 낭독하는 것을 다 깨닫게 하니. (느 8:8)

그는 교인들이 개인적인 필요에 적용될 수 있는 설교 말씀과 성경공부를 함으로써, "하나님의 교회를 먹이라"는 명령을 수행한다.

4. 세례받을 사람들을 준비하는 것도 그의 책임이다. 그는 세례식과 성찬식에도 책임을 지고 있다.

5. 예배 끝에 그는 사람들에게 하나님의 축복을 빌어줄 책임이 있다(민 6:23-26, 레 1:4-5, 눅 1:21-사람들은 사가랴가 나와서 그들을 축복해 줄 것을 기다렸다).

6. 그는 양 떼를 거짓 교사와 거짓 가르침에서 보호해야 한다(행 20:29-30). 그는 양 떼 중에서 특별히 가난한 사람들을 돌볼 책임을 가지고 있다(행 11:29-30). 그는 교인들에게 그들이 미치지 않는 지역까지 손을 뻗칠 필요성을 가르칠 책임이 있다.

모든 일에서 목사는 사람들에게 주님의 본보기이며 신앙의 모범이 되어야 한다.

Ⅳ. 올바른 동기들

설교자는 주님의 이름을 영화롭게 하기 위한 올바른 동기로 일해야 한다. 바울의 동기는 부나 명성이 아닌, 인간의 구원과 기초적인 가르침이었다(고전 1:15-18). 바울에게는 긴장감과 열정이 있었고 그는 재촉하지 않으면 안 되었다. 목사로 하여금 언제나 기도하게 하며 진실하고 부지런하며 신실한 사람이 되게 하자. 훌륭한 메시지, 짧은 시간, 죽음의 임박, 그리스도의 재림이 그의 동기를 뒷받침하여 모든 것을 그리스도의 영광으로 이어지게 한다(골 3:17, 고전 10:31).

Ⅴ. 적응성

바울은 사람들이 믿기만 한다면 의식주에 대한 절제도 서슴지 않았다(고전 9:4). 바울은 심지어 의심을 피하고 더 많은 영혼을 얻기 위해 고린도에서 주는 급료를 거절하기까지 했다. 바울은 자신을 여러 계층의 사람들에게 적응시켰다. 유대인들에게 그는 유대인이었다. 율법 아래 있는 사람들에게는 율법 아래 있는 사람으로, 율법 없는 자에게는 율법 없는 자로, 약한 자에게는 약한 사람이 되었다(고전 9:19-23). 바울은 많은 사람이 구원받는다면 기꺼이 결혼하지 않고 가정과 자녀들도 없이 지내고

자 했다. 바울은 사람들을 얻고 불필요한 공격을 피하기 위해(그리스도인의 원리가 아닌) 자신의 사회생활과 관습을 기꺼이 규제하려고 했다.

Ⅵ. 책임

목사는 양떼의 영혼에 대해 하나님께 책임이 있다.

너희를 인도하는 자들에게 순종하고 복종하라 그들은 너희 영혼을 위하여 경성하기를 자신들이 청산할 자인 것 같이 하느니라 그들로 하여금 즐거움으로 이것을 하게 하고 근심으로 하게 하지 말라 그렇지 않으면 너희에게 유익이 없느니라. (히 13:17)

성공적인 목사는 절제하며 항상 성령의 지배를 받아야 한다. 시작은 잘했으나 점점 방향을 잃어 가는 목회자는 쓰임받지 못할 것이다. 심지어 위대한 사도 바울도 이를 두려워하는 듯했다(고전 9:27).

● 결론

누가 이 일을 감당하리요. (고후 2:16)

우리의 만족은 오직 하나님으로부터 나느니라. (고후 3:5)

손에 쟁기를 잡고 뒤를 돌아보는 자는 하나님의 나라에 합당하지 아니하니라 하시니라. (눅 9:62)

질문 Bible Study

1. 뛰어난 설교자는 어떤 사람인가?
2. 목사의 개인 생활은 어떠해야 하는가?
3. 당신은 목사의 일 중 어느 부분이 가장 중요하다고 생각되는가? 그 이유는 무엇인가?
4. 목사의 개인 목회 양상 4가지를 말해 보라.
5. 목회를 준비할 때 유념해야 할 것은 무엇인가?
6. 목사가 설교에 포함시켜야 할 사항은 무엇인가?
7. 목사의 책임 범위를 기술하라.
8. 설교에 필요한 한 가지 진실한 동기와, 두 거짓 동기를 말해 보라.
9. 목사에게 필요한 적응성은 무엇인가?
10. 목사는 누구에게 첫 번째 책임을 지는가? 회중인가? 교회 장로 또는 당회인가?

제70과
장로와 집사의 직분

● 서론

하나님께서는 교회는 목사, 장로, 집사에 의해 다스려져야 한다고 선언하셨다.

형제들아 우리가 너희에게 구하노니 너희 가운데서 수고하고 주 안에서 너희를 다스리며 권하는 자들을 너희가 알고 그들의 역사로 말미암아 사랑 안에서 가장 귀히 여기며 너희끼리 화목하라. (살전 5:12–13)

우리는 우리 가운데서 수고하는 그들을 알도록 권면을 받는다. 개인적으로 그들을 알게 되면 많은 이익이 있다. 그들은 영적인 문제로 당신을 도울 수 있는 경건한 사람들이다. 그들은 돈을 위해서가 아니라 교회의 영적 힘의 강화와 그 전파를 위해서 수고한다. 하나님은 주님 안에서 그들을 우리 위에 앉히셨다. 그들은 잔인하고 성급한 감독이 아니라 당신을 안내하고 도울 길을 찾는 친절하고 사려 깊은 리더들이다.

그들은 우리에게 충고하려고 한다. 그들의 견책을 주님께 받는 것처럼 받아들이라. 그들이 당신의 잘못을 바로잡아 주기를 기대하라. 진심으로 감사하여, "감사합니다"라고 말하라. 많은 교회에서 장로들이 영적인 문제를 돌보는 반면에 집사들은 회중의 업무와 재정적인 문제를 보살핀다.

Ⅰ. 집사들

1. 집사란 무엇인가?

첫 집사회의는 사도행전 6:1-6을 통해 알 수 있듯이 7명으로 구성되었다. 사도 교회는 그들 모두의 이익을 공통으로 갖고 있었다. 그런데 어떤 사람들은 그들이 정당한 몫의 음식을 얻지 못한다고 불평하기 시작했다. 사도들은 그들의 일이 설교하고 가르치는 일임을 깨닫고, 세상적이나 꼭 필요한 이 일을 보살필 다른 사람들을 임명해야 한다고 느꼈다. 사도들은 무리들을 함께 불러서 이 일을 할 7명을 선출했다.

2. 집사의 자격은 무엇인가?

a. 교회 안팎으로 정직하고 좋은 평판을 얻고 있는 사람.

칭찬받는 사람 일곱을 택하라 우리가 이 일을 그들에게 맡기고. (행 6:3)

b. 성령이 충만한 사람

형제들아 너희 가운데서 성령과 지혜가 충만하여. (행 6:3)

술 취하지 말라 이는 방탕한 것이니 오직 성령으로 충만함을 받으라. (엡 5:18)

술 취한 사람이나 성령으로 충만하지 못한 사람은 자동적으로 실격이다.

c. 지혜가 충만한 사람

지혜가 충만하여. (행 6:3)

이 어려운 일에는 확실히 천국의 지혜가 필요하다. 만약 능력 있는 사람이 지혜가 부족하면 그것은 그 사람의 잘못이다. 왜냐하면 하나님께서 그리스도인에게 지혜를 제공하기 때문이다 (약 1:5).

d. 단정한 사람

이와 같이 집사들도 정중하고. (딤전 3:8)

그것은 성실하고 성숙된 것이다. 가볍고 경솔하며 성숙되지 못하고 건방진 사람은 자격이 없다.

e. 일구이언을 하지 않는 사람

일구이언을 하지 아니하고. (딤전 3:8)

일구이언은 이 사람에게는 이렇게 말하고 다른 사람에게는 다른 것을 말하는 것이다. 그들은 권위를 가지고 말하고 존경을 받을 수 있는 자격이 있어야 한다(마 7:29).

f. 술에 인박이지 않는 사람(딤전 3:8)

g. 더러운 이를 탐하지 않는 사람(딤전 3:8)

그들이 공궤를 일삼는 자로 뽑혔을 때, 요한복음 12:6의 유다처럼 되지 않기 위해서 그들은 혼자 그것을 지키는 유혹을 받지 않으려고 했다.

h. 깨끗한 양심에 믿음의 비밀을 가진 사람(딤전 3:9)

즉 진실하게 교리를 믿는 자이다.

i. 한 아내의 남편(딤전 3:12)

즉 한 번만 결혼한 사람(중혼을 의미하지 않는다)이다.

j. 자녀와 자기 집을 잘 다스리는 사람(딤전 3:12)

자녀와 집을 잘 다스리지 못한다면 어떻게 하나님의 교회를 경영할 수 있겠는가?

Note

3. 집사의 임무는 무엇인가?

a. 가난한 사람들에게 음식을 나누어주는 일이었다(행 6:1-6).

b. 오늘날에는 교회의 행정 업무와 재정적인 일을 보살핀다.

c. 교회 헌금 수집, 은행에 예금하거나 보관하기, 목사, 관리인에게 급료 지급, 전기 수도세 지급, 교회 건물 수리 등.

d. 가난한 사람 돌보고, 가능하면 언제든지 어느 곳에서나 돕는 일에 참여해야 한다.

e. 그들은 주일학교 학생을 가르칠 수 있어야 한다.

f. 교회 출석에 있어서 전 회중의 모범이 되어야 한다.

g. 이런 사람들은 언젠가 장로가 될 사람들이다.

4. 여집사들

내가 겐그레아 교회의 일꾼으로 있는 우리 자매 뵈뵈를 너희에게 추천하노니. (롬 16:1)

브리스길라도 마찬가지로 여집사였다(롬 16:3). 그녀는 사도행전 18장에서도 언급되어진다.

a. 자격

(1) 단정(딤전 3:11) – 어리고 덜 성숙하며 어리석은 것이 아니라 건전하고 성숙된 사람

(2) 모함하지 않음(딤전 3:11) – 참견하기 좋아하거나 남을 험담하지 않는 사람

(3) 절제(딤전 3:11) – 건전한 판단과 좋은 충고를 할 수 있을 만큼 성숙한 사람

(4) 모든 일에 충성함(딤전 3:11) – 교리, 믿음, 일, 그리고 사랑에 충성된 사람

b. 여집사의 임무

(1) 여자 세례 희망자들을 가르칠 뿐만 아니라 그들에게 세례 주는 일을 돕는다.

(2) 병든 자를 방문하거나 교회의 부녀자들을 찾아가 건전한 충고를 한다.

(3) 주일학교에서 어린이들에게 성경의 진리를 가르치는 일을 한다.

Ⅱ. 장로들

1. 장로란 무엇인가?

장로는 예수 그리스도 교회의 영적 지도자들 가운데 한 사람이다. 지위에 있어 집사보다 높으나 그 교회의 목사보다 아래다. 그는 일반적으로 안수를 받아 이 직분에 임명된다.

각 교회에서 장로들을 택하여 금식 기도하며 그들이 믿는 주께 그들을 위탁하고. (행 14:23)

내가 명한 대로 각 성에 장로들을 세우게 하려 함이니. (딛 1:5)

어떤 교회에서 종신 임명을 하기도 하지만 또 한편에서는 제한된 기간만 임명한다.

2. 장로의 자격은 무엇인가?

a. 책망할 것이 없고(딛 1:6) – 성도들에게 칭찬을 듣고 좋은 성격과 지위에 있는 사람.

b. 한 아내의 남편(딛 1:6) – 오직 한 번만 결혼한 사람.

c. 순종하고 통제를 겸손히 받는 자녀(딛 1:6) – 이것은 시험이다. 만일 사람이 자기 가정을 잘 다스리면 그는 교회도 잘 다스릴 수 있다.

d. 제 고집대로 하지 아니하며(딛 1:7) – 유순하고 조용한 정신의 소유자로, 독재하지 않는 사람.

e. 급히 분내지 아니하며(딛 1:7) – 인내하는 사람; 화를 내려고 하는 경우가 많이 생길 것이나 분노와 짜증을 떨쳐 버리는 온유한 사람.

f. 술을 즐기지 아니하며(딛 1:7) – 술 취하거나 돈을 낭비하지 않는 사람.

g. 구타하지 아니하며(딛 1:7) – 중얼거리거나 불평하지 않으며 만족하는 사람.

h. 더러운 이득을 탐하지 아니하며(딛 1:7) – 교회 헌금이 그에게 걸림돌이 되지 않도록.

i. 나그네를 좋아하며(딛 1:8) – 동료 신자들과 이방인들에게 사랑을 나타내는 사람.

j. 선을 좋아하는 사람(딛 1:8) – 선하고 깨끗하며 건전하고 올바른 모든 것을 사랑하는 사람.

3. 장로의 임무는 무엇인가?

a. 그는 교회의 영적 활동에 책임이 있다.

b. 교회에 규칙적으로 참석하여 모든 부서에 관심을 가져야 한다.

c. 회중에게 적합한 목사를 선택해야 한다.

d. 목사가 부재하면 설교를 대신할 수 있어야 한다. 가정 모임에서 경험을 얻으라.

e. 복음 운동 같은 특별 행사를 준비할 수 있어야 한다.

f. 성찬 분배 시 목사를 돕는다.

g. 야고보서 5:14에 따라 병든 자를 방문하여 그들을 위해 기도해야 한다.

h. 목회 기도를 포함하여 공중기도를 이끌 수 있다.

i. 교회 징계에 적극적으로 참여하고(68과), 당회에 참가한다.

j. 세례 희망자를 조사하는 일을 돕는다.

● 결론

장로들로 하여금 배나 되는 존경을 받게 하라(딤전 5:17). 당신을 다스리는 그들에게 히브리서 13:7 말씀에 따라 순종하라. 교회 지도자들을 위해 기도하라(딤전 2:1-2). 그들을 하나님의 종으로서 사랑하라(살전 5:13).

Note

질문 Bible Study

1. 데살로니가전서 5:12-13의 말씀에서 교회 직분에 관해 우리가 배울 수 있는 사항은 무엇인가?
2. 집사란 무엇인가?
3. 집사의 자격 10가지를 말해 보라.
4. 집사의 임무를 말해 보라.
5. 여집사의 자격은 무엇인가?
6. 여집사의 임무는 무엇인가?
7. 장로란 무엇인가?
8. 장로가 될 자격에 대해 말해 보라.
9. 장로의 임무는 무엇인가?
10. 디모데전서 5:7, 히브리서 13:7, 디모데전서 2:1-2, 데살로니가전서 5:13 말씀에 따르면 우리가 교회 직분 맡은 자에게 줄 수 있는 4가지는 어떤 것인가?

제71과

교회에서의 평신도의 위치

● 서론

현대 교회의 실패 원인 중 하나는 교회가 점점 한 사람의 문제로 되어 가는 것이다. 교인들은 복음, 설교, 가르치고 심방하는 일을 설교자에게만 맡기려 한다. 이는 결코 하나님의 명령이 아니다. 하나님의 명령은 항상 모든 그리스도인이 주의 증인이 되는 것이다.

오직 성령이 너희에게 임하시면 너희가 권능을 받고 예루살렘과 온 유대와 사마리아와 땅 끝까지 이르러 내 증인이 되리라 하시니라. (행 1:8)

"우리는 모두 복음주의자이고 또한 항상 복음주의자이다." – 요한 웨슬리

이것은 모라비안과 웨슬리 부흥의 비밀이었다.

평신도 : 목사가 아닌 사람, 평민계급. 교회의 일반적인 구성원들.

그 말은 성경에 나타나지 않는다. 그것은 목사를 높이면서 함께 사용된 용어다. 일반 교인들이 개인적으로 전도하게 하는 문제에 대한 답은 부흥이다. 우리가 개인 전도를 그렇게 열심히 하려는 이유는 우리가 영적으로 차갑기 때문이다. 오순절에 120명이 기도하고 있었는데 그중 오직 소수만이 교역자들이었다(11제자들). 또한 여자들도 참석해 있었다. 오순절에 그들은 20개 이상의 언어로 설교했고 그보다 더 많은 제자가 말씀을 전했다.

그 흩어진 사람들이 두루 다니며 복음의 말씀을 전할새. (행 8:4)

이 말씀에 의하면 목사는 예루살렘에 머물렀고 평신도는 나가서 말씀을 전했던 것처럼 보인다. 그러므로 각 교인들은 그리스도를 위해서 적극적으로 복음을 전해야 함이 마땅하다.

I. 평신도가 효과적인 증인이 되기 위해서 어떻게 스스로를 준비해야 하는가?

Note

1. 평신도가 할 수 있는 것을 함으로써.

이것은 마가복음 14:3-9에 나타난 베다니 마리아의 이야기이다. 주님은 당신에게 주신 재능을 당신이 사용할 것을 요구하신다. "각각 그 재능대로 한 사람에게는 금 다섯 달란트를, 한 사람에게는 두 달란트를, 한 사람에게는 한 달란트를 주고 떠났더니"(마 25:15). 우리의 재능을 사용할 때 그 재능과 또 다른 재능들도 발전할 것이다. 다섯 달란트를 받은 사람은 다섯 달란트를 더 얻었다.

2. 기도함으로써.

1951년 10월 헤브리디스섬에서 82, 84세 된 두 명의 은퇴한 노처녀가 신실하게 기도하며 신앙부흥을 일으킨 이야기

3. 성경공부를 함으로써.

당황케 하는 문제에 대한 해답을 성경에서 찾아내어 권위 있게 답할 기회가 올지도 모른다. 당신은 단지 증인이지 법률가가 될 필요는 없다.

4. 성령의 인도를 구함으로써.

그는 다른 사람들의 마음과 문제를 아시고 우리를 위해 "우연적인" 모임이 될 수 있게 하신다.

5. 조용하고도 일관성 있는 그리스도인으로서 증거함으로써.

궁극적으로 구원받지 못한 친구들은 궁핍한 때에 우리를 찾아오게 될 것이다. 아마 누가복음 11:5처럼 밤중에 방문할지도 모른다.

6. 설교자의 말씀을 실천함으로써.

죄인들은 설교자의 말을 듣고 그 다음에 당신과 일반 평신도들에게 매일의 생활에 실제적인 적용이 나타나는가를 찾아본다.

7. 나이 많은 그리스도인들을 관찰함으로써.

그들은 곧 당신에게 책임을 전하여 줄 것이다. 얼마나 엄청난 책임이 우리 그리스도인들에게 주어졌는지 깨달으라.

8. 작은 일들을 먼저 시도함으로써.

이런 일에 능숙해지게 되면 당신의 활동을 확장시킬 수 있다(간증, 설교 등).

9. 다른 사람의 전기와 자서전을 읽음으로써.

중국의 고포드는 피니의 부흥 운동 이야기를 읽고 전도에 박차를 가했다. 또한 많은 사람이 허드슨 테일러의 책을 읽고 선교에 도전을 받았다.

Ⅱ. 평신도가 복음을 전파하는 효과적인 방법들

1. 자신의 차로 사람들을 교회에 데려오거나, 반 친구와 함께 기꺼운 마음으로 걸으면서 교회로 인도한다. 안드레는 형제 베드로를 예수님께로 데려왔고(요 1:40-42), 떡 다섯 개와 물고기 두 마리를 가진 소년을 예수님께 데려왔다(요 6:8-9). 또한 그는 어떤 헬라인들을 예수님께로 데려왔다(요 12:20-22).

2. 수련회에 참가하여 그들의 위대한 일을 도움으로써.

3. 성경을 나눠주는 모임에 참가함으로써.

4. 기독실업인회나 여러 선교회, 또는 기타 기독교적인 기관에 참여함으로써.

5. 국내외 선교사에게 헌금함으로써.

6. 교회의 목사님을 격려함으로써.

목사님이 영적 전쟁에서 적극적으로 싸울 수 있도록 도우라. 혹시 낙담해 있을지도 모르는 목사님을 위해 때때로 칭찬, 미소, 악수로 격려하라.

7. 당신의 집이나 길거리에서 놀고 있는 아이들을 위해 주일학교나 성경공부반을 조직함으로써.

8. 시간과 재능이 허락하는 한 주일학교 반을 가르쳐라. 처음에는 보조 교사로서 봉사해도 상관없다고 말하라.

9. 다른 사람들을 잘 "초대하는 자"가 되는 운동을 벌임으로써.

사람들이 "네, 네" 하면서 나오지 않는다고 실망하지 마라. 힘을 내어 그들을 다시 초대하라.

10. 당신의 가정에서 부흥을 위한 기도회를 조직하고 이끎으로써.

11. 이웃에게 그리스도를 받아들이도록 조용한 초대를 함으로써.

복음 전도자는 그 초대를 공적으로 이야기한다. 당신은 그것을 개인적으로 하라. 이것은 바로 저항할 수 없는 개인적인 접촉의 비결이다.

12. 회개하는 사람과 함께 기꺼이 복도에서 걸어 나와 사람들 앞에 함께 섬으로써.

13. 상담자나 조언자가 되어.서

기꺼이 당신의 간증을 나누고, 죄인들로 하여금 예수 그리스도께로 향하게 하라. 두려워하지 마라. 당신은 기다리고 행함으로써 배울 수 있다.

14. 좋은 전도지를 사용함으로써.

15. 조용한 까페나 아늑한 곳에서 대화를 나누며 성경말씀을 전하는 것이다. 이반 로버츠는 석탄 광부였지만 성경을 열심히 배우는 학생이어서 1905년 부흥 때에 웨일즈 지방을 인도했다.

Note

16. 당신의 간증을 나눔으로써.

당신이 받은 기도 응답에 관해 이야기하라.

환난 날에 나를 부르라 내가 너를 건지리니 네가 나를 영화롭게 하리로다. (시 50:15)

그 이야기를 조용히 나누면서 하나님께 가장 큰 영광을 드릴 수 있다.

17. 가족을 잃은 자에게 위로를 함으로써.

이 방법은 재치 있게 이용되면 매우 효과적일 수 있다. 적당한 전도지, 꽃, 신앙 서적을 선택하라. 또는 병든 자를 위해 심부름을 가라.

18. 배고픈 자에게 음식을, 목마른 자에게 물을, 헐벗은 자에게 옷을 주고, 감옥에 갇힌 자를 방문함으로써(마 25:34-36).

19. 고아들과 과부들을 돌봄으로써.

하나님 아버지 앞에서 정결하고 더러움이 없는 경건은 곧 고아와 과부를 그 환난중에 돌보고 또 자기를 지켜 세속에 물들지 아니하는 그것이니라. (약 1:27)

20. 행복이 드러나게 함으로써.

어떤 구두장이는 매우 행복한 삶을 살아가고 있었다. 반면 손님으로 온 부인은 부유한 계층이었지만 큰 슬픔 가운데 있었다. 부인이 구두장이에게 물었다. "당신은 왜 그렇게 행복합니까?" "예수님이 내 모든 죄를 용서해 주셨으니 내 맘에 노래가 있습니다." 구두장이의 말을 듣고 죄를 깨달은 부인은 회개하고 예수님을 믿게 되었다. 그리고 러시아 황제를 포함한 많은 귀족에게 예수님을 증거했다.

21. 목사가 병 중에 있거나 떠나 있을 때 설교함으로써.

요한 웨슬리는 모라비안 부흥회 기간 중 독일 헤른후트에서 나흘 밤 동안 목수의 설교를 들었다.

22. 찬송함으로써.

무디와 동역한 찬양 인도자 생키 씨는 위대한 무디도 다룰 수 없었던 군중을 통제하고 조용하게 만들었다.

23. 그림을 그림으로써.

1727년 진젠도르프 헌신예배와 모라비안 부흥회를 이끌었던 십자가에 달리신 예수님 그림.

24. 항상 우리가 할 수 있는 것을 최선을 다해 함으로써.

● 결론

그러면 언젠가 우리는 마태복음 25:21-23의 말씀을 듣게 될 것이다. "그 주인이 이르되 잘하였도다 착하고 충성된 종아 네가 적은 일에 충성하였으매 내가 많은 것을 네게 맡기리니 네 주인의 즐거움에 참여할지어다 하고"(21절). 21절은 5달란트로 충성한 사람의 이야기, 23절은 2달란트로 충성한 사람의 이야기이다. " 그리고 맡은 자들에게 구할 것은 충성이니라"(고전 4:2).

질문 *Bible Study*

1. 목사와 평신도는 어떻게 구분되는가?
2. 교회가 "한 사람의 일"이 되지 않도록 하려면 어떻게 해야 하는가?
3. 평신도가 마가복음 14:3-9에서 배울 수 있는 교훈은 무엇인가?
4. 평신도 사역을 준비할 수 있는 여러 가지 방법은 무엇인가?
5. 4번에서 열거된 방법 중에서 가장 중요한 것은 무엇이라고 생각하는가?
6. 평범한 그리스도인이 복음을 전파하는 일을 도울 수 있는 방법을 말해 보라.
7. 안드레가 예수님께 데려온 세 사람은 누구인가?
8. 이 과의 II에서 말한 24가지 중에서 당신이 개인적으로 많이 노력하는 것은 무엇인가?
9. 응답받은 기도 이야기를 하면서 개인적인 경험을 나누어보라(시 50:15).
10. 충성된 종에게 약속하신 말씀은 무엇인가?(마 25:21-23).

제72과

부흥

● 서론

오늘날 많은 설교자가 이 주제에 대해 이야기한다. 이것은 아주 좋은 표징이다. 영적 부패를 막는 유일한 길은 진보하는 것이다(복음을 전하거나 아니면 화석처럼 굳어지거나 둘 중의 하나다). 시편 24:3-4에서 우리는 이 부흥이 세 가지 부분에 영향을 주는 것을 보게 된다.

1. 손 – 손이 깨끗해야 한다. 그것은 우리의 행동을 나타내기 때문이다.
2. 마음 – 마음이 정결해야 한다. 마음은 자신의 감정을 표현하기 때문이다.
3. 혀 – 혀에 속지 마라. 그것은 정직해야 한다. 그것은 말을 표현한다.

이 세 가지 행동, 감정, 말은 우리의 진정한 인격을 드러낸다.

Ⅰ. 부흥이란 무엇인가?

부흥은 무기력이나 태만의 상태에서 정상적인 일상생활과 의식, 활기찬 상태로 되돌아가는 것을 말한다. 복음 전도와 부흥 사이에는 차이점이 있다. 죄인은 주님께 돌아가는 데 복음 전도를 필요로 한다. 당신은 죽은 사람을 부흥시킬 수 없다. 그에게는 새로운 탄생이 필요하다. 하지만 타락하거나 반복하여 죄를 짓는 거듭난 그리스도인은 부흥될 필요가 있다.

부흥은 그리스도인을 타락한 상태에서 다시 전환시키는 것이다. 그것은 반드시 죄를 깊이 깨닫는 것을 포함한다. 부흥은 전능한 하나님에게 순종하는 새로운 출발이다. 그것은 부흥된 사람이 만나는 모든 사람에게 큰 영향을 끼친다. 그것은 하나님의 임재와 영광, 경이를 느끼게 한다.

Ⅱ. 부흥은 언제 필요한가?

당신은 모자가 필요하지 않으면 그것을 사지 않을 것이다. 당신이 부흥의 필요성을 느끼거나 원하지 않는다면 당신은 부흥하지 않을 것이다. 당신이 부흥에 목말라 할 때, 비로소 하나님은 그것을 주실 것이다. 하나님의 강은 흐르고 있으나 당신이 목마르지 않으면 그 물을 마시지 않을 것이기 때문이다. 부흥은 형제를 향한 사랑이 없을 때 필요하다. 불화, 시기, 악담, 정죄의 말들은 부흥이 필요하다는 확실한 표시다. 마음이 비탄이나 미움으로 가득 차 있는가? 그렇다면 당신은 부흥할 필요가 있다.

세속화는 부흥이 필요하다는 확실한 표시이다. 당신은 성경보다 만화, 잡지를 더 좋아하지 않는가? 주일학교에 가는 것보다 영화를 보거나 게임을 즐기러 가는 것을 더 좋아하지 않는가? 주 예수 그리스도를 겸손하게 섬기는 것보다 인기를 얻는 일에 더 관심이 있는가? 큰 죄(도둑질, 거짓말, 불순종)는 부흥이 필요하다는 분명한 표시다.

부흥을 맛본 그리스도인은 잃어버린 자에게 관심을 갖는다. 그러나 다시 타락하고 냉담해진 그리스도인은 죄인들이 지옥에 가든지, 가지 않든지 관심을 갖지 않는다.

Ⅲ. 부흥은 어떻게 얻을 수 있는가?

역대하 7:14은 부흥되는 4가지의 간단하고 정확한 단계를 이야기한다. "내 이름으로 일컫는 내 백성이 그들의 악한 길에서 떠나 스스로 낮추고 기도하여 내 얼굴을 찾으면 내가 하늘에서 듣고 그들의 죄를 사하고 그들의 땅을 고칠지라."

첫째 번 말씀은 누가 부흥되는지 규정하고 있다. "내 이름으로 일컫는 내 백성"이다. 그리스도인은 그리스도의 이름을 따라서 호칭된다. 그리스도인, 오직 하나님의 진정한 자녀만이 부흥될 수 있다. 죄인들은 회개해야 할 필요가 있는 것이다.

1. 스스로 겸비하라. 회개하며 순종하는 가운데 자발적으로 고개를 숙이는 것이다. 겸비는 교만의 반대이다. 교만을 버리라.

2. 기도하라. 하나님은 당신이 자신의 입을 열어 고백하기를 기다리고 계신다. 암송된 기도는 피하고 자신의 개인적인 죄를 고백하기만 하라.

3. 하나님의 얼굴을 구하라. 구하는 것은 부지런히 찾는 것이다. 왜 그의 얼굴을 찾는가? 왜냐하면 우리가 죄를 지었을 때 그가 우리에게서 얼굴을 돌리셨기 때문이다. 고백은 만남을 회복한다.

4. 사악한 길에서 돌아서라. 이것이 진정한 회개다. 하나님께서 당신에게 죄를 미워하는 마음을 주시기를 구하라. 죄는 우리의 구주를 십자가에 못 박았다. 그것은 나의 죄였다. 나는 그것을 미워한다.

Note

위의 네 조건이나 요구에 응한 결과 :

1. 하나님은 당신의 기도를 들으실 것이다. 자비롭게 받으시고 응답하실 의미로 들으실 것이다.

2. 하나님은 당신의 죄를 용서하실 것이다. 이것은 세상에서 가장 영광스러운 일이다.

3. 하나님은 당신의 생활을 치유하시고 강화시키실 것이다. 성령과 아들은 당신을 올바른 방향으로 이끌어 주실 것이다.

Ⅳ. 왜 우리는 부흥을 필요로 하는가?

하나님의 집에서 심판을 시작할 때가 되었나니 만일 우리에게 먼저 하면 하나님의 복음을 순종하지 아니하는 자들의 그 마지막은 어떠하며. (벧전 4:17)

첫째, 우리는 부모나 세상의 그 어떤 것보다 더 하나님을 사랑해야 한다. 부흥된 사람만이 온 마음과 목숨과 힘과 뜻을 다하여 하나님을 사랑할 수 있다(눅 10:27). 우리는 하나님의 말씀을 사랑하고 매일 읽어야 한다. 냉담한 마음은 딱딱하고 기계적인 방법으로 성경을 읽으나, 부흥된 마음은 그 말씀을 기뻐한다.

둘째, 우리는 기도해야 한다. 재타락한 자의 기도는 무감동하고 길며 무관심하고 형식적이며 죽어 있다. 그러나 부흥된 그리스도인의 기도는 하나님 보좌에 닿을 때마다 다른 사람의 마음을 감동시킨다. 우리는 분별력 있고 주의 깊으며, 조심스럽고도 신중하게 행할 필요가 있다. 냉담한 그리스도인은 영적으로 반쯤 잠자고 있고 악마에게 쉬운 표적이 된다. 우리는 훈련받을 필요가 있다. 이에 관해 누가복음 14:25-33에 자세히 나와 있다.

1. 만일 우리가 주 예수님을 사랑하는 것보다 아버지, 어머니, 부인, 자녀, 형제 그리고 나 자신의 생을 더 사랑한다면 "능히 나의 제자가 되지 못하리라."

2. 만일 내가 십자가 지기를 거부하면 "능히 나의 제자가 되지 못하리라."

3. 만일 내가 모든 사치, 안일을 버리고 주 예수님을 위해 한 영혼을 구하는 일을 거부하면, "능히 나의 제자가 되지 못하리라."

우리는 죄에서 구원받을 필요가 있다. 큰 죄, 작은 죄, 드러난 죄, 숨겨진 죄, 분노, 더러운 교제, 거짓말, 성급함, 짜증, 걱정, 술, 도박, 교만, 자칭 의인, 불신, 미움, 자기연민, 비평, 동정심 없는 생각, 날카로운 말, 시기, 커닝, 위선, 투쟁, 눈의 정욕, 악하거나 불순한 생각, 이기심, 탐심, 험담, 세속화, 도둑질, 간음, 살인, 안식일을 범함, 부모님께 불순종, 싸움, 저주, 복수, 증거 실패, 좋은 모범을 설정하지 못함, 성경 경시, 기도에 대한 게으름, 성령을 근심케 하거나 소멸하기 등등.

V. 부흥의 결과

1. 헤브리디즈 부흥의 결과 : 사람들은 하나님의 영광과 경이에 몰두되고 하나님의 임재를 깊이 의식하며 하나님의 임재, 죄의 깊은 의식, 죄인의 회심에 압도되어 고개를 숙이고 감동했으며 설교는 하나님의 주권, 가정예배를 다루었다. 사회악은 그 밤에 홍수가 밀려가듯 쓸려 없어지고, 그런 운동 하에서 다시 타락하는 자들은 거의 없었다.

2. 웨일즈 지방 부흥의 결과 : 기득권에 반대하는 세력이 일어나고, 부흥된 사람은 모든 곳에 전도하러 갔다. 빚을 갚고 고백이 행해지며 야외에서 복음을 위한 예배가 곳곳에서 열렸다. 광부는 그들의 말을 더 잘 다루었고 저주가 아닌 찬송으로 가득 채워졌다. 찬송에 힘이 있었다.

3. 동부 중앙 아프리카 부흥의 결과 : 매일 걷는 일을 강조하고 정신적으로 깨어나기 시작했다. 사람들이 죄의 무서움을 새롭게 인식하여 순간순간 성령과 교제했다. 예수님의 보혈과 부흥의 변함없는 성장, 전파, 깊이에 많은 강조가 주어졌다.

4. 중국 부흥의 결과 : 고백, 부흥, 회성이 이루어졌고, 귀신들은 쫓겨났으며, 분파되었던 교회가 고침을 받고 선교회와 교회 사이에 상호 협동이 이루어졌다.

5. 모라비안 부흥의 결과 : 100년(1727-1827) 동안 지속되었던 기도모임을 통해, 31년에 유럽 모든 나라에 복음을 전하고 남북 아메리카, 아프리카, 그린랜드의 이방 민족에게 복음을 전함으로써 현대 선교의 기초가 되었다.

● 결론

당신은 부흥을 목말라 하고 있는가? 가격을 지불한다면 우리는 그것을 가질 수 있다. 우리 각 사람은 영향력을 갖고 있다. 악으로 타락했다가 부흥된 그리스도인은 사람들에게 잠재적으로 큰 축복이 된다.

질문 Bible Study

1. 그리스도인은 부흥에 의해 어떤 영향을 받게 되는가?(시 24:3-4)
2. 부흥과 복음전도의 차이를 말해 보라.

3. 부흥의 정의를 내리라.

4. 한 개인(혹은 교회)은 언제 부흥을 필요로 하는가?

5. 역대하 7:14에 설정된 부흥에 필요한 기본 조건은 무엇인가?

6. 역대하 7:14의 조건에 대응한 결과는 무엇인가?

7. 베드로전서 4:17은 부흥을 포함하고 있는 말씀인가?

8. 훈련과 부흥 사이의 관계는 무엇인가?

9. 보통 그리스도인이 종종 범하는 죄는 무엇인가?

10. 부흥의 결과에 대한 예를 한 가지 이상 써라.

Note

Bible

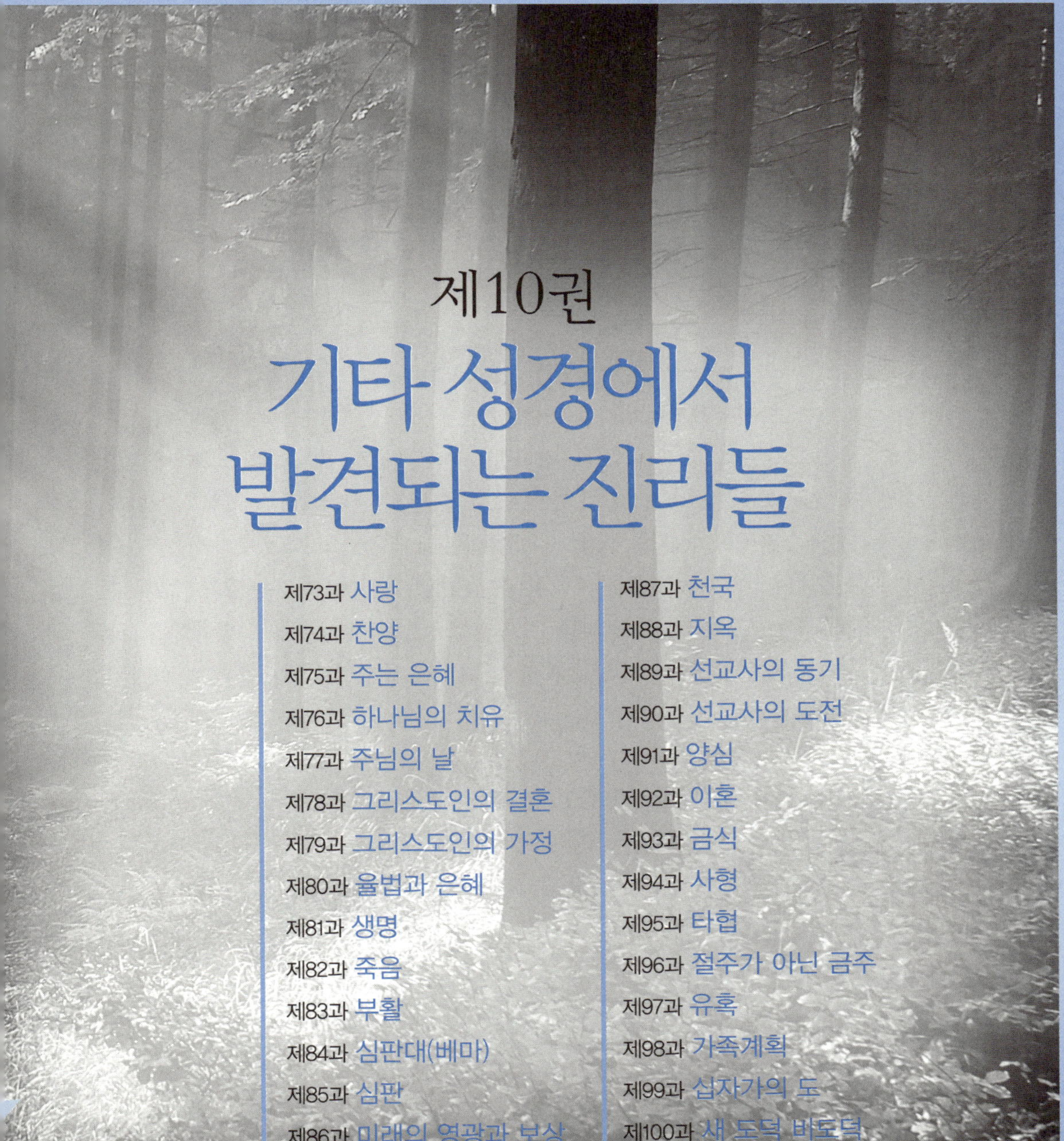

제10권

기타 성경에서 발견되는 진리들

제73과 사랑
제74과 찬양
제75과 주는 은혜
제76과 하나님의 치유
제77과 주님의 날
제78과 그리스도인의 결혼
제79과 그리스도인의 가정
제80과 율법과 은혜
제81과 생명
제82과 죽음
제83과 부활
제84과 심판대(베마)
제85과 심판
제86과 미래의 영광과 보상
제87과 천국
제88과 지옥
제89과 선교사의 동기
제90과 선교사의 도전
제91과 양심
제92과 이혼
제93과 금식
제94과 사형
제95과 타협
제96과 절주가 아닌 금주
제97과 유혹
제98과 가족계획
제99과 십자가의 도
제100과 새 도덕 비도덕

제73과

사랑

● 서론

인간은 부모와 자식, 친구, 남녀 간의 사랑을 나눈다. 그러나 인간의 사랑은 변하기 쉽고, 영원하지 못하다. 고린도전서 13장에 나타난 사랑의 기준에 미치지 못하는 것은 물론이다.

고린도전서 13:1-13은 그리스도의 사랑을 밝혀주는 부분이다. 진정한 그리스도의 사랑 없이는 교회에서의 모든 활동과 그리스도인의 값지고 고귀한 성취는 무가치하다. 고린도전서 13:1을 보면 사람들의 웅변은 교회에서나 진정한 사랑이 없는 삶에서는 소리나는 구리와 울리는 꽹과리에 불과하다고 말한다. 어떤 교회에서 목사님을 선택했는데 다음과 같은 일화가 있다. 한 설교자는 아름다운 말과 더없이 훌륭한 예를 드는 설교가였으나 사랑이 없고 냉랭했다. 다른 한 사람은 말솜씨는 별로 없었지만 그 설교에는 사랑이 가득 차 있었다. 교인들은 그들의 목사로서 두 번째 설교자를 택했다.

Ⅰ. 사랑은 근본적인 것이다(고전 13:2)

1. 사랑은 예언보다 더 본질적이다.

성경은 예언들로 가득 차 있으나 그것들은 사랑만큼 중요하지 못하다. 예언은 창조에서부터 계시록 끝까지 영원의 전 범위를 망라한다. 예언은 탁월한 것이지만 그러나 사랑 없이는 무가치하다.

2. 사랑은 신비보다 더 본질적이다.

신비는 예컨대 삼위일체, 성육신, 선택 따위와 같은 미지의 전 범위를 말한다. 그렇게 중요한 신비도 사랑 없이는 무가치하다.

3. 사랑은 지식보다 더 본질적이다.

지식은 가능한 모든 학습, 예컨대 학파, 대학 따위를 포함한다. 이런 것들은 사랑이라는 삶의 역동성이 따르면 아주 훌륭한 것이 된다. 그러나 사랑을 빼버리면 타다 남은 나무토막과 같다.

Note

4. 사랑은 신앙보다 더 본질적이다.

신앙은 인간의 모든 내적 헌신을 말한다. 겨자씨와 같은 신앙은 훌륭한 것이겠으나 사랑 없이는 무의미하며 무가치하다. 사랑이 없다면 인간은 아무것도 아니다. 그는 존재하지 않는 물체 또는 사람이며 껍데기에 불과하다. 중국 북서 지방에 파견된 한 선교사는 중국말을 능숙하게 하지 못했다. 그러나 그가 사람들을 사랑했기 때문에 충심으로 인정받았다. 말은 통하지 않아도 사람들은 그가 미소 지으며 사랑의 언어를 말한다는 것을 알았다. 그래서 그들도 선교사를 사랑했다.

Ⅱ. 사랑은 너그럽다(고전 13:3)

사랑 없이 냉정한 마음으로 주는 것은 무엇이든지 무가치하다. 하나님은 자신을 주심으로써 사랑을 증명하셨다. 그리스도께서 인간에게 주신 것은 사랑이 담긴 것이었다.

1. 최상의 제물로서 재산을 바치는 것, 그러나 그 행동이 사랑에 의해 결정된 것이 아니라면 무가치하다.

2. 최상의 제물로서 자기 자신을 바치는(순교) 것도 하나님의 사랑이 스며든 것이 아니라면 무가치하다.

Ⅲ. 사랑은 고통을 견딜 수 있다(고전 13:4)

이것이 사랑의 가장 뚜렷한 성격이다. 신문과 잡지에 실리는 인생 상담란은 사랑에 상처받은 사람들의 이야기로 가득하다. 사람들은 감정이 손상되면 더 이상 자신이 사랑 가운데 있지 않다고 생각하기 쉽다. 그러나 진정한 사랑은 당신을 사랑하므로 당신을 위해 시련과 슬픔과 고통을 겪는 것이라고 말한다. 사랑은 감정을 초월한다. 진정한 사랑은 고통을 견디면서도 여전히 부드럽고 친절하다. 그리스도인의 길은 고통을 견디는 것인데 바로 거기서 사랑을 배우게 된다. 고통을 견디는 중에 그리스도적 품성이 성숙하고 깊어진다. 밤 사이에 증오로 변하는 사랑은 단지 인간의 사랑이거나 일시적으로 마음이 들뜬 것뿐이리라. 이것은 사무엘하 13:15에 잘 예시되어 있다. 진정한 사랑은 골고다 언덕에서 증명되었다. 하나님은 골고다의 고통보다 더한 것이 없을 만큼 그렇게 우리를 사랑하셨다.

Ⅳ. 사랑은 다음과 같은 것이 아니다(고전 13:4–6)

1. 질투 : "시기하지 아니하며."

진정한 사랑은 다른 사람의 성공, 천품, 재능, 소유한 것들을 질투하지 않는다.

2. 자랑 : "자랑하지 아니하며."

진정한 사랑은 뽐내지 않고 겸손하다.

3. 교만 : "교만하지 아니하며."

진정한 사랑은 항상 자기보다 남을 앞세운다.

4. 무례 : "무례히 행하지 아니하며."

사랑은 결코 야비하거나 거스르지 않는다(사랑하는 사람들은 늘 이것을 기억하라).

5. 이기심 : "자기의 유익을 구하지 아니하며."

사랑은 너그러이 주며 희생한다.

6. 성냄 : "성내지 아니하며."

사랑은 쉽사리 화내거나 과민하지 않는다. 사랑은 많은 것을 흡수한다.

7. 비난 : "악한 것을 생각하지 아니하며."

사랑은 악을 생각하지 않고 비판하지 않고, 허물을 잡지 않으며, 성가신 소리나 의심을 하지 않는다.

8. 죄를 사랑 : "불의를 기뻐하지 아니하며."

진정한 사랑은 악을 미워하고 싫어한다.

Ⅴ. 사랑은 다음과 같다(고전 13:6–8)

1. 진실 : "진리와 함께 기뻐하고."

사랑은 진실을 말하기를 기뻐한다. 사랑하는 사람들은 서로의 이익을 위해 그들 부모에게 자신들의 약점을 이야기하기를 두려워하지 않는다.

2. 유지 : "모든 것을 참으며."

진정한 사랑은 정신적, 육체적 어려움에 좌절하지 않는다.

3. 신뢰 : "모든 것을 믿으며."

진정한 사랑은 그 어떤 일도 의심하지 않고 훌륭한 동기라고 생각한다.

4. 희망 : "모든 것을 바라며."

Note

진정한 사랑은 항상 최선을 기대한다.

5. 인내 : "모든 것을 견디느니라."

사랑은 시간, 오해, 심지어는 죽음까지도 견딘다.

6. 성공 : "사랑은 언제까지나 떨어지지 아니하되."

사랑은 로마서 8:28에 기록된 대로 결코 실패하지 않는다.

Ⅵ. 사랑은 영원하다(고전 13:8-12)

1. 사랑은 예언을 더 오래 존속시킨다.

예언은 그렇지 못하다.

2. 사랑은 말을 더 오래 존속시킨다.

말은 언젠가 그칠 것이다.

3. 사랑은 지식을 더 오래 존속시킨다.

지식은 사라져 버릴 것이다. 하나님은 사랑이시다. 요한일서 4:16의 사랑은 '전능하심'이 특성이다. 하늘과 땅은 사라져도 사랑은 머물러 있을 것이다. 사랑은 영원하다. 고린도전서 13:9-12절에서처럼 우리가 어른이 되면 어린아이의 일은 잊어버린다. 우리는 어른의 성숙한 지식을 위해 젊을 때의 순간적인 것들을 걷어치우게 된다.

Ⅶ. 사랑은 가장 중요하다

1. 사랑은 신앙보다 중요하다. 구원은 신앙으로 감싸여 있으나 사랑은 훨씬 지고하다. 사랑은 구원을 부여하는 동기이며 힘이다.

2. 사랑은 희망보다 중요하다. 로마서 8:24은 "우리가 소망으로 구원을 얻었으매"라고 말씀한다. 하늘나라는 사랑에 의해 통치되기 때문에 땅과 다르다.

● 결론

고린도전서 13:13의 사실을 예시하는 이야기 :

"어떤 어머니가 무시무시한 살인을 저지른 아들을 사랑했다."

1. 아들이 소름끼치는 그 얘기를 솔직히 고백했을 때 그녀의 신앙은 흔들렸다.

2. 아들을 용서할 수 있는 유일한 것은 희망뿐이었다.

3. 신앙과 희망이 사라진 후에도 사랑이 남았다.

아들은 여전히 그녀의 아들이었고, 그를 전과 마찬가지로 사랑하였다. 이것이 우리로 하여금 날마다 하나님을 섬기도록 하는 그리스도의 사랑이다.

질문 *Bible Study*

1. 하나님의 사랑과 인간의 사랑의 주요한 차이는 무엇인가?
2. 사람이 선택할 수 있었던 모든 천품이나 재능 가운데 어떤 것이 가장 고귀한가? 왜 그런가?
3. 사랑이 어떤 것보다 더 본질적인가?
4. 세상에 알려진 사랑 가운데 가장 위대한 증거는 무엇인가?
5. 당신이 생각하기에 가장 특징적인 사랑의 성격은 무엇인가?
6. 진정한 사랑과 거짓된 사랑은 어떤 특성으로 구별하는가?
7. 고린도전서 13:4–6에서 말씀하는 사랑이 아닌 것들을 말해 보라.
8. 고린도전서 13:6–8에서 말씀하는 진정한 사랑을 말해 보라.
9. 사랑으로 인해 더 오래 존속되는 3가지는 무엇인가?
10. 사랑이 신앙(믿음)이나 희망(소망)보다 어떻게 더 중요한가?

제74과

찬양

● 서론

삶에 있어서 가장 중요한 것이 무엇인가? 먹고사는 것인가? 구원받아 천국에 가는 것인가? 하나님을 섬기는 것인가? 나는 '하나님을 찬양하는 것'이 그 답이라고 믿는다. 소요리 문답의 "인간의 주된 목적은 무엇인가?"라는 질문에 대한 대답은, "인간의 제일 목적은 하나님을 찬양하고 언제까지나 기쁘게 하기 위함"이다.

내 이름으로 불려지는 모든 자 곧 내가 내 영광을 위하여 창조한 자를 오게 하라 그를 내가 지었고 그를 내가 만들었느니라. (사 43:7)

우리는 날마다 주님을 찬양하고 영광을 바치도록 창조되었다. 우리의 삶은 하나님의 영광을 찬양하기 위한 노래다.

그런즉 너희가 먹든지 마시든지 무엇을 하든지 다 하나님의 영광을 위하여 하라. (고전 10:31)

하나님을 자기 본위로 칭찬하는 것인가? 분명 그렇지 않다. 찬양은 하나님이 우리를 창조하신 목적이다. 우리는 매일 스스로 하나님께 찬양을 드려야 한다.

Ⅰ. 찬양의 의미

사전에는 '찬성을 표하는 것, 영광을 바치는 것, 예배하는 것, 찬양하는 것'이라고 되어 있다. 히브리말로 "야다(Yadah)"라는 말은 "손을 내민다"는 뜻인데, "찬양"이라고 번역된다. 즉 손을 들어 경배하는 것, 그리고 손을 벌려 모든 것을 내어놓는다는 것은 마음을 열어 하나님을 만나고 찬양하는 것이다. 우리의 할 일은 관념에서 벗어나서 자신을 하나님께 드리고, 그분을 찬양하는 데 전 생을 바치고 섬기는 것이어야 한다. 우리는 다만 우리가 높이 존경하고 소중히 여기는 분을 찬양할 뿐이다. 우리가 만일 가장 고귀한 존경과 감사의 마음을 품는다면 하나님을 찬양하기 쉬울 것이다.

Ⅱ. 찬양은 의무다

1. 천사들에 대하여

여호와의 천사들이여 여호와를 송축하라. (시 103:20)

그의 모든 천사여 찬양하며 모든 군대여 그를 찬양할지어다. (시 148:2)

2. 성도들에 대하여

주의 성도들아 여호와를 찬송하며 그의 거룩함을 기억하며 감사하라. (시 30:4)

성도들은 영광 중에 즐거워하며 그들의 침상에서 기쁨으로 노래할지어다. (시 149:5)

3. 나라들에 대하여

너희 모든 나라들아 여호와를 찬양하며 너희 모든 백성들아 그를 찬송할지어다. (시 117:1)

4. 어린이들에 대하여

어린 아기와 젖먹이들의 입에서 나오는 찬미를 온전하게 하셨나이다. (마 21:16)

주의 대적으로 말미암아 어린 아이들과 젖먹이들의 입으로 권능을 세우심이여. (시 8:2)

5. 높은 사람과 낮은 사람에 대하여

세상의 왕들과 모든 백성들과 고관들과 땅의 모든 재판관들이며. (시 148:11)

6. 젊은이와 늙은이에 대하여

총각과 처녀와 노인과 아이들아. (시 148:12)

7. 모든 창조물에 대하여

호흡이 있는 자마다 여호와를 찬양할지어다 할렐루야. (시 150:6)

시편 148:1-10에 있는 것처럼, 하나님은 다음과 같은 피조물로부터 찬양받으신다. 즉 하늘, 언덕, 천사, 동식물, 해, 달, 별, 지구, 바다의 괴물, 대양, 불, 우박, 눈, 안개, 폭풍, 구름, 산, 과일나무, 목재, 짐승, 기어 다니는 짐승과 새 등.

Ⅲ. 우리는 왜 하나님을 찬양해야 하는가?

1. 하나님은 위엄이 있으시기 때문이다.

무리가 소리를 높여 부를 것이며 여호와의 위엄으로 말미암아 바다에서부터 크게 외치리니. (사 24:14)

2. 하나님의 영광 때문이다.

그들이 여호와의 도를 노래할 것은 여호와의 영광이 크심이니이다. (시 138:5)

Note

3. 하나님의 탁월성 때문이다.

여호와의 이름을 찬양할지어다 그의 이름이 홀로 높으시며 그의 영광이 땅과 하늘 위에 뛰어나심이로다. (시 148:13)

4. 하나님은 광대하시기 때문이다.

여호와는 위대하시니 크게 찬양할 것이라 그의 위대하심을 측량하지 못하리로다. (시 145:3)

5. 하나님의 거룩하심 때문이다.

여호와여 신 중에 주와 같은 자가 누구니이까 주와 같이 거룩함으로 영광스러우며 찬송할 만한 위엄이 있으며 기이한 일을 행하는 자가 누구니이까. (출 15:11)

6. 하나님은 지혜이시기 때문이다.

다니엘이 말하여 이르되 영원부터 영원까지 하나님의 이름을 찬송할 것은 지혜와 능력이 그에게 있음이로다. (단 2:20)

7. 하나님은 능력이시기 때문이다.

여호와여 주의 능력으로 높임을 받으소서 우리가 주의 권능을 노래하고 찬송하게 하소서. (시 21:13)

8. 하나님은 선하시기 때문이다.

여호와의 인자하심과 인생에게 행하신 기적으로 말미암아 그를 찬송할지로다. (시 107:8, 15, 21, 31절)

9. 하나님은 자비로우시기 때문이다.

여호와를 찬송하여 이르기를 여호와께 감사하세 그의 인자하심이 영원하도다 하게 하였더니. (대하 20:21)

우리는 그분의 자비로써 구원받는다.

10. 하나님은 인자하시고 성실하시기 때문이다.

내가 주의 성전을 향하여 예배하며 주의 인자하심과 성실하심으로 말미암아 주의 이름에 감사하오리니. (시 138:2)

11. 하나님은 성실하시고 진실하시기 때문이다.

여호와여 주는 나의 하나님이시라 내가 주를 높이고 주의 이름을 찬송하오리니 주는 기사를 옛적에 정하신 뜻대로 성실함과 진실함으로 행하셨음이라. (사 25:1)

12. 하나님은 구원을 주셨기 때문이다.

찬송하리로다 주 이스라엘의 하나님이여 그 백성을 돌보사 속량하시며 우리를 위하여 구

원의 뿔을 그 종 다윗의 집에 일으키셨으니. (눅 1:68-69)

13. 하나님은 훌륭한 업적을 남기셨기 때문이다.

그의 능하신 행동을 찬양하며 그의 지극히 위대하심을 따라 찬양할지어다. (시 150:2)

시편 107:8, 15, 21, 31절도 보라. 이 업적들은 창조, 구원, 위안, 심판, 진정한 충고, 그분의 약속이행, 죄의 용서, 영적 건강, 계속적인 보존, 보호, 기도에의 응답, 영광의 희망, 모든 육체적 · 물질적 · 영적인 업적 등을 말한다.

Ⅳ. 어떻게 하나님을 찬미할까?

1. 지혜로써

하나님은 온 땅의 왕이심이라 지혜의 시로 찬송할지어다. (시 47:7)

2. 영으로써

내 영혼아 여호와를 송축하라 내 속에 있는 것들아 다 그의 거룩한 이름을 송축하라. (시 103:1)

3. 온 마음을 다하여

내가 전심으로 여호와께 감사하오며 주의 모든 기이한 일들을 전하리이다. (시 9:1)

4. 입술로써

주의 인자하심이 생명보다 나으므로 내 입술이 주를 찬양할 것이라. (시 63:3)

주께서 율례를 내게 가르치시므로 내 입술이 주를 찬양하리이다. (시 119:171)

5. 입으로써

주여 내 입술을 열어 주소서 내 입이 주를 찬송하여 전파하리이다. (시 51:15)

6. 기쁨으로써

나의 입이 기쁜 입술로 주를 찬송하되. (시 63:5)

7. 즐거움으로써

그들이 즐거움으로 찬송하고 몸을 굽혀 예배하니라. (대하 29:30)

단순히 기계적인 찬미가 아니라 진심에서 우러나오는 즐거운 찬미이어야 한다.

8. 감사로써

감사함으로 여호와께 노래하며 수금으로 하나님께 찬양할지어다. (시 147:7)

9. 항상

나는 항상 주를 찬송하리이다. (시 71:6)

10. 삶의 끝까지

내가 평생토록 여호와께 노래하며 내가 살아 있는 동안 내 하나님을 찬양하리로다. (시 104:33)

Note

11. 더욱더

나는 항상 소망을 품고 주를 더욱더욱 찬송하리이다. (시 71:14)

12. 날마다

레위 사람들과 제사장들은 날마다 여호와를 칭송하며 큰 소리 나는 악기를 울려 여호와를 찬양하였으며. (대하 30:21)

V. 어떤 상황에서도 찬양해야 한다

우리는 아플 때나, 어려움이 닥쳤을 때나, 건강할 때나 성공할 때에도 찬양을 드려야 한다. 우리는 빌립보서 4:6에서처럼 모든 것을 위해 어떤 것이나 하나님을 찬양해야 한다. 진정한 그리스도인은 눈에 보이지 않는 비탄 속에서조차 하나님을 믿을 수 있고 찬미할 수 있는 사람이다. 그것은 로마서 8:28에서처럼 하나님이 모든 것을 계획하고 훌륭히 시행하심을 아는 것으로 충분하다.

결론

아마도 우리는 만족할 만큼 찬양하지 않고 지내왔다는 것을 깨달을 것이다. 하나님이 우리로 하여금 오늘부터 장래에도 더욱더 하나님을 찬양하도록 가르치시기를 기도하라.

주여 내 입술을 열어 주소서 내 입이 주를 찬송하여 전파하리이다. (시 51:15)

하나님을 더욱더 찬양하라. 찬양은 예수 그리스도 안에서 다시 믿는 자로 태어났다는 귀중한 특권이다. 온맘을 다해 찬양하라. 이것이 하나님을 사랑하는 좋은 방법 중의 하나다. 만일 사람들이 우리가 달성한 것을 칭찬하게 된다면 그 칭찬을 하나님께 돌리도록 하자. 진정으로 찬양드릴 만한 사람을 찬양하기는 쉽다. 예수는 찬양받으실 분이다(계 5:9). 하나님이 그의 자녀들로부터 찬양보다는 돈을 얻거나 섬김을 받는 것이 더 쉽다. 그러나 찬양은 마음의 자세이다. 고린도전서 10:31에서처럼 무엇을 하든지 하나님의 영광을 위하여 행하라.

질문 *Bible Study*

1. 인간의 중요한 목적은 무엇인가?
2. "야다(Yadah)"라는 히브리말의 근본 의미는 무엇인가?

3. 어떤 사람들이 의무적으로 찬양해야 하는가?

4. 왜 찬양을 해야 하는가?

5. 하나님을 어떻게 찬양해야 하는가?

6. 하나님이 찬양받으시기 합당한 이유는 무엇인가?

7. 하나님을 찬양하는 데 활용되어야 할 신체 부분을 말하라.

8. 역대하 30:21을 통해 알 수 있는 사실은 무엇인가?

9. 찬양은 언제 해야 하는가?

10. "내 아이가 아픕니다" 하는 말에 "하나님을 찬양하라"고 하는 응답은 좋은 것인가 나쁜 것인가?

제75과
주는 은혜

● 서론

오직 너희는 믿음과 말과 지식과 모든 간절함과 우리를 사랑하는 이 모든 일에 풍성한 것 같이 이 은혜에도 풍성하게 할지니라. (고후 8:7)

복음의 기쁜 소식에 카드와 선물에 더하여 주는 때가 크리스마스이다. 최근에는 선물 광고에만 집중하는 상업화로 인해 크리스마스가 쇼핑 시즌으로 전락하고 말았다. 구세주의 탄생을 찬양하고 전하기보다는, 선물을 주고받는 행위에만 집중하는 태도 때문에 크리스마스의 진정한 정신이 사라져 가고 있다. 그러나 크리스마스의 진정한 의미는 "하나님께서 자신의 독생자를 우리에게 선물로 주셨다"는 것이다. 물론 하나님께서 우리에게 선물을 주신 그 행위의 의미를 깨달아야 하나, 이번 과에서는 "주는 것이 받는 것보다 복이 있다"(행 20:35)는 말씀을 배워보도록 하자. 한 예로 예수님께 값비싼 선물을 바친 동방박사들의 이야기를 알고 있지 않은가?

Ⅰ. 동방박사들이 바친 것은 무엇인가?(마 2:1)

동방박사들의 이야기에는 훌륭한 신앙의 모습이 있다.

1. 추구 : 그들은 하늘에서 별을 보자 그것을 따라 나섰다.
2. 발견 : 그들은 아기가 태어난 곳을 헤롯에게 묻기 위해 예루살렘으로 갔다.
3. 경배 : 그들은 구세주 앞에 경배하여 무릎을 꿇었다.
4. 바침 : 경배의 한 표시로 그들은 선물을 바쳤다.

동방박사들이 바친 선물들은 매우 흥미롭다.

1. 황금 : 왕에게 걸맞은 선물이었다. 예수는 왕 중의 왕이셨다.

2. 유향 : 향을 피우는 데 사용되는 노란 물질이다. 이것은 아기 예수의 신성을 인정하는 의미로 바쳐졌다.

3. 몰약 : 쓴 풀에서 나는 고약이다. 냄새를 내는 데 사용된다. 이것은 고통을 견디는 구세주께 바치는 의미이다. 마가복음 15:23에 보면 몰약은 포도주와 섞여 있다고 되어 있다.

우리가 황금, 유향 또는 몰약을 예수님께 바칠 수 없을는지 모른다. 그렇다면 우리가 드릴 수 있는 것은 무엇이 있을까?

Ⅱ. 우리는 무엇을 드려야 하는가?

1. 우리의 몸을 드려야 한다.

그러므로 형제들아 내가 하나님의 모든 자비하심으로 너희를 권하노니 너희 몸을 하나님이 기뻐하시는 거룩한 산 제물로 드리라 이는 너희가 드릴 영적 예배니라. (롬 12:1)

그들이 먼저 자신을 주께 드리고. (고후 8:5)

예수님은 말씀하신 것처럼 자기 자신을 하나님께 바쳤다.

2. 우리 자신을 전적으로 하나님께 사로잡히게 해야 한다.

이 모든 일에 전심 전력하여 너의 성숙함을 모든 사람에게 나타나게 하라. (딤전 4:15)

3. 말씀 읽기에 참여해야 한다.

내가 이를 때까지 읽는 것과 권하는 것과 가르치는 것에 전념하라. (딤전 4:13)

4. 우리가 들은 것에 명심하고 기억해야 한다.

그러므로 우리는 들은 것에 더욱 유념함으로 우리가 흘러 떠내려가지 않도록 함이 마땅하니라. (히 2:1)

5. 끊임없이 기도해야 한다.

우리는 오로지 기도하는 일과 말씀 사역에 힘쓰리라 하니. (행 6:4)

6. 모든 것에 감사해야 한다.

범사에 감사하라 이것이 그리스도 예수 안에서 너희를 향하신 하나님의 뜻이니라. (살전 5:18)

7. 하나님께 헌금해야 한다.

환난의 많은 시련 가운데서 그들의 넘치는 기쁨과 극심한 가난이 그들의 풍성한 연보를 넘치도록 하게 하였느니라. (고후 8:2-4)

마게도냐인들은 자유로이 그들의 재산을 하나님께 내어놓고 바울은 그 선물을 친교의 행위로 받아들였다.

Ⅲ. 어떻게 드려야 할까?

Note

1. 체계적으로

매주 첫날에 너희 각 사람이 수입에 따라 모아 두어서 내가 갈 때에 연보를 하지 않게 하라. (고전 16:2)

크리스마스 때뿐만 아니라 매주 드려야 한다. 순종함으로 실제적인 행위를 보이라. 그러면 하나님께서 당신의 정직함과 신중함에 보답하실 것이다.

2. 개인적으로

가정의 가장 뿐만 아니라 어머니와 아이들도 할 것이다. 준다는 것은 부자만이 아니라 가난한 사람도 해야 한다. 그 차이는 단지 '크기'와 '내용'에 있을 뿐이다. 매우 가난한 농부였던 중국의 허씨부인은 하나님께 바치기 위해 자신은 조금 먹고, 많은 음식을 쌓아 놓았다. 하나님께서는 그녀에게 영적으로 풍성한 축복을 내리셨다.

3. 비례대로

구약의 율법 아래에서는 수입의 십분의 일인 십일조를 바쳤다. 레위기 27:30에 있는 십일조는 하나님에게는 거룩한 것이었지만, 인간에게 속한 것은 아니었다. 오늘날 우리는 율법 아래에 있지 않다. 우리는 우리가 받은 것의 십분의 일을 내도록 강요받지는 않는다. 그러나 우리는 '사랑의 계약'이라는 은총 아래 있다. 율법의 힘과 사랑의 힘 중에서 어느 것이 더 강한가? 사랑이 더 강하다. 그러므로 우리는 십일조보다 더 많은 것을 바치고 싶은 마음이 생긴다. 십일조를 바치는 날부터 주시는 하나님의 영적인 은혜와 경제적 축복을 간증하는 성도의 예는 헤아릴 수 없다. 하나님은 당신께 바친 사람들에게 풍부하게 되돌려 주신다. 이런 일에서 하나님을 매일 증거하라.

4. 기쁘게

인색함으로나 억지로 하지 말지니 하나님은 즐겨 내는 자를 사랑하시느니라. (고후 9:7)

"왜 교회는 헌금 시간을 따로 만드는가?" 이렇게 생각하는 것은 그릇된 태도다. 우리는 그것을 커다란 특권으로 생각해야 하고 우리에게 그렇게 많이 주신 하나님께 갚아 드릴 수 있는 기쁨으로 생각해야 한다. 하나님은 기꺼이 기쁘게 주는 사람을 사랑하신다. 우리도 마지못해서가 아니라 기쁘게 주는 선물을 더 좋아하지 않는가!

5. 그리스도가 주신 대로

그리스도는 그가 가지신 것, 심지어는 생명까지도 주셨다. 빛나는 은총으로 주는 행위를 풍성하게 하자.

6. 희생적으로

고린도후서 8:2의 마게도냐인들은 자기 재산을 내어놓았다. 그중 과부는 자기 생활수입이었던 전 재산을 바쳤다. 하나님은 얼마나 많이 바쳤나가 아니라 얼마나 많이 남았나에 의하여 가름하신다. 하나님은 선물의 크기보다는 주는 이의 마음을 보신다. 기쁜 마음으로 구세주께 드리자.

Ⅳ. 주는 것에 대한 대가

내게는 모든 것이 있고 또 풍부한지라 에바브로디도 편에 너희가 준 것을 받으므로 내가 풍족하니 이는 받으실 만한 향기로운 제물이요 하나님을 기쁘시게 한 것이라. (빌 4:18)

우리의 선물은 비록 조그마한 것일지라도 분명히 하늘에 계신 아버지의 마음을 기쁘게 한다. 하나님께 기꺼이 바침으로써 축복이 따른다. 아버지께서는 우리에게 보답하여 주신다. 축복은 자주 있는 것일지라도 반드시 물질적인 풍부함일 필요가 없다.

주 예수께서 친히 말씀하신 바 주는 것이 받는 것보다 복이 있다 하심을 기억하여야 할지니라. (행 20:35)

오직 너희를 위하여 보물을 하늘에 쌓아 두라. (마 6:20)

이것은 명령이다.

너희의 온전한 십일조를 창고에 들여 나의 집에 양식이 있게 하고 그것으로 나를 시험하여 내가 하늘 문을 열고 너희에게 복을 쌓을 곳이 없도록 붓지 아니하나 보라. (말 3:10)

이것은 하나님의 신성한 약속이다. 우리는 성실하게 십일조를 바쳐야 하며 그럴 때 하나님도 우리에게 주셔야 할 필요를 느끼신다.

Ⅴ. 누구에게 주어야 할까?

불쌍한 사람, 가난한 사람, 고아, 과부들에게 주라(약 1:27, 마 5:42). 교회와 예배를 위한 필요에 주라. 복음을 전하는 데 주라.

● 결론

부적당하게 준다는 것은 가르침이 적절하지 못하고, 영적인 삶이 적절하지 못하다는 증거다.

질문 *Bible Study*

Note

1. 동방박사에게 배울 수 있는 훌륭한 신앙의 모습 4가지는 무엇인가?
2. 그들이 예수께 바친 3가지 예물은 무엇인가?
3. 우리는 헌금을 하기 전에 무엇을 바쳐야 할까?
4. “하나님께서는 부자에게 헌금을 기대하고 가난한 사람에게는 자기 자신을 바치기를 원하신”라는 말이 사실인가, 거짓인가?
5. 어떻게 헌금을 드려야 하는가?
6. 우리가 만일 율법 아래 있지 않은 것이 사실이라면 필요한 것이 생길 때 주는 것이 현명하지 않은가?
7. 몇몇 그리스도인들은 다른 사람보다 형편이 더 너그러운 것 같다. 이것은 그들이 줄 것을 가지고 있다는 것을 뜻하는가?
8. 빌립보서 4:18에 언급된 ‘주는 것’에 대한 대가는 무엇인가?
9. 누구에게 주어야 하는가?
10. 신약에서 말하는 창고는 무엇인가?(말 3:10)

제76과

하나님의 치유

● 서론

고린도후서 12:7-10에 있는 메시지를 생각해 보자.

“너무 자만하지 않게 하시려고 내 육체에 가시 곧 사탄의 사자를 주셨으니… 이것이 내게서 떠나가게 하기 위하여 내가 세 번 주께 간구하였더니 나에게 이르시기를 내 은혜가 네게 족하도다 이는 내 능력이 약한 데서 온전하여짐이라 하신지라 그러므로 도리어 크게 기뻐함으로 나의 여러 약한 것들에 대하여 자랑하리니 이는 그리스도의 능력이 내게 머물게 하려 함이라… 기뻐하노니 이는 내가 약한 그때에 강함이라.”

여기서 우리는 바울이 병에서 구해달라고 하나님께 3번 기도했으나, 도리어 하나님의 은혜로 거절당했음을 알게 된다. 또한 바울은 성령의 능력으로 두 가지 기적을 행하게 된다. 독사가 깨물어도 해를 입지 않은 기적(행 28:3-6)과, 바울이 보블리오의 아버지의 열병을 고친 기적(행 28:7-8)이다.

1. 질병의 의도

고린도후서 12:7에서 바울은 자기 자신을 겸손하게 두었다. 자기 자신을 교만하게 하는 것은 매우 위험한 것이다. 교만해질 때 질병이 올 수 있다.

2. 고통과 질병의 근원

근본적으로 그것은 사탄의 행위이다. 죄의 삯은 사망인데(롬 6:23), 죽음이나 질병이나 인간의 모든 고통은 죄의 결과이다. 어떤 질병은 악마로부터 직접 오고, 어떤 것은 하나님의 간접적인 허락으로부터 온다. 바울의 경우는 하나님이 허락하신 질병이다.

3. 그러면 그 질병은 무엇인가?

그것은 육체에 급작스런 아픔을 일으키는 신체적인 고통이다. 만성 안염을 생각해 보자. 안

Note

질은 심약해 보이고 가까이 가고 싶지 않게 한다.

너희가 할 수만 있었더라면 너희의 눈이라도 빼어 나에게 주었으리라. (갈 4:15)

내 손으로 너희에게 이렇게 큰 글자로 쓴 것을 보라. (갈 6:11)

즉 바울의 글씨가 큰 이유는 시력이 약했기 때문이다.

4. 고린도후서 12:8의 바울의 기도는 병이 떠나가서 고쳐지기를 바란 것이다. 그는 그것을 매우 열망하여 3번이나 기도했다.

5. 바울의 기도에 대한 하나님의 응답은 "내 은혜가 네게 족하다"였다.

하나님은 인간에게 고통을 남기시나 그 대신 은혜를 더하여 주신다.

6. 이 응답에 대한 바울의 반응

바울은 "그러므로 도리어 크게 기뻐함으로 나의 여러 약한 것들에 대하여 자랑하리니 이는 그리스도의 능력이 내게 머물게 하려 함이라"(고후 12:9)라고 고백하였다. 이어서 10절에서는 "그러므로 내가 그리스도를 위하여 약한 것들과 능욕과 궁핍과 박해와 곤고를 기뻐하노니"고 하였다.

7. 바울이 기뻐한 까닭은 무엇인가?

그는 10절에서 "내가 약한 그때에 강함이라"라고 고백했다. 병 가운데서 하나님께 의지하면 다른 어떤 때보다 더 강해질 수 있다.

이제 일반적인 하나님의 치유에 대해서 생각해 보자.

I. 하나님은 치유의 기적을 행하실 수 있을까?

성경은 하나님의 말씀이 기록된 초자연적인 책이다. 그것은 많은 기적에 대한 사실을 말하는 기적의 책이기도 하다. 나병환자들이 깨끗하게 되었고, 시각장애인들의 눈이 열렸고, 청각장애인들은 듣게 되었다. 다리를 저는 자들은 걷게 되었고, 악마에 사로잡힌 사람들은 놓임을, 죽은 자들은 일어났다.

가장 위대한 기적은 우리 구세주의 부활이다. 다른 모든 기적들은 부활 기적의 그림자에 불과하다. 우리는 하나님이 자연의 질서 속에서도 기적을 행하는 분이심을 발견한다. '여호와'는(출 15:26) 하나님의 이름 중의 하나다. 하나님은 출애굽기 15:26에서 "나는 너희를 치료하는 여호와임이라"라고 말씀하셨다. 시편 103:3은 "그가 네 모든 죄악을 사하시며 네 모든 병을 고치시며"라고 했다. 우리의 하나님은 불가능한 자들의 하나님이다. 마태복음 19:26은 "사람으로는 할 수 없으나 하나님으로서는 다 하실 수 있느니라"고 진술하였다. 누가복음 18:27에도 "무릇 사람이 할 수 없는 것을 하나님은 하실 수 있느니라"고 기록되어 있다. 하나님께서 바울을 고치실 수 있었을까? 분명히 그렇다. 하나님은 그를 즉시로 고치실 수 있었다.

Ⅱ. 하나님은 오늘날에도 기적적으로 치유하시는가?

분명히 그렇다. 그리스도는 어제나 오늘이나 영원히 동일하신 분이다(히 13:8). 현재에도, 그리고 미래에도 똑같이 기적을 베푸신다. 세계 도처에 성령의 역사와 치유의 역사는 복음과 함께 강력하게 퍼지고 있다. 그렇게 하는 것이 하나님의 뜻이라면, 하나님은 이 시간 분명히 치료하고 계신다. H. W. 후로스트 박사는 「놀라운 치유」라는 책에서 질병의 10가지 예를 상세히 말하였다. 그 10가지 중에 5가지는 기적적으로 치유되었다. 한 사람은 목구멍에 연쇄상구균이 있었고 다른 사람은 뱃멀미와 합병증, 심장병, 정신이상, 신경쇠약이었다. 예수 이름으로 병을 고친 기적은 너무나 많고 다양하기 때문에 일일이 설명할 수가 없다.

치유하는 것이 보통 하나님의 뜻이다. 살면서 우리는 약과 의사를 통해서도 많은 병을 고치지만 하나님의 능력으로 고침을 받는다. 우리는 마지막 한 가지 병, 즉 죽음을 가질 뿐이다. 그러나 그리스도인은 죽음까지도 치료받는데, 그것이 부활이다. 치유는 정상적인 것이며 일반적으로 기대를 갖게 한다. 그러면 하나님은 항상 치유하시는가? 아니다. 바울의 경우 치유되지 못했다. 만일에 우리가 항상 치유된다면 그리스도인 가운데 아픈 사람은 한 사람도 없어야 할 것이다.

Ⅲ. 치유는 속죄 가운데 있는가?

속죄의 치유는 마태복음 8:7과 이사야 53:5에 근거한 것이다. 육체적인 병에 대한 영혼의 병과의 관계는 "친히 나무에 달려 그 몸으로 우리 죄를 담당하셨으니"(벧전 2:24)의 말씀과 "사랑하는 자여 네 영혼이 잘됨 같이 네가 범사에 잘되고 강건하기를 내가 간구하노라"(요삼 1:2)에서 발견한다.

때로 질병은 타락의 증거요, 사탄의 공격일 수가 있다. 이런 경우에는 귀신을 내쫓고 예수 이름으로 마귀를 대적하고 성령의 세례와 기름부음, 그리고 진실한 참회와 회개를 필요로 한다. 그러나 반면에 욥의 경우는 달랐다. 그는 고난을 통해서 성화되는 구속의 경험이 있었으며, 또 자연적인 질병도 있었다.

무리한 기계가 고장 난 것처럼 인간의 한계를 벗어난 무리한 행동은 병을 가져다준다. 그러면 약이나 의사는 나쁜 것인가? 그렇지 않다. 하나님은 히스기야에게 무화과나무를 약으로 쓰라고 말씀하셨으며 바울은 디모데에게 위장약으로 포도주를 쓰라고 말했다. 결국 자연치유와 성령의 치유는 모두 하나님의 은혜이며 그 은혜의 질서 속에서 우리는 감사와 찬양으로 응답

Note

하면 된다.

성도에게 일어나는 모든 사건은 우연히 일어난 것이 하나도 없다. 머리털 하나라도 헤아리시는 하나님은 성도들의 삶을 계획하시고 인도하신다. 속죄로 인한 치유는 속죄의 법칙을 따라야 하며, 욥과 같은 고난을 통한 치유는 고난의 과정을 통해서 하나님께 영광을 돌리며, 자연적 치유는 자연적 과정을 통해서 안식과 쉼을 통해서 얻어야 한다.

Ⅳ. 믿음으로 병 고치는 것에 대한 교훈은 무엇인가?

1. 모든 질병은 죄의 직접적인 결과이며 그리스도는 죄와 그 모든 결과로부터 인간을 구하기 위해서 오셨다.

2. 하늘에 계신 그리스도는 오늘 이 땅에 오셔서 죄와 신체적인 연약함과 질병으로부터 우리를 구하신다.

3. 그리스도인들은 의사나 약 없이도 그리스도의 속죄 사건으로 치유가 가능하다.

4. 치유 사역은 교회의 모든 연령층을 위한 것이다.

5. 아픈 사람은 연장자들을 불러 기름부음을 받아 치유할 필요가 있다.

위와 같은 치유의 교훈은 실제로 모든 사람이 체험했다. 우리는 개인적으로 또는 다른 사람을 통해서 치유를 경험한다. 반대로 끊임없는 치유의 기도에도 불구하고 병에 의해 정복당해 죽는 경우도 있다. 어떤 사람은 병 때문에 영적인 어두운 구름에 덮여 있기도 하고 개인적인 죄로 말미암아 고생도 한다. 이런 경우 하나님의 뜻을 좇아 자신의 모든 문제를 기꺼이 하나님께 의탁하여 믿음으로 병을 고치는 것이 귀하고 아름다운 신앙이다.

Ⅴ. 야고보서 5:14-20은 무엇을 가르치는가?

야고보는 유대인으로서 유대인들에게 편지를 썼다. 아픈 사람은 장로들이나 남자들로만 구성된 위원회를 불러 들였다. 장로들은 환자를 위해 기도하고 기름을 부었다. 장로들은 하늘을 열게 한 엘리야의 기도처럼 신뢰에 찬 기도를 드렸다. 반드시 그렇지는 않지만 아픈 사람을 치유하는 것이 장로들의 신앙이다. 마가복음 2:5은 "예수께서 그들의 믿음을 보시고 중풍병자에게 이르시되 작은 자야 네 죄 사함을 받았느니라 하시니"라고 증거한다. 야고보는 "만일 그가 죄를 범했다면…"이라는 구절에서, 서로에게 잘못을 고백하는 것에 대해 말한다. 죄를 범하지 않고서도 아플 수 있다. 이런 죄는 용서받을 것이다.

Ⅵ. 공개 치유 운동에 반대하는 이유는 무엇인가?

신약에는 이에 대한 기록은 없다. 엉터리 치유는 주님의 이름을 부끄럽게 하는 것이다. 이런 경우, 정신적이며 최면적인 치유일 때가 많다. 왜냐하면 사람들은 실제적으로는 병이 없기 때문이다. 아프다고 느낄 뿐이다. 병의 75%는 의사나 약 없이도 회복 가능하다. 잘못된 신앙 치유 때문에 치유되었다고 흥분하던 사람이 이후에 진실을 깨닫고 나면 실망, 환멸을 느끼게 되며, 때로는 낙담, 곤란에 빠지기도 한다. 가끔 사람들은 누가복음 11:10을 들어 하나님의 뜻에 거슬러 기적을 행하기를 요구한다. 병에 대한 그릇된 태도는 비극적 대가가 지불됨을 알아야 한다. 사람들은 하나님에 대항하여 싸우지 말고 복종해야 한다.

Ⅶ. 병으로부터 얻는 축복은 무엇인가?

욥은 그 이전보다 고난을 당한 후 훨씬 더 하나님을 잘 알게 되었다. 요한복음 9:1-38에서 소경은 하나님이 하신 일을 나타내 보임으로써 기적을 행하게 했다. 요한복음 11:4에서 나사로는 죽게 되었으나 하나님의 영광으로 소생하게 되었다. 고린도후서 12:7의 바울의 병은 그로 하여금 자기 교만에 빠지지 않도록 막아주었다. 병은 단순히 나쁜 것만이 아니라 모두가 필요로 하는, 무한한 가치가 있는 시련일 수 있다(히 12:11 참조). 하나님의 뜻에 의탁하여 행복해진 성도의 임종 모습은 인생 경주의 최고의 면류관이다. 예수님은 심지어는 병 가운데에서도 "내 은혜가 네게 족하도다"라고 말씀하셨다.

질문 *Bible Study*

1. 고린도후서 12:7에 의해 다음에 대답하라.
   a) 병의 목적 b) 병의 유형 c) 하나님의 응답
2. 성경에 기록된 기적을 아는 대로 말해 보라.
3. 여호와 라파(Jehovah Rapa)의 뜻은 무엇인가?
4. 오늘날 순수한 의미의 기적적인 치유가 있는가?
5. 왜 하나님은 우리가 아플 때마다 매번 치유하시지 않는가?
6. 속죄 가운데만 치유가 있는가?
7. 병에 대한 5가지 가르침은 무엇인가?

8. 치유에 대하여 야고보서 5:14-20은 무엇이라고 가르치는가?

9. 잘못된 공개 치유의 결과는 무엇인가?

10. 병으로부터 얻는 축복은 무엇인가?

Note

제77과

주님의 날

● 서론

미국에서 일요일은 성스런 날이라기보다는 흥겨운 날, 혹은 축일이 되어 왔다. 주일을 찬양하는 사람들은 하나님의 의해 도리어 찬양받는다는 것을 경험한다. 중국 어떤 서쪽 지방에서 주일날에 가게 문을 닫게 한 교회가 영적으로 융성해진 것을 보았다. 일요일에 세속의 학문을 연구하지 않고 하나님을 찬양한 학생은 하나님의 축복을 받을 것이다. 그러나 오늘날 우리가 직면하고 있는 문제는, 그리스도인들로 하여금 주일을 지키도록 강요할 수 있는가 하는 것이다. 필리핀에서는 일요일에 어떤 류의 장사는 하지 말 것을 명하면서도 그러나 불행히도 공설시장이나 닭싸움이나 오락실은 열도록 하는 우울한 법이 있다.

Ⅰ. 주일의 기원

주일은 신약에 있는 사실로서 그 기원은 구약의 안식일에 있다. 창세기 2:2-3에 "하나님이 그가 하시던 일을 일곱째 날에 마치시니 그가 하시던 모든 일을 그치고 일곱째 날에 안식하시니라 하나님이 그 일곱째 날을 복되게 하사 거룩하게 하셨으니 이는 하나님이 그 창조하시며 만드시던 모든 일을 마치시고 그 날에 안식하셨음이니라"라고 기록되어 있다. 그러나 안식일은 출애굽기 20:8-10에서와 같이 2,500년 이후에야 전해졌다. 그럼에도 불구하고 출애굽기 16:23에 보면 당시 안식일 형태의 어떤 것이 지켜진 것 같다. 출애굽기 20장에서처럼 그 법이 전해지자 안식일 지키는 것이 십계명의 한 부분이 되었다. 구약의 안식일은 번제나 예배를 드리는 날이 아니라 휴식하는 날이었다. 그날에는 날짐승과 노예들과 인간 모두가 쉬었다. 그날은 교회예배나 어떤 종교의식을 연상시키지 않는다. 이스라엘에게 있어 안식일은 계약의 징표로 생겼다.

너는 이스라엘 자손에게 말하여 이르기를 너희는 나의 안식일을 지키라 이는 나와 너희 사이에 너희 대

대의 표징이니 나는 너희를 거룩하게 하는 여호와인 줄 너희가 알게 함이라. (출 31:13)

이는 나와 이스라엘 자손 사이에 영원한 표징이며. (출 31:17)

바리새인들은 예수의 날에 안식일을 지키는 것으로 곡해했다. 왜냐하면 그들은 안식일을 경직되고 완고한 의식주의적 날로 악용하고, 그 한계를 엄격히 하였기 때문이다. 사도행전에 보면 예배와 선행의 날로 일곱째 날을 지키는 대신 그 주의 첫 날을 지키고 있음을 볼 수 있다.

Ⅱ. 율법 아래서의 안식일 준수

1. 노예들과 가축조차도 휴식을 해야 했다(출 20:10).
2. 안식일에는 어떤 일도 하지 않았다. 음식은 금요일에 만들어 놓았다.
3. 구매행위도 할 수 없었다(느 10:31; 13:15-17).
4. 짐을 운반하지 않았다(느 13:19, 렘 17:21).
5. 추수하지 않았다(출 34:21).
6. 죽음은 안식일을 깨뜨린 사람들에게 하나님이 내린 벌이었다. 민수기 15:32-36을 보면 불을 피우려고 나뭇가지를 모으다가 발각된 사람은 돌로 쳐서 죽이도록 명했다.

Ⅲ. 안식일에 대한 예수님의 태도

구세주께서는 안식일에 많은 기적을 행하여 유대인들을 화나게 했고, 유대인들이 예수를 '안식일 위반자'로 부르게 되었다.

1. 예수님은 하나님이 안식일의 주인이라고 가르치셨다.

인자는 안식일의 주인이니라 하시니라. (마 12:8)

안식일의 주인이신 하나님은 일곱째 날을 젖혀 두고, 일주일의 첫날을 마음대로 세우실 수 있다.

2. 예수께서는 안식일이 인간을 위해 만들어진 것이라고 가르치셨다.

또 이르시되 안식일이 사람을 위하여 있는 것이요 사람이 안식일을 위하여 있는 것이 아니니. (막 2:27)

3. 예수께서는 안식일에 선을 행하는 것은 옳은 일이라고 가르치셨다.

예수께서 이르시되 너희 중에 어떤 사람이 양 한 마리가 있어 안식일에 구덩이에 빠졌으면 끌어내지 않겠느냐. (마 12:11)

Note

안식일에 함정에 빠진 양은 구원되어야 하지, 안식일이라고 버려두어서는 안 된다고 하셨다.

그러므로 안식일에 선을 행하는 것이 옳으니라 하시고. (마 12:12)

그리고 13절에서처럼 예수님은 손 마른 사람을 고치셨다.

Ⅳ. 안식일을 진실로 지키는 길(사 58:13–14)

1. 주님 안에서 기뻐할 것 : 안식일을 예배, 기도, 찬양의 특별한 날로 삼으라.

2. 즐거움을 삼갈 것 : 쾌락이나 스포츠 교육을 위한 날이 아니라, 하나님의 즐거움을 위한 날이다. 하나님을 위해 병자를 방문하라.

3. 주님을 찬양하는 날로 삼을 것 : 6일 동안 일하고 생계를 꾸리지만 일곱째 날 하루는 하나님만을 위해 사용하는, 하나님께 속한 날이다.

Ⅴ. 사도 시대의 교회는 주 첫날을 지켰다

그 주간의 첫날에 우리가 떡을 떼려 하여 모였더니 바울이 이튿날 떠나고자 하여 그들에게 강론할새. (행 20:7)

매주 첫날에 너희 각 사람이 수입에 따라 모아 두어서 내가 갈 때에 연보를 하지 않게 하라. (고전 16:2)

주의 날에 내가 성령에 감동되어. (계 1:10)

주의 첫날인 일요일은 예수께서 부활 첫날 아침에 죽음으로부터 일어나셨기 때문에 결정된 것이었다.

안식일이 다 지나고 안식 후 첫날이 되려는 새벽에 막달라 마리아와 다른 마리아가 무덤을 보려고 갔더니. (마 28:1)

그들이 무덤으로 가자 예수께서 일어나셨음을 알았다. 예수께서는 유대의 안식일을 채우기 충분할 만큼 오랫동안 무덤 속에 계셨다.

Ⅵ. 예수님은 첫째 주일을 어떻게 지키셨는가?

1. 울고 있는 마리아를 위로하셨다(요 20:13).

2. 두 제자들과 7마일을 걸으셨다(눅 24:13).

3. 두 제자들에게 성경 말씀을 설명하셨다(눅 24: 24-31).

4. 다른 제자들에게 메시지를 보내셨다(마 28:10).

5. 베드로와 사사로운 얘기를 나누셨다(눅 24:34).

6. 10명의 제자들을 만나 식사하셨다(눅 24:36-45).

이러한 것들은 믿는 자들이 따르기에 훌륭한 예들이다. 이 6가지는 이사야 58:13-14을 가장 아름답게 이루는 것이 아닌가? 베드로전서 2:21에서 예수께서는 하나님의 뜻을 따라야 할 예를 남기셨다.

Ⅶ. 안식일과 주일의 차이

1. 안식일은 그 주의 일곱째 날인 반면 주일은 첫째날이다.
2. 안식일은 하나님의 창조를 기념하는 반면 주일은 부활을 기념한다.
3. 일곱째 날에 하나님께서 쉬신 반면 첫날 예수께서는 매우 바쁘셨다.
4. 안식일은 창조의 완성을 기념하는 반면, 주일은 구원의 완성을 기념한다.
5. 안식일은 율법상의 의무를 행하는 날인 반면, 주일은 자발적인 예배를 드리는 날이다.
6. 안식일은 유대인들을 위한 것인 반면, 주일은 예수 그리스도 교회를 위한 것이다.

결론

그리스도인들은 안식일과 주일 중 어느 하나 혹은 둘 다를 지켜야만 하는가? 안식일은 십계명의 일부분이며 율법 아래에서는 의무적이다. 그러나 그리스도인은 더 이상 율법 아래 있지 않다. "그런즉 어찌하리요 우리가 법 아래에 있지 아니하고 은혜 아래에 있으니 죄를 지으리요 그럴 수 없느니라"(롬 6:15). 그러나 우리가 법 아래 있지 않음에도 불구하고 주님을 위해 성스런 하루를 지켜야 한다는 원리는 바뀌지 않았다. 바치는 데 있어서, 우리는 더 이상 십일조를 바치도록 강요받지 않으나 은혜 안에서 더 많은 것을 바치게 된다. 우리는 십일조와 사랑의 선물을 바친다. 그 원리는 여기에서도 마찬가지다. 우리가 그날을 거룩하게 지키도록 강요당하지 않지만, 사실은 온 마음으로 이 날을 지내는 것을 기뻐하며 남은 시간들을 하나님이 하신 일과 예배드리는 일에 바쳐야만 한다. 히브리서 4:1-11은 휴식의 축복에 대해 말하고 있다. 우리의 몸은 휴식할 날을 필요로 한다.

Note

질문 *Bible Study*

1. 안식일을 처음으로 지킨 사람은 누구인가?

2. 안식일을 지키는 데 있어서 기본 요건은 무엇인가?

3. 안식일을 지키지 않는 데 대한 처벌은 무엇인가?

4. 안식일에 대해 예수님은 어떤 태도를 가지셨는가?

5. 이사야 58:13-14에 의하면 우리는 안식일을 어떻게 지켜야 하는가?

6. 초대 교회가 토요일 대신 일요일을 지킨 증거는 무엇인가?

7. 예수께서 첫 주일에 행하신 6가지 일은 무엇인가?

8. 안식일과 주일의 차이점을 말해 보라.

9. 로마서 6:15을 통해 안식일에 대해 무엇을 배우는가?

10. 히브리서 4:1-11에 언급된 휴식의 축복은 무엇인가?

제78과

그리스도인의 결혼

● 서론

결혼은 창세기 1:28에서처럼 죄없는 에덴동산의 제도로서 행복을 의미했다.

아내를 얻는 자는 복을 얻고 여호와께 은총을 받는 자니라. (잠 18:22)

결혼은 주께서 종족 번식과 자식들에게 행복과 기쁨이 퍼질 수 있는 가정을 세우기 위해 제정하신 것이다. 결혼은 가장 오래된 인간의 제도이다. 결혼의 관례는 교회나 정치보다 더 오랜 것이다. 우리는 오늘날 천한 도덕 기준 속에서 살고 있는데, 그런 때의 결혼 서약은 쉽사리 깨어질 가능성이 높다. 그러나 하나님의 법과 기준을 변화시킬 수 없다.

Ⅰ. 결혼이 만들어진 이유

1. 하나님의 명령에 복종하기 위해

생육하고 번성하여 땅에 충만하라. (창 1:28)

2. 교제를 나누기 위해

여호와 하나님이 이르시되 사람이 혼자 사는 것이 좋지 아니하니 내가 그를 위하여 돕는 배필을 지으리라. (창 2:18)

그러나 고린도전서 7:32의 사실처럼 사도 바울과 같은 개척자적인 전도자에겐 예외인 것 같다.

3. 협력하기 위해(전 4:9-11 참조)

둘은 하나보다 낫다. 왜냐하면 그들이 떨어지더라도 한 사람이 다른 한 사람을 이끌어 줄 수 있기 때문이다. 창세기 2:24에서처럼 그들 두 사람은 한 몸을 이룬다.

4. 생리적인 욕망을 충족시키기 위해

인간은 선하고 거룩하며 합리적인 어떤 욕망으로 태어난다. 이것은 결혼을 통해 충족되어야 한다.

5. 종족 번식을 위해(창 1:28; 9:1 참조)

Ⅱ. 누구와 결혼하는가?

그리스도인들은 그리스도인과 결혼할 수 있을 뿐이다. "믿는 자와 믿지 않는 자가 어찌 상관하며"(고후 6:14-17). 하나님의 관점에서 보면 믿는 자와 믿지 않는 자가 거룩한 결혼으로 결합되어 한 몸이 된다는 것이 우스꽝스러운 것이다. 한 사람이 하나님의 신성과 의로움을 섬기는데, 다른 한 사람은 죄와 사탄을 섬긴다면 그들이 어떻게 한 몸일 수 있는가? 그렇게 다른 이들이 어떻게 진정한 협력관계를 이루어 친교를 나눌 수 있겠는가? 복음서의 성직자들에게 잡혼은 금지되었다. 일반적으로 남자는 자신보다 나이가 어리고 비슷한 배경, 기호, 교육수준, 종교와 관심사를 가진 성숙한 여자 그리스도인을 배우자로 택한다. 여자는 거의 같은 여건에서 항상 신사적인 남자의 결혼 신청을 받아들인다.

Ⅲ. 언제 결혼하는가?

1. 기도를 많이 하고 하나님의 뜻을 따르려 하면 하나님께서 결혼으로 인도하신다.

2. 상대방이 좋아하고 싫어하는 것, 장점과 단점들을 충분히 알고 이해할 때 이뤄진다. 성급한 결혼은 위험하다.

3. 사랑을 기다리라. 마음이 들뜬 상태만으로 충분하지 못하다. 결혼은 삶을 위한 것이므로 행복한 가정을 꾸미기 위해서는 하나님의 사랑을 받아들여야 할 것이다(고전 13장 참조).

4. 결혼하기에 충분한 나이까지 기다리라. 결혼은 어린이가 아니라 어른이 하는 것이다. 왜냐하면 결혼은 성숙과 경험을 요하는 막중한 책임감을 지니기 때문이다.

5. 도덕적 문제가 정립될 때까지 기다리라. 자기 자신을 교정하기 위해 결혼하지 마라. 성질이 잔혹하고 결혼을 파멸시키며 불행한 가정을 만드는 사람과는 결혼하지 않는 것이 더 낫다.

6. 건강해질 때까지 기다리라. 결혼은 튼튼한 신체를 요한다. 만일 결혼 후 병이 들게 된다면 결혼 서약 상 고통당하는 사람을 끊임없이 보살펴야 하기 때문이다.

7. 신부 부모의 승낙을 기다리라. 이것은 매우 중요하다.

8. 어느 정도의 재정적 안정과, 부가 아닌 약간의 보장이 있을 때를 기다리라.

Ⅳ. 행복한 결혼의 원리

1. 성공적인 결혼은 순수한 마음으로 두 사람의 마음이 일치하는 데 있다.

Note

2. 남편은 가장으로서, 아내는 상냥한 내조자로서 그들은 기꺼이 제단으로서의 그리스도인 가정을 세우고자 해야 한다.

3. "죽음이 우리를 갈라놓기까지" 일생 동안 기대해야 한다. 결혼은 일시적인 실험이 아니다. 결혼은 불변하는 것이다.

4. 성공적인 결혼은 자녀들의 축복이 있어야 한다.

보라 자식들은 여호와의 기업이요 태의 열매는 그의 상급이로다 젊은 자의 자식은 장사의 수중의 화살 같으니 이것이 그의 화살통에 가득한 자는 복되도다. (시 127:3–5)

5. 순수한 사랑은 행복한 결혼의 기본이다.

남편들아 아내 사랑하기를 그리스도께서 교회를 사랑하시고 그 교회를 위하여 자신을 주심 같이 하라. (엡 5:25)

그들로 젊은 여자들을 교훈하되 그 남편과 자녀를 사랑하며. (디 2:4)

6. 명예로운 약혼과 행복하고 성공적인 결혼을 장려하라.

7. 결혼식 공개를 주장하라. 잠시라도 도망 결혼이나 비밀 결혼을 생각하지 마라.

8. 어떤 어려움이 온다 해도 결혼서약을 온 마음으로 지키기로 동의하라. 만일 한쪽이 싫어하면 결혼을 연기하여 원숙하고 확신이 서도록 기다리라.

9. 모든 문제나 오해에 있어서도 두 사람이 함께 기도하는 것을 배우게 하라.

10. 각기 행동으로서든지 말이든지 배우자에게 끊임없이 사랑을 나타내라.

V. 약혼과 약혼 기간(1년 내 정도)

약혼이란 두 사람이 곧 결혼한다는 것을 주위에 영광스럽게 알리는 것이다. 그 두 사람에게는 보다 서로를 잘 알게 하고, 결혼 준비가 되어 있는가, 또는 서로에게 진정으로 의미가 있는가를 확인하게 되는 때이다. 약혼한 두 사람이 함께 있으며, 함께 얘기하고, 결혼, 자녀계획, 미래의 포부 등을 나누는 것은 자연스러운 일이다. 그러나 서로 마음대로 하지는 말아야 한다. 왜냐하면 그들은 아직 결혼하지 않았기 때문이다. 사무엘하 13:15에 있는 것처럼 사랑이 미움으로 변하고 상호 존중하는 마음이 완전히 상실되지 않도록, 결혼의 특권은 결혼 이후로 보류되어야 한다. 감정이 이성과 의지를 무너뜨려 결혼을 망치지 않도록 애무하는 것도 피하라. 두 사람이 서로에게 정직하고 성실하라. 개인적인 기도생활이나 신앙생활을 방해하는 어떤 일도 하지 마라. 결혼하기 전까지 두 사람 모두 순결을 지키는 것은 장래 행복에 매우 중요하다.

Ⅵ. 간음

간음하지 말라. (출 20:14)

• 참고/ 출 20:17

이는 하나님께서 얼마나 간음을 싫어하셨는가를 보이신 것으로써, 결혼의 신성함을 알 수 있다. 결혼은 진정 거룩한 결합이기 때문에 "성스런 혼인"이라고 불린다. 하나님께서는 레위기 20:10에서 간음하는 자에게는 모두 사형을 명령하셨다. 간음은 죄악으로, 마태복음 19:9에 있는 바대로 성경에 나타난 유일한 이혼 사유가 된다. 성병은 하나님이 죄 지은 자들에게 벌을 내리신, 육체의 저주이다. 잠언 7:27, 고린도전서 6:9-10은 간음이 지옥으로 이끈다고 했다.

Ⅶ. 이혼

이혼은 마태복음 19:8에서 보듯 원래 하나님의 계획이 아니었다. 결혼은 일생의 계약이다. "그런즉 이제 둘이 아니요 한 몸이니 그러므로 하나님이 짝지어 주신 것을 사람이 나누지 못할지니라(마 19:6)"고 선언하고 있다. 간음 이외의 다른 이유로 이혼하는 사람에게는 마태복음 19:9에서처럼 또 다른 결혼이 간음이 된다. 신명기 24:2에서처럼 내어 보내진 아내는 다시 결혼할 수 있다. 고린도후서 6:14-17에는 믿는 자가 믿지 않는 자와 결혼하지 말아야 하는 6가지 이유가 있다. 즉, 1) 하나님의 명령은 믿지 않는 자와 멍에를 같이 하지 말 것 2) 의와 불법이 함께 하지 못하며 3) 빛과 어둠이 사귀지 못하며 4) 그리스도와 벨리알이 조화되지 못하며 5) 믿는 자와 믿지 않는 자가 상관하지 못하며 6) 하나님의 성전과 우상이 일치하지 못하기 때문이다.

● 결론

그리스도를 가장으로, 주님을 구원자로 삼으라. 남편은 아내와 자식들을 따뜻한 사랑으로 받들라. 아내는 한 남자의 아내와 어머니로서의 이타적인 사랑을 발휘하라. 약혼한 젊은 남녀들은 이 중대한 문제에 대해 많이 기도하라.

질문 *Bible Study*

1. 가장 오래된 인간의 관례는 무엇인가?
2. 아내를 구하려고 노력해야 할 2가지 이유는 무엇인가?(잠 18:22)

3. 결혼이 만들어진 이유는 무엇인가?

4. 고린도후서 6:14-17에 의하면, 왜 믿는 자는 믿지 않는 자와 결혼하지 말아야 하는가?

5. 아내를 택하는 데 있어서 남자가 생각해야 할 것은 무엇인가?

6. 결혼 시기에 있어서 생각해야 할 것은 무엇인가?

7. 행복한 결혼을 위한 10가지 원리는 무엇인가?

8. 사무엘하 13:15에서 배울 수 있는 큰 교훈은 무엇인가?

9. 하나님께서는 간음에 대한 벌로 어떤 것을 내리셨나?

10. 마태복음 19:6-8을 통해 결혼에 대해 무엇을 배우는가?

Note

제79과

그리스도인의 가정

● 서론

그리스도 교회는 그리스도인의 가정을 통해서 성장한다. 그리스도인의 가정은 국가의 척추이며, 문화의 소금이다. 그리스도의 가정은 예수님의 사랑으로 그 부모가 이해를 같이 하는 곳이다. 가정에서 자녀들은 환영받으며 성경의 가르침을 받는다. 주 예수는 가장이라고 가정될 뿐만 아니라, 실제로도 가장이 되신다. 가정에서 부모와 자녀들은 매일 가족 예배를 드리기 위해 모인다. 그리스도인의 가정은 가족 구성원이 휴식을 누리고 사생활을 보장받으며, 편안히 쉴 수 있는 장소다.

또 가정에서 일을 배우고 놀며, 기도하고, 함께 계획한다. 가족의 한 사람이 다른 사람도 똑같은 권리가 있다고 생각하는 것을 배우는 곳이 그리스도인의 가정이다. 즉 성실, 정직, 협력 등을 가족이라는 팀의 각 구성원이 훈련하고 배우는 곳이다. 그리스도인의 가정은 그리스도를 전파하고, 이방인을 환영하며 무한한 관대함을 베푸는 곳이다.

그리스도인의 가정은 하나님을 두려워하는 부모와 자녀들로 이루어져 있다. 창세기 18:19은 성경에 있는 그리스도인의 가정을 가장 잘 나타낸다. 하나님께서는 가정에서 아브라함이 가장으로서 책임을 다하자, 그 다음에는 더 큰 책임감을 주셨다.

I. 하나님을 두려워하는 아버지들

하나님은 창세기 18:19에 있는 것처럼 남편을 가장의 위치에 놓으셨다. 아브라함은 집안을 충실히 이끌었다. 집안사람들이란 아내, 자식들, 그리고 하인들을 말한다.

이는 남편이 아내의 머리 됨이 그리스도께서 교회의 머리 됨과 같음이니 그가 바로 몸의 구주시니라. (엡 5:23)

Note

이것은 하나님의 명령이며 이를 거스르면 하나님의 계획을 깨뜨리고 가정의 평화를 파괴하는 것이 된다. 그렇다고 해서 아내는 남편의 발밑에 있는 노예라는 뜻은 아니다. 자기 아내를 사랑해야 하는 것이 남편의 의무다.

남편들아 아내 사랑하기를 그리스도께서 교회를 사랑하시고 그 교회를 위하여 자신을 주심 같이 하라. (엡 5:25)

이것은 단순히 존중을 말하는 것이 아니다. 이것은 고린도전서 13장에서 말하는 건강할 때나 아플 때에도, 가난할 때나 부유할 때에도 사랑해야 한다는 중대한 사랑을 말한다. 남편은 자기 아내에게 성실해야 한다. 우리는 모호한 도덕기준과 이혼을 손쉽게 생각하는 불신앙 시대에 살고 있다. 하나님의 기준은 절대로 바뀌지 않는다. 하나님은 여전히 결혼을 약속한 배우자들이 정직하고 성실할 것을 요구하신다.

사무엘상 1:8에 있는 것처럼 슬플 때에도 아내를 위로하는 것이 남편의 의무다. 남편과 아내는 한 팀이므로 남편은 아내와 사업에 대해 상의해야만 한다. 결혼으로 이내 그 둘은 한 몸이 되었다(창 31:4-7 참조). 야곱의 아내들은 16절에서, "하나님이 당신에게 이르신 일을 다 준행하라"고 바로 대답한다. 즉, 우리는 당신의 소유이며 당신에게 속하니 당신께 복종한다는 것이다.

그리스도인 남편은 항상 자기 삶에 그리스도를 우선으로 해야 할 것이다. 그는 자기 아내를 사랑해야만 하나 그리스도를 더욱 사랑해야 할 것이다. 남편은 가족의 제사장으로서 매일 가족 예배를 위해 가족 제단을 세울 책임이 있다. 남편은 식사 때의 은혜에도 책임이 있다. 욥기 1:5의 욥은 가족 모두를 위해 제물을 바쳤다.

Ⅱ. 하나님을 두려워하는 어머니들

거의 모든 위대한 남편들은 믿음이 깊은 어머니나 헌신적인 아내와 같은 사랑스런 여인들이 만들어 냈다. 이런 여인들이야말로 훌륭한 재산이다. 누가복음 14:26에서처럼 아내의 첫째 되는 의무는 '예수 그리스도를 사랑하고 섬기는 것'이다.

두 번째 의무는 "아내들이여 자기 남편에게 복종하기를 주께 하듯 하라"(엡 5:22)고 명한 것처럼 '남편에게 복종하는 것'이다. 사라가 바로 그 예다. 베드로전서 3:6은 "사라가 아브라함을 주라 칭하여 순종한 것 같이"라고 말씀한다. 이것은 요즘 아내들에겐 매우 힘든 가르침이지만 하나님의 계획에 복종하지 않는 한, 하나님을 기쁘게 하는 여인으로서 절대 행복할 수 없다. 그 이유는 디모데전서 2:11-15에 나와 있다. 즉, 하와는 에덴동산에서 처음으로 죄를 범한 여자였다(창 3:16 참조). 만일 남편이 구원되지 않는다면, 아내가 가정의 영적 머리가 되어야만 할 것이나, 그것조차도 남편에 의해 좌우된다.

하나님께서 지혜와 은총을 주실 것이다. 이상적인 그리스도인 가정은 부모가 모두 예수님을 사랑하는 가정이다. 아내들은 남편을 존중하고 복종할 뿐만 아니라 남편을 사랑해야 할 것이다. 디도서 2:4을 보면 남편들이 많은 애정을 필요로 하는 것을 알 수 있다.

디모데전서 2:9-10에 있는 것처럼 여자들은 장신구로 치장하지 말아야 한다. 즉 표면의 장식이라도 선행으로 단장되어야 할 것이다. 선행은 첫째, 염치와 정절을 말하며, 둘째, 베드로전서 3:4-5에 있는 것처럼 온유하고 안정된 마음을 말한다. 좋은 아내나 어머니는 주께서 주신 훌륭한 선물이다. 그들은 그들의 남편이나 가족들에게 놀라운 축복이 된다.

누가 현숙한 여인을 찾아 얻겠느냐 그의 값은 진주보다 더 하니라. (잠 31:10)

그런 자는 살아 있는 동안에 그의 남편에게 선을 행하고 악을 행하지 아니하느니라. (잠 31:12)

아내들은 자주 많은 감사와 칭찬을 필요로 한다.

그의 자식들은 일어나 감사하며 그의 남편은 칭찬하기를. (잠 31:28)

Ⅲ. 하나님을 두려워하는 부모들

한 가정에 있어서 자녀들은 행복의 필수조건 중 하나다. 가족의 탄생을 고의적으로 방해하는 부모들은 하나님께 불복종하는 것이며 또 다른 하나의 심판이 된다.

하나님이 그들에게 이르시되 생육하고 번성하여 땅에 충만하라, 땅을 정복하라. (창 1:28)

하나님의 명령이 있다. 어떤 경우에 하나님은 자궁을 닫으시며 심지어는 그 부모들이 자녀를 달라고 기도할 때조차 일시적이든 영구적이든 거절하시기도 한다. 이를 통해 부모들은 자녀들이 하나님이 주시는 귀중한 유산이라는 걸 깨닫게 된다.

디도서 2:4에서처럼 부모는 자기 자식을 사랑하게 되어 있다. 마태복음 19:13-14에서 부모는 자녀를 어린 나이에 주님께 데리고 간다. 부모는 하나님을 위해 그 자녀들을 훈련시키고 교육시킨다.

마땅히 행할 길을 아이에게 가르치라 그리하면 늙어도 그것을 떠나지 아니하리라. (잠 22:6)

부모들이여, 자녀들을 주일학교와 교회에 보내 말씀으로 가르치라. 가정에서는 어린이들에게 성경 이야기를 가르치고 그 일부를 가족 기도 중에 하도록 하라. 신명기 32:46에 있는 것처럼 하나님과 그 나라의 법에 복종하도록 가르치라. 엘리 제사장은 심술궂은 그의 아들을 다룰 수 없었기 때문에 벌을 받았다. 부모는 자녀들에게 음식과 의복과 교육의 기회와 하나님 밑에서 그 자신의 삶을 선택하기 위한 방법 등을 제공해야 한다(딤전 5:8 참조).

Note

또 부모는 그 자녀들을 화나게 하지 마라(엡 6:4). 가끔 부모들이 싸울 때 불만이 생긴 한 사람이 자기 아이들을 때림으로써 꽉 닫힌 감정을 풀기도 한다. 이것은 아주 나쁜 습관이다. 무엇보다도 자녀들을 위해 기도하라. 그들이 구원을 받고 죄와 유혹을 이겨내도록 기도하라. 왜냐하면 자녀란 부모의 것이 아니라 본질적으로 하나님의 것이며 부모는 책임맡은 충직한 관리인에 불과하기 때문이다.

Ⅳ. 하나님을 두려워하는 아이들

네 부모를 공경하라 그리하면 네 하나님 여호와가 네게 준 땅에서 네 생명이 길리라. (출 20:12)

창세기 22장의 주저하지 않고 나무를 가져온 이삭이 여기에 대한 전형적인 예라 하겠다. 사무엘은 한밤중에도 즉시 복종한 가장 훌륭한 예이다. 누가복음 2:51에는 어린아이였던 예수가 그 부모들에게 복종하였음을 보여 준다.

Ⅴ. 하나님을 두려워하는 종들

종들은 자기 상전들에게 범사에 순종하여 기쁘게 하고 거슬러 말하지 말며 훔치지 말고 오히려 모든 참된 신실성을 나타내게 하라 이는 범사에 우리 구주 하나님의 교훈을 빛나게 하려 함이라. (딛 2:9–10)

● 결론

그리스도인 가정의 성공 비결은 그리스도가 가정의 머리로 영광을 받는 가족의 제단에 있다. 사랑은 그 두 번째 비결이다.

질문 Bible Study

1. 학생들만으로 성공적인 교회를 세울 수 있다고 생각하는가?
2. 만일 그리스도가 가족의 보이지 않는 머리라면, 눈에 보이는 상징은 무엇인가?
3. 그리스도인의 가정은 무엇으로 이루어지는가?
4. 가족의 어떤 구성원이 가족의 제단과 식탁의 은혜를 책임지는가?
5. 남편과 아내의 행복한 관계란 어떤 것인가?
6. 남편, 또는 하나님께 해야 할 아내의 첫째 의무는 무엇인가? 왜 그런가?

7. 디모데전서 2:9과 베드로전서 3:3–4에 의하면 여자는 무엇으로 단장해야 하는가?

8. 인구가 폭발하는 이 시대에 창세기 1:28의 내용은 여전히 적용되는가?

9. 십계명 중 어느 것이 그것에 속하는 계약인가?

10. 디도서 2:9–10에 의하면 집안에 하인을 두는 것이 나쁜가? 그들은 어떻게 행동해야 하는가?

제80과
율법과 은혜

●서론

은혜로 구원받은 그리스도인이 많으나, 그들은 이상하게도 율법을 따르고 계명을 지킴으로써 구원받은 상태를 지속시키려고 한다. 이는 바울이 갈라디아서에서 바로잡으려 하는 그들의 잘못이었다.

너희가 이같이 어리석으냐 성령으로 시작하였다가 이제는 육체로 마치겠느냐. (갈 3:3)

바울은 갈라디아서 3:11에서 이 자극적인 질문에 "의인은 믿음으로 살리라 하였음이라"라고 대답한다. 우리는 믿음으로 구원받는다. 즉 우리는 율법을 지킴으로써 사는 것이 아니라 믿음으로써 산다. 그렇다면 이것은 우리에게 법이 되어 하나님의 법을 깨뜨리고 고의적으로 죄를 범하게 하는 것인가? 바울은 이 질문에 대해 로마서 6:1-2에서 "그럴 수 없느니라"라고 대답한다. 바울의 가르침과 야고보의 가르침의 균형을 유지하는 것이 때로는 어렵다.

내 형제들아 만일 사람이 믿음이 있노라 하고 행함이 없으면 무슨 유익이 있으리요 그 믿음이 능히 자기를 구원하겠느냐. (약 2:14)

아아 허탄한 사람아 행함이 없는 믿음이 헛것인 줄을 알고자 하느냐. (약 2:20)

그러므로 나의 사랑하는 자들아 너희가 나 있을 때뿐 아니라 더욱 지금 나 없을 때에도 항상 복종하여 두렵고 떨림으로 너희 구원을 이루라 너희 안에서 행하시는 이는 하나님이시니 자기의 기쁘신 뜻을 위하여 너희에게 소원을 두고 행하게 하시나니. (빌 2:12–13)

우리는 믿음으로써 그리스도 안에 살고자 하고, 하나님은 우리의 몸을 선행에 사용하신다. 구세주는 우리를 통해 일하신다. 우리가 할 일은 오직 그분의 명령을 따르는 것뿐이다. 하나님은 의로운 일을 행하는 분이시다. 우리는 구원받기 위해서가 아니라 이미 구원받았으므로, 회개했으므로 선행을 한다.

Ⅰ. 무엇이 율법과 은혜인가?

1. 율법은 출애굽기 20:1-17에 있는 십계명과 기타 다른 모든 계명을 말한다. 시편 19:7-8에 "여호와의 율법은 완전하여 영혼을 소성시키며 여호와의 증거는 확실하여 우둔한 자를 지혜롭게 하며 여호와의 교훈은 정직하여 마음을 기쁘게 하고 여호와의 계명은 순결하여 눈을 밝게 하시도다"라고 쓰여 있다. 이렇듯 율법은 성스럽고, 의로우며, 완전하고 순결하며 확실하다.

2. 은혜는 우리 구세주께서 우리에게 주시는 하나님의 사랑이며 분에 넘치는 호의다. 율법 아래서 하나님은 의로움을 요구하시나 은혜 아래서는 의로움을 주신다.

너희는 그 은혜에 의하여 믿음으로 말미암아 구원을 받았으니 이것은 너희에게서 난 것이 아니요 하나님의 선물이라 행위에서 난 것이 아니니 이는 누구든지 자랑하지 못하게 함이라. (엡 2:8–9)

Ⅱ. 율법과 은혜는 무엇을 말하는가?

1. 율법은 우리에게 복종하며 살라고 말한다.

너희는 내 규례와 법도를 지키라 사람이 이를 행하면 그로 말미암아 살리라 나는 여호와이니라. (레 18:5)

율법으로 말미암는 의를 행하는 사람은 그 의로 살리라 하였거니와. (롬 10:5)

문제는, 즉 누가 율법을 완벽히 지킬 수 있는가 하는 것이다. 그 대답은 로마서 3:9-23에 분명히 나타나 있는데, '그리스도'만이 율법의 일점일획까지 이루실 수 있다.

2. 은혜는 예수 그리스도를 믿고 그 말을 듣는 사람은 누구나 죽음으로부터 삶을 구할 수 있다고 말한다.

이는 율법이 이룰 수 없는 기적이다(요 5:24 참조). 은혜는 구세주라는 또 하나의 죽음을 통해 죄인을 용서하고 평화를 가져다준다고 말한다. 요한복음 10:28에서 은혜란, 영생을 받아들이는 사람은 멸망하지 않을 것을 가리킨다고 하였다.

Ⅲ. 율법과 은혜는 무엇을 하는가?

1. 모든 사람이 적어도 한 번 계명을 어기면 결국 죄를 지은 것이라고 말한다.

누구든지 온 율법을 지키다가 그 하나를 범하면 모두 범한 자가 되나니. (약 2:10)

이는 모든 입을 막고 온 세상으로 하나님의 심판 아래에 있게 하려 함이라. (롬 3:19)

온 세상이 하나님 앞에서는 죄를 짓는다고 한다. 율법은 기준을 세우는 것이나 사람들은 그 앞에서는 무기력하다.

Note

기록된 바 누구든지 율법 책에 기록된 대로 모든 일을 항상 행하지 아니하는 자는 저주 아래에 있는 자라 하였음이라. (갈 3:10)

2. 은혜는 패배한 자, 죄 지은 자, 율법을 어긴 자를 기꺼이 구원하고자 한다. 은혜는 구원을 가져온다.

모든 사람에게 구원을 주시는 하나님의 은혜가 나타나. (딛 2:11)

은혜는 율법이 하나님의 선물을 통해 우리에게서 빼앗아 간 의로움을 돌려준다. 은혜는 죄인을 위해 그리스도가 희생을 치르신 가장 값진 것이다. 은혜로써 죄인을 구할 뿐만 아니라 죄인을 뒷받침하기 위해 더 많은 은혜를 주신다.

Ⅳ. 율법과 은혜는 무엇을 할 수 없는가?

1. 율법은 죄인을 옳다고 변명할 수 없다.

또 모세의 율법으로 너희가 의롭다 하심을 얻지 못하던 모든 일에도 이 사람을 힘입어 믿는 자마다 의롭다 하심을 얻는 이것이라. (행 13:39)

율법은 어떤 것도 완전하게 할 수 없다.

(율법은 아무 것도 온전하게 못할지라) 이에 더 좋은 소망이 생기니 이것으로 우리가 하나님께 가까이 가느니라. (히 7:19)

천국에 이르기 위해서 죄인은 그리스도의 피와 십자가의 속죄 행위를 통해 의인화되고 온전케 될 필요가 있다.

2. 그러나 은혜는 믿음을 통하여 죄인이 의인이 되게 한다.

그리스도 예수 안에 있는 속량으로 말미암아 하나님의 은혜로 값 없이 의롭다 하심을 얻은 자 되었느니라. (롬 3:24)

은혜는 우리가 신앙이 없음과 세속적 욕망을 거절해야 하며, 이 현존하는 세계 속에서 온당하고 의로우며 믿음을 가지고 살아야 한다고 가르친다(딛 2:11-12 참조).

Ⅴ. 율법과 은혜는 왜 주어졌는가?

1. 율법은 우리가 죄를 범하였음을 보여 주기 위해 생겼다.

그런즉 율법은 무엇이냐 범법하므로 더하여진 것이라. (갈 3:19)

율법이 없다면 인간은 죄를 알지 못했을 것이다.

율법으로는 죄를 깨달음이니라. (롬 3:20)

율법은 우리를 그리스도께로 데려가는 선생과 같다.

이같이 율법이 우리를 그리스도께로 인도하는 초등교사가 되어 우리로 하여금 믿음으로 말미암아 의롭다 함을 얻게 하려 함이라. (갈 3:24)

우리는 행위나 율법으로 구원될 수 없으며, 믿음으로 의롭게 된다.

2. 은혜는 인간이 받을 만해서가 아니라, 하나님이 세상(죄인)을 사랑하시기 때문에 인간에게 주어졌다.

하나님이 세상을 이처럼 사랑하사 독생자를 주셨으니. (요 3:16)

은혜는 우리가 너무나 약하여 구원받지 못하고, 율법을 지키지 못하며, 선행을 실천하지 못하기 때문에 우리에게 주어지는 것이다.

나에게 이르시기를 내 은혜가 네게 족하도다 이는 내 능력이 약한 데서 온전하여짐이라 하신지라. (고후 12:9)

Ⅵ. 누구에 의해 주어졌는가?

1. 율법은 모세가 전한 것이다(요 1:17, 출 20:19, 히 12:18-21).

2. 은혜는 예수 그리스도에게서 온 것이다.

율법은 모세로 말미암아 주어진 것이요 은혜와 진리는 예수 그리스도로 말미암아 온 것이라. (요 1:17)

● 결론

기독교는 율법과 은혜가 혼합된 체계인가? 그렇지 않다. 기독교는 모두 믿음의 종교이다.

일하는 자에게는 그 삯이 은혜로 여겨지지 아니하고 보수로 여겨지거니와 일을 아니할지라도 경건하지 아니한 자를 의롭다 하시는 이를 믿는 자에게는 그의 믿음을 의로 여기시나니. (롬 4:4–5)

회개한 후 율법 아래 있는 자가 믿는 자인가? 그렇지 않다.

죄가 너희를 주장하지 못하리니 이는 너희가 법 아래에 있지 아니하고 은혜 아래에 있음이라. (롬 6:14)

진정한 믿음을 가진 자는 어떻게 자기를 따르는 사람 앞에서 걸어야 하는가?

그의 안에 산다고 하는 자는 그가 행하시는 대로 자기도 행할지니라. (요일 2:6)

베드로전서 2:21은 "그 자취를 따른다"고 말씀한다. 그리스도 안에 있으면서 구원되지 않았거나 법에 사로잡힌 사람은 그럼에도 불구하고 하나님의 뜻을 사랑하며, 구원을 위해서 강제적으로가 아닌, 사랑 자체를 위해 마음으로부터 하나님을 기쁘게 한다. 마치 영혼 속을 걷는 것처럼 말이다.

너희가 만일 성령의 인도하시는 바가 되면 율법 아래에 있지 아니하리라. (갈 5:18)

• 참고/ 롬 8:4–5

율법 안에서 의롭다 함을 얻으려는 것에 대해 갈라디아서 5:4은 은혜에서 떨어진다고 말씀한다.

Note

질문 Bible Study

1. 갈라디아 교회의 잘못은 무엇인가?(갈 3:3 참조)
2. 은혜는 우리가 더 많은 은혜를 향유하기 위해 더 많은 죄를 짓게 하는가?
3. 빌립보서 2:12–13에서 가장 큰 위로가 될 사실은 무엇인가?
4. 율법이란 무엇인가? 은혜란 무엇인가?
5. 율법의 메시지는 무엇인가? 은혜의 메시지는 무엇인가?
6. 율법은 실제로 무엇을 하는가? 은혜는 무엇을 하는가?
7. 율법이 구원할 수 없다면 왜 하나님은 그것을 주셨는가?
8. 인간은 어떻게 은혜받을 수 있는가?
9. "구원은 은혜에 의해 존재하나 업적에 의해 지속된다"는 말은 참인가 거짓인가?
10. 은혜 아래 있는 신약의 믿는 자들은 율법을 무시해도 좋다는 말은 참인가, 거짓인가?

제81과
생명

● 서론

요한복음 11:25과 14:6에서 예수께서는 자신이 생명을 마음대로 하며, 생명 자체라고 말씀하셨다.

예수께서 이르시되 나는 부활이요 생명이니 나를 믿는 자는 죽어도 살겠고. (요 11:25)

예수께서 이르시되 내가 곧 길이요 진리요 생명이니. (요 14:6)

인도의 네루 수상이 미국을 방문하여 당시 가장 명석한 두뇌를 가진 아인슈타인을 만나게 해달라고 부탁했다. 정부의 주선으로 만나게 된 그들은 정치, 여행 등에 대해 얘기했다. 대화 중에 네루가 이렇게 물었다. "아인슈타인 박사님, 박사님은 생명의 의미를 찾으셨습니까?" 그러자 아인슈타인은 머리를 숙이며 말했다. "아니오, 아직 찾지 못했습니다."

과연 성경은 우리에게 이 질문에 대한 답변을 제시하고 있을까? 어떤 학생이 다음과 같이 물었다. "저는 왜 태어난 거죠? 하나님은 왜 저를 만드신 걸까요? 그리고 왜 제가 여기에 있는 거죠? 생명의 목적이 무엇인가요?"

Ⅰ. 생명의 정의

사전에는 생명에 대해 "영혼과 육체의 결합"이라고 되어 있다. 이것은 인간에 대해서는 맞는 얘기지만 식물에 대해서는 그렇지 않다. 또 "살아 있는 상태"라고 되어 있는데, 이것은 사실이지만 매우 모호하다. 또 "탄생과 죽음 사이의 기간"이라고 되어 있다. 이것은 탄생 이전에 존재하는 생명에 대해서는 사실이 아니다. "생명은 성장, 발육, 호흡, 재생을 내포하는 동식물의 속성이다"라고 되어 있기도 하다. 생명을 정의하기가 매우 어려운 것이 사실이다. 생명은 잠시 동안 하나님으로부터 허락된 것이다. 욥기 1:21에는 "주신 이도 여호와시요 거두신 이도 여호와시오니 여호와의 이름이 찬송을 받으실지니이다"라고 되어 있다. 생명은 하나님이 주신 이해하기 어려운 선물이다. 우리는 그것을 볼 수도, 느낄 수도, 흥정할 수도 없다. 생명은 실체가 없는 엷은 것이다. 오늘 여기에 있다가도 내일 사라져 버리는 것이다.

Note

Ⅱ. 생명의 기원

당신은 어디에서 생명을 얻은 것인가? 부모들로부터? 그러면 당신의 부모는 어디에서 얻은 것인가? 필경 에덴동산과 인간을 창조한 사실로 돌아가야 할 것이다.

여호와 하나님이 땅의 흙으로 사람을 지으시고 생기를 그 코에 불어넣으시니 사람이 생령이 되니라. (창 2:7)

모든 생명은 하나님으로부터 생긴 것이다.

그는 참 하나님이시요 영생이시라. (요일 5:20)

생명은 전능하신 하나님의 특성이고 속성이며 바로 그 성질이다.

Ⅲ. 생명의 종류

성경은 생명에 대해 세 가지 종류를 말하고 있다.

1. 육체적 생명 : 이는 창조 당시 인간에게 주어진 것이다.

2. 영적 생명 : 이는 예수 그리스도 안에 있는 믿는 자에게 하나님이 주신 새 계명이다.

그는 허물과 죄로 죽었던 너희를 살리셨도다. (엡 2:1)

3. 영원한 생명 : 이는 주 하나님의 성질이며 특성이시다.

Ⅳ. 생명의 기간

창세기 5장 대홍수 이전의 평균 수명은 846년이었다. 창세기 11장 대홍수 이후에는 393년으로 줄어들었다.

우리의 연수가 칠십이요 강건하면 팔십이라도 그 연수의 자랑은 수고와 슬픔뿐이요. (시 90:10)

나의 때가 얼마나 짧은지 기억하소서. (시 89:47)

여인에게서 태어난 사람은 생애가 짧고 걱정이 가득하며. (욥 14:1)

야고보서 4:13-15에는 생명은 급속히 날아가는 안개와 같다고 되어 있다. 생명은 일정 시간에 국한되어 있다.

그의 날이 품꾼의 날과 같지 아니하겠느냐. (욥 7:1)

주권을 가지신 하나님께서 인간의 수명을 정해 놓으셨다. 철인들은 제자들에게 죽기 전에 죽음을 준비하라고 말했다. 그러나 그들은 "내일 죽을는지 모르는 일이잖아요" 하며 반대했다. 그러자 철인들은 "사실이다. 그러면 내일을 준비하라"고 대답했다.

V. 비유

1. 인생은 여행과 같다.

창세기 47:9에서 야곱이 바로 왕에게 말하기를, "야곱이 바로에게 아뢰되 내 나그네 길의 세월이 백삼십 년이니이다 내 나이가 얼마 못 되니"라고 하였다. 인생은 이승에서 저승까지의 여행이며, 요람에서 내세까지의 여행이다. 좋든 싫든 우리는 이 여행을 하고 있다. 탄생은 자동적으로 시작되며, 어떤 사람에게는 긴긴 여행이지만 다른 어떤 사람에게는 매우 짧은 여행이다.

2. 인생은 꿈과 같다.

주여 사람이 깬 후에는 꿈을 무시함 같이. (시 73:20)

꿈은 얼마나 오래 꾸는 걸까? 단 몇 초? 당신은 꿈을 기억할 수 있는가? 그렇지 못할 것이다. 인생은 눈 깜짝할 사이처럼 무상한 것이다.

3. 인생은 그늘과 같다.

헛된 생명의 모든 날을 그림자 같이 보내는 일평생에 사람에게 무엇이 낙인지를 누가 알며 그 후에 해 아래에서 무슨 일이 있을 것을 누가 능히 그에게 고하리요. (전 6:12)

그들은 실체를 서툴게 모방한 것이다. 그늘에서 사람을 알아볼 수 있는가? 그늘은 속이기 쉬우며 그토록 길거나 짧을 수 있다. 인생도 그와 마찬가지다.

4. 인생은 안개와 같다.

내일 일을 너희가 알지 못하는도다 너희 생명이 무엇이냐 너희는 잠깐 보이다가 없어지는 안개니라. (약 4:14)

안개는 잠깐 눈앞을 흐리게 하다, 금방 사라진다. 우리 인생도 이처럼 아주 짧은 것이다.

5. 인생은 이야기와 같다.

우리의 모든 날이 주의 분노 중에 지나가며 우리의 평생이 순식간에 다하였나이다. (시 90:9)

인생이란 금방 얘기하고도 다른 형태의 즐거움을 찾는 재미있는 이야기와 같다.

6. 인생은 땅위에 쏟아진 물과 같다.

우리는 필경 죽으리니 땅에 쏟아진 물을 다시 담지 못함 같을 것이오나. (삼하 14:14)

땅이 습기를 빨아들이는 순간 물은 사라진다.

Note

7. 인생은 꽃과 같다.

여인에게서 태어난 사람은 생애가 짧고 걱정이 가득하며 그는 꽃과 같이 자라나서 시들며 그림자 같이 지나가며 머물지 아니하거늘. (욥 14:1-2)

처음엔 풀잎을, 다음엔 잎사귀들을, 그 다음엔 꽃봉오리를 본다. 천천히 꽃은 피고 우리는 그 아름다움에 숨죽인다. 그러나 잠시 후 그 꽃은 떨어져 사라진다. 아주 곧, 빨리 말이다. 어떤 꽃들은 결코 꽃을 피우지 않는다. 그것들은 처음부터 낫으로 베어진 것이다.

Ⅵ. 인생의 목적

인생은 긴긴 영원을 준비하기 위한 한순간이다. 이 간단히 지나가는 짧은 시간에 우리는 한 가지 질문에 답변할 것을 요청받는다. "즉 당신은 어디에서 영원을 보낼 것인가?" 이다. 두 가지의 특별하고 영원한 세상이 있다. 우리는 그중 하나를 택해야만 한다. 중간 상태란 있을 수 없다.

1. 하늘에 계신 주 예수와 영원히 사는 축복받은 특전
2. 불타는 지옥에서 사탄과 영원히 사는 끔찍한 고통

인생의 목적은 당신의 영혼이 머무를 곳을 개인이 선택하도록 하는 것이다.

● 결론

바울은 "이는 내게 사는 것이 그리스도니 죽는 것도 유익함이라"(빌 1:21)라고 말했다. 예수께서 마르다에게 "나는… 생명이니라"라고 말씀하셨다. 예수는 하나님이시며 영원한 생명을 소유하신다. 오늘 하늘에서 영원히 그리스도와 있기 위해 바른 결정을 내리라. 당신이 예수님을 마음에 모실 때, 주는 당신 안에 오시고 당신은 주의 영원한 생명 안에 살게 된다. 예수께서 생명을 가져오실 때 죄를 없이 하고 마음을 깨끗하게 하신다. 그리스도와 함께 그리스도 안에서 영원한 생명 속에서 살며 멸망하지 않게 된다. 오늘 당신의 마음과 삶에 예수를 영접하도록 하라(계 3:20). 생명의 신비는 예수 그리스도께서 인간에게 계시한 것 가운데서 해결된다.

질문 *Bible Study*

1. 요한복음 11:25과 14:6에서 예수께서는 자신을 무엇이라고 말씀하시는가?

2. 생명을 정의해 보라.

3. 생명은 어디에서 생겨나는가?

4. 생명의 세 가지 종류를 말해 보라.

5. 인간의 평균 수명은 어떠했는가?

a) 대홍수 이전 b) 대홍수 이후

6. 하나님이 인간의 수명을 정하신다고 가르치는 구절은 무엇인가?

7. 인생에 대해 성경이 전하는 7가지 비유 또는 상징은 무엇인가?

8. 인생이 꿈과 같다는 것은 무슨 의미인가?

9. 물과 삶의 세 차원은 무엇인가?

10. 예수께서 생명을 가져오실 때 일어나는 변화를 써라.

제82과
죽음

● 서론

우리는 생명이란 영원을 준비하는 기간이라고 정의했다. 그런데 만일 예수께서 재림하여 교회를 환희에 들뜨게 하지 않으신다면, 생명은 조만간 죽음으로 끝난다는 사실 때문에 슬플 수밖에 없다. 이처럼 생명을 정의한다는 것은 어렵다. 그렇다면 죽음을 정의 내릴 수 있을까?

죽음은 생명을 떠난, 생명의 정지 상태다. 죽음은 생기 있는 것에서 생기없는 것으로의 변화이다. 죽음은 심장이 멈추고, 호흡이 끊어지며 몸이 뻣뻣하게 굳은 상태이다. 1958년 10월 마닐라 타임즈 신문의 머리기사가, "죽음의 고통 속에 있는 비오 12세"였다. 교황은 당시 82세였다. 당신은 자신이 82세까지 살리라고 확신할 수 있는가? 다음과 같은 이야기가 있다.

어떤 소년이 엄마에게 물었다. "사람은 몇 살에 죽어요?" 엄마는 소녀에게 묘지로 가서 무덤의 비석들에 쓰여 있는 연수를 계산해보라고 했다. 소년은 "어느 나이에서나 죽는다"고 결론을 내렸다. 인간에게 있어서 죽음이란 몸과 마음과 영혼으로부터의 분리이다.

1. 몸은 무덤으로 가서 분해된다.

2. 영혼은 하나님께로 돌아간다.

흙은 여전히 땅으로 돌아가고 영은 그것을 주신 하나님께로 돌아가기 전에 기억하라. (전 12:7)

3. 누가복음 16:19-31에 의하면 영혼은 두 곳 중 한 곳으로 간다. 즉 16:23에서 사악한 마음은 지옥으로 가고, 16:22에서 의로운 마음은 천국으로 간다. 누가복음 23:43에 자비를 구했던 강도는 예수와 함께 낙원에 있게 되었다.

Ⅰ. 죽음의 기원

1. 영적인 죽음

네가 먹는 날에는 반드시 죽으리라 하시니라. (창 2:17)

에덴동산에서 아담과 하와는 금지된 실과를 따먹었을 때, 육신 상으로는 죽지 않았다. 그들은 영적으로 죽었다.

그는 허물과 죄로 죽었던 너희를 살리셨도다. (엡 2:1)

2. 육체적인 죽음

창세기 3:21에서 하나님께서는 아담과 하와에게 덮어줄 가죽을 얻기 위해 동물을 죽이셨다. 최초로 죽은 인간은 그의 형 가인에 의해 살해당한 아담의 아들 아벨이었다.

가인이 그의 아우 아벨을 쳐 죽이니라.(창 4:8)

Ⅱ. 죽음의 원인

영적인 죽음은 하나님에 대한 불복종 때문이었다. 야고보서는 "욕심이 잉태한즉 죄를 낳고 죄가 장성한즉 사망을 낳느니라"(약 1:15)고 명확히 말씀한다. 죽음은 죄의 직접적인 결과다. 육신상으로 죽은 경우에 의사는 사망진단서에 많은 이유들 중 하나를 쓸지 모르나, 진정한 해답은 '죄'다. 죄가 근본적인 원인이며, 병은 하나님께서 에덴동산에서 인류에게 선포하신 벌을 행하시는 데 사용했던 즉각적인 섭리이다.

범죄하는 그 영혼은 죽을지라. (겔 18:20)

죄의 삯은 사망이요. (롬 6:23)

한 번 죽는 것은 사람에게 정해진 것이요 그 후에는 심판이 있으리니. (히 9:27)

Ⅲ. 육체적인 죽음의 묘사

1. 잠

우리 친구 나사로가 잠들었도다 그러나 내가 깨우러 가노라. (요 11:11)

주님께서 이렇게 말씀하셨다(살전 4:14 참조).

2. 영혼을 요구함

어리석은 자여 오늘 밤에 네 영혼을 도로 찾으리니. (눅 12:20)

3. 이 땅의 집을 치움

만일 땅에 있는 우리의 장막 집이 무너지면. (고후 5:1)

나도 나의 장막을 벗어날 것이 임박한 줄을 앎이라. (벧후 1:14)

4. 돌아오지 않을 곳으로 감

수년이 지나면 나는 돌아오지 못할 길로 갈 것임이니라. (욥 16:22)

Note

모세와 선지자들에게 듣지 아니하면 비록 죽은 자 가운데서 살아나는 자가 있을지라도 권함을 받지 아니하리라. (눅 16:31)

5. 적막 속으로 내려감

죽은 자들은 여호와를 찬양하지 못하나니 적막한 데로 내려가는 자들은 아무도 찬양하지 못하리로다. (시 115:17)

6. 혼을 내어 놓음

사도행전 5:10의 삽비라나 누가복음 23:46의 구세주의 경우다. 영원한 죽음은 하나님이 배척하심을 말한다.

이런 자들은 주의 얼굴과 그의 힘의 영광을 떠나 영원한 멸망의 형벌을 받으리로다. (살후 1:9)

즉, 영원한 죽음을 일컫는다. 영원한 죽음은 또한, 하나님으로부터 멀어지는 것이다.

그들의 총명이 어두워지고 그들 가운데 있는 무지함과 그들의 마음이 굳어짐으로 말미암아 하나님의 생명에서 떠나 있도다. (엡 4:18)

Ⅳ. 구제책

현대 과학과 의사들은 생명을 연장시키기 위해 상당한 것들을 할 수 있다. 수명이 길어지고 있으나 그건 단지 죽는 날을 연기하는 데 불과하다. 히브리서 9:27에 의하면, 우리는 "죽는다는 것이 정해진" 존재다. 우리는 죽음에 부딪치는 것이 정해진 상태에서 태어난다. 우리는 그 정한 것을 지켜야만 한다. 단 한 가지 진정한 구제책은 주 예수 그리스도에게서 찾을 수 있다. 영적인 죽음은 주 예수 그리스도를 믿음으로써 치유된다.

내가 진실로 진실로 너희에게 이르노니 내 말을 듣고 또 나 보내신 이를 믿는 자는 영생을 얻었고 심판에 이르지 아니하나니 사망에서 생명으로 옮겼느니라. (요 5:24)

우리가 그리스도를 믿을 때 성령이 우리를 하나님의 자녀로 일변시키며, 우리 삶 속에서 새 생명을 얻는 기적을 행하신다. 육체적인 죽음은 교회의 환희로써 피할 수 있다. 그러나 그리스도께서는 죽음의 체험을 통하여 우리 그리스도인들과 함께 행동할 것임을 약속하셨다.

내가 사망의 음침한 골짜기로 다닐지라도 해를 두려워하지 않을 것은 주께서 나와 함께 하심이라 주의 지팡이와 막대기가 나를 안위하시나이다. (시 23:4)

"주는 나의 목자시니"라고 진심으로 말할 수 있는 사람은 이런 약속을 부르짖을 수 있다.

V. 그리스도의 죽음

예수께서는 왜 십자가에서 죽으셨는가? 우연한 사고였는가? 분명 그렇지 않다. 하나님의 말씀은 누군가 죄를 위해 죽어야 한다는 것이었다. 예수께서는 죽어야 할 바로 그 사람이 되기를 자청하셨다. 그는 당신이나 내가 죽었어야 할 죽음을 대신하셨다.

하나님의 은혜로 말미암아 모든 사람을 위하여 죽음을 맛보려 하심이라. (히 2:9)

예수께서는 당신을 위해 죽음이라는 쓴 맛을 보셨다. 더 이상 예수를 거부하지 마라. 예수님께서는 당신과 나를 위해 제물로서 십자가에서 죽으셨다.

그리스도께서 너희를 사랑하신 것 같이 너희도 사랑 가운데서 행하라 그는 우리를 위하여 자신을 버리사 향기로운 제물과 희생제물로 하나님께 드리셨느니라. (엡 5:2)

구세주의 죽음은 인류의 구속을 위해 필요했다.

또 이르시되 이같이 그리스도가 고난을 받고 제삼일에 죽은 자 가운데서 살아날 것과. (눅 24:46)

무엇이 복음서인가? 고린도전서 15:1-4은 복음을 '그리스도께서 성경말씀대로 우리 죄를 위해 고통을 당하셨고, 묻히셨으며, 사흘 후에 살아나셨다'라고 설명한다. 즉 복음서는 구세주께서 죄를 위해 죽으심을 말한다.

● 결론

의로운 죽음은 아버지께 귀중한 것이다. "그의 경건한 자들의 죽음은 여호와께서 보시기에 귀중한 것이로다"(시 116:15). 사악한 자의 죽음은 하나님께 기쁨이 되지 않는다.

나는 악인이 죽는 것을 기뻐하지 아니하고 악인이 그의 길에서 돌이켜 떠나 사는 것을 기뻐하노라 이스라엘 족속아 돌이키고 돌이키라 너희 악한 길에서 떠나라. (겔 33:11)

나는 당신이 오늘 죄에서 떠나 하나님께 참회하고 돌아가기를 간청한다. 요한계시록 3:20에서 예수께서는 들어갈 곳을 찾으시며 당신의 마음 문을 두드리신다. 바로 지금 문을 열라. 조지 와이어트는 여섯 아이를 가진 기혼 남자로 징집을 당하게 되었다. 이때 리처드 프래트라는 독신자가 그를 대신하여 자원하였다. 그리고는 그는 전장에 나가 죽었다. 와이어트는 "그가 나를 위해 죽었다"고 말했다. 예수께서는 당신을 위해 십자가에서 죽으셨다. 그분을 오늘 구세주로 받아들이라.

질문 *Bible Study*

1. 죽음을 정의해 보라.
2. 인간은 죽을 때 어떻게 되는가?
3. 죽음의 두 종류는 무엇이며 그것은 어디에 기원이 있는가?
4. 죽음의 근본 원인은 무엇인가?
5. 성경에 나타난 죽음에 대해 묘사해 보라.
6. 영적인 죽음의 치료는 무엇으로 가능한가?
7. 시편 23:4의 말씀이 중요한 이유는 무엇인가?
8. 당신은 예수님께서 희생자로 죽었다고 생각하는가?
9. 복음서란 무엇인가?
10. 시편 116:15과 에스겔 33:11의 차이는 무엇인가?

Note

제83과
부활

●서론

사랑하던 사람과 헤어지는 순간에는 여러 가지 생각이 떠오른다. 예를 들면 "장정이라도 죽으면 어찌 다시 살리이까?"(욥 14:14)라는 질문 따위다. 욥은 19:26에서 자기 질문에 이렇게 대답한다. "내 가죽이 벗김을 당한 뒤에도 내가 육체 밖에서 하나님을 보리라." 죽을 때 육체는 어떻게 될까? 믿는 자나 믿지 않은 자 모두가 새 육체를 얻게 되는 것일까? 천국에선 서로서로를 알아보게 될까? 그렇다. 그 이유는 다음과 같다.

1. 우리는 땅에서 알려졌던 것과 마찬가지로 거기에서도 알려질 것이다.

우리가 지금은 거울로 보는 것 같이 희미하나 그때에는 얼굴과 얼굴을 대하여 볼 것이요 지금은 내가 부분적으로 아나 그때에는 주께서 나를 아신 것 같이 내가 온전히 알리라. (고전 13:12)

2. 우리 이름이 하늘에 기록되어 이 이름으로써 알려질 것이다. 예컨대 마태복음 17장에 있는 모세나 엘리야는 그들 세상에서의 이름들로 알려졌다.

3. 그 부자는 누가복음 16:23의 나사로를 알아보았다.

4. 제자들은 부활하신 예수님을 알아보았다.

5. 세상에서 우리는 불완전한 기능으로써도 사람들을 알아본다. 그러나 하늘에서는 우리의 기능이 완전할 것이므로 서로를 알아볼 수 있다. 마태복음 17:4에서, 베드로와 야고보와 요한은 그들이 만난 적이 없음에도 불구하고 모세와 엘리야를 알아보았다.

Ⅰ. 그리스도의 부활

고린도전서 15장은 '고린도에 그리스도가 죽음에서 일어나지 않았다고 가르치던 사람들이 있었음'을 알려준다. 그러나 바울은 "그러나 이제 그리스도께서 죽은 자 가운데서 다시 살아나사

잠자는 자들의 첫 열매가 되셨도다"(고전 15:20)라고 명확히 대답한다. 예수의 육신의 부활을 목격한 사람들이 많다.

Note

1. 예수는 막달라 마리아에게 처음으로 나타나셨다(요 20:17).

2. 예수께서 여인들에게 나타나셨다(막 16:1-3).

3. 예수께서 베드로에게 나타나셨다(막 16:7, 눅 24:34).

4. 엠마오로 가는 도상에서 제자들에게 나타나셨다(눅 24:16).

5. 열한 제자들에게 나타나셨다(눅 24:33, 행 1:23-26).

6. 다락방에서 도마를 포함한 제자들에게 나타나셨다(요 20:25-28).

7. 디베랴 바다에서 제자들에게 나타나셨다(요 21:1).

8. 산상에서 열한 제자들에게 나타나셨다(마 28:16).

9. 오백여 형제들에게 나타나셨다(고전 15:6).

10. 예수께서 하늘로 오르신 베다니에서 열한 제자들에게 나타나셨다(눅 24:36-51).

Ⅱ. 부활의 희망(고전 15:17–18)

우리의 모든 믿음은 부활로써 안식하고 마음을 가라앉힌다. 만일 그리스도가 죽지도 않고 죽음에서 일어나지 않았다면,

1. 우리의 신앙이 공허할 것이고,

2. 여전히 죄 가운데 있을 것이고,

3. 죽은 자는 모두 멸망했을 것이며,

4. 사랑하던 사람들과 장래에 다시 만나지 못할 것이다.

그러나 그리스도께서는 죽음에서 부활하셨다. 예수께서 일어나셨으므로 우리는 확실한 재회의 희망을 갖게 되었으며, 모든 남녀노소도 죽음으로부터 부활하게 될 것이다.

Ⅲ. 죽은 자의 부활

부활은 단계가 있는 것 같다.

1. 고린도전서 15:20에 의하면 그리스도는 부활한 첫 열매였다.

2. 마태복음 27:52-53은 "무덤들이 열리며 자던 성도의 몸이 많이 일어나되 예수의 부활 후에 그들이 무덤에서 나와서 거룩한 성에 들어가 많은 사람에게 보이니라"

고 묘사하고 있다.

3. 생명의 부활

이를 놀랍게 여기지 말라 무덤 속에 있는 자가 다 그의 음성을 들을 때가 오나니 선한 일을 행한 자는 생명의 부활로, 악한 일을 행한 자는 심판의 부활로 나오리라. (요 5:28–29)

(그 나머지 죽은 자들은 그 천 년이 차기까지 살지 못하더라) 이는 첫째 부활이라. (계 20:5)

4. 심판의 부활

바다가 그 가운데에서 죽은 자들을 내주고 또 사망과 음부도 그 가운데에서 죽은 자들을 내주매 각 사람이 자기의 행위대로 심판을 받고. (계 20:13)

그러므로 모든 사람이 죽음에서 부활해야 하고, 또 부활할 것이다. 어떤 사람은 영원한 축복이 되고, 다른 어떤 사람은 영원히 지옥에 던져질 것이다.

Ⅳ. 부활한 몸(고전 15:35–49)

부활 후에 생기는 것은 영혼뿐이라고 말하면서, 육체의 부활을 부인하는 사람들이 있다. 고린도전서 15:44은 육체없는 영혼이 아니라 영적 육체로 소생된다고 말한다. 고린도전서 15:35은 두 가지 질문을 한다. 즉 "죽은 자들이 어떻게 다시 살며 어떠한 몸으로 오느냐?"이다. 이에 바울은 그 질문에 답변한다. 즉,

1. 37절에 보면 그것은 같은 몸이 아니다.

죽은 몸은 땅에 심어진 씨와 같은데 식물은 심어진 씨와는 다른 것이다. 죽어서 못쓰게 되고 타버린 몸은 부활한 몸과 같지 않을 것이다. 그것은 다른 몸으로 싹트고 자랄 것이다. 하늘에서는 나이를 먹거나, 불구이거나, 무능하거나, 추한 몸이 없을 것이다.

2. 38절에 의하면 그것은 하나님이 주신 몸이다.

그것은 하나님의 탁월한 뜻에 따른 것이다.

그가 나타나시면 우리가 그와 같을 줄을 아는 것은 그의 참모습 그대로 볼 것이기 때문이니. (요일 3:2)

즉, '완전하다'는 것이다.

3. 38절의 "하나님이 그 뜻대로 그에게 형체를 주시되 각 종자에게 그 형체를 주시느니라"는 말에 의하면, 그것은 각각의 영혼에 어떤 방식으로든지 적합한 몸이 될 것이다. 41-42절의 별들과 다른, 그런 몸일 것이다.

4. 42절에 의하면, 그것은 썩지 않는 몸일 것이다.

이 몸은 죽지도 썩지도 않을 것이다. 지옥에서 심판받는 자들이 영원토록 지옥에서 견디기

Note

위해서는 이런 종류의 몸을 필요로 할 것이다. 이런 인간의 몸은 그곳에서 분해될 것이다.

5. 43절에 의하면, 그것은 영광스러운 몸이다.

아마도 마태복음 17장의 흰빛의 영광 속에 빛나는 변형된 영광의 몸과 같을 것이다.

6. 43절에 의하면, 그것은 강한 몸일 것이다.

그것은 세상의 법에 굴복치 아니할 것이다. 예수의 몸은 닫힌 문도, 굳은 벽도 지나갔다. 예수께서는 쉽게 하늘로 오르셨다.

7. 44절에 의하면, 그것은 영적인 몸일 것이다.

예수의 세상에서의 몸은 살과 피와 뼈였다. 그러나 예수의 부활하신 몸은 살과 뼈가 있었으나 피는 없었다. 그 피는 십자가에서 흘려졌다.

> 내 손과 발을 보고 나인 줄 알라 또 나를 만져 보라 영은 살과 뼈가 없으되 너희 보는 바와 같이 나는 있느니라. (눅 24:39)

누가복음 24:42-43에 의하면, 이렇게 말씀하신 후 예수께서는 생선 한 토막을 잡수셨다.

Ⅴ. 부활의 신비(고전 15:51–54)

우리 모두가 죽을 필요는 없다. 어떤 사람은 예수께서 돌아와 환희에 빠지실 때 살아 있을 것이다. 52절에 의하면, 부활한 몸은 현재 우리의 몸과 다르면서도 여전히 비슷하다는 걸 나타내고 있으며, 살아 있는 것 또한 변화될 것이다. 살아 있는 몸은 썩지 않아야 하며 불멸하다(고전 15:52-53 참조).

Ⅵ. 부활 노래(고전 15:54–57)

54절 – 죽음은 승리 속에 삼켜진다.

55절 – 죽음의 고통은 사라진다.

56절 – 무덤은 그 승리를 내어놓았다.

57절 – 그리스도로 말미암아 승리는 우리 것이 된다.

결론

그리스도 없이 죽은 영혼은 영원히 썩지 않는 몸으로 일어날 것이다. 그러나 성도들의 영광된 몸의 부활의 반대편에 있을 것이다. 지옥에 떨어진 몸을 이사야 66:23-24은 "가증함"이라고 묘사한다.

질문 *Bible Study*

1. 욥기 14:14과 19:26은 어떤 관계인가?
2. 하늘에서 서로를 알아볼 수 있다고 믿는 근거는 어디에 있는가?
3. 그리스도께서 죽음에서 부활하심을 어떻게 아는가?
4. 예수께서 죽음에서 부활하지 않았을 경우의 4가지 비극은 무엇일까?
5. 부활의 4단계를 말해 보라.
6. 고린도전서 15:35–49에 의해, 부활한 몸에 대한 7가지 상태를 말해 보라.
7. 고린도전서 15:51–54의 신비란 무엇인가?
8. 부활 노래에 담긴 4가지 사실은 무엇인가?
9. 구원받지 못한 자와 부활한 몸을 설명해 보라.
10. 지옥에 떨어진 몸을 표현한 성경 구절을 쓰라.

제84과

심판대(베마)

● 서론

한 번 죽는 것은 사람에게 정해진 것이요 그 후에는 심판이 있으리니. (히 9:27)

이는 우리가 다 반드시 그리스도의 심판대 앞에 나타나게 되어. (고후 5:10)

부활 이상의 것이 있는 것과 마찬가지로 심판 이상의 것이 있다. 아담이 죄를 지었기 때문에 모든 사람이 죽는다. 그러나 그리스도께서 부활하셨기 때문에 모든 사람이 심판에서 물러난다. 하나님께서는 그의 아들 예수 그리스도가 이 땅 전체의 심판자가 되도록 명하셨다. 성경은 적어도 7가지의 여러 심판들에 대해 말하고 있다. 즉,

1. 십자가의 구세주는 우리 죄를 위해 심판받으셨다.

2. 믿는 자의 자기 비판

우리가 우리를 살폈으면 판단을 받지 아니하려니와. (고전 11:31)

성찬 때 매일 성도들은 자기 자신을 비판한다.

3. 심판대에 선 믿는 자들에 대한 심판 – 이것은 이 과의 주제다.

4. 나라들에 대한 심판(양과 염소의 분별)

모든 민족을 그 앞에 모으고 각각 구분하기를 목자가 양과 염소를 구분하는 것 같이 하여. (마 25:32)

5. 시련 후의 이스라엘에 대한 심판(겔 20:30-44 참조)

6. 천사들에 대한 심판

또 자기 지위를 지키지 아니하고 자기 처소를 떠난 천사들을 큰 날의 심판까지 영원한 결박으로 흑암에 가두셨으며. (유 1:6)

천사들은 어둠 속에 기다리도록 결박되어져 있다.

7. 사악한 망자에 대한 심판

또 내가 보니 죽은 자들이 큰 자나 작은 자나 그 보좌 앞에 서 있는데 책들이 펴 있고 또 다른 책이 펴졌으니 곧 생명책이라 죽은 자들이 자기 행위를 따라 책들에 기록된 대로 심판을 받으니. (계 20:12)

Ⅰ. 심판대

이것은 고린도후서 5:10에는 '그리스도의 심판대'라고 불려진다. 일반적으로 이 심판은 공중에서 일어날 것으로 인정되고 있다. 이 사실은 아마 데살로니가전서 4:16-17에, "주께서 호령과 천사장의 소리와 하나님의 나팔 소리로 친히 하늘로부터 강림하시리니 그리스도 안에서 죽은 자들이 먼저 일어나고 그 후에 우리 살아남은 자들도 그들과 함께 구름 속으로 끌어 올려 공중에서 주를 영접하게 하시리니 그리하여 우리가 항상 주와 함께 있으리라" 하여 부활 후 처음 재림에 대해 말씀하신 데서 생겼을 것이다.

Ⅱ. 심판의 시기

1. 부활 처음에

이는 의인들의 부활 시에 네가 갚음을 받겠음이라 하시더라. (눅 14:14)

2. 그리스도의 재림 시

인자가 아버지의 영광으로 그 천사들과 함께 오리니 그때에 각 사람이 행한 대로 갚으리라. (마 16:27)

Ⅲ. 심판대에서 누가 심판을 받는가?

믿는 자들만이 이런 심판을 받을 것이다. 고린도후서 5장에 "우리"라는 대명사가 26번 나오는데, 문장마다 믿는 자들에 대해서만 말하고 있다.

Ⅳ. 연단에서 무엇을 심판받는가?

심판이란 구원을 받을 것인가, 받지 못할 것인가 하는 운명을 결정하려는 것은 아니다. 성경은 매우 평범하다. 요한복음 3:16-18에 보면 구원이 논쟁점이 아니다. 논쟁은 이미 삶 속에서 결정된다. 믿는 자는 그가 한 일로써 판단받는다. 다시 오시는 주께서 사람에게 맡겨 놓았던 하나, 둘 혹은 다섯 가지의 재능을 사용한 것에 따라 그 종들을 조사하신다. 회개하기 전에 지은 죄는 심판받지 않을 것이다.

또 그들의 죄와 그들의 불법을 내가 다시 기억하지 아니하리라 하셨으니. (히 10:17)

하나님께서는 그들을 심판하시기 위해 그들을 기억하고 가장 낮은 바다에서도 그들을 끌어

올리실 필요가 있을 것이리라. 히브리서 11장은 성도들이 완전하다고 본다. 왜냐하면 그들의 모든 죄와 불완전함은 그리스도의 피 아래 숨겨져 있었기 때문이다. 회개한 이후 범죄하거나 고백한 죄에 대하여는 심판대에서 심판받지 않을 것이다. 요한일서 1:9은 고백한 죄는 용서를 받아 영원히 깨끗해졌다고 증거한다.

Note

1. 우리가 한 일들이 심판받을 것이다.

각 사람의 공적이 나타날 터인데 그날이 공적을 밝히리니 이는 불로 나타내고 그 불이 각 사람의 공적이 어떠한 것을 시험할 것임이라. (고전 3:13)

하나님은 모든 행위와 모든 은밀한 일을 선악 간에 심판하시리라. (전 12:14)

2. 우리의 말

내가 너희에게 이르노니 사람이 무슨 무익한 말을 하든지 심판 날에 이에 대하여 심문을 받으리니 네 말로 의롭다 함을 받고 네 말로 정죄함을 받으리라. (마 12:36–37)

3. 우리의 생각

마음에서 나오는 것은 악한 생각과 살인과 간음과 음란과 도둑질과 거짓 증언과 비방이니 이런 것들이 사람을 더럽게 하는 것이요 씻지 않은 손으로 먹는 것은 사람을 더럽게 하지 못하느니라. (마 15:19–20)

나는 너희에게 이르노니 음욕을 품고 여자를 보는 자마다 마음에 이미 간음하였느니라. (마 5:28)

4. 우리의 비밀

곧 나의 복음에 이른 바와 같이 하나님이 예수 그리스도로 말미암아 사람들의 은밀한 것을 심판하시는 그날이라. (롬 2:16)

5. 우리의 동기

사랑에 의해 강권된 것은 옳고(고후 5:14), 고린도전서 3:21의 자기 자랑은 그르다. "그런즉 누구든지 사람을 자랑하지 말라."

V. 하나님은 심판대에서 어떻게 심판하시는가?

불로써 시험될 것이다.

그날이 공적을 밝히리니 이는 불로 나타내고 그 불이 각 사람의 공적이 어떠한 것을 시험할 것임이라. (고전 3:13)

이것은 의로움을 공평 무사하고 공개적으로 표시하는 것이다. 아무도 하나님께서 편애를 보이셨다고 말할 수는 없을 것이다.

스스로 속이지 말라 하나님은 업신여김을 받지 아니하시나니 사람이 무엇으로 심든지 그대로 거두리라 자기의 육체를 위하여 심는 자는 육체로부터 썩어질 것을 거두고 성령을 위하여 심는 자는 성령으로부터 영생을 거두리라. (갈 6:7–8)

Ⅵ. 심판의 결과는 무엇인가?

공력에 대한 대가가 있을 것이다. 그리고 그 개인은 타버린 것으로 인한 손실로 고통받을 것이다.

누구든지 그 공적이 불타면 해를 받으리니 그러나 자신은 구원을 받되 불 가운데서 받은 것 같으리라. (고전 3:15)

성경은 그 손실이 무엇이 될 것인가를 말하지 않는다. 그 대가가 왕관이라면 대가의 손실, 즉 왕관의 손실은 부끄러움을 가져올 것이다. 왜냐하면 우리는 예수 그리스도의 발에 놓으려고 왕관을 가지고 있는 것은 아니기 때문이다.

건축 자재에는 두 가지 종류가 있다.

1. 내연성인 것 : 금, 은, 보석
2. 가연성인 것 : 나무, 건초, 그루터기

내연성 물질에는 어떤 작용이 나타나는가?

1. 하나님의 눈에 비친 의로움, 정결한 삶
2. 인간 앞에서 뿐만 아니라 하나님 앞에서의 정직함
3. 신앙생활 – 하나님에 대한 믿음, 그리스도, 성경 등
4. 진실한 사랑 – 고린도전서 13장에 있는 하나님께 대한 사랑, 인간에 대한 사랑
5. 인내 – 베드로후서 1:6에 있는 아주 바람직하고 가치있는 덕
6. 겸손과 온유 – 마태복음 11:28-29의 우리 구세주(형상)를 따라 지어진 상태
7. 평화로움 – 마태복음 5:9과 디모데후서 2:22의 "화평을 따르라"는 구절을 보라.

가연성 물질에는 어떤 작용이 나타나는가?

1. 모든 죄와 악의 형태
2. 주를 미워하는 따위의 세상의 일반적인 사기, 사취, 뇌물행위
3. 모든 정직하지 못한 것은 쉽사리 타버릴 것이다.
4. 권세로 취한 이득은 화염 속에 타 버릴 것이다.
5. 청년이 정욕에 굴복함 – 딤전 6:9-11, 딤후 2:22, 창 39:12의 요셉
6. 그릇된 동기로 행해진 선행

7. 하나님의 눈에 가장 비난받을 만한 죄는 '교만'일 것이다.

Note

Ⅶ. 심판에 응하기 위해 어떻게 준비할 수 있는가?

구세주 예수 그리스도와의 계속적인 친교를 나눈다. 충분히 자기 검토를 한다. 내 죄를 계속 고백한다(같은 죄를 두 번 말하지 마라. 하나님께서는 처음 정직한 고백을 토해낼 때 이미 용서하신다). 하나님의 말씀을 묵상하고 기도를 많이 하라. 성령의 뜻에 계속 주의를 기울이라. 하나님과 인간 앞에 허물을 없이하는 마음을 가지라(행 24:16).

● 결론

그리스도인에게 있어서 심판은 어떤 두려움을 뜻하지 않는다. 왜냐하면 그것은 그가 지낸 날 중에 가장 좋은 날일 것이기 때문이다. 그날은 왕관을 쓰는 날이리라.

그때에 각 사람에게 하나님으로부터 칭찬이 있으리라. (고전 4:5)

우리가 한 많은 일들이 타버릴지도 모르나, 하나님께서는 적어도 한 가지 칭찬할 것을 찾으실 것이다.

질문 *Bible Study*

1. 성경에 언급된 7가지 심판은 무엇인가?
2. 심판이란 무엇인가?
3. 심판은 언제 있을 것인가?
4. 누가 심판대에서 심판받는가?
5. 심판받게 될 5가지는 무엇인가?
6. 심판대에서 하나님은 어떻게 심판하실까?
7. 심판의 결과는 어떠한가?
8. 내연성 물질에서 나타나는 작용은 무엇인가?
9. 가연성 물질에서 나타나는 작용은 무엇인가?
10. 심판에 대처하기 위해 할 수 있는 것은 무엇인가?

제85과
심판

● 서론

지난 과에서 우리는 심판의 확실성과 7가지 다른 심판들에 대해 배웠다. 이 과에서는 이 7가지 경우가 생겨났을 때, 또는 이 세상에 심판이 생길 때 간략히 설명하고자 한다. 심판은 단 한 번 있는 것은 아니다.

노아 시대에는 홍수의 심판이 있었고, 바벨탑에서는 언어의 혼란이 있었다. 각 개인이나, 국가 또는 여러 국가들에게 시시각각으로 가해진 소소한 심판들이 있어 왔다. 이런 것들에 대해 각 심판마다 다섯 가지 기본 관점을 가지고 연구해 보자.

Ⅰ. 골고다에 내려진 심판

1. 대상 : 우리의 죄를 짊어지시는 그리스도

이튿날 요한이 예수께서 자기에게 나아오심을 보고 이르되 보라 세상 죄를 지고 가는 하나님의 어린 양이로다. (요 1:29)

• 참고/ 히 2:9, 요일2:2

2. 시기 : 그리스도가 십자가에 달리신 때는 기원 후 30년경이었다.

3.장소 : 요한복음 19:17-18에 의하면 그리스도는 실제로 골고다에서 죽으셨다.

하나님의 진노가 불의로 진리를 막는 사람들의 모든 경건하지 않음과 불의에 대하여 하늘로부터 나타나나니. (롬 1:18)

이 진노는 골고다에서 나타났다. 즉 하나님께서는 어둠의 장막을 내리신 것이다(마 27:45).

4. 근거 : 율법

죄의 삯은 사망이요. (롬 6:23)

범죄하는 그 영혼은 죽으리라. (겔 18:4)

야고보서 1:25에 의하면 죄는 완벽한 율법에 의해 심판받았다.

5. 결과 : 그리스도의 육체적 죽음. 이는 믿는 자를 위한 의인화였다.

모든 사람 특히 믿는 자들의 구주시라. (딤전 4:10)

Ⅱ. 매일의 자기 심판

1. 대상 : 성도들은 스스로를 심판한다.

사람이 자기를 살피고 그 후에야 이 떡을 먹고 이 잔을 마실지니. (고전 11:28)

여호와여 나를 판단하소서 여호와여 나를 살피시고 시험하사 내 뜻과 내 양심을 단련하소서. (시 26:1–2)

2. 시기 : 성찬 때뿐만 아니라 매일 같이, 특별히 아침의 조용한 때.

3. 장소 : 하나님과 끊임없이 친교를 나누고 성령님께서 꾸짖는 바를 명심하고 성령님께 간청하도록 하자(다른 어느 곳에서나 하라).

4. 근거 : 자녀의 신분

주께서 그 사랑하시는 자를 징계하시고 그가 받아들이시는 아들마다 채찍질하심이라 하였으니 너희가 참음은 징계를 받기 위함이라 하나님이 아들과 같이 너희를 대우하시나니 어찌 아버지가 징계하지 않는 아들이 있으리요. (히 12:6–7)

5. 결과 : 나약함과 질병과 죽음으로부터 구속하심.

너희 중에 약한 자와 병든 자가 많고 잠자는 자도 적지 아니하니. (고전 11:30)

만일 우리가 우리 죄를 자백하면 그는 미쁘시고 의로우사 우리 죄를 사하시며 우리를 모든 불의에서 깨끗하게 하실 것이요. (요일 1:9)

Ⅲ. 그리스도의 심판대에서의 심판

1. 대상 : 성도들은 그들이 한 일로써 심판받는다.

2. 시기 : 누가복음 14:14에 있는 그리스도의 재림 때와, 마태복음 16:27에 있는 최초의 부활 후이다.

3. 장소 : 공중에서(살전 4:16-17)

4. 근거 : 믿는 자가 해 놓은 일

각 사람의 공적이 나타날 터인데 그날이 공적을 밝히리니 이는 불로 나타내고 그 불이 각 사람의 공적이 어떠한 것을 시험할 것임이라. (고전 3:13)

Note

5. 결과 : 신실한 자에게는 그 대가와 영광이 있다.

만일 누구든지 그 위에 세운 공적이 그대로 있으면 상을 받고. (고전 3:14)

건초와 나무와 그루터기를 생산한 자들에겐 손실이 있다.

누구든지 그 공적이 불타면 해를 받으리니 그러나 자신은 구원을 받되 불 가운데서 받은 것 같으리라. (고전 3:15)

Ⅳ. 유대인에 대한 심판

1. 대상 : 유대 나라와 그 나라 사람들(겔 20:34-38 참조)
2. 시기 : 대 시련 기간
3. 장소 : 예루살렘 혹은 근방지역

내가 유다의 포로와 이스라엘의 포로를 돌아오게 하여 그들을 처음과 같이 세울 것이며. (렘 33:7)

4. 근거 : 으뜸이신 하나님을 거스름.

여호와께서 사무엘에게 이르시되 백성이 네게 한 말을 다 들으라 이는 그들이 너를 버림이 아니요 나를 버려 자기들의 왕이 되지 못하게 함이니라. (삼상 8:7)

무리가 일제히 소리 질러 이르되 이 사람을 없이하고 바라바를 우리에게 놓아 주소서 하니. (눅 23:18)

목이 곧고 마음과 귀에 할례를 받지 못한 사람들아 너희도 너희 조상과 같이 항상 성령을 거스르는도다. (행 7:51)

5. 결과 : 유대인이 회개하고, 그리스도를 메시야로 받아들임.

슬프다 그날이여 그와 같이 엄청난 날이 없으리라 그날은 야곱의 환난의 때가 됨이로다 그러나 그가 환난에서 구하여 냄을 얻으리로다. (렘 30:7)

이러한 일을 들은 자가 누구이며 이러한 일을 본 자가 누구이냐 나라가 어찌 하루에 생기겠으며 민족이 어찌 한순간에 태어나겠느냐 그러나 시온은 진통하는 즉시 그 아들을 순산하였도다. (사 66:8)

Ⅴ. 나라들에 대한 심판

1. 대상 : 이방국가들

모든 민족을 그 앞에 모으고 각각 구분하기를 목자가 양과 염소를 구분하는 것 같이 하여. (마 25:32)

2. 시기 : 그리스도 재림 때

인자가 자기 영광으로 모든 천사와 함께 올 때에 자기 영광의 보좌에 앉으리니. (마 25:31)

3. 장소 : 여호사밧 골짜기

내가 만국을 모아 데리고 여호사밧 골짜기에 내려가서. (욜 3:2)

Note

4. 근거 : 유대인의 취급

너희가 여기 내 형제 중에 지극히 작은 자 하나에게 한 것이 곧 내게 한 것이니라. (마 25:40)

그리스도의 형제들이란 유대인이었다.

5. 결과 : 악인의 나라에 벌을 내림

나를 떠나 마귀와 그 사자들을 위하여 예비된 영원한 불에 들어가라. (마 25:41)

선인의 나라에게 복을 내림.

내 아버지께 복 받을 자들이여 나아와 창세로부터 너희를 위하여 예비된 나라를 상속받으라. (마 25:34)

Ⅵ. 타락한 천사들에 대한 심판

1. 대상 : 타락한 천사들
2. 시기 : 미상(아마 커다란 흰 보좌의 심판 때일 것이다.)
3. 장소 : 미상
4. 근거 : 사탄의 반역(겔 28:12-19, 사 14:12-17, 계 12:4 참조)

우리가 천사를 판단할 것을 너희가 알지 못하느냐 그러하거든 하물며 세상 일이랴. (고전 6:3)

또 자기 지위를 지키지 아니하고 자기 처소를 떠난 천사들을 큰 날의 심판까지 영원한 결박으로 흑암에 가두셨으며. (유 1:6)

하나님이 범죄한 천사들을 용서하지 아니하시고 지옥에 던져 어두운 구덩이에 두어 심판 때까지 지키게 하셨으며. (벧후 2:4)

Ⅶ. 예수님을 믿지 않고 죽은 자에 대한 심판

1. 대상 : 예수님을 믿지 않고 죽은 자, 요한계시록 20:12에 의하면 다시 태어나지 못하며, 처음 부활 때 소생하지 못하거나 기쁨을 받지 못하던 자다.

2. 시기 : 수천 년 이후

(그 나머지 죽은 자들은 그 천 년이 차기까지 살지 못하더라) 이는 첫째 부활이라. (계 20:5)

3. 장소 : 커다란 흰 보좌

또 내가 크고 흰 보좌와 그 위에 앉으신 이를 보니 땅과 하늘이 그 앞에서 피하여 간 데

없더라. (계 20:11)

4. 근거 : 크든지 작든지 간에 개개인의 행위나 생명책에 기록된 이름들

또 내가 보니 죽은 자들이 큰 자나 작은 자나 그 보좌 앞에 서 있는데 책들이 펴 있고 또 다른 책이 펴졌으니 곧 생명책이라 죽은 자들이 자기 행위를 따라 책들에 기록된 대로 심판을 받으니. (계 20:12)

5. 결과 : 죄 많은 사람들은 불못 속에 던져진다.

누구든지 생명책에 기록되지 못한 자는 불못에 던져지더라. (계 20:15)

● 결론

커다란 흰 보좌의 심판은 개인에게 해당되는 최후의 것이다. 그것은 사람이 죄가 있는지 아닌지를 찾아내려는 시도가 아니다. 그것은 믿음이 없고 죄 많은 자들에 대한 권능의 주 하나님의 심판 선언이시다. 세상의 재판과 흰 보좌의 심판의 차이는 다음과 같다.

1. 산 자에 대한 것 : 죽은 자에 대한 것.
2. 증인이 있다 : 증인이나 변호사나 배심원이 없다.
3. 질문이 있다 : 질문이 없다(기록된 정보에 의함).
4. 항변이 있다 : 연설, 법서, 반대 심리 따위가 없다.
5. 인간의 법으로 함 : 하나님의 법으로 함.
6. 육체적인 죽음 : 영원한 죽음.
7. 뇌물행위가 있다 : 절대적인 의로움, 심사숙고에 따른다.
8. 증거를 보인다 : 그 사람이 살아 있는 동안 필름, 녹음기 따위와 같이 죄인의 생활을 보여주는 것들이 기록된 증거를 만들어 낸다.

질문 *Bible Study*

1. 창세기에서 하나님께서 내린 3가지 주요 심판은 무엇인가?
2. 예수께서는 수억의 인간을 위해서 심판받으신 것인가 아니면 단지 구원받을 사람들을 위해서인가?(딤전 4:10 참조)
3. 믿는 자들의 자기 심판은 강제적인가?
4. 요한복음 15:2과 히브리서 12:6은 어떤 관계인가?
5. 에스겔 20:34-38은 역사인가, 예언인가?
6. 유대인의 심판에 대한 결과는 무엇인가?

7. 마태복음 25:32에 의하면 심판의 대상은 누구인가?

8. 커다란 흰 보좌의 심판은 언제 있게 될까?

9. 어떤 사람들이 흰 보좌의 심판에서 의롭다고 심판받아 하늘로 가게 되는가?

10. 커다란 흰 보좌의 심판과 세상의 재판과의 차이는 무엇인가?

Note

제86과

미래의 영광과 보상

서론

우리가 잠시 받는 환난의 경한 것이 지극히 크고 영원한 영광의 중한 것을 우리에게 이루게 함이니. (고후 4:17)

연구에 따르면, 심판대에서 주어지는 대가는 왕관이나 기타 영광스런 것으로 되어 있을 것이라고 믿는다. 고린도후서 4:17은 세상의 슬픔, 고통, 눈물, 문제 따위를 잘 묘사하는 것으로, 일시적이고 가벼운 고통에 대해 말한다. 이 고통의 순간을 다른 쪽으로 교차하는 순간 "크고 영원한 영광의 중한 것"으로 바뀔 것이다. 이 이상스런 구절이 뜻하는 것은 무엇일까?(그 규모에 따라 영광의 무게를 달 수 있는 것인가?) 아마도 "가볍고", "무거운" 두 반대되는 말을 비교하는 상징일 것이다. 그 반대가 사실이 된다면, 믿는 성도인 우리는 가장 비참해질 것이다.

만일 그리스도 안에서 우리가 바라는 것이 다만 이 세상의 삶뿐이면 모든 사람 가운데 우리가 더욱 불쌍한 자이리라. (고전 15:19)

최초의 축복 가운데 하나는 믿는 자들의 죽음인데, 그 죽음은 이미 고통이 가신 것이다. 요한복음 8:51과 고린도전서 15:55을 보면 믿는 자에게 있어서 죽음은 예수 그리스도 안에 그저 잠들어버리는 것에 불과하다. 요한복음 11:11과 데살로니가전서 4:14을 보라. 그 다음 그 사람은 돌연 주님이 계신 데서 깨어난다.

내가 그 둘 사이에 끼었으니 차라리 세상을 떠나서 그리스도와 함께 있는 것이 훨씬 더 좋은 일이라 그렇게 하고 싶으나. (빌 1:23)

Ⅰ. 믿는 자들의 미래와 영광

1. 그리스도와 함께 있음

가서 너희를 위하여 거처를 예비하면 내가 다시 와서 너희를 내게로 영접하여 나 있는 곳에 너희도 있게 하리라. (요 14:3)

위대한 사람 앞에선 모두 행복하다.

2. 하나님과 대면함

나는 의로운 중에 주의 얼굴을 뵈오리니 깰 때에 주의 형상으로 만족하리이다. (시 17:15)

예수 그리스도의 얼굴에 있는 하나님의 영광을 아는 빛을 우리 마음에 비추셨느니라. (고후 4:6)

그의 얼굴을 볼 터이요. (계 22:4)

3. 그리스도의 영광을 봄

아버지여 내게 주신 자도 나 있는 곳에 나와 함께 있어 아버지께서 창세 전부터 나를 사랑하시므로 내게 주신 나의 영광을 그들로 보게 하시기를 원하옵나이다. (요 17:24)

이것은 얼마나 놀라운 광경인가! 이것은 마태복음 17:2에 있는 바, 성육신하기에 앞서 변형된 모습을 보여 주는 것이리라.

4. 그리스도와 함께 영광스러워 짐

자녀이면 또한 상속자 곧 하나님의 상속자요 그리스도와 함께 한 상속자니 우리가 그와 함께 영광을 받기 위하여 고난도 함께 받아야 할 것이니라 생각하건대 현재의 고난은 장차 우리에게 나타날 영광과 비교할 수 없도다. (롬 8:17–18)

우리는 이것이 뜻하는 바를 모르지만 분명히 신기하리만치 훌륭하게 될 것이다.

5. 그리스도와 함께 다스림

참으면 또한 함께 왕 노릇 할 것이요. (딤 2:12)

마태복음 25:20-23에는 충성스런 종들은 그들이 받은 달란트로 많은 것들을 지배하는 자가 되었다는 비유가 나온다. 누가복음 19:12-19은 귀인과 한 므나의 비유인데, 한 므나를 가진 그 사람은 열 므나 이상을 벌어 열 도시를 지배하게 되었다.

6. 모든 것을 상속받음

이기는 자는 이것들을 상속으로 받으리라 나는 그의 하나님이 되고 그는 내 아들이 되리라. (계 21:7)

사도행전 26:18은 그리스도인은 영광된 땅에서 상속받는 자라고 말씀하고 있다.

7. 별처럼 빛남

지혜 있는 자는 궁창의 빛과 같이 빛날 것이요 많은 사람을 옳은 데로 돌아오게 한 자는 별과 같이 영원토록 빛나리라. (단 12:3)

Note

Ⅱ. 믿는 자들이 얻을 왕관

런던탑에는 보석 왕관들이 있다. 대영제국 여왕의 왕관은 다이아몬드 3,000개와 다른 보석들 300개로 만들어졌다. 황제의 왕관은 다이아몬드 6,000개와 기타 다른 보석들로 되어 있다. 요한계시록 19:12에는 "그 머리에 많은 면류관이 있고"라고 하였다(여기서 그 머리는 구세주 예수 그리스도의 머리를 말한다). 당신은 얼마만큼의 보석이 가득한 왕관을 얻고 싶은가?

1. 경주자의 왕관

운동장에서 달음질하는 자들이 다 달릴지라도 오직 상을 받는 사람은 한 사람인 줄을 너희가 알지 못하느냐 너희도 상을 받도록 이와 같이 달음질하라 이기기를 다투는 자마다 모든 일에 절제하나니 그들은 썩을 승리자의 관을 얻고자 하되 우리는 썩지 아니할 것을 얻고자 하노라. (고전 9:24–25)

무거운 것과 얽매이기 쉬운 죄를 벗어 버리고 인내로써 우리 앞에 당한 경주를 하며. (히 12:1)

썩지 않는 왕관은 종이로 만들어진 것이 아니라 영원한 것이다.

2. 영혼의 승리자의 왕관

우리의 소망이나 기쁨이나 자랑의 면류관이 무엇이냐 그가 강림하실 때 우리 주 예수 앞에 너희가 아니냐. (살전 2:19)

각각 회개한 자들은 그 왕관의 한 보석이 될 것이다. 당신의 왕관에는 몇 개의 보석들이 있는가? 당신은 믿음 생활을 하는 매해마다 보석을 하나씩 가져야만 한다.

3. 기대하는 자들의 왕관

이제 후로는 나를 위하여 의의 면류관이 예비되었으므로 주 곧 의로우신 재판장이 그날에 내게 주실 것이며 내게만 아니라 주의 나타나심을 사모하는 모든 자에게도니라. (딤 4:8)

모든 사람은 이 왕관을 얻어야 한다. 우리 한 사람 한 사람은 주 예수 그리스도의 강림을 지켜 기다리고 있어야 한다.

4. 충성스런 자들의 왕관

시험을 참는 자는 복이 있나니 이는 시련을 견디어 낸 자가 주께서 자기를 사랑하는 자들에게 약속하신 생명의 면류관을 얻을 것이기 때문이라. (약 1:12)

이 왕관을 얻는 데는 조건이 있다. 첫째, 유혹을 견디고 악을 이기는 것, 둘째, 하나님을 사랑하는 것이다. 이것은 예수를 사랑하는 것같이 쉬워야 한다.

네가 죽도록 충성하라 그리하면 내가 생명의 관을 네게 주리라. (계 2:10)

또한 죽도록 충성하고 끝까지 인내해야 한다. 죽을 때까지, 생명이 다할 때까지 뿐만 아니라 순교할 때조차도 충성해야 한다.

Note

5. 진실한 목자들의 왕관

그리하면 목자장이 나타나실 때에 시들지 아니하는 영광의 관을 얻으리라. (벧전 5:4)

이것은 목자, 목사, 전도사, 교사들과 장로들의 왕관이다. 하나님의 유업에 충성하고, 훌륭히 이루어 놓은 것을 듣고 이 왕관을 받는다.

6. 속죄자의 황금 왕관

또 보좌에 둘려 이십사 보좌들이 있고 그 보좌들 위에 이십사 장로들이 흰 옷을 입고 머리에 금관을 쓰고 앉았더라. (계 4:4)

세상의 왕이나 여왕이 왕관을 갖는 것이 아니라 세상에서 속죄 받은 사람도 가질 수 있다.

● 결론

믿음에는 도전이 있다.

내가 속히 오리니 네가 가진 것을 굳게 잡아 아무도 네 면류관을 빼앗지 못하게 하라. (계 3:11)

왕관을 얻은 다음 다시 잃어버릴 수도 있다. 그런 일이 생긴다면 너무나 괴로운 비극이 될 것이다. 우리에게 그런 일이 일어나지 않도록 하나님 앞에서 선한 노력을 하라. 요한복음 19:5은 쓰라린 가시관을 예수께 씌운, 조롱에 찬 대관식이다. 이는 타락한 자의 부패상을 보여 준다. 요한계시록 4:10-11에서 장로들이 그 왕관을 예수께 던지며 말했다. "우리 주 하나님이여 영광과 존귀와 능력을 받으시는 것이 합당하오니." 나는 그때에 발 밑에 왕관을 놓고자 한다. 그의 발 밑에 놓을 왕관을 하나도 갖고 있지 못한 그리스도인은 얼마나 부끄러울까! 우리가 그분께 복종할 때 그분은 우리를 위해 왕관을 차지하실 것이다. 왕관은 참으로 그분의 것이다. 왜냐하면 그분이 이기셨기 때문이다. 모든 그리스도인이 많은 왕관을 그분의 복된 발 밑에 놓을 수 있기를 바란다.

질문 Bible Study

1. 고통을 통해 얻는 것은 무엇인가?(고후 4:17)
2. 고린도전서 15:55을 통해 그리스도인이 기대할 수 있는 축복은 무엇인가?
3. 믿는 자들의 장차 다가올 영광에 포함되는 7가지는 무엇인가?

4. 3번의 질문에서 가장 중요하다고 생각되는 것은 어떤 것인가? 그 이유는 무엇인가?

5. 믿는 자들이 쓰게 될 6가지 다른 왕관들은 무엇인가?

6. 야고보서 1:12과 요한계시록 2:10을 관련지어 볼 때, 생명의 왕관을 얻기 위한 3가지 조건은 무엇인가?

7. 썩지 않는 왕관을 얻기 위한 조건들은 무엇인가?

8. 왕관은 몇 개 얻을 수 있는가?

9. 왕관을 얻었다가 후에 잃을 수도 있는 것인가?

10. 요한계시록 4:10-11이 사실로 된다면 무엇을 예상할 수 있는가?

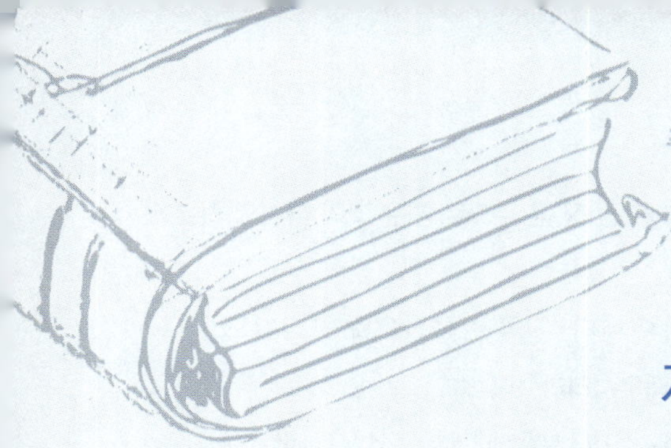

제87과
천국

● 서론

중국인 목수 카오씨는 “불교도들은 지옥에 대해 많이 얘기하는데, 이는 그들이 갈 곳이기 때문이다. 반면 우리는 천국에 대해 많이 얘기하는데 이는 우리가 갈 곳이기 때문이다”라고 말했다. 무디 목사가 좋아하는 설교 제목은 “천국”이었다. 그는 “우리는 전에 우리 삶 속에 있던 때보다 더 가까이 오늘 밤 천국에 있다”고 선포했다.

Ⅰ. 천국의 근원

태초에 천국은 하나님이 창조하셨다. “태초에 하나님이 천지를 창조하시니라”(창 1:1). 언제, 얼마나 오래 전인가는 사람에게 숨겨진 신비이다. 천국은 영원히 존재하는 것이다.

만일 땅에 있는 우리의 장막 집이 무너지면 하나님께서 지으신 집 곧 손으로 지은 것이 아니요 하늘에 있는 영원한 집이 우리에게 있는 줄 아느니라. (고후 5:1)

천국은 준비된 사람을 위해 마련한 처소이다.

Ⅱ. 천국이란 무엇인가?

천국은 주 하나님의 집이다.

하늘에 계신 우리 아버지여. (마 6:9)

고린도후서 12:2은 세 번째 천국에 이끌려 간 자에 대해 말한다.

첫째, 천국은 새가 날아다니는 곳이다.

둘째, 천국은 위성이 가는 곳이다.

셋째, 천국은 주 하나님의 집 혹은 보좌이다. 천국의 하나의 건물이다.

만일 땅에 있는 우리의 장막 집이 무너지면 하나님께서 지으신 집 곧 손으로 지은 것이 아니요 하늘에 있는 영원한 집이 우리에게 있는 줄 아느니라. (고후 5:1)

천국은 하나님의 건물이다. 그것은 인간이 만든 것이 아니다. 천국은 곡간으로 불리기도 한다.

알곡은 모아 곳간에 들이고 쭉정이는 꺼지지 않는 불에 태우시리라. (마 3:12)

이것은 불태워야 할 쭉정이와 곡식을(하늘로 갈 좋은 것) 구분할 때 일어난다. 천국은 하나님과 그리스도의 왕국이라 불려진다.

그리스도와 하나님의 나라에서 기업을 얻지 못하리니. (엡 5:5)

천국은 아버지의 집이라 불려진다.

내 아버지 집에 거할 곳이 많도다. (요 14:2)

천국은 안식처라 불려진다.

그런즉 안식할 때가 하나님의 백성에게 남아 있도다. (히 4:9)

천국은 낙원이라 불려진다.

그가 낙원으로 이끌려 가서. (고후 12:4)

Ⅲ. 천국의 크기

그 크기는 광대하며 측량할 수 없다. 천국은 지상과 차원이 다르기 때문이다.

여호와께서 이와 같이 말씀하시니라 위에 있는 하늘을 측량할 수 있으며. (렘 31:37)

또 내가 새 하늘과 새 땅을 보니 처음 하늘과 처음 땅이 없어졌고 바다도 다시 있지 않더라. (계 21:1)

이것이 천국은 아니라고 확신한다. 왜냐하면 새 예루살렘은 하늘로 "부터" 오는 것이지, 하늘 그 자체는 아니다(계 21:2, 10절)

Ⅳ. 천국의 특징

1. 천국은 높은 곳이다.

내가 높고 거룩한 곳에 있으며. (사 57:15)

2. 천국은 거룩한 곳이다.

그의 거룩한 하늘에서 그에게 응답하시리로다. (시 20:6)

3. 천국은 행복한 곳이다. (계 7:17)

하나님께서 그들의 눈에서 모든 눈물을 씻어 주실 것임이라.

4. 천국은 죽음, 눈물, 슬픔, 울음 또는 고통이 없는 곳이다.

다시는 사망이 없고 애통하는 것이나 곡하는 것이나 아픈 것이 다시 있지 아니하리니 처음 것들이 다

지나갔음이러라. (계 21:4)

Note

V. 천국에 사는 백성

1. 악마(계 20:10)와 도둑(눅 12:23)들은 결코 들어갈 수 없다.

그러나 두려워하는 자들과 믿지 아니하는 자들과 흉악한 자들과 살인자들과 음행하는 자들과 점술가들과 우상 숭배자들과 거짓말하는 모든 자들은 불과 유황으로 타는 못에 던져지리니. (계 21:8)

갈라디아서 5:19-21에 언급된 육체의 17가지 결과는 결코 천국의 이상에 들어가지 못할 것이다.

2. 마태복음 6:9에 의하면 하나님 아버지가 그곳에서 사실 것이다. 사도행전 3:21에 의하면 예수께서 승천하신 후 그곳으로 가셨다. 마태복음 18:10; 26:53에 의하면 천사들과 무수한 조물들이 그곳에 있다. 창세기 5:24, 마태복음 17:3, 열왕기하 2:11에 의하면 하늘로 올려진 에녹과 엘리야가 그곳에 있다. 예수를 믿으며 죽은 모든 사람은 그곳에 있을 것이다.

예수 안에서 자는 자들도 하나님이 그와 함께 데리고 오시리라. (살전 4:14)

마태복음 17:3에 의하면 하나님이 묻으신 모세도 그곳에 있다.

VI. 천국은 완전한 곳이다(계 22:1–5)

1. 천국은 생명수가 흐르는 깨끗한 강과 12종류의 과실나무가 있는 아주 만족스런 곳이다. 유유히 안락하기에 완전한 극치이다(1-2절).

2. 천국은 나라들을 치유하는 나뭇잎들이 있는 완벽한 시설이 있는 곳이다. 모든 것이 훌륭하게 찬란히 준비되어 있다(2절).

3. 저주가 없는 완벽한 무죄 상태이다(3절). 에덴에 내린 저주는 인간에게서 영원히 사라졌다. 당신은 그렇게 절대적인 기쁨을 상상할 수 있는가?

4. 천국은 꼭 한 분인 하나님과 그리스도가 통치하는 완벽한 정부가 있는 곳이다(3절).

5. 천국은 완전한 섬김이 있는 곳이다. "그의 종들이 그를 섬기며"(3절).이것은 천국의 모습을 해치는 것인가? 그렇지 않다. 우리는 기쁨을 가지고 섬긴다.

6. 천국은 완벽한 친교가 이루어지는 곳이다(4절).

7. 천국은 완전한 소유가 있는 곳이다(4절). 우리는 하나님께만 속할 것이다. 분열

되지 않은 충성이다. 모든 것이 그분의 소유다.

8. 완전한 영광이 있는 곳이다(5절). 그곳에는 인조등이 없다. 그들이 함께 영원토록 다스릴 것이다.

● 결론

당신은 천국에 가기를 원하는가? 준비는 되어 있는가? 천국은 준비된 사람들을 위한 것이다. 믿지 않는 자는 천국이 거룩하기 때문에 매우 불편하다고 할 것이다. 어떤 왕이 광대에게 그가 가장 바보스런 광대인 것을 기념하여 지팡이를 주었다. 지팡이는 더 바보스런 사람에게만 주어지게 되어 있었다. 어느 날 왕이 죽음을 앞두고 있었다. 광대가 왕을 찾아왔다. 그는 왕에게 천국에 갈 준비가 되어 있느냐고 물었다. "아무것도 없다"고 왕이 대답하자, "당신이야말로 가장 지독한 바보로군요"라고 말하며 그 지팡이를 왕에게 건네주었다.

질문 *Bible Study*

1. 세 천국을 구분하여 보라.
2. 창세기 1:1에는 어떤 천국이 언급되어 있는가?
3. 천국은 국가인가, 마을인가?
4. 천국은 얼마나 큰가?
5. 요한계시록 21:16-17의 새 예루살렘은 천국인가? 왜 그런가?
6. 천국의 4가지 특성은 무엇인가?
7. 요한계시록 21:8을 토대로 천국에 가지 못할 8가지 부류의 사람에 대해 말해 보라.
8. 천국에 결코 들어가지 못할 17가지 욕정의 결과는 무엇인가?(갈 5:19-21)
9. 천국에 살고 있는 사람은 누구인가?
10. 요한계시록 22:1-5에서 묘사한 천국은 어떤 모습인가?

제88과
지옥

● 서론

40과에서 우리는 사탄에 대해 공부했고, 지옥 또는 불못이 사탄의 마지막 운명이라는 것도 알았다. 사탄으로 인하여 죄를 지은 천사들은 지금까지도 지옥에서 심판을 기다리고 있다.

하나님이 범죄한 천사들을 용서하지 아니하시고 지옥에 던져 어두운 구덩이에 두어 심판 때까지 지키게 하셨으며. (벧후 2:4)

영원히 계속되는 지옥이 있을까? 성경은 있다고 단정한다. 지옥은 실재하며 깨달아야 하는 놀라운 사실이다. 뉘우침이 없는 사람이 받을 운명에 대해 신약에만도 162개의 인용구절이 있고, 그중 70번 이상을 주님께서 말씀하셨다.

Ⅰ. 무엇이 지옥인가?

지옥은 하나님의 현존이 사라진 상태이다.

이런 자들은 주의 얼굴과 그의 힘의 영광을 떠나 영원한 멸망의 형벌을 받으리로다. (살후 1:9)

지옥은 고통과 벌이 있는 곳이다.

그가 음부에서 고통중에 눈을 들어. (눅 16:23)

어떤 사람은 조롱하여 말하기를, “지옥이 어디에 있느냐?”고 한다. 성경은 “아래”에 있다고 말씀한다(사 14:9). 에스겔 32:27은 “스올에 내려…”라고 하였다. 민수기 16:30-33에는 땅이 그 입을 열어 그들 모두 구덩이에 산 채로 빠지게 되었다고 하였다. 지옥을 공부하는 중에 문제가 되는 것은 사용된 용어가 여러 가지인 점이다. 원어 상으로는 세 가지 말이 사용되고 있다. 즉 (1) 저승 (2) 황천 (3) 지옥들이다. 그러나 불행히도 영어에서는 이것들이 황천, 지옥, 무덤 따위로 번역되어 왔으나 원래의 뜻이 갖는 힘을 약화시켜 왔는가 하면, 어떤 사람은 지옥은 단지 무덤을 말하는 구멍이라고 한다.

Ⅱ. 지옥의 근원

지옥은 원래 악마와 사악한 천사들을 위해 생겼다.

저주를 받은 자들아 나를 떠나 마귀와 그 사자들을 위하여 예비된 영원한 불에 들어가라. (마 25:41)

지옥은 결코 인간을 위해 예정된 것은 아니었으나 만일 인간이 구세주 예수 그리스도를 통하여 천국에 가기를 거절한다면 그들은 영영 사탄을 따라야만 한다.

Ⅲ. 지옥의 차원

인간이 그곳에 가기를 주장했기 때문에 하나님께서는 지옥을 넓히셔야 했다.

그러므로 스올이 욕심을 크게 내어 한량 없이 그 입을 벌린즉. (사 5:14)

스올과 아바돈은 만족함이 없고 사람의 눈도 만족함이 없느니라. (잠 27:20)

Ⅳ. 지옥의 묘사

1. 지옥은 벌을 받는 곳이다.

그들은 영벌에, 의인들은 영생에 들어가리라 하시니라. (마 25:46)

2. 지옥은 고통이 있는 곳이다.

그가 음부에서 고통중에 눈을 들어. (눅 16:23)

3. 지옥은 불이 있는 곳이다(계 20:15; 14:10, 마 3:12, 사 33:14).

풀무 불에 던져 넣으리니 거기서 울며 이를 갈게 되리라. (마 13:42, 50절)

4. 지옥에는 벌레가 있다.

거기에서는 구더기도 죽지 않고 불도 꺼지지 아니하느니라. (막 9:48)

5. 누가복음 16:23에 의하면 인간은 다른 사람들을 인식할 수 있는 능력이 있었다.

6. 누가복음 16:27에 의하면 인간은 기도하는 능력을 가지고 있었다. 그럼에도 불구하고 기도는 부인되었다.

7. 누가복음 16:24-27에 의하면 인간은 여전히 욕망을 갖고 있었다. 인간은 마실 물을 원했고, 가서 그의 형제들에게 오지 말 것을 주의시키며 설교하기를 원했다.

Ⅴ. 지옥의 존속 기간

성경은 천국과 지옥이 영원히 계속된다고 거듭 말한다.

Note

그들은 영벌에, 의인들은 영생에 들어가리라 하시니라. (마 25:46)

우리는 그것을 이해할 수 없을지라도 하나님께서 그렇게 말씀하셨으므로 사실로 받아들인다. 이 교리는 깊이 뿌리박힌 인간의 타고난 신념과 조화를 이룬다. 천국이 영원하다는 사실에 반대하는 사람은 거의 없는데, 왜 영원한 벌에는 반대할까? 한 쪽이 그치면 다른 쪽도 그래야만 한다.

Ⅵ. 이 교리에 대한 반대 견해들

1. 이 교리는 하나님의 사랑과 모순된다.

하나님의 사랑을 말하는 같은 성경이 하나님의 의로움과 거룩함에 대해 말하기도 한다. 하나님은 사랑하는 것에나 의로움에나 균형을 이루신다.

2. 영원한 벌을 받을 어떤 필요성이 있는 것일까?

모든 죄는 결국 그 값을 치르는 것이 아닐까? 모든 죄에 대한 벌은 죽음이다.

죄의 삯은 사망이요. (롬 6:23)

3. 한 가지 죄로 인간에게 영원한 벌을 내린다는 건 부당한 것이 아닐까?

영원히 계속되는 벌이라고 하여 똑같은 벌을 뜻하는 건 아니다. 시기는 같을지 모르나 벌의 정도는 다를 것이다.

4. 죄를 선고받은 사람이 후회하여 주를 찾고 지옥에서 용서받는 것이 아닐까?

구원은 이 삶에 한정되어 있다. 죄를 선고받은 자의 모든 기도는 거절된다. 누가복음 16:24-27을 보면 구속과 구원을 위한 기도는 영원히 거절될 것이다.

5. 죄를 선고받은 자가 지옥에 떨어진다는 것을 생각해 보면 잔인하지 않을까?

믿지 않는 자는 의로우신 하나님의 성스런 면전에서 달아나야 안심한다.

6. "언제까지나"라는 말이 항상 "영원"을 의미하는 건 아니다.

이는 하나님과 관련될 때 똑같이 사용되는 말이다. 로마서 16:26의 "영원하신 하나님"은 생명과 관계가 있고, 요한복음 3:16의 "영생"은 보상에 대한 것이고, 히브리서 9:15의 "영원한 기업"이라고 하였다.

7. 글자 그대로의 불못은 존재하지 않는다.

그것이 문자적이든지 상징적이든지 요점은, 지옥이란 하나님을 거부한 인간, 천사들, 기타 악마들의 육체와 영혼에 대한 벌을 주는 곳이다.

8. 하나님께서는 패배한 자를 괴롭힌다고 가르치고 있지 않다.

양심과 기억으로 지옥 속에서 그를 괴롭힐 것이다.

9. 지옥은 국가도 어떤 장소도 아니라고 생각지 않는가?

아마 지옥은 국가이거나 어떤 뚜렷한 장소일 것이다.

10. 지옥은 선인이나 악인이 다 가야만 하는 무덤을 뜻하지 않을까?

누가복음 16장을 보면 그들은 다 죽어 무덤에 간다고 하였다. 왜냐하면 그들 다 묻혔기 때문이다. 그러나 그 두 사람의 영혼의 거처는 달랐다. 한 사람은 안락한 곳에 있었고 다른 사람은 괴로운 곳에 있었으며 그 두 사람은 왕래할 수 없도록 거대한 깊은 바다에 의해 분리되어 있다.

11. "지옥", "황천", "저승" 따위는 멸절만을 뜻하는가?

이런 자들은 주의 얼굴과 그의 힘의 영광을 떠나 영원한 멸망의 형벌을 받으리로다. (살후 1:9)

그 멸절이란 죄의 결과나 그 중요성에 대한 것임을 말한다. 우리는 영원한 것이 벌이며, 그 주체자가 벌을 받는 것을 의식해야만 한다고 충심으로 믿는다. 당신은 한 돌멩이를 벌할 수는 없는 것이다.

12. 죽은 후에는 시련의 기간이 없지 않을까?

분명 그렇지 않다. 히브리서 9:27, 마가복음 9:42-50, 마태복음 18:8-9; 25:46을 생각해 보라.

Ⅶ. 지옥에서의 벌의 정도

그러므로 내 분노의 불이 일어나서 스올의 깊은 곳까지 불사르며 땅과 그 소산을 삼키며 산들의 터도 불타게 하는도다. (신 32:22)

심판 날에 소돔과 고모라 땅이 그 성보다 견디기 쉬우리라. (마 10:15)

• 참고/ 막 6:11, 눅 10:12

하나님의 의로우심은 벌의 정도를 요한다. 가장 뜨거운 지옥의 불을 참아야 할 사람들은 아마도 항상 하나님을 거부한 사람들이리라.

● 결론

사람은 어떻게 지옥에 가게 되는가?

우리가 이같이 큰 구원을 등한히 여기면 어찌 그 보응을 피하리요. (히 2:3)

사람은 어떻게 지옥을 피할 수 있을까? 예수를 자신의 구세주로 받아들임으로써 가능하다 (잠 15:24).

Note

질문 Bible Study

1. 베드로후서 2:4에 의하면 누가 지옥에 있게 될까?
2. 데살로니가후서 1:9과 누가복음 16:23에 의하면 지옥은 무엇인가?
3. 성경은 지옥이 어디에 있다고 말하는가?
4. 지옥의 근원은 무엇인가?
5. 이사야 5:14은 지옥에 대해 무엇이라고 가르치는가?
6. 성경의 지옥에 대한 묘사를 말해 보라.
7. 천국과 지옥이 영원하다는 것을 어떻게 아는가?
8. "지옥은 하나님의 사랑에 모순된다"는 말은 참인가 거짓인가?
9. 지옥으로 갈 것이 확정됐던 영혼이 참회하여 주를 찾고 용서를 비는 것은 가능한 것인가?
10. 신명기 32:22과 마태복음 10:15에서 지옥에 대해 배우게 되는 것은 무엇인가?

제89과

선교사의 동기

● 서론

그리스도의 사랑이 우리를 강권하시는도다. (고후 5:14)

모든 믿는 자들은 회개에서부터 죽음이나 환희에 이르기까지 하나님을 섬기도록 예수 그리스도의 사랑으로 강권되며, 또 강권되어야 한다. 안타깝게도 많은 그리스도인이 이렇게 매우 중요한 일을, 뚜렷하고 구체적인 생각도 없이 왜 그리스도를 섬겨야만 하는가 하는 막연한 생각을 가지고 있다. "강권된다"는 뜻은 억지로 하게 하는 것, 재촉하는 것, 앞으로 나아가게 한다는 뜻이다.

구약에서 인간은 법에 의해 강권되고, 신약에서는 사랑에 의해 강권된다. 어떤 것이 가장 큰 힘인가? 그것은 사랑의 강권이다. 많은 신자는 만일 예수께서 그들을 성경학교나 봉사하는 데에 불러들인다면, 기꺼이 예수를 섬길 것이다. 그러나 그런 특별한 소명을 받기 전에는 특별한 필요를 느끼지도 않고, 구세주 예수 그리스도를 주인으로 섬겨야 할 열정을 느끼지 못한다. 본문을 이해하기 위해서는 전후관계를 연구해야만 한다. 고린도후서 5:14은 여러 가지 봉사에 뛰어들도록 우리를 자극한다.

Ⅰ. 하늘나라에 있는 빈 저택들(고후 5:1-4)

죽음은 인기없는 화제이지만 끊임없이 우리가 직면해야 하는 것이기도 하다. 1절에서 바울은 하늘에 있는 하나님의 집에 대해 말하고 있다.

내 아버지 집에 거할 곳이 많도다. (요 14:2)

길과 산울타리 가로 나가서 사람을 강권하여 데려다가 내 집을 채우라. (눅 14:23)

그리스도의 재림은 그 집들이 채워지기(즉, 그 영혼들이 구원받고 하늘의 유업이 요청되기를 기다림으로) 위해 지체되는 것이다. 당신의 친구나 사랑하는 사람들, 친척들 중 몇 사람이 그 소유권을 갖지 못하고 있는가? 그리스도인으로서 나는 지금 당장 사람들로 하여금 그 집의 소유권을 분명히 하도록 설득하라고 강권되어 있다.

Note

Ⅱ. 신앙의 단순성

이는 우리가 믿음으로 행하고 보는 것으로 행하지 아니함이로라. (고후 5:7)

구원의 길이나 방법은 그렇게 간단하다. 친구들, 노인, 젊은이, 무식한 사람, 단순한 사람 등 모든 사람은 예수그리스도를 믿음으로써 간단한 구원의 조건을 채울 수 있다. 1958년 12월 23일, 마닐라에 사는 가난한 사람들 모두가 맬러커낭 기증품들을 나눠 갖기 위해 지정된 장소로 떼를 지어 나갔다. 조건이란 단순히 가난하면 족했다. 그리하여 신청한 많은 사람이 음식과 의복을 받았다. 만일 하나님께서 구원의 대가로 각 사람에게 백만 원을 요구하셨다면 구원받지 못하는 사람이 있을 것이다. 그러나 하나님은 모든 사람이 갖고 있는 믿음을 원하실 뿐이다. 모든 사람은 믿을 수 있다는 이 요건을 채울 수 있다. 그러나 누군가 믿기 전에 예수와 십자가에 대한 위대한 이야기를 말해 주어야만 한다.

Ⅲ. 구세주를 기쁘게 하려는 소망

그런즉 우리는 몸으로 있든지 떠나든지 주를 기쁘시게 하는 자가 되기를 힘쓰노라. (고후 5:9)

충심으로부터 우러나오는 모든 믿는 자의 외침은 그 주인이신 예수 그리스도를 기쁘게 할 것이다. 우리는 더 이상 우리 자신을 기쁘게 하려고 사는 것은 아니다. 우리는 우리의 새 주인을 기쁘게 하길 열망한다. 다음과 같은 얘기가 있다. 어떤 바이올린 연주자가 관객들에게 박수갈채를 받았으나 전혀 기뻐하지 않았다. 그는 발코니의 한 지점을 뚫어지게 응시하고 있었는데, 그곳에 앉아 있는 자신의 선생을 쳐다보고 있었던 것이다. 세 번째 앙코르 이후 그 선생이 박수를 치자 마침내 그 연주자는 웃으며 답하였다.

당신과 나는 예수님의 미소를 기다리고 있다. 최선을 다해 충심으로 그분을 섬기자. 다만 인간을 기쁘게 하는 자가 아니라 그분의 존귀와 영광에 성실한 시선을 보내는 것이다.

Ⅳ. 다가오는 심판(고후 5:10-11)

이것은 심판대에서의 당신과 나, 믿는 자들에 대한 심판이다. 그리스도를 받아들임으로써 심판받지 않을 것이다. 우리는 그리스도라는 터 이외에 지은 건물로 심판받을 것이다. 우리가 한 모든 일은 불로써 시험될 것이다. 우리가 충심으로 그분을 섬겼다면 하나님은 우리에게 상을 주실 것이다. 어떤 사람은 많은 왕관과 별을 얻을 것이다. 성실하지 않으면 상을 잃을 뿐만 아니라 그 잃은 것으로 고통을 당할 것이며 그들에게 주의 무서움이 기다릴 것이다. 고린도후서 5:11을 보라. 언젠가 심판받을 것이라는 사실이 나로 하여금 신중히 행동하도록 하고 부지런히 섬기도록 한다. 벌을 두려워한다는 것은 부정적일 뿐이다. 그것은 내가 구세주의 발아래 놓을 상과 왕관을 원한다는 점에서 긍정적이다. 요한계시록 4:10-11을 보라.

"이십사 장로들이 보좌에 앉으신 이 앞에 엎드려 세세토록 살아 계시는 이에게 경배하고 자기의 관을 보좌 앞에 드리며 이르되 우리 주 하나님이여 영광과 존귀와 권능을 받으시는 것이 합당하오니 주께서 만물을 지으신지라 만물이 주의 뜻대로 있었고 또 지으심을 받았나이다 하니라."

Ⅴ. 사람을 위해 죽으신 예수(고후 5:14)

"그리스도께서는 모든 사람을 위해 죽으셨다." 이것이야말로 축복받은 복음의 이야기이다. 이것이 선교사들의 안락한 생활을 던지고 제3세계로 떠나는 이유였다. 나는 그리스도께서 모든 인류를 사랑하여 각 사람들을 위해 죽으셨다는 것을 알았다. 이것이 선교사가 오지로 가는 이유이다. 나는 어떤 사람에게나 설교하는 것을 두려워하지 않으며, 그 다음엔 이 사람이 골고다의 고통에 포함될 수 있는가를 궁금히 생각한다. 더욱이 예수께서 모든 사람을 위해 죽으셨다면 각 사람은 그것에 대해 알 권리가 있는 것이다. 우리는 그들에게 이 위대한 사실을 알려줌으로써 예수를 섬긴다. 우리에게는 그것이 잘 알려진 사실이지만 아직도 많은 사람이 그것에 대해 듣지도 깨닫지도 못하고 있다. 모든 사람이 구세주를 필요로 한다. 예수께서는 모든 사람을 위해 죽으셨다. 그러니 모든 사람에게 이를 이야기하자.

Ⅵ. 다른 사람을 위해 살아야 할 도덕적 의무(고후 5:15)

봉사하는 생활은 자기 자신이 아닌 다른 사람을 섬기는, 이타적인 삶이다. 나는 농사짓는 일을 그만두었는데, 그것이 이기적인 생활인 것 같았기 때문이다. 날마다, 주마다 일한다는 것, 그것은 어느 누구에게도 도움을 주지 못하는 것이었다. 바울은 "다시는 그들 자신을 위하여 살지 않고"(고후 5:15)라고 하였다. 오늘 나는 예수 그리스도를 섬기기 위해 그분께 내 삶을 바친다. 그가 나를 구원해 주셨다. 그가 나를 손에 넣으셨다. 그가 나를 구속하셨다. 나는 그분께 속하여 있다. 그분은 내 가진 모든 것을 가지셔야만 한다. 구원이 삶의 목적이었다면 우리는 참회하여 하늘로 곧장 올라갈 수 있었으리라. 만일 그런 일이 일어났더라면 누가 우리에게 복음을 가져다주었을 것인가? 우리는 자기 자신을 위해서가 아니라 그분과 우리 이웃을 섬기도록 구원받았다. 그분은 도공이며, 나는 진흙이다. 그분은 주인이며 나는 종이다. 그분은 지배자이므로 나는 명령에 복종해야만 한다. 나는 가장 행복한 삶은 이기적이지 않은 삶이라고 믿는다. 이기적인 사람은 비참한 사람이며, 다른 사람이 더 많은 선물과 칭찬을 얻는 것을 항상 시기한다. 섬김을 즐거워하는 사람은 다른 사람의 삶에 생긴 성공이나 기쁨에 함께 기뻐한다.

Note

Ⅶ. 우리는 화목의 말씀을 가진 대사들이다(고후 5:18-21)

화목하게 하는 말씀을 우리에게 부탁하셨느니라. (고후 5:19)

화해는 두 사람이 이전에는 적이었음을 의미한다. 이것은 정말 사실이다. 이 두 편이란 하나님과 죄인이었다. 하나님을 외면한 죄인에게 골고다에서 얻은 화해의 소식을 전하는 임무가 믿는 자인 우리에게 주어졌다. 20절은 우리를 대사(사신)로 부르고 있다. 우리는 하나님으로부터 등을 돌린 죄인에게 하나님을 알리는 하늘나라 정부의 공식 대표자들이다. 당신은 하늘나라의 대사가 되고 싶지 않은가? 그러나 하늘나라 대사가 된다는 것은 훨씬 더 큰 영광이요 책임이 뒤따른다. 우리는 아무리 힘들어도 대사직을 그만두지 말고 적극적으로 임무를 수행해야 한다.

● 결론

이와 같은 7가지 이유로 나는 주 예수 그리스도를 섬기도록 강권되었다. 봉사의 범위나 형태는 이 순간에 있어서 중요한 것은 아니다. 중요한 것은 그분이 원하시는 곳에서 진심으로 그분을 섬기고 있는가 하는 것이다.

질문 *Bible Study*

1. 고린도후서 5:14에 사용된 "강권"이란 말을 정의하라.
2. 우리가 예수 그리스도를 섬겨야만 하는 이유는 무엇인가?

3. 누가복음 14:23과 요한복음 14:2 사이의 연관성은 무엇인가?
4. 고린도후서 5:7은 어떤 방법으로 주 예수를 섬기도록 권유하는가?
5. 바이올린 연주자가 청중의 박수에 답하지 않은 이유는 무엇인가?
6. 고린도후서 5:11의 "주의 두려우심"이라는 표현을 설명하라.
7. 고린도후서 5:14에서 제외된 사람들은 누구인가?
8. 그리스도인들의 의무는 무엇인가?
9. 믿는 자들 각각에게 어떤 높은 위치가 자동적으로 주어지는가?
10. 2번의 이유 중 가장 큰 것은 무엇이라고 생각하는가? 그 이유는 무엇인가?

제90과

선교사의 도전

● 서론

오늘날 세계(1986년)에는 50억의 인구가 살고 있다. 적어도 그 절반 정도는 복음에 대해 한 번도 들어본 적이 없는 사람들이며, 5분의 2가 공산주의자이다. 회교도는 특히 북미에서 급속히 그 수가 늘어나고 있다. 오늘날에 22,000여 명의 활동적인 기독교 선교사들이 있다. 필리핀 섬은 지역적으로나 종족 면으로나 손이 닿지 않은 훌륭한 선교지이다. 분명 이러한 사실은 순수한 복음을 전파하는 데에 엄청한 도전으로 보여진다. 필리핀에서 사용되는 언어가 적어도 87가지가 되는데, 이런 점은 외국인 선교사들이 라디오나 다른 방법들을 동원하여 주민들에게 다가가는 데 장애가 되곤 한다.

Ⅰ. 선교사의 목적

1. 그릇된 목적

a. 진정한 인간의 형제애를 가르치는 것 – 이것은 치명적인 죄의 문제를 간과하는 것으로 그릇되다.

b. 사람들을 하나님과 화해시키는 것 – 예수께서는 이미 골고다에서 이것을 완수하셨다.

c. 미개인들의 문명화로 구원될 것을 추구함 – 교육이나 문명화가 한 영혼을 영원한 지옥에서 구할 수는 없다.

d. 쾌락, 모험, 권태로부터의 도피, 쉬운 일 따위는 단 몇 달 동안의 힘든 일로 쉽사리 포기할 그릇되고 굳건하지 못한 동기이다.

2. 올바른 목적

a. 그리스도의 명령에 복종하는 것

그러므로 너희는 가서 모든 민족을 제자로 삼아. (마 28:19)

또 이르시되 너희는 온 천하에 다니며 만민에게 복음을 전파하라. (막 16:15)

b. 우리 생명을 위해 하나님의 뜻을 받아들임

에베소서 2:10은 우리 믿는 자들은 어떤 류의 선생이든지 해야 한다고 명령하고 있다. 로마서 12:1-2을 보라.

c. 인간의 영혼에 대한 열망

울며 씨를 뿌리러 나가는 자는 반드시 기쁨으로 그 곡식 단을 가지고 돌아오리로다. (시 126:6)

무리를 보시고 불쌍히 여기시니 이는 그들이 목자 없는 양과 같이 고생하며 기진함이라. (마 9:36)

d. 복음을 전하고 인간이 죄로부터 하나님께로 돌아가기를 간청하려는 욕망(행 3:26)

이스라엘 족속아 돌이키고 돌이키라 너희 악한 길에서 떠나라 어찌 죽고자 하느냐. (겔 33:11)

e. 하나님의 모든 권고를 가르치고 진실한 그리스도인임을 입증하는 것

때가 오래 되었으므로 너희가 마땅히 선생이 되었을 터인데. (히 5:12)

f. 자체 선교사가 될 토착교회를 정립하는 것

내가 너를 그레데에 남겨 둔 이유는 남은 일을 정리하고 내가 명한 대로 각 성에 장로들을 세우게 하려 함이니. (딛 1:5)

Ⅱ. 선교사의 동기

1. 외적 동기

a. 세속적 조건 – 극심한 가난, 초라한 주택, 끝없는 노동, 지적인 무지, 구제되지 않는 고통들로 인하여

b. 도덕적 조건 – 더럽고 비열한 습성, 언어 도단적인 음모, 입에 담을 수 없는 잔학한 행위, 도덕적 타락, 노예근성, 마법, 비도덕성, 일부다처제 따위

c. 영적인 조건 – 거짓 종교에 묶여 에베소서 2:12에서처럼, 하나님의 눈으로 볼 때 사악한 죄인으로 영적으로 죽음

2. 내적 동기

a. 우리가 섬기는 주인에 대한 충성 – 요한복음 10:16에서 그분은 이 길 잃은 양들을 애타게 찾으신다. 사무엘하 23:15-16에서처럼 사람들이 베들레헴의 우물에서 물을 얻었을 때일지라도 하나님을 위해 가서 그들을 구출하도록 하자.

b. 우리를 구원하신 구세주께 감사함

c. 사랑 – 하나님을 섬기도록 그 사랑으로 강권된다. 요한복음 21:15-17에서 예수께서 베드로

에게 말씀하시되, "만일 네가 나를 사랑한다면 내 양떼들을 기르라"고 하셨다.

Note

Ⅲ. 선교사의 원리

1. 선교의 목표는 모든 사람에게 그리스도는 죄를 구하시는 구세주라는 사실을 알리는 것이다.

a. 이러한 목표는 분명한 영적 목표이다. 우리가 할 일은 상업적 · 정치적 · 박애주의적인 것이 아니다. 원래의 진로를 견지하도록 하자.

b. 그것은 독특한 목표이다. 그것은 모든 사람이 계급 · 종족 · 피부색에 상관없이 자유롭고, 예수 그리스도의 피로써 그들의 죄가 깨끗해진다는 꼭 같은 방식으로 구원될 필요가 있다고 주장한다.

c. 그것은 결정적인 목표이다. 그 목표는 우리의 영을 다스리고 우리의 모든 에너지는 이 한 방향으로 기울어져야 한다.

2. 선교 정책은 가장 널리 전파되어야 한다.

주 예수께서는 그 영역이 세계 전체라고 가르치셨다. 우리가 위임받은 곳은 세계까지(막 16:15), 모든 나라에까지(마 28:19), 모든 창조물에까지(막 16:15) 미친다. 사도행전에 보면 하나님께서는 그리스도인들이 더 큰 지역으로 흩어져 복음을 전하도록 박해를 이용하셨다.

3. 선교사의 책임은 그리스도의 몸의 각 구성원에 달려 있다.

구세주의 명령은 "너는 가라"고 하신 말씀처럼 개별적이고 개인적인 것이다. 하나님이 어떤 사람을 불러 섬기도록 하실 때는 늘 이름을 부르신다. 창세기 22:1과 요한복음 21:15을 보라. 하나님께서는 영혼의 구원이라는 영광스런 임무에 당신과 나를 부르셨다.

하나님의 은사와 부르심에는 후회하심이 없느니라. (롬 11:29)

하나님은 영역은 바꾸실지라도 일을 바꾸시지는 않는다. 비자는 바꿀지라도 여권은 바꾸지 않으신다. 바울은 유대인으로서 유대인을 사랑했고, 유대인의 직무에 부름 받았으며, 그 일에 적합했고, 그 일을 위해 살고 죽을 준비가 되어 있었다. 그러나 사도행전 22:21에는 유대인들이 그 메시지를 거부하자, 하나님께서는 바울을 멀리 이방인들에게로 보내셨다.

Ⅳ. 선교사의 자격

1. 거듭나야 한다. 이것이 첫 번째 가장 큰 요건이다.

2. 십자가를 기꺼이 짊어지려 해야 한다. 선교란 쉬운 것이 아니다(눅 9:23).

3. 새로운 환경에 보다 잘 적응하기 위해서는 젊음이 최고로 바람직하다.

4. 어느 곳에서나 복음을 전하기 위해서는 담대함이 필요하다.

5. 초라한 생활조건과 질병의 위협을 견디기 위해서는 건강이 중요하다.

6. 항상 모든 일에 주를 첫째로 두어 주인이신 하나님께 열중해야 한다.

7. 겸손하고 온순하며, 어떻게 처신할 것인가를 하나님으로부터 매일 배우고자 할 용의가 있어야 한다.

8. 오히려 위선으로 볼 다른 사람들에게도 진실해야 한다.

9. 하나님과 사람 앞에서 거리낌없고 정직한 것이 바람직하다(행 24:16 참조).

10. 교육은 자신의 인내와 지력 증대를 증거하는 데 중요하다.

11. 경험이 최고로 바람직하다. 선교 직무에는 문제가 많기 때문이다.

● 결론

당신의 삶에 하나님의 뜻을 나타내는 데는 도전이 따를 것이다. 그러므로 그 대가에 상관하지 말고 복종하라(눅 9:62).

질문 *Bible Study*

1. 현재의 세계 인구는 얼마나 되는가?(대략 수치로)
2. 해외 선교의 장벽들은 무엇인가?
3. 4가지 그릇된 선교의 목적을 들라.
4. 6가지 올바른 선교의 목적을 들라.
5. 3가지 선교의 외적 동기를 말해 보라.
6. 가장 숭고한 선교의 동기는 무엇인가?
7. 선교의 목표는 무엇인가?
8. 선교의 범위는 무엇인가?
9. 선교의 책임은 누구에게 달려 있는가?
10. 선교 지원자의 자격은 어떠한가?

제91과
양심

● 서론

양심이란 무엇인가? 어린 소녀가 "그건 할머니예요!"라고 대답했다. 「리더스 다이제스트」 1960년 11월호에 "양심이란 생각하는 사람의 여과장치"라고 했다. 옥스퍼드 사전은 "내적 이해나 인식으로 그 기능은 개인이나 행위의 도덕적 특성에 대해 판단을 내리는 것"이라고 했다. 윈스턴 사전에는 "어떤 행위가 옳은가 그른가, 좋은가 나쁜가를 결정하는 자신 내부에 있는 의식이나 도덕적 지각"이라고 했다. 홀즈비는 "사람은 양심없이 하나님과 평화를 느낄 수 있으나 그의 경험은 행복한 것이 되지 못할 것이다"라고 말한다. 나는 이것이 우리의 이야기는 아니라고 믿는다. 양심이란 사람 내부에서 생기는 하나님의 목소리인가? 아니 분명 그렇지 않다. 양심은 습득된 기능이라기보다는 타고난 보편적인 그 무엇이 아닐까? 누가 양심을 갖는 걸까? 교육을 받고 문명화된 사람들뿐인가? 아니, 모든 사람이 양심을 갖고 있다.

하나님 앞에서 각 사람의 양심에 대하여 스스로 추천하노라. (고후 4:2)

양심이란 말은 구약에는 나타나지 않고, "마음"이라는 말로 대치되어 있다. 사무엘상 24:5은 "다윗의 마음이 찔려…"라고 말씀한다. 양심은 사람이 행하고 말한 모든 것을 검토하는 내적 비판이다. 양심은 행위 전후 동안 이전의 그 자체를 나타낸다. 어떤 사람은 양심이 지옥에서의 주된 형벌일 것이라고 느낀다(눅 16:25에 나오는 아들을 상기해 보라).

Ⅰ. 사악한 마음

양심이 모두 좋은 것은 아니다. 실상 인간의 타락 이후 그것들은 부패되었다. 인간의 양심은 에덴동산에서의 타락으로 심하게 고통받았다. 에베소서 4:18은 회개하지 못한 사람을 "그들의 총명이 어두워지고 그들 가운데 있는 무지함과 그들의 마음이 굳어짐으로 말미암아…"라고 묘사한다. 로마서 1:18-32은 "미련한 마음이 어두워졌나니"(21절), 즉 죄가 아담과 같은 인류의 순수한 양심을 흐리게 할 때 무슨 일이 일어나는가에 대해 경고한다. 그들은 양심이 없이 무디어지고 뒤틀리게 된다. "오직 그들의 마음과 양심이 더러운지라"(딛 1:15).

우리가 마음에 뿌림을 받아 악한 양심으로부터 벗어나고 몸은 맑은 물로 씻음을 받았으니 참 마음과 온전한 믿음으로 하나님께 나아가자. (히 10:22)

지난 일을 깨닫고 악한 마음으로부터 끊임없이 구원되기를 기도하자.

Ⅱ. 가책받는 마음

이런 이들은 그 양심이 증거가 되어 그 생각들이 서로 혹은 고발하며 혹은 변명하여 그 마음에 새긴 율법의 행위를 나타내느니라. (롬 2:15)

이것은 인간의 양심이 작용하는 일이다. 양심의 판단은 사유가 없고 무조건적이다. 그것은 흥정이나 타협도 아닌 절대적인 것이며 또한 분명 개별적이다. 요한복음 8:1-11은 행위 속에 있는 양심의 실상이다.

Ⅲ. 깨끗해진 마음

하물며 성령으로 말미암아 흠 없는 자기를 하나님께 드린 그리스도의 피가 어찌 너희 양심을 죽은 행실에서 깨끗하게 하고. (히 9:14)

우선 타락한 마음의 악을 깨닫고 죄를 뉘우쳐 모범적인 양심을 갖도록 하라. 더 이상 침묵하는 마음이 되지 말고 하나님의 말씀으로 그 교화를 위해 기도하라. 마음은 최고조의 의로움을 유지하도록 하고 다음엔 그것에 충실하라. 어떤 사람은 마음을 편히 하기 위해 마음을 상하게 하기보다는 괴로움, 재산손실, 명성 심지어는 순교조차 경험하였다. 양심은 삶에, 부유함에, 충만함에, 목적과 쾌락에 의미를 부여한다. 영적인 자각이란 하나님께로 향한 인간의 마음의 자각이다. 하나님의 말씀으로 하나님의 뜻과 계획에 대해 매일 깨우치도록 하라. 양심이 자각되면 하나님의 말씀과 연구에 의해 죄에 대해 이해하게 되고, 의로움을 따르려는 의지가 생긴다.

Ⅳ. 순수한 마음

깨끗한 양심에 믿음의 비밀을 가진 자라야 할지니. (딤전 3:9)

청결한 양심으로 조상적부터 섬겨 오는 하나님께 감사하고. (딤 1:3)

회개하면 영혼만이 구원받는 것이 아니라 마음까지도 구원받는다. 이러한 마음의 변화는 흔히 사람이 하나님의 뜻 안에서 더욱 완전히 밝아질 때 점차 생기는 과정이다. 그리스도의 피로써 마음이 깨끗하여진다. 이것은 히브리서 10:2-10에서 히브리인들에게 가르친 것인데, 거기서 번제된 짐승의 피는 골고다의 피의 상징이다. 새로이 태어난다는 것은 마음을 거스르는 것이 아니며, 오히려 정상적인 질서를 새로 정립하는 것이다. 회개하지 못한 사람은 선악의 관념을 짐으로 여기지만, 구원받은 사람에게는 도움이 된다. 양심의 기준은 완전하다. 마태복음 5:48을 보면 완전히 하나님의 기준이 된다.

Note

V. 약한 마음

젊은 사람은 자기의 양심이 너무 약하여 믿을 수 없다는 것을 발견하기도 한다.

그들의 양심이 약하여지고 더러워지느니라. (고전 8:7)

고린도전서 8:10에도 이와 같은 말씀이 있다. 회개는 오랫동안 침묵을 지켜온 양심이 재창조된 것이다. 이 연약함은 기도와 성경연구와 끊임없는 순종에 의해 극복될 수 있다. 문제는 그것을 깨닫는 것인데, 왜냐하면 그래야만 매우 순탄하고 간단하게 극복할 수 있기 때문이다. 가끔 회개를 하고도 환경이나 교육 정도나 친구 등을 비난하는 사람들이 있다. 그러나 명심하라. 주께서는 약한 마음을 강하게 세우시고자 한다.

Ⅵ. 착한 마음

이것은 하나님께서 새로 태어난, 모든 믿는 이들이 갖기 원하시는 마음이다. 마음으로 싸우지 말고 평화롭게 하라. 또 교화된 마음으로 동조하고 전적으로 그것에 순종하라.

이 교훈의 목적은 청결한 마음과 선한 양심과 거짓이 없는 믿음에서 나오는 사랑이거늘. (딤전 1:5)

디모데전서 1:19에서 바울은 디모데에게 믿음을 지키고 선한 마음을 가지라고 깨우친다.

선한 양심을 가지라. (벧전 3:16)

이는 당신을 욕하는 자들을 꾸짖으심을 나타낸다. 만일 하나님께 순종하면 양심은 성장하고, 발달할 것이다. 순종은 하나님께서 우리에게 원하는 바이다. 그러나 만일 저항하고자 하면 양심은 약해진다. 마음을 굳세게 단련시키는 것만이 바람직한 생각이다. 하나님께서 당신에게 양심을, 부드러운 마음을 주시기를 기도하라. 사소한 일에는 부드러운 마음을 가졌던 율법학자들이 더 중요한 법의 문제는 간과한 태도에 유의하라(마 23:23). 양심은 생동하는 것으로 성장과 발달을 위한 기관 그 자체이다.

Ⅶ. 허물없는 마음

이것으로 말미암아 나도 하나님과 사람에 대하여 항상 양심에 거리낌이 없기를 힘쓰나이다. (행 24:16)

나는 이 마음이 그리스도인의 생활에서 가장 소중한 목표 중의 하나라고 생각한다. 병적으로 민감한 마음은 한 개인을 끊임없는 갈등 속에 지내게 한다는 점에 유의하라. 허물없는 마음은 갈등이 아니라 평화를 불러온다. 성경에 나타난 대로 하나님의 뜻에 귀 기울이는 마음이 되도록 많은 기도를 드리라. 기도하는 중이나 조용한 시간에 마음속에서 말하는 것을 듣기 위해 멈추라. 믿는 자는 성령 안에서 살고 그 성령은 마음속을 움직인다. 민감한 마음은 양심적이고 믿음이 있으며, 하나님 왕국에서 유용하고 신중한 그리스도인을 만든다. 우둔한 마음은 오늘날 교회에서 조심성이 없고 감응력을 약화시키는 성도를 만든다.

● 결론

양심에 대한 연구에서의 우리의 반응은 어떠해야 하는가? 당신은 어떤 것을 배우게 되었는가? 당신은 자기 양심을 분석해 본 적이 있는가? 당신의 마음은 사악한가? 가책을 받는가? 거리낌 없는가? 깨끗한가? 약한가? 선한가? 허물없는가? 어떤 의사도 양심이라 불리는 기관을 찾아낼 수 없지만 우리는 모두 그것을 가지고 있음을 알고 있다. 침묵을 지킴으로써 시간을 낭비할 것인가? 혹은 그럴듯한 이유로 마음을 무디게 할 것인가? 하나님이 우리 마음을 살피고 통제하시도록 지금 마음의 결정을 하자. 어떤 학생이 시험지에, "양심에 유의하라. 다시 찾아오리라"고 썼다. 평화를 원하는가? 양심에 순종하고 내적인 마음의 평화를 갖도록 힘쓰라.

질문 *Bible Study*

1. 양심이란 무엇인가?
2. 양심은 하나님의 목소리인가?
3. 성경에 열거된 7가지 양심의 종류를 말해 보라.
4. 후일 인간은 어떤 형태의 양심을 가지게 될까?

5. 로마서 2:15에 따르면 양심이 하는 2가지는 무엇인가?

6. 양심은 어떻게 하면 솔직하게 될 수 있는가?

7. 디모데후서 1:3과 디모데전서 3:9의 "깨끗한 마음"은 무엇을 뜻하는가?

8. 회개자나 젊은 그리스도인은 항상 자기 양심을 믿는가? 왜 그런가?

9. 디모데전서 1:5은 무엇을 가르치고 있는가?

10. 그리스도인의 생활에서 가장 소중한 목표는 무엇인가?

Note

제92과

이혼

● 서론

이혼은 오늘날 가정이 직면하고 있는 가장 주요 문제 중 하나로 나타나고 있다. 대부분 이런 이혼들은 결혼 전에 건전한 결혼 상담을 하였다면 막을 수 있었을 것이다. 많은 이혼 사유 가운데는 간통, 유기, 잔혹한 행위, 취태, 자녀 양육 소홀, 방랑성, 범죄, 별거, 이중결혼, 성격모순, 사실위장, 비행 따위가 있다. 성경에서는 이혼에 대해서 어떻게 답하고 있는지 이 주제들에 접근해 보자.

Ⅰ. 결혼 서약은 언제까지인가?

"죽음이 그들을 갈라놓을 때까지"이다.

그런즉 이제 둘이 아니요 한 몸이니 그러므로 하나님이 짝지어 주신 것을 사람이 나누지 못할지니라 하시니. (마 19:6)

하나님께서는 결혼으로 두 개인이 한 사람으로 되는 기적을 행하신다. 오직 하나님만이 죽음으로 한 사람을 데려 가심으로써 합한 것을 깨뜨리실 수 있다.

Ⅱ. 결혼을 성립시키는 요소는 무엇인가?

사랑에 도취되었거나 마음이 들뜬 상태에서 어떤 한 쌍이 결혼의식을 가졌다면 그들은 법적으로 결혼한 것인가? 아닌가? 결혼은 2가지 조건으로 성립된다.

1. 그 결혼은 법적이어야 한다. 정식 서류에 서명하면 그들은 공식적으로 남편과 아내가 되며 나눌 수 없는 한 단위가 된다.

2. 고린도전서 6:16의 "창녀와 합하는 자는 그와 한 몸인 줄을 알지 못하느냐 일렀으되 둘이

한 육체가 된다 하셨나니"라는 구절에 의하면 성적 결합은 결혼을 성립시킨다. 결혼은 법적이며 영적인, 이중적 의미를 갖는다. 이는 하나님께서 정하신 것이다.

Note

Ⅲ. 이혼에 대한 성경적 근거가 있는가?

'간음'이라는 유일한 법적 사유가 있다.

내가 너희에게 말하노니 누구든지 음행한 이유 외에 아내를 버리고 다른 데 장가 드는 자는 간음함이니라. (마 19:9)

이 "간음"이란 말은 무엇인가? 좀 더 새로운 말로는 그것을 "정숙치 못함"이라고 번역한다. 그 근본 의미는 제3자와의 불법적인 성관계를 일컫는다. 그것은 한 사람이 습관적인 간음자가 되었을 때만을 의미하며, 대개 죄 없는 쪽은 죄 지은 쪽이 참회할 때는 용서하며 다시 합할 것을 시사한다. 그렇다고는 하나 고질적인 경우에는 하나님께서는 이혼을 허락하셨다.

Ⅳ. 마태복음 19:9이 사실이라면 죄 없는 쪽은 이혼을 요구해야만 하는가?

그렇지 않다. 이혼은 절대로 마음대로 하지 못한다. 이혼은 특별한 경우나 극단의 경우에 허락한다. 이혼은 인간에 대한 하나님의 원래 계획이 아니었다(마 19:4-5). 그러면 왜 이혼이 있게 되었는가? 예수께서는 그것을 마태복음 19:8에서 설명하신다. "예수께서 이르시되 모세가 너희 마음의 완악함 때문에 아내 버림을 허락하였거니와 본래는 그렇지 아니하니라."

Ⅴ. 한 번 이혼하여 다른 사람과 결혼한 사람이 회개하면 원래의 배우자에게로 돌아가야 하는가?

분명 그렇지 않다. 두 번째 결혼은 법적인 것이므로 그것을 취소하려는 것은 또 다른 많은 복잡한 문제들을 야기시킬 것이다.

각 사람은 부르심을 받은 그 부르심 그대로 지내라. (고전 7:20)

삶은 회개에서 시작한다.

Ⅵ. 이혼한 사람이 어떤 사람과 재혼했는데 그 남자가 후에 죽었다면 그 여자는 첫째 남편에게로 돌아갈 수 있는가?

분명 그렇지 않다. 하나님의 관점으로 보면 이것은 가증스런 일이다. 신명기 24:1-4에 의하면, 하나님께서는 그런 행동을 똑똑히 금하셨다.

Ⅶ. 이혼한 사람은 재혼해야 하는가?

만일 사람들이 성경적 근거에 따라 이혼했다면 그들은 재혼할 자유가 있을 것이다. 당연히 그들은 다음 번에는 훨씬 더 신중해야만 한다. 그들이 만일 성경적 근거에 의하지 않고 이혼했다면 두 번째 결혼은 "간음상태에서 사는 것"이 될 것이다.

Ⅷ. 사람들은 왜 이혼을 피해야 하는가?

1. 가장 고통 받을 자녀들을 생각하라.
2. 이혼과 관련된 수치와 추문이 일어날 것을 생각하라.
3. 어떤 교회는 이혼한 사람들에게는 특권을 주지 않는다.
4. 많은 그리스도인은 그 사정에도 불구하고 이혼을 죄악시한다.
5. 흔히 이혼에는 경제적 궁핍이 뒤따른다.
6. 이혼은 종국적인 실패를 공공연히 시인하는 것이다.
7. 이혼은 결혼의 행복과 사랑의 파멸이다.

Ⅸ. 죄 없는 사람이 이혼한 경우 재혼할 수 있는가?

하나님의 눈에 죄 없는 사람이 그런 일을 한다는 것이 의심스럽다. 왜냐하면 상대방으로 하여금 만족을 위해 멀리 보내게 한 점에서 "죄 없는" 쪽도 마찬가지로 어떤 면에선 실패했기 때문이다. 죄 없는 쪽이 자신의 무죄를 증명하기 위해선 2-3명의 증언자가 필요하다고 한다(고후 13:1).

Ⅹ. 이혼한 사람이 교회의 공직을 맡는 것은 용납될 수 있는가?

만일 그 사람이 죄가 없고 성경적 근거에 의해 인정된 이혼을 한 경우라면 가능하다. 그런데 그 사람이 조금이라도 죄가 있거나 성경적 근거 이외의 어떤 다른 이유로 이혼했다면 안 된다.

Note

XI. 이혼하면 왜 상처가 생기는가?

왜냐하면 이혼은 사회의 기본인 가정을 침식시키는 비극을 뜻하기 때문이다. 또 그 과정에서 일어나는 불행, 즉 파손된 가정, 상처나 깨어진 마음, 집 없이 방황하는 어린 아이들, 비행 청소년, 수많은 외로움, 넘치는 눈물과 심지어는 자살이나 정신 이상과 같은 불행 때문이다.

XII. 결혼을 기대하면서도 이혼을 두려워하는 젊은이들은 어떻게 해야 하는가?

결혼이 하늘에서 맺어지는 것이라면 이혼은 결코 생각할 수 없으며 또 불필요할 것이다. 이혼을 막기 위해서는 양쪽 모두 그리스도인으로서, 같은 종교적 믿음과 관심을 가지고 결혼생활에 대한 자기 나름의 지침을 꼭 가지도록 해야 한다. 시편 37:4에서처럼 하나님께 모든 것을 맡기면 하나님께서 지켜주실 것이다.

XIII. 이혼을 생각하고 있는 사람들이 있다면?

남편과 아내 모두가 "좋든 싫든 죽음이 우리를 갈라놓을 때까지"는 맹세를 다시 한 번 엄숙하게 하도록 하라. 각 사람은 하나님 때문에 의로우며, 그러면 서로가 의로워진다. 이해를 같이 하는 고백과 참회는 어떤 결혼이라도 성공으로 인도한다. 개인적으로 혹은 두 사람이 같이 기도하는 시간을 보내라. 어린아이들은 흔히 결혼문제의 해결책이 된다. 자식을 낳지 않음으로써 불만, 좌절 또는 싸움이 일어나기 때문이다. 남편을 단순히 맹목적이 아닌, 실질적인 가정의 머리에 있게 하라. 아내는 그 남편에게만 순종하라. 남편과 아내는 끊임없이 사랑을 구하도록 하라. 부부는 각기 많은 애정을 필요로 한다. 서로에게 거룩한 사랑이 되기를 하나님께 끊임없이 청하라.

XIV. 존경하지 않고도 사랑이 가능할까?

하나님께서는 그분이 존중할 수 없는 싫어하는 죄인도 사랑하신다. 술고래이며 잔인한 아들을 사랑하는 어머니도 많다. 누가복음 15장에 나오는 아버지는 여전히 탕자를 사랑했다. 이타적이고 믿음 깊은 사랑은 우리가 존경할 수 없는 사람에게조차 깊은 애정과 신뢰를 더해 줄 수 있다. 예수님은 심지어 "원수를 사랑하라"고까지 말씀하신다(마 5:44).

질문 *Bible Study*

1. 결혼 서약은 언제까지인가?

2. 어떤 2가지 방법으로 혼인관계가 이루어지는가?

3. 이혼에 대한 성경적 근거는 무엇인가?

4. 처음으로 이혼이 인정된 것은 언제였는가?

5. 전도의 힘으로 그리스도인을 원래의 결혼 상대자에게로 돌아가게 해야만 하는가?

6. 다음과 같은 경우, 이혼한 여자가 그 남편에게로 돌아가는 것이 가능한가?

   a) 아무도 결혼하지 않았을 경우

   b) 재혼 이후의 경우

7. 사람들은 왜 이혼을 피해야만 하는가?

8. 이혼하면 왜 상처가 생기는가?

9. 이혼을 생각하고 있는 사람에게 당신은 어떻게 충고하겠는가?

10. 배우자를 존경하지 않고도 사랑할 수 있는가?

제93과
금식

● 서론

때때로 보다 깊이 있는 삶을 생각할 때 이런 질문이 떠오르기도 한다. "더 많은 시간을 금식해야 하는 건가?" 금식은 신약의 교회에서는 잊혀진 은혜인가? 당신은 금식하는가? 얼마나 자주 하는가? 왜 하는가? 이 과에서는 이런 기본적인 질문들에 답하고자 한다. 금식은 모세 오경에서는 찾아볼 수 없으나 역사서에서는 자주 나온다. 아마 최초로 기록된 책은 기원전 1,400년경의 사사기 20:26일 것이다. "여호와 앞에 앉아서 그날이 저물도록 금식하고 번제와 화목제를 여호와 앞에 드리고." 왜냐하면 로마 가톨릭과 회교에서는 자주 금식했으나 프로테스탄트에서는 극단적으로 거의 하지 않거나 전혀 하지 않았기 때문이다. 레위기 16:29-31이나 23:27-32에서는 "영혼에 고통을 주는" 것에 대해 말하며, 시편 35:13과 같은 인용절에 비추어 보면 이것이 금식으로 풀이된다.

> 나는 그들이 병 들었을 때에 굵은 베 옷을 입으며 금식하여 내 영혼을 괴롭게 하였더니 내 기도가 내 품으로 돌아왔도다. (시 35:13)

느헤미야(7:73-9:38)는 일반적인 금식에 대해 기록하고 있다. 포로생활 동안 이스라엘 사람들은 속죄일의 금식에 네 가지를 더 하였다(슥 7:3-5; 8:19).

1. 예루살렘 점령을 기념하는 금식 – 넷째 달 열이렛 날
2. 성전이 불탄 것을 기념하는 금식 – 다섯째 달 아홉째 날
3. 게달야의 살해를 기념하는 금식 – 일곱째 달 열째 날
4. 예루살렘 포위를 기념하는 금식 – 열째 날

신약에 보면 바리새인들은 일주일에 두 번(월요일과 목요일) 금식을 지켰다. 현재 유대의 달력에는 속죄일 이외에도 22번 금식을 한다.

Ⅰ. 구약 시대의 금식 규범은 6가지가 포함된다

1. 음식을 엄격히 절제함(어떤 이는 렌즈콩은 먹을 수 있었다고 말함).

2. 하나님께 겸손히 자기 죄를 고백함.

3. 하나님의 모습을 열심히 찾아냄. 이것은 흔히 다니엘 9:3에서처럼 참회하고 애통하는 것이 포함되었다.

4. 그들 자신과 다른 이들을 위해 진정으로 화해함.

5. 가난한 이들에게 기부함.

6. 기도하고 서약한 사람으로 삶.

Ⅱ. 구약 시대에 금식한 이유

1. 깊은 애통을 표현하기 위함 : 사무엘상 31:13에 나오는 사울을 위한 7일 간의 금식.

2. 하나님의 진노를 막기 위함 : 사무엘하 12:16-17에 나오는, 아기를 살리기 위해 지킨 금식.

3. 죄를 뉘우치고 슬픔을 표현하기 위함 : 니느웨를 향한 요청(욘 3:7).

Ⅲ. 그릇된 금식

완벽하게 선행을 하면서도 금식을 악용할 수 있다. 즉, 진실로 마음에서 우러나오는 의미가 아닌 단순히 외적인 형태로 타락하는 것이다. 이사야 58:3-5에서 하나님께서는 겉으로 나타난 단순한 금식 행위의 죄를 말씀하신다.

1. 하나님이 보시도록 전시함(3절).

2. 단지 자기 영혼을 괴롭힐 뿐임(3절의 음식 절제).

3. 개인적인 쾌락을 위함(3절의 무엇인가 뽐내려는 것. 눅 18:12 참조).

4. 필요 이상으로 노동을 강요함(피고용자들로 하여금 매일 필요 이상의 제품을 생산하도록 압박, 3절).

5. 투쟁이나 논쟁을 위한 것(4절).

6. 폭력으로 망하게 함(4절).

7. 하나님으로 하여금 그들의 소리를 듣게 함(4절에 하나님이 그들의 기도를 듣도록 강청함).

8. 갈대처럼 머리를 숙임(5절).

9. 슬픔으로 앉아 있음(5절, 겉으로 금식하는 것을 보임).

Ⅳ. 올바른 금식(사 58:6-9)

올바를 금식은 매일 성스러움을 실천하는 생활, 그 자체에서 나타나게 된다.

1. 사악한 마음을 푸는 것(6절).
2. 무거운 짐을 푸는 것(6절).
3. 압박받는 자들을 자유롭게 함(6절).
4. 모든 압제를 꺾는 것(6절).
5. 배고픈 자에게 빵을 줌(7절).
6. 가난한 이들을 자기 집에 들임(7절).
7. 헐벗은 자를 옷 입힘(7절).
8. 친척들에게 자기 자신을 보임(7절).

이러한 8가지는 야고보서 1:27의 말씀으로 요약될 수 있다.

Ⅴ. 예수와 금식

예수님은 금식에 대해서 율법적이지는 않으셨으나 중요한 유대의 금식은 지키신 것으로 보인다. 마태복음 4:2에 의하면 예수께서는 대유혹에 바로 앞서 40일 낮과 밤을 금식하셨다. 마태복음 6:16에서는 금식을 악용하는 것에 대해 경고하셨다. 마가복음 2:20에서는, 당신이 떠나가신 후 그의 제자들이 금식할 것을 가르치셨다. 마태복음 6:17-18에서는 적절한 금식에 대해 몇 가지 지시를 내리셨다. 마가복음 9:29에 의하면 예수께서는 금식 기도에 협조하셨다. 또 마태복음 17:21(KJV)에서는, 어떤 악마도 기도와 금식으로써 추방될 수 있다고 말씀하셨다.

Ⅵ. 신약 교회에서의 금식

고린도후서 6:5과 11:27에 의하면 사도 바울은 금식을 했다. 사도행전 13:3에 의하면 먼 지방에 선교사로서의 직무를 위해 바울과 바나바를 파송하기 전에 교인들이 기도에 앞서 금식했다. 사도행전 14:23에는 장로들을 임명하기 전에 교인들이 금식했다. 사도행전 10:30에는 고넬료가 4일간 금식했다. 고린도전서 7:5에서 금식은 음식의 절제뿐만 아니라, 상호동의에 의한 남편과 아내의 합법적이고 정상적인 애정관계도 절제하는 것을 포함시킨다.

Note

Ⅶ. 오늘날 금식의 가치

의학적 · 물리적 관점에서 말하면 금식은 신체에 좋다. 우리 대부분은 너무 많이 먹으므로 소화기관을 정기적으로 쉬게 하는 것이 좋다. 몸무게가 지나치게 많이 나가고 뚱뚱한 사람은 무게를 줄이기 위해 금식의 충고를 귀담아 들어야 한다. 어떤 미국 의사가 "잔치 후에는 금식하라"고 썼다. 고군분투해야 할 시험에 직면한 학생들도 뇌에 피를 증가시키기 위해서 금식하면 두뇌 회전에 유익하다. 금식하는 사람은 처음 3-4일이 가장 힘들지만, 그 이후로는 마음이 이상스럽게 깨끗해진다고 말한다. 하나님의 뜻을 좇는 그리스도인은 기도와 금식으로 유익한 시간 보낼 수 있다. 더 깨끗해진 마음으로 좀 더 논리적으로 사고할 수 있고 다양한 환경과 상호작용하는 요인들을 평가할 수 있을 것이다. 더욱이 금식은 하나님께 우리의 진실성의 깊이를 보이는 것이다. 즉, 우리는 빛이 비칠 때까지 성가시도록 문을 두드리려고 할 것이다. 마태복음 6:17-18(예수님이 하신 산상설교)은 얼굴 표정을 보이지 않고 비밀리 몰래 단식할 것을 의미한다. 금식의 근본 뜻은 영적인 목적을 위해 음식을 절제하는 것이다. 금식과 고행의 차이는 매우 다르다. 즉, 고행은 매일같이 하루 종일 행하는 그 어떤 것인 반면, 금식은 색다른 환경을 위한 아주 특수한 그 어떤 것이다. 금식은 기도와 묵상과 하나님의 뜻을 발견하는 보다 영적인 범위에 이르기 위해 행하는 것이다.

● 결론

결코 하나님을 강제하는 생각으로 금식하지 마라. 왜냐하면 하나님의 엄청난 축복을 얻으려는 목적이 있을 수 있기 때문이다. 우리가 기도하고 금식하며 십일조를 바친다고 하여 똑같이 하나님을 강요하거나 우리의 종으로 만들 수는 없다. 우리는 직접적인 축복을 얻기 위한 수단으로 금식에 참여해서는 안 된다. 금식의 가치는 간접적인 것이지, 직접적인 것이 아니다. 그렇다면 왜 그리스도인들은 금식해야 하는가? 그 이유는 그가 어떤 영적인 이유들로 그렇게 하도록 종용받음을 느끼기 때문이다. 금식은 결코 의례적이거나 기계적이어서는 안 된다. 그것은 성령에 의해 고무되어야 하고 그분이 명령하신 기간 동안 계명을 약속해야 한다.

질문 *Bible Study*

1. 금식의 기원이 되는 구약의 예는 무엇인가?

2. 이스라엘 사람들은 속죄일의 금식에 4가지를 더했는데, 각각 무엇인가?

3. 구약 시대의 금식 규범은 무엇인가?

4. 구약 성경의 3가지 금식의 이유를 말해 보라.

5. 이사야 58:3–5에 있는 금식의 타락상을 말해 보라.

6. 이사야 58:6–9이 말하는 진정한 금식의 결과는 무엇인가?

7. 금식에 대한 예수님의 가르침과 태도는 어떤 것인가?

8. 신약의 교회는 금식을 행하였는가?

9. 오늘날 금식의 가치는 무엇인가?

10. 금식은 하나님으로 하여금 억지로 당신을 축복하시도록 시키는가?

Note

제94과
사형

● 서론

벨 렌거, 존 H. 요든, C. S. 밀리건의 논문들과 C. H. 클라크의 저서「오늘의 기독교」(1959-1960) 등에 의하면, 지난 28년 간 미국에서는 3,616명이 사형을 받았는데, 3,136명이 살인, 418명이 강간, 그리고 나머지는 반역, 간첩, 납치범 및 은행강도들이었다. 많은 주에서 사형을 폐지해 왔고, 다른 주들은 아직 법령전서에 있어서 사형을 선고하지 않는다. 사형 처벌의 폐지 문제가 캐나다 의회에 몇 년 간 제출되어 왔다.

캐롤 체스맨이 12년 동안이나 사형 선고와 투쟁한 이후, 결국 가스실에서 죽자 세계적으로 사형 반대의 물결이 흘러나왔다. 비종교지이든지 종교신문이든지 공개 토론란에 한동안 이 문제를 논의하는 글들이 활발히 게재되었다. 캐나다의 한 칼럼니스트는, "결과에 대한 두려움을 갖지 않게 된 살인자가 확인된 경우는 없다"고 했다. 또 계속하여 "교수대는 캐나다 사회에서 영원히 그 흔적이 없어져야 할, 죄를 자각하게 하는 괴물이다"라고 했다.

Ⅰ. 사형 폐지를 찬성하는 주장

1. 사형은 비도덕적이며 현대 사회개념을 반박하는 것이다. 대영제국과 같은 진보적인 국가들은 실제로 사형 처벌을 폐지했다(아마 반역죄는 예외일 것이다).

2. 사형 제도는 국가에 손실이다. 어떤 사람이 의심할 나위 없이 유죄일 때조차 형을 유예시키거나 재심을 얻기 위해 법적인 방법을 찾아내길 원하여 끊임없이 항소하기 때문이다. 실제로 유죄 판결의 경우 중 2%만이 사형받았다는 것이 기록상 나타나 있다.

3. 사형은 생명을 천히 함으로써 사회를 비정하게 한다.

4. 사형은 범인이 명예를 회복하는 것을 불가능하게 만든다.

Ⅱ. 사형을 찬성하는 주장

Note

사형은 창세기 9:6이나 로마서 13:4에서처럼 성경에 그 근거가 있으므로 인정되어야 한다. 세속의 지배권은 하나님이 임명하셨으므로 살인자를 처형할 의무가 있다. 정부는 범인의 복리뿐만 아니라 사회보호도 고려해야 한다. 정의 구현을 위해서 사형 제도는 사람들에게 옳고 그른 기준을 알게 하는 잣대가 될 수 있다. 성경에 근거한 정부는 고귀한 도덕과 윤리적 기준을 유지시키려 한다. 그 반대는 현대의 철학 체계, 사회학적 연구에 근거한 것이다. 사형은 격리나 공갈, 주류 매매 또는 도박과 같은 사회악이 아니다. 사형은 사회의 공동선과 이익을 위해 제정한 법제의 문제다.

Ⅲ. 사형에 대한 구약의 가르침

다른 사람의 피를 흘리면 그 사람의 피도 흘릴 것이니. (창 9:4-6)

살인하지 말라. (출 20:13)

민수기 35:27에 따르면 사형을 행하는 간수는 생명을 빼앗아 살인을 저지르는 것은 아니다. 왜냐하면 그는 하나님의 "피의 복수자"로 임명된 것이기 때문이다.

피를 보복하는 자가 도피성 지경 밖에서 그 살인자를 만나 죽일지라도 피 흘린 죄가 없나니. (민 35:27)

사형은 한 사람 이상이 증거를 확인한 후에 내려질 뿐이다.

사람을 죽인 모든 자 곧 살인한 자는 증인들의 말을 따라서 죽일 것이나 한 증인의 증거만 따라서 죽이지 말 것이요. (민 35:30)

성경은 고의적인 살인과 우발적인 살인의 차이를 구별한다. 출애굽기 21:12-17에 의하면 우발적인 살인에는 사형을 내리지 않는다. 레위기 24:14-17에 의하면 사형은 신성모독, 저주 또는 살인에 적용된다. 민수기 35:15-34에 의하면 우발적인 살인을 저지른 살인자를 위한 도피성의 이야기가 있다. 민수기 35:16-18, 21절, 30-31절에서 살인자는 죽게 된다. 신명기 17:6-7은 사형을 내리는데 기본적인, 두 사람 이상의 증인의 증거에 관한 것이다. 신명기 19:11-13은 도피성에서 온 일급 살인죄가 있는 자를 데려다 죽이라는 선례이다.

구약은 다음과 같은 경우에 사형을 내렸다. 민수기 35:16의 노골적이고 의도적인 살인, 출애굽기 21:16의 사람을 훔쳐 파는 것, 출애굽기 21:17의 아버지나 어머니를 저주하는 것, 출애굽기 21:29에 동물이 사람을 죽일 것 같음을 주인이 알고도 단속하지 않으면 동물(소)과 주인을 죽였다. 출애굽기 22:18의 무당, 출애굽기 22:20의 거짓 신에게 희생을 드리는 자, 레위기 20:10의 간음의 경우, 신명기 22:24의 매춘부, 레위기 24:10-14의 신의 모독, 민수기 15:32의 안식일을 지키지 않는 경우 따위이다.

Ⅳ. 사형에 대한 신약의 가르침

마태복음 5:17-20에 따르면 예수께서는 율법을 완성하시기 위해 오셨다. 즉 예수께서는 율법을 변경하거나 폐지하러 오신 것이 아니었다. 마태복음 5:21-22에 의하면 인간은 사형에 처할 것인지 아닌지를 그 판단에 따라 한다. 어떤 사람은 마태복음 5:44에 의거, 신약은 원수를 사랑하라는 사랑에 근거한 것이라고 주장한다. 우리는 이웃을(죄인조차도) 우리 자신처럼 사랑해야 하므로 그들을 사형하지 말아야 한다는 것이다. 또한 사형반대자들은 요한복음 8:1-11의 이야기를 인용한다. 거기에는 간음하다 잡힌 여인이 예수님 앞으로 끌려나온 이야기가 나온다. 율법은 사형을 명하였으나 예수께서는 그 여인을 용서하셨다. 예수께서는 왜 의로움을 명하셨을까? 만일 그 여인이 실제로 간음을 하였다면 그 여자와 남자는 모두 함께 돌로 쳐 죽임을 당해야만 했으리라. 예수께서는 죄 없는 자가 먼저 돌로 치라고 말씀하셨다.

로마법에 따르면 사형을 받을 처지였던 노예 오네시모는 어떤가? 어떤 사람들은 관대함을 요구한 바울의 말도 인용한다. 바울은 오네시모가 회개한 까닭에 관대히 할 것을 탄원한다. 로마서 13:1-4에는 악을 복수할 필요가 있다면 정부가 칼을 사용할 권리가 있다고 했다. 어쩌면 칼이 사형을 뜻할 수도 있다.

각 사람은 위에 있는 권세들에게 복종하라. (롬 13:1)

● 결론

어떤 사람은 이렇게 말한다. "사형에 대해 명확히 결론 짓기 전에 이 문제를 보다 잘 이해하기 위해서 그리스도의 마음을 깨달아야 한다." 개인적으로 나는 사형 제도는 오늘을 위한 하나님의 신적 명령이라고 느낀다. 이 원칙은 800년 경의 법을 적용하는 것보다 시일에 있어서 앞선 것이다. 사형을 함으로써 죄에 대한 참회가 가능하지 않다는 주장은 어리석다. 사형이 언도된 사람이 종신형을 받았다 해서 참회할는지 의심스럽다. 육체적인 삶이란 영적인 삶보다는 덜 중요하다. 인간은 언젠가 죽어야 한다. 아무도 살인자의 사형집행이 끔찍한 광경이라는 것을 부인할 수 없으나, 우리는 살인이 분명 훨씬 더 끔찍하다는 것을 잊지 말아야 한다. 만일 성경의 근거를 받아들인다면 이 쟁점은 분명하다. 즉 사형은 공동사회 안전에 필요하다. 사회학이나 형무소 관리학에 대한 현대의 자연주의적 사고의 개념 때문에 길을 잃지 말도록 하자. 성경을 연구하고 구약의 하나님이 신약의 하나님과 같다는 것을 상기하며 완전히 성경을 따르도록 하자. 하나님과 그 나라의 기본 원칙은 결코 변하지 않을 것이다. "예수 그리스도는 어제나 오늘이나 영원토록 동일하시니라"(히 13:8).

Note

질문 Bible Study

1. 사형 제도에 대한 문제가 불거진 계기가 된 사건은 무엇인가?
2. 가장 인간적인 사형방식은 무엇이라고 생각하는가?
3. 사형을 반대하는 주장에는 어떤 것들이 있는가?
4. 사형을 찬성하는 그리스도인들의 주장은 무엇인가?
5. 사형에 대한 구약의 가르침은 무엇인가?
6. 살인과 과실 치사의 차이는 무엇인가?
7. 사형을 찬성하는 3가지 성경 말씀은 무엇인가?
8. 살인자는 도피성에서 완전히 머무를 수 있었는가?
9. 구약에서 사형을 가한 사건은 무엇인가?
10. 로마서 13:4을 사형과 관련시켜 설명해 보라.

제95과

타협

●서론

"타협"이라는 말은 성경에 나타나 있지 않지만 오늘날에 일반적으로 쓰이는 말이다. C. I. 스코필드 박사는 출애굽기 5:3; 7:16; 8:25-28; 10:11; 24-27절에서 바로가 모세와 이스라엘에 제시한 네 가지 타협안의 개요를 설명하고 있다.

타협이란 정치학이나 노동쟁의를 해결하는 데에서는 일반적인 용어이다. 우리는 이러한 원칙을 종교에 이용할 수 있을까? 우리의 하나님과의 관계에서는 어떤가? 세계는? 죄는? 사전에서는 타협을 "어떤 일을 서로 양보하여 협의함"이라고 정의했다. 타협은 용인, 양보, 원칙의 희생 등을 뜻한다. 그리스도인으로서 우리는 이것을 행할 수 있을까? 아니, 1/100도 못한다. 타협이란 다른 쪽에 양보하여(우리의 경우엔 원수, 사탄과 사탄의 군대 등) 한 쪽의 경우를 부분적으로 넘겨주는 것을 뜻한다.

타협의 실례 :

1. 하나님께서는 여호수아에게 가나안 백성을 멸하라고 하셨으나(수 9:24), 기브온 족속이 여호수아와 타협점을 얻어냈다. 즉 그들은 그의 종들이 된 것이다.

2. 하나님께서는 사울에게 아말렉과 그의 전 재산을 모조리 멸하라고 말씀하셨으나(삼상 15:3) 사울은 타협하고, 제사 드리기 위해 약간을 남겨두었다. 이같이 믿음이 없는 타협을 했기 때문에 그는 심하게 꾸짖음 당하였고 왕국을 빼앗겼다.

오늘날에는 다음과 같은 많은 타협의 실례가 있다.

1. 복음주의자와 근대주의자와의 타협

2. 그리스도와 죄의 타협

3. 교회와 세상과의 타협

I. 바로가 제시한 첫 번째 타협 – "너희는 가서 이 땅에서 너희 하나님께 제사를 드리라."(출 8:25)

Note

하나님의 명령은 명확했다 – "내 백성을 내 보내라."

우리가 광야로 사흘 길쯤 가서 우리 하나님 여호와께 제사를 드리려 하오니. (출 5:3)

내 백성을 보내라 그러면 그들이 광야에서 나를 섬길 것이니라. (출 7:16)

하나님의 명령은 특별한 것이어서 하나님께서는 모든 세세한 면에까지, 완벽하게 순종하게 할 작정이셨다. 그러나 바로의 타협은 하나님의 뜻을 일부분만 이행하는 것이었다. 하나님은 이스라엘이 3일간의 행로로 이집트에서 분리하기를 특별히 요구하셨다. 왜 3일 만일까? 그것은 그리스도께서 3일 만에 죽음에서 벗어나 부활하여 살게 된 상징인 듯하다. 오늘날 하나님은 '분리하라'는 똑같은 명령을 문제 삼으신다.

깊은 데로 가서 그물을 내려 고기를 잡으라. (눅 5:4)

세상과 죄의 처소에서 될 수 있는 대로 멀리 가라. 침대에서 떨어진 소년이 "내가 있던 데서 아주 가까이 있구나" 하고 변명했다는 얘기를 들어보았는가? 마찬가지로 하늘의 왕국에서 사람들은 들어가 타협하기에 아주 가까이 있어, 영적으로 하나님을 잊어버린다. 타협을 경계하라. 신의 힘이 미치는 깊은 데, 즉 하나님의 무한한 사랑과 성실이 있는 데로 나아가라. 이스라엘 사람들이 이집트에서 제물을 바쳐온 것은 이집트 사람에겐 혐오스런 것이어서 이스라엘 사람들에게 소동을 부렸고 돌을 던지게 되었으리라. 양과 염소는 이집트인들에게는 신성한 짐승이었으므로 그들 앞에서 이 짐승들을 제물로 바치는 것은 저주였을 것이다. 이집트에서 우연히 그 신성한 짐승을 죽여, 찢어죽음을 당한 로마의 대사에 관한 이야기가 있다.

모세는 어떤 타협도 받아들이지 않았다. 그는 100% 순종을 요구한다. 진정한 예배는 사악하고 이단적이며 신을 믿지 않는 것에서 이탈할 것을 요구한다. 정치적으로 이스라엘 사람들은 이집트에서는 노예로 있었으나 종교에 관해서는 그들은 완전히 자유로워야만 했다. 만일 이스라엘이 이집트에서 희생되었다면 사람들은 이렇게 말했을 것이다. "우리 사이엔 어떤 차이도 없다. 우리의 종교는 다른 것들과 마찬가지이고, 우리의 목적이나 대상도 동일한 것이다." 오늘날 보통 사람이라면 종교가 될 수 있는 대로 진실한 것이 좋다고 느끼는데, 이는 우리가 다른 식으로 증명할 수 있는 단호한 삶에 의해서만 존재한다. 오늘날의 사람들은 타협을 좋아한다. 예컨대 약간의 종교와 약간의 세계와 죄 따위이다. 악마도 타협된, 시시해진 종교이기를 바란다. 깊은 데로 내려가 타협하고 평범해진 종교를 끌어올리라.

Ⅱ. 바로가 제시한 두 번째 타협 – "너무 멀리가지 마라."(출 8:28)

사흘 길이나 되는 광야로 가는 대신 이집트 밖의, 그저 1마일 정도 되는 변방 저쪽으로 가라는 것이다. 바로의 이 말은 친절하게 들리기도 한다. 이집트인과 더 이상 떨어지지 말라니, 모세는 그것을 받아들였는가? 분명 그렇지 않았다. 바로는 그들이 일단 그 땅을 벗어나 가나안으로 피하려 할지 모른다는 것을 두려워했다. 그래서 그들을 주시하고 필요하면 되돌아오기를 원했던 것이다. 모세는 그것을 거절했는데, 그 까닭은 분리선이 너무 위험했고 한정되어 있었으며, 세계와 이집트에 너무 가까이 있었기 때문이다.

회개한 이후에는 곧바로 하나님께 나아가라. 세상과 타협하지 마라. 뚜렷한 증거를 붙이고 주장하라. 그 세계로 돌아갈 수 없도록 당신 뒤에 있는 모든 다리들을 불태우라. 회개하게 되면 담배를 불태우고, 술병을 깨뜨리고, 도박판을 부수라. 그리스도께 큰 소리로 고백하며 그분께 의지하라. 당신과 당신의 이전 생활 사이를 가능한 한 크게 갈라 놓으라. 수영이 금지되어 연못에서 수영을 못하게 되자, 욕조를 택한 소년처럼 되지 마라.

오직 주 예수 그리스도로 옷 입고 정욕을 위하여 육신의 일을 도모하지 말라. (롬 13:14)

그리스도를 따르다가 다음엔 세상으로 돌아가려는가? 사탄은 그리스도인이 경계에 머무르는 것을 매우 기뻐한다. 타협을 그만두고 깊은 데로 떠나라. 이 같은 경계선상에 있는 사람들에 대해 하나님은 어떤 반응을 보이실까? 하나님께서는 그들이 차갑지도 뜨겁지도 않다고 말씀하시면서 그 입에서 그들을 토해내실 것이다.

Ⅲ. 바로가 제시한 세 번째 타협 – "남자들만 가라."(출 10:8–11)

바로와 사탄은 남자들이 희생을 드리기 위해 광야로만 사흘 길을 간 후에 그들의 아내와 가족과 노예들에게로 곧 돌아올 줄 알았다. 악마는 당신이 예배를 드리고 집으로 돌아가서 그 이후도 똑같은 식으로 가정과 직장을 섬긴다면 교회로 가게 할 것이다. 즉 일주일에 한 시간은 하나님께 그리고 167시간은 자신과 사탄에게 주는 것이 되기 때문이다. 이것은 '교묘한 타협'이다. 즉, 부모들은 하나님을 섬기면서도 아이들의 구원에는 마음을 쏟지 않는 것이다.

한 사람이 양쪽을 모두 섬길 수 있을까? 그렇지 않다. 캐나다의 스위프트커런트에 있는 나의 친구는 자신의 모든 자녀와 손자들을 위해 사도행전 16:31의 "너와 네 집이 구원을 얻으리라"는 약속을 요청하였고, 하나님께서는 그들 모두가 행복하게 일치된 가족으로서 하나님을 섬기도록 행하셨다. 오, 부모들이여! 자녀들이 그저 구원받는 데 그치지 않고 그들을 이집트의 변방 멀리까지 이끌어내고, 주 예수 그리스도와 함께 그곳에서 훨씬 멀리 떨어져 나오게 하자. 교회나 기도 모임에 부분적으로 참석하거나 타협하는 것에 유의하라. 전 가족을 모두 데려가라. 모세는 남녀노소 모두가 가야만 한다고 말하였다.

Note

Ⅳ. 바로가 제시한 네 번째 타협 – "양과 소는 두고 너희 백성만 가라."(출 10:24–27)

모세가 이 놀랄 만한 제안을 받아들였을까? 모든 사람이 갈 수 있었고, 하나님께 예배드릴 바로 그 지점까지 사흘간에 걸쳐 갈 수도 있었다. 그러나 모세는 받아들이지 않았다. 모세는 그 제안이 완전치 못한 순종이고, 완전치 못한 순종은 타협이라고 생각하여 거절했다. 짐승 없이 희생제사를 드리는 것은 불가능했다.

하나님께서는 그들에게, 가서 희생 제사를 드리라고 말씀하셨지, 어떤 짐승, 또는 짐승의 수를 특별히 정하시지 않았다. 하나님께서는 우리가 가진 모든 것, 아내, 자식, 재산 따위를 무조건적으로 요구하신다. 거기에는 타협이 있을 수 없고, 하나님과 흥정할 수 없는 것이다. 하나님은 모든 것의 주인이시다. 예수께서는 모든 것을 가치 있게 보신다. 한 발굽도 뒤에 남기지 말고 모든 것을 그분께 드리자. 나의 모든 것, 내 마음, 힘, 마음, 영혼, 육체, 재산 등을 기꺼이 드리자.

● 결론

사탄의 교묘한 타협을 주의하라.

1. 이스라엘을 그 땅에 남겨두려 함.
2. 이스라엘을 그 땅 근처에 남겨두려 함.
3. 이스라엘을 분열시키려 함.
4. 이스라엘 사람들이 하나님을 섬길 능력이 없는 빈손으로 가게 하려 함.

모세는 이 네 가지 제안을 거절했다. 유월절 한밤중에 장자들이 죽음을 당한 후에야 마침내 인정하도록, 완전한 순종으로 끝까지 인내했다. 바울이 회개했을 때 그는 과거의 생활을 깨끗이 청산했다. 야고보서 1:27은 "정결하고 더러움이 없는 경건"에 대해 말씀한다. 즉, 깨끗하고 불순한 것이 섞여 있지 않은 것이며, 결코 시시해진 타협이 아니다. 세상과의 분리는 하나님을 진심으로 섬기는 데 필요불가결한 바탕이다. 이집트에 이스라엘 사람을 남겨 놓았다면 구원은 실패였을 것이다. 그리스도인은 타협해도 되는가? 그렇지 않다. 왜 그런가? 타협은 원칙을 버리는 것이기 때문이다.

질문 *Bible Study*

1. "타협"이라는 말을 정의해 보라.
2. "타협"은 주로 어떤 경우에 사용되는가?
3. 우호적인 해결을 하기 위해 적과 대화하는 것은 기독교에서 용납할 수 있는가? 그 이유는 무엇인가?
4. 하나님께서는 사무엘상 15장에서 사울의 첫 번째 타협을 어떻게 받아들이셨는가?
5. 오늘날에는 어떤 타협이 나타나고 있는가?
6. 바로가 모세에게 제시한 4가지 타협은 무엇인가?
7. 사흘 길이나 되는 광야로 왜 분리해 나갔는가?
8. 이스라엘 사람들이 이집트에서 예배하는 것이 실행 불가능한 이유는 무엇인가?
9. 출애굽기 10:11과 사도행전 16:31을 비교하여 생각해보라.
10. 이스라엘을 향한 사탄의 교묘한 타협 4가지는 무엇인가?

제96과

절주가 아닌 금주

● 서론

많은 기독교인이 적당히 술을 먹으면서 과음을 강력히 반대하는 것을 '절제'라고 믿고 있다. 그리스도인의 위치는 어떤 것일까? 가장 확실하고 성경적인 답변은 '완전히 금욕하라'는 것이다. 왜냐하면 절제는 사람이 통제할 수 있는 범위가 더 넓어질 우려가 있기 때문이다.

어떤 사람은 요한복음 2:1-11에서 예수께서 물로 술을 만드셨으니, 그것이 결혼식에서 술을 마셔도 된다는 걸 허락한 것이라고 말한다. 요한복음 2장에서 예수께서는 어떤 종류의 술을 만드셨는가? 그리스말로 "오이노스(Oinos)"는 포도주를 말하는데, 이에 반하여 술이라는 말은 "쉐카(Shekar)"라고 한다. 이 말은 모두 누가복음 1:15에 쓰여 있는 바, "이는 그가 주 앞에 큰 자가 되며 포도주(Oinos)나 독한 술(Shekar)을 마시지 아니하며"라고 하였다.

디모데전서 5:23에서 바울은 디모데에게 포도주를 약으로 사용하라고 권한다. 즉 "네 위장과 자주 나는 병을 위하여는 포도주를 조금씩 쓰라"고 하였다. 여기에 쓰인 말이 '오이노스(포도주)'이다. 어떤 저자는 현재 미국에는 알코올 중독자가 500만 명, 전에 알코올 중독자였던 자가 300만 명으로 사회적인 무기력 상태로 비틀거리고 있다고 했다. 그로 인한 연간 재정 손실이 약 7억 달러이다. 일리노이대학의 앤드류 아이비 박사는 "알코올 중독은 죽거나 불구자가 된 사람과 더불어 이 나라의 셋째 가는 건강 문제가 되고 있다"고 말했다.

I. 왜 사람들은 술을 마시는가?

1960년 11월 6일자 마닐라 타임즈에 술 마시는 사람들이 말한 13가지 이유가 실렸다.

1. 인기 때문에 : 술을 마시지 못하면 인기가 없고 사회에서 배척당한다.
2. 여러 사람과 어울리기 위해 : 모든 사람이 마시는데 내가 안 마실 수 있는가?

3. 힘을 얻기 위해 : 해야만 할 것을 하기 위해 담력과 용기를 얻으려고 마신다.

4. 친교를 위해서 : 술 마시지 않는 것은 실례가 되고 반사회적이라고 생각한다.

5. 남자다움을 보이려고 : 성년이 되려고 애쓰는 십대들은 특히 그러하다.

6. 문제에서 도피하기 위해 : 그러나 술은 문제를 더욱 배가시킬 뿐이다.

7. 부끄러움을 극복하려고 : 술을 마시고 말을 많이 하기보다는 술을 마시지 않고 부끄러워하는 것이 더 낫다.

8. 공적인 관계로 : 굵직한 거래에 가까이 가기 위해서는 나이트클럽에 가는 것이 필수적이다.

9. 일상적이고 재미없는 생활에 염증을 느껴서 : 몇 시간 동안 상상과 흥분과 행동의 세계에서 살고 싶어서이다.

10. 외로움 때문에 : 멀리 떨어져 사는 외국인이나 학생들이 위안삼아 마신다.

11. 확신을 얻으려고 : 어떤 사람은 월급 인상에 대해 사장에게 묻기 전에 마신다.

12. 기뻐하고 마시며 사는 것이 내 권리이기 때문에 : 맞는 말일 수 있으나, 로마서 14:7을 생각해 보라. 우리의 삶이 다른 사람에게 영향을 끼치는 것을 상기해야 할 것이다.

13. 회식 자리의 건배처럼 사회적으로 특별한 경우에는 술 마시는 것이 요구되므로 : 술로 하는 것과 마찬가지로 물로써도 쉽사리 건배할 수 있다.

Ⅱ. 위인들은 술에 대해 무엇이라고 말하는가?

1. 셰익스피어 : "술은 입에 들어가면 지력을 빼앗아 가는 독이다."

2. 글래드스턴 : "독한 술은 전쟁이나 패스트나 굶주림보다 더 파괴적이다."

3. 로슨 : "용액 속의 악마."

4. 링컨 : "생명력을 침식하고 멸망을 위협하는 인간 사회의 암."

5. 홀 : "증류된 파멸."

6. 체스터필드 : "인간 살해의 명인."

7. 러스킨 : "한 자객이 발명한 가장 범죄적이고 예술적인 암살 방법."

8. 펄싱 : "술은 전사자들보다 더 많은 사람을 죽였다."

9. 리 : "내 인생 체험은 내게 금주하는 것이 품행과 건강에 가장 훌륭한 보호물이 된다는 것을 확신시켜 주었다."

10. 태프트 : "술 마시는 사람은 고의적으로 스스로를 처리하지 못하게 하고 있다."

Ⅲ. 하나님께서는 술에 탐닉하는 것에 대해 무엇이라고 말씀하시는가?

Note

포도주는 거만하게 하는 것이요 독주는 떠들게 하는 것이라 이에 미혹되는 자마다 지혜가 없느니라. (잠 20:1)

잠언 23:29-35에서 솔로몬은 그의 아들에게 술을 마시지 말라고 열심으로 권한다. 그는 말하기를 "포도주는 붉고 잔에서 번쩍이며 순하게 내려가나니 너는 그것을 보지도 말지어다 그것이 마침내 뱀 같이 물 것이요 독사 같이 쏠 것이며 또 네 눈에는 괴이한 것이 보일 것이요 네 마음은 구부러진 말을 할 것이며 너는 바다 가운데에 누운 자 같을 것이요 돛대 위에 누운 자 같을 것이며"라고 하였다.

성경은 창세기 9:21에서 술에 대해 최초로 언급하였다. 술에 취한 노아와 그의 아들 함에게 떨어진 저주로 이 날 흑인종이 된 것에 대해 얘기하는 것이다. 이사야 28:7은 제사장들이 술을 마셔 옆걸음질 치게 하고 그릇된 이상으로 재판하는 것을 비난하였다.

음행과 묵은 포도주와 새 포도주가 마음을 빼앗느니라. (호 4:11)

술과 비도덕성은 거의 언제나 함께 움직인다. 고린도전서 6:10에는 하나님의 왕국에 들어가지 못할 사람으로 도둑, 욕심쟁이, 술 취한 자, 욕하는 자, 강탈자 등을 들고 있다. 갈라디아서 5:21에도 하나님의 왕국을 상속받지 못할 것들로 질투, 살인, 술에 취함, 술잔치 등을 말씀한다(술은 모두 이 죄와 관련되게 하며 우리가 사는 땅에서 저주가 되고 있다).

Ⅳ. 절제보다는 금욕을 신봉하는 이유

1. 내 몸은 성령의 전이므로 어떤 식으로든 내 몸을 더럽힐 그 무엇이나 폐해로 불결하게 하지 말아야 한다(고전 6:19).

2. 나는 그리스도의 증인인데 내가 만일 아주 조금이라도 마시게 된다면 나보다 더 약한 형제가 그로 인해 유혹받을 수 있다.

3. 나는 내 형제의 보호자이다(창 4:9). 나는 내 형제를(친구, 이웃, 또는 친척들) 품위 있고 바르며 의로운 삶을 살도록 도울 책임이 있다.

4. 나는 내 재산의 청지기이므로 양식이나 내게 유익한 것이 아닌 것에는 무엇이나 낭비할 권리가 절대적으로 없는 것이다(사 55:2).

5. 성경은 술의 악영향을 증거하기 때문에 그리스도인으로서 나는 그 충고를 명심하여 내 몸을 더럽힐 부정한 것은 한 방울도 허락하지 않는다.

6. 나는 사교적으로나 적당하게라도 마셔야 한다는 유혹에 굴복할 필요가 없다. 하나님은 모든 유혹에 피할 길을 내시겠다고 약속하신다(고전 10:13).

7. 나는 죄로부터 구원받았으므로 다시 그 노예 상태로 되돌아가기를 거절하며 그리스도 안에서 나는 악마의 지배자가 된다(롬 6:14).

8. 그리스도인으로서 나의 생활은 하나님의 능력을 증거하는 산 증인이다. 내가 만일 취하여 산다면 나는 하나님의 은총과 선하심을 욕되게 하는 것이다.

9. 나는 이 세상이 더 나아지기를 바란다. 내가 그 세계처럼 살아왔다면 나쁜 길로 가는 넓은 길에 있게 될 것이며, 내가 바르고 좁은 길에서 살고 있다면(마 7:14) 다른 사람들을 더 높은 수준으로 끌어올리게 될 것이다.

10. 내가 인기를 얻기 위해 술을 마셔야 한다면 나는 그릇된 무리들과 살고 있는 것이 된다. 술은 깨끗한 그리스도인 사회에서는 전혀 불필요한 것이기 때문이다.

11. 사랑하는 아내와 자식들 그리고 내가 살고 있는 고장을 위해서 나는 한 방울의 술이라도 입에 대기를 거부한다.

12. 내가 다른 사람의 생명에 지각없이 비극을 가져다주고 위협이 되지 않기 위해서, 다른 사람들의 안전을 생각하여 고속도로에서 술 마시기를 거부한다.

V. 본받을 만한 훌륭한 예

다니엘 1:8-20에서 다니엘은 왕이 먹던 고기와 마시던 술로 자기 자신을 더럽히지 않을 것을 결심했다. 하나님께서는 다니엘을 크게 칭찬하시고, 완벽한 금욕자인 그에게 더 높은 지위로 나아가게 하셨다. 하나님께서는 전적으로 당신께 순종하는 사람들을 칭찬하신다. 다니엘은 육체적으로나, 도덕적으로나, 영적으로 강인하였다. 다니엘은 어떻게 하여 이런 놀라운 힘을 얻게 되었을까?

1. 결심 – 다니엘은 금욕할 것을 결심했다(단 1:8).

2. 기도 – 다니엘은 사회적인 위협에서 승리하게 해 주실 것을 열심히 기도했다(단 6:10).

3. 자제 – 다니엘은 믿음직스럽고 훌륭한 음식으로 왕처럼 살 수도 있었지만 거부했다. 그 음식들은 게으름과 비만을 불러왔을 것이다.

4. 헌신 – 다니엘은 끊임없이 묵상하고 순종함으로써 하나님과 가까이 있었다.

Note

결론

한 가지 맛은 다른 데로 끌리게 하고, 한 잔은 다른 잔으로 끌리게 하므로 성경적인 결론으로써 단 한 가지 안전한 길은, 항상 그 모든 여건 아래서도 완전히 금욕하라는 것이다. 술에 맛 들이는 짓은 쉽사리 진전되지만 이 몹쓸 습관을 깨뜨리는 것은 사람의 힘으로는 매우 힘든 일이며 하나님의 선하심과 능력만으로 성공할 수 있다. 맥커렐 목사의 말로써 이 과를 다음과 같이 요약한다.

술에 탐닉하는 것은 나쁘다. 왜냐하면 술은,

1. 다른 죄악을 낳기 때문이다(신 21:18, 20절의 불순종, 불경, 완고함 등).
2. 가정을 파괴하기 때문이다(신 21:18-21).
3. 겉으로는 무해한 정도에서 고질적인 술고래로까지 만들기 때문이다(신 21:20).
4. 가혹한 심판을 초래하기 때문이다(신 21:21).
5. 값이 비싸기 때문이다(신 21:18-21).
6. 방탕과 연결되어 있기 때문이다(잠 23:20, 폭주, 주색 등).
7. 가난해지기 때문이다(잠 23:21, 즉시는 아니더라도 결국 그렇게 된다).
8. 하나님의 왕국을 놓치게 하기 때문이다(고전 6:9-10).

질문 *Bible Study*

1. 예수님께서는 어떤 형태의 술을 만드셨는가?(요 2:9)
2. 디모데전서 5:23에 의하면 디모데는 약으로 어떤 술을 사용했는가?
3. 사람들이 알코올을 마시는 13가지 이유 중,
   a) 가장 타당성 있는 이유
   b) 가장 타당성이 없는 이유는 어떤 것이라고 생각하는가?
4. 위인들이 알코올에 대해 말한 10가지 중에서,
   a) 가장 잘 된 것
   b) 가장 미온적인 것은 어떤 것이라고 생각하는가?
5. 수줍어 얼굴이 붉어질 때에도 왜 술을 생각지 말아야 하는가?
6. 하나님께서는 잠언 20:1에서 술을 무엇으로 부르시는가? 이것은 무엇을 의미하는가?

7. 알코올중독자가 천국에 갈 수 없는 이유는 무엇인가?

8. 왜 금욕생활을 해야 하는가?

9. 금욕생활을 하여 크게 보상받은 예언자는 누구였는가?

10. 신명기 21:1-21이 말씀하는 술의 영향에서 무엇을 배울 수 있는가?

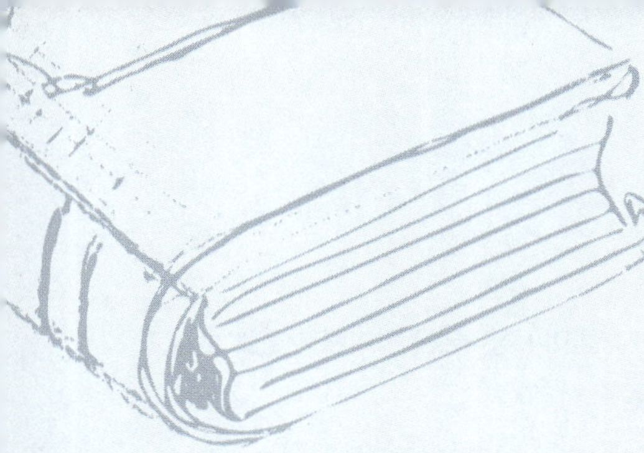

제97과
유혹

● 서론

유혹은 진정한 하나님의 자녀가 자주 경험하는 것 중의 하나이지만 어떤 사람은 다른 사람보다 더 많이 유혹을 받는 것 같다. 아무도 유혹을 벗어날 수 없다. 아담과 루시퍼 그리고 예수께서도 그러했다. 주께서는 우리가 매일하는 기도 속에 "우리를 유혹에 빠지지 말게 하시고 악에서 구하소서"라는 말을 포함시키라고 가르치셨다. 어떤 성도들은 자신이 그토록 악하기 때문에 늘 시험받는 것이라고 생각하여 깊은 염려를 하기도 한다.

유혹을 받는다는 것은 죄가 아니다. 죄는 '유혹에 굴복하는 것'이다. "유혹에 굴복하지 마라. 굴복은 죄이기 때문이다. 이겨 낼 때마다 당신을 도울 것이다." 새가 우리의 머리 위로 날아다니는 것을 막을 수는 없으나 우리의 머리 위에 둥지를 트는 것은 막을 수 있다. 우리의 마음속에 지나가는 나쁜 생각을 막을 수는 없으나 그 생각들이 우리 마음에 거하는 것을 허락할 필요는 없다.

소녀에게 한 어른이 물었다. "유혹이 생길 때는 어떻게 행동하니?" 그녀는 대답하기를, "유혹은 내 심장을 두드리는 악마 같아요. 거기서 그 악마를 보면 난 예수님께 그 문에 대답하시라고 얘기해요"라고 했다. 굳세게 유혹을 이기시는 예수께서 나타나시거나 골고다에 대해 얘기하면 사탄은 도망친다. 야고보서 1:12에 "시험을 참는 자는 복이 있다"고 했다. 즉, 그것에 저항하여 십자가의 피로써 승리자가 된다.

> 사람이 감당할 시험밖에는 너희가 당한 것이 없나니 오직 하나님은 미쁘사 너희가 감당하지 못할 시험 당함을 허락하지 아니하시고 시험 당할 즈음에 또한 피할 길을 내사 너희로 능히 감당하게 하시느니라. (고전 10:13)

Ⅰ. 유혹의 근원

1. 그것은 하나님께 있는 것이 아니다.

사람이 시험을 받을 때에 내가 하나님께 시험을 받는다 하지 말지니 하나님은 악에게 시험을 받지도 아니하시고 친히 아무도 시험하지 아니하시느니라. (약 1:13)

하나님께서는 어떤 일정한 한도 내에서 사탄이 욥을 유혹하도록 허락하셨다(욥 1:12; 2:6 참조).

2. 유혹의 네 가지 원천

a. 사탄 – 마태복음 4:1에 나오는, 주 예수를 유혹하는 사탄.

b. 욕심 – 야고보서 1:14은 "오직 각 사람이 시험을 받는 것은 자기 욕심에 끌려 미혹됨이니"라고 하였다.

c. 악한 친구 – 잠언 1:10은 "내 아들아 악한 자가 너를 꾈지라도 따르지 말라"고 하였다.

d. 그리스도의 친구들 – 마태복음 16:22-23에서 예수님은 베드로를 통해, "예수께서 돌이키시며 베드로에게 이르시되 사탄아 내 뒤로 물러 가라 너는 나를 넘어지게 하는 자로다 네가 하나님의 일을 생각하지 아니하고 도리어 사람의 일을 생각하는도다" 하시며 사탄을 꾸짖으셨다.

Ⅱ. 유혹이 있는 까닭

1. 우리의 믿음을 시험하기 위함이다.

내 형제들아 너희가 여러 가지 시험을 당하거든 온전히 기쁘게 여기라 이는 너희 믿음의 시련이 인내를 만들어 내는 줄 너희가 앎이라. (약 1:2–3)

산 속에 새로 만든 다리를 시험하는 철도회사의 할데만의 이야기가 있다. 두 대의 기관차가 전속력으로 달려 그 다리에 이르자 브레이크를 잡아당기고, 맨 밑바닥까지 진동으로 다리에 충격을 주도록 반나절 동안 엔진을 큰 속력으로 움직이게 했다. 그 결과 다리가 굳건한 채로 있자 아무도 그 다리가 무거운 짐을 운반할 수 없다고 의심하지 않게 되었다. 예수께서는 세상에서 혹독하게 시험당하셨기 때문에 필요할 때 우리를 구원하실 수 있다.

2. 복종을 시험하기 위함이다.

그 일 후에 하나님이 아브라함을 시험하시려고 그를 부르시되 아브라함아 하시니 그가 이르되 내가 여기 있나이다. (창 22:1)

하나님께서는 그들의 사랑의 깊이와 복종의 진실함을 알기 위해 인간을 시험하신다. 말은 쉽다. 즉, 우리는 하나님을 사랑하며 어떤 여건에서도 하나님께 복종할 것이라고 말하지만 이것은 어떤 형태의 시험이 아니고서는 어떻게 증명될 수 있을까?

Ⅲ. 유혹을 감당할 수 있는 한계

사람이 감당할 시험밖에는 너희가 당한 것이 없나니. (고전 10:13)

하나님께서는 우리가 감당할 수 있는 한계를 아신다. 하나님께서는 우리가 얼마나 이행할 수 있고 어느 정도의 압박과 긴장을 견뎌낼 수 있는가를 아신다. 종종 우리는 다리에 "적재량 10톤"이라고 쓴 것을 본다. 이것은 10톤이 넘으면 더 튼튼한 다리로 돌아가거나 정해진 무게까지만 실어야 한다는 것을 뜻한다. 하나님께서는 다음과 같은 여러 가지 방법으로 우리의 시험을 한정 지으신다.

1. 기간의 한계 – 하나님께서는 한 시간 내에 우리가 그런 기습에 굴복할 것인지 아닌지를 아신다.

2. 시기의 한계 – 하나님께서는 우리가 그런 특수한 양태의 유혹을 견뎌내기에 충분히 성숙할 때 시험을 허락하실 뿐이다.

3. 하나님께서는 실제로 시험받는 동안의 압박의 정도와 긴장을 지시하신다. 하나님의 안목과 의향으로 매순간 우리를 지켜보신다. 우리가 약해지고 죄를 범할 것 같이 생각될 때 바로, 하나님께서는 압박을 푸시고 피할 방법을 가르치신다.

Ⅳ. 시험의 방법

1. 가난을 통하여

혹 내가 가난하여 도둑질하고 내 하나님의 이름을 욕되게 할까 두려워함이니이다. (잠 30:9)

2. 부를 통하여

혹 내가 배불러서 하나님을 모른다 여호와가 누구냐 할까 하오며. (잠 30:9)

3. 세상의 영예로써

민수기 22:17의 발람에게 한 말 중에, "내가 그대를 높여 크게 존귀하게 하고 그대가 내게 말하는 것은 무엇이든지 시행하리니"라고 했다.

4. 낙망케 함으로써

내 영혼아 네가 어찌하여 낙심하며 어찌하여 내 속에서 불안해 하는가. (시 42:11)

열왕기상 19:4에는 로뎀나무 아래서 자살하려는 엘리야의 이야기가 있다.

Note

Ⅴ. 유혹의 형태

1. 불신앙

하나님을 욕하고 죽으라. (욥 2:9)

네가 만일 하나님의 아들이어든 명하여 이 돌들로 떡덩이가 되게 하라. (마 4:3)

2. 무례

마태복음 4:6에서 악마는 예수님께 성전 꼭대기에서 뛰어내리면 천사들이 예수를 받들어 보호할 것(자살하라는 교활한 유혹)이라고 무례하게 말한다.

3. 이 세상 신을 경배함

마태복음 4:9에서 사탄은 예수님께 "만일 내게 엎드려 경배하면…"이라고 했다.

4. 자만

다니엘 4:30에서 느부갓네살 왕은 "이 큰 바벨론은 내가 능력과 권세로 건설하여…"라고 했다.

5. 쾌락

데마는 이 세상을 사랑하여 나를 버리고 데살로니가로 갔고. (딤 4:10)

6. 힘

사도행전 8:19에서 시몬은 그가 한 번 지녔던 능력과 사회적 인기를 다시 얻으려고 성령의 권능을 돈으로 사려 했다.

7. 사람들의 모임

롯의 아내에 대해 살펴보라(창 19:1-6).

8. 재산

아간의 땅과 금은 외투 따위이다(수 7:21-24).

9. 성

느헤미야 13:26의 솔로몬과 사무엘하 11:2-4의 다윗에 대해 살펴보라.

10. 돈

요한복음 13:21-30의 가룟 유다에 대해 살펴보라.

11. 거짓 겸손

"난 착하지 않고 어떤 일도 할 수 없으며 설교나 노래도 할 줄 모릅니다."

Ⅵ. 유혹의 결과

1. 유혹을 따르면 죄를 짓게 된다 : 디모데전서 6:9과 신앙의 증거가 약해진 성도.

Note

2. 유혹을 물리치면 주께 영광을 드리며, 성도는 다른 유혹에 저항하기에 더욱 강해진다. 그 사람은 믿음과 성숙함을 갖게 되고 주께 복종하는 마음이 깊어진다.

Ⅶ. 어떻게 유혹을 물리치고 승리를 얻을 것인가?

1. 하나님께 충실함으로써(고전 10:13 참조)

요한계시록 3:10에 "네가 나의 인내의 말씀을 지켰은즉 내가 또한 너를 지켜 시험의 때를 면하게 하리니"라고 했다. 고린도전서 1:9에서처럼 하나님께 충실함으로써 의지할 수 있고 변하지 않는다.

2. 하나님의 말씀을 적절히 사용함으로써

예수께서는 마태복음 4장에서 성경을 세 번 인용하셨다.

3. 그리스도와 화해함으로써

누가복음 22:31-32은 "내가 너를 위하여 네 믿음이 떨어지지 않기를 기도하였노니"라고 하였다.

4. 개인적인 기도로써

마태복음 26:41은 "시험에 들지 않게 깨어 있어 기도하라"고 하였다.

5. 유혹을 피함으로써

디모데후서 2:22은 "또한 너는 청년의 정욕을 피하고"라고 하였다. 잠언 4:14-15에는 "그의 길을 피하고 지나가지 말며 돌이켜 떠나갈지어다"라고 하였다.

6. 물리침으로써

야고보서 4:7은 "마귀를 대적하라 그리하면 너희를 피하리라"고 하였다.

7. 피할 길을 받아들임으로써

"사람이 감당할 시험밖에는 너희가 당한 것이 없나니 오직 하나님은 미쁘사 너희가 감당하지 못할 시험 당함을 허락하지 아니하시고 시험 당할 즈음에 또한 피할 길을 내사 너희로 능히 감당하게 하시느니라(고전 10:13)".

● 결론

유혹은 모든 사람에게 공통적이다. 모든 그리스도인은 유혹받을 것을 예상해야만 한다. 승리의 가능성과 당신 이름에 영광을 가져오도록 주를 찬양하라. 죄에 굴복하는 것에 주의하라. 타락하기는 쉬우나 흔적이 남는다. 고백과 참회와 그리스도의 피로써(요일 1:9) 즉시 회복하라.

질문 *Bible Study*

1. 어떤 류의 사람이 유혹을 받기 쉬운가?
2. 성경의 유혹에 관한 구절 중에서 어떤 것이 가장 훌륭하다고 생각하는가?
3. 야고보서 1:13과 창세기 22:1 사이의 모순을 설명해 보라.
4. 유혹의 근원은 무엇인가?
5. 왜 유혹이 있다고 생각하는가?
6. 하나님께서 우리가 감당할 수 있는 이외에는 시험받지 않도록 약속하신 3가지 방법을 말해 보라.
7. 유혹의 4가지 방법은 무엇인가?
8. 여러 가지 유혹의 형태에 대해 말해 보라.
9. 유혹의 결과는 무엇인가?
   a) 유혹을 따를 때
   b) 유혹을 물리칠 때
10. 어떻게 해야 유혹을 물리치고 승리할 수 있는가?

제98과

가족계획

● 서론

어떤 이는 이처럼 미묘하면서도 개인적인 문제를 왜 거론하냐고 물을지도 모른다. 이 질문에는 여러 가지 대답이 있지만 가장 일반적인 것은 오늘날 세계의 인구폭발에 경종을 울리기 위한 것이라 하겠다. 이것은 세계 어느 나라에서나 가장 흔히 다루는 주제인데, 우리는 이 특별한 주제에 대해 성경은 어떻게 말씀하고 있는지 알아야만 한다. 가지각색의 사람들 속에서 이것을 논하기는 어렵다. 그러므로 우리는 구절에나 용어에 극히 유의하되 솔직하게 배우도록 하자.

Ⅰ. 가족계획의 의미

가족계획이란 대체로 내복약 등 여러 형태의 피임제로 불리는 인위적인 방법을 사용하여 자손을 가능한 한 자발적으로 제한하는 것을 뜻한다. 부모는 생식과 종족 보존이라는 결혼의 기본 목적의 영향력 아래 놓여 있다. 어떤 사람은 여자의 신체적 · 정신적 건강을 고려하지 않고 단지 여자를 "아이 낳는 기계"로만 생각한다. 그러나 그리스도인은 매우 신중해야 한다. 가족계획은 오늘날 중요한 가족문제에 현명하게 접근하자는 것이다.

Ⅱ. 가족계획을 찬성하는 이유

1. 불필요한 조산을 막기 위하여.
2. 여자에게 다음 임신까지 완전히 쉴 수 있는 충분한 시간을 주기 위하여.
3. 높은 유아 사망률을 막기 위해(터울 조절이 잘 된 아기들이 더 튼튼하다).
4. 아기에게 전염병이 전해지는 것을 막기 위해.
5. 유전적 질환으로 태어나는 아기 수를 줄이기 위해(박약아 등).

6. 공공 구제금을 받는 경우, 사회에서 가족 단산을 요구하므로.

7. 세계 인구 증가를 줄이기 위해(이전에는 질병, 기근, 전염병, 전쟁, 유행병 따위로 조절되었다).

8. 가족계획은 비도덕적인 사람이나, 가족을 부양하기에 지나치게 이기적이고 게으른 사회의 기생충들을 보호하려고 고안한 것이 아니다.

Ⅲ. 가족계획의 방법

역사적인 연구에 따르면 2,000년 이상 산아제한이 실시되어 왔다.

1. 영아 살해 : 신생아를 죽이거나 유기함(오늘날의 법에는 어긋남).
2. 불임 : 사람이 아이를 낳지 못하게 하는 방법(일반적으로 수술에 의함).
3. 질외 사정 : 창세기 38:9에 나오는 것으로, 이 방법은 비정상적이며 좌절감을 갖게 한다.
4. 금욕 : 일정기간 성교를 자발적으로 일부 절제함.
5. 임신중절 : 일반적으로 만 4달 전에 임신을 중지함(의약 수술에 의해).
6. 주기 이용법 : 월경 주기 중 불임기간에 성교함.
7. 피임약이나 기구의 사용.

Ⅳ. 가족계획에 대한 가톨릭의 입장

1. 성기능은 종족 번식이라는 단 한 가지 목적을 가질 뿐이다.
2. 인위적인 방법으로 산아를 제한하는 것은 자연법에 정면으로 반대되는 것이다.
3. 산아제한은 도덕과 종교에 대한 악영향을 조장시킨다.
4. 교황 비오 6세는 산아제한을 가공할 죄악이요, 악덕이라고 말했다.
5. 산아제한은 매춘부와 훌륭한 부인과의 차이를 없앤다.
6. 산아제한은 자제심과 단련하는 것을 해침으로써 불신앙을 초래한다.
7. 산아제한은 하나님과 함께 그분의 창조사업에 협조하기를 거부하는 것이다.
8. 산아제한은 개인의 쾌락을 하나님의 뜻과 대치시킴으로써 이기적이 되게 한다.
9. 산아제한은 죄악이며 어떤 변명도 용납될 수 없다. 그것은 본질적으로 악이다.

Ⅴ. 산아제한에 대한 성경의 가르침

진정한 그리스도인은 오로지 하나님의 뜻만을 따르며 하나님께 모든 것을(성을 포함하여) 맡긴다. 신학자들은 생식의 문제로 논쟁해 왔으며 여러 가지 견해를 달리해 왔다. 해답은 개인에 따라, 상황과 여건에 따라 다양할 수 있다. 성경은 놀랍게도 이 중요한 문제에 대해 침묵을 지키고 있다. 하나님은 조물주이시며 생명의 보존자이시다. 하나님께서 생명을 주신 것이라면 쉽사리 돌볼 수 있을 것이다. 생명과 인간의 존재는 하나님께 굉장히 소중한 것이다. 성경은 그럼에도 불구하고 산아제한에 대해 언급하지 않고 있다.

Note

1. 창세기 38:9-10은 산아제한의 방식을 꾸짖은 것이라기보다는 형을 위해 아이를 낳기를 거부한 점을 꾸짖은 내용이다.

2. 창세기 1:28은 인구가 조밀한 오늘의 세계에는 해당되지 않는다.

3. 로마서 1:24-28은 산아제한에 대해서가 아니라 동성애를 다루고 있다.

4. 시편 128:3; 127:3-5은 분명히 대가족을 장려한 것이리라.

Ⅵ. 결혼과 그 목적

결혼은 영광스런 것이고(히 13:4) 모든 범죄는 하나님의 법에 위반하는 것이다. 인간은 본능에 의해서가 아니라 지 · 정 · 의로써 움직이도록 하나님의 형상으로 창조되었다(신 6:6-7, 엡 6:4, 창 1:27 참조). 하나님은 우애와 생식을 위한 결혼의 창시자이시다.

Ⅶ. 가족계획에 대한 기본적 질문

1. 가족계획은 그리스도인들에게 옳으며 용납될 만하다고 생각할 수 있는가? 아니면 그것은 근본적으로 옳지 못하고 비도덕적인 것인가?

산아제한이 하나님의 창조질서를 위반하는 것은 아니다. 성경 어디에도 산아제한이 금지되어 있지 않으며, 성교 또한 생식에만 국한되지 않았다. 고린도전서 7:3-5과 9절은 성행위를 육체적인 사랑을 최고도로 표현하는 것으로 인정한다.

2. 그리스도인들은 자발적으로 자녀의 수를 제한할 수 있는가?

성경은 바람직한 자녀의 수에 대해 암시하고 있지 않다. 부모는 이기적인 목적이나 무책임한 방종에서 자유를 남용하지 말아야 한다.

3. 부모들이 피임제를 사용하기에 자유로운 때는 언제, 어떤 여건 아래에서인가?

상황과 여건은 경우에 따라 다르다. 부모는 가정의나 목사, 심리학자 또는 정신과 의사들과 상의하여 최선의 해답을 구할 필요가 있다.

4. 피임제 사용 원칙이 중절에도 적용되는가?

아니다. 왜냐하면 중절은 살인이며 생명을 끊는 것과 다름없기 때문이다.

5. 가톨릭 신학자들과 몇몇 프로테스탄트들은 금욕이나 주기 이용법을 추천하고 있다. 이것들로 충분한가?

금욕은 성교를 일시적으로 또는 완전히 중지하는 것이다. 고린도전서 7:7-9에서 바울은 이것이 어렵고 임시방편일 뿐이라는 것을 깨달았다. 주기이용법은 수학에서처럼 극히 간단한 것이 아니어서 판단하기 어렵다. 왜냐하면 어떤 여자에겐 완전히 안전한 불임기간이 실제로는 없기 때문이다.

6. 결혼 전에 부모가 자녀의 수를 결정할 수 있는가?

그렇지 않다. 왜냐하면 이것은 외람되게도 하나님 자신의 특권을 빼앗는 것이 되기 때문이다. 하나님께서는 자녀가 없게 하거나 일찍 자녀를 데려가게 하심으로써 그런 부부를 벌하실 수 있다. 어떤 부부도 전능하신 하나님의 주권에 감추어진 이 결정을 알 수 없다.

7. 산아제한이 용납된다면 악마나 미혼자들은 그들만의 욕정을 만족시키는 데 악용하지 않을까?

항상 자유를 방종으로 돌리려는 사람들이 있다.

8. 피임제를 용인하는 것이 비도덕성도 용인함을 뜻하는 것이 아닐까?

그렇지 않다. 그리스도인들은 성경의 원칙에 의해 행동하지, 사회의 행동 규약을 두려워해서가 아니다. 우리는 하나님의 말씀이라는 바탕에서 행동한다.

9. 산아제한은 멸종과 경제적 재난을 초래하는가?

극단적으로 그러할 것이나 중용을 따른다면 분명 그렇지 않다.

10. 산아제한을 실행하는 것이 도덕적으로 옳지 않다고 여기는 그리스도인 부부에게 어떤 충고를 하고 있는가?

그것을 피하고, 양심에 반대되는 행동을 하지 마라. "의심하고 먹는 자는 정죄되었나니 이는 믿음을 따라 하지 아니하였기 때문이라 믿음을 따라 하지 아니하는 것은 다 죄니라"(롬 14:23).

● 결론

결혼은 신의 명령이며 창조주께서 인류에게 내리신 소중한 선물이다. 결혼, 성, 그리고 자녀들은 가정에 속한 것이다. 가정은 부모들이 존경받고 찬양받으며 자녀들은 사랑받는 관계이다. 그리스도인 가정은 신의 사랑이 스며든 곳이다. 이와 같은 가정은 저절로 성장하는 것이 아니다. 남편과 아내 그리고 각 자녀들 간의 노력과 협조가 요구된다. 어떤 피임기구도 사용되지 않는 가정이 행복하지만, 의학상의 이유로 사용해야 한다면 아주 조심스럽게 신중히

할 것이다(이 관계 자료는 레윈이 쓴 산아제한에 관한 서적에 요약되어 있다).

Note

질문 Bible Study

1. 가족계획의 의미는 무엇인가?
2. 가족계획이 긍정적인 이유를 말해 보라.
3. 가족계획의 방법에는 어떤 것이 있는가?
4. 산아제한에 관한 가톨릭의 입장은 어떤 것인가?
5. 창세기 38:9–10은 산아제한이 나쁘다고 가르치는가?
6. 창세기 1:28은 오늘날에도 적용될 수 있다고 생각하는가? 왜 그런가?
7. 산아제한은 성경을 위반하는 것인가? 그 증거는 무엇인가?
8. 산아제한은 경제적 측면에서 정당한가? 왜 그런가?
9. 부모들이 자녀수를 미리 결정하는 것이 왜 나쁜가?
10. 피임기구의 사용은 어떠해야 하는가?

제99과
십자가의 도

●서론

이 과는 1961년 2월 12일 마닐라에서 칼리카가 한 설교와 1963년 바귀오에서 로얀이 설교한 메시지 및 기타 자료들에서 취했다. 갈라디아서 5:11은 "형제들아 내가 지금까지 할례를 전한다면 어찌하여 지금까지 박해를 받으리요 그리하였으면 십자가의 걸림돌이 제거되었으리니"라고 하였다. 기독교 사회에서 우리는 흔히 "십자가의 고난"에 대해 말하고 있는데, 우리는 그 뜻을 제대로 알고 있는가? 그것은 아무 의미없는 케케묵은 경구에 불과한가? 유대인에게 십자가는 항상 방해물이었고, 그리스인들에게는 어리석음이었으나 하나님의 자녀에게는 하나님의 권능과 지혜를 뜻한다.

Ⅰ. 십자가의 고난이란 무엇인가?

여전히 그리스도의 귀한 피에 의한 구원을 믿는 복음주의자들의 머리에 퇴적되어 있는 것은 수치와 경멸이다. "현대의" 그리스도인은 이것을 "구식의, 도살장의 종교"라고 부르며 과거에 머무르는 무식한 사람이라고 업신여긴다. 자기를 구원하기 위해 선행, 철학, 종교심, 기타 형식주의에 기대는 사람은 우리 같은 시대에 뒤떨어진 사람보다 훨씬 개화되었다고 여긴다.

Ⅱ. 십자가의 고난은 어디에 있는가?

그것은 속죄의 교리에 있다. 그것은 인간은 자기 자신을 스스로 구원할 수 없는 죄인이라는 사실을 고백할 수밖에 없도록 만든다. 보통 사람은 자선, 박애, 기타 구휼 따위의 칭찬할 만한 행위로써 쉽사리 사라질 수 있는 다소의 약점을 가진 것 외에는 자신이 근본적으로는 착하다고 잘못된 상상을 하고 있다. 십자가의 고난은 인간의 오만함을 공박한다. "우리의 의는 다 더러운 옷 같으며(사 64:6)"와 같이 참회하기 위해서는 사려 깊은 겸손이 필요하다.

Note

즉 "머리 전체가 병들고 마음도 모두 약해지고 발에서 머리까지 영혼은 온전한 것 없이 찢기고 갈라지고 썩은 상처뿐이오니…"라는 고백이 나와야 한다. 그것은 인간의 지혜를 부정한다. 인간의 지혜는 모든 것, 모든 사람은 가치가 있고, 어떻게 해서든지 사람은 죄 값을 하나님께 갚을 수 있어야 하며, 적절한 대가로써 바르게 평가받아야 한다고 생각한다. 십자가는 인간의 오만과 세상의 영예를 날려버리는 고귀한 죽음의 바람이다. 또한 소위 "죄를 짓는" 것으로 생각하는 것은 사람에게 수치와 불명예를 초래한다.

Ⅲ. 이러한 고난의 증거

시련은 치욕으로 싸여 있기 때문에 사람은 이 허물을 음악이나 시 또는 미술로써, 지워버리려고 애써왔다. 사람은 일단 추한 죽음의 도구가 되었다는 것을 미화시키려고 한다. 사람들은 "저 멀리 언덕 위에 보기 흉한 낡은 십자가가 있다"고 하는 노래를, 금빛 테로 빛나고 화환으로 장식된 십자가라고, 감상적인 매력을 가진 노래로 생각하기를 좋아한다. 수세기 동안에 교의로써 십자가의 고난의 냄새를 벗으려는 시도를 행해 왔다. 그러나 바울이 갈라디아서 6:14에서 찬미한 십자가는 훨씬 다르다.

바울은 '수치'와 '슬픔'과 '고통'과 '분노'라는 '불명예스런' 십자가에 의한 구원을 설교했다. 사도행전 5:30에서 베드로는, "너희가 나무에 달아 죽인 예수를 우리 조상의 하나님이 살리시고"라고 말한다. 이는 불손한 말인가? 무례한가? 이것이 진정한 십자가이다! 히브리서의 저자는 "그런즉 우리도 그의 치욕을 짊어지고 영문 밖으로 그에게 나아가자"(히 13:13)고 말함으로써 수치의 개념을 이해하였다. 이것은 하나님의 모든 자녀로의 은근한 초대이다. 이것은 버림받은 자와 죄인과 한센병자의 거처다. 그들은 더러움과 질병과 비참 속에서 "더럽고 더러우니"라고 외치며 구원을 바랐다. 이 교리는 단지 히브리서 11:26의 신약에만 나타난 것이 아니고, 모세가 이집트의 부유함보다는 "그리스도의 치욕"을 택했다는 것을 말해 준다.

Ⅳ. 그리스도 안에서 고난받지 않는 자에게 내리는 축복

마태복음 11:6은 "누구든지 나로 말미암아 실족하지 아니하는 자는 복이 있도다"라고 하였다. 우리의 신앙은 베드로가 마태복음 26:33에서, "모두 주를 버릴지라도 나는 결코 버리지 않겠나이다"고 말한 것처럼 점점 큰 소리가 되어 가고 있는가? 그렇다면 왜 제자들은 그 후에 예수를 떠나 범죄하였는가? 그것은 무시무시한 십자가와 피 흘리는 두려운 광경을 연상했기 때문이다. 어떤 유대인도 수치를 떠나서는 십자가와 죽음을 생각할 수 없었다. 왜냐하면 하나님께서 "나무에 달린 자는 모두 저주를 받으라"고 말씀하셨기 때문이다.

"사람이 만일 죽을 죄를 범하므로 네가 그를 죽여 나무 위에 달거든 그 시체를 나무 위에 밤새도록 두지 말고 그 날에 장사하여 네 하나님 여호와께서 네게 기업으로 주시는 땅을 더럽히지 말라 나무에 달린 자는 하나님께 저주를 받았음이니라"(신 21:22-23). "그리스도께서 우리를 위하여 저주를 받은 바 되사 율법의 저주에서 우리를 속량하셨으니 기록된 바 나무에 달린 자마다 저주 아래에 있는 자라 하였음이라"(갈 3:13). 당신과 나를 위해 저주를 견딘 그분이 무덤에서 일어나셨다. 그런데 우리가 그분 안에서 고난을 받게 될까? 기꺼이 십자가의 모욕과 수치와 고난을 받아들일 수 있겠는가? 이러한 시련을 매일 받아들이지 못한다면 제자가 되기에는 부족하다.

V. 오늘날 믿는 이들에게 십자가가 의미하는 것

십자가는 인간의 영광을 더럽힌다. 이방인에게 있어서 십자가는 그들의 지성을 손상시키는 정신적인 모욕이다. 그리스도인들은 십자가의 저주를 생각하지 않았고 수치로 생각했다. 케사르의 법은 십자가를 단지 최악의 죄로 제한했다. 죄수의 옷을 벗긴 채 매다는 불명예와 수치를 생각해 보라. 히브리서 12:2은 "그(예수)는 그 앞에 있는 기쁨을 위하여 십자가를 참으사 부끄러움을 개의치 아니하시더니"라고 하였다. 예수님은 우리를 구원하시기 위해 이 고통을 너무나 하찮게 여기셨다. 보통 사람들은 "로마의 형틀에서 수치스럽게 죽은 사람이 어떻게 하나님의 아들일 수 있느냐, 인류의 메시야요 구원자라고?"하며 소리쳤다. "십자가의 피"라는 표현은 오늘날 점잖은 사회에선 잔인하고 반감을 사는 것으로 여겨진다. 그들은 그것이 고대 종교의 유물이라고 생각한다. 다소의 사울은 십자가의 죄에 순종하지 않고, 십자가에서 처형된 나사렛 사람을 신을 모독한 자로 여기어 기독교도들을 박해했다. 그러나 사도 바울은 십자가에서 자신의 잘못을 깨닫고 영광을 알게 되었다.

VI. 십자가란 진정 무엇인가?

1. 믿으려는 자 모두에게 구원을 주시는 하나님의 능력이다(고전 1:23-24).
2. 믿는 자 편에 보이신 하나님의 위대한 능력이다(엡 1:19).
3. 하나님의 지혜이다(고전 1:23-24).

Note

Ⅶ. 오늘의 고난을 견디는 것

이것은 자기 생활과 새로운 삶과의 내적 갈등을 의미한다(벧후 1:4). 우리가 기꺼이 자신을 억제하고 십자가의 고난을 받아들이며 수치를 참을 때 승리할 수 있다. 그것은 비할 바 없는 구주의 영광을 위해 차별받는 오욕을 기쁘게 받아들인다. 우리가 혼자 길을 따라 걷고 있으면 필경 성령께서 개방된 모임을 갖는 그리스도인들과 동참하라고 우리에게 말씀하실 것이다. 그러나 우리 내부의 그릇된 자아가 너무 품위가 없다고 말한다. '네 이웃은 반감을 가질 것이다. 너는 이 사회에서 네 고상한 평판을 보호해야만 한다'라고. 그러나 우리는 이 유혹을 물리칠 필요가 있으며 그리스도의 이름으로 행동하여 우리의 증거를 보여야 한다. 자신을 포기해 보고 수치를 더 느끼기 위해 예전의 성질을 드러낼 때, 죽음이란 십자가의 고난을 받아들이는 것으로 생각된다.

우리에게는 날마다 죽을 기회가 주어질 것이다. 이들 중 어떤 것은 평범한 습관적인 일일 수도 있다. 우리는 뜻밖의 일거리나 예기치 않은 방해, 반갑지 않은 산만한 기분 등, 직접적으로 치명적인 일에 부딪치고 있다. 당신의 생애에서 "어떤 것이라도 괜찮아요. 다만 그것만은" 하고 하나님께 몰래 얘기하는 어떤 특정한 시기가 있는가? 당신에게 있어서는 그것이 가장 깊은 의미에서 십자가의 고난으로 나타날는지 모른다. 왜 망설이는가? 당신에게 생길 수치와 조롱을 두려워하는가? 자기 자신을 제단에, 그리고 그리스도를 당신 삶의 보좌로 모시라. 기꺼이 그 십자가를 받아들여 자신을 죽임으로써 그리스도를 찬미하라. 어떤 사람에게는 그것이 물에 의한 세례로 속죄 받은 연후에 나타날 수 있다. 대부분의 사람들에게는 체면과 관계된 굴욕으로 나타난다.

L E. 맥스웰 목사가 말하기를 "우리의 십자가는 자신을 새로운 부정, 치욕과 죽음 앞에 드러내 놓는 길을 자발적으로 받아들이는 것이다. 이것들이 실제로 우리 생의 대가가 될 것이다"라고 하였다. 그리스도가 부활 속에서 이해된다면 십자가의 죽음은 축복받는 죽음이 될 것이다. 어떤 사람에게 있어 그것은 죄에 대항하여 뽐내며 소리치는 것일지도 모른다. 육체는 "조용히 해! 그건 정말 네 일이 아니야"라고 말할 것이나, 성령에 복종해야만 한다.

● 결론

고난을 피하려 한다는 것은 어리석은 일이다. 그분의 영광은 수치를 견딜 만큼 충분하다(고후 12:9). 기꺼이 받아들이고 하나님을 섬기라. 고난을 견디는 것은 제자된 가치가 있다(눅 14:27). 마태복음 27:32에서 시몬은 예수를 뒤따라 강제로 십자가를 지고 가게 되었다. 그는 이방인이었으며 영적인 증거자가 아니었다. 그러나 우리에게는 그것이 다르게 다가온다. 우리는 십자가를 질 것을 강요받지 않았는데, 그 이유는 우리가 일상의 단조로운 생활 가운데 구세주와 같이 행동할 것을 깨닫고 기도하는 마음으로 십자가를 매일 받아들이기 때문이다.

질문 *Bible Study*

1. "십자가의 고난"이라는 표현은 성경적인가?
2. 십자가의 고난이란 무엇인가?
3. 십자가의 고난은 어디에 있는가?
4. 인간은 이 고난을 없애려고 어떻게 노력해왔는가?
5. 히브리서 13:13의 치욕이란 무엇인가?
6. 마태복음 11:6은 그리스도를 진심으로 따르는 사람들에게 무엇을 나타내는가?
7. 오늘날 믿는 자들에게 있어 십자가의 의미는 무엇인가?
8. 십자가란 진정 무엇인가?
9. 오늘의 고난을 견디는 것은 무엇을 의미하는가?
10. 당신은 마태복음 27:32의 시몬처럼 십자가를 질 것을 강요당했는가?

제100과

새 도덕 비도덕

● 서론

우리는 수세기 전 하나님께서 세워놓으신 도덕 기준과 관례를 변경시키려고 하는 세기말에 살고 있다. 하나님께서는 거룩하고 의로우시며 변함이 없으시다. 뿐만 아니라 20세기의 가상적 진보에 대처하기 위해 당신의 기준을 수정하지 않으실 것이다. 소위 "새로운 도덕"은 현대의 지식과 과학에 비추어 행동규약을 재론할 것을 공언하는데 실제로 그것은 로마서 1:18, 24, 28절의 도덕성으로 되돌아가는 것이며, 진보가 아니라 퇴보다.

I. 새 도덕

새 도덕의 실체는 이중적이다. 즉,

1. 미혼자들에게 있어서 "시험 결혼"으로 남편과 아내로 함께 산다는 것은 행복하게 같이 지낼 수 있는 능력을 시험하기 위한 근거이다.

2. 기혼자들에게 있어서 결혼관계를 벗어나 혼외 관계를 즐기는 것은 그들의 채워지지 않은 욕정을 만족시키려는 것이다.

어떤 사람은 이 가르침에 따라 이 같은 성적 체험에 빠지면 우주 및 하나님과 하나가 됨을 느끼는 능력을 줄 것이라고 말한다. 이 같은 순전히 비난받아 마땅할 넌센스가 어디 있는가? 그들은 옳고 그른 것은 엄정한 법의 관례라기보다는 인간의 욕구 정도에 따른 상대적인 용어라고 말한다. 그들은 성은 사랑의 표현이므로 금지되거나 위축되어선 안 된다고 말한다. 동성애는 같은 성을 가진 사람들 간의 애정의 표시이므로 그들 자신을 가장 자연스럽다고 여겨지는 방법으로 표현할 수 있기 위해선 합법화되어야만 한다는 것이다.

연민으로써 새 도덕은 간음이나 간통을 용서한다. 클랙스톤 박사는 1965년 12월-1966년 1월호「크리스천 리더」지에서 "혼음은 성병을 전염시킬 수 있다"고 쓰고 있다. "사람이 무엇으로 심든지 그대로 거두리라"(갈 6:7)고 하였다. 하나님의 계명은 여전히 유효하시다. 출애굽기 20:14은 "간음하지 말라"고 하였고, 마가복음 10:19은 "네가 계명을 아나니 간음하지 말라"고 말씀하였다.

Ⅱ. 비도덕

종종 우리는 비도덕성이 한 나라를 망칠 수 있는가 하는 질문을 받는다. 그 답은 비도덕은 죄이며 전능하신 하나님의 법을 위반하는 것이라는 것이다. 잠언 14:34은 "공의는 나라를 영화롭게 하고 죄는 백성을 욕되게 하느니라"고 하였다. "비도덕"이란 말은 성경에 나오지는 않지만 현대 용어로 두 가지의 의미를 갖는다. 즉, (1) 성적 음란 (2) 기만과 허위이다.

1. 성적 음란

a. 간통(출 20:14) – 적어도 한 쪽이 결혼한 때의 성적 결합.

b. 간음(행전 15:20) – 미혼자의 성적 결합.

c. 여성화(고전 6:9) – 남자가 여자처럼 부드럽고 미묘하게 되는 것.

d. 수음(고전 6:9) – 자위하는 것.

e. 매음(엡 5:5)

f. 과도한 정욕(골 3:5) – 간음을 금지하고 있다.

g. 동성애(남) – 로마서 1:27의 남색의 죄, 창세기 19:5 남자들끼리의 성적 관계.

h. 동성애(여) – 로마서 1:27의 여자들끼리의 성적 관계.

i. 음탕(삿 20:6) – 음란한 생각이나 방탕은 죄로 판정된다.

j. 벌거벗음(출 32:25) – 비도덕 우상숭배를 따른 상태. 짧은 스커트, 낮은 목둘레선, 정숙하지 못한 목욕옷 등.

k. 이혼(요 4:17-18) – 여자는 다섯 남편과 지내고 현재의 남자도 남편이 아닌 간통 행위 속에 살고 있다.

l. 음욕(살전 4:5) – 호색의 육체적 욕망.

2. 기만과 허위

a. 사기(암 8:5) – 잔돈이나 적은 양으로 줌.

b. 부정(고후 4:2) – 거절된 부끄러움, 기만, 불공정, 불순함.

c. 뇌물 – 욥기 15:34에서 뇌물을 없애기 위한 불, 아모스 5:12 참조, 이사야 33:15의 뇌물 거절.

Note

d. 도박(눅 15:13) – 방탕한 생활로 재산을 낭비한 탕아.

e. 멸망(벧후 2:19) – 거짓된 교사는 자유를 약속하나 멸망의 종들이므로 그것을 만들 수 없다. 하나님의 자녀는 멸망의 굴레에서 벗어나게 된다(롬 8:21).

f. 강탈(고전 6:10) – 강탈자들은 하나님의 왕국에서 살지 못한다. 마태복음 23:25에서 학자들과 바리새인들은 우리 하나님에 의해 강탈하는 악인으로 꾸짖음을 당한다(강탈이란 무법적인 행동을 뜻한다).

g. 부정행위(약 5:4) – 시편 10:7 참조. 속임수에 의해 임금을 감춤.

h. 태만 – 잠언 15:19; 19:24; 21:25; 22:13; 24:30; 26:13-15에서 죄로 정해짐. 로마서 12:11에 "부지런하여 게으르지 말고"라고 했다. 시간과 재산과 일을 낭비함.

3. 도덕과 비도덕의 차이

하나님께서 아모스 7:7-8에서 당신의 표준을 사용하신 이외에는 종종 이것을 해독하기 어렵다. 마음을 심판하시는 하나님은 흑과 백, 선과 악, 검은 회색과 흰 회색을 구분 지으신다. 하나님의 표준을 고려하는 것을 배우라.

4. 어떻게 비도덕성이 한 나라를 멸망시키는가?

a. 의로움만이 한 나라를 강화시킬 수 있다(잠 14:34). 하나님께서는 깨끗하고 순수하고 올바른 삶으로써 당신을 찬미하는 자를 찬미하신다.

b. 죄란 어떤 사람에게는 치욕이다. "공의는 나라를 영화롭게 하고 죄는 백성을 욕되게 하느니라"(잠 14:34).

c. 비도덕성은 한 나라의 심장을 침식한다. 다니엘 5:30-31에서 비도덕한 벨사살 왕은 다리우스에게 패하며, 바벨론은 페르시아에 패한다. 대 로마제국은 내부의 도덕적 부패로 인하여 분열되었다.

d. 하나님께서는 비도덕을 찬성하실 수 없다. 하박국 1:13은 "주께서는 눈이 정결하시므로 악을 차마 보지 못하시며 패역을 차마 보지 못하시거늘"이라고 하였다.

e. 하나님께서는 도덕을 축복하시고, 비도덕을 벌하신다(신 28:1-14; 28:15-68).

f. 하나님께 비도덕성을 숨길 수 없다(민 32:23).

g. 새 도덕의 결과는 성병의 만연이 될 것이다.

h. 도덕은 천국에 이르게 한다. 누가복음 10:27-28은 "…이를 행하라 그러면 살리라"고 하였다. 비도덕은 주의 저주를 불러일으킨다(계 21:8).

Ⅲ. 하나님의 도덕 기준

사도 바울은 고린도교회 사람들이 자기 계모를 아내로 삼는 비도덕적 행위를 꾸짖었다. 우리는 우리 몸으로 하나님을 찬미하도록 부름 받았는데(고전 6:20), 이것은 우리가 성경, 특히 십계명 가운데 천명한 거룩함과 의로움의 기준을 유지할 때에만 이루어질 수 있다. 로마서 1:18은 새 도덕과 모든 비도덕성을, "하나님의 진노가 불의로 진리를 막는 사람들의 모든 경건하지 않음과 불의에 대하여 하늘로부터 나타나나니"라는 말로 비난한다. 하나님의 도덕 기준은 베드로전서 1:15-16에 설명되어 있다. 즉 "오직 너희를 부르신 거룩한 이처럼 너희도 모든 행실에 거룩한 자가 되라 기록되었으되 내가 거룩하니 너희도 거룩할지어다"라고 하였다(레 11:44; 19:2; 20:7 참조).

그러므로 하늘에 계신 너희 아버지의 온전하심과 같이 너희도 온전하라. (마 5:48)

산상설교에도 나타나 있다. 그리스도인으로서 우리는 갈라디아서 5:19-21에 열거된 17가지 육체의 일을 끊고, 갈라디아서 5:22-23의 9가지 열매를 맺도록 부름 받았다. 요한일서 2:17은 육체에의 탐욕은 멸망할 것이나 하나님의 뜻을 행하는 사람은 영원히 살 것이라고 가르친다.

다른 사람의 죄에 간섭하지 말며 네 자신을 지켜 정결하게 하라. (딤전 5:22)

이 말은 외적인 정결(비도덕적 행동을 범하는 것)뿐만 아니라 마음의 내적인 정결(마 5:28)도 포함하는 것이리라. 이것은 사도 바울이 고린도전서 7:1에서 "남자가 여자를 가까이 아니함이 좋으나"라고 쓴 까닭이다.

● 결론

소위 새로운 도덕은 악한 남자가 멋대로 욕정을 품게 함으로써 여자들을 수백 년 퇴보시키고 있다. J. P. 언윈 박사는 1934년에 발행된 「성과 문화」에서 사회의 생산 에너지는 그 이전의 두 세대의 성적 규율에 비례한다는 역사상의 사실을 과학적으로 확증했다. 그의 조사 범위는 4,000여 년에 걸친 80개 부족의 원시인과 16개 부족의 문명인들의 관습을 망라했다. 거기에 예외란 없다. 선데이 타임즈 지의 오켄가씨는 "새 도덕에 대한 해답은 신학적일 뿐만 아니라 개인적이다"고 했다. 그것은 깨끗한 마음 가운데 있으며 깨끗한 그리스도의 피로써 이루어지며, 즉 하나님의 뜻에 맡기고 간음(비도덕)을 하지 않는 것이다(살전 4:3). 그리스도 안에서의 우리의 자유를 모든 비도덕성에 저항하는 자유이며, 육체의 욕망이나 변하기 쉬운 마음을 채우기 위한 면허가 아닌 것으로 받아들이자.

질문 *Bible Study*

1. 새 도덕에 포함되는 2가지는 무엇인가?
2. 새 도덕의 목적은 무엇이라고 생각하는가?
3. 하나님의 계명은 여전히 유효한 것인가?
4. 비도덕이란 근본적으로 무엇인가?
5. 비도덕의 현대적인 의미 2가지는 무엇인가?
6. 성적 불순의 증거를 간단히 정의해 보라.
7. 기만과 허위의 여러 가지 형태를 간단히 정의해 보라.
8. 도덕성과 비도덕성을 구분하기 어려운 경우에 어떻게 해야 하는가?
9. 비도덕이 한 나라를 멸망시킬 수 있는가?
10. 하나님의 도덕 기준은 무엇인가?

Note

Bibliography

A Handbook of Christian Truth --------------- Lindsell and Woodbridge

Ambassadors for Christ ------------------------- Misses French and Cable

Angels and Demons -- Needham

Asking and Receiving -- John R. Rice

Between Christ and Satan ------------------------------------- Kurt Koch

Bible Reading ------------------------------ Union Bible Study Association

Bible Study -- George Goodman

Biblical Demonology --- Unger

Christ Indwelling and Enthroned ---------------------------- J. O. Sanders

Christianity Today -- Magazine

Christ's Deity -- Efren Alvior

Conscience --- Hallesby

Dictionary of the Bible ------------------------------ Hastings and Selbie

Doctrinal Outlines -- Robert Lee

Doctrinal Studies(Part VI) -- J. W. Kemp

Dr. C. I. Scofield's Notes ------------------------------------ Scofield Bible

Essentials in Demonology -- Langton

Every Man a Bible Student ------------------------------------ J. E. Church

God's Will for Your Life --- S. M. Goder

Handfuls on Purpose -- James Smith

Heaven --- D. L. Moody

Heresies Ancient and Modern ----------------------------------- J. O. Sanders

Heresies Exposed --- W. C. Irvine

Homiletic Thesaurus -- Ellingsen

How to Live the Victorious Life ----------------- An Unknown Christian

How to Resist the Devil -- Perryman

In Green Pastures -- T. R. Dunham

Is Jesus God? -- John R. Rice

Light on Life's Problems -- J. O. Sanders

Miraculous Healing -- Frost

Moody Monthly --- Magazine

Notes from Frame --- R. W. Frame

On Being a Real Christian ------------------------------ G. Christian Weiss

Paul's Hymn of Love -- D. M. Panton

Planned Parenthood -- A. M. Rehwin

Prayer --- Dr. H. W. Frost

Progress of Worldwide Missions ----------------------------- Glover, Kane

Some Vital Questions -- Truett

Studies in the Sermon on the Mount ------------------- Dr. M. Lloyd Jones

Systematic Theology -- L. W. Chafer

The Christian After Death -------------------------------------- R. E. Hough

The Christian Guardian -- Magazine

The Christian Reader -- Magazine

The Christian Worker's Manual --- Miller

The Disciplines of Life --- Edman

The Divine Art of Soul Winning ------------------------------- J. O. Sanders

The Doctrines of the Holy Spirit ------------------------------ Overholtzer

The Gospel Herald -- Magazine

The Great Doctrines of the Bible ------------------------------ Wm. Evans

The Holy Spirit -- Rev. Evan Harries

The Holy Spirit --- R. A. Torrey

The Holy Spirit in Evangelism ------------------------------ J. B. Lawrence

The Home -- John R. Rice

The Manila Time --- Newspaper

The Ministry of the Spirit ------------------------------------- S. D. Gordon

The New Morality -- Christian Beacon

The New Topical Textbook ------------------------------------- R. A. Torrey

The Perfect Will of God -------------------------------- G. Christian Weiss

The Person of Jesus Christ -------------------------------------- Mackintosh

The Question Box -- Dr. C. I. Scofield

The Quiet Time -- IVCF

The Resurrection of the Human Body ------------------------ N. H. Camp

The Seven Crowning Wonders of the Bible ------------------------ Hague

The Soul Winner's Fire --- John R. Rice

The Spirit at Work -- Oswald J. Smith

The Spirit of Promise -- J. O. Sanders

The Victorious Life -- Overholtzer

The Victorious or Spirit Filled Life ---------------------------- Overholtzer

What the Bible Says about Divorce ---------------------------- Wm. W. Orr

What the Bible Teaches -- R. A. Torrey

Why Believe -- A. R. Short

Why do Christians Suffer? -- Epp

Why is Christianity True -- E. P. Mullins

Worship --- Alfred P. Gibbs